首届董必武优秀法学青年成果奖一等奖获奖作品

张红 · 著

人格权总论

第二版

法律出版社
LAW PRESS · CHINA
北京

图书在版编目(CIP)数据

人格权总论 / 张红著. -- 2 版. -- 北京 : 法律出版社, 2022

ISBN 978-7-5197-3927-0

Ⅰ. ①人… Ⅱ. ①张… Ⅲ. ①人格-权利-法学-研究 Ⅳ. ①D913.04

中国版本图书馆 CIP 数据核字(2019)第 216870 号

人格权总论(第二版)
RENGEQUAN ZONGLUN(DI-ER BAN)

张 红 著

责任编辑 郑怡萍
装帧设计 李 瞻

出版发行 法律出版社
编辑统筹 法律教育出版分社
责任校对 王晓萍
责任印制 刘晓伟
经 销 新华书店

开本 720 毫米×960 毫米 1/16
印张 35.75 字数 542 千
版本 2022 年 4 月第 2 版
印次 2022 年 4 月第 1 次印刷
印刷 天津嘉恒印务有限公司

地址:北京市丰台区莲花池西里 7 号(100073)
网址:www.lawpress.com.cn
投稿邮箱:info@lawpress.com.cn
举报盗版邮箱:jbwq@lawpress.com.cn

销售电话:010-83938349
客服电话:010-83938350
咨询电话:010-63939796

书号:ISBN 978-7-5197-3927-0 定价:118.00 元

凡购买本社图书,如有印装错误,我社负责退换。电话:010-83938349

二版序

2021年1月1日起,《中华人民共和国民法典》(以下简称《民法典》)实施。独具中国特色的七编制民法典体例开世界民事立法之先河,设置了独立的人格权编,人格权编得以与物权编、合同编、婚姻家庭编、继承编、侵权责任编等并驾齐驱。这是中国民法典对世界民事立法的贡献,代表了中国民法典的中国特色、时代特色和实践特色。近年来,互联网、大数据、人工智能快速发展,信息社会的到来为人格权保护提供了许多新的课题。在民法典编纂过程中,有关人格权的讨论积累了很多学术资源,有关人格权的判例、学说快速增长。为满足《民法典》人格权编解释适用的需要,及时吸收最新成果,勘正谬误,完善体系,特修订本书,是为二版。

此次修订紧密结合《民法典》人格权编,主要修订内容如下:(1)修订导论"人格权之基本权利范畴",删除"人格权保护与中国民法典制定"。(2)修订第一章第二节"19世纪德国人格权理论之辩",对该节的文献选取做了进一步说明。(3)在第二章第二节"立法史:人格权法在中国的发展"和第三章第三节"经由私法上人格权保护宪法上基本权利"中,增加对《民法典》中人格权规定的述评。(4)对第三章第三节中有关"违反保护性法律"的内容做了部分更新。(5)重写第五章第三节"不表意自由与人格权保护"。(6)新增第九章"人格权之兜底性保护:一般人格权",内容为一般人格权的基础理论、作为新型人格利益的归宿,祭奠利益、生活安宁利益,性自主利益以及欺诈性抚养侵害亲子利益等四种新型人格利益归于一般人格权保护之问题。此章篇幅较大,是此次增订的主要内容。任何修订都难免出错,且亦非终局;作者将持续尽心研究人格权法,虚心吸纳各家学说,恳请学界方家不吝批评赐教。今谨以二版此书,向关心帮助之师友致以无限谢忱,并勉励自我不忘初心、戒骄戒躁、继续前进。此次修订,得黄绍坤、叶鑫、陶鑫明诸君鼎力相助,特致谢意。

张　红

2021年8月

一版序

人格权以人格尊严与人格自由发展为内核。人格权既是私法权利,也是宪法基本权利;既具有精神上之利益,亦具有财产上之价值。人格权是整个法秩序之基石,法律以保护和发展人格权为根本任务,以此贯彻以人为本之法治基本价值理念。中国法律体系正在逐渐完善,未来应该从整体上构建一个有利于以维护和发展人格权为己任的法律秩序。

人格权是一项变动中的权利,有赖于立法、学说与实务之协力,方可使人格权保护制度逐渐臻至完善。观察人格权制度的演进,有利于培养法学方法,增益法学思维能力。人格权是判例法,需要学说与实务的良性互动。这恰恰是目前中国法学界与实务界迫切需要解决的理性沟通难题。

当前中国正面临是否以及如何制定人格权法的问题,此关系到民法典的整体结构与民法典立法进程。本书无力正面回应此问题,期望所从事之卑微研究能对塑造中国人格权之基本理论范畴和助力中国人格权保护之立法与实务有所裨益。

张　红

2012 年 6 月

缩 略 语

《中华人民共和国宪法》	《宪法》
《中华人民共和国民法典》	《民法典》
《中华人民共和国刑法》	《刑法》
《中华人民共和国劳动法》	《劳动法》
《中华人民共和国婚姻法》	《婚姻法》
《中华人民共和国教育法》	《教育法》
《中华人民共和国合同法》	《合同法》
《中华人民共和国物权法》	《物权法》
《中华人民共和国继承法》	《继承法》
《中华人民共和国民法通则》	《民法通则》
《中华人民共和国民法总则》	《民法总则》
《中华人民共和国著作权法》	《著作权法》
《中华人民共和国侵权责任法》	《侵权责任法》
《中华人民共和国民事诉讼法》	《民事诉讼法》
《中华人民共和国刑事诉讼法》	《刑事诉讼法》
《中华人民共和国未成年人保护法》	《未成年人保护法》
《中华人民共和国消费者权益保护法》	《消费者权益保护法》
《中华人民共和国反家庭暴力法》	《反家庭暴力法》
《中华人民共和国公司法》	《公司法》
《中华人民共和国治安管理处罚法》	《治安管理处罚法》

《中华人民共和国妇女权益保障法》	《妇女权益保障法》
《中华人民共和国产品质量法》	《产品质量法》
《中华人民共和国国家赔偿法》	《国家赔偿法》
《中华人民共和国残疾人保障法》	《残疾人保障法》
《中华人民共和国反不正当竞争法》	《反不正当竞争法》
《中华人民共和国道路交通安全法》	《道路交通安全法》
《中华人民共和国劳动合同法》	《劳动合同法》
《中华人民共和国广告法》	《广告法》
《中华人民共和国行政监察法》	《行政监察法》
《中华人民共和国人口与计划生育法》	《人口与计划生育法》
《中华人民共和国母婴保健法》	《母婴保健法》
最高人民法院《关于贯彻执行〈中华人民共和国民法通则〉若干问题的意见(试行)》	《民通意见》
最高人民法院《关于适用〈中华人民共和国刑事诉讼法〉的解释》	《刑诉法解释》
最高人民法院《关于适用〈中华人民共和国婚姻法〉若干问题的解释(一)》	《婚姻法解释一》
最高人民法院《关于印发修改后的〈民事案件案由规定〉的通知》	《民事案由规定》
最高人民法院《关于民事诉讼证据的若干规定》	《民诉证据规定》
最高人民法院《关于确定民事侵权精神损害赔偿责任若干问题的解释》	《精神损害赔偿解释》
最高人民法院《关于审理人身损害赔偿案件适用法律若干问题的解释》	《人身损害赔偿解释》
最高人民法院《关于审理名誉权案件若干问题的解释》	《名誉权解释》
最高人民法院《关于人民法院审理离婚案件处理子女抚养问题的若干具体意见》	《离婚案件子女抚养意见》
最高人民法院《关于审理名誉权案件若干问题的解答》	《名誉权解答》
最高人民法院《关于夫妻关系存续期间男方受欺骗抚养非亲生子女离婚后可否向女方追索抚养费的复函》	《追索抚养费复函》

简目

繁目

导论 人格权之基本权利范畴

《宪法》第37条第1款规定："中华人民共和国公民的人身自由不受侵犯。"第38条规定："中华人民共和国公民的人格尊严不受侵犯……"《民法典》第109条规定："自然人的人身自由、人格尊严受法律保护。"第990条规定："人格权是民事主体享有的生命权、身体权、健康权、姓名权、名称权、肖像权、名誉权、荣誉权、隐私权等权利。除前款规定的人格权外，自然人享有基于人身自由、人格尊严产生的其他人格权益。"人格权是与财产权、身份权并列的重要的民事权利。[1] 人格权是民事主体对其特定的人格利益享有的权利，关系到每个人的人格尊严，是民事主体最基本的权利。[2] 人格权是法秩序的基石。[3] 人格权以人性尊严及人格自由发展为其价值理念与追求。人格尊严彰显人之主体性，以人为本，不以人作为手段或成为被支配的客体。人身自由发展在于使个人得依据自我意愿实现自我，形塑自我生活方式及人格图像。现代法治应构建一个由宪法统率的，公、私法以协力维护和发展人格权为己任的和谐、文明之法律秩序。随着《民法典》的实施，我国法律对人格权的保护将提升到前所未有的高度，彰显了中国法治的鲜明时代特色和实践特色，代表着中国法律文化发展的新高峰。

人格权首先表现为私法上的权利，后经释宪实务发展，上升为宪法上之基本权利。如此一方面私人得借力宪法基本权利之防御性而对抗公权力对个人人格权之戕害；另一方面并可仰仗宪法基本权利之于私人关系之第三人效力，而使得普通法院在适用民法概括条款时，做符合基本权利意旨之解释，主动造法以填补漏洞，从而保护不断出现的新型人格法益。人格权既是私法权利，又是宪法基本权利，如此能保障在一国整体法秩序之下，法院通过合宪性解释，能够排除公权

---

〔1〕 参见《民法典》总则编第五章"民事权利"及原《民法通则》第五章"民事权利"与《民法总则》第五章"民事权利"。

〔2〕 王晨：《关于〈中华人民共和国民法典（草案）的说明〉》，2020年5月22日在第十三届全国人民代表大会第三次会议上的讲话。

〔3〕 王泽鉴：《人格权法》，台北，2012年自版发行，第1页。

力的戕害,并扩大人格权的保护范围,实现以人为本的现代法治理念。显然,不管人格权之调整范围如何变动不拘,其如何与人身不可分离,其如何与传统财产权风格迥异,我们仍应回归其“权利”本质。这就指引我们循着一般的“权利理论”去试图阐释人格权的历史、内涵与外延等基本理论范畴。

对人格权的历史与未来进行纵横交错的梳理是第一要务,明白其源流嬗变,通晓其在比较法上的运作,洞察其中我国的立法史与学说史,这不仅有利于认清其本质,而且更可以为我们的制度设计提供一面可供借鉴的镜子。然而,历史的、比较的梳理毕竟是现象的总结,只是让我们知道了“是什么”,而无法直接登堂入室,一览无余。因此,在此基础上,我们仍然要深究其权利属性,只有深究其权利属性,再进行公法与私法的二维解读,才能把握其在整个现代法制体系中的运作,才能使公、私法不至于相互扞格,而共同服务与服从于以人之尊严维护为中心的法之根本目标上来。接下来,一个必须面对的问题则是,人格权的内涵问题。传统民事权利中财产权与人身权泾渭分明的界限是否不可逾越?人格权上除了精神利益之外,是否具有财产利益;如具有,又应如何保护之?此外,对于权利的解读,始终不能忘却的是该权利的主体。因为,权利始终与主体不可分离,主体是权利的前提。人格权的基础与核心在于维护人之尊严,其主体自然为自然人。但是,对于自然人出生前与死后的人格利益保护,却是一个剪不断理还乱的旷世难题。其中牵涉到权利能力问题,对财产、遗产等民法基本概念的重新审视问题,道德与法律的紧张关系问题,故其亦是人格权权利基本理论范畴所无法回避的问题。综上四者,乃是从人格权的历史比较之维、本质的权利属性之维、内容的二元性之维和特殊主体的人格权保护之维来审视人格权,以构建其基本的理论范畴。

在资讯爆炸和人格特征商业化普遍存在的时代,个人人格权的保护无疑构成了对言论自由这一项宪法基本权利的巨大限制,于是便造就了这样一对相互冲突的权利天敌。这种冲突的协调不仅仅是一个简单的法技术问题,也是一个复杂的社会公共政策问题,稍有处理不慎,则将可能导致作为社会元单位的个人私生活的重大改变,或者将对作为社会管理机制的政治权力结构造成巨大冲击。因此,这也是建构人格权权利基本范畴所必须面对的问题。如何在法的技术理性与社会的权力结构冲突中提出一套各方都能接受,而又能使个人与国家、社会和谐共处的方案,当为人格权基本理论研究中的又一重要难题。对于作为判例学说之焦点的一般人格权,在廓清其理论流变与法制依据的基础上,对其作为新型人格利益保护的“口袋”或者“归宿”问题,应采用类型化的方式,列举研究各种典型的新型人格利益，进行精确的法释义学构造，以使各种典型的新型人格利益通过利益衡量的方法，获得与各种法定人格权相等的保护。对于此种新型人格利益保护问题，在明确其路径后，应参照先例，成熟一个发展一个，切不可使权利泛化而导致司法不可控。

第一章 国外人格权二百年：通过判例而演进

第一节 本 章 问 题

查有关对国外人格权历史的研究文献，龙卫球、徐国栋、张民安三位教授之作品有较为系统的研究。[1] 但在这些历史性文献中，对《德国民法典》之前(19世纪)人格权理论争辩的研究和反思却付之阙如，此诚为我国人格权研究中的一大智识缺憾。实际上，20 世纪德国人格权之所以成为判例法，跟 19 世纪人格权理论的争论有莫大的关系，这场争论直接导致《德国民法典》未明确规定人格权，使人格权保护不得不诉诸法官之判例法。我国原《民法通则》与《德国民法典》极为类似，其虽列举了众多具体人格权，但并未明文规定人格权，这使得实践中难以确定一般人格权的请求权基础，给实务造成较大混乱。我国原《民法总则》第 109 条规定，自然人的人身自由、人格尊严受法律保护。第 110 条第 1 款规定，自然人享有生命权、身体权、健康权、姓名权、肖像权、名誉权、荣誉权、隐私权、婚姻自主权等权利。但法律仍然没有明确规定人格权，人格权作为法律规定的权利仍然是我国前法典时代立法上的空白，亦造成了人格权、一般人格权、具体人格权内涵外延及其间逻辑关系的学界论争。

19 世纪德国人格权理论的发展一直是德国法学界的持续性研究热点。[2]

---

〔1〕 龙卫球：《自然人人格权及其当代进路考察》，载《清华法学》2002 年第 2 期；徐国栋：《人格权制度历史沿革考》，载《法制与社会发展》2008 年第 1 期；徐国栋：《人身关系流变考》(上、下)，载《法学》2002 年第 6、7 期；徐国栋：《寻找丢失的人格》，载《法律科学》2004 年第 6 期；张民安：《法国人格权法》(上)，清华大学出版社 2016 年版，第 151 ~ 190 页。

〔2〕 Z. B. Coing, Zur Entwicklung des Zivilrechtlichen Persönlichkeitsschutzes, JZ 1958. Leuze, Die Entwicklung des Persönlichkeitsrecht im 19. Jahrhundert, 1962. Simon, Das allgemeine Persönlichkeitsrecht und seine gewerblichen Erscheinungsformen, 1981. Martin, Das allgemeine Persönlichkeitsrecht in seiner historischen Entwicklung, 2007.

人格权的各种理论在民法典制定之前及制定过程中都经过了激烈的辩论,充满着反复与徘徊,无论是支持者还是反对者,其对最终《德国民法典》中的人格权规范体系构造都影响巨大。虽然20世纪德国人格权法规范体系通过后世学说与实务协力,已较之民法典规定大为改观,但其发展甚或可言是19世纪人格权理论的一种回归。因此,19世纪德国的人格权理论发展史对中国人格权法的制定意义重大。"19世纪德国人格权理论之辩"这一命题具有中国意义,一定程度上可以填补知识空白。《德国民法典》中没有明确规定人格权,并不是因为德国19世纪的法学理论中没有学者支持人格权立法,这更不能成为阻止我国人格权特别立法的理由。我国在民法法典化过程中对人格权频频争议,有观点将德国立法例作为人格权不能独立成编的依据,这不能说跟国内缺少对德国19世纪人格权理论研究状况的介绍没有关系。实际上,中国人格权立法中争论的很多问题,在19世纪的德国人格权理论探讨中都有涉及。

关于德国20世纪人格权的历史演进,国内研究译介较多,但就其资料来源而言,大多局限于翻译的拉伦茨和梅迪库斯等人的民法教材,而缺乏对于德国学界专门研究人格权历史的专著和论文的介绍。如此使目前我们对于德国人格权在20世纪长达100年的发展史的了解还停留在比较表面的层次。此诚为目前我国人格权基本理论研究中的一项重大缺漏。基于这些笼统的陈述,大家似乎都认为德国20世纪人格权的发展主要归功于法官造法,是其联邦法院一个一个"接力棒"似的指标性判决使得这一制度不断完善。但是,我们必须要认真审视的是,法官造法实为一柄"双刃剑",控制不当则侵蚀立法;裹足不前,则成文法之局限性暴露无遗。每一则关于人格权新制度创设的指标性判决,都是德国学界深思熟虑的结果,也凝聚了联邦法院的政治判断。我国原《民法通则》和原《民法总则》皆没有明确规定人格权,在人格权的制度建构中,最高人民法院可谓功勋卓著,此情形与德国甚为类似。此种发展历程的相似性,将更迫使我们对德国20世纪人格权实务发展史作更为微观的解读。

自人类迈入近代史以来,通过法制的革新,人格权保护已是各国民法的共同课题。目前在大陆法系国家中,除德国之外,法国、瑞士、日本的民事立法对我国民法影响也甚为巨大,并且《法国民法典》和《瑞士民法典》风格较之于《德国民法典》也有较大差异。因此,深究上述国家与地区民事立法中关于人格权保护的规定,并考察其历史发展线索,对于我国现有的人格权法基本理论研究无疑意义重大。除此之外,英美法系虽然未有"人格权"之术语,但其对于人格的保护亦有其独特的规范体系,很多风格迥异的人格权法保护路径也是我们不可或缺的借鉴资源。然而遗憾的是,目前对于这些国家人格权保护的历史发展研究,尚未在我国民法基本理论研究中得到应有的重视。

第二节　19 世纪德国人格权理论之辩

一、文献选取及说明

就作者查找范围而言,《德国民法典》出台之前系统研究 19 世纪德国人格权的著作,当属 Leuze, Simon, Martin 三氏之著作最为权威。[1] 其中,专门研究 19 世纪德国人格权的著作是 Leuze 的《十九世纪德国人格权的发展》(*Die Entwicklung des Persönlichkeitsrecht im 19. Jahrhundert—zugleich ein Beitrag zum Verhältnis allgemein. Persönlichkeits – Rechtsfähigkeit*)。全书共 13 章,对自 Donellus 至 V. Gierke 的各家学说进行了系统梳理。这本书可谓是 20 世纪以来德国研究 19 世纪人格权历史发展最全面的著作,后世学者撰写此题,或多或少都受其选材和论证的影响。Simon 的著作《一般人格权及其工商业表现形式——一项历史的考察》(*Das allgemeine Persönlichkeitsrecht und seine gewerblichen Erscheinungsformen – Ein Entwicklungsprozeß*)全书分为两部分,其中第二部分的第三节标题是"1900 年之后一般人格权作为主观性权利的争论"(Der Streit um das allgemeine Persönilchkeitsrecht als subjektives Recht nach 1900),研究了 19 世纪德国人格权的各家学说。Martin 的著作《一般人格权的历史发展》(*Das allgemeine Persönlichkeitsrecht in seiner historischen Entwicklung*)研究的是自前罗马法时代到 20 世纪末前后这段纵深历史中的德国人格权发展情况,其中第七章的标题是"历史法学派和潘德克吞法学派(人格权)"(Historische Rechtsschule und Pandektistik),本章内容与前述两本著作的相关章节内容大同小异。此外,德国有关人格权最为全面的"手册"(Handbuch)中,对这一段历史也有介绍。[2] 总体来看,由于能纳入学者研究范围的 19 世纪的人格权理论学说基本上是有一定共识的,故而各位学者在综述这一百年人格权历史发展时,所选取的研究对象

---

[1] Dieter Leuze, Die Entwicklung des Persönlichkeitsrecht im 19. Jahrhundert, 1962. Jürgen Simon, Das allgemeine Persönlichkeitsrecht und seine gewerblichen Erscheinungsformen, 1981. Klaus Martin, Das allgemeine Persönlichkeitsrecht in seiner historischen Entwicklung, 2007.

[2] Götting/Schertz/Seitz(hrsg.), Handbuch des Persönlichkeitsrechts, 2008. §2 Geschichte des Persönilchkeitsrechts, S. 24–33.

都是差不多的。

本节通过综合分析 19 世纪德国各法学家对人格权理论的贡献,在上述三位作者选材的范围基础上,采用提取公因式的方法,选取 Friedrich Carl von Savigny(萨维尼)、Carl Neuner(劳伊尔)、Karl Gareis(伽哈依斯)、Josef Kohler(科勒)、Otto von Gierke(基尔克)和 Ferdinand Regelsberger(黑格尔斯博格)这几位的人格权理论学说作为介绍对象。这是因为这几位学者的论著在 19 世纪德国人格权理论的发展上各有其标志性的贡献。对比 Martin 挑选的 14 人,Simon 挑选的 15 人以及 Leuze 挑选的 18 人,本节选取的这 6 位学者的人格权理论学说,对弥补中国人格权理论在这一领域中的空白更有意义。并且,本节将此 6 位学者划分成"因袭罗马法的历史法学派"与"挖掘本土资源的日耳曼法学派"两组进行讨论研究,从人格权理论提出到进一步完善建立,从宽泛的人格权讨论到具体的一般人格权讨论,这基本构成 19 世纪德国人格权演进的完整图景,也基本展现了这一时期德国人格权理论研究的历史脉络。(见表 1-1)

表 1-1　三位作者所引学者比较

Martin 2007	Dieter Leuze 1962	Jürgen Simon 1981
Friedrich Carl von Savigny	Donellus	
Bernhard Windscheid	Grotius	
Carl Neuner	Pufendorf	
Ferdinand Regelsberger	Ferdinand Regelsberger	
	Thomasius	
Georg Friedrich Puchta	Wolff	
Immanuel Kant	Immanuel Kant	Immanuel Kant
Leopold Joseph Neustetel	Georg Wilhelm Friedrich Hegel	Georg Wilhelm Friedrich Hegel
Johann Caspar Bluntschi	Friedrich Carl von Savigny	Friedrich Carl von Savigny
Max Lange	Georg Friedrich Puchta	Georg Friedrich Puchta
Georg Beseler	Karl - Adolph v. Vangerows	Karl - Adolph v. Vangerows
Felix Dahn	Bernhard Windscheid	Bernhard Windscheid
	Carl Neuner	Carl Neuner

续表

Martin 2007	Dieter Leuze 1962	Jürgen Simon 1981
		Rudolph von Jehring
		Carl – Georg Bruns
Karl Gareis	Karl Gareis	Karl Gareis
Josef Kohler	Josef Kohler	Josef Kohler
Otto von Gierke	Otto von Gierke	Otto von Gierke
		Philipp Allfelds
		Alexander Elsters

之所以选择这6位法学家,还在于本书认为,在因袭罗马法的历史法学派中,萨维尼可以被定位为人格权讨论的开启者,劳伊尔可以被定位为一般人格权的首倡者,黑格尔斯博格可以被定位为历史法学派人格权理论的集大成者。在注重挖掘日耳曼本土法学资源的这一派中,本书将伽哈依斯定位为人格权进入实证法的移植者,将科勒定位为人格权理论的进一步塑造者,将基尔克定位为一般人格权的建立者。这6位法学家分别是19世纪德国人格权开启、倡导、繁荣、移植、塑造、建立的标志性代表,可完整构成这一时期人格权理论发展的图景。就对文献的理解而言,以下的这些评介或许与前述三位作者有不同之处,代表了本书对各位学者理论的理解。如"萨维尼将人作为其法律思想的核心,人这一概念在萨维尼的法律体系中居于中枢地位""萨维尼的这种理论在19世纪中期的德国居于统治地位,在潘德克吞法学那里,人格利益损害的财产补偿是受到限制的""后来历史法学派的追随者对他的这一理论进行了一定的扬弃"等。"从劳伊尔的观点看,人自我目的宣示和发展的权利不仅属于人,也属于法律主体。"黑格尔斯博格"将这种权利(人格权)当作一种相当重要的保护范围对待"。"此皆表明,黑格尔斯博格之人格权理论已与现代人格权理论基本理念极为相似"。伽哈依斯认为"在布农斯看来,人格上利益的存在已经成为现实,而且应该被权利化","不过,这些用语上的细微差别并不具有多少实质内涵上的区别"。对于科勒的评价,本书认为"与伽哈依斯同时代的日耳曼法学派代表人物科勒,在人格权理论的建构上功勋显著","事实上,大约在1907年之后,科勒就将'个性的权利'改为'人格权'了","显然,在这一点上他比伽哈依斯更进一步"。对于国内学者所熟知的基尔克在人格权上的贡献,本书认为"与伽哈依斯与科勒不同的是,基尔克论述人格权的基础不是来自'著作权',而是直接从检

讨‘德国私法’这一整体法制框架出发,氏认为在‘德国私法’中存在一个一般法教义学上的人格权”。“但是,基尔克的这种人格权理论也遭到了批评”。“截至目前,人格权已经从一般性的权利中发展出来了,其他的权利也必定能如此依样画瓢。”

需要说明的是,从整体上看萨维尼等人的著作都是关于法学、民法学的全方位著作,皆属于划时代的鸿篇巨制,人格、人格权只是其中很小一部分,寥寥数页,故引用这些人的著作,都无法回避这些页码。上述三位德国学者就这一命题所出版的著作跨越近40年,但大多引用的都是这些伟大作品中相同的页码。而且这些引用,多是综述性的间接引用,是某一个页码或几个页码的综述,换言之,注释中显示的某一个或某几个页码,体现在正文中可能就只有一句话或者几句话。这一句话或者几句话代表各自对这些作品中有关人格权叙述的不同解读。遵循文献研究的基本规律,针对相同的文献,依据不同作者的理解,是可以进行重述的,但是重述也必须要有一定的区别,否则就是重复、浪费,如果完全雷同没有后来者自己的贡献,就更不可取。叙述、整理或研究相同的文献,要做到人我不同。从形式上看,必须要有不同的编排结构,“结构也是生产力”,不同的结构本身就是不同的理解。综述不是原文引用,即使是对同一段、同一页、同几页进行综述,不同的作者也可能或者应该有不同的理解和表述。资料性研究要做到人各不同,关键是要能够“老树发新芽”,有自己的见解。

二、因袭罗马法的历史法学派:人格权理论的曲折发展

(一)萨维尼:人格权存废之辩的开启者

萨维尼(1779~1861)是近代德国私法奠基人,近代以来德国私法问题,一般皆以其著述为起点。萨维尼在其《当代罗马法体系》第1卷、第2卷(1840年)中,运用康德和黑格尔的哲学思想,将人作为“他的整个私法推理的起点”(zum Ausgangspunkt seiner privatrechtlichen Dogmatik)[1]和“整个私法关系的中心”(Mittelpunkt seines Privatrechts),他把每一个人当作由他们自己意思支配自己的法律主体。[2] 萨维尼承认人具有一般的权利能力(Rechtsfähigkeit),所有现存

---

〔1〕 Coing, Der Rechtsbegriff der Menschlichen Person und die Theorie der Menschenrechte, Beiträge zur Rechtsforchung; Berlin und Tübingen, 1950, S. 202; Leuze, Die Entwicklung des Persönlichkeitsrecht im 19. Jahrhundert, 1962, S. 46; Simon, Das allgemeine Persönlichkeitsrecht und seine gewerblichen Erscheinungsformen, 1981, S. 173; Martin, Das allgemeine Persönlichkeitsrecht in seiner historischen Entwicklung, 2007, S. 130.

〔2〕 Savigny, System des heutigen Römischen Rechts, 1840, Bd. Ⅰ, S. 7.

的根据道德上的自由而产生的权利,应被作为最初概念的人或者法律主体所享有。[1] 萨维尼认为,法律关系本质就是一个依个人意愿而独立支配的确定领域。[2] 种种论述表明,萨维尼将人作为其法律思想的核心,人这一概念在萨维尼的法律体系中得到了极大的重视。但是萨维尼并不承认人格权,也不承认一般人格权,[3]反而对此持批评态度。[4] 虽然萨维尼认为,人的意志能够对人产生效果,但其坚决拒绝承认所谓的原权利(Urrechts)。[5] 一个人不能拥有对自己的身体及其各个组成部分的权利,否则人就会拥有自杀的权利。[6] 即使人拥有对自己及其自身的权利,这种权利也不能在实证法上得到确认和规定。[7] 萨维尼的这种理论在19世纪中期的德国居于统治地位,在潘德克吞法学那里,人格利益损害的财产补偿是受到限制的。[8] 他们认为,人格利益的保护可以由刑法[9]来承担。[10] 萨维尼之所以拒绝人格权,是因为他原则上厌恶(Antipathie)自然法的理念,特别是"原权利"的产生和存在。这种思想产生最直接的原因是他的保守态度,他公开宣称自己是法国大革命的反对者,且他也反对自由主义。萨维尼的权威论断导致从罗马法中得出来的人格权思想在当时几乎没有得到重视。[11] 但是,后来历史法学派的追随者对他的这一理论进行了进一步的阐发。

对于萨维尼在人格权理论发展历史上的贡献,劳依茨(Leuze)这样评价道:

> 萨维尼从他反对人格权的论断中获得了声誉。在萨维尼对这个问题阐明之前,人格权在德国只存在于自然法学派的著作之中;经过萨维尼的阐明,人格权第一次在实证法上得到讨论。可以说,虽然萨维尼拒绝人格权的想法并不可信,特别是他的"自杀论据"(Selbstmordargument)也遭到进一步的攻击。但是在接下来的时间里,贯穿着19世纪的德国民法史,他在这个

[1] Savigny, System des heutigen Römischen Rechts, 1840, Bd. Ⅱ, S. 2.

[2] "Das Wesen des Rechtsverhätnisses ist bestimmt als ein Gebiet unabhängiger Herrschaft des individuellen Willens". Savigny, System des heutigen Römischen Rechts, 1840, Bd. Ⅰ, S. 334.

[3] Savigny, System des heutigen Römischen Rechts, 1840, Bd. Ⅰ, S. 335 - 337.

[4] Savigny, Vom Beruf unserer Zeit für Gesetzgebung und Rechtswissenschaft, 1814, S. 117f.

[5] Savigny, System des heutigen Römischen Rechts, 1840, Bd. Ⅰ, S. 334.

[6] Savigny, System des heutigen Römischen Rechts, 1840, Bd. Ⅰ, S. 335f.

[7] Savigny, System des heutigen Römischen Rechts, 1840, Bd. Ⅰ, S. 336.

[8] Coing, Zur Entwicklung des Zivilrechtlichen Persönlichkeitsschulzes, JZ 1958, S. 559.

[9] 《德国刑法》第131条、第184~189条、第192~193条、第199条对侮辱、诽谤等人格利益损害都有保护性和惩罚性的规定。

[10] Coing, Zur Entwicklung des Zivilrechtlichen Persönlichkeitsschulzes, JZ 1958, S. 559.

[11] Leuze, Die Entwicklung des Persönlichkeitsrecht im 19. Jahrhundert, 1962, S. 51.

问题上的权威论断激起了无数学者的兴趣,开启了大家对人格权的是否要被承认的争斗。(Durch seine Darlegungen wurde das Persönlichkeitsrecht, das in Deutschland bisher nur in den Abhandlungen der Naturrechtslehrer in Erscheinung getreten war, zum ersten Mal in der praktischen Jurisprudenz zur Diskussion gestellt, und bis zum heutigen Tage wird bei jeder Stellungnahme zum Persönlichkeitsrecht, die auch nur entfernt die Geschichte dieses Rechtsinstituts berücksichtigt, auf Savigny verwiesen.)〔1〕

(二)劳伊尔:一般人格权的首创者

劳伊尔(1815~1882)也是一位潘德克吞法学代表人物,他的代表作为《私法关系的本质与种类》(*Wesen und Arten der Privatrechtsverhältnisse*,1866)。劳伊尔进一步发展了潘德克吞法学的人格权思想。这表现在,劳伊尔将潘德克吞法学理解为一种开放的原则,一种不断扩大和可接近的法律体系。通过这种思考方式,人格权作为一种新型的权利类型就能够融入潘德克吞法学体系当中来。〔2〕劳伊尔将"人格上权利"(Rechte der Persönlichkeit)这一概念定义为"首要的和原始的权利"(erste und ursprünglichste Recht)〔3〕,"人自身目的的存在和人自我目的的宣示和发展的权利"(Recht der Person, sich selbst Zweck zu sein, sich als Selbstzweck zu behaupten und zu entfalten.)〔4〕。从劳伊尔的观点来看,人自我目的宣示和发展的权利不仅属于人,也属于法律主体。〔5〕人根据其生理和心理两方面而获得的自我目的宣示和发展的权利包括其对生命的权利,对身体和心理整体性维持的权利,对自由的权利,对自然人名誉的权利、行为和买卖完全不受阻碍的权利。这些权利正如人到处可以自由停留的权利、自由寻找住所的权利、自由结婚的权利、自由选择职业和宗教的权利一样。〔6〕最值得指出的是,劳伊尔第一次表达了存在一个一般的人格权(allgemeinen Persönlichkeitsrechts)的想法,并且他首先将个别人格权与一般的人格权并列处置。根据劳伊尔的观

〔1〕 Leuze, Die Entwicklung des Persönlichkeitsrecht im 19. Jahrhundert, 1962, S. 51.

〔2〕 Vgl. Leuze, Die Entwicklung des Persönlichkeitsrecht im 19. Jahrhundert, 1962, S. 60 – 65; Simon, Das allgemeine Persönlichkeitsrecht und seine gewerblichen Erscheinungsformen, 1981, S. 181 – 182; Martin, Das allgemeine Persönlichkeitsrecht in seiner historischen Entwicklung, 2007, S. 132 – 134.

〔3〕 Neuner, Wesen und Arten der Privatrechtsverhältnisse, 1866, S. 15.

〔4〕 Neuner, Wesen und Arten der Privatrechtsverhältnisse, 1866, S. 15.

〔5〕 Neuner, Wesen und Arten der Privatrechtsverhältnisse, 1866, S. 16.

〔6〕 Neuner, Wesen und Arten der Privatrechtsverhältnisse, 1866, S. 16.

点,这种个别的人格权是通过一种复杂“人格上权利”而聚集(zusammenhalten)在一起的。[1] 并且,劳伊尔还前所未有地区分了“人格上权利”(Rechte der Persönlichkeit)和“权利能力”(Rechtsfähigkeit)。他认为,权利能力虽然通过“人格上权利”保证(gewährleistet)其被实现,但是其并不是这种权利的组成部分,而充其量只是这种权利“外在的先决条件”(publizistische Vorbedingung)。[2]

(三)黑格尔斯博格:历史法学派人格权理论集大成者

黑格尔斯博格(1831~1911)是潘德克吞法学人格权理论的发展者,并将其推向高峰。[3] 黑格尔斯博格将“人格上的权利”作为“最首要的和主要的私权”(erste und vornehmste aller Privatrechte),并认为这种权利是人所拥有的最高利益(die höchsten Güter des Menschen)。[4] 与此相对应,他将这种权利当作一种相当重要的保护范围(schutzbereich)对待。并且,他将这种权利与“人的生存条件”(Daseinsbedingungen des Menschen),如生命、身体和生理的不可侵犯性、自由和名誉等等量齐观。他还说这种权利就如同自然人的姓、法人的名一样,是人“个性的标志”(Bezeichnungen seiner Individualität);还使人“享受其物质和精神的利益”(Genuß seiner materiellen und immateriellen Güter)。他还特别指出,这种权利是人关于其精神创造力自我决定的证明,如人的科学和艺术成果、信件及其在工业上的发明创造等。[5] 黑格尔斯博格认为,人格权是最高的民事权利,具有高位阶的价值诉求;人格权还是人自身存在的象征;人格权存在于人的脑力延伸的载体之中。诸此种种表明,黑格尔斯博格人格权理论已经与现代人格权理论核心理念极为相似。与劳伊尔的观点相比,黑格尔斯博格也将人格上的权利看作“权利的中心”(Rechtszentrum),并且从这个意义上来理解一般人格权。但与劳伊尔不同的是,他不希望从这种复杂的权利上来产生无数的个别的人格权。[6] 不过他也承认,已经有一些“个别的权利”(Individualrechte),如自然人

---

〔1〕 Neuner, Wesen und Arten der Privatrechtsverhältnisse, 1866, S. 16; Leuze, Die Entwicklung des Persönlichkeitsrecht im 19. Jahrhundert, 1962, S. 112.

〔2〕 Neuner, Wesen und Arten der Privatrechtsverhältnisse, 1866, S. 17.

〔3〕 Vgl. Leuze, Die Entwicklung des Persönlichkeitsrecht im 19. Jahrhundert, 1962, S. 111 - 112; Simon, Das allgemeine Persönlichkeitsrecht und seine gewerblichen Erscheinungsformen, 1981, S. 181 - 182.

〔4〕 Regelsberger, Pandekten, Bd. Ⅰ, 1893, S. 198.

〔5〕 Regelsberger, Pandekten, Bd. Ⅰ, 1893, S. 197.

〔6〕 Regelsberger, Pandekten, Bd. Ⅰ, 1893, S. 198; Martin, Das allgemeine Persönlichkeitsrecht in seiner historischen Entwicklung, 2007, S. 135.

的姓、法人的名和商标的权利及对其他法律对象的权利通过这种权利建构和产生了。[1] 黑格尔斯博格承认一般人格权,并认为一般人格权可以承载无数的个别人格权。[2]

(四)小结

从因袭罗马法学的历史法学派来看,其早期是否认人格权存在的,此与罗马法对人格权的态度相去甚远。[3] 萨维尼否认了那种认为人拥有对自身权利的学说,即使这种学说在当时是占优势地位的。普赫塔(Georg - Friedrich Puchta)承认"人对于其自身权利",但是却没有能够将其与"权利能力"区别开来。[4] 但是,萨维尼的追随者们在这个问题上并没有沿着萨维尼指出的方向继续前行,而是作出了属于他们自己的贡献——发展了人格权理论。特别值得指出的是,劳伊尔第一次将一般人格权与特别人格权区别开来。但是,后来的潘德克吞法学家们也面临这样的问题,那就是当时并没有可以运用的知识能够将这种新型的权利类型融入他们自己的法律体系中去。之所以出现这个问题,有学者总结认为主要原因有两个:首先,有缺陷的罗马法传统和法律概念以及过度依赖罗马法法源阻碍了可能的、新型权利的创设。其次,早期潘德克吞法学中立的法律政策也导致了私权保护范围不能扩大,尤其是在发展新型的权利领域方面,阻碍重重。[5] 也正因如此,温德沙伊德认为:"对人格权的描述是不必要的。"[6] 劳伊尔虽然并没有沿着其同行的路子继续前行,而是区分了一般人格权和具体人格权,但他并没有对每一种人格权在理论上进行建构和体系划分。黑格尔斯博格第一次将人格权进行了法教义学上的归类,将一般人格权作为权利的中心。从他的观点来看,一般人格权所保护的利益与作为人的个性载体是紧密联系在一起的;并且,他特别努力地澄清一般人格权与特别人格权的关系,这都使他成为历史法学派中人格权理论之集大成者。[7] 对于潘德克吞法学的这一缺陷,挖掘本土资源的日耳曼法学派,以实用主义为圭臬,完成了对人格权理论的基本

[1] Regelsberger, Pandekten, Bd. Ⅰ, 1893, S. 198 - 199.

[2] Vgl. Leuze, Die Entwicklung des Persönlichkeitsrecht im 19. Jahrhundert, 1962, S. 112.

[3] 关于罗马法中的人格权研究,参见徐国栋:《人格权制度历史沿革考》,载《法制与社会发展》2008 年第 1 期。

[4] Simon, Das allgemeine Persönlichkeitsrecht und seine gewerblichen Erscheinungsformen, 1981, S. 178 - 179.

[5] Martin, Das allgemeine Persönlichkeitsrecht in seiner historischen Entwicklung, 2007, S. 136.

[6] Windscheid, Lehrbuch des Pandektenrechts, BD Ⅰ, 4. Aufl. 1875, S. 94.

[7] Vgl. Leuze, Die Entwicklung des Persönlichkeitsrecht im 19. Jahrhundert, 1962, S. 112.

形塑。

三、挖掘本土资源的日耳曼法学派:人格权理论的完成者

(一)伽哈依斯:人格权进入实证法的移植者

伽哈依斯(1844~1923)于1877年开始了对人格权的研究,与其他学者不同的是,他发展了一套完整的人格权理论体系。[1] 伽哈依斯对人格权的思考是从著作权(Urheberrecht)本质入手的,同时他也将法人及其商标的保护纳入其中。他拒绝承认精神所有权是"没有发展前途"(nicht entwicklungsfähig)的理论。他认为,有关著作权本质的问题是应该能够被整理归类的,人们如果继续沿着这一理论脉络向前探索,将可以很好理解"人格上的权利"这一概念。[2] 人们之所以到现在还不能清楚地认识这种权利,是因为这种"人格上的权利"的理论直到现在还缺少被体系化地整理。因此,我们需要将这种理论进一步整理与发展。对此,他明确指出:"'人格上的权利'在法学知识上一直扮演着一个变化无常的角色,其保护范围难以清晰界定。"(Das Recht der Persönlichkeit figuriert in der Rechtswissenschaft immer noch theils mit einer proteusartigen Vielgestaltigkeit, theils mit der Gestaltlosigkeit eines Protoplsma.)[3] 从温德沙伊德的理论开始,权利就给予那些对其物合法拥有的人。人不仅对其身体,而且对由其意志支配的心理存在也拥有权利,并且其他人还应受到这种权利的约束。但伽哈依斯的认识与温德沙伊德相反的是,他认为为了达成这一目的,需要在私法体系上做出一种特别的叙述。[4]

有学者认为,伽哈依斯开创了一个人格权作为实证法律科学的一部分探讨的新纪元(beginnt die Epoche, in der das Persönlichkeitsrecht zu einem festen Bestandteil der praktischen Rechtswissenschaft wird)。[5] 伽哈依斯认为,作为存在于

---

[1] Vgl. Klippel, Historische Wurzeln und Funktionen von Immaterialgüter – und Persönlichkeitsrechten im 19. Jahrhundert, in ZNR 4. 1982, S. 132.

[2] Gareis, Das juristische Wesen der Autorrechte, sowie des Firmen – und Markenschutzes, in: Buschs Archiv für Thorie und Praxis des allgemeinen deutschen Handels – und Wechselrechts, Bd. 35, 1877, S. 185(187f).

[3] Gareis, Das juristische Wesen der Autorrechte, sowie des Firmen – und Markenschutzes, in: Buschs Archiv für Thorie und Praxis des allgemeinen deutschen Handels – und Wechselrechts, Bd. 35, 1877, S. 185(188).

[4] Gareis, Das juristische Wesen der Autorrechte, sowie des Firmen – und Markenschutzes, in: Buschs Archiv für Thorie und Praxis des allgemeinen deutschen Handels – und Wechselrechts, Bd. 35, 1877, S. 185(193).

[5] Leuze, Die Entwicklung des Persönlichkeitsrecht im 19. Jahrhundert, 1962, S. 93.

人身上的一种人格性权利，如果实在法体系能够将其予以规范，并且允许人能够使用这种权利，那么这种权利是能够被完整掌握的。[1] 以此为基础，伽哈依斯得出了这样的结论："有一定数量的（人格）关系存在于实在法的内容当中，通过这些关系，法律主体通过自己的力量来支配自己的意愿，并且通过实在法将这种关系上升为法律关系。"[2] 虽然个性（Individualität）并不被每一种实在法上的法律关系所保护，但是它几乎已经具有在实在法上的保护请求权基础了，并且其也被承认为一种个人的权利，它与实在法中一些权利类型很相近，如姓名权、商标权等。这就像在作品上承认一种实在法通过创设著作者权来实现保护的、确定的权利一样。[3] 为了给这种权利寻找一个特有的名称，伽哈依斯拒绝使用"人格上的权利"（Recht der Persönlich）和"人自身的权利"（Rechte an der eigenen Person）这样的表述方式，而是建议使用"个性的权利"（Individualrechte），因为这个表述是通过实在法发展而来的，并且内含有共同的法律思想。

伽哈依斯将他所定义的这种"个性的权利"理解为一种绝对性的、独立的和主观的私权，他将这种权利同物权性的权利进行比较论述道：

> 这种"个性的权利"在诸多方面皆与物权性的权利有共同之处，它没有特定的义务主体，每一个其他的人都是这种权利的义务主体。如此，则别人的这种权利也会在所有人与人之间的关系中得到承认。这样，在这所有的关系中，实在法就可以将这种权利加以确认并且给予保护。对于其他人而言，法律并不要求其以积极的行为来帮助权利人实现这种权利，而只是要求他成为一个不作为的义务主体。（Die Individualrechte haben mit der Mehrzahl der dinglichen Rechte gemein, daß ihnen kein concreter Verpflichteter, sondern die Gesammtheit der fremden Personen als verpflichtet gegenüber steht, insofern jeder verpflichtet ist, das individualrecht des anderen in allen denjenigen Beziehungen anzuerkennen, in welchen das positive Recht das individual-

〔1〕 Gareis, Das juristische Wesen der Autorrechte, sowie des Firmen – und Markenschutzes, in: Buschs Archiv für Thorie und Praxis des allgemeinen deutschen Handels – und Wechselrechts, Bd. 35, 1877, S. 185(194f).

〔2〕 Gareis, Das juristische Wesen der Autorrechte, sowie des Firmen – und Markenschutzes, in: Buschs Archiv für Thorie und Praxis des allgemeinen deutschen Handels – und Wechselrechts, Bd. 35, 1877, S. 185(195).

〔3〕 Gareis, Das juristische Wesen der Autorrechte, sowie des Firmen – und Markenschutzes, in: Buschs Archiv für Thorie und Praxis des allgemeinen deutschen Handels – und Wechselrechts, Bd. 35, 1877, S. 185(196f).

recht aufstellt und schütz, und insofern niemand zu einer positiven Handlung dem Berechtigten gegenüber inhaltlich des Individualrechts, sondern Jedermann nur zu respektierenden Unterlassungen verpflichtet ist.)[1]

伽哈依斯认为,这种权利需要一种特别的叙述才能展现出来,因为仅依靠侵权之诉,这种权利并不能得到详尽的阐明。毕竟,这种"个性的权利"虽然不是其全部或者在同样的范围内,但还是可以被其主体以科学、合法、独立的方式来支配的,比如买卖和继承。[2] 转换到当下中国有关人格立法的争论语境,伽哈依斯的意思应该是:"人格权需要确权,侵权责任法不能承担确权的任务。"由上述证据可知,伽哈依斯最大的贡献在于他致力于追求他所谓的"个性的权利"的可掌握性,或者说可识别性。并且,他认为如果人们要掌握这种权利,就应该将其在实在法中予以确认和规范,使其同著作权、商标权和物权性的权利一样,具有明确的请求权规范。鉴于此,我们可以认为,伽哈依斯是将人格权移入实在法的移植者。伽哈依斯的上述论断,对于近日中国之人格权立法探讨具有特别的意义。

(二)科勒:人格权理论的进一步塑造者

与伽哈依斯同时代的日耳曼法学派代表人物科勒(1849~1919),在人格权理论的建构上功勋显著。科勒是被我国学者所熟知的日耳曼法学代表人物,其在著作权领域的研究世有公论。科勒对人格权的阐述也与著作权息息相关,他第一次关于人格权的研究出自一篇关于著作权的论文。[3] 科勒在这本书中对人格权的探讨被认为是第一次系统的人格权阐述。[4] 他谴责"形式主义法学"(formal Jurisprudenz)不能离开罗马法窠臼去探讨问题,往往忽视了对自己法律根源的探索。[5]

赔偿不会针对一项在法律上没有得到承认的利益而产生,因此,如果不在法

---

[1] Gareis, Das juristische Wesen der Autorrechte, sowie des Firmen – und Markenschutzes, in: Buschs Archiv für Thorie und Praxis des allgemeinen deutschen Handels – und Wechselrechts, Bd. 35, 1877, S. 185(199f).

[2] Gareis, Das juristische Wesen der Autorrechte, sowie des Firmen – und Markenschutzes, in: Buschs Archiv für Thorie und Praxis des allgemeinen deutschen Handels – und Wechselrechts, Bd. 35, 1877, S. 185(201f).

[3] Kohler, Das Autorrecht, in: JherJb 18, 1880, S. 129 – 478.

[4] Vgl. Leuze, Die Entwicklung des Persönlichkeitsrecht im 19. Jahrhundert, 1962, S. 103.

[5] Vgl. Simon, Das allgemeine Persönlichkeitsrecht und seine gewerblichen Erscheinungsformen, 1981, S. 186 – 187.

律上承认人格权,那么当人格权受到侵害时就没有办法使其得到法律上的救济。[1] 他声称:“身体和生理就是属于法律所保护的利益范围”(daß die Körper – und Geisteskräfte zu den rechtlichgeschützten Gütern gehören)。[2] 科勒赋予人格权利以新的特点,即人的身体及其构成部分与合法的人格是密不可分地联系在一起的,而且直接买卖人的身体及其构成部分是不可能的。科勒从权利能力推导出:“人格权是所有法律秩序的起点,因为每一项权利都须依附一定的主体,而作为法律主体,他的人格必须得到法律的保护,否则其将不是法律上的主体。”[3]

与伽哈依斯不同的是,虽然科勒也致力于详尽论述个别人格权,但却不局限于此,因为他承认了一般人格权是“权利源泉”(Quellrecht)或者“母权”(Mutterrecht)。显然,在这一点上他比伽哈依斯更进一步了。他在《著作权》一文中已经表达了“个性的权利”具有这种意思:“‘个性的权利’仅仅是一种全部人格利益上的权利,这项权利保证这些人格利益被它们所依附的主体整体性地使用和享受。”[4]科勒将这种权利称为“最高的和神圣的权利”(höchste und heiligste Recht)[5]或者是前文所述的“所有法律秩序的起点”。[6] 科勒认为:“人格权(Persönlichkeitsrecht)可以另外从扩展来看,就是人应该被当作完全有效的、道德上和精神上的人格来被承认。”[7]此外,他还论述了存在与生命、健康和荣誉上的权利,还有姓名权、个人肖像权以及保护个人隐私的权利。[8] 科勒破除潘德克吞法学完全以罗马法为窠臼的做法,从德意志本土法学资源出发,这是典型的日耳曼本土法学家的思考方法。他借用著作权为载体,提出了一般人格权的概念,并对诸多具体人格权进行了阐述。从科勒对各种个别人格权的阐述来看,实际上已经超出了后来《德国民法典》中对人格利益保护的范围了。

(三)基尔克:一般人格权理论的建立者

基尔克(1841 ~ 1921)是日耳曼法学派的杰出代表人物,著作等身,在德国法

---

[1] Vgl. Leuze, Die Entwicklung des Persönlichkeitsrecht im 19. Jahrhundert, 1962, S. 104.

[2] Kohler, Das Autorrecht, in: JherJb 18, 1880, S. 129(251f).

[3] Kohler, Lehrbuch der Rechtsphilosophie; 2. Aufl., 1917, S. 131.

[4] Kohler, Das Autorrecht, in: JherJb 18, 1880, S. 129(257).

[5] Kohler, Das Eigenbild im Recht, 1903, S. 5.

[6] Kohler, Das Autorrecht, in: JherJb 18, 1880, S. 1.

[7] Kohler, Bürgerliches Recht, in: Enzyklopädie der Rechtswissenschaft, hrsg. von Joslf Kohler, Zweiter Band, 7. Aufl. 1914, S. 1(33).

[8] Kohler, Das Autorrecht, in: JherJb 18, 1880, S. 1 (33f); Leuze, Die Entwicklung des Persönlichkeitsrecht im 19. Jahrhundert, 1962, S. 109.

史上地位显赫。[1] 在《德国民法典》生效前夕,基尔克在巨著《德国私法》(1895年)一书中对人格权做了最详尽、系统的论述,包括一般人格权和各种具体人格权(见图1-1)。该书分两卷,第一卷于1895年出版,分为总论和人法(Allgemeiner Teil und Personnenrecht);第二卷于1905年出版,内容是物权法(Sachenrecht)。在此,此处图示(见图1-1)该书第一卷的结构,从全书的体系安排中,可以彰显基尔克在人格权理论方面的历史贡献。[2] 确实,在基尔克该论著之前,尚未见到如此专辟专论系统阐述人格权理论的作品,从该书中,宏观上我们能看到人格权在整个私法体系中的位置,微观上我们能够觉察人格权的个殊方面。

- 第一编 总论
  - 第一部分 导论
    - 第一章 德国私法的历史
    - 第二章 德国私法的概念和意义
    - 第三章 德国私法的法源、辅助工具和文献
    - 第四章 体系和方法
  - 第二部分 客体法
    - 第一章 客体法总论
    - 第二章 客体法的形成
    - 第三章 法源之间的相互关系
  - 第三部分 主体法
    - 第一章 主体法总论
    - 第二章 主体法的形成
    - 第三章 主体法的实践及其保护
- 第二编 分论
  - 第一部分 人法
    - 第一章 个别人格权
    - 第二章 团体人格权
    - 第三章 人的权利的联合
    - 第四章 人格权
      - 第一节 人格权总论
      - 第二节 姓名权和形象权
      - 第三节 著作权
      - 第四节 发明者权
  - 第二部分 物权法(第二卷,略)

图1-1 基尔克的私法体系

---

〔1〕 基尔克的代表作:《德国社团法》(*Das deutsche Genossenschaftsrecht*),1868年,1873年,1881年,1913年(unvollendet);《德国私法》(*Deutsches Privatrecht*),1895年(1905年);《自然法与德国法》(*Naturrecht und Deutsches Recht*),1883年。基尔克最卓越的贡献有两个:一是系统构筑了德国的社团法,被称为"社团法之父";二是系统阐述了人格权理论。

〔2〕 对于基尔克的人格权理论,国内已有论者述及,称"这一著作《德国私法》被欧洲法学界认为是人格权基础理论研究方面的奠基之作"。参见薛军:《人格权的两种基本理论模式与中国的人格权立法》,载《法商研究》2004年第4期。

从图1－1来看，基尔克将整个德国私法划分为总论和分论两部分，总论除了导论之外，分述客体法与主体法；在分论中分述人法与物权法，其中人格权属于第二编人法部分。基尔克人法部分在分别论述了"个别人格权"、"团体人格权"及"人的权利的联合"之后，另辟一章专论"人格权"。显然，此处的人格权专章是在上述三项人格权论述基础上的综合和升华，当然也是人格权内部理论体系的重新整合，如对个别人格权的分别论述。从整体上把握了基尔克的人格权理论之后，我们还须探究，基尔克在人格权理论建构方面究竟做了哪些具体工作，具有何种特色？

第一，从德国私法的整体性中推导出人格权概念。与伽哈依斯和科勒不同的是，基尔克论述人格权的基础不是来自"著作权"，而是直接从检讨"德国私法"这一整体法制框架出发的，他认为在"德国私法"中存在一个一般法教义学上的人格权。在《德国私法》中，基尔克将"人格权"（Persönlichkeitsrechte）当作"存在于人自身上的权利"（Rechte an der eigenen Person），权利主体通过这种权利来保证管理自身部分人格权领域的实现。[1] 尽管如此，这也暗示着基尔克第一次致力于通过阐述著作权的本质来研究"存在于人自身上的权利"这一问题。对于这种"存在于人自身上的权利"，基尔克指出："通过这种权利，人能够独自、合法地管理自我，并以此来反抗他人的一定的合法入侵。"[2]

第二，明确提出了人格权的财产性问题。基尔克把人格权列入绝对权利之中，因为人格权也是一种针对他人的"禁止性权利"（Verbietungsrecht）。[3] 虽然这种权利中的一少部分权利中也包含或者吸收了少数的财产权内容，但从原则上来讲，在基尔克的理论体系中，人格权是不能被当作财产权来理解的。正因如此，人们必须将这少部分的权利列入财产权当中去。[4] 虽然其在前面的部分一直在论述人格权的核心，但是从这些论述中从来就没有完全解决人格权中所包含的财产性内容问题。[5] 原则上，人格权被当作"一种自身最高的人格权利"，但是这种最高的权利并不是可以转让的。[6] 基尔克认为，这些权利中的一些"可以全部或者部分地被他人所发挥利用，甚至它们当中的一些物质性因素还

〔1〕 Gierke, Deutsches Privatrecht, Bd. 1. Leipzig 1895, S. 702.

〔2〕 Gierke, Literaturbesprechung, in: Zeitschrift für das gesamte Handelrecht, Bd. 29, 1883, S. 243 (272).

〔3〕 Gierke, Deutsches Privatrecht, Bd. 1. Leipzig 1895, S. 703(705f).

〔4〕 Gierke, Deutsches Privatrecht, Bd. 1. Leipzig 1895, S. 706f.

〔5〕 Gierke, Deutsches Privatrecht, Bd. 1. Leipzig 1895, S. 706f.

〔6〕 Gierke, Deutsches Privatrecht, Bd. 1. Leipzig 1895, S. 707.

能被转让”,在这种情况下,可以忽略其“人格领域”的因素。[1] 对此,他进一步指出,死者的大部分合法人格权已经消亡,但是有一些剩下来的一些死者人格权是可以被继承的。[2]

第三,第一次详细列举并分别论述了个别人格权。基尔克明确强调人格权具有多面性。[3] 他特别将为数众多的各种个别人格权都罗列到了一个共同的目录之下,身体权、生命权、名誉权、专利权、著作权、姓名权和个人形象权都可以在一起被找到。[4] 但是,基尔克的这种人格权理论也遭到了批评。对基尔克的批评首先来自他对人格权概念的界定过于宽泛,因为在基尔克的人格权概念中,几乎所有的权利都可以通过人格权来得到理解。[5]

第四,明确论述了一般人格权。基尔克想从各种不同的个别人格权的研究中推导出了一般人格权。他将一般人格权理解为:“作为一项统一的主观基本权利,所有的个别主观权利都以此为基础而产生,并且所有的主观权利可以以此为出发点得到延伸。”[6] 基尔克的这一理解是建立在他对能力、法律主体合法承认的基础上的,并且也包括他对各种权利与义务基础性要素的承认。尽管基尔克试图将个别人格权与一般人格权进行区分,但是他也认识到,个别人格权与一般人格权之间的区分是很难界定清楚的。截至目前,人格权已经从一般性的权利中发展出来了,其他的权利也必定能如此依样画瓢。在存在人格权保护空白的地方,一般的人格权就可以用来填补这样的空白,成为保护这种空白的权利依据,如此则又能发展出一种新的个别人格权。[7]

从上面的四点总结我们不难发现,站在19世纪最后门槛上的基尔克已经为人格权在20世纪的发展作出了总体性的、前瞻性的规划。20世纪德国人格权理论和实务的发展印证了这一点,比如在一般人格权的承认、一般人格权与个别人格权的关系、人格利益的财产化、个别人格权保护范围的扩大化、死者人格利益继承等问题上。20世纪德国人格权的法制史证明,对人格权的保护几乎还没有完全跳出基尔克所划定的框架。

---

[1] Gierke, Deutsches Privatrecht, Bd. 1. Leipzig 1895, S. 707f.

[2] Gierke, Deutsches Privatrecht, Bd. 1. Leipzig 1895, S. 708.

[3] Gierke, Deutsches Privatrecht, Bd. 1. Leipzig 1895, S. 705.

[4] Gierke, Deutsches Privatrecht, Bd. 1. Leipzig 1895, S. 708(897).

[5] Vgl. Leuze, Die Entwicklung des Persönlichkeitsrecht im 19. Jahrhundert, 1962, S. 114f.

[6] Gierke, Deutsches Privatrecht, Bd. 1. Leipzig 1895, S. 703.

[7] Gierke, Deutsches Privatrecht, Bd. 1. Leipzig 1895, S. 704f.

(四)小结

在19世纪末期,人格权的理论经过致力于挖掘本土资源的日耳曼法学派的努力已经得到了长足的发展,烙上了深深的日耳曼法印迹。这一理论进展的一个中心,是围绕着对著作权的系统研究而进行的。通过这种研究,权利的法律本质得以澄清。紧接着,就是所谓的"私人权利"理论的主张者们将著作权理解为一种人格权。这是人格权第一次被引入到实证法而在学说中被探讨。实际上,《德国民法典》生效之后,实务通过"1954年读者来信案"在实证法上承认一般人格权也是借用了著作人格权理论。但是,"私人权利"理论的主张者们只是满足于一种一般的理论确认,而没有继续向前探讨这一理论的各种基础性问题。伽哈依斯改变了这一状况。伽哈依斯详尽论述了人格权理论的基础,他的论述维护了人格权理论,并且伽哈依斯将人格权从天赋人权的自然法学说中清楚分离出来,使其进入实证法。伽哈依斯还致力于个别人格权的研究,并取得了占优势的研究成果。沿着这条道路继续前行,科勒将一般人格权推到了首要的位置,并且认为一般人格权具有"母权"或者"权源"的功能。基尔克发展出了统一的人格权理论,并将人格权称为"主观的和绝对的权利"。尤其特别重要的是,基尔克首先通过自己的阐述,将一般人格权上升到了一个更高的层次。在所有关于人格权的思想中,基尔克第一次将一般人格权明确放到了这样的位置,那就是,当出现个别人格权难以确定或者其他方面的权利空白时,可以通过一般人格权来填补这种权利真空,达成保护人格利益的目的。

四、立法过程中论辩:以一般的人格权为中心

19世纪中后期,为了顺应德国经济发展,"一个国家,一部法典"的呼声日益强烈。1871年第一帝国成立后,私法统一进程加速,民法典立法开始。为了解立法过程中各阶段人格权论辩过程,首先需概览民法典立法全程(见图1-2):

《德国民法典》起草前后共23年,历经两个起草委员会、一个议会的专门委员会,留下了一整套系统、完整的立法资料,如第一委员会的《立法理由书》、第二委员会的《议事录》、帝国司法局长呈交议会的《意见书》以及帝国议会专门委员会的《辩论记录》。这些都是后世学说与实务发展民法典可借助的珍贵史料。

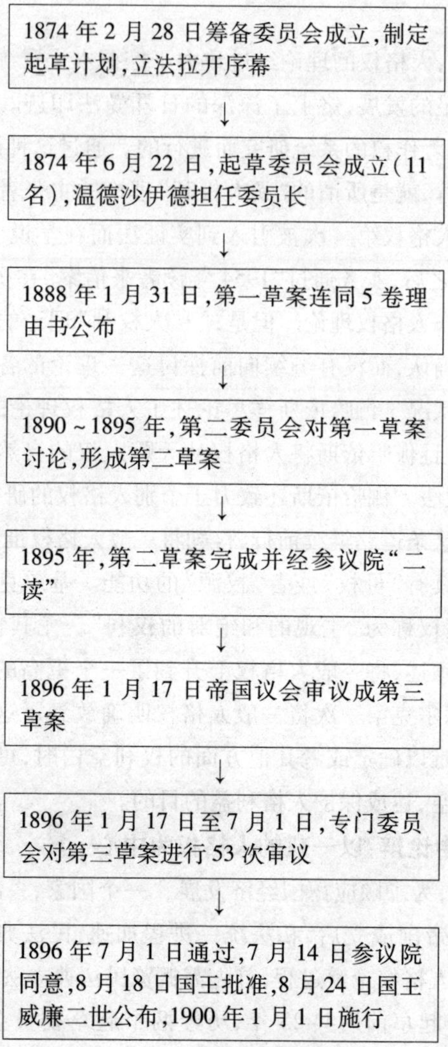

图 1－2 《德国民法典》立法过程

(一)第一草案(1874～1888 年):第 704 条

在第一草案中,并没有出现明确的关于一般人格权保护的规定,但在该草案的第 704 条第 1 款出现了一些关于特别人格利益保护的规则,该条可以看作生效后的《德国民法典》第 823 条第 1 款的前身,其原文为:

> 行为人基于其故意或者过失之作为或者不作为行为而侵害他人,并且,对于这种损害的结果发生,行为人已经预见或者必须预见,行为人应对他人

因其上述行为而导致的损害负赔偿义务，而不论损害的范围是否可以预见。

此条系参照《法国民法典》第1382条、第1383条制定。关于此条，立法理由书的解释是，该条是关于各种可能利益在其遭到不法行为侵害时的综合保护，由该条而产生的损害赔偿义务并不是针对某一类特定的侵权行为，而是针对各种各样的由不法行为而导致的可能损害后果而规定的。之所以这样规定依据在于，每一种违法行为所导致的损害赔偿义务，都是以行为人故意或者至少也是过失为起点的。违法性应该是一种这样的行为，其特别针对一项法律规定禁止侵害的绝对权而进行侵害，而这种法律的禁止性规定又显然是属于法律的一部分，如刑法中关于禁止侵害的规定，但这种禁止性条款仅仅是一项包含间接禁止性的规定。但是，在当时的德国法律体系中，并没有通过法律的禁止性规定来保护一般人格权的规范，因为刑法只是保护名誉，且这项保护还是有缺陷的。因为，从人格权的角度来看，《德国刑法典》事实上只是在第185条及以后的几条中规定了侵害名誉的侮辱罪，但是名誉毁损只是犯罪构成要件之一，而作为刑法中相应的犯罪构成要件，行为人主观状态需要有故意，而这又与适用草案的第704条第1款是捆绑在一起的。[1] 根据这一规定，一项损害名誉的赔偿义务只能基于故意而产生，而无法涵盖基于过失产生的名誉损害。为了填补这一法律体系协调上的漏洞，草案第704条第2款将名誉权作为人格权核心范畴来明确规定：

> 行为人基于其故意或者过失违法侵害他人权利，由于其此种损害他人权利的行为将导致其对他人的损害赔偿义务产生，即使这种行为是不可预见的。根据前款规定，此种权利损害还包括对生命、身体、健康、自由和名誉的损害。

关于对生命、身体、健康、自由和名誉内容的具体化阐述应该引起人们的注意。因为怀疑已经显现："这些需要得到法律保护的高级利益是否能够被当作权利来表达？基于一种狭隘地对损害的理解，对这种法律利益的保护是存在缺失的。"但是，对此当时并没有出现有力的解释，即这种所谓的"法律上的利益"(Rechtsgüter)是否被当作主体性的权利来归类？但关于这一点，也有很多说法，比如《立法理由书》认为，从追求法律确定性这一点来看，这些利益应该与权利

---

[1] Motive zu dem Entwurfe eines bürgerlichen Gesetzbuches für das deutsche Reich, amtliche Ausgabe, Bd. Ⅱ, Berlin und Leipzig 1888, S. 726.

同样被同等对待。[1] 但从该条本身来看,生命、身体的整体性、健康、自由和名誉都是“法律利益”,如果它们被基于故意或者过失的违法行为所侵害了,都可以产生加害人的损害赔偿义务。但是否因此而导致“存在于自身的权利”(人格权)被草案所承认,《立法理由书》认为这个问题不应该由立法来回答,而应该交给法学去确定。[2] 由此可见,《立法理由书》对于该款所规定的种种“法律利益”是否就是人格权,并没有回答。但有一点《立法理由书》是确定的,那就是这些“法律利益”在受到侵害时应当与权利受到侵害时等同对待。因此可证明,在《德国民法典》起草中,立法者对人格权形式上不承认但实质上与权利同等保护,并非完全持否定态度。

为什么会出现对这些“法律利益”实质同等于权利保护,而形式上却不明确赋予其权利外衣呢?从上文人格权学说史的叙述我们或许可以得到答案。我们必不能忘记,第一草案起草委员会的主任是温德沙伊德。虽然温德沙伊德认为,权利应该保护人对于其合法拥有之物的利益,人能够根据自己意愿拥有自身存在的权利,并且这种权利应该包含生命、维护身体完整和自由,如果这些人格利益(Persönlichkeitsgüter)受到了损害,受害人就可以因此而得到民法上的赔偿;但是,他却认为,人格权作为一项在私法体系之中的特别陈述是不必要的,因为人格权的存在和它的界定是毫无疑问的。[3] 简言之,温德沙伊德的意思就是,这些所谓的人格利益都要保护,但是没有必要确认它们是不是权利,因为它们是当然存在的。用今天时髦的话来说,温氏这是不是一种对人格权的“捧杀”呢?!

其实,在第一草案的起草过程中,以温德沙伊德为代表的起草委员之所以不给这些人格上的“高级利益”穿上权利的外衣,是有其法律体系上考量的。从法制史上来看,潘德克吞法学体系作为《德国民法典》结构之基础确属无疑,而潘德克吞法学又主要渊源于优士丁尼《民法大全》。在优士丁尼《民法大全》所构建的民法体系中,权利虽为民法逻辑体系建构之主要工具,但这种权利大厦却主要是以实在之物为客体的所有权为中心建立起来的,即权利所指向的或支配的客体是一种客观存在于主体之外的物体。[4] 而诚如前文所述,这些存在于人格

---

[1] Motive zu dem Entwurfe eines bürgerlichen Gesetzbuches für das deutsche Reich, amtliche Ausgabe, Bd. Ⅱ, Berlin und Leipzig 1888, S. 728.

[2] Motive zu dem Entwurfe eines bürgerlichen Gesetzbuches für das deutsche Reich, amtliche Ausgabe, Bd. Ⅰ, 1888, S. 274.

[3] Windscheid, Lehrbuch des Pandektenrechts, Bd. Ⅰ, 4. Aufl. 1875, S. 94.

[4] 关于这一点,从后来的《德国民法典》第 823 条第 1 款的表述就可以明显看出来:“故意或者过失地不法侵害他人的生命、身体、健康、自由、所有权或其他利益……”

之上的“高级利益”并不是一种单独能够存在于主体之外的客观物体,而是与主体唇齿相依的精神价值或者利益——生命珍视、身体完整、精神诉求或者生活阅历等。对于这些内化于主体自身的精神价值或者利益,如果成为权利的客体的话,那么主体就可以对其任意处分,那么人就当然会享有自杀的权利。而自杀的权利不管是从宗教情怀、道德哲学还是世俗观念上都是不会得到认可的。于是,传统民法的权利体系在此不得不拒绝给这些“高级人格利益”穿上权利的外衣,而只是对其予以保护。这实际上是一种只做不说的“哑巴策略”。

(二)第二草案(1891～1895 年):一读与二读

1. 一读

对于第一草案中的第 704 条,第二委员会在讨论中存在激烈争议。在第一天的讨论中,一部分委员强调,从原则上来看第 704 条,这些关于因违法行为而产生的损害赔偿义务的规定肯定是属于这样一些规定的,即它们界定了个人之间相互权利的范围。这些规定明确强调,个人的权利范围不应仅局限于个人财产权利的范畴,而且应该扩展至所谓的人格权,如生命、身体的完整性、健康、自由和名誉。这些权利跟物权一样,每个人拥有这种权利就可以合法禁止他人入侵,但仅仅由刑法来保护这些利益是不够的。[1]

在接下来一天对第 704 条第 2 款的讨论中,支持者强调应对这一款作更进一步的理解。他们认为,如果取消本款,那么现有的每一种针对过失侵害名誉和自由的法律保护都将是不够的。因为,仅仅从本条第 1 款中来解释其包含名誉和自由的权利,并以此来保护被侵害的名誉和自由,其可信度是不高的。[2] 但是,该委员会的大多数委员拒绝了第 704 条第 2 款。为此,他们重新起草了该条第 1 款,并将第 704 条与第二草案的第 746 条第 2 款结合在一起:

> 行为人因故意或者过失违法侵害了他人权利,或者违反了以保护他人为目的的法律,行为人因此而产生对受害人的赔偿义务。根据法律的内容,如果这项违反行为即使行为人没有过错也会有导致损害的可能,那么赔偿

---

〔1〕 Mugdan (Hrsg. und bearb.), Die gesammelten Materialien zum Bürgerlichen Gesezbuch für das deutsche Reich, Bd. Ⅱ(Recht der Schuldverhältnisse), 1899, S. 2712f(568).

〔2〕 Mugdan (Hrsg. und bearb.), Die gesammelten Materialien zum Bürgerlichen Gesezbuch für das deutsche Reich, Bd. Ⅱ(Recht der Schuldverhältnisse), 1899, S. 2723(573).

义务只是存在于有过错的情形。[1]

这一条的第二句与生效后的《德国民法典》第823条第2款第二句话一样。这样规定的理由是:第704条第2款会给人导致"教条主义的印象"(doktrinären Eindruck)。关于生命、身体及健康的论述是没有必要的,因为有关这些利益的保护,该条第1款已经给予规定。并且,基于过失侵害自由和名誉是处于特别私法保护之下的,这已经超出了刑法的保护范围,那么就会包含一种危险,也就是在一个一般的"过失诉权"(actio culpae)之下来完成的,这会导致通过"不当行为"(missbrauch)对"法律交往"(Rechtsverkehr)进行限制。[2] 人们可以这样认为,行为自由与其说是通过严格对人格保护来实现,还不如说是通过对其损害的限制来实现。最终,该委员会建议,这样的规则无论如何也不能被这样通过,倒不如在一个另外的时间来讨论对第一草案第727条(该条规定的是剥夺个人自由的责任)的规定。[3]

于是,该委员会就重新开始了对第一草案第727条进行类似的讨论。该条是第三人因过失侵害他人人身自由而引起的私法上损害赔偿的规定。委员会的少数派要求在法典中原则上应该保留这一条规定。但问题是,法院的判决是否会将自由真正从第704条的角度来理解为权利呢?接下来的问题是,是否要赞同将这一点添加到这一条(第704条)中去,或者是否要公然将这一条的规定缩短,并以此来建立一个过失侵害自由的损害赔偿义务?委员会最后决定将第一草案中的第727条删除。自由被当作绝对权来理解,有关此一加害人的赔偿义务已经在第704条中予以规定了。其字面意思是:"人们因此可以相信,自由作为一种第704条意义上的权利,其未被在草案中明确规定,因为法院判决可能对此产生错误的认识。"[4]

也正是基于这样的论据,该委员会在他们自己的理解中出现了一个矛盾,这

---

[1] 根据Simon的论述,这是令人难以置信的。Simon认为,删掉第704条第2款本质上是因为,该款更进一步的意义是承认了人格权,与此同时该款就显得多余了。但这并不是第二委员会多数人的论据。Vgl. Simon, Das allgemeine Persönlichkeitsrecht und seine gewerblichen Erscheinungsformen. Ein Entwicklungsprozeß. 1981, S. 157ff.

[2] Mugdan (Hrsg. und bearb.), Die gesammelten Materialien zum Bürgerlichen Gesezbuch für das deutsche Reich, Bd. Ⅱ (Recht der Schuldverhältnisse), 1899, S. 2723f(573).

[3] Mugdan (Hrsg. und bearb.), Die gesammelten Materialien zum Bürgerlichen Gesezbuch für das deutsche Reich, Bd. Ⅱ (Recht der Schuldverhältnisse), 1899, S. 1113f(574).

[4] Mugdan (Hrsg. und bearb.), Die gesammelten Materialien zum Bürgerlichen Gesezbuch für das deutsche Reich, Bd. Ⅱ (Recht der Schuldverhältnisse), 1899, S. 1113(630).

导致他们删除了第一草案中的第 704 条第 2 款。这就是,人们原则上不能运用刑法的规定(因为刑法只是针对故意侵害自由的行为)来周全保护名誉与自由等,基于过失剥夺自由的行为只能依据民法来获得保护。事实上,人们对于委员会自己给出的理由是难以相信的,委员会自己也指出,自由在第二草案的第 747 条也再一次明确表述了,即基于过失剥夺自由也会被课予损害赔偿义务。

另外一项针对过失损害名誉的赔偿依据再一次被指责。前后联系来看第一草案第 727 条 C 项基于过失危害信用的规定,这里还是存在一个针对过失损害名誉的保护问题。虽然在讨论中被再一次指责了,但是委员会的这项建议还是很令人感兴趣的。也正是从这一角度而言,委员会中的多数人还是反对保护基于过失而造成的名誉损害的。然而,委员会根据他们对第 704 条第 2 款的理解最终作出了决议,将作为一种特别法律利益的名誉从草案中删除之后,但这样做却依然令人不解。因为,这意味着如果碰到了刑法规范之外的损害名誉的情况还应不应该对该行为课予赔偿义务呢?而且,更多的情况是,当人们根据第 727 条来认识基于过失剥夺人身自由的行为时,这显然是违法的,法律显然应该对这种行为课予赔偿义务。

2. 二读

在修改第二草案的框架时,这样的一个建议被确定下来,那就是在第 746 条中将"他人的权利"(das Recht eines anderen)切入其中,同时第 747 条被删成这样一种新的方式来表达:"行为人因故意或者过失违法侵害了他人的生命、身体、健康、自由、所有权及其他权利……"提出这个建议的人对此解释道,这种改变主要是"编纂本质"(redaktioneller Natur)和编纂体例导致的:

> 从前面的讨论中,人们从第一草案中的第 704 条得出了有启发意义的结论,那就是作为一种权利的损害,从上述规定的角度来看,也是一种对个人非物质上法律利益的侵害。之所以取消权利的表述,是因为如今的法学在更长远的意义上接受了"人的权利"(persönliches Recht)这一表述。但是后来,在第二草案中,没有一个地方做了这样直接的表述,那就是对这些利益的侵害是作为一种民法上的侵权行为来规制的。[1]

这种建议后来被采纳了,并随即被规定在第 808 条第 1 款中,后来这些内容就完全写进了《德国民法典》中的第 823 条第 1 款。

---

[1] Mugdan (Hrsg. und bearb.), Die gesammelten Materialien zum Bürgerlichen Gesezbuch für das deutsche Reich, Bd. Ⅱ (Recht der Schuldverhältnisse), 1899, S. 201.

(三)第三草案(1896年):名誉保护最终被放弃

由于联邦参议院(Bundesrat)对前面的这个规则不加评论地通过了,所以在这一读中又通过帝国议会委员会(Reichstagskommission,也就是帝国议会指定的对"二读"后的草案进行了53次审议的那个委员会)重新试图将名誉作为一种可以保护的法律利益而纳入进来。但是,帝国议会委员会的这一建议几乎遭到了一致的反对,名誉的保护最终被民法典所抛弃了。

五、后立法时代预言:人格权保护的成文法突破

(一)规范:被抛弃的人格权

《德国民法典》第823条第1款的起草历史证明,该法典中没有任何关于一般人格权保护的请求权基础,其原因是:现有的"一般人格权"的概念可以有非常多的理解,是不确定的,特别是从法律实务的角度来讲,法院的判决很难掌握。从上述学说与立法过程叙述中我们可以推断出,人格利益不应该是归属于主体性权利的,人们不要试图超越刑法的规范来保护它们。[1] 并且,不要让《德国民法典》第823条第1款的条文具备其他的解释空间。虽然人们暂时能纯粹从表面上获得解释,即所谓的生命利益受到伤害至少如同一种主体性权利受害时课予加害人以损害赔偿义务,因为这可以从"其他权利"这样的概括条款中引申出来。

但是,这样的解释从语法的角度来审视却是站不住脚的。一方面,人们可以仅仅从模仿所有权开始列举一串权利清单,因为被列举的权利作为独一无二的主体性权利是没有争议的;另一方面,人们至少可以将生命和身体不当作权利来对待。[2] 最终,人们从整个法律体系的角度出发指出,名誉作为人格权的核心是通过《德国民法典》第823条第2款和第824条、第825条来保护的。但是,在名誉已经通过第823条第1款得到保护时,这种规定是有些多余的。[3]实际上,在整部法典中也没有出现过人格权的概念或者相似的概念,那么,没有人格权明文规定的民法典中的人格权规范体系又呈现何种态势呢?

《德国民法典》第12条规定姓名权,第823条第1款的规定生命、身体、健康、自由,是指法益(Rechtsgut),不是特别人格权(besonderes Persönlichkeitsrecht),该款所称"其他权利"(sonstiges Recht),指类似于所有权的排他性权利,立法之意并不包含一般人格权。第823条第2款规定违反保护他人法律的侵权损害赔偿

---

〔1〕 Enneccerus, Bürgerliches Recht, Bd. Ⅰ,2. Aufl. 1901, S. 841.

〔2〕 Enneccerus, Bürgerliches Recht, Bd. Ⅰ,2. Aufl. 1901, S. 839.

〔3〕 Enneccerus, Bürgerliches Recht, Bd. Ⅰ,2. Aufl. 1901, S. 840f.

责任,立法之初是为了使该条结合《德国刑法典》第 185 条以下侮辱、诽谤罪保护名誉。《德国民法典》第 824 条规定对信用保护。第 253 条(现在的该条第 1 款,因债法现代化该条增加了第 2 款)结合了第 847 条[1]第 1 款人格权损害精神赔偿。综上,《德国民法典》制定之初其人格权规范体系可图示如下(见图 1－3):

§ 12 ……………………………………姓名权
§ 823 Ⅰ ………………………………生命、身体、健康、自由、所有权或其他权利
§ 823 Ⅱ &§ 185ff. StGB ………… 名誉
§ 824 ……………………………………信用
§ 253 &§ 847…………………………身体、健康、自由的精神损害赔偿

图 1－3　《德国民法典》及相关法律关于人格权的规定

(二)预言:人格权的回归

在《德国民法典》生效之后的一段时间里,对这部新的法律是否应该或者能够保护一般人格权,各家学说意见不一。占优势的学说对这种保护持反对态度,但有一部分学者在这个时候已经从一般人格权的民法典明文保护中走了出来,并以法典的全盘规定为依据,发展了自己新的理论。这些新的理论为以后实务中人格权突破狭隘实证民法的规定而获得承认奠定了理论基础。具体说来,这些理论以《德国民法典》第 823 条规定为基础,从以下两个角度寻求人格权的规范基础:

1. 通过将一般人格权解释为第 823 条第 1 款中的"其他权利"。

实现此种操作目的的关键在于,如何对该条中第 823 条第 1 款中的"其他权利"进行切实可行的法教义学演绎。主张此种解释的一些人从立法史的角度审视,认为这样的规定是因删除了第一草案中第 704 条中富有启发意义的结束句而形成的,立法者必须将"或者其他权利"添加上作为人格权保护的规范基础。[2] 根据起草委员会的观点,按照一般的口语措辞顺序,"其他权利"是被放置于"所有权"之后的。这是因为担心一种严格的解释,即将"其他权利"类比所有权进行解释适用。但是在帝国司法局长呈交议会的《意见书》中的一段文字

---

[1] 该条已于 2002 年 8 月 1 日生效后的《修改损失赔偿条文第二法》中被废除。

[2] Dernburg, Das bürgerliche Recht des Deutschen Reichs und Preußens, Bd. 2,1. Abt., 1. u. 2. Aufl. 1899, S. 613f.

中人们得到了暗示,即生命、健康、自由和进一步的人格权都应该“属于人的权利”。[1]

持这种观点的另一部分学者较早些时候是这样考虑这个问题的。比如科勒认为,一般人格权直接通过对权利的不法侵害得到法律上的救济来进行保护,这可以宣称“完全地对人进行保护,名义上也包括对生命、身体(健康)和自由的保护,当然还包括对名誉和性的纯洁的保护”。[2] 这部分学者中还有一部分人认为,对于人格权的承认可以基本上依据《德国民法典》第12条、第823条、第824条、第825条或者其他的专门法来确认。实际上,进一步的对人格权的综合保护来自虽然未曾书面写明、但确是当然存在的法律句子:“每一项侵害权利的行为都将是可惩罚的。”基尔克承认,立法者拒绝了对一般人格权的承认,这是一个基于教条主义而犯的错误,但是一般人格权的存在是不可阻挡的。[3]《德国民法典》第823条必须将从多个角度在这个意义上来理解,仅仅是这种最重要的一般人格权尤其必须得到强调,虽然它没有得到规定,但是确将同样地享受法律的保护。[4]

2. 类推适用其他已经被承认的人格权。

该观点认为,可以从现行法律秩序中承认一般人格权。在豪森特哈(Rosenthal)看来,原则上可以承认个人的人格权可以通过将法律秩序联系成一个大的整体来完成,从这一点来看,一般人格权也可以被推演出来。莱曼(Lemann)认为,原则上承认一般人格权要从个别的关于现存的“人的一般权利的中心”的规定来得出,因为这也可以从《德国民法典》第823条第1款中得出。如果这种解释能够成立,那么根据这种解释,实务上对此规范的需要就可以解决了。[5]

从上面两种解决思路来看,在民法典中没有被明确规定的人格权在后来的实务中并非于法无据。虽然,在丰富的理论争辩和民众意见充分表达的基础上,立法者以貌似民主的方式决定了不给这些实际上被承认的人格上的“高级利益”穿上权利的外衣。但是,民法典生效之后的学者对人格权的预言及实务上20世纪德国人格权保护日臻周全的发展史都证明了颠扑不破的真理——“每一位法学者在其创见于开始之际,被讥为异端邪说,最后则被贬为陈腔滥调,他所

---

〔1〕 Staudinger - Loewenfeld, Bd. 1, 2. Aufl. S. 28.

〔2〕 Vgl. Kohler, Lehrbuch des Bürgerlichen Rechts, Bd. 2, 1906, S. 515.

〔3〕 Gierke, Deutsches Privatrecht, Bd. 3, 1895, S. 888.

〔4〕 Gierke, Deutsches Privatrecht, Bd. 3, 1895, S. 888.

〔5〕 Lemann, Die Unterlassungspflicht im bürgerlichen Recht, 1906, S. 128.

享有的,只是在此两极之间短暂胜利的喝彩。"[1]潘德克吞法学的权利之说何曾又不是如此呢?

19 世纪的德国民法是"百花齐放,百家争鸣"的时代,继受罗马法的历史法学派和弘扬本土法学的日耳曼法学派各自推陈出新,争相斗艳,硕果累累。数着手头一卷卷的"民法全书",不仅让人感受到了历史的沉淀,还让人充满对知识的敬畏。历史在传承中发展,知识在增进中创新,19 世纪德国人格权理论从萌芽到发展再到逐渐完善,是一百年来数代先贤不懈努力的成果。19 世纪德国的人格权理论是典型的法学家的法。虽然由于历史的风云际会,人格权没有被明确写进民法典,但是后来《德国民法典》在 20 世纪发展史上最光辉、最璀璨的一颗明珠还是关于人格权保护的。这正昭示着 19 世纪德国人格权理论的历史贡献。

第三节　20 世纪德国人格权法之演进

一、早期人格权法体系

从《德国民法典》制定之初的人格权规范体系可知,德国民法立法上并未承认一般意义上的人格权,人格上的"高级利益"只是限于生命、身体、健康、自由。名誉的保护被置放于刑法之中,而且过失损害名誉不予保护。"其他权利"此时类比所有权,作为绝对权来解释。显然,诸多人格利益据此无法得到保护,比如肖像、过失损害名誉等。这种民法上对人格权的不完整保护,造成了诸多法律漏洞,而这些漏洞显然又无法通过其他法律规范,特别是无法通过刑法的规定来填补。[2]

实务上,法典生效之后的第一个关于人格权的判决由汉堡高等法院于 1900 年 11 月 20 日作出,该判决拒绝承认一般人格权。[3] 稍后帝国法院(RG)于 1902 年的一个重要判决提出:823 § Ⅰ后半段"其他权利"是否包括名誉和职业自由?但该判决认为,从整体法律体系来看,该"其他权利"应该被在广泛的范围内进行限定,一般意义上的人格权是应该从立法本意的角度来狭义理解的,不

---

[1] 参见《法学上之发现》,王泽鉴译,载王泽鉴:《民法学说与判例研究》第 4 册,中国政法大学出版社 2003 年版,第 1 页。

[2] Larenz/Wolf, Allgemeiner Teil des Bürgerlichen Rechts, 9. Aufl. 2004, S. 126.

[3] Vgl. Rspr. – Nachlese in GRUR 1901, S. 205(210).

能够轻松突破立法设定的界限。[1]

其实,上述法律规定的缺陷与实务的保守性,在《德国民法典》(本书亦可简称 BGB)施行前数日(1899 年 12 月 28 日)的一个著名案件中已经显露无遗,即帝国法院对德国首相俾斯麦(Bismarck)遗体偷拍案之判决。[2] 死者 Bismarck 遗体被偷拍,并准备被高价出售。Bismarck 子女请求法院对此予以禁止,并要求判令被告返还、销毁偷拍照片。本案法律争议在于:偷拍遗体是否构成侵害死者的人格权?如果侵害死者的人格权又如何保护?判决避开死者人格权问题,认为被告不法行为取得他人遗体照片,应以不当得利为由,负返还责任。

该判决回避人格权的"鸵鸟政策"被积极鼓吹承认人格权的 Kohler 等学者所批评,如 Kohler 认为,拍摄遗体是侵害死者的人格权,并强调人格权在人死亡后仍以一种余存的方式继续存在(das hinterlasse Residuum des Persönlichkeitsrechts),应受保护,并可由其继承人或近亲属代为行使其救济方法。[3] Kohler 的这一观点在当时的学说中引起广泛赞同。该案引起了德国各界对肖像权保护的重视,但由于此任务不可能由数日后(1900 年 1 月 1 日)生效的 BGB 来承担,于是便有了 1907 年 9 月 1 日生效的《德国艺术著作权法》(本书亦可简称 KUG)。该法 § 22 - 24、33、37 - 38、42 - 44、48 对肖像权予以全面规定。

值得注意的是,1965 年《德国著作权法》(本书亦可简称 UrhebG)修正时,仍保留前揭 KUG § 22 至 § 24 规定(UrhebG § 141 V),并在实务上广为适用,由其承担保护死者人格权的论证依据。[4] 此后直至 1954 年 Leserbrief 案之前,德国法上的人格权保护体系见图 1 - 4:

§ 12 BGB …………………………… 姓名权
§ 823 BGB …………………………… 生命、身体、健康、自由、所有权或其他权利
§ 823 Ⅱ BGB & § 185ff. StGB ……… 名誉
§ 824 BGB…………………………… 信用
§ 253 & § 847 BGB…………………… 身体、健康、自由的精神损害赔偿
§ 22 - 24、33、37 - 38、42 - 44、48 KUG… 肖像权

图 1 - 4 德国法上的人格利益保护体系

本件判决及 KUG 制定之后,虽肖像权于法有据,但人格权仍未被承认。帝

[1] RGZ 51. S. 369(373).
[2] RGZ 45, 170.
[3] Kohler, Der Fall der Bismarck Photographie, GRUR 1900, S. 196.
[4] Helle, Besondere Persönlichkeitsrechts rechte im Privatrecht, 1991, S. 45.

国最高法院依然因循前述立场,虽然其在一定程度上,通过对 BGB §826 类推适用保护人格利益,但此并不能填补继续扩大的法律漏洞,其重申:"一项一般的、主观的人格权,是被现行民法所排斥的。民法中只存在特别的,并是由成文法所规范的人格权利,如姓名权、商标权、对个人形象的权利以及著作权中的人格权的内容。"[1]理由是:应予保护的人格权领域范围,没有一个明确的、对法律交往(Rechtsverkehr)而言明显的界限。但是,由于 BGB §826 本身特性使然,其在面对过失侵害人格法益时是无能为力的。种种迹象表明,德国人格权保护在现有的法律体系中是得不到满足的,实务的进一步发展必然挣脱现有体系开拓新的空间,不管是从何角度或者以何种方式,这似乎只是一个时间和契机的问题。

二、一般人格权

(一)一般人格权确立:1954 年 Leserbrief 案[2]

2008 年德国第一部大型综合的《人格权手册》出版,该书是目前关于德国人格权研究最丰富的单本资料的集合。在该书中,作者将本案做成的这一天(1954 年 5 月 25 日)比喻为"一般人格权的生日"。[3] 在德国,探讨战后的人格权问题,对这一案件的引证是无可回避的。有关这一案件本身的议论聚讼纷纭,该判决也成为德国人格权发展史上的"分水岭"——从不承认或含糊承认人格权到明确承认人格权。该案在法学方法论上的意义也备受关注,本案之后的几乎任何一本德国关于法学方法论的著作都会对其善加论证。本案对法国、意大利、西班牙等国的人格权法制建设也影响巨大。并且,本判决与几乎同时代的(1958 年)的 Lüth 案(后文详述)一道为德国法学家开启公、私法关系的论题提供了契机。在中国人格权理论与实务的话语体系中,本案几乎"家喻户晓",其作为一般人格权产生的标志,已经成为大家进入人格权领域问题探讨的常识和研究人格权必备基础知识储备。然而,国内研究论及本案时,引证来源多系间接引用,对本案事实及理由的叙述较为简单,特别是对联邦法院推理过程关注甚少。

1952 年 6 月 29 日,本案被告 D 出版公司在其发行的周刊杂志上发表了一篇主标题为"Dr. Hjalmar Schacht 和他的公司"(Dr H. S. & Co.)、副标题为"值此 Schacht 银行建立之际的政治观察"的文章。该文声称,担任前帝国银行行长和经济部长的 Dr. Schacht 利用了其以前担任帝国要职的关系及其在"二战"中的影响力,开设了这家外贸银行。显然,在当时德国全民反省"二战"纳粹罪行

---

[1] RGZ 69, 401, 403. 1908. 11. 7.

[2] BGHZ 13, 334 = NJW1954, 1404 - Leserbrief.

[3] Götting/Schertz/Seitz(hrsg.), Handbuch des Persönlichkeitsrechts, 2008, S. 25.

的社会背景下,这样的一篇文章将对 Dr. Schacht 极为不利,包括经济上的和名誉上的。于是,Dr. Schacht 便委托本案原告 M 律师处理此事。M 律师于 1952 年 7 月 4 日致函 D 出版公司,要求更正。在这封函件中,M 律师声称:

> 我仅代表 Dr. Schacht 的利益,受其全权委托,根据《出版法》§11 的规定,要求您对上述文章作出更正。因为上述文章是违法的,其不仅违反了《出版法》,也违反了 BGB 和 UrhebG。如果直到 1952 年 7 月 5 日中午 12 点以前,您还没有将这篇文章通过电话或者书面的方式改正,我们将立即采取法律措施。

D 出版公司对于该律师函件没有任何回答,而将此函刊登在其周刊中的 1952 年 7 月 6 日的"读者来信"栏目中,并删除若干关键文字,使其他读者误以为该律师只是以一名普通读者的身份就 Dr. Schacht 的事情致函给 D 出版公司。M 律师要求法院判处被告予以更正,表示该信件系律师函件,而非读者来信。

本案一审汉堡地方法院(LG)根据 BGB §823 Ⅱ和 StGB §186、187 支持了原告的诉讼请求。被告对此不服,上诉到汉堡州高等法院(OLG),该院否决一审判决,原告败诉。二审认为,被告将原告的函件缩短公开刊载于"读者来信"栏目并未违法侵害原告。虽然这种公开方式的声明包含一项捏造的事实,但被告这种违法的声明既没有损害原告的信用,也没有贬低和公开侮辱原告。原告对二审不服,上诉到联邦法院。联邦法院判决原告胜诉,并详述判决理由,现举其要者:

(一)

> 不管原告于 1952 年 7 月 4 日的函件是不是 UrhebG §1 意义上的作品而因此应该受到保护。虽然帝国最高法院长久以来的判决都支持对于信件作为公开出版物的保护,但其并不在意作品是否在形式上符合 UrhebG 的要求。[1] 与此同时,关于作品上的权利也提示人们:个人形象的评价如同对一个人作品的评价,既如此,承认单独人格保护就成为必要。因为,这种保护不能从著作人格权中推演出来。因为,个人的日常心理活动探究是依据外在的表象为基础而获知的,而此种表象显然与著作权是不一样的。[2]

---

〔1〕 RGZ 41, 43(48); 69, 401(403).

〔2〕 Vgl. Ulmer, Urheber – und Verlagsrecht §83 Ⅳ; Neumann – Duesberg, "Das gesprochene Wort im Urheber – und Persönlichkeitsrechts" 1949, S. 158ff; Georg Müller, Ufita 1929, 367(383ff). 转引自该判决。

帝国最高法院相信,基于信件是否公开的人格保护与著作权不是相互依存的。因为,那时的德国法律体系中并没有关于一般人格权的法律规定。[1]帝国最高法院虽然在很多的判决中都通过适用BGB §826来保护人格权[2],但是原则上人格权作为一种具有绝对效力的、针对个人人格权益保护的权利已经成为一致的需要被承认的了。在法律文献中,Gierke和Kohler都已经承认了一种全面的人格权保护了。[3]

(二)

当今的《德国基本法》(本书亦可简称GG)已经确认,人有权要求其尊严得到尊重(GG §1),只要不损害他人的权利并不违反道德规范,就有权要求自由地发展其人格,此作为一项私权,应当得到所有人的尊重(GG §2)。这些内容在GG中确立之后,一般人格权也就应当被视为由宪法予以保障的一项基本权利。

(三)

任何一次言论都是对某一思维的固定,都是言论者的人格的流露;即使言论固定的形式不具备享有著作权保护的形式要件,亦是如此。据此而得出的结论就是:原则上,某个言论是否可以以某种形式为公众所知悉,只有言论者自己有权利决定……如果说,未经允许而发表私人的言论,一般情况下是对人们普遍具有的个人私密领域的强行干预,那么,言论改动后加以表达,这是在表达言论者的人格权领域造成理论损害。因为,这种不为表达言论者所认可的改动,可能会呈现出一个错误的人格形象。

一般人格权的创设除使人格权被一般性地在民法上获得了肯定之外,还具有重大的法制进步意义:(1)一般人格权的创设,使以逻辑严密著称的德国民法突破了狭隘的民法实证主义,迎合了不断扩大的新型人格法益保护的需要。(2)该制度的创设,是在法无明文规定的情况下,由法院自主创设,是典型的法官法(Richtsrecht)。由于法官造法(Rechtsbildung)是对启蒙运动滥觞以来近现代国家权力配置方案的重大挑战,故为了规范法官造法,使其不至于信马由缰,

---

[1] RGZ 79, 397(398);82, 333(334); 94, 1; 102, 134; 107, 277(281);113, 414; 123, 312(320).转引自该判决。

[2] RGZ 72, 175; 85, 343; 115, 416; 162, 7. 转引自该判决。

[3] Otto von Gierke, Deutsches Privatrecht, Bd. 1, 707, Bd. 3, 887; Kohler, "Das Recht an Briefen" in Archiv für bürgerliches Recht, Bd. 7, 94ff(101); für das schweizerische Recht vgl. Schweizer ZivGB Art 28. 转引自该判决。

各种方法论应运而生。(3)该制度的创设昭示了在现代法制秩序中,宪法价值具有优位性和建构性。人格权保护是整个法律秩序的中心任务,以人为本是主流的价值观念,承载宗教神学、道德理念和政治哲学上的诸多诉求,是无可动摇的核心价值判断。法治实现的重要表现就是将这种由宪法所承载的核心价值判断落实到具体的法律实践当中去——表现为各类法律判决。但是,宪法的 GG 地位使其不可能事必躬亲,直接并且唯一地成为各种判决的依据,于是便有了将宪法基本价值通过各种低一位阶的特别法来实现的基本权利第三人效力(Drittswirkrung der Grundrechte)理论的产生。基本权利第三人效力理论对传统公、私法的划分和法学方法的变革都影响重大。

(二)一般人格权保护范围的扩大

一般人格权是抽象的、概括性的权利,如何使其具体化以适应人格法益保护的需要,一直是德国民法自 1954 年以来的重点关注对象。实务和学说对此都投入了巨大心力。但从法学方法论观之,是典型的法释义学(Dogmatik)发展路径:法官做成判决之后,学者将这些判决加以批判整理归类,形成一定的可以供法院依循的规则,去进而指导法院面对新型的判决。此处限于篇幅,无法详述各种法释义学建构,只能略举几例:

1. Münchener Kommentar:(1)共同场所人的保护(Schutz der Person vor der Verbreitung, öffentlichen Zurschaustellung und Herstellung von Bildnissen);(2)名誉和人的整体性保护(Schutz der Person vor Angriffen auf ihre Ehre und persönliche Integrität);(3)对个人形象认同的保护(Schutz der Person vor Entstellungen ihrer Identität);(4)对公共调查侵入个人领域的保护(Schutz der Person vor dem Eindringen in den persönlichen Bereich und vor dessen Ausforschung);(5)个人信息的保护(Schutz der Person vor der Erhebung und Verarbeitung von wahren personenbezogenen Informationen);(6)人格被不当利用的保护(Schutz der Person vor unbefugter Nutzung ihrer Persönlichkeit);(7)对人格权自由发展基础的保护(Persönlichkeitsrecht als Grundlage von Ansprüchen auf Entfaltung)。[1]

2. Larenz/Wolf:(1)名誉保护(Schutz der Ehre);(2)自我表达的权利(Recht auf Selbstdarstellung);(3)自我言语和自我的合法陈述(Recht am eigenen Wort und auf richtige Darstellung);(4)肖像权(Das Recht am eigenen Bild);(5)隐私领域(Schutz der Intimsphäre);(6)私人领域(Schutz der Privatsphäre);

---

[1] MünchenKomm BGB/Rixecker, § 12 AnH RdNr. 40 - 131, 2006 Aful.

(7)信息自主(Recht auf informationelle Selbstbestimmung)；(8)过失歧视(Unterlassung von Diskriminierungen)；(9)综合性权利(Auffangrecht)。[1]

3. Medicus：(1)名誉保护(Ehrenschutz)；(2)肖像(Bild)；(3)隐私领域(Intimsphäre)；(4)不当利用(Unvlangte Werbezusendungen)；(5)权利群但不是所有的案件的口袋(Diese Fallgruppen umfassen aber keineswegs alle denkbaren Fälle)。[2]

(三)一般人格权的本质与未来

实际上，承认一般人格权就等于承认了一种概括的人格权，我们甚至可以将二者的关系表述为，一般人格权就是人格权的代名词。因为，自从承认了一般人格权，人格权作为一种民法上的权利就得到了确认，并且其保护范围得到极大扩张，以前不能被BGB所承认或者容纳的人格法益都获得权利外衣而被保护。一般人格权是实在法上除了已经明文的具体人格权之外的"其他人格权"，是一种补充性的权利。一般人格权是各种其他人格权产生的规范基础，它是吸收新型人格法益的口袋，其精神内核是人格尊严和人格自由发展。

关于一般人格权的适用，如特别法关于特别人格权设有规定的，优先适用之；其无规定的，则应适用一般人格权。例如，BGB §12 关于姓名权的侵害，仅规定为他人所争执或无权使用其同一姓名；关于无权使用他人姓名于商品、广告，得适用一般人格权。又，KUG §22 仅规定未经同意不得传布或展示他人肖像；关于肖像的制作，得有一般人格权的适用。

一般人格权从其产生机制来看，是德国联邦法院(BGH)和联邦宪法法院(BVerfG)协力的结果。对此，可从Lerserbrief案判决得到验证，这份判决的主要依据就是德国GG §1 Ⅰ和§2 Ⅰ结合BGB §823 Ⅰ。并且，判决肯认人格权为宪法基本权利。在此之后的Ginseng案、Soraya案和Carolin案等案中，当事人的宪法诉愿(Verfassungsbeschwerde)激发了联邦宪法法院对人格权案件的参与。联邦宪法法院通过一系列判决进一步肯认了人格权为一种宪法上的基本权利。德国人格权法的发展证明了人格权的双重属性：既是私权利(Privatrecht)，也是基本权利(Grundrecht)。这也使得人格权能够在民法和宪法两个层面同时展开。

对于一般人格权的未来，系统研究过一般人格权历史的Martin认为：由于一般人格权的不确定性及其包容性，一般人格权的内容范围很难确定，并将继续

---

〔1〕 Larenz/Wolf, Allgemeiner Teil des Bürgerlichen Rechts, 9. Aufl. 2004, S. 133(138).

〔2〕 Medicus, Allgemeiner Teil des BGB, 9. Aufl. 2006, S. 424(426).

扩大。因此,保持原状是这种权利继续存在最有可能的方式。自一般人格权被承认以来,人们就发现其历史是难以终止的。在人类社会之中,个人的人格利益不断增加,在未来需要一个框架性的权利来处理这些日益增加的权利,以弥补法律规定的空白。[1] 此观点诚为适切:成文法体制下,允许一个开放的权利形态是必要的,也是可能的,特别是针对人格权这样一个不断发展的权利类型。其实,民法体系从来就不是故步自封的,民法中从来就不缺少概括性条款,如BGB §242(诚实信用),BGB §826(善良风俗)等。这些概括条款充当了成文法滞后性与社会变革前进性之间矛盾的调适器,是法典保持自我张力的必备武器。

三、精神损害赔偿

原BGB §253规定:"非财产损害,仅限于法律有明文规定的情形才能请求金钱赔偿。"此处法律明文规定的情形主要是指原BGB §847 Ⅰ:"侵害身体、健康或剥夺他人自由者,被害人对于非财产上之损害,亦可请求赔偿相当之金钱。"2002年8月1日生效的《修改损失赔偿第二法》将原847 §Ⅰ修改后并入§253,作为该条第2款,原§847被废除。于是,现在BGB中的关于非财产损害赔偿的规定就只有§253:"(1)非财产损害,仅限于法律有明文规定的情形才能请求金钱赔偿。(2)侵害身体、健康、自由或性的自由决定,被害人对于非财产上之损害,亦可请求赔偿相当之金钱。"除§253 Ⅱ之外,BGB中还有§611 a Ⅱ中雇员受雇主歧视的非财产金钱赔偿、§651 f Ⅱ中旅客遭受显著性侵害的非财产金钱赔偿、§823 Ⅰ中一般人格权损害金钱赔偿,[2]在一些特别民法中出现的危险责任(Gefährdungshaftung)中,受害人也可依法请求非财产损害金钱赔偿。[3] 此外,还有UrhebG §97和《水手法》(Seemannsgesetz) §40 Ⅲ中的非财产损害金钱赔偿。除了上述法定范围内的非财产损害金钱赔偿之外,德国民法实务还通过一系列著名判例突破了上述法定范围,扩大了非财产损害金钱赔偿的范围。

非物质损害的金钱赔偿之所以一直由法官造法来完成,一个重要的原因是曾经的拟增加非财产金钱赔偿的修法提议都未被通过。第一次是在1957年第42届德国法律人大会(Deutsche Juristentag)上,会议建议以一项广泛的法律来支持非财产损害金钱赔偿。联邦政府依此提议,于1959年向联邦众议院(Bundstag)提出《民法上人格及名誉保护规范调整法草案》(Entwurf eines Gesetzes zur

---

[1] Martin, Das allgemeine Persönlichkeitsrecht in seiner historischen Entwicklung, 2007, S. 287.

[2] BGH, Ⅵ ZR 15/95, 19.12.1995 - Caroline Ⅰ.

[3] Z. B. §11 S. 2 StVG, §6 S. 2 HaftPflG, §8 S. 2 ProdHaftG.

Neuordnung des zivilrechtlichen Perönlichkeits – und Ehrenschutzes: BT Drucks. Ⅱ/1237)。根据该法案计划,BGB §12 应被一项“民法上的人格保护基本规范”(Grundnorm des bürgerlich – rechtlichen Persönlichkeitsschutzes)所取代。在接下来的规定中,应当处理典型重大案件和历来审判实践经常出现已经成型的人格权侵害类型。相应地,在侵权行为法中,BGB §§823 Ⅰ、824、847 应适应人格权保护的需要,予以扩张。其中,§847 应包括如下内容:

> 人格受侵害者,就财产损害以外之损害可以请求与损害相当的金钱赔偿,或所侵扰之弥补。如果适用§249 能够且充分恢复原状,或另以金钱以外其他方式能够弥补受害人的,不适用前项规定。非明显的侵害,亦不在前项规定的范围之内。金钱赔偿的数额,应依照具体案情,尤其要考虑侵害及责任是否程度重大。

但是,本项草案并未获通过,原因是遭到了来自公共领域的强烈抵制。媒体尤其对其加以谴责,认为该法案过度扩张对人格权的保护,对言论自由与报业自由的牺牲已经达到无法容忍的地步,如此法案获得通过,媒体将无法再履行其公共职能。

在 1964 年第 45 届联邦法律大会上,法律界再次向立法者建言,增设非财产损害金钱赔偿。联邦司法部 1967 年遂公布一项《修正及补充损害赔偿法上规定的法律》(Gesetz zur Änderung und Ergänzung schadenersatzrechtlicher Vorschriften)的草案。该草案就有关损害赔偿法改革,预计纳入:在 BGB §823 中,名誉与一般人格权应视同绝对权予以保护。并且依照法理,§847 之改革应按照先前草案(1959 年)的方案来进行。可惜,此项草案仍未进入国会讨论程序。[1]

本书在分析德国非财产损害金钱赔偿制度演进前,需对相关术语简单说明,这是因为我国《精神损害赔偿解释》(2001 年)中所使用的“精神损害赔偿”用语与“慰抚金”及德国术语中的“痛苦金”都有所不同。在德国实务与学术用词中,通常有如下表述:精神损害(ideelle Beeinträchtigung)、非财产损害赔偿(Nichtvermögenschaden)、非物质损害(immateriellen Schaden)、金钱赔偿(Geldentschädigung)、痛苦金(Schmerzensgeld)。BGB §253 使用的是“非财产损害的金钱赔偿”(Entschädigung von Nichtvermögensschäden in Geld),而学说与判例中通常使用痛苦金(Schmerzensgeld)。而在瑞士通常使用慰抚或抚慰(Genugtuung),该词与 Schadensersatz 相对,前者专指非财产损害赔偿,包括恢复

---

〔1〕 Vgl. BVerfGE 34, 269,293 – Soraya.

原状(Naturalleistung)及金钱给付之慰抚(Genugtuung in Gestalt der Geldleitung);后者专指痛苦金。目前德国也有使用慰抚或抚慰的。本书根据我国法律用语习惯,多使用“精神损害赔偿”,指非财产损害,特别是因精神或肉体痛苦而引发的损害的金钱赔偿,与德国的痛苦金同义。

(一)对身体自由的类推适用:1958 年 Herrenheiter 案〔1〕

本案中,原告是一家啤酒厂的合伙人,但平素喜欢以骑士身份参加骑马比赛,被告是一家制作增强性能力药物的药厂。被告未经原告同意,在其药品宣传海报上使用原告参加骑术比赛的照片作广告,原告要求被告停止侵害并金钱赔偿。一审判决被告支付原告 1000 马克的赔偿金,二审判决被告支付原告 10,000 马克的赔偿金。被告不服上述至联邦法院,联邦法院驳回上诉。联邦法院在判决中重申 Leserbrief 案立场,强调人格尊严的神圣性和人格自由发展的重要性,并明白肯定人格权应该解释为 BGB §823 Ⅰ中的“其他权利”而受保护。被告擅自使用他人肖像,属于侵害他人人格自由,应成立对人格权的侵害。本案关键问题在于,被害人是否依 BGB §847 关于侵害他人自由的规定请求非财产损害赔偿。

BGB §847 Ⅰ中的自由是指身体活动自由,如胁迫他人为某种行为。在 GG 施行前,学说上有认为本条自由应解释为包括意思自由,但未被接受。BGB §847规定,只是针对“侵害身体或健康,或侵夺自由者”三种人格法益才能请求亲身损害赔偿。据此,其他人格权或人格权法益被侵害时,不能请求非财产损害金钱赔偿,如此使人格的保护力度不强。为了解决这一问题,联邦法院对 BGB §847 中的“自由”作扩张解释。根据 GG §§1、2,自由决定人格是一项被基本法所肯定的基本价值,基本法明定人格权应受尊重,精神自由亦应受保护。为此,联邦法院将 BGB §847 类推适用于精神自由受侵害的情形,被害人亦得请求非财产上的金钱赔偿。通过此种类推适用,使人格损害的非财产赔偿领域得以扩大,因侵害一般人格权亦可请求精神损害赔偿。此为德国人格权法在 20 世纪继一般人格权被创设之后的另一大发展。

(二)以基本法作为依据:1961 年 Ginsengwurzel 案〔2〕

本案原告是某大学法学院的一位杰出的国际法和宗教法教授,其从韩国带回了一些人参(Ginsengwurzel),供其好友 H 教授作为研究之用。H 教授为了感谢原告,在其发表的科研论文章中特指出了通过原告提供韩国人参的“友好帮

〔1〕 BGHZ 26,349.

〔2〕 BGHZ 35,363.

助”(liebenswürdige Unterstützung)才得以完成这一成果。这导致了原告出现在通俗科学杂志(H. und W.)于1957年所发表的一篇《奇妙人参根的新发现》(wunderwurzel neu entdeckt)的文章中。在这篇文章中,原告被描述为著名的人参研究专家。被告是一家制药厂,在其广告中声称原告与H教授一样,是人参专家,并指出原告研究的这种人参是纯天然的产物,具有增强性功能的作用。被告广告自1957年9月至1958年8月共发行250,000份,这中间有5000份是在原告警告被告后继续发行的。此外,被告的上述言论还被另一家M杂志引用共传播27,500份。原告认为被告行为使得其以研究性药物的专家出现在公众面前,并使社会(特别是其学生)取笑其不务正业等,这侵害了其良好的本专业名声(Ruf)和人格权。因此,原告引据Herrenheiter案判决,请求被告赔偿其抚慰金10,000马克。一审判处被告赔偿原告80,000马克痛苦赔偿金;二审维持原判,被告上述之联邦法院,联邦法院维持原判。

联邦法院坚持了Lerserbrief案与Herrenheiter案判决的立场,但对于精神损害赔偿的请求权基础,认为不应再类推适用BGB §847,[1]而应倾向下述立场:如果就人格权侵害不发动与精神损害(ideelle Beeinträchtigung)相应的制裁,则在基本法价值决定和辐射下所建构的民法人格权保护制度将会有所疏漏。将精神损害赔偿(ideelle Schadenersatz)适用限定于个别列举法益之侵害,不符合基本法的价值体系。排除人格保护中的各种非物质上损害金钱赔偿,意味着人性尊严与名誉侵害行为仍无民法上之制裁。如此使得法律无异放弃了最有效且仅存之制裁此类侵害行为的工具来保护个人人格价值受到尊重。但是,判决亦指出,并非对一般人格权之任何轻微的损害都会导致非物质损害的金钱赔偿义务,否则将产生下述危险:不重要之侵害以不相当之方式遭利用而成为谋取不正当利益的工具。因为精神领域内的人格权侵害较身体上之侵害更难以以金钱估算其损害,故就一般人格权之侵害,虽然精神损害赔偿的弥补作用应优先适用,但应反复检讨的是:所受损害能否以其他方式弥补?是否必要就其所受侵扰,依人格权被侵害之种类,判处此种金钱弥补?一般而言,此种金钱赔偿一般发生于侵害人具有较重责任,或具有客观而明显的侵害人格权的情形。

具体而言,判决指出GG §1中的人格尊严与§2 Ⅰ中的人格自由发展受BGB §823 Ⅰ保护,这是基本法对民法适用的基本要求。被告侵害原告人格而

[1] 联邦法院之所以放弃继续类推适用《德国民法典》§847,主要是因为来自学界的强烈反对声音,认为由于《德国民法典》§253的存在,使得本项法官造法失去前提。Vgl. Larenz, Methodenlehre der Rechtswiisehnschaft, 2. Aufl. 1969, S. 402.

获利,情节严重,违反基本法的这一要求,应当支付原告精神损害赔偿。本判决是德国人格权保护继一般人格权被侵害可以请求精神损害赔偿之后的又一大进步。因为,Herrenheiter 案判决采用的类推适用 BGB §847 Ⅰ中"身体自由"的做法并不能广泛适用于所有的人格权被侵害请求精神损害赔偿的情形。为此,联邦法院再度积极造法,在本判决中,以 GG §§1、2 Ⅰ作为抚慰金请求的依据,解决了人格上非物质损害的金钱赔偿请求权基础问题。

(三)合宪性:1973 年 Soraya 案〔1〕

前述联邦法院以基本法为依据,通过 Lerserbrief 案创造一般人格权,并通过 Herrenreiter 案和 Ginsengwurzel 案使被害人得以就人格权被侵害请求精神损害赔偿,此两项突破成文法的重大法官造法是否合宪,引起了重大争论。本案判决就是德国联邦宪法法院第一次就此两项重大法官造法明确表态的判决。

本案原告为伊朗国王之离婚妻子 Soraya。本案第一被告世界日报出版公司(Die Welt),系有名的出版社,其在联邦全境发行《法庭一周新报》(*Das neue Blatt mit Gerichtswoche*),该刊物注重以轰动性的社会报道来娱乐读者。第二被告系第一被告之执行编辑。被告的上述杂志于 1961 年 4 月 29 日当期首页,刊载一篇标题为《soraya:国王不再写信给我》的独家虚假访问文章。在该访问文章中,记述了原告关于其私人生活的表白。实际上,该文系一名女性自由工作者杜撰卖给被告的。对此,原告主张人格权受侵害,诉请慰抚金的损害赔偿。1962 年 Mannheim 地方法院判处二被告连带支付原告 15,000 马克;1963 年 Karlsruhe 高等法院与 1964 年联邦法院(BGH NJW 1965, 683),皆判决被告败诉。联邦法院判决原告胜诉,认为此项不实报道个人隐私,是基于私利追求而具有违法性,并且未尽合理查证义务而具有重大过失,构成对人格权的重大侵害,刊登更正启事尚不足恢复原状,应以相当金钱慰抚被害人精神上的痛苦。被告提出宪法诉愿,认为此项判决违宪,其主要理由有三:(1)法官造法违背权力分立原则,构成对私人权利的侵害;(2)动辄判决精神损害赔偿侵害言论自由;(3)慰抚金的请求以重大侵害人格权为要件,犹如刑事裁判,由法院创设,违背罪刑法定主义。宪法法院认为宪法诉愿不成立。

对于第一项理由,宪法法院认为不成立。因为基本权利对民法具有放射效力(Ausstrahlungswirkung),民事裁判必须尊重基本权利的这种放射效力,宪法法院有权利和责任改变不尊重此种放射效力的民事立法和民事裁判。有关慰抚金

---

〔1〕 BVerfGE 34, 269, 293 – Soraya.

的法官造法,扩充了民法适用范围,是对基本权利价值保护的需要,是对民法立法的补充,不违反基本法。对于第二项理由,宪法法院认为不成立。GG §5 Ⅱ, BGB §823 Ⅰ是限制言论自由的法律,因为人格权保护构成对言论自由的限制。如果言论自由是基于商业目的而非基于公益,则人格权保护优先。本案情形正是人格权保护优先商业性言论的著例。对于第三项理由,宪法法院认为不成立。因为司法系以法律(Gesetz)和法(Recht)为依据并受其限制,狭隘的法律实证主义(Gesetzespositivismus)已遭拒斥。法与法律虽然通常一致,但并非总是一致,因为无漏洞的法律实际上是不可能的,故应该允许一种更高之法(ein Mehr an Recht)——相对于国家权力实证规章(positive Satzungen)之存在,这种法的法源来自作为一项意义整体(Sinnganze)的宪法价值秩序(verfassungsmäßige Rechtsordnung)。法的存在以宪法所确立的价值秩序为内容,具有补充成文法不足的功效。司法的任务在于发现蕴含于宪法价值秩序中的内容,并以合理的依据,结合实践理性(praktische Vernunft)标准和"植根于共同社会的基本正义观念"(fundierte allgemeine Gerechtigkeitsvorstellungen der Gemeinschaft),通过判决表现出来,以填补法律漏洞,促进法律的进步。此一向为实务与学说所认同的见解,《法院基准法》(Gerichtsverfassungsgesetz,GVG) §137 亦赋予"联邦最高审级联系会议"(die Großen Senate der obersten Gerichtshöfe des Bundes)"造法"(Fortbildung des Rechts)的任务。

最后,判决总结上述论证认为,BGB 规定将非财产损害的金钱赔偿限定在特定情形已经落后于时代的发展,与西方其他国家对此的保护力度亦差距较大。联邦法院用判决补充此项现行规定的不足,确有必要。这是以有效的手段来保护宪法秩序所蕴含的价值,并未排除 BGB §253 之规定,而只是起到补充作用,亦未肆意造法,不侵害言论自由,不违背宪法秩序。该判决肯定了非财产损害的经济补偿,从此以后关于此项赔偿几乎不再出现是否的争论,而使得争论转向另一个重要的话题——赔偿数额的确定。

(四)以获利作为赔偿标准:1995 年 Caroline Ⅰ案

Caroline 是摩纳哥公国时任君主 Albert 的姐姐。她虽然家在摩纳哥,但主要生活在巴黎。她是世界多家文化、人权基金会的主席或者使者,但从未参与执政。20 世纪 90 年代起,她在多个欧洲国家对那些刊登她私人生活照片的报纸或娱乐杂志(Yellow - Press)提起诉讼,维护自己的隐私权和其他人格权。本案所涉照片有:(1)Caroline 与影星 Vincent Lindon 傍晚在原告花园中的桌边;(2)Caroline在一个牧场骑马;(3)Caroline 与其两个孩子在汽车旁,其中原告戴太阳镜,照片背景中还有其他几个人;(4)Caroline 与其女儿在其住处附近的小河上划船;(5)Caroline走在去集市的路上;(6)Caroline 与影星 Vincent Lindon 在一家餐馆吃饭,周围还有其他的就餐者;(7)原告骑车回家;(8)Caroline、Caroline女儿与影星 Vincent Lindon 的合影;(9)原告戴太阳镜,由女保镖陪同在集市的一家花摊前买花等。这些照片于 1993 ~ 1997 年被德国 Burda 公司属下的《多彩》(*Bunte*)、《休闲时光》(*Freiheit Revue*)、《缤纷》(*Bunte*)和《新讯》(*Neue Post*)等杂志刊登。本案诉讼漫长,其经过详见表 1 – 2:

表 1 – 2 Caroline Ⅰ案的诉讼过程

审级	法院	时间	案号
一审	汉堡地方法院	1994 年 2 月 4 日	324 O 537/93
二审	汉堡高等法院	1994 年 12 月 8 日	3 U 64/94
三审	联邦最高法院	1995 年 12 月 19 日	Ⅵ ZR 15/95
宪法诉愿	联邦宪法法院	1999 年 12 月 15 日	1 BvR 653/96
	欧洲人权法院	2004 年 6 月 24 日	59320/00

本案引发众多法律上具有重大争议的话题,如德国 KUG 中“当代历史人物”的认定、个人私生活的范围、言论自由与人格权的平衡、精神损害赔偿数额等。本书于此只涉及联邦法院的判决中精神损害赔偿的内容。对于其言论自由与人格权冲突部分的分析留待下文详述。联邦法院判决对德国非财产损害金钱赔偿制度的发展具有两大意义:一是如本书前述,本案确立了 BGB §823 Ⅰ中一般人格权受侵害可以请求精神损害赔偿,扩大了精神损害赔偿的范围;二是对于精神损害赔偿金的量定,确定可以被告获利数额作为量定标准。对后者,判决认为:“被告对被害人人格权的侵害如果是为了增加其杂志的发行量,即以获利为目的,基于预防此种情形的出现,在决定金钱赔偿数额的时候,应以被告的获利作为量定金钱赔偿数额的因素。”〔1〕

(五)最近的总结

对于精神损害赔偿的功能,经过长期的判例学说发展,目前大概认为其有三

---

〔1〕 本项见解原文:“Erfolgt der Einbruch in das Persönlichkeitrecht des Betroffenen vorsätzlich mit dem Ziel der Auflagensteigerung und Gwinnerzielung, dann gebietet der Gedanke der Prävention, die Gewinnerzielung als Bemessungsfaktor in die Entscheidung über die Höhe der Geldentschädigung einzubeziehen.”

项功能：补偿（Ausgleich）、慰抚（Genugtuung）、预防（Prävention）。以联邦法院的判决为线索，大概经过如下：（1）纯粹的补充功能（Reine Ausgleichsfunktion）：BGH Urt. v. 29. 09. 1952 – Ⅲ ZR 340/51 BGHZ7，223。（2）双重功能（Doppelfunktion：Ausgleichsfunktion + Genugtuungsfunktion）：Beschl. v. 6. 07. 1955 – 1/55 BHGZ18，149，本判决是由最高法院大民庭会议（Grosse Senate für Zivilsache）作出。（3）纯粹的赎罪思想（Verfeinerter sühnegedanke）：Urt. v. 16. 12. 1975 – Ⅵ ZR 175/74，NJW 1976，1147，加害人的赎罪其实就是对受害人的慰抚。（4）补偿功能的客观化（Objektivierung der Ausgleichsfunktion）：Urt. v. 13. 10. 1992 – Ⅵ ZR 201/91，BGHZ 120，1。（5）慰抚功能的继续后退（Weitere Zurückdrängung der Genugtuungsfunktion）：Urt. v. 29. 11. 1994 – Ⅵ ZR 93/94，BGHZ 128，117。（6）预防（Prävention）：BGH，Ⅵ ZR 15/95，19. 12. 1995 – Caroline Ⅰ，判处加害人承担高额补偿金客观上能对加害人起到预防作用。2002 年的 BGB §253 Ⅱ立法理由书坚持了补偿和慰抚的双重功能说，特别指出在危险责任领域其作用主要是补偿功能，而在故意侵权领域主要是慰抚功能。但是，不容否认的是精神损害赔偿金客观上对不正当加害行为是有预防作用的。[1]

关于精神损害赔偿金数额的量定，一直存在多种观点，但追求客观化、尽量避免法官肆意裁判一直是法律技术努力的方向，甚至有研究提出应将赔偿数额表格化（Schmerzensgeldstabelle）。[2]对此有关见解繁多，此处无法一一总结，特引用最新的一部《民法典评注》（*Juris Praxiskommentar BGB*，4. Aufl.，2008）来说明这一问题。在该评注中，作者总结如下因素来量定精神损害赔偿：（1）受害人因素：被侵入的程度、范围、长度，对胎儿的侵害，等等；（2）加害人因素：如是否故意过失、经济能力，等等；（3）行为时的情况：如是否存在代理，是不是乐于助人导致的侵害，等等；（4）导致责任的不同法律规定种类：如合同侵害、高度危险作用侵害，等等；（5）特别案例群：略；（6）特别情形——对一般人格权的侵害：如以获利作为量定因素。[3] 从目前较多的见解来看，表格化的方式不值得提倡，因为这样虽能有利于庭外和解，但容易导致僵化裁判。从本质上来看，精神与肉

---

〔1〕 BGH（Urt. v. 5. 10. 2004 – Ⅵ ZR 255/03），BGHZ 160，298. – Alexandra.

〔2〕 Z. B. Jaeger，Lothar/ Luckey，Jan Schmerzensgeld：Tabelle，systematische Erläuterungen，Muster und Sterbetafeln，medizinisches Lexikon，Schmerzensgelddatenbank auf CD，4. Aufl. 2008. Andreas Slizyk，Schmerzensgeld – Tabelle：von Kopf bis Fuß；Basisdaten von mehr als 2700 Schmerzensgeld – Entscheidungen mit systematischer Kommentierung des Schmerzensgeldrechts，5.，überarb. Aufl. 2006.

〔3〕 Vgl. JurisPK – BGB 4. Aufl. / Vieweg，§253，Rn. 68 – 97.

体痛苦都不是可以用货币来衡量的,而且须就个案斟酌案情及痛苦来量定,才能发挥精神损害赔偿在不同情形的三种作用。可行的办法是不断总结经典判决,逐步类型化推进,以实践经验为导向。

四、人格特征商业利用与死者人格权保护

(一)人格特征商业利用:1956 年 Paul Dahlke 案[1]

德国传统人格权理论不承认人格权具有财产价值内容,认为人格权仅保护精神利益。BGB 无人格权财产价值的保护规定,亦不承认人格特征得以转让。为适应逐渐普遍的人格特征商业化的经济现实,联邦法院逐渐改变原先对人格权商业价值利用的陈旧观念,承认人格特征具有财产价值并可转让,而这一改变是从肖像权开始的。

本案原告 Paul Dahlke 为德国著名歌剧及电影演员,其在被告 B 的建议下允许被告 A(新闻摄影师)以公开为目的为其拍摄了一张骑摩托车的照片。随后,该照片被被告 B 以 40 马克的价格卖给摩托车生产商被告 C。C 在其摩托车宣传广告中使用了该张照片,并标示提示语:“名人骑名车,演员 D 在 X 摩托车上。”原告要求被告 C 停止使用其照片并赔偿损失,C 答应停止使用并交出所有洗好的照片,但拒绝赔偿。原告遂以三被告为连带债务人提起诉讼,请求赔偿 2000 马克。一审判决三被告赔偿原告 500 马克,二审改判原告败诉,终审(BGH)恢复一审判决。

联邦法院引用帝国法院时代的 Graf Zeppelin 案[2]之理由认为,肖像权系一种具有财产价值的专属性权利(Vermögenswerts Ausschließlichkeitsrecht),知名艺人就其肖像之利用,拥有自主决定权,得决定是否以及以何种方式供他人商业使用。权利人就此种授权使用一般应以获得相当报酬为前提。据此,联邦法院以拟制授权(Lizenzanologie)的损害赔偿计算方式,判处被告赔偿原告在通常情形下原告可能要求的使用费作为赔偿金。

对于一般人格权是否如姓名权与肖像权一样也具有财产价值?早期见解认为一般人格权无法拥有财产权之归属内容(Vermögensrechtlicher Zuweisungsge-

---

[1] BGHZ 20,345 = NJW 1956, 1554 = GRUR 1956, 427 - Paul Dahlke.

[2] RG vom 28.10.1910, RGZ 74,308 - Graf Zeppelin. 该理由为:“用他人照片与任何商人的商品相联系而供他人观看,此并非任何人的喜好,因此原则上应保留照片权利人的自我决定,由其自己决定其照片是否用于刺激商品销售。”(Entspricht es nicht dem Geschmack eines jeden, sein Bild mit dem Waren eines beliebigen Händlers in Verbindung gebrach zu sehen, und es muss deshalb grundsätzlich der feien Entschließung vorbehalten bleiben, ob er sein Bild als Anreiz für einen Warenkauf zur Verfügen stellen will.)

halt)，因而无法用侵害型不当得利制度(Eingriffskondiktion)予以救济；[1]且一般人格权保护的是人格的完整性(Intergritätsschutz)，故并不保护人格的用益。[2] 因此，不承认一般人格权的财产性。但是，后来实务发展演变逐渐承认一般人格权也具有财产价值，主要有两项理由：(1)补充姓名权保护的不足。因为联邦法院认为在商业广告利用中单纯提到姓名并不构成对姓名权的侵害，只是构成对一般人格权的侵害，可以按照合理报酬获取赔偿。(2)保护法律未曾明文规定的人格特征，如1990年Heinz Erhardt案[3]中的声音即采一般人格权来保护的。[4] 到1999年的Marlene Dietrich案，联邦法院进一步表示，一般人格权及其特殊表现形式，如肖像权及姓名权，不仅保护人格权之精神利益，而且保护人格权之商业利益。至此，一般人格权之财产价值获得德国实务确认。

(二)人格特征商业利用与精神损害的区别：Herrenheiter案对Paul Dahlke案的限制

1956年Paul Dahlke案肯定了人格特征具有财产价值属性，权利人可以利用此种人格特征获取财产收益，但此与1958年Herrenheiter案所确立的侵害人格权而产生的精神损害赔偿是否有所不同？表面上看，二者都是因人格权受损而产生金钱损害赔偿，但实质上两者有本质区别。对这种区别，Herrenheiter一案判决已有详述。判决特别指出，通常合理的损害赔偿计算方式是基于公平考虑，适用于通常仅在支付报酬的情况下才会被允许使用他人人格专属特征的情形，并且，此种财产损害计算方式是以财产受损(Vermögensschaden)为前提的。只有当某种形式上的财产损害发生而欲减轻其证明损害数额的举证困难时才予以适用。

在Paul Dahlke案中，原告作为影视明星，其肖像可用于推广商品而获利，因此被告不经原告允许而使用原告肖像就构成对此种获利的损害，性质上属于财产损害。而在Herrenheiter案中，原告事实上并非受到财产损害，因为以原告的身份和地位，其在任何情况下都是不可能会允许商家利用自己的肖像推销商品的。而且，系争海报使用原告肖像用于推销性药品，会使原告处于受嘲讽及侮辱的境地，将对原告产生巨大的精神痛苦，因此被告的行为是对原告人格权的侵害，而非财产利益的侵害。在此种情况下，如果还以拟制授权契约的费用来计算

---

[1] Vgl. Hubmann, UFITA 39 (1963) S. 223.

[2] Vgl. Schwerdtner, Das Persönlichkeitsrecht in der deutschen Zivilrechtsordnung, S. 245f.

[3] OLG Hamburg, NJW 1990, 1995 – Heinz Erhardt.

[4] Schertz, Merchandising: Rechtsgrundlagen und Rechtspraxis, 1997, S. 126 – 129.

损害赔偿数额,无疑是不合理的。彼时德国上流社会的礼教思想还认为,收取报酬而允许他人将其肖像做广告用途的行为是有损名誉的。[1] 如果依照通常合理报酬来计算本案的损害赔偿金,等于是拟制原告因金钱而同意该鄙俗的肖像使用方式,如此将使原告遭受屈辱而导致二次人格减等。鉴于此,如果原告无论如何都不可能同意其肖像做上述使用,而此时原告又没有财产损害,则不得适用通常合理报酬的损害赔偿方式,而只能是在侵害情节重大的情况下,法院才能再斟酌侵害强度、加害人故意过失等因素而判定给予原告适当的精神损害赔偿金。此种赔偿规则同样适用于姓名权被商业利用。[2] 由此可见,人格特征的商业利用保护与精神损害赔偿本质上确有不同,前者在于财产损害,后者在于因人格权损害而导致的精神痛苦。

(三)死者人格精神利益保护:1968 年 Mephisto 案[3]

BGB 对死者人格利益的问题未加规定,只有 KUG 和 UrhebG 等单行法对死者肖像权和著作人格权等特殊人格权有所涉及。在 Mephisto 案之前,除上述两种人格权之外的其他特别人格权及一般人格权在权利人死后是否保护以及保护多长时间,在德国的立法与司法中仍属空白,而 Mephisto 案正是德国法院第一次对这一问题予以回应。

该案中,著名作家 Klaus Mann 曾撰写名为 Mephisto 的小说,影射德国著名演员 Gustaf Gründgens 生前为迎合纳粹德国的执政者而改变政治信念,置人类基本道德伦理于不顾。Gründgens 的养子且唯一继承人依 BGB §823 Ⅰ,以该书侵害 Gründgens 之人格权为由,请求法院禁止该书传播。联邦法院支持原告之诉请,理由为:(1)死者不仅遗留下可让与之财产利益,精神利益亦超越死亡而继续存在,其仍有受侵害之可能而值得在死后加以保护。此种可受侵害而值得保护的利益没有理由在其结束生命而无法辩护时,使人格权之不作为请求权归于消灭。(2)根据基本法的价值秩序,不能认为在人死亡后,其可让与的财产利益可以通过继承而继续存在,而经由死者生前努力而获得的仍然留存于后代记忆中的声望、名誉等,不得任人侵害而不受保护。(3)只有当个人可信赖其人格形象在死后不会遭到严重扭曲,并在此期待下生活,人性尊严及人格自由发展在个人生存时才能获得充足的保护。

被告不服联邦法院的判决提出宪法诉愿,其理由为该判决侵害了其由

---

〔1〕 Vgl. Götting, Götting, Persönlichkeitsrechte als Vermögensrecht, 1995. S. 43.

〔2〕 BGHZ 30, 7 = GRUR 1959, 430, 433 – Caterina Valente.

〔3〕 BGHZ 50, 133 = NJW 1968, 1773 – Mephisto.

GG §5 Ⅰ所保障的言论自由。由此,联邦宪法法院(BVerfG)第一次对死者人格权的宪法保护表态,其同意联邦法院的判决结论,但对理由略加修正:死者人格保护的依据在于GG §1 Ⅰ中的人性尊严,但不包括GG §2 Ⅰ中的人格发展自由,其原因在于,基本权利的主体仅限于生存之人,只有人性尊严可在死后持续作用:个人死后遭受贬低或侮辱与宪法保障的人性尊严价值不符。[1]

由判决思路看,本判决类推适用了KUG §22关于死者肖像权的保护规定和StGB §189关于诽谤死者罪规定,认定死者人格权应受保护,而未肯认保护死者遗族的利益,显然采直接说立场,其诉权由死者亲属行使。但是,本判决并未对死者人格利益的保护时间和救济方法予以规定,直到21世纪初的TV-Filmberechterstattung案[2]和kinski-klaus.de案[3],德国法院才对这两个问题给出明确的回答。

(四)死者人格财产利益保护:1999年Marlene Dietrich案[4]

前已述及,联邦法院通过Paul Dahlke案确立了人格特征商业利用保护,但那是针对生者的人格商业利用保护,而对于死者人格的商业利用并未表态。1968年的Mephisto案确立了死者人格权保护,但针对的是死者人格上的精神利益,对于死者人格上蕴含的财产利益保护亦未言明。故,有关死者人格上的财产价值是否保护,以及如何保护至此仍然为法律漏洞。1999年的Marlene Dietrich案解决了这一问题。

Marlene Dietrich系德国知名的电影巨星。被告于其死亡后擅自制作Marlene生平的音乐剧,并以Marlene的姓名、肖像推销商品。原告系Marlene的独生女及唯一继承人,且为遗嘱执行人,请求被告停止侵害并赔偿损失。联邦法院判决原告胜诉,要旨为:(1)一般人格权以及其特殊表现形式,如肖像权及姓名权,不仅保护人格权的精神利益,亦保护人格权的商业利益。当人格权的财产价值成分,因肖像、姓名或其他表现个人的人格特征遭无权使用而被侵害时,该人格权的权利主体均得请求损害赔偿,此项损害赔偿请求,不因侵害的强度而受影响。(2)只要在人格权的精神利益仍受保护期间内,人格权的财产价值成分于人格权主体死亡后仍继续存在。人格权主体死亡后,与人格权的财产价值相关的权利转由继承人取得,且继承人得按照死者明示(ausdrücklich)或可得推知

---

[1] Bverf GE 30, 173 = NJW 1971, 1645 - Mephisto.

[2] BGH, Ⅵ ZR 265/04, 6. 12. 2005.

[3] BGH, Ⅰ ZR 277/03, 05. 10. 2006 - kinski - klaus. de.

[4] BGH NJW 2000, 2195.

(mutmaßlich)的意思行使此类权利。

本案判决肯定死者人格具有财产价值,并可以继承的方式保护,使死者人格上财产利益保护获得规范基础。此种在人格权的精神利益与财产利益合一的一元理论模式下的规范创制,需具备两项前提:(1)人格权是否具有财产性?(2)人格权是否能够被让与?其中第一项前提已被 Paul Dahlke 案及后续判决所确认,下面解释第二项前提。

关于人格权是否能够被让与,截至目前,德国联邦法院仍未作出明确回答。在 1968 年的 Mephisto 案中,联邦法院表示:"人格权,除了财产价值成分外,为一身专属的权利而不得转让且不得继承。"虽然我们可以据此推定人格权之财产价值可以转让且可以被继承,但是毕竟此项论断并非本判决主要解决的问题,法院的态度并不是非常明确。在 1987 年的 Nena 案[1]中,这一问题曾清楚地摆上了联邦法院的桌面,但该法院却通过不当得利制度回避了这一问题。在 1999 年的 Marlene Dietrich 案中,联邦法院主要以该案只涉及人格权财产价值的继承为由,而认为对让与性问题的承认并非必要,对此再度搁置。由此可见,对于人格权能够被让与,联邦法院的态度到目前还是非常谨慎的,也许还需等待判例学说的发展,以便进一步考虑。

基于上述理由,判决对死者人格上财产利益继承作出了如下规范设计:(1)有必要赋予代行权人(继承人)针对无权利用人以损害赔偿的请求权或针对欲利用者的同意权。(2)代行权人(继承人)权利行使不得违背死者明示或可推知的意思,代行权人(继承人)只有在顾及死者意思的情形下,才能就死者死后仍继续存在的商业价值加以利用。(3)代行权人与继承人不必然重合。(4)死者人格上精神利益与财产利益仍紧密结合,死者人格用于商业目的,须经继承人和家属共同同意。(5)人格权财产价值成分的保护期限不得较精神利益的保护期限长。但在 2006 年 kinski - klaus. de 案[2]中,联邦法院明确死者人格上财产利益的保护期限等同于 KUG § 22 所规定的死后 10 年。(6)对死者人格上财产利益的侵权行为的构成不以情节重大为要件。(7)赔偿的数额或依相当合理的授权费用,或依侵害所得获利来计算。(8)为使原告选择有利的损害计算方式,以及能够计算出准确的赔偿数额,被告有获益的报告义务。

五、人格权与言论自由

根据 GG § 5,言论自由属宪法基本权利,但一般法律可限制其行使。GG § 18

---

〔1〕 BHG GRUR 1987, 128 - Nena.

〔2〕 BGH, I ZR 277/03, 05.10.2006 - kinski - klaus. de.

规定,凡滥用言论自由,尤其是出版自由(§5Ⅰ)、讲学自由(§5Ⅲ)、集会自由(§8)、结社自由(§9)、书信、邮件与电讯秘密(§10)、财产权(§14)或庇护权(§16Ⅰ),以攻击自由、民主之基本秩序者,应剥夺此等基本权利。此等权利之剥夺及其范围由联邦宪法法院宣告之。并且,GG §19 Ⅰ亦对§5 Ⅱ之限制言论自由的一般法律进行细化规定,凡基本权利依基本法规定得以法律限制者,该法律应具有一般性,且不得仅适用于特定事件,此外,该法律并应具体列举其条文指出其所限制之基本权利。人格权本属私权,但德国宪法法院亦创设宪法上一般人格权(GG §§1Ⅰ、2Ⅰ),使人格权亦属宪法基本权利。

言论自由与人格权的冲突为普遍现象,为了平衡二者,不能仅依靠基本法。从德国现行法律体系看,调和此矛盾的法律除基本法外,尚有:(1)BGB §823 Ⅰ 确立人格权,该款即为 GG §5 Ⅱ中限制言论自由的法律之一。(2)BGB §824 Ⅱ转介 StGB§184 以下保护名誉,亦为限制言论自由的法律。(3)KUG §§22、23 保护肖像,亦构成对言论自由的限制。(4)StGB§195 规定了诽谤罪的不罚事由:有关学术、艺术或职业上责难性的批评;为权利行使、正当防卫或正当利益保护所发表言论;对于部属之训诫或谴责;官员职务上的告诫或判断等类型。此为德国法上名誉权保护与言论自由协调之基本规范模式。为了进一步探究其实践状况,还需分析战后联邦宪法法院所判决的一系列里程碑式的案件,始能臻至明确。

(一)基本权利间接第三人效力:1958 年 Lüth 案〔1〕

本案被告 Lüth 系汉堡媒体俱乐部主席,同时也是汉堡州议长(Senatsdirektor),于 1950 年向影片发行与制作商发出呼吁,联合抵制纳粹时期一著名反犹太人导演的新作——《不朽的爱人》(*Unsterbliche Geliebte*),禁止其在电影院播放。该电影的导演叫 Harlan,在纳粹时期因导演过一部反犹太人的故事片电影——*Jud Süß* 而声名鹊起,该电影是政府为反犹太人而向其定制的。Lüth 在其文章中还称 Harlan 是"纳粹电影第一导演"(Nazifilm – Regisseur Nr. 1)。Harlan 及制片公司等联合依据 BGB §826,以 Lüth 违反善良风俗造成其损失为由起诉 Lüth。在民事法院环节 Lüth 被认定侵权,联邦宪法法院推翻民事法院的判决,认为该判决侵犯了 Lüth 的言论自由权,理由为:

基本权利的主要功能固然是一种人民对抗国家的防御权,但基本法绝

---

〔1〕 BVerfGE 7, 198. 该判决作成于 1958 年 1 月 15 日,论述理由充分,成为后世宪法法院判决印证的标杆性判决。

非价值中立的规范,并且也构建了一套客观的价值秩序。作为宪法的基本决定,这一价值体系必须适用于所有的法律领域。立法、行政和司法要从中获得指示(Richtlinien)与动力(Impulse)。它当然也影响民法,任何民事法规不得与它相冲突,每一民法规定都必须依据其精神来解释。因此,法官在适用民事实体法的规定时,必须审查这些规定是否经由上述方式受到基本权利的影响。

在作本案判决时,联邦宪法法院面临两大基本问题:

第一,基本权利能在多大范围内保护私人之间的关系?对此,法院认为,基本权利是私人针对国家的权利,但其也构建了一套价值体系(Wertssystem),人格得以被发现于其中,任何法律皆不得违反之,立法、行政和司法皆受其约束;所以,私人之间(Bürger zu Bürger)也适用这一价值体系;又因,本案"两造"皆为私主体,故这一价值体系可适用之。以此,法院确立了基本权利于私法的"放射效力"。

第二,基本法如何平衡基于GG §5 Ⅰ的表达自由和基于GG §5 Ⅱ的表达限制?表达自由会因一般法律、保护青少年和个人名誉的法律所限制。BGB §826 系一般法律,构成对表达自由的限制。但法院认为,基本法上的自由表达意见确凿无疑的是社会"第一位的人权"(eines der vornehmsten Menschenrechte überhaupt),是自由民主社会的基石。因此,如果不加深究就对GG §5 Ⅰ之表达自由加以限制,是不正确的。一般法律的各个方面都必须在基本权利的检验下予以解释适用,一般法律应当尊重基本法的价值。所以,虽然从字面上来看,一般法律可以限制基本权利,但实际上是相互影响的,因为在自由民主体制下,一般法律要依据基本法价值来解释。这就是著名的"相互影响说"(Wechselwirkung zwischen Freiheitsrecht und seinen Schranken = Wechselwirkung zwischen Grundrecht und allgemeinem Gesetz)。由此可见,虽然根据GG §5 Ⅱ,作为一般法律的BGB §826 可以限制基于GG §5 Ⅰ的表达自由,但是反过来,该项表达自由也可以来衡量BGB §826 是不是损害了表达自由这一自由民主社会的基石。

接下来,在"相互影响说"的指引下,法院开始检验Lüth的表达动机,即他的动机是否会优于一般法律的价值?Lüth基于政治和文化上考虑,认为如果播放Harlan的电影,首先会给外国造成影响,即在德国的文化生活中反对犹太人的做法还没有得到改变。这将恐会使德国的形象如纳粹残害犹太人一样得到损害。更重要的是,这会潜移默化地使德国丧失教育自己人民远离纳粹国家社会主义的良机,还会使得那种卑劣(Verwerflichkeit)的思想回流(Umkehr)。Lüth 向来以建立一个德国人与犹太人和谐群居的社会为目标,因此他很担心 Harlan 的电影会导致历史悲剧重演。但是,Lüth 没有权力来禁止这种电影播放,所以他只有基于责任心和合乎道德的行为(Verantwortungsbewusstsein und die sittliche Haltung)来诉诸言论,来呼吁人民抵制这种电影。法院因此认为,Lüth 言论所产生的影响具有重大公益性,相对于如此重大公益而言,Harlan 作为私人的名誉权应该予以退让。因此,法院对 BGB §826 的解释应当考虑 GG §5 第1项之价值放射,换言之,法官在本案中不能适用 BGB §826,否则其将没有照顾到 GG §5 Ⅰ言论自由的价值对该条的放射,将会侵害被告的言论自由。因此,法院不能根据 BGB §826 保护原告的名誉。质言之,如果言论形成了对普遍福利至关重要的公共舆论,那么私人,尤其是经济利益必须作出让步。

(二)基本法作为违法性的判定标准:1963 年 Blinkfüerfall 案[1]

宪法诉愿人 A 系《闪亮》(*Blinkfür*)周刊之发行人兼总编,该周刊刊行德国西部、中部及东柏林地区广播及电视节目表。被告 S、W 原系该刊的两家出版商。S、W 向他们的同行、零售商、出版者及其他交易者发出公开信呼吁,“不要再有东德地区的节目”,因为东德地区电视节目钳制言论、思想独裁。如果 A 之杂志《闪亮》周刊继续刊登东德地区电视节目,则其将不再出版该杂志,并对出版或者销售该杂志的商家进行经济制裁。

联邦最高法院认为:[2] S、W 的公开信并非基于营业竞争对手之理由而撰写,相反却是基于国家政治上之理由而撰写。于此,并不存在一个法律上的错误(Rechtsirrtum)。亦即,只要杂志不刊载东德节目表,零售商不贩卖刊载东德节目表的杂志,S、W 就不会对他们制裁。公开信的目的并非使 A“噤若寒蝉”(Mundtot),而在于限制东德电视节目扩散。因此,不管是目的,还是手段,公开信都应受 GG §5 Ⅰ之言论自由的保障。言论自由不仅包含纯粹的表达自由,而且也应该包括该表达自由所附之目的效果(bezweckte Wirkung)。因此,在权衡 A 之营业利益与 S、W 之言论自由时,应优先保障后者。对此判决,A 提出宪法诉愿认为,S、W 之公开信应视为营业竞争问题,并构成强制罪(Nötigung),即具有市场支配地位的经营者恫吓生意伙伴,不遵从其意旨将遭供应闭锁。这种情形下,S、W 不得援引新闻自由保护。并且,A 亦从事出版事业,亦享有言论自由。又,政治言论较其他言论具有优先性并不被允许,故联邦法院判决侵害其言

[1] BVerfGE 25, 256 - 269.

[2] NJW 1964, 29 = JZ 1964, 95.

论自由。

宪法法院认为诉愿有理由,并引用前述 Lüth 案判决认为:普通法院适用私法定分止争,在解释私法时应遵循基本权利价值。基本法的规定对于确定侵权行为是否具有 BGB §823 Ⅰ之违法性(Widerrechtlichkeit)具有重大意义。基本法上言论自由所保护的言论系为公共政治的、经济的、社会的或文化上的利益所为之忧虑(Sorge)之言论。精神层面自由及相互论战是自由民主功能发挥的不可或缺条件,只有如此才能保障关于公共利益及国家政策话题得到公开辩论。[1] 利用经济压力压制言论,违反言论自由之本质。S、W 之公开信进一步妨碍了东德电视节目表公开,隐瞒公众获得资讯途径,并且这一呼吁也排斥闪亮周刊营运,侵害了 A 作为周刊服务人员的权利。本件判决重要启示有二:其一,将基本法作为判断侵权行为是否具有违法性的重要判断标准,对于侵害名誉权之构成要件影响巨大;其二,言论自由的维护系不得以经济上强制手段为之,并不得损害更广阔范围内的言论自由,相对于自由民主社会之自由论战氛围而言,单个言论自由应退居次位。

(三)人格权与言论自由价值平等:1973 年 Lebach 案[2]

A、B、C 三人曾于 1969 年年初侵入 Saarland 州 Lebach 镇联邦国防军弹药库,杀死 4 名士兵,重伤 1 人,并抢劫武器弹药若干,震惊全国。此三人于 1970 年被捕入狱,其中 A、B 被判无期徒刑,C 被处 6 年有期徒刑。德国第二电视台(ZDF)于 1972 年春制作《雷巴赫士兵谋杀案》(*Der Soldatenmord von Lebach*)纪录片,播放三人同性恋情、整个犯罪及刑事诉讼过程,影片播出了三人的相貌,还多次提及其姓名。1973 年 C 假释出狱,认为 ZDF 上述节目侵害其受 GG §§2 Ⅰ、1 Ⅰ所保护的一般人格权,影响其社会再造,要求地方法院禁播该节目。地方法院驳回起诉,认为其属于德国 KUG §22、23 中所称的"时代历史人物",其个人肖像权属于一般人格权的特别表现方式。本案中,一般人格权与广播电视自由所涵盖的公众资讯利益相权衡,后者应优先保护。二审、三审判决维持原审判决,对此,C 不服提出宪法诉愿。

联邦宪法法院认为诉愿有理由。GG §5 Ⅰ所保护的广播电视自由,包括节目题材的选择、表现种类、方式及节目形态等,此项自由与其他法益发生冲突时,应考虑具体节目所追求的利益、形成的种类与方式及其预定的或者可预见之效果。KUG §22、23 的规定表明,法院一方面应考虑 GG §5 Ⅰ第一句的放射作

[1] BverfGE 5, 85(205); 7, 198(212, 219); 20, 162(174).

[2] BverfGE 35, 202.

用;另一方面亦应斟酌 GG § §2 Ⅰ、1 Ⅰ的人格权保障。在此两种宪法价值之间,原则上并无何者应优先保护的问题。在个案中,须就人格受侵害的程度与公众资讯利益加以衡量。对于重大犯罪报道,公众资讯获知权大于犯罪者之人格权。但是,此优先保障亦应不得触及犯罪者个人最内在的生活领域外,并须遵循比例原则。具言之,电视报道提及行为人之姓名、相貌或其他得以确定行为人身份的报道,并非毫无限制。该纪录片毫无限制地报道触及了犯罪者本身及其私人的生活范围,且又属于事后报道,将危害犯罪者的再社会化,使其无法重返社会。此种报道为宪法上人格权保障所不许。

本案以联邦宪法法院的上述裁定告一段落,但并未最终尘埃落定。在该案判决 30 年之后,德国民营电视公司(SAT 1)于 1996 年制作一套名为《制造历史的犯罪》(*Verbrechen, die Geschichte machten*)的九集影集,将德国犯罪史上著名案件以电视影集的形式再现,其首集即为 Lebach 案(Der Fall Lebach 1969),并预定于 1996 年 4 月 1 日播出。此影集系依该真实案件而拍,内容包括犯罪相关情节,以整个追捕过程为重心,并特别以报幕式展示了犯罪者所受法律制裁结果,但相关人之姓名业已变更,犯罪者之姓名亦被改变,且未播出犯罪者相貌。C 以及另一位被假释的 A 以该节目将危害其尚未结束的再社会化过程为由,向 Saarland 州地方法院申请禁播该影集。地方法院驳回申请。申请人不服抗告,Saarland 州高等法院驳回抗告。州高等法院的理由是:(1)本影集与 ZDF 之纪录片不同,行为人之相貌、姓名及相关参与者的关系皆未披露,故此 C 和 A 之身份无法经由该影集予以确认。(2)因为时间已经久远,公众之震惊与愤怒业已消失,故无法认定此影集的播放会引起公众对行为人探讨的兴趣。整个案件只是被当作犯罪史上的一个案件而已,行为人不能要求将整个案情从公众记忆中消除。

A 不服此项判决,提起宪法诉愿。仍在服刑的 B 亦向法院申请禁播此影集。Mainz 地方法院和 Koblenz 州高等法院皆准其所请,认该节目播出将危害其社会再造。SAT 1 电视台不服此项判决,认其广播电视自由受到侵害,提起宪法诉愿。宪法法院将此两项宪法诉愿合并审理,就本案作出第二次裁定。[1] 联邦宪法法院一方面维持 Saarland 州高等法院判决,不禁播 SAT 1 之节目;另一方面废弃 Koblenz 高等法院判决,其理由如下:

广播电视自由之核心为节目选择自由,含内容形成空间及节目传播行为,包

---

〔1〕 BverfGE AfP 200, 161.

括政治节目与娱乐节目。但该项自由亦非不得限制,依照 GG §5 Ⅱ,广播电视自由将受到一般法律的限制,此将由民事法院解释适用。一般人格权与言论自由同受宪法保护。本案中,节目播送于犯罪者服刑后发生,原则上即会侵害犯罪者的此种一般人格权——犯罪者难以重返社会。但是一般人格权不享有要求公众不得议论其行为的权利。联邦宪法法院 1973 年判决及其他判决中亦未承认此种权利。在 1973 年裁判中,仅确认:人格权保障犯罪者免于媒体无时无刻不报道其个人私生活,并不是同意犯罪者的请求完全禁止涉及其个人重要事件的报道。

本案关键在于衡量犯罪者的人格利益与电视广播自由利益。1973 年裁定认定 ZDF 播放纪录片,对于即将出狱的犯罪者,将极大影响其社会再造,且 C 受刑时间仅为 1 年,其再社会化系人格上重大利益。并且,ZDF 纪录片播放了犯罪者肖像和真实姓名,易激起社会对即将出狱之受刑者二次审判。而 SAT 1 节目并非泄漏受刑者身份且对其可能产生负面影响的节目。因为大众对其印象业已确立,并不会因此节目的播出而产生隔离或疏远其的不良后果。因为时间的间隔,公众可能对于行为人产生抵触或负面评价之社会公愤通常已经消失。所以,30 年之后的、隐姓埋名的影集不会造成对受刑人的再社会化伤害。

综上,宪法法院认为,广播电视自由的意义主要是保障广播电视经营者节目形成自由,限制播出就必须基于重大理由。系争节目并非仅仅是娱乐性节目,而是以娱乐方式重现历史观点,呈现行为人的行为、动机,尤其是刑事追诉机关与公众的反应,以及 1969 年当时之社会状况。禁止播放行为不仅妨害特定节目的播送,也同时阻绝犯罪影集取材自特定的、具有历史意义的犯罪行为的可能性,因而这不应该被准许。本案的重要启示在于揭示言论自由与人格权(名誉权、隐私权、肖像权)等在宪法价值位阶上并无区别。

(四)合法意见表达的认定:1976 年 Deutschlandstiftung 案[1]

宪法诉愿人 E 为基督民主党(CDU)要员,公开撰文批评"德国基金会"(Deutschlandstiftung)滥用他人名义供右派团体使用,其实是一个披着民主外衣的具有国家主义倾向的机构,该机构的常务董事 Ziesel 试图将基金会所主办的杂志带向他所崇拜的"德国国家战士报"的风格。为此,德国基金会依据 BGB §823 Ⅰ一般人格权受损及 BGB §1004 人格权受损之后可以请求侵害除去请求权和不作为请求权,要求 E 停止侵权并相应赔偿。地方法院和州高等法院皆

---

〔1〕 该案系联邦宪法法院§一庭 1976 年 5 月 11 日裁定,案号:1 BvR 163/72。

支持原告请求,认为E之上述言论不应受GG §5Ⅰ保护,故禁止其用如上述相同的文字甚至含义相同的文字来表达那些具有争议性的主张。联邦宪法法院废弃了地方法院和州高等法院的判决,揭示下列三项要旨:

1. 诚如Lüth案所宣示,GG §5Ⅰ的意见表达自由,是自由民主国家秩序中一项不可或缺的、结构性的权利。为了避免由于窄化自由表达政治思想的管道而伤害到意见表达自由,自Lüth案以来,凡是遇到有关公开性的思想辩论,并产生争议性或有待裁判之案件时,宪法法院在决定"意见表达自由所应涵盖范围"时一致认为,不应窄化表达自由,而应尽量扩大。[1] 故,凡是在解释GG §5Ⅱ意见表达及新闻自由的基本权利必须受一般法律以及其他保护人格尊严之相关法律的约束时,对于此约束之解释,必须是在明确阐述了意见表达自由之真义后,方可设定恰当的界限。并且,此项限定本身又必须以自由民主国家对基本权利价值判断上的认知为限。如果对公开性政治辩论的用语尺度设定了过高的要求,均属违宪。从此点观察BGB §823Ⅰ、1004作为限制意见表达自由的一般法律,应对其作符合意见表达自由的基本权利解释。

2. 在政治性意见争辩中,仅以表意人之遣词造句是否有碍他人名誉作为判断标准,而完全不顾及表意人同时是为了告知读者某些事实以及他个人对此所作的批判性评价,这是一种限制言论自由的过高要求。假如在报章杂志所发表的、甚至是最严厉的批评文句,都必须一律让一般读者都可以考证,并以此作为是否侵权的标准,则这一要求与GG §5 Ⅰ的表意自由之意旨背道而驰。

3. 意见表达自由的基本权利不仅要有助于事实发掘,而且也要保障每一个人都能自由地表达他个人的想法,即使他无法对他所做的表示或判断提出可资作证的理由。E所宣称的"Ziesel试图要把他的'德国杂志'带向他所崇拜的'德国国家战士报'的风格"此段文字,不必要求其达到客观真实。因为,该句本身是一种无法证明其内容是否属实的讽刺性笔战方式,无论其正确与否,均受GG §5 Ⅰ保护。本件判决最具启示性的要点在于:对于可受公评之公共事件所为评论,即使言语过激,亦不侵权;意见表达不必要求其基础事实达到客观真实的高度。

(五)当代历史绝对人物与私人空间的界定:1999年、2004年Caroline案

本案案情前已述及,本部分介绍分析德国联邦宪法法院的判决和欧洲人权法院的判决。德国宪法法院判决要旨:(1)依据GG §§2 Ⅰ、1 Ⅰ,一般人格权

[1] BverfGE 7,198(212);12,113(127);24,278(282f).

所保障之私人领域,其范围不限于住家范围。个人必须原则上也要有在其他、可以看得出隐蔽处,不受摄影活动干扰的可能。(2)一般人格权非为个人商业化的利益而保障。倘使有人自己愿意公开某些特定、通常被视为是私人事情的话,保障领域不被摄影即应退居次要。(3)公开发表照片是涉及特殊的父母对子女爱抚为内容的,父母或者父母任何一方的一般人格权即可通过 GG §6 Ⅰ Ⅱ之规定得到加强保护。(4)GG §5Ⅱ第二句(保障新闻出版自由和广播、电视、电影的报道自由)规定包含对新闻自由的保障,亦包括对娱乐消遣性的出版物和文章以及文章的插图保护。并且,这也适用于公开发表显示公共人物在日常或与私人有关联的照片。

欧洲人权法院判决要旨:(1)《欧洲人权公约》§8 所称之私人生活,包含了姓名与肖像权等人格同一性的相关面在内。此外,私人生活也包含一个人身体与精神的整体性。《欧洲人权公约》§8 的保障,首先在保护个人得免于外来干扰地发展自己人际关系的人格特性。因此,个人与他人的互动领域即使是在公共场所,也可能属于“私人生活”范畴的一部分。(2)在某些情况下,自《欧洲人权公约》§8 可导出国家积极的行为义务,此等义务甚至有可能要求须对私人关系采取保护措施。此点对于保护个人肖像权免于受第三者滥用之情形,亦可适用。(3)对于私人生活之保护,必须与《欧洲人权公约》§10 所保障且为民主社会重要基础的言论自由进行权衡。(4)刊登所获得的照片,对于《欧洲人权公约》§8 第 2 项所称之“他人良好名声与权利之保护”而言,具有特殊的重要性。[1]

Caroline 案主要争点:

1. “当代绝对新闻人物”的认定(absolut zeitgeschichtliche Person)

根据 KUG §23 Ⅰ的规定,为报道新闻时事而使用他人照片是允许的。本案中被拍照人 Caroline,是“绝对的新闻人物”,因而对她的报道都属于对新闻时事的报道,至于报道或照片的具体内容(本案中都是他人日常生活的琐碎细节)并不影响其新闻时事的属性。KUG §23 Ⅱ同时对为报道新闻时事而使用他人照片做了限制,即该种使用不得损害他人的利益。按照该条本意,在适用时法院应当权衡有关利益。

联邦法院同意一审、二审法院对 KUG 的解释和适用,其将“绝对的新闻人物”定义为:“该人享有较高的知名度,以至于公众对获取关于该人的信息有正

〔1〕 2004 年 6 月 24 日判决。案号:59320/00。出处:Reports of Judgments and Decisions 2004 – Ⅵ。

当利益。”基于此，该院认为 Caroline 是“绝对的新闻人物”。但该院同时也承认，根据 KUG § 23 Ⅱ 的规定，即便是“绝对的新闻人物”，公众制作、传播其照片的权利也应受限制。因此，要将公众的资讯利益和有关当事人的人格利益相权衡。在本案中，主要是公众的信息利益和上诉人的一般人格权，尤其是 Caroline 对其私人空间（Privatsphäre）的权利相权衡的问题。

宪法法院认定，KUG 的有关规定是合宪的。联邦法院的判决在整体上也是合宪的。“绝对的新闻人物”这个概念虽然“既不是出自法律，又不是出自宪法的规定，但联邦法院以及汉堡州高等法院的定义是恰当的，只要在具体判断时注意将公众的信息利益与当事人的合法权益进行权衡”。但欧洲人权法院并没有接受“绝对的新闻人物”作为对 KUG § 23 Ⅰ 的解释依据。因为在此种解释下，该等人物只能享有有限制的私人生活保护与肖像权，而这种严格的标准仅仅只适用于政治人物。但对于如 Caroline 这样的私人而言，大众与平面媒体对她的兴趣仅仅是因为她是执政党王室成员之一，而她本人并没有任何公职在身。因此，这种归类是没有道理的。

2. 私人空间界定——从“住宅大门”到“地点隐蔽性”

对此，一审、二审法院认为，公众的信息权终止于住宅大门（Haustür）。也就是说，从住宅大门起，是人的隐私空间，公众的信息权就在此要让位于人的隐私权。本案中所涉及的全部照片，或者是在公共场合，或者是在开放空间（其他人可以直接进入的地方）拍摄。故在人格利益与公众信息权的权衡中，应当保护公众的信息权。

联邦法院认为，“私人空间权”是一般人格权的重要组成部分，人享有在私人空间内不受他人干扰、自由地伸展个性、“使自己属于自己”（sich selbst zu gehören）的权利。每个人，包括本案中作为“绝对新闻人物”的上诉人，都有要求他人尊重自己私人空间的权利。除非公众有重大的信息利益，否则不得侵犯该权利，制作和传播涉及该私人空间领域内的图片。但对于私人空间的范围，联邦法院不同意一审、二审法院的观点，认为私人空间也同样可以在住宅之外存在，“住宅大门”这个标准失之过严。为此，联邦法院提出标准，此即“地点隐蔽性”（örtliche Abgeschiedenheit）：在那样的地点，可以客观地辨认出她想避开人群的注目而独自一人，并且在信赖该地点的隐秘性状态下，她可以不必像出现在公众面前般行止。在当事人处于封闭性地点时，如果第三人通过秘密拍摄或通过运用远望偷窥技术制作并传播其照片，则构成对其权利的侵犯。另外，在某些情况下，如果当事人在特定时间将特定空间适当与其他公共空间分隔，并且客观上第三人可以了解这种分隔的存在(如在宾馆的房间、酒店的包间、体育活动场所的特定房间、电话亭等),公共场合也可以成为受保护的私人空间。再有,自然中的某个相对独立的开放空间也可以成为私人空间,只要该部分不是以公共空间(如公园、公共草坪)的形式出现。

宪法法院指出,“地点隐蔽性”这个标准“一方面考虑到了个人的私人空间利益,让个人在私人空间内有自由伸展个性、不必担心公众注目的可能;另一方面也没有过分限制新闻自由,因为该规则并没有完全禁止拍摄新闻人物的日常和私生活”,因而也是合适的。欧洲人权法院则认为,“地点隐蔽性”这个标准对于 Caroline 过于严格。因为 Caroline 必须证明其处于隐蔽地点并能够成功举证方可主张私生活保护,否则只能忍受几乎无时无处不在的被拍照和照片被流传而供他人谋取利益。而如此是对于任何人而言都是很难办到的。因此,该标准也许理论上能说清楚,但实际上很难办到。

(六)分析整理

1. 人格权与言论自由皆为基本权利,价值平等,其调和机制应根据具体情况,运用侵权行为法构成要件,以确定个案中何者优先保护。

2. 人格权与言论自由的冲突解决模式一般为:人格权受害者向言论者主张停止侵害、损害赔偿,言论者则主张言论自由来抗辩。法院在衡平此两种利益时,方法为在个案中对上述限制言论自由的法律作是否合乎言论自由保护的解释。如果是,则人格权优先保护;反之,则言论自由优先保护。

3. 在侵权行为构成要件认定上,如果认定言论者侵害了人格权,则构成违法,或属于 BGB §826 中的故意背俗加害他人侵权行为。如不构成违法,则言论自由成为违法阻却事由,侵权行为不构成。

4. 言论自由,特别是攸关公益、政治性评论、辩论,其言辞粗略或略微不妥,并不影响其言论自由行使的正当性。人格权主张者不能从只言片语不当中获得对抗言论自由的权利。

5. “绝对新闻人物”规范依据在于 KUG §23,该规定对于“绝对新闻人物”之肖像权保护要弱于一般人。所谓“绝对新闻人物”是指:“该人享有较高的知名度,以至于公众对获取关于该人的信息有正当利益。”规范模式为,如果优先保护言论自由的话,就将人格权主张者定义为“绝对新闻人物”,从而其个人人格利益让位于言论自由;但如果人格权主张者虽然是“绝对新闻人物”,但其私生活完全与公共利益无关,也有可能依据 KUG §22 侧重保护其人格利益,而牺牲言论自由。

六、回顾与展望

(一)回顾

德国近现代人格权研究从对罗马法继受的普通法时代就开始了。[1] 19 世纪历史法学派对人格权采取实质承认而形式拒绝的态度,使 BGB 中最终没有规定人格权,这是严格的法律实证主义的固执结果。日耳曼法学派从"本土资源"出发,对人格权的承认抱以开放的态度和持续的热情,最终通过 Gierke 完成了人格权理论的建构,并为 Leserbrief 案奠定了理论基础。20 世纪德国人格权的发展以承认一般人格权为起点,法官造法下的人格权扩张是以一般人格权为中心进行的:直接的表现为一般人格权保护范围的具体化为私领域、信息自主等;间接的表现为通过一般人格权实现了精神损害赔偿和死者人格保护等。当然,宪法上(一般)人格权的承认也具有重大意义,从此以后,人格权与言论自由的冲突就可以同时上升到基本权利的高度来看待。德国人格权法由 BGB 立法时代的规范贫乏到如今的健全体系,联邦法院和宪法法院接力式的法官造法功不可没,人民权利意识的觉醒和不屈的维权斗争是这一法官造法得以不断完善的不竭动力。下面按照年份图示这一发展顺序并图解今日之德国人格权法体系(见表 1-3,见图 1-5):

表 1-3　发展顺序

年份	案名	意义	终审
1954	Leserbrief	一般人格权确立	BGH
1956	Paul Dahlke	人格权财产价值确立	BGH
1958	Herrenheiter	精神损害赔偿确立	BGH
1958	Lüth	基本权利间接第三人效力	BVerfG
1961	Ginsengwurzel	基本法作为精神损害赔偿依据	BGH
1963	Blinkfüerfall	基本法作为侵权法违法性的判法依据	BVerfG
1968	Mephisto	死者人格精神利益保护	BVerfG
1973	Soraya	精神损害赔偿的合宪性	BVerfG
1973	Lebach	人格权与言论自由价值平等	BVerfG

---

〔1〕 Z. B. Leuze, Die Entwicklung des Persönlichkeitsrecht im 19. Jahrhundert, 1962. Coing, Zur Entwicklung des Zivilrechtlichen Persönlichkeitsschutzes, JZ 1958.

续表

年份	案名	意义	终审
1976	Deutschlandstiftung	合法意见表达的判定	BVerfG
1995	Caroline Ⅰ	获利作为精神损害赔偿的标准	BGH
1999	Caroline Ⅱ	当代历史绝对人物和私人空间的认定	BVerfG
1999	Marlene Dietrich	死者人格财产价值的保护	BGH

§1 GG & §2 GG……………………宪法上(一般)人格权

§12 BGB ……………………………………………… 姓名权 ⎫
§823 Ⅰ BGB……生命、身体、健康、自由、所有权或其他权利 ⎬ 民法上人格权
§823 Ⅱ BGB &§185ff. StGB ………………………… 名誉 ⎭

§824 BGB……………………………………………… 信用 ⎫
§253 & §847 BGB……身体、健康、自由的精神损害赔偿 ⎬ 其他法益等一般人格权
§22－24、33、37－38、42－44、48 KUG…………… 肖像权 ⎭

图1－5 当代德国人格权法体系

(二)展望

20世纪德国人格权的发展以Leserbrief案为分水岭。此案之前由于在德国整个法律体系中皆不承认一般人格权,故对人格法益的保护极为有限,法律对于人格法益的救济相对于变革社会中的人民对不断扩展的人格法益保护的渴求而言应接不暇。一般人格权被确认之后,宪法价值进入民法,使BGB §823 Ⅰ中的"其他权利"得到极大扩容,新型人格法益不断经受宪法价值的考验而进入实证法的视野,发展了人格权体系。通过这种发展,宪法与民法得到融合,整个法制体系的自洽性得以很好证成。通过这种发展,一项新型的民法权利——人格权,其类型得以丰富并成为一个相对独立的民法内部领域。

德国人格权20世纪100年的发展充分证实了成文法典应该因社会发展不断扩容的法律发展机理,证实了法官造法的必要性和可行性,也大大提高了德国法学的自我调整能力和法律解释能力。这一发展历程告诉我们,公、私法二元的体系并非坚不可摧,现代法制问题的复杂性需要二者通力合作,重构整体法制秩序,以宪法为最高价值宣示和制度骨架,以各特别法为价值实现之工具和制度脉络。这一发展历程还告诉我们,法官造法在大陆法系亦在所难免,法制发展必然要求法官/司法分享立法权。当然,法官的立法权与议会的立法权自不能同日而语。议会立法权更多的是一种法律政策的考量,是多数的民主,是通过表决来实

现的,并非全部专家立法。法官法是实践中的法,是专家法和技术法,是少数人的专制之法。如何厘清二者权限划分并在法技术上合作操作,是当代法学方法论的重大课题,一味地坚持立法与司法分立的政治哲学思维并不能有益于法制的科学发展。

第四节　法国与瑞士

一、法国

(一)现行规范体系

法国法上关于人格权保护的宪法基础是1789年诞生、至今仍生效的《人权宣言》。在该宣言中,自由权得到了极大的彰显。法国最高法院在1999年的一则判决中重申,尊重个人私生活的权利是为《人权宣言》第2条所包含的。[1] 1804年的《法国民法典》未规定人格权,也未规定人格法益或使用人格的概念,但是由于该法典第1382条规定了因过错(Faute)侵害他人应负损害赔偿责任,对受侵权行为法保护的权益范围未设限制,实务上以此为依据,保护人格(Protection de la Personnalité)不受侵害,并包括财产上及非财产上之损害。[2] 这些人格法益逐渐被判例学说予以权利化,各种具体人格权(Droits de la Personnalité)之相互边界愈来愈清晰。这些人格权主要包括:肖像权(droit a l' mage)、名誉权(droit a l' honneur)、隐私权(droit au secret de la vie priver)、信件私密权(droits au secrect des lettres confidentielles)。但与德国民法不同的是,法国民法上至今未有一般人格权(droit general a la personnalité)制度,实务上对此亦未有大胆创设。

然颇值注意的是,1970年《法国民法典》修订时,增订第9条规定:"任何人享有尊重其私生活的权利(Everyone has the right to respect of his private life)。"在解释上,对私生活作广义解释。受保护者是否为知名人士在所不问,其保护范围除空间(如房屋、旅馆房间、汽车内部)外,亦包括身体隐私,并强调身体隐私乃私密殿堂,涵盖性之关系、裸体、健康、怀孕及死亡。此外,私生活还包括个人及家庭生活、性爱关系、婚姻关系(分局或者离婚)、政治及宗教信仰等个人资

---

[1] Conseil constitutionnel vom 23.7.1999, D. 2000. J. 265.

[2] Zweigert/Kötz, Einführung in die Rechtsvergleichung, 3. Aufl. 1996, S. 700.

料。[1] 实务上,以本条为依据,形成诸多具有开创性的案例,对人格权予以周全保护。例如,拍摄住院病床上的演员,虚构采访记录,拍摄罗曼罗兰(Romain Rolland)的私人信件等均足以构成侵害人格法益的侵权行为。特别有趣的是,在一则案例中,法国法院认为某历史学家在其所著的关于无线电报历史研究的书中,因未提及一位在物理学界被公认为有贡献的学者,而被认定为侵害该有贡献者之人格法益的侵权行为,应负损害赔偿责任。[2]

(二)历史解释

1945 年,为"二战"中的失败所震动,在昂利·加比唐法国法律文化协会的倡议下,法国组建了由 12 位教授、法官、律师和公证人组成的民法典修正委员会,重订法国的民法典。这也是为了与年轻的、影响日益扩大的《德国民法典》竞争,向世人展示法国人的聪明才智。[3] 该委员会一直工作到 1960 年。其工作成果为《民法典学者建议稿》(*Avant - Projet de Code Civil*)。其第一编第一题第一章的标题就是"人格权"(Droits de la Personalité)。但此人格权为人格与人格权的混合物,故其 18 个条文(从第 148 条到第 165 条)一分两半,一部分用来规定人格,如第 148 条规定,"人自其出生直到其死亡都是权利主体",这显然是关于权利能力的起止时间的规定;一部分用来规定人格权,如第 151 条规定,"某人处分其身体的全部或部分的行为,只要在处分人死亡前接受执行,且会对人的身体的完整导致严重的和确定的损害,禁止之",这显然是关于作为人格权的身体权的规定。这样的二合制的人格权制度是瑞士人恩斯特·罗根(Ernest Roguin)带到法国,由法国学者阿尔方斯·布瓦斯泰尔(Alphonse Boistel)在本国推广的。[4] 尽管是学习,但还是有一定的发展。瑞士蓝本主张的人格权与人格的支撑关系来自古老的罗马法的身份与人格的关系理论,法国文本表现的支撑人格的人格权类型就较有时代气息了。如上所见,身体权已被增列为这样的人格权

---

〔1〕 参见王泽鉴:《人格权法》,台北,2012 年自版发行,第 29 页。

〔2〕 Paris 23. 1. 1965. Gaz. Pal. 1965. 1. 361. 该案基本案情(轻率的历史学家):1931 年,Turpain 教授在文章中对 Branly 的科学著作之价值与地位提出了质疑,由此引发争议。到了 1939 年,他所撰写的新文章对赫兹以及包括其本人在内的其他科学家的工作进行了描述。按照他的说法,他们对无线电报事业的发展起到了举足轻重的作用。在该文中,他对 Branly 教授的名字和工作都只字未提。为此,Branly 教授的继承人对 Trupain 提出批评,指出其在文章中负有提供读者精确信息的义务,而他违反了此种义务,在这点上构成了过错,并应当承担责任。

〔3〕 J. P. Niboyet, *La question d'un nouveau code civil en France*. Tulane Law Review, 1955, (24). 转引自徐国栋:《人格权制度历史沿革考》,载《法制与社会发展》2008 年第 1 期。

〔4〕 [日]星野英一:《私法中的人——以民法财产法为中心》,王闯译,载梁慧星主编:《民商法论丛》第 8 卷,法律出版社 1997 年版,第 178 页。

的一种,而且还增列了"时髦"的拒绝医疗权(第153条),病人权利型的人格权终于浮出水面。[1]

在《法国民法典》中,生命、自由等是作为主体地位的法律人格的一个有机组成部分而存在的,人格权和人格标的统一不可分,《法国民法典》并没有从(法定)权利的角度看待"人之为人"的应有。从1804年《法国民法典》的条文中,人们不能发现任何有关人格的措辞,也不能发现任何有关人格权的规定,因此《法国民法典》更多的是注重财产权和契约自由的保护,而漠视(人格权角度的)人格之保护。[2]

但法国实务一向以保护人格利益的态度执行着《法国民法典》的体系,法国判例一直保护各种人格利益不受他人侵犯,其范围涉及生命、身体、名誉、贞操、姓名、肖像、信用等几乎所有的权利。[3] 但据此就认为《法国民法典》的立法者是从自然权利的角度看待人,似仍嫌武断。一个不可忽视的现实就是,《法国民法典》的立法者在立法当时根本就不知道所谓的人格权理论,如法国学者萨瓦第埃就认为,《法国民法典》没有为自然人提及向他人主张正因为"是人才属于人"的那些性质的权利的思想,当时的立宪议员从来没有想过要就人格权提出什么宣言。[4] 据星野英一先生考证,在法国,将生命、身体、名誉、贞操、姓名、肖像、信用等作为人格权(droit de la personnalité)而统一的在理论上予以承认是从20世纪初受到德国学说的影响之后开始的。"根据卡邦尼埃的研究,德国的学说是通过瑞士的罗根(Roguin)而被法国知晓,并由布埃斯特(Boistel)使之与法国的学说相适应的,在20世纪初有关惹尼(Gény)书信的论文中已经实质性地反映出这一变化的存在。"[5]而后法国民法学界的一系列努力,可以看作深受德国民法(尤其是学说)影响的例证。"不久,由若干优秀论文的出现而得以确立并达成共识。作为其成果,一方面,有了由民法典修正委员会确立的民法典草案(Avant—Projet de Code civil)……另一方面,通过1954年法学系本科课程的修

[1] 徐国栋:《人格权制度历史沿革考》,载《法制与社会发展》2008年第1期。

[2] 日本学者星野英一等就持这一观点,法国学术界也存在这种观点。参见[日]星野英一:《私法中的人——以民法财产法为中心》,王闯译,载梁慧星主编:《民商法论丛》第8卷,法律出版社1997年版,第176页。

[3] Friedrich Carl von Savigny, System des heutigen romischen Rechts, Bd. Ⅲ, S. 345f.

[4] 参见[日]星野英一:《私法中的人——以民法财产法为中心》,王闯译,载梁慧星主编:《民商法论丛》第8卷,法律出版社1997年版,第176页。

[5] [日]星野英一:《私法中的人——以民法财产法为中心》,王闯译,载梁慧星主编:《民商法论丛》第8卷,法律出版社1997年版,第178页。

订,‘人格权’成为教学内容。”[1]民法典修正委员会增加了民法典草案中的关于人格权的规定,其虽然没有通过,但也从一个侧面反映了《法国民法典》立法当时没有考虑到人格权的状况。而经1970年法律增加了《法国民法典》第9条第1款“私生活权利”,表明法国民法已经在学术研究与立法上向人格权利化迈进了一步。[2]

虽然今日之法国民法对人格权之保护逐渐臻至完善,但就1804年《法国民法典》制定之际看,人格权是完全被忽略的,法律人格的重心被民法典的立法者倾向给了财产法。法国学者雅克·盖斯旦与吉勒·古博在评价1804年《法国民法典》立法精神的时候,也不无遗憾地指出,“但从今天的角度看……人格权也同样被忽视了”。[3] 所以,尽管有学者认为《法国民法典》承认人格权,仍不得不承认《法国民法典》初期对于人格的范畴是一个历史观念的范畴,并不具有今天这样的宽度和深度。早期法国法的观念和在此观念下支配的人格保护的实践,只是限于自然人的物质范畴和某些重要的精神范畴,还没有涉及自然人的隐私和个人生活等范畴。[4] 可以认为,《法国民法典》当时的立法者并不是从人格权(无论是自然权利还是法定权利)的角度看待人。囿于当时的历史阶段,《法国民法典》的立法者保护“人”的落脚点实际在于维护财产。栗生武夫先生曾深刻地指出,“人格权是在‘19世纪发现了利己心及其驱动力’之后才被认可的,其只不过是‘小市民的个人意识’;人格权是19世纪所有的人的商业化(意识到对个人私利的尊重)而希望法律对私利的保护更加完善的结果”。[5] 可见,人格权不过是资产阶级上升时代“经济人”追求促使近代法对所有人的“法律人格”的承认之基础上的延伸。在《法国民法典》制定时期,人们还来不及同时也意识不到应将视野从财产转向人自身。[6] 1804年《法国民法典》在立法上的做法并没有妨碍法国民法保护“人格权”的实践,法国民法对“人格权”的保护主要是由两

---

[1] [日]星野英一:《私法中的人——以民法财产法为中心》,王闯译,载梁慧星主编:《民商法论丛》第8卷,法律出版社1997年版,第178页。

[2] 曹险峰:《论1804年〈法国民法典〉中的人格与人格权——兼论我国民法典的应然做法》,载《社会科学战线》2007年第5期。

[3] [法]雅克·盖斯旦、吉勒·古博:《法国民法总论》,陈鹏等译,法律出版社2004年版,第100页。

[4] Savigny, System des heutigen romischen Rechts, Bd. Ⅲ, S. 345f.

[5] 参见[日]星野英一:《私法中的人——以民法财产法为中心》,王闯译,载梁慧星主编:《民商法论丛》第8卷,法律出版社1997年版,第182页注27。

[6] 曹险峰:《论1804年〈法国民法典〉中的人格与人格权——兼论我国民法典的应然做法》,载《社会科学战线》2007年第5期。

方面因素结合而完成的。

(三)通过实务不断加强对人格权的保护

1. 三编制体例的包容性与"人法"的开放性

法学阶梯体系又称三编制体系,乃仿效罗马法学家盖优士的法学教科书的体例而来,由人法、物法、诉讼法三部分构成。《法国民法典》即采此体例,唯将诉讼法排除在外,分为三编:第一编人,第二编财产及对所有权的各种限制,第三编为取得财产的各种方法。从实质上看,《法国民法典》坚持的还是人法与物法的二元格局。"物法"集合了财产以及财产的取得方法,而在"人法"中,集合了所谓的基本上所有的人的人身要素,即身份证书、住所、失踪、结婚、离婚、父母子女、亲权、收养等。这种立法结构使"人法"在彰显人的主体地位时,具有相对独立的地位,较少受到"物法"的牵制,这为法国民法将"人格权"镶入"人法"提供了框架支持,使法国民法在接受"人格权"制度时不违反其法典的既有逻辑。同时,法国民法典秉承古典自然法学说,高举人文主义大旗,认为"人人生而自由与平等"。在自然法的引导下,1789 年《人权宣言》宣扬自由、财产、安全和反抗压迫的权利是人的"天赋人权"。因此,在《法国民法典》的立法者看来,生命、健康、自由等俱为人生而有之的自然权利,只能在自然法中,即在"天赋的"人的属性当中去寻找,实定法无权对其加以规定。由此就导致了在法国民法典中不可能存在人的伦理价值权利化,即实定法上的"人格权"的概念。而且,这种"天赋性"决定了人的各种必要的属性(或曰权利)必将随着社会的发展不断地被"发现",这也为人格权制度镶入"人法"提供了理论支持与逻辑保障。[1]

2. 侵权行为法的开放性

1804 年《法国民法典》对于侵权行为仅设 5 条规定(第 1382 ~ 1386 条)。其第 1382 条规定:"任何行为致他人受到损害时,因其过错致行为发生之人,应对该他人负赔偿之责任。"第 1383 条规定:"任何人不仅对因其行为造成的损害负赔偿责任,而且还对因其懈怠或疏忽大意造成的损害负赔偿责任。"由该规定可知,法国民法上之侵权行为系建立在一个抽象、概括的一般原则之上。法国民法对侵权行为采"三要件说",也就是认为过错侵权责任应当由损害事实、因果关系和过错作为条件。在法国,第 1382 条只对侵权行为的静态后果——损害作出了规定,而对损害对象未设明文,但这条是容量极大且极富有弹性的高度抽象性条款。在法国法看来,不管在什么条件下发生的任何行为,只要有过错、损害及

〔1〕 曹险峰:《论 1804 年〈法国民法典〉中的人格与人格权——兼论我国民法典的应然做法》,载《社会科学战线》2007 年第 5 期。

因果关系,就须承担民事责任。正如一位法国学者所感叹的:“本款规定的适用范围如此之广,以致足以囊括各种各样的损失,并对其一视同仁地给予赔偿,且赔偿范围及于所遭受的各种损害,从杀人生命到伤人皮毛,从烧毁高楼大厦到毁掉蓬门荜户,任何情形均适用同一法律,任何损失均可以计算,以赔偿受害者所遭受的一切损失。”该条“有意使用了宽泛的语言,没有将法律保护或侵权赔偿限于对法定权利的侵害,凡是法律保护的利益都在考虑之内”,“人格权”亦不例外地在其考虑之列。同时,法国民法对过错要件采用客观说,认为过错是违反社会准则的行为意志状态,行为的不法性已包含在过错的概念之中。因而,法国民法必须建立一个“注意义务”来检测行为的主观过错。这个标准就是一个客观标准——“过错乃是指,一个谨慎之人置身于加害人造成损害时的‘客观’环境中所不会犯的行为差错”。这实质上是授予了法官在认定过错时非常大而相当宽泛的自由裁量权。以上因素使法国民法中侵权行为法的适用范围非常广泛,加之法国法关于“人格权”的规定又非常抽象(甚至在法典中无踪迹可寻),因此,由“人法”体现的开放性与侵权行为法适用范围的广泛性共同构成了法国民法上人格权确认与保护的广阔发展空间。

(四)人格权权利构造模式的发展

1. 支配权式权利构造模式

尽管1804年《法国民法典》对人格权未作任何规定,立法者在立法时亦未将人格权考虑在内,但不容忽视的是,在《法国民法典》制定之前,在欧洲包括法国已存在人格权利化的学说,即主张人除了对外界事物的支配权外,对自己自身也有支配权,[1]其代表人物之一为法国学者雨果·登厄鲁斯(1527~1591)。

雨果·登厄鲁斯在《市民法评注》第2卷第8章第1节中说:“严格属于我们的,或存在于各人的人身中,或存在于外在的物中,为了它们有这两个著名的不同的法的原则:一个是毋害他人;一个是分给各人属于他的。属于前者的,有人身,属于后者的,有各人拥有的物,我们在前文说过,同时这样属于我们的,还包括对我们的债务。”[2]在这一论述中,雨果·登厄鲁斯将权利划分为两种类型,即以主体自身为客体的权利即人格权和以非主体自身为客体的权利,后者又可进一步划分为以对外在的物为客体的权利即物权和以他人对我们负欠之

---

[1] [日]星野英一:《私法中的人——以民法财产法为中心》,王闯译,载梁慧星主编:《民商法论丛》第8卷,法律出版社1997年版,第176页。

[2] Hugonis Donelli, *Opera omnia*, *Tomus Primus I*, Roma: Typ is Josephi Salviuggi, 1828. 转引自徐国栋:《人格权制度历史沿革考》,载《法制与社会发展》2008年第1期。

物为客体的权利即债权。[1] 这一论述在一定程度上打破了罗马法以来将人格法益作为禁止侵害的客体这一传统的桎梏，其以主体自身为客体的权利与以非主体自身为客体的权利的划分，事实上已包含将人格权利化并与物权、债权并列的主张，在此基础上，雨果·登厄鲁斯提出以主体自身为客体的权利的四种具体类型，即生命（vita）、身体不受侵犯（incolumitas corporis）、自由（libertas）以及名誉（existimatio），置于"人对于自己的权利"名目下。[2] 尽管雨果·登厄鲁斯并未留下"人对于自己的权利"方面的专著［这一方面最早的专著是西班牙学者阿梅斯瓜（Gomez de Amesqua）在1609年出版的《人对于自身的权力论》（*Tractatus de potestates in se ip sum*）］，但这并不影响其在人格权理论发展史上的地位——最早的现代人格权理论提出者。[3]

通过分析雨果·登厄鲁斯的论述，我们可以发现，其人格权的权利构造模式是以支配权为基础的，或者可称为一种支配权式权利构造模式。在这一模式下，生命、身体不受侵犯、自由和名誉等人格利益同有体物一样，都是支配权的客体。诚然，支配权式权利构造模式比较符合当时的民法发展水平，可以直接借用较为发达的所有权理论使主体享有直接支配处分人格利益的权限和排除他人同时使用、支配的机会。但不可否认的是，雨果·登厄鲁斯的支配式人格权权利构造模式近乎照搬所有权的构造模式，将人格利益单纯视为权利的客体，而忽视了人格权所特有的伦理品格，存在将个人人格及其作为人格属性的人格权利与物、债务等同视之的倾向。这与随后风行于法国和欧洲的人文主义法学思想背道而驰，导致该人格权理论传播范围受限；而《法国民法典》制定之时，正是个人主义思想极端活跃之时，天赋权利和绝对义务的观念在法国占据主导地位，即使立法者知道人格权理论，也绝对不敢和不会对这些具有天赋地位而成为法律先在的所谓人格权利行使确认的权力，更遑论立法者根本就不知道所谓的人格权理论，这也就不难理解为什么法国很早就出现人格权理论，却在1804年《法国民法典》中丝毫未加体现。

2. 受尊重权式权利构造模式

在1804年《法国民法典》实施后的很长一段时期内，都坚持"禁止侵害式"的人格利益保护方法，即通过《法国民法典》第1382条侵权责任法的概括性保

〔1〕 徐国栋：《人格权制度历史沿革考》，载《法制与社会发展》2008年第1期。

〔2〕 ［德］萨维尼：《当代罗马法体系Ⅰ》，朱虎译，法律出版社2010年版，第262页注1。

〔3〕 Guido Alpa, Status e Capacità, Laterza: Bari - Roma, 1993. 转引自徐国栋：《人格权制度历史沿革考》，载《法制与社会发展》2008年第1期。

护规定对个人课以不得侵害他人人格的绝对义务,在司法实务中为自然人人格提供广泛的私法保护。萨维尼通过观察发现,法国的人格保护范围涉及生命、身体、名誉、贞操、姓名、肖像、信用等几乎可见的人格法益。〔1〕与此同时,在以德国为代表的欧洲其他国家,人格权理论逐渐引起重视,传统的支配权式权利构造模式遭到广泛质疑。例如,德国民法典立法者指出,"不可能承认一项'对自身的原始权利'"。〔2〕德国学者还认为,如果允许人格权利化,势必会导致人格利益成为权利客体,这就会造成人既是权利主体又是权利客体的矛盾,而承认人对于自身的支配权,还有可能导致所谓的"自杀合法"问题。〔3〕这一争论对法国产生了影响,加之法国人长期受天赋权利等观念的熏陶,即使在司法实践中出现人格权益保护不周的问题时,也不敢轻易在民法典中确认和规定人格权。

这种情况从1970年开始得到改变,1970年法国通过第70-643号法律,在《法国民法典》第9条承认个人"私生活的权利"。随后,法国在1994年和2004年分别通过第94-653号法律和第04-800号法律,在《法国民法典》第1编第2章专设"尊重人的身体",第16-1条至第16-9条详细规定了保持人的身体完整性及其应受尊重的权利,而由遗传特征和基因研究所引起关于人格利益的尊重与保护问题,则通过第3章即第16-10条至第16-13条予以规定。

值得注意的是,在上述几个条款中,立法者并未延续传统的支配权式权利构造模式,而是人格权的性质表述为一种受尊重权,即采纳受尊重权式权利构造模式。对于这种人格受尊重权,其规定方式如下:首先,正面确立自然人享有何种人格受尊重的权利;其次,规定其排除效力,具体可体现为若干并列或不同层次的禁止行为;最后,还可以将特殊保护方法一并加以规定。〔4〕就形式而言,这种受尊重权式权利构造模式下的人格权为一种无客体之权利,这就避免人格利益成为权利客体,体现人格权所特有的伦理品格,从而为法国在人格权利化问题上开启了一条新的道路。法国在人格权实证化问题上为何会出现此种改变,究其原因,本书认为主要有以下两点:

第一,人格利益保护的客观需要。在法国人格权实证化的历史中,人格利益

---

〔1〕 Friedrich Carl von Savigny, System des heutigen roemischen Rechts, Bd. Ⅲ, S. 345f.

〔2〕 [德]霍尔斯特·埃曼:《德国民法中的一般人格权制度——论从非道德行为到侵权行为的转变》,邵建东等译,载梁慧星主编:《民商法论丛》第23卷,金桥文化出版(香港)有限公司2002年版,第413页。

〔3〕 曹险峰:《人格、人格权与中国民法典》,科学出版社2009年版,第99页。

〔4〕 龙卫球:《人格权立法面面观——走出理念主义与实证主义之争》,载《比较法研究》2011年第6期。

保护的客观需要一直是贯穿其中的重要影响因素。法国学者在分析 1804 年《法国民法典》没有规定人格权的可能原因时指出,“一方面,在那个时代,私生活这个概念只具有很有限的内容;另一方面,当时能够造成对人格的损害的手段的数量及结果,都远不如今日”。[1] 法院依据《法国民法典》第 1382 条,通过判例基本实现对人格权的保护。但随着时代的变迁,尤其是科学技术的迅速发展,司法实务中出现的人格权保护案件越来越复杂,人格利益保护的客观需求越来越丰富,《法国民法典》第 1382 条的规定过于抽象和概括、具有不确定性的弊端在司法实务中逐渐凸显。迫于现实压力,法国民事立法和学术界不得不考虑将人格权统一实证化的问题。法国学者惹尼(Gény)在 1911 年写道,人格权这一类别正在形成之中[私人信函权利(Des droits sur les letters missives),第 1 卷,第 89 节]。[2] 特别是“二战”以后,受人权运动影响,法国国内要求私法中心由财产保护转向人的保护、完善人格权立法的呼声甚嚣尘上。但具深厚人文主义传统的法国,是很难接受将包括人自身在内的人格利益视为权利客体的支配权式权利构造模式的,因而另造新的权利构造模式成为法国不得不为之的选择。以身体受尊重权为例,自“二战”后,人不能成为科学实验的客体的原则便逐步确立,但基因技术的出现,使身体权的侵害方式由传统的物理损害扩大到基因和人种的损害,而基因技术在医学方面的积极作用使得法律必须要在科学主义和人文主义之间寻求某种平衡,这是“禁止侵害式”的简单立法模式所无法实现的。所以,法国在 1976 年和 1988 年分别颁布 Caillavet 法和 Huriet Séruselat 法,对人体器官的提取和生物医学研究中人的保护予以明确规定,并将上述法律汇编形成 1994 年的 bioéthiques 法,其中,该法的第 94 - 653 条编入《法国民法典》成为第 16 条,明确为人的身体受尊重权和遗传特征、基因研究有关的人格利益受尊重权。[3]

第二,外国学说与立法的影响。法国人格权实证化过程中,外国学说与立法因素的作用颇为明显,受德国影响尤甚。20 世纪德国和瑞士民法以法律科学闻名于世,对法国人触动颇深。此时的法国,天赋人权等观念已完成其特定历史使命,法律实证主义方兴未艾,当德国、瑞士的人格权理论传至法国时,便逐渐和法

---

〔1〕 Thierry Garé, Le droit des personnes, 2e edition, Collection Connaissance du droit, Dalloz, 2003, p. 75. 转引自王利明:《人格权法研究》,中国人民大学出版社 2005 年版,第 142 - 143 页。

〔2〕 [法]雅克·盖斯旦、吉勒·古博:《法国民法总论》,陈鹏等译,法律出版社 2004 年版,第 171 页。

〔3〕 张民安:《现代法国侵权责任制度研究》,法律出版社 2003 年版,第 59 - 60 页。

国的学说相适应。并且,在一种竞争思维的引领下,法国人试图通过立法证明其在民法上不低于德国人的智慧,这从人格权的立法模式上可见一斑。在20世纪中叶之前的各国民事立法中,人格权均是依附其他制度设立,如瑞士民法典中的人格权就与人格法相混杂,而法国人则试图在民法典中赋予人格权独立地位。法国比较法学家勒内·达维德受埃塞俄比亚政府之邀为该国制定民法典时,尝试将人格权与人格区分开来,第一次在立法上确立人格权的独立地位。[1] 因此在《法国民法典》加入隐私权和身体权之规定时,法国立法者亦遵循此一立法模式。至于受尊重权式权利构造模式,也非法国原创,在之前德国的人格权学说中,已能够找到类似的表述。卡尔·拉伦茨曾指出,"根据人格权的一般结构,人格权是一种受尊重权,也就是说,承认并且不侵害人所固有的'尊严',以及人的身体和精神,人的存在和应然的存在"。[2] 由此可见,法国在借鉴和吸收德国学说的基础上,最早在立法中采用受尊重权式权利构造模式。

应当指出的是,法国的人格权立法只是局部意义上的受尊重权式权利构造模式。迄今为止,《法国民法典》只对生命权、身体权(包括遗传特征、基因研究有关的人格权利)和隐私权予以明确承认,其未承认一般人格权,其他具体人格权仍需通过《法国民法典》第9条私生活受尊重的规定和第1382条的侵权概括性规定加以保护。换言之,《法国民法典》并没有建立起完整的人格权制度,这不得不说是一个遗憾。当然,也有学者从其他角度理解,认为"《法国民法典》虽不是以权利的观念来看待人格,但从更高自然地位看待人格。法律虽然不能在法定权利的意义上规定人格权,但是法律要比保护法定权利还更高地维护人格"。[3] 此一观点亦有其一定道理。

(五)以《法国民法典》第9条为基础的具体人格权之保护

《法国民法典》第9条规定:"任何人均享有私生活受到尊重的权利。在不影响对所受损害得到赔偿的情况下,法官得采取各种措施,诸如对有争议的财产实行保管、查封或其他便于制止或导致阻止对私生活秘密的侵害的办法;在紧急情况下,得按照紧急诉讼程序决定采取这些措施。"单就文本分析,本条似乎应是隐私权的保护条款。但正如本节第一点中所指出的,法国在判例中以本条为基础,除隐私权外,还将部分肖像权、声音权等人格权利的内容纳入私生活的范

---

[1] 徐国栋:《人格权制度历史沿革考》,载《法制与社会发展》2008年第1期。

[2] [德]卡尔·拉伦茨:《德国民法通论》,王晓晔等译,法律出版社2003年版,第282页。

[3] 龙卫球:《民法总论》,中国法制出版社2002年版,第305-306页。

畴，形成诸多具有开创性的案例，从而实现人格权的全面保护。[1]

1. 隐私权

毫无疑问，《法国民法典》第 9 条最基础和最直接的作用当在于隐私权之保护。法国判例涉及隐私权的规定较多，可归纳为以下三个方面：

(1)隐私权内容的确定。准确地说，法国判例是对私生活的内容予以界定，其中包括一些在现代人格权理论中属其他人格权的内容，此处将其中属于隐私权范畴的内容予以归纳。具体而言，隐私权包括感情生活与个人生活、家庭生活、通信秘密、住所和居所、健康状况以及妊娠生育状况这六个方面的内容。[2]就感情生活与个人生活而言，个人的情感生活具有严格的私生活性质，《法国民法典》第 9 条规定禁止让公众了解自己的真正的或者想象的情感关系（巴黎大审法院 1976 年 6 月 2 日判例）。在影片或书籍中描述他人夫妻不和、抛弃共同婚姻住所、将子女寄养他处等感情生活和新闻报道擅自公布他人离婚消息，构成对他人私生活的侵犯（最高法院第一民事庭 1984 年 10 月 16 日判例和巴黎巡回法庭 1981 年 10 月 7 日判例）。就家庭生活而言，不管当事人是谁，关于其直系尊亲属、配偶和直系后裔的任何资料毫无例外地属于其私生活范围（巴黎巡回法庭 1973 年 12 月 17 日判例）。就通信秘密而言，个人通信秘密依据《欧洲人权公约》第 8 条的规定而受法律保护，处于管理受法律保护未成年人财产之需要，可委托代理人代收行政或商务信件，但代理人不得对受保护人的个人信件进行监督和控制（最高法院第一民事庭 1991 年 6 月 11 日判例）。就住所和居所而言，未经本人同意，在新闻媒体上泄露其住所个人地址，构成对私生活的非法侵犯（巴黎大审法院 1976 年 6 月 2 日判例），该规定同样适用于个人电话号码（贝里耶轻罪法庭 1992 年 9 月 15 日判例），但个人为逃避义务或债务而故意隐瞒住所、居所的情形得排除在外（最高法院第一民事庭 1991 年 3 月 19 日判例）。就健康状况而言，擅自发表关于他人健康状况的新闻是对私生活的严重侵害（巴黎大审法院 1976 年 6 月 2 日判例），任何人均可反对在任何文章中旨在以引起公众的好奇心为目的或者旨在将其私生活用于商业之目的而对其健康状况进行的评论（巴黎巡回法庭 1980 年 7 月 9 日判例）。就妊娠生育状况而言，法官认为，妊娠生育状况属于私生活的一个侧面（最高法院第二民事庭 1983 年 6 月 29 日判例）。

(2)侵犯隐私权的形式。对私生活能够造成侵犯的形式可以是多种多样

〔1〕 如无特殊说明，该点下判例内容参见《法国民法典》，罗结珍译，法律出版社 2005 年版。

〔2〕 朱国斌：《法国关于私生活受尊重权利的法律与司法实践》，载《法学评论》1999 年第 3 期。

的,但主要可以归结为以下三种:泄露(个人私生活资料,divulgation)、调查(个人私生活资料,investigation)以及保存(个人私生活资料,conservation)。[1] 泄露是法国判例中侵犯隐私权的主要形式,包括将个人隐私泄露给公众和泄露给一定数目的人,此种类型判例上述第(1)点中已有列举,此处不再重复。调查是另一种比较常见的侵犯隐私权形式,其形式多样,包括拍照摄像、录音、监视跟踪、查看信件等,让人窥伺、监视或者跟踪某人,此种行为即是典型的非法干预他人私生活的行为(最高法院第一民事庭 2000 年 1 月 25 日判例)。保存仅适用于以非法方式获得的个人私生活资料。例如,匿名管理互联网网站,将任何性质的信息、信号提供任何提出请求的人使用,必须要保证其活动不损害第三人的权利(巴黎巡回法庭 1999 年 2 月 10 日判例)。

(3)隐私权保护的方式。在法国,隐私权的保护可通过民事途径、刑事途径、宪法途径以及国际法途径等实现。例如,《法国刑法典》中就有专门的“窃取私生活资料罪”,欧洲人权法院关于隐私权保护的判决在法国也有既判力。在民事保护方式方面,《法国民法典》第 9 条第 2 款已明确规定损害赔偿,对有争议的财产实行保管、查封等保护措施。在实务上,法官将该款规定的措施进一步具体化:如果有关的“描写”或者“散布”的性质非常严重,达到不能容忍的程度,那么讼争物的保管、扣押或者删除发行物的特定段落是正确的措施(巴黎巡回法庭 1975 年 5 月 14 日判例);只要所涉及的期刊已经投入销售,如果该出版物引起的侵害以及由此产生的损害均已最终造成,那么,对受到的损害,只有通过给予损害赔偿才能有效给予弥补(巴黎巡回法庭 1987 年 6 月 19 日判例);按照《法国民法典》第 9 条的规定,不论受到的损害如何,法官都可以命令采取一切措施,以制止对私生活的侵害(最高法院第一民事庭 1987 年 11 月 17 日判例);公布司法公告是一种对新闻造成的损害进行赔偿的方式(巴黎巡回法庭 1988 年 11 月 28 日判例);等等。可见,法国隐私权的民事保护方式有随实务逐步扩展的趋势。

2. 肖像权

肖像权是一种独立的具体人格权,但肖像权与私生活受尊重的权利之间,并非泾渭分明的关系。肖像(形象)通常与个人的人格特征相联系,与个人私生活亦息息相关,如果非法发表或使用肖像涉及泄露当事人的隐私,就有可能构成对当事人肖像权和私生活受尊重权利的双重侵犯。如果一份照片是某个人的裸照,或与该个人的感性生活有关,或可以显示他的病症,该照片如同一份文字材

---

[1] 朱国斌:《法国关于私生活受尊重权利的法律与司法实践》,载《法学评论》1999 年第 3 期。

料或一份录像一样构成对私生活的侵害,肖像照片就成为打探个人私生活的一种手段或工具。[1] 因此,法国判例以《法国民法典》第 9 条为依据明确规定,非经有权表示同意的人事先同意,禁止拍摄一个人的形象,不论该人是生是死,均予禁止(最高法院刑事庭 1998 年 10 月 20 日判例);故意带有贬低意义使用他人形象,当事人有理由请求法官采取任何适于制止此种损害其权利的措施(最高法院第一民事庭 1998 年 7 月 16 日判例);由于任何人都享有"私生活受到尊重"的权利,所以,任何人——哪怕他是演员,都可以反对在未经其明确准许的情况下散布体现其人格特征的影像(巴黎巡回法庭 1982 年 10 月 28 日判例)。需要特别指出的是,只有按照相关法律规定,其目的是为确保言论自由时,以漫画形式表现他人形象才属合法行为,但这并不意味着当事人有将这种漫画形象商业化的权利(最高法院第二民事庭 1998 年 1 月 13 日判例)。

肖像权不仅具有精神利益,还具有财产利益,主要通过肖像使用权予以体现。法国判例中涉及肖像使用权的论述多集中以贬低人格为目的使用他人肖像、未经许可使用他人肖像和有权使用人在肖像使用权范围之外的用途使用肖像。例如,如果某人同意将其形象用于特定用途,使用人不遵守合同的规定,即属违反《法国民法典》第 9 条之规定(尼姆巡回法庭 1988 年 1 月 7 日判例);虽然当事人准许拍摄其形象,但如果不按照拍摄时所准许的目的而公开所拍摄的照片,也构成对私生活权的侵犯(最高法院第一民事庭 2000 年 5 月 30 日)。当肖像权所体现的财产利益被侵犯时,其承担责任方式主要是损害赔偿,"一个人的肖像事实上也可以被用于商业目的,特别是作产品广告之用。在这种情况下,当事人不能利用私生活被损害而申请法律保护,但可以要求对因未经许可而利用其照片于商业目的所受到的损失给予补偿"。[2] 还有一个颇有意思的观点,"肖像权(包括形象权)具有精神与财产性质,而这种财产权利可以将对肖像、形象的价值进行的商业经营用货币的形式体现出来,并非纯粹是属人性质的权利,因此,可以转移给继承人"(埃克斯·普罗旺斯大审法院 1988 年 11 月 24 日判例)。

传统观点认为,《法国民法典》第 9 条所保护的肖像权仅限于个人私生活领域,而不适用于个人的公开活动。但在晚近的判例中,该观点已有松动之迹象,公开活动中的影像在一定条件下可能构成对肖像(形象)权的侵犯。最高法院第一民事庭在 2000 年 12 月 12 日的判决中认为,即使被拍摄形象的人当时是在

---

〔1〕 朱国斌:《法国关于私生活受尊重权利的法律与司法实践》,载《法学评论》1999 年第 3 期。

〔2〕 参见 E. 盖雅专栏评述,D. 1984. 162。转引自朱国斌:《法国关于私生活受尊重权利的法律与司法实践》,载《法学评论》1999 年第 3 期。

公共场所,但由于拍摄者采用的取景技术,使被拍摄对象的形象被独立出来,这种行为也构成对私生活的侵犯。随后,欧洲人权法院在2003年1月28日针对公共场所录像监视问题的判例中也主张类似的观点,“采用照相监视设备,对在公共场所的人的行为与举动进行监视,但并不录制成形象资料,并不构成《欧洲人权公约》第8条意义上的对私生活权的侵犯。但是,如果录制了形象资料,特别是系统地经常录制这种资料,则有理由作出相反的结论”。

此外,法国的判例还在肖像权保护与新闻自由的平衡上进行有益的探索,确立了一系列原则与规则。例如,出于新闻自由的考虑,准许在新闻报道中使用牵涉某一事件的当事人的形象,但必须遵循“尊重人的尊严”这一原则(最高法院第一民事庭2001年2月20日判例);某人受到司法审查,为了具体说明依据规定该人受到审查的法律条文,因而发表了该人的照片,具有合法性质(最高法院第一民事庭2000年1月25日判例);但是,当某人并未牵涉某一事件,却公布该人的照片,这种情形是对该人享有的“形象受到尊重之权利”的侵害(最高法院第二民事庭2003年4月24日判例)。

3. 声音权

声音权是否是一项独立的具体人格权,尚存争议,但这并不影响我们对法国相关判例的梳理。在法国的司法实践中,声音权是依据私生活受尊重权利进行保护的,关于该权利的判例主要有两个:一是巴黎大审法院1975年12月3日的判例,规定任何人都可以禁止他人模仿自己的声音,如果此种模仿会造成混淆与误会,或者给被模仿人造成任何伤害,但该判例主要还是从侵权法的角度予以考虑。二是波城巡回法庭2001年1月22日的判例,将声音权作为人格权利的一部分加以保护。“个人的声音是其人格特征之一。在某人因具有特色的声音而与鉴别其人身有关联时,这种声音可以受到民法典第9条所给予的保护”。

(六)以《法国民法典》第16条为依据的具体人格权之保护

1. 生命权及特殊主体的人格权

生命权是一项基本人权,当今世界上绝大多数国家都明确承认和保护生命权。[1] 早在1789年,法国《人权宣言》第2条即对生命权予以宣示性的规定。现行《法国民法典》第16条规定,法律确保人的至上地位,禁止对人之尊严的任何侵犯,并且保证每一个人自生命开始即受到尊重。这是当前法国对个人生命权进行民法保护的主要依据。关于生命权共性内容的法国判例,属各国生命权

---

〔1〕 王利明:《人格权法研究》,中国人民大学出版社2005年版,第311-312页。

保护之一般规则,此处不再赘述,只列举和总结争议较大的"安乐死"问题以及未出生者人格权保护问题的判例。[1]

关于"安乐死"问题,法国不承认"安乐死"合法,其遵循欧洲人权法院在2002年4月29日的判例中所确立的规则:"《欧洲人权公约》第2条是一项保护生命权的规定,不能解释为(可以)'赋予某种截然对立的权利',例如,死亡权,或者准许一个人有权自行决定死亡而不是生存的权利。第2条之规定,也同第3条的规定一样,'并不赋予个人要求国家准许其死亡或者为其死亡提供方便的权利'。"在处理一位医生帮助病人实施"安乐死"的案件中,法院认为全国医生公会理事会将其定性为"职业道德性过错",是符合《医生职业道德规范》和《欧洲人权公约》第3条规定的(最高行政法院2000年12月29日判例)。

未出生者人格权问题,主要包括错误怀孕、错误出生和错误生命的问题。法国判例在这一问题上存在较大分歧,尚无定论。最高法院全体庭在2001年7月13日的判决中指出,如果出生残疾的儿童残疾之发生与履行其母亲与之订立合同的医生的过错有因果关系,由于医生的过错而阻碍了其母实施中止妊娠的选择,则出生残疾的儿童可以对因其残疾造成的损害请求赔偿。而最高行政法院1997年2月14日的判例则认为,先天残疾与遗传因素有关,并不能认定出生时残疾的儿童所带有的残疾是因医院为其母亲做检查时有过错而造成的后果。

2. 身体权

身体权是自然人维护其身体组织器官的完整性并支配其肢体、器官和其他组织的权利。[2]《法国民法典》第16-1条至第16-9条均为传统意义上的身体权之规定,概言之,"人之身体不得侵犯,人体、人体各组成部分以及人体所生之物,不得作为财产权利之标的",[3]但医疗之必要除外。在实务中,医疗之必要的规定进一步细化:在病人拒绝接受外科手术(最高法院第二民事庭1997年3月19日判例)或拒绝接受输血(最高行政法院2001年10月26日判例)的情形下,医生和医院得遵循"尊重病人的意愿"的原则;但是,在病情危重的情况下,医生已尽一切努力说服病人之后实施的与病人状况相适应的行为,并不构成对病人"同意治疗之基本自由"的严重的非法侵害(最高行政法院2002年8月16日判例)。同时,医生还负有清楚而适当地说明病情和提议治疗的义务,不得以仅在极个别情况下会出现的某种危险为由逃避该义务,除非紧急情况下不可

---

〔1〕 如无特殊说明,该点下判例内容参见《法国民法典》,罗结珍译,法律出版社2005年版。

〔2〕 杨立新:《人身权法论》,人民法院出版社2006年版,第398页。

〔3〕 参见《法国民法典》第16-1条。

能说明情况或者患者拒绝了解情况(最高法院第一民事庭 1998 年 10 月 7 日判例)。

除此之外,《法国民法典》第 16－10 条至第 16－13 条还对遗传特征、基因研究有关的人格权利加以规定,这是其针对生物科学发展所带来的伦理问题和法律问题在立法上所作的创新,体现其与时俱进的一面。

二、瑞士

(一)规范体系

瑞士民法对人格权的保护颇具特色。1907 年《瑞士民法典》第 28 条第 1 项规定:"人格关系,受他人不法侵害者,得请求除去侵害。但损害赔偿之诉或精神损害赔偿之给付,以法律有规定,方可请求。"1982 年将该项修正为:"人格受到不法侵害时,为寻求保护,得向法院起诉加害人。"此项修改最大的特点在于,对人格保护设概括规定,并将"人格关系"(Persönlichkeitsverhältnis)改为"人格"(Persönlichkeit)。后判例学说将此人格发展为人格权(Persönlichkeitsrecht)。由此可见,瑞士民法中对人格权的保护与德国法不同。德国法将人格权列举为各种不同的权利与法益加以保护,而瑞士民法则是将各种人格法益置于统一的人格(Persönlichkeit)的保护之下。

又,《瑞士债务法》第 47 条及第 49 条规定,凡侵害人格有关的权利时,皆可请求财产上损害及精神损害赔偿。由此说明,人格权受损之救济方法已经一般化,不再受《瑞士民法典》第 28 条所限。前述 1982 年《瑞士民法典》(包括债法)修订时,关于人格权保护有进一步的规定:(1)修正《瑞士民法典》第 28 条第 2 项:前项不法侵害指未经被害人同意,或于公益或私益或在法律上不具有正当性。此为关于侵害人格违法阻却事由的规定。(2)新增《瑞士民法典》之第 28 条 A 规定:①原告得向法院申请:a. 禁止即将面临的侵害行为;b. 除去已经发生的侵害行为;c. 侵害行为仍然存在时,确认其不法性。②原告尤其可以请求消除影响或将判决通知第三人或公开。(3)新增《瑞士民法典》第 28 条 C 规定:①凡经初步证明,其人格已受到不法侵害,或有理由担心该侵害会发生且因此可能对其造成不易补救之损害时,可申请有关预防措施的命令;②法官尤其可以:a. 出于预防目的禁止或除去侵害,b. 出于保全证据目的采取必要措施。③侵害行为会导致非常严重的损害,其显然无支持理由,且采取的措施又并非不合理时,在此条件下,出于预防目的,法官可以禁止或除去经由周期性出版媒介所施加的侵害。

关于瑞士民法上侵害人格的救济方法,除上述不作为之诉、去除之诉及确认之诉外,还存在以下三种请求权:(1)《瑞士民法典》第 28 条之三及《瑞士债务法》第 49 条规定的财产上损害赔偿(Schadensersatz)。(2)《瑞士民法典》第 28 条之三及《瑞士债务法》第 49 条规定的精神损害赔偿金(Leistung einer Geldsumme als Genugtuung),此为针对最严重之人格侵害行为而创设。(3)《瑞士民法典》第 28 条之三所规定之获利返还请求权(Gewinnherausgabeanspruch)。依据《瑞士债务法》第 423 条,人格权被侵害时,被害人得依无因管理规定请求获利返还。[1]

(二)历史意义

传统观点对《瑞士民法典》在人格权立法方面的成就评价颇高。日本学者五十岚清认为,《瑞士民法典》对世界人格权发展起到了划时代的作用。它既明确宣布禁止违法侵害与人格相关的几种关系(《瑞士民法典》第 28 条第 1 款),又规定当侵害行为和过失特别严重时,可以请求赔偿精神损失(《瑞士债务法》第 49 条)。除具体的人格权以外,还确立了一般人格权的概念,这一点具有重要的意义。[2]

晚近以来,上述传统观点遭到质疑。徐国栋教授认为,在把人格权保护制度的确立归之于 1907 年的《瑞士民法典》上,众口一词,尚未见任何别的说法。实际上这是一个误读。该民法典在"人格法"的大标题(第一编第一章第一节)下规定所谓的人格权。这里的"人格"并非自然人对其自身的精神要素享有的权利,而是表现为权利能力和行为能力的主体资格,所以,接下来的被众人归结为现代系统的人格权制度之创立规范群的"人格的保护"目(第二目)不过是关于保护主体资格的规定,所以在这里看到"权利能力及行为能力不得放弃"(第 27 条第 1 款)这样的规定就不会觉得奇怪了。然后,出现了类似人格权的规定,"任何人不得让与其自由,或在限制行使自由时损害法律及道德"(第 27 条第 2 款),实际上,此款也是秉承罗马法把自由人身份当作人格(《瑞士民法典》把它转化成权利能力和行为能力的术语)之享有前提的传统宣称,即既然两种能力不得放弃,作为它们前提的自由人身份亦不得放弃。由于这里的自由与作为人格权一个种类的自由权偶合,吸引不明就里的人们把第二目的规定看作现代的人格权制度的确立。[3]

实际上,该目中真正的人格权规定是第 29 条和第 30 条关于姓名权的规定。

---

〔1〕 王泽鉴:《人格权法》,台北,2012 年自版发行,第 28 页。

〔2〕 [日]五十岚清:《人格权法》,[日]铃木贤、葛敏译,北京大学出版社 2009 年版,第 2 页。

〔3〕 徐国栋:《人格权制度历史沿革考》,载《法制与社会发展》2008 年第 1 期。

这是最早在立法中得到规定的人格权。该权利在1810年的《奥地利民法典》第43条中就得到了规定,在1900年的《德国民法典》第12条中也得到了规定。由此可以说,《瑞士民法典》除了偶然地引起了把自由作为一种人格权规定的误解外,在人格权制度上与在它之前的诸民法典相比无甚新意。不过,主体资格意义上的人格毕竟以作为人格权之一的自由权为基础,《瑞士民法典》的贡献似乎是以立法的方式肯认了具有同样词素的两种权利之间的依托关系。更有甚者,其第28条规定了不法侵害人格时的诉讼救济手段。从上下文来看,此条所谓的"不法侵害人格"不过是侵害某人的自由权。但通过目的性扩张,可以把侵害人格解释成侵害其他一切人格权。于是,以这个第28条为基床,立法者不断增加关于侵害人格权之救济的规定。具体而言,1983年为该条增加了a、b、c、d、e、f、g、h、i、k、l共11个附条,于1985年生效,形成了人格权的救济体系。严格来说,当今确实存在于《瑞士民法典》中的一般的人格权制度不是在1907年创立的,而是在1983年创立的。[1]

可以说,《瑞士民法典》开创了一个人格与人格权混杂的体系。人格权曾经与亲属法和知识产权法搭伙,现在与人格法搭伙了。尽管这种安排透露出的人格以一定的人格权为基础的认识很有道理,甚至与把名誉设定为人格基础之一的立法者安排形成呼应关系,但仍然见证了人格权制度的依附性:不是挂靠这,就是挂靠那,反正独立不起来。[2]

此外,亦有学者提出,《瑞士民法典》的贡献在于首次通过明确的立法形式将人格的全面的含义揭示出来,肯定人格的完整内涵,彰显了"人之为人"要求平等、独立、自由与尊严性存在的深刻本质。其理由在于,从法典逻辑和内容上看,该法的起草人欧根·胡贝尔天才般地认识到,权利能力、行为能力、监护、判断能力、血亲、姻亲、机关和住所以及对人格、自由以及姓名权的保护乃独立、完整、有尊严的人格不可分割的组成部分,即"人"得以在财产法领域(权利能力、行为能力、住所等即是关涉交易活动资格与能力的)与人身权领域(血亲、人格的保护、姓名权)受到完全的重视与保护,人格的完整内涵被充分地揭示出来。这种人格的完整性在法国民法中只是通过财产法上对人格的要求而部分地被揭示出来,而德国民法承继了法国民法中对人格的认识和态度,把人作为(财产领域中的)民事权利主体来看待,也忽略了对"人"自身的内视。《瑞士民法典》在形式上突破了《法国民法典》将人的伦理价值全面"暗含"并将其保护委之于极

---

〔1〕 徐国栋:《人格权制度历史沿革考》,载《法制与社会发展》2008年第1期。
〔2〕 徐国栋:《人格权制度历史沿革考》,载《法制与社会发展》2008年第1期。

度抽象的侵权行为法的做法,同时也突破了《德国民法典》将人格之保护问题规定于侵权之债当中的模式。[1]

第五节　日　　本

一、现行规范体系

日本是典型的继受法国家,其在人格权保护问题上深受德国、法国民法的影响,并由此形成现行规范体系。就其宪法依据而言,《日本国宪法》中并无人格权的直接规定,但日本主流观点认为,根据《日本国宪法》第13条"个人受尊重"的规定,人格权作为基本权利,特别是作为一种新的人权,可以被演绎推出。判例亦多次依据《日本国宪法》第13条对人格权加以保护。[2] 就其民法典规定而言,《日本民法典》采取禁止侵害的保护式立法模式,通过第709条对侵权行为的概括规定以及第710条、第711条具体列举作为禁止加害对象的人格利益的方式对人格加以保护,具体包括身体、自由、名誉和生命。[3]

对于司法实践中遇到的人格保护范围扩展的问题,日本理论界主要有三种观点:第一种观点以星野英一等为代表,认为《日本民法典》第709条所提到"权利的侵害"与《法国民法典》第1382条一样包含了广泛的各种"法律上应受保护的利益的侵害",不存在作为认定损害赔偿的前提而承认"权利"的实益,《日本民法典》第709条的概括保护规定完全可依法益之解释直接扩展至各种具体人格利益之保护,而无承认人格权之必要。[4] 第二种观点以五十岚清等为代表,主张像德国一样,通过一般人格权概念的具体化、类型化实现人格权保护范围的扩展。[5] 第三种观点以山本敬三和北川善太郎等为代表,认为应该承认人格权,通过转换传统权利观,将人格权定性为主体决定自我的权利,包括身体性、精神性和社会性自我决定权(名誉、隐私等),使得人格权确认立法成为可能,人格保护因此可以作为"权利"进行调整,其中甚至还主张"人格权法"作为"实质意

[1] 曹险峰:《人格、人格权与中国民法典》,科学出版社2009年版,第59页。

[2] [日]五十岚清:《人格权法》,[日]铃木贤、葛敏译,北京大学出版社2009年版,第11-12页。

[3] [日]星野英一:《私法中的人——以民法财产法为中心》,王闯译,载梁慧星主编:《民商法论丛》第8卷,法律出版社1997年版,第181页。

[4] [日]星野英一:《私法中的人——以民法财产法为中心》,王闯译,载梁慧星主编:《民商法论丛》第8卷,法律出版社1997年版,第181页。

[5] [日]五十岚清:《人格权法》,[日]铃木贤、葛敏译,北京大学出版社2009年版,第7页。

义上的民法体系化中的一环”,或作为“21世纪民法典”的个别领域,应有其独立的法律地位。日本司法实践目前主要采取第三种观点,承认和扩展人格权。具体而言,除了1986年日本最高法院在“北方杂志案”直接肯认人格权具有划时代意义外,还肯认了肖像权(1969年)、姓名权(1988年)、私人道路通行权(1997年,2000年)、隐私权(2002年)、宗教上的人格权(1979年)、安宁生活权(1987年)、自我决定权(1999年,2000年)等。[1]

二、人格权概念之确立

《日本民法典》制定于19世纪末期,是时日本正值明治维新时期,其政治、经济等全面学习西方,法律制度自不能免于其外;加之该民法典制定的第一目的在于修订与西方列强之间的不平等条约,取消西方列强的治外法权和领事裁判权,因此《日本民法典》的制定遵循西方法律制度的模式,不同程度地参照各国民法典,尤其以《德国民法第一草案》(起草过程后半期为《德国民法第二草案》)和《法国民法典》之影响为甚。虽然整个民法典的条文内容几乎未对人格权作出相关表述,但第709条的概括保护规定以及第710条、第711条的具体人格法益保护之规定,基本上形成了对可认定人格法益侵害之损害赔偿的结构。[2]

《日本民法典》施行后早期的判例中,就已认同信用、营业、贞操被侵害时的损害赔偿,并且有学说开始使用“人格权”这一概念:“作为侵权行为的构成要件,必须具有权利侵害,从这一观点出发,每次在出现新的需要保护的人格利益时,都要通过运用信用权、营业权、贞操权等明确的人格权概念来解决问题。”[3]但是在1925年的“大学汤案”(大判大14·11·28,《民集》4卷第670页)以后,判例的立场发生变化,侵权行为的成立并不以权利侵害为要件,转而使用违法性理论对各种人格利益加以保护。受此影响,学说上也自末川博的《权利侵害论》(1930年)开始,逐步否定人格权概念。[4]

“二战”以后,日本国内主张确立人格权概念的学说逐渐兴起,其理由在于禁止侵害的保护式立法并不排斥受保护的人格利益权利化,相反,借助业已发展

---

〔1〕 此处“肯认”意指最高法院在判决中明确使用上述具体人格权的法律术语与概念。王晨、其木提:《21世纪人格权法的立法模式》,载渠涛主编:《中日民商法研究》第10卷,法律出版社2011年版,第79页。

〔2〕 [日]加藤雅信:《日本人格权论的展开与最近的立法提案》,杨东译,载《华东政法大学学报》2011年第1期。

〔3〕 [日]鸠山秀夫:《增订日本债权法各论》(下),岩波书店1924年版,第869页。转引自[日]五十岚清:《人格权法》,[日]铃木贤、葛敏译,北京大学出版社2009年版,第3页。

〔4〕 [日]五十岚清:《人格权法》,[日]铃木贤、葛敏译,北京大学出版社2009年版,第3页。

的人格权概念,可以明确受保护的人格利益的内容和范围,便于把违法侵害人格利益的行为作为侵权行为处理,并为请求停止侵害提供依据。[1] 受此影响,日本的判例也逐渐开始接受人格权的概念。1964 年的"宴会之后案",东京地方法院在判决中认为隐私权是"对于不法侵害,直到获得法律救济为止,而可强调主张的一种人格利益",确认其为"可涵盖于所谓人格权中的其中一个项目",即同时认可了"人格权"这一概念。[2] 随后,在 1974 年的"大阪机场噪音案"中,二审法院针对因飞机噪音被害问题,作出如下认定,"与个人的生命、身体、精神及生活有关的利益列属各人人格之本质性要素,可将它们总称为人格权,此一人格权是不论任何人都不得随意侵害的,当出现此类侵害行为时,必须认可相关排除之权限"。并认为,"基于人格权的妨害排除及妨害预防请求权是可以成为私法中的禁止请求之依据的"。[3] 但是,该案在最高法院上诉审时,人格权之观点并未获得支持,甚至有否定人格权的少数意见,此时人格权之概念仅在地方法院部分确认,而未获最高法院肯认,难言真正确立。

日本人格权概念确立的标志性案件当属 1986 年的"北方杂志案",[4] 最高法院在审理该起涉嫌侵害名誉权的案件时认为,"作为人格权的名誉权,与物权一样,应属于一种具备排他性的权利……可以请求停止侵害",从而使人格权在名实上都得到确立。[5] 在两年之后的一起涉嫌侵害姓名权的案件中,最高法院再一次确认人格权的概念,并认为姓名也是个人人格的象征,将姓名权纳入人格权的保护范畴。至此,可以说人格权的概念已在日本理论界和实务界真正确立了。

当然,人格权概念的确立并不代表其不存在问题,至少这一概念的内涵和外延至今仍不十分清晰,正如日本学者加藤雅信所指出的,"人格权这一词本身看似在最高法院层级下已经受到了承认,可一旦要求对人格权一词作出定义时,就会发现该词的定义并不统一,相当杂乱,其内容,特别是其概念之外延项目在法

---

〔1〕［日］五十岚清:《人格权法》,［日］铃木贤、葛敏译,北京大学出版社 2009 年版,第 8 页。

〔2〕东京地判昭 39·9·28,《下民集》15 卷 9 号第 2317 页。转引自加藤雅信:《日本人格权论的展开与最近的立法提案》,杨东译,载《华东政法大学学报》2011 年第 1 期。

〔3〕［日］加藤雅信:《日本人格权论的展开与最近的立法提案》,杨东译,载《华东政法大学学报》2011 年第 1 期。

〔4〕此处指民事法意义上的确立,因而日本最高法院在 1969 年的刑事判例中谈及人格权的概念通常不认为是确立人格权概念的标志。

〔5〕最大判昭 61·6·11,《民集》40 卷 4 号第 872 页。参见［日］五十岚清:《人格权法》,［日］铃木贤、葛敏译,北京大学出版社 2009 年版,第 8 页;［日］加藤雅信:《日本人格权论的展开与最近的立法提案》,杨东译,载《华东政法大学学报》2011 年第 1 期。

律专家之间很难说是已经形成了共通性理解”。“基于人格权这一名义而主张的应受法律保护的利益是极其多样化的,甚至可以说,其外延是模糊不清的。”[1]而另一位日本学者五十岚清则认为,日本的人格权概念并非总是十分明确,它既表达与德国一般人格权相同的意思,但又存在异议。例如,最高法院在晚近的判例中就认为人格权应包含自我决定权。[2]因此,可以说日本人格权概念之内涵也非完全确定。

三、名誉毁损与名誉权

根据日本大审院(1947 年前的最高法院)判例中的定义,名誉指每个人自身的品性、德行、名声、信用等所应该得到的世人的相应评价。《日本民法典》第709 条和第 710 条明确将名誉规定为禁止加害的对象。就构成要件而言,侵害名誉的侵权行为一般需具备过错、侵权行为违法性、损害后果和因果关系四个要件。其中,损害结果必须要包括受害人社会评价的降低,如果使用了侵害名誉的言词,但客观上并未造成受害人的社会评价降低,则不构成侵害名誉的侵权行为,受害人只得依名誉情感受到伤害请求精神赔偿。[3]

日本名誉权的发展过程有两个原则值得特别关注,一个是新闻报道的真实性、相当性原则,另一个则是公正评论原则。

所谓真实性、相当性原则,是指日本最高法院在 1966 年的“署名狂的杀人前科案”中所确立的、关于一般民事上的名誉毁损的免责要件。其内容为:作为民事侵权行为的名誉毁损,如果该行为事实是与公共利益相关的事实,且以实现公共利益为目的,如果能证明所揭示的事实具有真实性,那么上述行为就不具违法性;如果对上述事实无法证明其真实性,但是行为人有相当的理由确信其为事实的时候,对上述行为因不具有故意或过失,结果也应当理解为侵权行为不成立。该原则的依据在《日本刑法》第 230 条之二的第 1 款:“(名誉毁损)行为,经认定是与公共利益有关的事实,并且其目的纯粹出于谋求公益的,则应判断事实的真伪,证明其为真实时,不处罚。”由该原则推断,不构成侵权的毁损名誉的行为至少需符合以下两个要件:(1)报道目的的公益性。一般而言,对公共事务的新闻报道都是有公益目的的,个别情形下的私生活报道可能不具公益目的。(2)报道内容的真实性。证明新闻报道真实性的义务通常由新闻报道人承担,其只要

---

[1] [日]加藤雅信:《日本人格权论的展开与最近的立法提案》,杨东译,载《华东政法大学学报》2011 年第 1 期。

[2] [日]五十岚清:《人格权法》,[日]铃木贤、葛敏译,北京大学出版社 2009 年版,第 8 – 9 页。

[3] [日]五十岚清:《人格权法》,[日]铃木贤、葛敏译,北京大学出版社 2009 年版,第 17 – 24 页。

能证明新闻报道的主要部分具有真实性即可。即使新闻报道人无法证明新闻报道的真实性,只要能够提出足以相信新闻内容为真实的相当理由,其仍可免责。所谓相当理由,依东京高等法院1978年判例之表述,只要有能够让新闻报道人相信报道的内容大致属实的合理的资料或依据足矣。[1]

公正评论原则是英美法系处理名誉毁损问题的重要原则之一,日本的此一原则脱胎于英美法系,但又有所区别,其实质是在真实性、相当性原则的基础之上展开的公正评论原则。根据日本最高法院1997年在"富士晚报案"中的表述,公正评论原则的内容为:"基于某事实的意见或评论因表达而引起名誉毁损时,如果该行为事关公共利益,且以公共利益为目的,那么作为上述意见或评论前提的主要事实,如果能够证明其真实性,并且意见或评论不涉及人身攻击,没有超越其作为评论或意见的范围,那么应该认定上述行为欠缺违法性。而且,作为上述意见或评论前提的事实,如果无法证明是真实的,与揭示事实引起名誉毁损的情况相对比,行为人只要有相当的理由相信上述事实是真实的,即应当理解为不存在故意或过失才是恰当的。"[2]而对于未涉及事实的评论毁损名誉之问题,日本尚无较为统一的理论,仅就既有的判例而言,如能查明评论未表明的基础事实的真实性,则可适用公正评论原则;如言论自身并无明确的基础事实,不得依合理评论原则主张免责。

四、隐私与隐私权

日本的隐私权最初是通过引入美国的学说而发展起来的,其经历了从承认私法上的隐私权到承认宪法上的隐私权的过程以及在概念上从消极被动的、要求他人放任自己独处而不被打扰的隐私权到积极主动的、控制个人信息的隐私权的发展过程。[3]

1964年的"宴会之后案"是日本隐私权发展史里程碑式的案件,该案第一次从私法权利的角度对隐私权加以确认,并对后来日本隐私权的发展起到了非常重要的指导作用。在该案中,法院明确承认隐私权是人格权的一部分,可称为一种独立的权利,并将隐私权定义为"私生活不被随便公开的法律保障或权利","在受到侵害时,可以请求停止侵害,造成精神痛苦的,拥有请求损害赔偿的权利"。此外,该案还对隐私的要件加以规定:(1)属于私生活范围内的事实或有

---

〔1〕[日]五十岚清:《人格权法》,[日]铃木贤、葛敏译,北京大学出版社2009年版,第37-41页。

〔2〕《民集》51卷8号第3804页。转引自[日]五十岚清:《人格权法》,[日]铃木贤、葛敏译,北京大学出版社2009年版,第52-53页。

〔3〕吕艳滨:《日本的隐私权保障机制研究》,载《广西政法管理干部学院学报》2005年第4期。

可能被认为是私生活范围内的情况;(2)以普通人的情感为基准,站在当事人的立场上,可以认为是当事人大概不愿意公开的事情;(3)必须是还没有被一般的人们所知晓的事情。随后,在1970年的"性爱+虐杀案"中,一审、二审法院对"宴会之后案"的观点加以补充和发展:(1)允许一定条件下的隐私权事前救济,即在侵权具有高度违法性的前提下,受害人有权要求侵权人排除正在发生的侵权行为或预防将要发生的侵害;(2)隐私权保护与表达自由的利益衡量,即应将受害人不采取任何排除或预防措施、放任侵权的情形下所受损失的形态和程度同采取排除或预防措施的情形下侵权人因自由受限制而遭受的不利益加以衡量,以确定受害人的请求权是否存在。[1]

在日本,隐私权不仅是一种私法权利,更是一种宪法权利,而确立这一观点的正是1969年的"京都府学联案"。在该案之前,学说中已有根据《日本国宪法》第13条"个人尊严受尊重与追求幸福的权利"保障隐私权的观点,但仅停留在学术探讨的层面。本案判决指出,个人尊严受尊重和追求幸福的权利包含各种必不可少的权利和自由,是隐私权的存在依据,当私生活中的利益无法律个别规定时,可依《日本国宪法》第13条加以保护,这无疑是在司法实务层面认可隐私权的宪法权利地位,使得隐私权不仅可调整平等主体之间的民事关系,亦可对国家机关的行为产生约束。[2]

20世纪60年代以来,随着科学技术的发展,侵害隐私权的形式逐渐呈现多样化的趋势,原有"排除他人干涉的权利"的被动式隐私权概念已无法完全满足日本实务中隐私权保护的需求。与此同时,美国等国发展出的"个人信息的自我控制权"的隐私权概念,也对日本的隐私权发展产生影响。1981年,日本最高法院的伊藤正己法官在"前科查询案"补充意见中指出,不想被他人知道的个人信息,即使是与事实相符的内容,其作为隐私受到法律的保护,不允许将此随便公开。1987年,东京地方法院在"逆转案"中明确将隐私权定义为"不允许他人随意获取的有关个人私事的信息,不允许他人随意将自己知道的有关别人的个人信息随便向第三者公开或加以利用,以此维护人格上的自律以及私生活上的安定的一种利益",这已体现出一定的将隐私权视为"个人信息的自我控制权"

〔1〕[日]五十岚清:《人格权法》,[日]铃木贤、葛敏译,北京大学出版社2009年版,第155－160页;吕艳滨:《日本的隐私权保障机制研究》,载《广西政法管理干部学院学报》2005年第4期。

〔2〕吕艳滨:《日本的隐私权保障机制研究》,载《广西政法管理干部学院学报》2005年第4期。

的倾向。[1]

而在立法方面，这一倾向则更加明显。1988 年以来，日本先后制定了《与行政机关保有的计算机所处理的个人信息的保护有关的法律》(1988 年)、《信息公开法》(1999 年)、《个人信息保护法》(2003 年)、《关于保护行政机关所持有之个人信息的法律》(2003 年)、《关于保护独立行政法人等所持有之个人信息的法律》(2003 年)、《信息公开与个人信息保护审查会设置法》(2003 年)等一系列有关个人信息保护的法律规范，使得隐私权的保护范围不再局限于传统意义上的不为人知或不愿意为人知道的个人私事，而扩展到现代意义上的个人信息，从公法和私法层面共同保障"个人信息的自我控制权"。[2]

五、姓名权与肖像权

日本的姓名权与肖像权保护模式颇具特色，其作为传统意义上的大陆法系国家，在姓名和肖像利益保护制度的主体设计上仿照德国，将其设定为独立权利，但又不完全是德国的统一权利模式，日本的判例从姓名权和肖像权中分立出相对独立的商品化权，使得姓名权和肖像权仅具精神利益之内容，而财产利益则属商品化权之范畴。

《日本民法典》中没有对姓名权加以明确规定，《日本商标法》《反不正当竞争法》等特别法只规定了特定情况下姓名的保护，但学术上很早就将姓名权作为人格权的一种进行认可，早在"二战"以前就已经存在认可了姓名权的判例。而最高法院则在 1988 年的"NHK 日语读音诉讼案"中正式肯认姓名权，并明确其为人格权内容的一部分。对于由学说和判例所确立的姓名权，日本学者五十岚清将其概念总结为免受他人阻碍地使用自己姓名或禁止他人擅自使用自己姓名的权利，其所保护的姓名包括户籍上的姓名、通称(作家、艺术家、艺人等经常使用的笔名、雅号、艺名等)、域名、日本传统文化中的宗家名称以及尚存争议的法人和团体的名称，而其权能依传统观点仍限于防御性权能，即姓名专用权和禁止他人擅自使用的权利。晚近个人信息自我控制权式的人格权观点在日本逐渐兴起，主张姓名权应包括一定范围之内自我决定权的主动性权能的观点随之产生，但该观点在学说和判例中认可度较低，姓名权权能的扩大仍有待时日。[3]

---

〔1〕［日］五十岚清：《人格权法》，［日］铃木贤、葛敏译，北京大学出版社 2009 年版，第 155 – 160 页；吕艳滨：《日本的隐私权保障机制研究》，载《广西政法管理干部学院学报》2005 年第 4 期。

〔2〕［日］五十岚清：《人格权法》，［日］铃木贤、葛敏译，北京大学出版社 2009 年版，第 155 – 160 页；吕艳滨：《日本的隐私权保障机制研究》，载《广西政法管理干部学院学报》2005 年第 4 期。

〔3〕［日］五十岚清：《人格权法》，［日］铃木贤、葛敏译，北京大学出版社 2009 年版，第 116 – 128 页。

与姓名权相似,《日本民法典》中亦无肖像权之明文规定,肖像权制度盖由单行法和判例所共同确立。早在1899年,日本的法律中就有了关于肖像权的内容,其在仿照德国制定的《德国著作权法》对肖像的合法利用作了规定。[1] 然而当时学说和判例均未有主张肖像权存在的见解,因而直到1969年的"京都府学联案"才在本质上认可了肖像权。[2] 随后,在1976年的"麦克莱斯塔案"中,法官肯认了名人对于自己的肖像除了享有一般人都应享有的精神利益外,还享有其肖像的独立的财产利益,即承认肖像权人享有肖像商品化的权利。至此,日本的肖像权体系形成,即禁止他人制作自己肖像的权利、禁止他人将已制作的肖像进行公开的权利和禁止他人以营利为目的利用肖像的权利。此一体系与德国相似,前两者主要体现精神利益,而后者更多体现财产利益。对于前两者,争议主要在于其应属肖像权之内容还是隐私权之内容,亦即肖像权是独立的人格权还是隐私权之一部的问题,此一问题基本只存在于学理中,判例均遵循肖像权之保护方法,故此处不予详细讨论。而后者则是当前争议的焦点,其与以营利为目的利用姓名一起,共同构成商品化权的内容。[3]

商品化权,类似于美国的公开权,是权利人控制自己的姓名和肖像在使用中的经济价值的权利。提倡此一权利的目的在于区分出姓名和肖像所拥有的隐私性。日本认可该权利的里程碑式的判例是1976年的"麦克莱斯塔案",法官在判决中认为演员等名人对自己的姓名或肖像拥有以获取对价为条件让第三者专用的利益,这是与肖像权、姓名权的人格利益所不同的、独立的经济利益,演员等名人即使没有因肖像和姓名被擅自使用而受到精神损害,也可以以经济利益受侵害为由受到法律救济。该案虽未明确使用商品化权这一用语,但是从实质上认可了商品化权。以本案为契机,日本的名人姓名和肖像被擅自使用的案件,由最初的以损害姓名权和肖像权为由,转变为以商品化权受到侵害为由,要求作出禁止无承诺商品的生产和销售的暂行处分请求也得到了认可。[4]

有意思的是,尽管不乏主张将商品化权独立于姓名权和肖像权的观点,但日

---

〔1〕 [日]大家重夫:《肖像权》,太田出版2007年版,第8页。转引自骆正言:《论日本法中的肖像权保护》,载《日本研究》2010年第3期。

〔2〕 该案当时作为名誉毁损案处理,法官在判决中未指出是何种具体人格权,因而有学者将其理解为肖像权,有学者理解为隐私权。但是,两者之间并无绝对的矛盾,隐私权与肖像权有一定的交叉之处,这从法国、美国的立法例可得到佐证。

〔3〕 [日]五十岚清:《人格权法》,[日]铃木贤、葛敏译,北京大学出版社2009年版,第128-141页。

〔4〕 [日]五十岚清:《人格权法》,[日]铃木贤、葛敏译,北京大学出版社2009年版,第142-143页。

本学术界主流观点还是更倾向于德国式的统一权利模式,商品化权只视为姓名权和肖像权的一个组成部分,这似乎与判例所表现出来的趋势背道而驰。对此,五十岚清教授如此解释:在当前的情况下,将商品化权定位于姓名权和肖像权的一部分,可将其作为认可停止损害的充足依据,而侵害人格权之常态的财产损失后果,则使理论上的障碍消除。另外,名人也经常会因为违反本人意思的姓名和肖像被擅自使用而感到痛苦,借助姓名权和肖像权学说可以一元性地解释该问题。但是,商品化权拥有很多与姓名权、肖像权不同的特色,对于具体问题的处理上,与商品化权独立说的不同之处甚少。进而,作为将来的方向,将商品化权定位于知识产权的提案还是很有吸引力的。[1]

第六节　美国与英国

一、普通法对人格权益的保护

在以英国判例法为基础的普通法(common law)中,特别是在侵权行为法中,并无大陆法系所称之人格权的概念和术语。在普通法中,所谓人格(personality)或人格权(right of personality)只是一项一般用语,而非法律上界定应予保护的权利。[2] 人格权在普通法是依照个别侵权行为(tort)而受保护的。各种不同的侵权行为是指侵害他人权益的个别不法行为,各有其成立要件、抗辩及救济方法。关于侵害人身权利的侵权行为有:暴力(battery)、暴力威胁(assault)、不法监禁(false imprisement)等。上述不法侵害皆以直接侵害(trespass)为其内容。此外,普通法上自18世纪以来发展出一种过失侵害(negligence)的侵权行为,包括间接侵害,亦具有保护人格权益之功能。普通法上对人格权益的保护,最具特色的是名誉毁损(defamation)和隐私(privacy)。此二者在美国法上有突破性的发展,对全世界人格权法的发展产生了重大影响。[3]

二、名誉毁损与名誉权

(一)美国:New York Times v. Sullivan (1964)

美国诽谤法上具有标志意义的案件是New York Times v. Sullinvan(376 U.S.254, 1964)案,其产生的重大变化被称为"Sea change"。该案的基本案情

---

〔1〕［日］五十岚清:《人格权法》,［日］铃木贤、葛敏译,北京大学出版社2009年版,第146页。

〔2〕王泽鉴:《人格权、人格尊严与私法上的保护》,载《台湾本土法学杂志》2006年第3期。

〔3〕王泽鉴:《人格权、人格尊严与私法上的保护》,载《台湾本土法学杂志》2006年第3期。

是:1960 年 3 月 29 日《纽约时报》刊登一则有数十位民权运动人士的付费广告,该广告的标题为“倾听他们呼唤的声音”(Heed their Rising Voices),该广告的主要内容在于倡导读者捐助著名的民权领袖金恩博士(Dr. Martin Luther King)及其他受迫害的南方黑人。广告中列举亚拉巴马州蒙哥马利市(Montgomery, Alabama)的警察滥用公权力、歧视黑人、抗议学生及迫害金恩博士的恶行。这则广告中有若干情节与实情不符。例如,学生所唱歌曲的名称、学生领袖被开除的原因、金恩博士被逮捕的次数等。广告泛指的“南方暴力人士”,并未指名道姓批评任何个人,但事发当时执掌警务的市政府委员苏利文却主张该广告的内容足以毁损其个人名誉,于是要求《纽约时报》刊登撤回该则广告的启示。由于《纽约时报》未答应其请求,故而控告该报及 4 名于广告上署名的亚拉巴马州黑人牧师,请求 50 万美元的损害赔偿。

本案在亚拉巴马州历经三审,《纽约时报》均败诉,其主要理由为:(1)由于《纽约时报》曾在该州销售,故该州法院有管辖权;(2)根据该州之诽谤法,本广告涉及苏利文,并对苏利文构成文字诽谤(libel per se);(3)《美国联邦宪法第一修正案》规定不得立法侵害言论自由与该州诽谤诉讼无关。嗣后,《纽约时报》向联邦最高法院上诉,终获胜诉。

联邦最高法院判决《纽约时报》获胜的判决书由 Brennan 大法官主笔,并获得全体大法官同意。该判决的核心在于:《美国联邦宪法第一修正案》有关言论及出版自由的保护[1]及《第十四修正案》关于正当程序条款,在公务员就其职务所为受到批评而请求诽谤损害的诉讼中,得如何限制各州的权利。就本案而言,系争案件主要争点在于,亚拉巴马州普通法诽谤的责任法则(rule of liability),即被告须承担无过失责任,主张真实抗辩须全属真实(rule in all their particulars),正当评论须基于事实的真实,一般损害(general damages)应受推定,虽未正面受有金钱损失亦可赔偿等,是否符合宪法所保障的言论自由?

联邦最高法院在本案判决中回顾了该院历来关于言论自由的一些判决,肯定了联邦宪法有关言论自由规定在本案的适用。继而,判决从保护言论自由的重要性出发,认为亚拉巴马州之诽谤法则与宪法关于言论自由的要求不相符合,从而提出了一个关于诽谤侵权行为成立的宪法要求,创设了举世闻名的真实恶意原则(actual malice)。该原则认为:“我们认为宪法的保障(保障言论自由)要求有一个联邦法则,禁止公务员就有关公务行为而为的诽谤性不实陈述请求损

[1] “国会不得制定……剥夺言论或出版自由的法律……”(Congress shall make no law... abridging the freedom of speech or of the press...)

害赔偿,除非原告能够证明被告陈述该项事实系以有真实恶意的动机而为之。"[1]被告对于原告之真实恶意,并必须以"具有说服力的明确性"(convincing clarity)来证明。

因为该判决对真实恶意的采用改变了普通法诽谤成立的要件,是属于针对诽谤案件而新创设的宪法原则,故判词对其理由进行了详细说明,其立论依据成为传诵不绝之经典。例如,(1)对于公共事务之辩论,应能以无限制、强烈、公开,且应能包括以激烈、尖酸刻薄与某些时候不留余地的批评攻击方式对待政府与公务员。[2] (2)对于公务员职务上行为之批评,不得仅仅因为该批评有效且贬损了公务员在职务上的名誉而使批评者丧失宪法上言论自由的保护。[3] (3)错误陈述在辩论时是难以避免的,表达自由需要其赖以存在的空间和土壤,这都是应该得到保障的。[4] (4)即使不真实的陈述,也可被认为对公共辩论具有价值。[5] (5)"某种程度上的滥用与每一件事的适当使用,难以分离,这在新闻上尤其如此。"[6]

真实恶意原则之"恶意"(malice)包括明知其不实(with knowledge that it was false)以及轻率不顾其是否真实(with reckless disregard of whether it was false or not)两种情形。此与英美普通法侵权行为要件中的malice之含义不同。在英美普通侵权行为法中,其主要的归责原则是"fault",包括malice, intention/reckless和negligence。其中,malice是指ill - will(恶意),是针对动机而言的,是若干侵权行为的共同要件,如malicious falsehood, malicious prosecution。在诽谤(defamation)中,malice是合理评论(fair comment)的消极要件。[7]

[1] "The constitutional guarantees require, We think, a federal rule that prohibits public official from recovering damages for a defamatory falsehood relating to his official conduct unless he proves that the statement was made with 'actual malice'"—that is, with knowledge that is was false or with reckless disregard of whether it was false or not.

[2] "Debate on public issues should be uninhibited, robust, and wide open, and that it may well include vehement, caustic and sometimes unpleasantly sharp attacks on government and public officials."

[3] "Criticism of their official conduct does not lose its constitutional protection merely because it is effective criticism and hence diminishes their official reputations."

[4] "Erroneous statement is inevitable in free debate, and it must be protected if the freedoms of expression are to have the 'breathing space' that they need to survive."

[5] "Even a false statement may be deemed to make a valuable contribution to public debate."

[6] "Some degree of abuse in inseparable from proper use of everything; and in no instance is this more than in that of presse."此语出自宪法第一修正案主要起草人James Madison。

[7] See Markesinis/Deakin, Tort Law, Oxford, 5th ed., p. 20.

美国联邦最高法院在创设真实恶意原则之后最大的发展,系扩大了该原则的使用范围。这主要表现在两个方面:一是扩大到适用于公众人物;二是关于原告是私人的问题。

New York Times v. Sullivan 判决是针对公务员(pulic official)而作的。其后,最高法院又将该案所创设之真实恶意原则扩大适用于公众人物(public figures)。在 Cartis Pub. Co. v. Butts(388 U.S.:130, 1967)案中,原告 Butts 是著名的美式足球教练,案发当时担任乔治亚大学体育系主任。同案被告 Curtis Publishing Co. 是《周六晚报》(*The Saturday Evening Post*)的发行人。该报根据某一因电话线路错乱而无意间获得的消息来源,刊登一则报道指责 Butts 在乔治亚大学与亚拉巴马大学足球赛前泄露军情,与对手教练勾结作假。Butts 认为这份报道严重侵害其名誉,诉请损害赔偿。法院将真实恶意原则运用到此案当中,加重了原告 Butts 的举证责任。之所以将真实恶意原则扩大到适用于公众人物,是因为公众人物与公务员一样,比较容易经由大众传播媒体来发表意见,影响公共事务及政策,在社会规制上具有作用,人们对其行为有正当及重大的兴趣。这与公务员应当接受新闻媒体的检验监督批评的道理是一样的。

至于哪些人可被归为公众人物,在稍后的 Gertz v. Robert Welch, Inc., 418 LI. S. 323 (1974)案中确立了两项判断标准:(1)自愿接近媒体;(2)自愿承担风险,即自愿使自己涉入某件公众争议事件,因而成为一定范围内争议事件的公众人物。例如,公职候选人、民意代表、运动明星及演艺明星等。但有争议的是,如果原告(被害人)不是公众人物,是否得对其适用真实恶意原则?

在 Gertz v. Robert Welch, Inc. 案中,原告 Gertz 系知名律师,在一起警察谋杀案中受被害人委托,担任侵权诉讼律师,向被控诉的警察请求损害赔偿。被告为一家出版杂志的公司,发行月刊《美国民意》(*American Opinion*),是一家支持全国警政工作的出版社。该杂志曾委托专人追踪报道该谋杀案件之诉讼程序,嗣后刊载一篇指控 Gertz 律师参与诬陷芝加哥涉案警察的文章,宣称 Gertz 律师曾经加入过亲共组织,有众多的犯罪记录,是列宁主义信徒及共产党人,Gertz 律师所指控系共产党对警察有计划的抹黑批评。Gertz 遂以该报道内容严重不实向被告诉请损害赔偿。联邦地区法院对本案适用真实恶意原则,驳回 Gertz 之诉。联邦最高法院判决 Gertz 胜诉,理由为:(1)Gertz 虽是知名律师,但并非公众人物,而是所谓的"私人原告"(Private Plaintiff)。(2)原告为私人的时候,不适用真实恶意原则以保护被害人的名誉。但亦不适用英美普通法上的"严格责任"及"损害推定"原则以顾及言论自由。为了平衡此二者,联邦最高法院创设了另一项新的原则,即原告为私人,涉及公共关切之事项时(of public concern)时,适用所谓宪法过时原则(the constitutional fault standard),原告于证明被告新闻媒体有过失,并受有实际损害赔偿时,方可请求损害赔偿。如果为私人原告,其事项又未涉及公共关切之事项,原则上应适用普通法上的诽谤要件之基本原则。

在适用真实恶意原则时,哪些被告可以被适用?在原告系公务员或者公众人物时,不管是媒体还是非媒体,真实恶意原则皆可适用。在原告为私人时,应否区别被告为媒体或者非媒体,美国联邦最高法院并未明确表示意见,学说上多强调为维护言论自由,应无区别之必要。[1]

(二)英国

名誉通常认为是指对他人就其品性、德行、名声、信用等的社会评价,名誉权是指享有名誉的权利,是人格权的一种。诽谤、毁损名誉(defamation)是英国普通法上一种重要的侵权行为(tort),源远流长。随着社会变迁与政治发展,英国法上的诽谤、毁损名誉(defamation)发展之主要特色在于区别书面诽谤(libel)与口头诽谤(slander),形成至目前极为复杂的规则。在美国,各州亦多继受英国法上的Defamation Law,而成就美国普通法上的制度。但无论是在书面诽谤(libel)还是口头诽谤(slander),诽谤侵权责任的构成须具备三要件,并必须由原告承担举证责任:(1)被告之陈述具有诽谤性(the allegation must be defamatory);(2)诽谤性须指向原告(the defamation must refer to the claimant,又称为identification);(3)诽谤须有传布(publication)。

对于诽谤侵权行为,普通法设有多重抗辩事由(defenses),即通常所说的违法阻却事由。这些抗辩事由主要有:真实抗辩(truth defense or justification)、公正评论抗辩(fair comment)、绝对特权(absolute privilege,在此种情况下,被告享有完全的保护,如在国会议事上的发言)及相对特权(qualified privilege,如关于国会议事或司法程序的报道;如原告证明被告的传布系出于恶意,则被告抗辩不成立)。此外,对于诽谤侵权行为之诉,原告有无须证明的三个要件:(1)不必证明被告具有故意或过失,即被告应负无过失的严格责任(strict liability)。(2)不必证明事实的不真实性(falsity),其不真实性是由法律推定的,被告得证明其言

---

[1] 关于本案中文译文参见方流芳编译:《纽约时报诉沙利文》,载孙国栋主编:《律师文摘》,中国法制出版社2004年版,第100-118页;《纽约时报诉苏利文》,史大晓译,载邓海平、史大晓、汪庆华:《宪法的精神》,中国方正出版社2003年版,第326-328页;邓冰、苏益群编译:《大法官的智慧:美国联邦法院经典案例选》,法律出版社2003年版,第253-256页。

论真实而求免责(真实抗辩)。(3)不必证明实际损害(actual damages),即损害系由法律推定,其数额由陪审团决定,包括惩罚性赔偿(punitive damages)。

三、隐私与隐私权

(一)美国

保护隐私旨在使个人有所隐藏,有所保留,有所独处,可以在一定范围内拥有自我的存在。[1] 隐私作为一种法律上的概念或权利,一般认为系源自1890年Warren及Brandeis二人共同在《哈佛法律评论》(*Harvard Law Review*)第四期所发表的题为*The Right to Privacy*的论文。[2] 该论文的主要论点为:

1. 最新的科技发明和商业手段唤起了对人身权更进一步的保护,以及确保Thomas Cooley法官称为独处权(right to be alone)的权利。立拍即现的照相技术和报刊已经侵入了私人和家庭的神圣领域,不可计数的机器装置使如下预言成为事实:"密室私语被在屋顶公开传播。"流言蜚语不再是懒散与邪恶之源,而是一种行业,严重侵害个人家庭的私事,法律应该在各方面承认隐私权,加以保护。

2. 现行法律未设保护隐私的规定,但从习惯法上关于诽谤和著作权的判例,实可导出肯定隐私权是一种应受保护的权利,而使侵害者负侵权行为损害赔偿责任。政治、社会以及经济的变化,不断要求承认新的权利,普通法因其永远的青春活力,须不断地成长以满足社会需要。

3. 应被承认的隐私权乃在保护个人生活不受干扰、独处的权利,即个人具有不可侵害的人格,对其思想、情绪和感受等自身事务的公开、揭露具有决定的权利。唯隐私权并非绝对,应受公共利益及本人同意的限制。

Warren及Brandeis二人上述论文发表后,实务上逐渐肯定对隐私的保护。至20世纪60年代初,美国联邦法院及各州法院共做成隐私判决三百多个,但由于对于隐私之范围,立论者观点不一致,造成了法律适用的不安定。为此,著名侵权行为法学者William L. Prosser,鉴于美国实务上关于隐私权未有明确的界定,乃于1960年在《加利福尼亚州法律评论》(48 California L. Review 383f.)发表了题为《论隐私》(*Privacy*)的论文。该论文在隐私侵权行为法的发展上与前

---

〔1〕 Fred H. Cate, *Privacy in the Information Age*, Brookings Institution Press, Washington D. C., 1997.

〔2〕 Samuel D. Warren, Louis D. Brandeis, *The Right to Privacy*, 4 Harvard Law Review 193 (1890). 中译本参见《哈佛法律评论·侵权法学精粹》,李丹译,法律出版社2005年版,第5-30页(以下多引用其译文)。

揭 Warren 及 Brandeis 论文具有同等重要性,其主要的贡献在于整理分析实务上案例,认为隐私权的侵害涉及四种不同的利益,构成四个侵权行为。即:

1. 侵害他人的幽居独处或私人事务(侵犯隐秘:Intrusion upon the plaintiff's seclusion or solitude or into his private affair):例如,侵入住宅、窃听电话、偷阅信件等。

2. 公开揭露使人困扰的私人事实(公开揭露:public disclosure of embarrassing private facts about the plaintiff):例如,公开传述他人婚外情或不名誉疾病。

3. 公开揭露致使他人遭受公众误解(扭曲形象:publicity which places the plaintiff in false light)。

4. 为自己利益而使用他人的姓名或特征(无权在商业上使用他人姓名或肖像,appropriation, for the defendant's advantage, of the plaintiff's name or likeness)。

前揭四种侵害隐私的侵权行为各有其要件,其所共通则的,系"不受干扰的独处"。因为 Prosser 是《美国侵权行为法重述》[*Tort Restatement*(*Second*)]的主编,故在该重述中采纳上述对隐私的分类。由此使上述四分法得到法院实务及学说的接受,构成美国侵权行为法是上述隐私权的基本规范体系。

为保护隐私,美国各州及联邦在产业自律原则的架构下制定有若干保护隐私的法律。在州的立法方面,如 1902 年纽约州最高法院在 Roberson v. Rochester folding Box(64 N. E. 442, 1902)案否认普通法的隐私权。为因应社会的批评,纽约州议会在翌年(1903 年)修正《纽约州民权法》(New York Civil Rights Act)增设对隐私权的保护,明定未得同意于广告上或因商业目的使用他人姓名或特征者构成轻罪,并准原告的请求损害赔偿和禁制令。

在联邦法律方面,系采个别立法保护方式,其较重要的,如《联邦隐私权法》(The Federal Privacy Act of 1974),保障联邦政府与金融机构银行记录的计算机信息隐私。《隐私权保护法》(The Right to Privacy Protection Act of 1980),保护新闻隐私。《电讯传播法》(The Telecommuni - cations Act of 1996),保护电讯传播消费者信息。《电子传讯隐私权法》(The Electronic Communications Privacy Act of 1986),规范有线、无线电子或口头传讯的谈话隐私。《儿童在线隐私保护法》(Children's Online Privacy Protection Act of 1998),规定取得儿童个人资料的要件,尤其是对父母的通知或父母的同意等。

(二)英国

在英国,迄至今日,仍不承认有所谓的一般隐私权(a general right of privacy)。其实,早在1932年著名的侵权行为法学者Winfield即敦促英国法院创设一个保护个人隐私不受冒犯侵害的侵权行为。近二十年来,虽有若干政府研究报告及立法草案,均未获接受,其主要理由为:

1. 有认为现行侵权行为法足以提供合理的保护。

2. 隐私的概念及范围难以界定。

3. 言论自由保护的优先性。

4. 应由媒体自律,避免侵害他人隐私。

英国法院坚持数百年的传统,确信应以所谓诉之原因的渐增发展方法(incremental development of cause of action),扩张解释既有的侵权行为,以达保护隐私之目的。英国国会虽制定有保护个人资料隐私的法律,但尽量避免以制定法介入普通法的领域。

英国侵权行为法系由个别的侵权行为所构成,每一个侵权行为各有其成立要件及抗辩事由,甚至救济方法。实务上认下列侵权行为具保护隐私的功能:(1)Trespass(直接侵害),如在他人土地或房屋装设窃听器。(2)Nuisance(生活妨害),如从空中拍摄他人房屋或观察土地上或屋内人的行动。(3)Malicious falsehood(恶意虚伪),如伪称接受访问而为报道等。[1]

值得特别提出的是,tort of breach of confidentiality(违反信赖、守密的侵权行为),已发展成为保护隐私的重要机制,此一侵权行为起源于衡平法上的救济方法,演变为一种被害人得以请求法院发布禁制令或损害赔偿的制度。此项侵权行为的成立要件有三:(1)须有关于个人性质的信息;(2)信息的告知具有应为守密义务的信赖关系;(3)须其未经授权的公开致他人受有侵害。核心问题在第二个要件,其典型的情形包括病人与医生、雇主与受雇人、告解者与牧师之间的关系。为保护隐私,英国法院乃扩大其适用范围,认于下列情形,亦得成立违反信赖、守密的侵权行为:

1. 夫妻间的谈话,并包括夫妻生活中所获知的情事。

2. 窃取或拾获他人遗失掉落的文件而为公开。

3. 利用远距离的照相机,拍摄他人的活动。

---

〔1〕 王泽鉴:《人格权的具体化及其保护范围·隐私权篇》,载《比较法研究》2008年第6期、2009年第1-2期。

4.媒体自他人取得信息而为公开，明知该他人有守密的义务。[1]

1950年的《欧洲人权公约》(European Convention on Human Rights)明文保障生命、不受酷罪、禁止奴隶及强迫劳动、维护人身自由及安全等基本权利。并于第8条规定："人人有权要求尊重其私人的私生活，家庭及通讯自由(第一项)。公务机关不得干预上述权利的行使，除非系依照法律及民主社会中为国家安定、公共安全或国家的经济福利，为防止混乱或犯罪，为保护健康或道德，为保护他人权利的必要(第二项)。"英国于1998年制定《人权法》(The Human Rights Act 1998,2003年施行)，于第6条之一明定公务机关不得从事有违公约所定权利的行为。前揭公约及人权法使英国法院更扩大解释适用Breach of Confidentiality的侵权行为。

英国侵权行为历经长期的发展，以渐增的方法，扩大对隐私的保护，以维护法律的安定与进步。学者批评此种以勉强扩大适用中世纪的侵权行为(medieval torts)的方法，处理21世纪快速发展的信息社会的问题，不足全面规范个人隐私的保护问题。欧洲人权公约及英国人权法创设了一个有利的宪法环境，肯定隐私为一种宪法上的权利及价值，法学界乐观地期待上议院(House of Lords)应会在适当时机，选择适当的案件，肯认英国法的一般隐私权。[2]

四、肖像权与姓名权

(一)美国

在美国，肖像权和姓名权所体现的财产利益和精神利益分别通过不同制度加以保护，其精神利益多属隐私权(right of privacy)之内容，而财产利益则属公开权(right of publicity)之内容。

从前文美国隐私权发展历史的梳理可以发现，无论是Roberson v. Rochester Folding Box(64 N. E. 442, 1902)案，还是《纽约州民权法》(New York Civil Rights Act)，其既涉及隐私权的保护，也涉及肖像权的保护。William Prosser所总结的第四种侵犯隐私权的行为，即是侵犯肖像权和姓名权的行为。事实上，在美国，无论是法学理论和学说，还是以Pavesich v. New England Life Insurance Co. [122 Ga. 190, 50 S. E. 68(1905)]案为代表的诸多判例，都认为未经他人允许而擅自使用他人的肖像、姓名、声音以及其他人格特征，行为人应为其侵犯他

[1] 王泽鉴：《人格权的具体化及其保护范围·隐私权篇》，载《比较法研究》2008年第6期、2009年第1-2期。

[2] 王泽鉴：《人格权的具体化及其保护范围·隐私权篇》(上)，载《比较法研究》2008年第6期。

人人格权利的行为承担精神损害的赔偿责任,而此种赔偿责任需借助隐私权的法律规定作为依据,换言之,肖像权、姓名权等人格权利所体现的精神利益需通过隐私权制度加以保护。美国学者 Bloustein 指出,即使行为人是基于商事目的使用他人的人格,他们的行为仍然是对他人具有专属性人格权的侵害,也就是对他人人格尊严的侵害。因为,行为人将他人人格商业化的行为在本质上会使他人感到羞愧、羞辱或者人格受损等。在此种情况下,隐私权受到侵害的原告有权向法院起诉,要求法官责令行为人对其遭受的精神损害承担赔偿责任。[1]

公开权这一概念来源于1953年的 Haelan Laboratories, Inc. v. Topps Chewing Gum Inc. [202 F. 2d 866, 868(2d cir. 1953)]一案,Jerome Frank 法官在判决中提出:"一个人除对自己的肖像享有隐私权外,对自己肖像的公开价值也享有权利,即一个人对自己也有将公开自己肖像的权利排他性地授予别人使用的权利,这种权利可称为'公开权'。"美国学者则分别从积极和消极两方面对其加以界定。McCarthy 从积极方面将公开权定义为所有自然人享有的控制其身份的商事使用的固有权利。[2] Barnett 从消极方面将公开权定义为他人对其姓名、肖像或者身份享有的未经本人同意不得为了商事目的而加以使用的权利。[3]

美国的公开权理论是从隐私权中衍生发展而来。早在1890年,Warren 及 Brandeis 即在其论文 *The Right to Privacy* 中提出隐私权的概念。1954年,即 Haelan 案后的第二年,Melville Nimmer 发展了公开权的理论,其详细阐释了公开权与隐私权的区别,认为(当时)现有的一些可替代的理论,如隐私侵权、不正当竞争、违约和诽谤,都不足以保护权利人姓名和肖像的商业利益,主张应遵循 Haelan 案中将公开权与隐私权相独立的做法。[4] 这一理论在20世纪70年代之后逐渐得到美国主流学说的认可和倡导。由此,包含姓名权、肖像权等权利财

---

〔1〕 Edward Bloustein, *Privacy as an Aspect of Human Dignity: An Answer to Dean Prosser*, 39 N. Y. U. L. REV. 962, 987(1964). 张民安:《公开权侵权责任制度研究——无形人格权财产性理论的认可》,载张民安主编:《公开权侵权责任研究:肖像、隐私及其他人格特征侵权》,中山大学出版社2010年版,第24-25页。

〔2〕 J. Thomas McCarthy, *The Rights of Publicity and Privacy*, 2d, ed. 2006, p. 26. 转引自张民安:《公开权侵权责任制度研究——无形人格权财产性理论的认可》,载张民安主编:《公开权侵权责任研究:肖像、隐私及其他人格特征侵权》,中山大学出版社2010年版,第26页。

〔3〕 Stephen R. Barnett, *The Right to One' Own Image: Publicity and Privacy Rights in the United States and Spain*, (1999) 47 Am J. Comp. L. 555, 556. 转引自张民安:《公开权侵权责任制度研究——无形人格权财产性理论的认可》,载张民安主编:《公开权侵权责任研究:肖像、隐私及其他人格特征侵权》,中山大学出版社2010年版,第26页。

〔4〕 Melville B. Nimmer, *The Right of Publicity*, 19 L. & Contenp. Probs. 203(1954).

产利益的公开权从隐私权中分离出来,在形式上成为一种独立的人格权利。

在公开权产生后一段时期的司法实务中,公开权理论并未得到广泛的承认,各州在该问题上意见不一,持怀疑态度者居多。即使是部分适用公开权理论的案件,也趋向于把公开权作狭义的解释,即把它的内涵和外延限制在姓名和肖像的字面含义上。例如,Cepeda v. Swift & Co. [415 F. 2d 1205(8th Cir. 1969)]即是如此。[1] 这一状态直到 1977 年联邦最高法院的 Zacchini v. Scripps - Howard Broadcasting Co. [433 U. S. 562(1977)]后而得到改变,该案是联邦最高法院迄今为止裁判的唯一一件公开权案件。在该案中,法官对公开权与《美国宪法第一修正案》所确立的新闻自由进行了界限的区分和利益的平衡,最终得出有限支持公开权的判决。这一判决使公开权问题趋于明朗,对后世判例与学说影响颇深,因而被认为是对美国公开权发展影响最为关键的案件之一。

随后,美国通过一系列判例,将一些具有商业价值的人格特征纳入公开权保护的范围,为其提供更为周全的保护:(1)由 Motschenbacher v. R. J. Reynolds Tobacco Co. [498 F. 2d 821(9th Cir. 1974)]、Ali v. Playgirl, Inc. [447 F. Supp. 723(S. D. N. Y. 1978)]、White v. Samsung Elect. Am., Inc. [971 F. 2d 1395(9th Cir. 1992)]以及 Onassis v. Christian Dior - New York, Inc. [472 N. Y. S. 2d 254(N. Y. Sup. Ct. 1984)]等判例确立"可识别性理论"(Identification),即行为人未经允许使用他人具有可识别性的肖像或外貌,可使公众通过所使用的肖像或外貌联想到该人,则行为人应承担侵权责任。这一理论同样适用于行为人所使用的图像、照片为该人所使用的具有可识别性的物品或和使用与该人相似足以使公众误以为是该人的肖像或外貌的情形。(2)由 Hirsch v. S. C. Johnson & Sons, Inc. [280 N. W. 2d 129(Wis. 1979)]、Carson v. Here's Johnny Portable Toilets, Inc. [698 F. 2d 831(6th Cir. 1983)]和 Apple Corps. Ltd. v. Adirondack Group[476 N. Y. S. 2d 716(Sup. Ct. 1983)]等判例将具有可识别性的姓名和绰号纳入公开权的保护范围,即对姓名权提供保护。(3)由 Midler v. Ford Motor Co. [849 F. 2d 460(9th Cir. 1988)]和 Wait v. Frito - Lays[978 F. 2d 1093(9th Cir. 1992)]等判例认定模仿名人声音而进行的商业利用的行为人需承担侵权责任,将声音权作为公开权的一部分加以保护。

在各州制定法方面,包括加利福尼亚州、田纳西州、俄克拉何马州在内的众多州均制定了保护公开权的法律,责令行为人就其侵害他人公开权的行为承担

---

[1] [加拿大]埃里克·H. 瑞特:《人格与财产:肖像权的比较研究》,刘敏译,载张民安主编:《公开权侵权责任研究:肖像、隐私及其他人格特征侵权》,中山大学出版社 2010 年版,第 261 页。

财产损害赔偿责任。其中较为有代表性的是1971年制定的《加利福尼亚州民法典》,该法是美国较早明确规定公开权的法律之一,其第3344条规定未经他人允许为广告、销售或招揽客户目的使用他人姓名、声音、签名、照片或肖像,应对他人承担损害赔偿责任,其第990条则对死者人格的财产利益加以规定,从而为公开权提供全面的保护。[1]

(二)英国

在英国法里,不存在姓名和形象使用的独占权,也不承认保护人格权(personality right)或者公开权(right of publicity)。[2] 但在一定条件下,姓名权和肖像权仍可通过"仿冒之诉"(Passing off)予以保护。

仿冒之诉,简言之,即为姓名、肖像等人格标识被他人侵害或非法使用而提起的侵权之诉。姓名权和肖像权的仿冒之诉必须具备以下三个要件:(1)姓名权人或肖像权人就其遭受侵害的姓名、肖像享有商业信誉;(2)使用人在其商品中虚假使用姓名、肖像从而导致消费者混淆或者被欺骗;(3)姓名权人或肖像权人遭受损害。[3]

相较于美国依公开权而提起的侵权之诉,英国仿冒之诉中原告(姓名权人和肖像权人)胜诉的难度要大上许多。首先,商业信誉的要件要求原告必须已出于商业目的开发使用其姓名、肖像,否则只能基于隐私权寻求可能的保护;其次,使用人必须要有虚假表述的行为,即使被告未经许可使用原告的姓名或肖像,但未有虚假陈述之行为,法院也很难认定其行为构成侵权;最后,原告必须举证被告无权使用其姓名或肖像的行为造成消费者实际混淆或被欺骗,而且这种混淆或被欺骗必须是消费者购买被告产品的原因。此外,1988年《版权、外观设计和专利法案》规定了"合理使用",如果被告在文学作品、新闻报道或其他艺术作品中使用原告的姓名或肖像,仅仅是"简单地引用",那么被告可援引"合理使用"作为抗辩。[4]

因此,尽管仿冒之诉赋予姓名权人和肖像权人保护其人格利益的诉权,但其法律制度所能提供的保护较为有限,这一点可从诸多判例中得到佐证。以Halliwell & Others v. Panini(1997 LEXIS)为例,本案被告在其生产的关于辣妹组合

---

〔1〕 张民安:《公开权侵权责任制度研究——无形人格权财产性理论的认可》,载张民安主编:《公开权侵权责任研究:肖像、隐私及其他人格特征侵权》,中山大学出版社2010年版,第30页。

〔2〕 张今:《英国:姓名、形象的商品化和商品化权》,载《中华商标》2000年第8期。

〔3〕 张今:《英国:姓名、形象的商品化和商品化权》,载《中华商标》2000年第8期。

〔4〕 [美]凯文·M.费希尔:《美国和英国公开权保护的比较研究》,郭钟泳译,载张民安主编:《公开权侵权责任研究:肖像、隐私及其他人格特征侵权》,中山大学出版社2010年版,第324页。

(Spice Girls)的系列贴纸中未获授权使用了辣妹组合的姓名和肖像，并与该组合正与其他公司谈判生产的贴纸产品形成竞争，原告据此提起仿冒之诉，但被法院驳回。法官认为，被告并未作出原告已授权的声明，不会导致消费者因混淆或被欺骗而购买其产品，不构成仿冒的侵权行为。

除仿冒之诉外，英国《商标法》和《版权、外观设计和专利法案》也赋予姓名权人和肖像权人以诉权，但依其保护姓名权和肖像权的难度不亚于仿冒之诉。这是因为，英国法律规定商标必须具有可识别性，而越是著名的人，其姓名和肖像越广为人知，因而法官一般不认为名人的姓名和肖像符合可识别性的特征，不得依据商标保护规则对其姓名和肖像加以保护；即使在可依商标保护规则加以保护的情形下，如果使用人在与权利人不相关联的行业或领域使用姓名或肖像，没有造成实质的商标混淆，法官通常也不会认定为侵权。[1]

五、身体权与健康权

普通法中没有身体权与健康权的法定权利概念，即使有此术语亦多为一般用语，但这并不代表普通法国家不重视这两种权利所体现的人格利益的保护；相反，普通法国家的法律制度很早就开始关注如何维护人身完整性、支配性以及保持生理、心理健康状态等问题，最早可追溯到 13 世纪的令状(writ)制度中直接侵害(trespass)令状。至当代，英美的侵权行为法中已发展起一套较为成熟的身体权与健康权保护机制，其内容包括故意侵害(intent)和过失侵害(negligence)，其中，故意侵害又可进一步分为暴力(battery)和暴力威胁(assault)。

(一)美国

暴力，国内通常译为“殴打”，亦有译为“非法接触”[2]或“对人身的侵害行为”[3]，指故意地、未经对方同意地、有害地或冒犯性地对他人实施接触的行为。[4] 根据《美国侵权行为法重述(第二次)》第 13 条和第 18 条的规定，暴力的构成要件包括：(1)行为人有接触的故意；(2)行为人须为伤害性接触(harmful contact)、侵犯性接触(offensive contact)或使受害人产生忧虑、恐惧；(3)直接或

---

[1] [美]凯文·M. 费希尔：《美国和英国公开权保护的比较研究》，郭钟泳译，载张民安主编：《公开权侵权责任研究：肖像、隐私及其他人格特征侵权》，中山大学出版社 2010 年版，第 320－321 页。

[2] [美]文森特·R. 约翰逊：《美国侵权法》，赵秀文等译，中国人民大学出版社 2004 年版，第 21 页。

[3] 潘维大编著：《英美侵权行为法案例解析》，高等教育出版社 2005 年版，第 24 页。

[4] [美]文森特·R. 约翰逊：《美国侵权法》，赵秀文等译，中国人民大学出版社 2004 年版，第 21 页。

间接地造成损害结果,或虽未造成实质的损害结果,但使受害人产生被侵犯的感觉。由此可见,暴力侵权制度所规制的是以接触之方式直接或间接侵犯身体权和健康权的行为,这也是侵犯身体权和健康权最为普遍的形式。

在暴力侵权制度中,最有特色的莫过于其对“接触”(contact)的规定。根据《美国侵权行为法重述(第二次)》第 18 条的规定及其释义,“接触”的客体不仅及于身体的各个部位,亦包括习惯上认为与身体紧密结合(intimately connected)而被视为身体一部分(customarily regarded as part of the person)的物品。如果行为人接触了被视为受害人身体一部分的物品,并且造成受害人身体或健康受损,那么行为人之行为就构成暴力侵权。在著名的 Picard v. Barry Pontiac - Buick, Inc. [645 A. 2d 690(1995)]中,被告与原告之间并无直接的身体接触,亦否认对原告有任何威胁的行为,其仅以食指触碰原告的相机,说“谁允许你拍摄我的照片”并追着原告跑;但原告的医生证明,原告因此造成背部的永久性伤害。[1] 法院在审理中认为,被告碰触的相机应视为原告身体的一部分,加之被告态度恶劣,被告之行为已构成暴力侵权,需承担侵权责任。由该判例观点进一步推及,暴力所需的接触不仅限于对人身或与人身相关联的物品,接触受害人身体之外的物品,造成受害人损害,例如将玻璃窗打碎,碎片扎伤原告,或者将原告正要去坐的椅子突然挪走,在原告将要吃的食物中投毒或者在驾驶卡车时将原告摔出车外等,均可构成此种侵权。[2]

在美国,不仅侵犯身体权和健康权的既遂行为构成侵权,未遂甚至是威胁的情形也有可能承担侵权责任,即暴力威胁侵权制度。就构成要件而言,暴力威胁要求:(1)行为人有使受害人担心、恐惧将对其实施暴力之故意;(2)行为人有明显的实施暴力的能力;(3)行为人发出即时暴力威胁的信号;(4)行为人之行为造成受害人产生立即的担心和恐惧,并且此种担心和恐惧有充分依据。[3] 在早期的司法实务中,暴力威胁被认为仅限于暴力未遂的情形。例如,1933 年的 Western Union Telegraph Co. v. Hill[150 So. 709(25 Ala. App. 540)],法官在判决中指出,成立暴力的行为,也必定成立暴力威胁,反之则不然。成立暴力威胁可说是意图犯下暴力行为,但由于某些介入原因而未成功(intervening

---

[1] 潘维大编著:《英美侵权行为法案例解析》,高等教育出版社 2005 年版,第 26 页。

[2] [美]文森特·R. 约翰逊:《美国侵权法》,赵秀文等译,中国人民大学出版社 2004 年版,第 22 页。

[3] [美]文森特·R. 约翰逊:《美国侵权法》,赵秀文等译,中国人民大学出版社 2004 年版,第 24 页;潘维大编著:《英美侵权行为法案例解析》,高等教育出版社 2005 年版,第 28 - 29 页。

cause);其必须是出于故意、不法之意图,以粗暴或凶恶之态度,欲碰触他人。[1]该判决所阐释的暴力必然包含暴力威胁和暴力威胁仅限于暴力未遂情形的观点,为理论界所诟病和质疑,认为其是对法律的误读,因此后来的判例逐渐对该观点进行修正,将威胁实施暴力的情形纳入暴力威胁的范畴。通常而言,构成暴力威胁的威胁实施暴力的行为至少需具备语言威胁和动作威胁这两个要素。例如,1976 年的 Castiglione v. Galpin[325 So. 2d 725(La. Ct. App. 1976)],被告在语言威胁要枪杀他人的同时,站起身去取枪,故法院认定其行为构成暴力威胁。在某些特殊的情形下,仅具语言威胁或动作威胁中的一个要素,亦可构成暴力威胁。由此,美国侵权法中身体权和健康权的直接侵害范围由实质的侵害扩展至即时的威胁,无疑为身体权和健康权提供更为周全的保护。

暴力和暴力威胁在主观方面要求是故意,而对于因过失侵犯身体权或健康权的行为,则由过失侵害制度加以调整。在过失侵害行为中,行为人通常负有合理谨慎之人(the reasonable prudent person)的注意义务或特定职业、职责之人(the professional)的更高的注意义务,如果行为人违反该义务,侵犯他人的身体权或健康权,则需承担过失侵害的侵权责任。与直接侵害不同,过失侵害对身体权和健康权的保护只适用于发生实质损害的情形,而不适用即时威胁的情形。此外,行为人的义务也是有范围限制的,根据 Palsgraf v. Long Island Railroad Co. [162 N. E. 99(N. Y. 1928)]判决中的观点,行为人的义务仅及于在可以合理地察觉或预见的危险范围之内的人,而非对所有人都负有不对他人造成不合理危险的义务。即使是对在可以合理地察觉或预见的危险范围之内的人造成了身体或健康的损害,在认定行为人是否构成过失侵害时还需进行权衡分析,如 Nussbaum v. Lacopo[265 N. E. 2d 762(N. Y. 1970)]中的损害发生可能性的分析,Gulf Refining Co. v. Williams[185 So. 234(Miss. 1938)]中的危险严重性和发生是否可避免的分析,B&W R. R. Co. v. Krayenbuhl[91 N. W. 880(Neb. 1902)]的行为人行为的效益和可替代性分析以及 United States v. Carroll Towing Co. [159 F. 2d 169(2d Cir. 1947)]行为人采取预防措施的可能性及其负担的分析等。[2]

(二)英国

英国在身体权与健康权的保护上与美国颇为相似,其亦是通过暴力、暴力威

---

〔1〕 潘维大编著:《英美侵权行为法案例解析》,高等教育出版社 2005 年版,第 29 页。

〔2〕 [美]文森特 · R. 约翰逊:《美国侵权法》,赵秀文等译,中国人民大学出版社 2004 年版,第72-76 页。

胁和过失侵害实现。若论历史渊源,英国方才是这一模式的鼻祖,其历史最早可追溯到13世纪的令状制度中的"直接侵害"令状,随后在14世纪中期,英国又出现了"间接或非暴力侵害"(Trespass on the Case)令状,两者共同在事实上实现保护身体权与健康权之功能。时至今日,英国法律仍受此传统影响颇深,最明显的一点就是英国普通法规定的暴力必须以直接侵害为内容,即行为人必须对受害人人身或与身体紧密结合而视为身体一部分的物品实施暴力,但不包括间接侵害的情形。这就必然会带来一个问题:间接侵害的情形下,身体权与健康权的保护如何实现?在这一问题上,英国法院一般遵循 Wilkinson v. Downton(2 QB 57[1987])确立的规则。本案中被告出于开玩笑之心理,对原告谎称原告的丈夫乘马车出了事故,受了重伤,结果造成原告呕吐、精神打击(nervous shock)和非正常性衰老,并在几周内丧失行动能力。主审该案的 Wright 法官在判决中确立了如下规则:"被告故意实施一种引起原告身体损害的行为……也就是说,侵犯了原告身体安全的合法权利,并在事实上造成原告的身体损害。在我看来,此种情形下原告具有非常充分的诉因,被告的行为没有任何正当性。"也就是说,行为人出于故意(包括故意的转移)间接地侵犯他人身体权或健康权,应当为此承担侵权损害责任。尽管英国理论和实务界对间接侵害情形下被告的主观状态仍存有争议(Wright 法官在判决中使用"calculated to cause harm"的模糊语法,该语法可解释为伤害的故意,也可解释为合理谨慎的人应当预见可能造成的损害结果,即主观为过失),但这并不影响法律对身体权和健康权的保护,因为无论行为人的主观状态是故意还是过失,其都在事实上造成了损害结果,法院可依 Wilkinson 案的规则或过失侵害判处行为人承担侵权损害责任。

在身体权和健康权的过失侵害方面,英国自 Donghue v. Stevenson(A. C. 562[1932])通过著名的"邻人规则"(Neighhour Principle)确立注意义务以来,先后发展出两步检验法(two – stage test,即可合理预见性和公共政策考量)和三部分检验法(three – part test,即可合理预见性、近邻关系和公共政策考量)的注意义务标准,逐渐形成一套规定较为完备、判例丰富的身体权与健康权过失侵害保护体系。事实上,英国今日在身体权与健康权过失侵害案件中所遵循的规则(如三部分检验法)与美国并无本质区别,只不过在表述上略有差别而已,因而在研究身体权和健康权之保护时,两者可基本互通,相互参照。

六、非法拘禁与人身自由

人身自由是人格权保护的重要法益之一。普通法历来十分重视人身自由的保护,其在故意侵害之下,专门设立"非法拘禁"(False Imprisonment)的侵权类

型,对故意侵犯个人人身自由的行为加以规制。而对于过失侵犯人身自由的行为,受害人亦可通过过失侵害制度寻求赔偿。〔1〕

(一)美国

在美国法上,非法拘禁系指无法律上合理的理由,却将别人的行动限制在一定的范围内,且须受害人感觉到其行为受到限制始可;其判断的方法亦须自客观的标准来判断受害人主观的感觉。〔2〕 在司法实务中,该类案件的表面证据的基本要件为:(1)故意(直接故意、间接故意或转移的故意)拘禁他人;(2)在侵权行为人设定的空间范围内,对受害人实施未经同意的拘禁;(3)受害人显然没有合理的逃路;(4)行为人使用了不合理的强制力,或者威胁实施强制力,或者非法地借用法律的名义;(5)对受害人造成伤害或者受害人知道其被拘禁。〔3〕《美国侵权行为法重述(第二次)》将非法拘禁分为五种具体类型:(1)实质或明显方式限制他人人身自由,如以手铐铐住他人;(2)虽无实际接触,但使他人难以抗拒或者必须服从行为人的武力强制,如以枪口指向受害人;(3)以武力胁迫;(4)其他任何可能的胁迫方法,使他人心生恐惧,不敢违抗;(5)行为人伪称其有正当权利。〔4〕 由以上所述非法拘禁的定义、要件和类型观之,美国侵权行为法中的非法拘禁制度对人身自由所提供的并不是完全的、无条件的保护,其只对达到一定程度的故意侵害人身自由的行为加以规制。首先,人身自由的限制必须是完全的。如果受害人可以找到明显的合理的出路,则行为人不构成非法拘禁。此处所言之合理的出路,概言之,即指不会对受害人自身人身或财产造成损害,也不会对他人人身或财产造成损害的出路。其次,受害人必须证明其人身自由受限是非自愿的。这在行为人使用武力或者明显威胁的案件中易于证明,但在那些受害人主张迫于隐性胁迫而不得不接受人身自由之限制的案件中则难以实现,如 Faniel v. Chesapeake & Potomac Telephone Co. [404 A. 2d 147(1979)]的上下级关系和受害人害怕遭到可能的惩罚的考虑、Lopez v. Winchell's Donut House[466 N. E. 2d 1309(1984)]的不服从即可能被解雇的后果等。最后,受害人在非法拘禁过程中不得有愿意或服从的表示,否则很有可能构成对非法拘禁损害赔偿请求的阻碍,如在 Peterson v. Sorlien[299 N. W. 2d 123(1980)]中,受

---

〔1〕 过失侵犯人身自由的行为适用过失侵害的一般规则,对此前文已有介绍,本节不再赘述。

〔2〕 潘维大编著:《英美侵权行为法案例解析》,高等教育出版社 2005 年版,第 30 页。

〔3〕 [美]文森特·R. 约翰逊:《美国侵权法》,赵秀文等译,中国人民大学出版社 2004 年版,第 31 页。

〔4〕 潘维大编著:《英美侵权行为法案例解析》,高等教育出版社 2005 年版,第 33 页。

害人在若干天的非自愿非法拘禁后,同意继续被关,并放弃若干逃跑的机会,法院认定其放弃了非法拘禁的损害赔偿请求权。[1]

当然,对于符合非法拘禁要件的情形,受害人的人身自由仍可受到法律广泛而周全的保护。首先,非法拘禁在空间方面的要求较为宽松,其可以是一个很大的监禁范围,甚至可以是移动的,如受害人被非法机构限制不得离开某一城市,或是乘客被强留在高速行驶的汽车中。其次,受害人对于知道被非法拘禁可通过其证言直接证明,或者在特定情况下通过他人证明。有些州还采纳美国《侵权法重述》的立场,认为即便受害人并不知道,但如果非法拘禁对受害人造成伤害,行为人也应当承担相应的责任。[2] 最后,将非法借用法律的名义规定为非法拘禁的一种类型,限制了非法拘禁的抗辩事由,在防止和规制公务人员滥用权力限制人身自由的方面发挥非常重要的作用,如 Enright v. Groves[560 P. 2d 851(1977)],公务人员一旦非法借用法律名义限制他人自由,哪怕仅仅是程序上的非法,其都有可能对此承担侵权损害赔偿责任。

(二)英国

英国法上的非法拘禁概念内涵与美国法相同,即行为人在未经受害人同意之情况下,故意限制受害人的人身自由。在构成要件方面,英国的普通法确立了与美国相类似的规则,如 Bird v. Jones(7A. & E. 742[1845])中规定,受害人不得有明显合理的出路; Robinson v. Balmain New Ferry Co. (A. C. 295[1910])虽从合同义务的角度加以判决,其实质仍是对受害人不得有明显合理出路这一规则的确认和具体阐释;Herd v. Weardale Steel Coal & Coke Ltd. (A. C. 67[1915])中规定,受害人不是因强制或威胁而非自愿受人身自由限制则不构成非法拘禁,除正当法律程序之外的拘禁可通过人身保护之令状(the writ of habeas corpus)获得救济;Harnett v. Bond(A. C. 669[1925])中规定,通过一定程度的精神或心理上的即时威胁限制他人人身自由亦可构成非法拘禁;Sayers v. Harlow UDC(1 WLR 623[1958])规定,非法拘禁行为人主观状态必须是故意等。

但是,英国法中的非法拘禁不要求具备受害人意识到自己被非法拘禁这一要件,这一点与美国法截然不同。早期的司法实践中,英国法官倾向于将受害人意识到自己被拘禁作为行为人成立非法拘禁的前提。在 Herring v. Boyle(1 Cr. M. & R. 377[1834])中,受害人是一个 10 岁大的男孩,因为其父母拖欠学校学费,学校便在圣诞假期将受害人留置在学校,在未交清学费的情况下不允许受害

[1] [美]文森特·R. 约翰逊:《美国侵权法》,赵秀文等译,中国人民大学出版社 2004 年版,第31-34 页。
[2] [美]文森特·R. 约翰逊:《美国侵权法》,赵秀文等译,中国人民大学出版社 2004 年版,第31-34 页。

人母亲将其带走。法官认为,受害人自己并没有意识到被限制人身自由(cognizant of any restraint),尽管学校明确知道其行为是非法拘禁,但因受害人的无意识而不成立非法拘禁。这一规则在 1919 年的 Meering v. Grahame White Aviation Co. Ltd. (122 L. T. 44[1919])中被打破,本案受害人被其雇主(行为人)怀疑偷窃,由两个保安现场带至雇主办公室,并在其监视下接受雇主询问,受害人据此提出非法拘禁之诉。在审理过程中,受害人承认其并不知道自己被拘禁,但负责审理该案的 Atkins 勋爵认为,非法拘禁可在受害人自己没有意识到的情形下成立,一个人可在睡觉、醉酒、无意识或精神失常的情况下被拘禁,因而在非法拘禁案件中无须去判断受害人是否意识到自己被拘禁。[1] 最终,上议院依据该观点判决非法拘禁成立。尽管本案开创了受害人未意识到自己被拘禁仍构成非法拘禁的先例,但实务中仍对受害人意识到自己被拘禁是否是非法拘禁的构成要件存在疑义,直到 1988 年上议院在 Murray v. Ministry of Defense(2 All ER 521[1988])的判决中,再次确认 Meering 案所确立的规则,并明确否定了 Herring 案所确立的规则,该问题才基本盖棺定论。

第七节　本 章 总 结

19 世纪的德国民法是"百花齐放,百家争鸣"的时代,继受罗马法的历史法学派和弘扬本土法学的日耳曼法学派各自推陈出新,争相斗艳,硕果累累。数着手头一卷卷的"民法全书",不禁让人感到了历史的沉淀和对知识的敬畏。历史在传承中发展,知识在增进中创新,19 世纪德国人格权理论从萌芽到发展再到逐渐完善,是一百年来数代先贤不懈努力的成果。19 世纪德国的人格权理论是典型的法学家的法。虽然由于历史的风云际会,人格权没有被明确写进民法典,但是后来《德国民法典》在 20 世纪发展史上最光辉、最璀璨的一颗明珠还是关于人格权保护的。这正昭示着 19 世纪德国人格权理论的历史贡献。

对于德国 20 世纪人格权的发展史描述,本章截取其若干具有创制性的人格权案例,连点成线,试图勾勒出德国人格权法在 20 世纪的发展脉络,并展现其中

[1] It appears to me that a person could be imprisoned without his knowing it. I think a person can be imprisoned while he is asleep, while he is in a state of drunkenness, while he is unconscious, and while he is a lunatic... It is quite unnecessary to go on to show that in fact the man knew that he was imprisoned.

的法律观念变革和法律技术进步，目的在于为中国人格权法制建设与司法裁判提供若干比较法知识。当然，本章亦无法详尽叙述人格权法在德国的百年发展史。作者深知选择这样一个宏大的题目意味着极大的风险：断章取义、不求甚解或者其他。但作者仍然试图强调的是民法制度史研究的重要性，此种纵向的制度史勾勒在中国也就是比较法上的一项制度梳理，而比较法无疑对于中国法制是具有重大意义的。但愿本章的写作能够成为抛砖之作，期待更多精细的大作来展现德国人格权法发展的点点滴滴。

严格说来，各国民法对人格权进行的不同的制度安排没有纯粹的孰优孰劣之分，而只有适合与不适合国情之别。因此，我们要防止这样一种错误观点——认为《法国民法典》、《德国民法典》与《瑞士民法典》是世界公认的三大杰出法典，因而我国民法典的制定就不可“越雷池一步”。忽略本国的现实国情而进行简单的、机械式的制度移植或墨守成规，都是十分危险与不可取的。值得我们注意的是，民法典整体理论模式的选择会影响到各具体制度的内涵，因此，我们对于某一制度的理解不能脱离该制度存在的大背景，在理解民法中的“人”的图像之时，这种理论立场的坚持就尤为重要。在法国民法中，“人”不是被局限于民事法律关系主体这一意义上来使用的，而是自然法意义上的享有“天赋权利”的理性者。而在德国民法中，由于受限于以法律关系为中轴的制度安排，德国民法中的人被缩限理解为“权利主体”。在德国民法的总则中，人是作为民事主体而存在的，总则的中心问题也是要解决民事主体的资格问题，即规定什么“人”，在什么情况下可以成为民事主体的主体准入问题。因此，我国民法典应深刻体味两种立法例之区分，寻求自己对“人”的应有态度。由于《法国民法典》之“人法”的根基主要在于自然法，故在缺乏自然法思想之熏陶的基础上，在立法、司法与理论皆采德国民法整体思维的背景下，采法国民法“人法”之体例确须仔细斟酌。

在英美法中，由于普通法的传统影像根深蒂固，且此两个国家受普通法的影响程度也不一样。在英国，由于坚持传统的做法，隐私权至今未获立法承认。在美国，则随着一百年侵权行为法与宪法的发展，创设了用隐私权保护人格权精神利益，与用公开权保护人格权财产利益的二元人格权保护模式，此与大陆法系一元论的人格权保护风格迥异。此外，美国法上调和人格权保护与言论自由冲突的真实恶意原则，侧重于保护言论自由，而对人格权保护强度不够，这与德国法上审慎的做法区别甚大。欧陆各国及欧洲人权法院对于美国法上所创设的真实恶意原则大多并不赞同。

第二章　中国人格权一百年：立法史与学术史

第一节　本 章 问 题

中国历史上第一部民法草案系 1911 年完成的《大清民律草案》，之后历经 1925 年《民国民律草案》，1930 年《中华民国民法》，1956 年《中华人民共和国民法草案》，1964 年《中华人民共和国民法(试拟稿)》，1982 年《中华人民共和国民法草案》，1981 年《婚姻法》，1985 年《继承法》，1986 年《民法通则》，1999 年《合同法》，2007 年《物权法》，2010 年《侵权责任法》等重要的民事立法活动，中国民法已经走过了整整 100 个春秋。2020 年《民法典》的颁布，意味着中国进入"民法典时代"。而人格权制度，自中国民法产生始，即作为其中的重要一部，亦经历了百年岁月的曲折与发展。

美国学者亨廷顿说："亚洲人倾向于以百年和千年为单位来计算其社会的演进，把扩大长远利益放在首位……"[1] 在中国人格权法走过第一个百年历程之际，在这一特定时间背景下，回顾中国人格权法的百年发展史，研究其中的成就与不足，借以理解未来中国人格权法的发展轨迹，无疑具有十分重要的意义。遗憾的是，目前坊间这一内容的文章并不多见，[2] 且缺乏对整个中国人格权立法与学术史全面、深入的研究。此亦本书进行本章问题研究的重要动机。

综观我国人格权法百年历史，大致可分为三个阶段。第一阶段从 1911 年到 1949 年，是人格权法的发展期。在这一阶段，我国吸收和借鉴大陆法系的理论，在民法典中明确规定人格权，并将学术研究与司法实践相结合，发展出较为成熟

---

〔1〕［美］塞缪尔·亨廷顿：《文明的冲突与世界秩序的重建》，周琪等译，新华出版社 1999 年版，第 250 页。

〔2〕就笔者所知，目前涉及这一问题的研究成果有，俞江：《近代中国民法学中的私权理论》，北京大学出版社 2003 年版；徐国栋：《人格权制度历史沿革考》，载《法制与社会发展》2008 年第 1 期。

的人格权法理论。第二阶段为中华人民共和国成立至20世纪70年代末,是人格权法的曲折期。中华人民共和国成立后,废除“六法全书”,摧毁旧法统,全面继受苏联法统,人格权制度成为民法理论中无足轻重的部分,甚至在民法典草案中被排除在民法的调整范围之外,人格权法的研究也停滞不前。第三阶段为20世纪80年代初至今,是人格权法的复兴期。在这一阶段,《民法通则》《侵权责任法》等法律的颁布,使得我国人格权法律保护体系初步建立,而学术界关于人格权的研究则蓬勃发展,业已形成一套较为完整的人格权法理论体系,并与司法实务实现互动,共同促进人格权法理论与实践的发展。

上述人格权法发展阶段的划分,与学界对我国民法发展阶段的划分基本一致。[1] 在本章中,本书将以前述人格权法发展阶段划分为基础,尝试一种新的视角——分别从立法史和学术史的视角考察人格权法的百年发展历程,并对两者之间的冲突和相互影响的过程予以必要的阐释,力求为读者展现更细致、更体系化、发展脉络更为清晰的中国人格权法百年发展史。

第二节 立法史:人格权法在中国的发展

一、清末民国的人格权立法

(一)《大清民律草案》

鸦片战争后,中国沦为半封建半殖民地社会,资本主义列强通过不平等条约取得治外法权,严重损害了中国的司法主权。清朝末年,为收回治外法权,[2]清政府开始同西洋法律接轨的民事立法活动。清政府任命沈家本、俞廉三等人为修订法律大臣,又聘用日本学者松冈义正,斟酌中国礼教民情,参考各国成法,厘定民律。[3]

---

[1] 中国民法发展阶段的划分参见俞江:《清末民法学的输入与传播》,载《法学研究》2000年第6期。

[2] 光绪二十八年(1902年),清政府商务大臣吕海寰、盛宣怀与英国商务代表马凯在上海签订《中英续议通商行船条例》,该条例第12款规定:“中国欲整顿本国律例,以期与各国律例改同一律。英国允愿尽力协助以成此举。一俟查悉中国律例情形及其审断办法及一切相关事宜皆臻善,英国即允弃治外法权。”与此相同的内容亦见诸1903年10月8日签订的《中美续议通商行船条约》第15款,《中日通商行船条约》第11款,及中葡、中(瑞)典之条约中。张新宝、张红:《中国民法百年变迁》,载《中国社会科学》2011年第6期。

[3] 《大清民律草案·民国民律草案》,杨立新点校,吉林人民出版社2002年版,“点校说明”第5-6页。

宣统三年(1911 年),《大清民律草案》编纂完成。该草案共五编,分别是总则编、物权编、债权编、亲属编和继承编,共 1569 条。[1] 这是中国民法史上第一部按照大陆法系民法原则和理念起草的民法典,打破了中华法系的系统,使中国民法史出现了划时代的进步。然而遗憾的是,该草案由于清政府的迅速覆灭而未及正式实施。[2]

《大清民律草案》总则编第二章专设“人格保护”一节,拉开了中国人格权法史的帷幕。该节共设第 49 条至第 55 条共 7 个条文,其中,第 51 条是关于人格权的一般性规定:“人格关系受侵害者,得请求摒除其侵害。前项情形以法律特别规定者为限,请求损害赔偿或慰抚金。”[3] 该条通常被认为模仿瑞士、德国、日本等国民法典而制订,然而与上述诸国民法典相比,《大清民律草案》第 51 条突破了侵害人格权须以“不法”为条件的限制,其所体现的人格权理论与侵权理论是相对独立的。就这一意义而言,《大清民律草案》中的这一规定在立意方面是有其新进之处的。除人格权的一般规定外,《大清民律草案》还设计了第 52 条至第 55 条共四个条文规定姓名权的保护。[4]

当然,《大清民律草案》关于人格权的规定也存在明显的缺陷,如“权利能力”与“人格权”的混淆,其在“人格保护”一节下的第 49 条规定了权利能力和行为能力不得抛弃,立法理由书亦认为权利能力和行为能力乃人格权之一部,这与“权利”的基本定义是相悖的。但无论如何,《大清民律草案》中人格权之规定,将当时世界最新的民法理论引入中国,实为开风气之先,使中国的人格权由观念转为立法,[5] 对中国人格权法的发展影响深远。

(二)《民国民律草案》

民国建立以后,暂行适用《大清民律草案》中与民国国体不相抵触的规定,尔后着手制定新民律,但终因国会难开,且众人对《大清民律草案》非议众多而使得修律进程缓慢。巴黎和会与华盛顿会议收回领事裁判权的受挫,使北洋政府加速司法改革,民法典的修订重新被提上议事日程。修订法律馆以《大清民律草案》为蓝本,调查各省民、商事习惯,并参考各国最新立法,于 1925 年完成并

---

[1] 该草案总则编、物权编和债权编由松冈义正负责起草,亲属编和继承编由修定法律馆会同礼学馆起草,章宗元、朱献文起草亲属编,高种、陈录起草继承编。

[2] 《大清民律草案·民国民律草案》,杨立新点校,吉林人民出版社 2002 年版,“点校说明”第 6 页。

[3] 《大清民律草案·民国民律草案》,杨立新点校,吉林人民出版社 2002 年版,第 8 页。

[4] 俞江:《近代中国民法学中的私权理论》,北京大学出版社 2003 年版,第 166 - 167 页。

[5] 俞江:《近代中国民法学中的私权理论》,北京大学出版社 2003 年版,第 166 - 167 页。

公布了民法典的第二个草案,史称《民国民律草案》。[1] 该草案1926年由北洋政府司法部通令各级法院在司法中作为法理加以引用,未成为正式法典。由此可见,这部草案与《大清民律草案》一样,皆是外来压力下的应景之作,皆又因政权更迭而未被正式实施。[2]

《民国民律草案》沿用了《大清民律草案》的五编制编排体例,共1522条。其在人格权保护方面,虽未像《大清民律草案》一样单设一节,但在条款设计的科学性与体系性方面较《大清民律草案》有了一定的提升。《民国民律草案》在第一章第一节"人"之下设置人格权之规定,其中第18条人格权的一般性规定沿用《大清民律草案》第51条的规定(立法理由亦完全沿用《大清民律草案》第51条的立法理由),而第19条和第20条则完全从禁止侵害人格权的角度对姓名权加以保护,[3]改变了《大清民律草案》中姓名权保护与行政管理相混合的立法模式,当为人格权民事立法之进步。该草案虽未能正式施行,但其关于人格权的规定仍对之后的立法产生了重要影响,《中华民国民法典》中人格权保护条款即是在沿袭该草案的基础上制定。

(三)《中华民国民法典》

1927年国民党政府设立法制局,着手修订民律,决定先行草拟亲属、继承两编,至1928年脱稿,是为中国第三次民律草案。同年12月国民党政府成立立法院,着手编订民法典,从1929年5月至1931年12月分编陆续公布,共分总则、债、物权、亲属、继承5编,计1225条。这部法典承袭了德国、瑞士和日本等资本主义国家的民事立法原则和体系,但也保留了上述三次民律草案中的封建主义的内容。

该法典在国统区适用20年,1949年中国共产党发布了文告,废止了包括民法典在内的国民党"六法全书"。

《中华民国民法典》是中国历史上第一部颁布实施的民法典。南京国民政府时期,"以宪法、民法、刑法、民事诉讼法、法制编制法为主干的六法体系的形成,标志着当时中国在西方先进法文化和移植与法律资源的本土化方面取得了

---

〔1〕 该草案总则(第1~223条)由余启昌起草,债编(第224~744条)由梁敬淳起草,物权编(第745~1054条)由黄右昌起草,亲属(第1055~1297条)、继承(第1298~1522条)两编由高种和起草。全文共5编1522条,较《大清民律草案》减少45条,其中,总则减少100条,债编减少133条,物权编减少29条,亲属编增加102条,继承编增加115条。

〔2〕 张新宝、张红:《中国民法百年变迁》,载《中国社会科学》2011年第6期。

〔3〕 《民国民律草案》条款内容参见《大清民律草案·民国民律草案》,杨立新点校,吉林人民出版社2002年版,第205页。

显著成果,标志着以近代法律理论为指导、具有近代特征的法律制度在中国的成长与确立。开始于清朝末年的中国法律近代化进程至此得以初步完成”。[1]

中国人格权制度的发展在国际大背景下进行。1930年的《中华民国民法典》在人格权问题上继受了瑞士的制度,在“自然人”的标题下规定人格(用的是权利能力和行为能力的名义)和人格权,规定了自由权和姓名权两种人格权,并规定了人格权的诉讼保护方法。这是中国对产生于西方人格权制度的正式立法继受,其把人格权与所谓的身份权区别开来,较为先进并值得赞赏。

二、从1956年《中华人民共和国民法草案》到1982年《中华人民共和国民法草案》

(一)1956年《中华人民共和国民法草案》

1949年2月中共中央明令废除国民党“六法全书”(“民国六法”)。1949年9月中华人民共和国成立。1950年颁布第一部《婚姻法》,使婚姻家庭关系脱离民法调整范围。1954年开始起草民法典,至1956年12月完成第一部《中华人民共和国民法草案》。因此后发生“整风”“反右”等政治运动,致民法起草工作中断。

这一民法草案,分为总则、所有权、债、继承四编,共525条,是以1922年的苏俄民法典为蓝本。例如,四编制体例的采用,将亲属法排除在民法之外;抛弃“物权”概念而仅规定“所有权”;不使用“自然人”概念而用“公民”概念代替;仅规定诉讼时效而不规定取得时效;强调对社会主义公共财产的特殊保护,等等。表明民法学的“转向”,即由此前继受德国民法,转而继受苏联民法。

根据当时苏联的民法理论,人格权制度从属于人身权制度,而不再具有独立性,苏联立法者甚至不将人格权制度归入民法的调整范围。而这一做法直接影响我国1956年《中华人民共和国民法草案》,该草案总则第一章“基本原则”第2条规定:“本法调整国家、机关、企业、集体组织、公民间或它们相互间一定范围内的财产关系。”该规定将民法的调整范围限定为财产关系,而将非财产关系范畴的人身关系排除在民法调整范围之外。之后,在1957年1月的总则编第四次草稿中,仿照苏联民法典,将“与财产关系有密切联系的人身关系”(主要指知识产权)纳入民法调整范围,但与财产关系无关的人身关系,如人格权,则依旧被排除在外。这一点从第三章“民事权利客体”第1条规定亦得到体现,“民事权

---

[1] 郭成伟、马志刚:《历史境遇与法系构建》,载《政法论坛》2000年第5期。

利客体是指人们能够支配的生产资料、生活资料和具有物质利益的权利”。[1]

尽管1956年《中华人民共和国民法草案》总则编将整体意义上的人格权排除在民法调整范围之外,但并不意味整个草案中没有涉及人格权保护的内容。事实上,人格权中既包含精神利益,又包含物质利益,而体现物质利益的具体人格权自可以纳入1956年《中华人民共和国民法草案》的调整范畴。该草案债权编通则第11条规定:“由于故意或过失违反法律,法令或社会主义道德而使他人人身、财产受到损害时,加害人对受害人应负赔偿责任。”以该规定为依据,可在一定程度上实现对生命权、健康权、身体权等人身性人格权利的保护。[2]

(二)1964年《中华人民共和国民法草案(试拟稿)》

1962年,中国在经历三年困难时期和“大跃进”“共产风”造成的严重经济困难后,曾调整经济政策,强调发展商品生产和商品交换。于当年开始第二次民法起草,至1964年7月,完成《中华人民共和国民法草案(试拟稿)》。起草人设计了一个既不同于德国民法也不同于苏俄民法的三编制:第一编“总则”;第二编“财产的所有”;第三编“财产的流转”。一方面将亲属、继承、侵权行为等排除在法典之外;另一方面将预算关系、税收关系等纳入法典,且一概不使用“权利”“义务”“物权”“债权”“所有权”“自然人”“法人”等法律概念,企图既摆脱苏联民法的影响,并与资产阶级民法彻底划清界限。

然而,由于这一时期的政治、经济社会发展现状及民法学的理论水平,决定了该民法草案在创造性上不可能有太大突破,其在很多地方都采用了1956年《中华人民共和国民法草案》的诸多规定,[3]以人格权为代表的与财产关系无关的人身关系仍在民法调整范围之外。更遗憾的是,1956年《中华人民共和国民法草案》中关于人身性人格权的规定在这一草案中并未被沿用。究其原因,跟该民法草案的性质有着密切的关系。魏振瀛教授指出:“我认为这个法确切说是经济法(有关经济领域的法,非现在的经济法),它实质是民法和经济法的混合。而且,它实际上是我们多年经济工作的总结,它总结了在计划经济条件下,民事、行政关系怎么处理。”[4]在“经济领域的法”这一性质定位下,是时主要体现精神利益的人格权被完全排除在外也就不足为奇。

---

〔1〕 何勤华等编:《新中国民法典草案总览》(上卷),法律出版社2003年版,第26-47页。

〔2〕 当然,本条作为侵权所产生之债的规定,可谓各国民法的必备条款,很难说立法者是出于人格权保护的考虑设立该规定,但这并不妨碍该条从客观上可能性的保护人格权的效果。

〔3〕 张新宝、张红:《中国民法百年变迁》,载《中国社会科学》2011年第6期。

〔4〕 魏振瀛教授在“新中国民法典起草五十年回顾与展望”理论研讨会上的发言。转引自张玉敏主编:《新中国民法典起草五十年回顾与展望》,法律出版社2010年版,第63页。

(三)1982 年《中华人民共和国民法草案》

1979 年 11 月,在法制委员会下成立主要由民法学者组成的“民法起草小组”,开始中华人民共和国第三次民法起草,至 1982 年 5 月起草了《民法草案(一至四稿)》,民法草案第四稿,包括 8 编:第一编民法的任务和基本原则;第二编民事主体;第三编财产所有权;第四编合同;第五编智力成果权;第六编财产继承权;第七编民事责任;第八编其他规定。其编制体例和内容,主要参考 1962 年的苏联民事立法纲要、1964 年的苏俄民法典和 1978 年修订的匈牙利民法典。此后立法机关考虑到经济体制改革刚刚开始,社会生活处在变动之中,一时难以制定一部完善的民法典,决定解散民法起草小组,暂停民法典起草工作,改采先分别制定单行法,待条件具备时再制定民法典的方针。[1]

中国对苏联民法理论的依赖导致人格权制度的独立性丧失,从属于唤作人身权的更大制度。中国的民法调整对象理论采纳苏联的理论,按照该理论,民法调整“由于利用商品货币形式而引起的财产关系,以及与财产关系有关的人身非财产关系”(1961 年的《苏联民事立法纲要》第 1 条的规定)。“与财产关系有关的人身非财产关系”即知识产权关系,其对立面是“与财产关系无关的人身非财产关系”,即涉及自然人和法人的名誉和尊严、自然人的肖像、通讯秘密的关系,也就是人格权关系。苏联的立法者认为它不归民法调整。但苏联学者不甘心这种结果,就民法是否调整人格权关系产生了争论。赞成派对第 1 条作扩张解释,认为与财产无关的人身非财产关系亦为民法的调整对象。为了支撑这种对立法的曲解,法学家要么为这类关系受民法调整的可能性设定了在这些关系中包含的利益被侵犯的条件,此时,由于损害赔偿的成立,这种关系转化为财产关系;要么把这种关系受民法调整的可能性设定为以法律有明文规定为条件。

上述民法调整对象理论在 20 世纪 50 年代为我国完全继受。1958 年出版的我国第一部民法教科书完全从财产法的民法观出发定义民法的调整对象:“民法除了主要调整财产关系以外,还附带调整一定的人身非财产关系。”受调整的人身非财产关系是“因发明、著作发生的关系”。至于与财产无关的人身财产关系中存在的人身非财产权,则“限于篇幅,不准备专门加以探讨”。[2]

---

〔1〕 梁慧星:《中国民法:从何处来,向何处去》,载中国民商法律网 2012 年 6 月 13 日,http://www.civillaw.com.cn/wqf/weizhang.asp? id =40385。

〔2〕 徐国栋:《人格权制度历史沿革考》,载《法制与社会发展》2008 年第 1 期;徐国栋:《“人身关系”流变考》(上、下),载《法学》2002 年第 6、7 期;徐国栋:《寻找丢失的人格》,载《法律科学》2004 年第 6 期。

三、从原《民法通则》到原《民法总则》

1986年的《民法通则》是在《民法草案(第四稿)》第一编总则的基础上制定的,参与起草民法通则的主要是民法学者。由于是以《民法草案(第四稿)》的总则编为基础,故主要受1962年的苏联民事立法纲要、1964年的苏俄民法典和1978年修订的匈牙利民法典的影响。因为民法通则草案采纳了大民法观点,所以受到持大经济法观点的学者和官员的抵制。一些学者向中共中央上书,要求停止民法通则的起草,而代之以起草经济法典或者经济法大纲。1986年1月立法机关在北京召开民法通则草案专家讨论会,同时国务院经济法规研究中心却在广州召开所谓经济法大纲专家讨论会,指名批判民法通则是“资产阶级民法观点”。

苏联学者把与财产关系无关的人身非财产关系解释进民法调整对象内的尝试影响了中国学者。佟柔教授在改革开放后的第一部统编民法教材《民法原理》中把人身关系定义为“没有财产内容而具有人身属性的社会关系”。佟教授把这种人身关系的内容描述为生命、健康、姓名、荣誉等权利,以及著作权、发现权、发明权等与人的姓名、荣誉直接联系、不可转让的权利。他还认为,人身关系虽然没有财产内容,但可以成为财产关系的前提,如知识产权的拥有者可以获得报酬。这样,我国的新人身关系定义已经比苏联的定义进步了:在苏联被排在第二位、被学者勉强塞进去的具体人格权关系在我国成了人身关系的第一项内容,过去居第一位的知识产权拥有者的身份关系被挤到了第二位。无论根据保护人权的思想还是根据两种关系的发生频率,这种安排都比苏联的合理。不过,把苏联只包括人格关系的一类关系翻译成“人身关系”,译者在文本的“人”的因素(人格)上增加了“身”的因素(指家庭关系),为后来的这方面理论的发展带来了曲折。[1]

在佟柔教授创立的新人身关系定义的基础上,1986年通过的《民法通则》第2条规定,中华人民共和国民法调整平等主体的公民之间、法人之间、公民和法人之间的财产关系和人身关系。作为调整这种人身关系的例证,原《民法通则》第五章第四节专门规定了人身权,把生命健康权、姓名权、肖像权、名誉权、荣誉权、婚姻自主权、社会弱者(老人、母亲、儿童、残疾人)权、男女平等权制定法化,奠定了我国的人格权制度。但在原《民法通则》的这一部分,基于错误的翻译,人格权和家庭权意义上的身份权一并规定,因此放弃了在许多国家已取得的人

---

〔1〕 徐国栋:《人格权制度历史沿革考》,载《法制与社会发展》2008年第1期。

格权制度的独立,不可谓不可惜。尽管如此,这样的立法规定仍反映了当时人们对"文革"中人格权遭受摧残的历史的反思及其追求人权保护的意识。[1]

原《民法通则》颁布后,人身权的研究逐渐成为热点。其发展过程可以这样描述:受立法体例的影响,早期的作品研究人身权的很多,把这种权利解释为包含人格权和身份权两个方面,后期的作品研究人格权的很多。可能意识到翻译的错误带来的曲折,也可能出于认识到身份在很多情形不是一种权利,而是一种负担,并且由于意识到不仅在家庭关系中存在身份,而且在家庭关系外也存在身份,这些著作的作者只研究单纯的人格权。到了最近的一次民法典起草热潮,在三大民法典草案中,就只有关于人格权的专门结构单元规定而无关于人身权的这样规定了。在人格权问题专家王利明教授的坚持和推动下,2002 年出台的官方民法典草案设人格权专编,规定了 7 种人格权。这在世界民法典编纂史上是个创举。[2]

2017 年实施的《民法总则》吸收了改革开放以来有关人格权立法、审判和学说经验,对人格权作出了全面的列举规定,较之原《民法通则》有较大进步。第 109 条规定,自然人的人身自由、人格尊严受法律保护。这是对人格权两项基本要素和价值的总括性规定,可以理解为人格权的定义,并成为一般人格权的请求权基础。第 110 条规定,自然人享有生命权、身体权、健康权、姓名权、肖像权、名誉权、荣誉权、隐私权、婚姻自主权等权利。法人、非法人组织享有名称权、名誉权、荣誉权等权利。这是对各种典型的具体人格权的列举,是一种确权性和宣誓性规定,承袭了原《民法通则》的好做法。第 111 条规定,自然人的个人信息受法律保护。任何组织和个人需要获取他人个人信息的,应当依法取得并确保信息安全,不得非法收集、使用、加工、传输他人个人信息,不得非法买卖、提供或者公开他人个人信息。这是针对网络社会个人信息保护的特殊性而作出的新规定,具有非常强的时代意义。不难想象,有关这一条的解释适用将会是未来人格权司法实践中的重难点。

四、原《侵权责任法》

(一)一般人格权规范缺失

人格权系以维护人格自主与人之尊严为己任之权利,先经由民法而获承认,后为对抗国家权力戕害,上升为宪法上之基本权利。因此,人格权既系私法权

---

〔1〕 徐国栋:《人格权制度历史沿革考》,载《法制与社会发展》2008 年第 1 期。

〔2〕 徐国栋:《人格权制度历史沿革考》,载《法制与社会发展》2008 年第 1 期。

利,也属宪法基本权利。[1] 人格权为民事权利之一种,为各国民法所承认。《德国民法典》立法之时,囿于概念法学之局限,一项一般性的人格权未获法典认可。这一法律漏洞后经由宪法法院与民事法院协力,终获确立。与《德国民法典》不同的是,《瑞士民法典》《希腊民法典》《葡萄牙民法典》等皆对此著有明文,一项一般性的人格权系法典明定之权利。又,人格权被分为特别(具体)人格权与一般人格权,前者系指法律明文规定之人格权,后者系指为保护那些在前者保护范围之外的,而又具备人格自主内涵,且关于人之尊严甚巨的人格利益之权利。因此,一般人格权系一种概括性的框架型权利,在适用上作为具体人格权规范之补充。

我国原《民法通则》第 98 条至第 102 条创设生命健康权[2]、姓名权、名誉权、肖像权、荣誉权,此五项权利在学理上系属人格权。根据原《民通意见》第 140 条、《名誉权解答》第 7 条第 3 款、《精神损害赔偿解释》(2001 年)第 1 条第 2 款及原《侵权责任法》第 2 条第 2 款,隐私权亦属人格权之一种。此外,根据《精神损害赔偿解释》(2001 年)第 1 条第 1 款,人格权还包括人身自由权与人格尊严权。对于一般人格权,原《民法通则》并未规定,而由《精神损害赔偿解释》(2001 年)第 1 条第 1 款明确予以规定。但由于司法解释不是法律,因此一般人格权仍然未获我国法律所认可,此为我国民法制度设计上一大漏洞。为填补此项漏洞,学说上认为,原《民法通则》第 106 条第 2 款过错侵害他人人身、财产应当承担民事责任。此处之"人身",系指人身权,包括人格权与身份权。因此,此处"人身"有应被解释为一般人格权的法律依据之看法。[3]

虽然一般人格权系普遍获得认可之权利,但由于缺乏明确的法律依据,导致实务与学说中对其法律适用争议较大。原《侵权责任法》作为民事权益保护的基本法律,未对此项重要权利予以明文规定,难谓不是本法一大缺陷。或有人辩解称,此项权利的规定应留给即将制定的"人格权法"来规定。但是,这一理由显然欠妥。因为,如果制定"人格权法"的话,难道这部法律中就无须再规定姓名权等具体人格权了吗?原《侵权责任法》既然被视为责任法,岂能对于如此重

---

[1] 王泽鉴:《宪法上人格权与私法上人格权》,载台湾大学法律学院编:《第二届马汉宝讲座论文汇编》(2007 年);张红:《方法与目标:基本权利民法适用的两种考虑》,载《现代法学》2010 年第 2 期。

[2] 《精神损害赔偿解释》(2001 年)第 1 条第 1 款第 1 项将其分为生命权、健康权、身体权三项权利。

[3] 我国学界通说承认一般人格权的存在,但对于其法律依据有不同看法,对此详细的论述参见张红:《论一般人格权作为基本权利之保护手段》,载《法商研究》2009 年第 4 期。

要的一项民事权利不著有明文？舍之，其如何对民事权益进行“兜底保护”？此外，与此密切相关的一个问题是，对于学界广为诟病的《精神损害赔偿解释》（2001 年）第 1 条第 1 款第 3 项将人格权尊严、人身自由规定为“权利”的做法，原《侵权责任法》由于未在承认一般人格权上有所作为，也导致其丧失了对这一重大错误进行拨乱反正的宝贵机会。

（二）身体权未获承认

身体系人之生命载体，是人之重要法益系属无疑，然而对我国民法是否应规定身体权一事一直存在争议。原《民法通则》第 98 条只规定生命健康权，而无身体权之表述。学说认为，此处之生命健康权亦包括身体权。[1]《宪法》第 37 条第 2 款禁止非法搜查公民身体，原《民法通则》第 119 条及原《民通意见》第 146 条、第 147 条都规定了侵害他人身体损害结果。《精神损害赔偿解释》（2001 年）第 1 条明确将身体权视为人格权之一种，认为对他人身体权之侵害可以产生精神损害赔偿。《人身损害赔偿解释》（2003 年）在其第 1 条明确将生命、身体、健康三者予以区分，也可视为身体权独立之证据。实务上，身体权之作为独立的诉讼理由和判决依据也属实践中的常见做法。因此，综合来看，身体权之独立性具备现实之基础，只差民事基本法对其加以确认这一步。遗憾的是，原《侵权责任法》并未依据现实法制发展要求，勇敢跨出这一步。

事实上，身体权作为独立之人格权有其理论与现实的需要。从比较法看，身体皆系独立于生命与健康之单独法益而被与生命、健康并列单独规定。《德国民法典》第 823 条第 1 款即属著例。就身体权之内涵而言，其系以维护身体之完整性为己任之权利，与健康权有明显的界分。因为，侵害健康是指侵扰了一个人生理、心理与精神的正常状态，使其产生病态。[2] 但是如掌掴他人耳光、侵害他人毛发、强行接吻等即属于身体侵害，而无关健康。当然，经常出现的情形是，既侵害身体也侵害健康，如车祸伤人致残。在强调身体权独立性的时候，最好的证据之一便是引用德国法上一则著名案例来加以说明。在该案中，原告在实施一项手术前要求将其精子冷藏，因为该手术会使其丧失生育功能。但是，嗣后由于医院之过失，致使原告冷藏之精子灭失。原告遂请求精神损害赔偿。本案显然不适用健康权来作为请求权之依据，因为精子灭失并未使原告产生病态后果。但是，也不能将体外冷藏之精子视为所有权之客体物，因为该精子孕育着新的生命体。鉴于此，法院认为，如果身体一部分脱离之后仍然可能与身体结合，则不

[1] 王利明：《人格权重大疑难问题研究》，法律出版社 2019 年版，第 403 页。

[2] Vgl. Larenz/Canaris, Schuldrecht, besondere Teil Ⅱ, 13 Aufl., § 76 Ⅱ 1 a.

能视为物体对待,对该部分的侵害即视为对身体之侵害。如果该部分与身体分离后将永远不再与身体结合,则可视为物体对待,如捐献之器官。涉案被灭失之精子目的在于挽回生育能力,体现个人之自我决定与自我实现。《德国民法典》第 823 条第 1 款保护的客体不是物质,而是人格的存在及其决定领域,其物质化表现为身体,并以身体作为人格的基础加以保护。[1] 试想,如类似案件发生在我国,若无身体权之规定,如何应对?

(三)隐私权首次被明文规定

与一般人格权与身体权"千呼万唤始不出来"之窘态相比,隐私权被承认可被视为原《侵权责任法》在加长人格权权利清单上之一大突破。原《民法通则》无隐私权之规定,实践中对隐私之保护,在《精神损害赔偿解释》(2001 年)之前一直被栖身在名誉权之项下获得保护。[2] 后《精神损害赔偿解释》(2001 年)第 1 条第 2 款规定,行为人必须"违反社会公共利益、社会公德侵害他人隐私"才能获得精神损害赔偿。对此规定,须作两点解释:首先,隐私系人格权之外的人格利益,并非人格权。因为,该条第 1 款对具体人格权采列举规定,而在这份列举的清单中并无隐私权。其次,侵害隐私的侵权行为构成除须满足一般侵权行为的构成要件之外,还须以违反社会公共利益、社会公德之方式为之,被害人始能获得赔偿。此种限制对于隐私之保护无疑太过严格。试问,将他人日记公之于众,显属侵害个人隐私之行为,但是否违反了社会公共利益或侵害了社会公德呢?显然,此纯属私人纠纷,无关社会公益与公德。照此规定,只有在类似于将他人脱光强行置于闹市,有碍观瞻的情形下,才符合以违背社会公益公德之方式侵害他人之隐私。原《侵权责任法》第 2 条第 2 款明确将隐私权规定为民事权利之一种,即是对之前法律对于隐私保护"犹抱琵琶半遮面"之规范缺失状态之修正,亦是对《精神损害赔偿解释》(2001 年)无理规定之拨乱反正,使隐私权获得与其他具体人格权同等的法律地位,有利于维护人格自主与人之自我安宁的权利。此外,从原《侵权责任法》之立法者对隐私权的明文规定,亦可反衬出立法者对一般人格权与身体权规定之裹足不前,实为不智之举。

---

〔1〕 BGHZ 124, 52 = NJW 1994, 127. – Schmerzensgeldanspruch wegen Vernichtung einer Spermakonserve.

〔2〕 参见《民通意见》第 140 条:"以书面、口头等形式宣扬他人的隐私,或捏造事实公然丑化他人人格,以及用侮辱、诽谤等方式损害他人名誉,造成一定影响的,应当认定为侵害公民名誉权的行为。以书面、口头等形式诋毁、诽谤法人名誉,给法人造成损害的,应当认定为侵害法人名誉权的行为。"《名誉权解答》第 7 条第 3 款:"对未经他人同意,擅自公布他人的隐私材料或以书面、口头形式宣扬他人隐私,致他人名誉受到损害的,按照侵害他人名誉权处理。"

(四)死亡赔偿之理论基础有待澄清

死亡赔偿即对侵害生命权之后果的赔偿,其与一般损害赔偿相比无异,亦应适用损害填补原则。但是在我国,由于掺杂了太多的法律科学之外的非理性因素,基于人人生而平等的自然正义感和整个社会对公平歇斯底里的渴求,使得对这一问题的讨论丧失了以法律科学为基础的对话平台,成为感性喧嚣和情绪发泄之窗口。[1] 我国法律、行政法规及司法解释对死亡赔偿规定繁多,在原《侵权责任法》制定之前主要有:原《民法通则》第 119 条、《消费者权益保护法》第 41 条至第 42 条、《产品质量法》第 41 条至第 44 条、《国家赔偿法》第 27 条、《医疗事故处理条例》第 50 条、《工伤事故保险条例》第 37 条、《国内航空运输承运人赔偿责任限额规定》第 3 条、《铁路交通事故应急救援和调查处理条例》第 33 条、最高人民法院《关于审理触电人身损害赔偿案件若干问题的解释》(法释〔2001〕3 号)第 4 条、《精神损害赔偿解释》(2001 年)第 9 条与《人身损害赔偿解释》(2003 年)第 17 条至第 30 条。这些规范构成了一个复杂的侵权致死的赔偿规则体系。总体来看,对于上述规范之特点,可作如下总括:(1)死亡赔偿分为财产损害赔偿(丧葬费、抚养费、死亡赔偿金)和精神损害赔偿(近亲属精神损害赔偿金);(2)死亡赔偿金数量采城乡差别对待、行业差别对待标准。现行规范存在的核心问题是:死亡赔偿金如何计算?是否应该"同命同价"?而死亡赔偿金的计算又与抚养费和近亲属精神损害赔偿金密切相关,需要进行综合考虑。对此,原《侵权责任法》第 16 条、第 17 条、第 22 条作出了回应。下面便对这三个条文进行逐一检讨。

根据原《侵权责任法》第 16 条的规定,死亡赔偿包括丧葬费和死亡赔偿金;第 22 条规定,侵害他人人身权益造成严重后果的,被害人可以请求精神损害赔偿。丧葬费较为简单,无需多叙。对于死亡赔偿金,《精神损害赔偿解释》(2001 年)第 9 条第 2 款规定属于精神损害赔偿,但《人身损害赔偿解释》(2003 年)第 17 条第 3 款(该款虽将死亡赔偿金称为死亡补偿费,但二者含义相同)规定将其改为财产损害赔偿。根据该司法解释第 18 条,死者近亲属之精神损害赔偿另算。原《侵权责任法》上述规定维持了《人身损害赔偿解释》(2003 年)之立场,将死亡赔偿金定性为财产赔偿。循此思路,再分析原《侵权责任法》第 16 条,可发现其与《人身损害赔偿解释》(2003 年)第 17 条第 3 款最大的不同在于,被扶养人生活费不在死亡赔偿范围之列了。究其缘由,应是因为死亡赔偿金既然是

---

〔1〕 张新宝:《侵权死亡赔偿研究》,载《法学研究》2008 年第 4 期。

财产损害赔偿,而这项财产损害主要用于支付抚养费,抚养费当然就不能重复计算了。[1] 这是对《人身损害赔偿解释》(2003 年)将死亡赔偿金与抚养费并列造成财产损害双重赔偿之混乱局面的拨乱反正。如是,接下的问题就是,死亡赔偿金的计算标准是什么?这就需要追究死亡赔偿的目的。如果采赔偿死者余命说之观点的话,那对话的平台就没有了,因为命是无价的,死者也无法对其余命主张赔偿。[2] 理论上对此存在两种见解:一是赔偿预期收入损失,即继承人可获得之利益;二是赔偿被抚养人之抚养费。实际上,前者是无法成立的。因为人死之后,权利能力丧失,无法再取得财产也无法再成为诉权主体,既然死者再无后续财产,当然不会再有继承问题。此外,从侵权责任成立的因果关系角度也无法证立继承人对加害人能拥有此种请求权。相比而言,后者较为有说服力。因为被抚养人之损失是最为直接的,而且这也是比较法上的比较通行之做法,允许被抚养人向加害人请求抚养费之赔偿。[3] 因此,死亡赔偿金的计算应以抚养人实际需要多少抚养费来确定,至于其具体计算,则是一个统计学上的问题,但绝非采用户籍为标准判断抚养费那么简单。[4]

基于上述分析,再来检讨原《侵权责任法》第 17 条规定的所谓"一案多死,同命同价"。其实,此规定早已存在,并不新鲜,在我国铁路、航空、海运事故中,一直都是采用此项规则,只是不同行业赔偿标准不同而已。显然,这种基于同一损害事实发生之死亡结果而处以相同死亡赔偿金的做法,只是为了消除貌似不公而带来的"情绪"和赔偿操作上的简便,并无太多法理依据。下面再来分析该法第 22 条规定精神损害赔偿。该条没有明确死者近亲属的精神损害赔偿,但因为《精神损害赔偿解释》(2001 年)第 9 条与《人身损害赔偿解释》(2003 年)第 18 条都对此项精神损害赔偿予以确认,故作为精神损害赔偿的一般条款,其在解释上应包括此项损害赔偿。但仍须明确的是,亲人死亡侵害的是亲属的何种人身权益?否则,第 22 条将无法适用,因为该条以侵害人身权益为适用精神损害赔偿之前提。对此,本书认为,加害人侵害的是死者亲属的一般人格权。[5]

---

〔1〕 叶名怡:《再论死亡赔偿范围》,载《法商研究》2010 年第 5 期。

〔2〕 余命不赔是比较法上的通例。在整个欧洲,根据 V. Bar 教授的研究,只有葡萄牙最高法院有判决对死者余命的赔偿。Vgl. V. Bar, Gemeineuropäisiches Deliktsrecht Ⅱ, Rn. 47.

〔3〕 如《德国民法典》第 844 条。

〔4〕 张新宝:《侵权死亡赔偿研究》,载《法学研究》2008 年第 4 期;张新宝:《〈侵权责任法〉死亡赔偿制度解读》,载《中国法学》2010 年第 3 期。

〔5〕 详细的论证参见张红:《死者人格精神利益保护、案例比较与法官造法》,载《法商研究》2010 年第 4 期。

(五)精神损害赔偿之范围宜从严解释适用

原《民法通则》并无精神损害赔偿制度之规定,解释上认为该法第 120 条中"赔偿损失"系包括精神损害赔偿。[1] 后来这一制度被《精神损害赔偿解释》(2001 年)予以全面化和规范化。《精神损害赔偿解释》(2001 年)第 1 条至第 4 条规定了精神损害赔偿范围,包括侵害人格权、隐私、其他人格利益、监护关系、死者近亲属精神利益、具有人格象征意义物品的精神损害赔偿。原《侵权责任法》第 22 条之规定,系概括条款,解释上应认为系为上述司法解释的总括性规定。但是,此规定与比较法上多对精神损害赔偿项目采法定模式相异。如根据《德国民法典》第 253 条及第 823 条第 1 款,只有在身体、健康、自由、性的自我决定及一般人格权被侵害的情况下,才能主张精神损害赔偿。精神损害赔偿范围采法定模式,一方面可避免泛精神损害赔偿诉讼;另一方面又显得过于严格,这方面表现最明显的就属德国。在德国,死者亲属无因亲人意外身亡对加害人的精神损害赔偿请求权,除非其因此种噩耗导致了可以由医学认定的疾病发生,而因基于身体、健康伤害而请求精神损害赔偿。此外,在德国,基于结婚照等具有人格利益的物品灭失,也不能请求有过错之加害人赔偿精神损失。但总体而言,本书认为对于精神损害的范围,在原《侵权责任法》第 22 条采如此概括条款的模式下,应予以从严解释。在解释上,超出《精神损害赔偿解释》(2001 年)第 1 条至第 4 条规定范围之外的精神损害赔偿请求应予否决。对基于《精神损害赔偿解释》(2001 年)第 1 条第 2 款中的"其他人格利益"被侵害而请求精神损害赔偿的情形,应严格把握"侵害社会公共利益与社会公德"之前提条件,从严解释,以限缩其使用范围。诸如基于所谓"亲吻权""探视权""安宁权(休息权)""环境权"等被侵害而要求精神损害赔偿的情形,皆不宜准其所请。此外,对于刑事诉讼中被害人不能请求精神损害赔偿的问题,原《侵权责任法》仍然未予以回应。

五、《民法典》中的人格权编

中国《民法典》人格权编共分 6 章 51 条。第一章为"一般规定",相当于人格权法总则。其余各章分别规定"生命权、身体权和健康权"、"姓名权和名称权"、"肖像权"、"名誉权和荣誉权"以及"隐私权和个人信息保护"等具体人格权规范。

---

[1] 张新宝:《侵权责任构成要件研究》,法律出版社 2007 年版,第 273 页;杨立新:《精神损害赔偿——以最高人民法院精神损害赔偿司法解释为中心》,人民法院出版社 2004 年版,第 47 页。

(一)一般规定

1. 调整范围

《民法典》第989条规定人格权编的调整范围。人格权编调整范围为“因人格权的享有和保护产生的民事关系”。这里的“民事关系”不仅指“侵权关系”。人格权的积极利用权能表明人格权在不遭受侵害的前提下也能够发生相应的民事关系。标表型人格权许可使用的合同关系以及诸如姓名决定、变更的人格权法律关系均属调整范围所指的“民事关系”。

2. 人格权的定义

《民法典》第990条第1款列举人格权编所出现的具体人格权,以“等”字保持开放性;第2款规定自然人为主体的、以“人身自由、人格尊严”为基础的一般人格权。这种列举式的定义技术使得人格权的特性无处可见,让人难以理解人格权的含义。从这种意义上说,本条不应算作人格权的定义条款。有的学者认为民法典并不适宜亦无必要规定人格权之定义,故而建议删除本条。

人格权处于不断变动之中,随着社会生活的发展,新的人格权益出现并要求法律加以保护,待到该人格权益成熟化即升级为具体人格权进行保护。但“发展中的人格权”不等于人格权的不可定义性,甚至是“不可言说”性。未来对于新生人格利益的识别,除需借助一般人格权这一“口袋工具”外,符合人格权核心内涵的要求亦不能忽视。人格权的不断生成,体现为维权和“挖掘”权利的主动性,常表现为“直观感受+权”式的权利诉求。但这种直观感受是否为民事主体维护其自身独立人格所必要,则需要加以斟酌。所以,人格权的定义为理解人格权立法提供了认识上的起点,不可谓之不必要。本条第2款规定一般人格权,为兜底条款,目的是适应未来人格权的发展。以一般人格权中的人格尊严、人身自由为核心产生的人格权益即使没有在本编作出详细规定,亦应视为人格权加以一般性的保护。本条将作为一般人格权产生基础的根本人格利益规定为“人身自由”与“人格尊严”。一般人格权的基础为何,有“人格尊严”“人格自由”“人格独立”“人格平等”等诸多说法。本条表述与我国《宪法》第37条、第38条的表述保持一致,立法原意亦如此。厘清宪法上的人格权(人格尊严)与民法上的人格权之间的关系至关重要,民法等普通法律对于人格权的规定即是对于宪法相应规定的具体化。但基于法律体系内部概念的统一性,毕竟不能将宪法上的人身自由概念与民法上的人身自由概念相等同,这实际上是未重视二者的差别。人格自由是与人格尊严同处于最高层次的价值概念,而人身自由则是与具体人格权并列的自由。

3. 人格权的权能

人格权的受保护权能不言而喻,而社会的变迁使得理论上开始承认人格权的积极权能。对此,《民法典》第 991 条规定"民事主体的人格权受法律保护,任何组织或者个人不得侵害",第 993 条对姓名、名称、肖像等在实践中常见的标表型人格权积极权能予以肯认,同时以"等"字保持开放性,为未来实践中发展出的新式人格权积极利用方式保留空间。

第 992 条规定"人格权不得放弃、转让、继承"。最初的草案则规定为"人格权不得放弃、转让、继承,但是法律另有规定的除外",但人格权编第二次审议时将后半句删除。人格权具有"一身专属性"。应当区分其与因人格权受侵害而生的损害赔偿请求权。特别注意,《继承法》规定继承的客体是遗产,包括法定的财产以及其他财产性权益。死者生前之人格标识所获得的权利是一种无形财产权,自然属于其继承人。我国司法实务对死者生前人格财产利益的保护发展历程验证了这种理解。死者的人格标识利益不可能再由死者享有,但其也绝无可能成为无主利益,该利益是客观存在的,且只能由其继承人承受。但依照二审稿之前的表述,则会得出这样的结论:人格权是能够继承的。将本条后半句删除,可能是担心人格权的放弃、转让会面临逻辑上的困境。其实,死者的继承人之所以能够享有死者人格特征所带来的财产利益,是因为继承人在这里继承的是"人格上财产权"这一种无形财产权而非单纯的利益,否则将难以理解为何死者的继承人能够在享有这种利益的同时还能够禁止他人或授权他人使用死者的人格特征。人格权从未作为一个整体权利加以继承,继承人仅取得人格特征上的财产权。将此与著作权制度相比较,就不必再行坚持"人格权不得放弃、转让、继承"的陈旧观点了。

4. 死者人格利益

《民法典》第 994 条保护死者人格利益。人格权编草案二审稿、三审稿分别在之前版本表述基础上将死者的"遗体""隐私"纳入死者人格利益保护范围,更为周全。人格权随自然人的死亡而归于消灭,为避免逻辑上的错误,本条将保护范围表述为各项人格要素,避开死者享有人格权利这一逻辑漏洞,转而通过人格利益的保护加以规范。对于权益被侵害后的请求权行使,以死者的配偶、父母、子女为限。在没有配偶、子女且父母已经死亡时,可由其近亲属行使请求权。自二审稿开始一改原先"死者没有……父母"的不恰当表述,纠正了表达上的错误。

人格权编未规定英烈保护规范,但"英烈条款"相较于一般死者人格保护有其特殊性,即英雄烈士等人格利益具有社会公共利益的色彩,故其与其他死者人格利益保护的法律规范一起,构成死者人格利益保护的完整体系。

5. 人格权请求权

人格权请求权是人格权救济的主要工具,其功能特征与适用条件契合了人格权保护的特殊需要。加之民法典侵权责任编呈现出回归传统侵权法的特点,原有的“吸收模式”不能够适应人格权保护的需要,进而为人格权请求权的独立性提供了现实的必要性。人格权编草案自始至终都规定了人格权请求权条款,自二审稿开始将第778条的表述修改为“有权请求”承担民事责任,直接显示了请求权的性质。但与此同时,在第2款删去了“赔礼道歉”。赔礼道歉作为人格权侵权责任承担方式之一发挥着重要的作用,在性质上属于恢复原状,是人格权遭受侵害后的有效补救措施。这一责任承担方式不适用诉讼时效的规定亦早有共识。

《民法典》第995条系人格权请求权的一般规范,与之后的第996条的违约损害人格利益的精神损害赔偿请求权和第997条人格权“诉前禁令”共同构成了人格权请求权的一般规范体系,加上基于各具体人格权特性所生的人格权请求权,人格权请求权的整体构建基本完成。

理解上应注意,消除影响、恢复名誉、赔礼道歉请求权,其性质和停止侵害、排除妨碍、消除危险请求权相同。而且,依据当然解释方法,物权请求权尚且不适用诉讼时效,则人格权请求权,当然更不适用诉讼时效。因人格权本质上属于绝对权、对世权,除人格权权利人之外,任何人都是义务主体,都负有不得侵犯他人人格权的义务。如果人格权请求权受诉讼时效的限制,则必然影响对人格权的周全保护,间接将人格权等视于财产权,与现代民法发展趋势相悖。是故,应当区分人格权请求权是否含有财产利益内容进而决定是否适用诉讼时效之规范。而之后的第1000条则是侵权人拒不履行侵害人格权责任承担方式时的特殊规定,是对前文责任承担的一般方式的补充。此时,法院可以通过在报刊、网络等媒体上发布公告或者公布生效裁判文书恢复权利人的名誉,消除相应的影响,责令侵权人进行道歉等。但对于停止侵害、赔偿损失的民事责任恐难使用。

关于违约精神损害赔偿。传统民法以物权、债权等非人身权为核心构建民法架构。人的保护观念随着社会变迁以及人本主义思想的发展愈发得到重视。违约精神损害赔偿制度的确立已是发展趋势。德国法以诚信原则为基础派生出非财产性利益的保护义务,最终对违约损害赔偿予以肯定。第996条通过立法明确违约损害人格权益的可以要求精神损害赔偿实有必要。首先,损害赔偿制度意在填补损害。非财产损害自然亦属其列。若仅允许以侵权之诉加以救济,受害人必然面临举证要求高等不合理负担而丧失违约之诉所具有的便利。其次,已有一些肯认合同违约诉讼中主张精神损害赔偿的规范存在,如客运合同等。扩大违约精神损害赔偿制度的适用范围也是当然之举。再次,债法理论上对于债之内容扩张的关注,使得满足债权人精神利益的债之内容亦不断被肯定,从而为本制度自身存在的价值提供了参照。最后,违约精神损害赔偿制度的确立自然加强了对人格权人的全方位保护,体现了人文关怀。

在诉前禁令规则的实践运用上,应注意与知识产权诉前禁令规则适用的不同。人格权保护侧重对主体根本人格利益的维护,在适用上应重视对于诉前禁令实施的效率;而在知识产权的保护上,因错误实施该措施所导致的经济收益损失以及社会效益的减损属于法院在运用诉前禁令时必须考虑的因素。

6. 其他规定

《民法典》第 998 条规定了侵害精神性人格权认定上所应当考虑的因素,即"行为人和受害人的职业、影响范围、过错程度,以及行为的目的、方式、后果等因素"。本条规定的"认定行为人承担侵害……的民事责任"既包括民事责任的成立与否,也包括民事责任的承担。本条隐含着区分不同人格权益保护的思路。不同于其他权利,姓名权、肖像权的财产价值往往因人而异。如果只是侵害人格权的精神利益,责任的承担是不应该因职业、社会身份、社会影响范围等而有所区分的,但在侵害人格权的财产利益时,职业、社会身份、社会影响范围等因素往往会影响责任承担的大小甚至责任的成立与否。在民法上,民事责任的构成,是否区分故意和过失,行为人过错达到何种程度需要承担民事责任,因权利性质的不同而存在差异。在法律没有明确规定时,过错大小对于民事责任的承担不发生影响(第三人侵害债权等特殊的侵权行为,仅在行为人故意时才承担侵权责任)。人格权作为人之为人的基本权利,作为绝对权,不能因为他人的行为不存在过错就不构成对人格权的侵害。故而本条并未表述为"过错与否",而是"过错程度"。民事责任的构成,以要件成就为原则,不考虑目的、方式、时间、后果等具体情节。目的、方式、时间、后果更多的是责任承担时的综合考量因素。物质损害赔偿可能因为后果的不同而有所差异,但万不可能因目的、方式、地点、时间的不同而不同。只有出现精神损害赔偿时可能需要考虑目的、方式、地点、时间等因素。但这也只是责任成立后的责任承担问题。

第 999 条规定人格权的合理使用。前半句确认了人格权合理使用的目的,即为"实施新闻报道、舆论监督等行为"。人格权的合理使用构成对人格权的限制,纵使人格权在私权中的重要性无与伦比,但权利不可无限制。对人格权能的限制必须有正当且充足的理由,新闻报道、舆论监督等公共利益的需要构成这一理由。此外,对于本条前半句的两个"等"字在解释适用上应当谨慎。后半句规定使用不合理的民事责任,自不待言。

第 1001 条是身份权利参照适用人格权编关于人格权保护的规定。诸如离婚后未与未成年子女一同生活的一方父母之探望权,可参照本编人格权请求权的规范主张保护。本条统合了人身权的保护规范。

(二)生命权、身体权和健康权

《民法典》第 1002 条至第 1004 条简单点出了自然人享有三种物质性人格权,并未进一步阐述三种权利的具体含义。第 1002 条规定"自然人享有生命权,有权维护自己的生命安全和生命尊严。任何组织或者个人不得侵害他人的生命权"。如何理解"生命尊严"成为理解生命权丰富权能层次的关键。"生命尊严"彰显了民法对人之生命尊严性的注重,超脱了传统理论对生命权属"防御性权利"的界定。时代发展给法律概念注入了新的内核,生命权作为人之人格法益,理应因时而变。快速发展的现代社会,尤其是以人类基因重组、克隆人、体外受精等为代表的生命科技与安乐死技术的突飞猛进,既极大地更新了关于人之生命的社会价值理念,亦加重了科技权威性使人"物化"的倾向,对人之存在的根本问题产生难以估计的影响。为妥善回应现实的挑战,避免人沦为现代生命科技的附庸,须将人之生命尊严贯穿于人生的各个阶段,生命权的内涵应当由强调自然人生命的维系与安全流变为生命安全与生命尊严的并重,以彰显民法对人格尊严的保护。

身体权自仅具消极一面发展为兼具消极、积极的属性,反映了社会实践与社会观念的进步与发展。消极方面自然体现为身体权的不受侵犯与受保护权能,而其积极一面则表现在随着医学进步而产生的器官捐献、移植、人体试验等方面。身体权最重要的权利目标在于维护身体权人的身体完整,即从外观上看,身体组成部分完好无缺。《民法典》系统规定了涉及身体伦理的规范,如第 1006 条规定了人体组成部分及遗体的捐赠,第 1007 条规定了人体及遗体的买卖禁止,第 1008 条规制人体试验,第 1009 条回应"基因编辑婴儿"事件,为生命科技活动提供规范程序指引,第 1010 条规制性骚扰问题,第 1011 条保护人身自由。

《民法典》第 1004 条前半段规定自然人享有健康权,并将健康权的内容界定为"身心健康",即生理健康与心理健康两部分。自然人有权维护其生理健康与心理健康,保持其身心机能的正常运转。健康权与生命权、身体权一样,都具有自然权利的性质。但又与生命权、身体权相异,健康权没有明显的支配权性质。健康状况下降时,自然人有权寻求医疗救治,以恢复健康状况。自然人的健康权受到侵害或处于危难之时,负有法定救助义务的组织或者个人应当及时施救。当健康权受到不法侵害时,自然人有权在合理限度内寻求自力救济。若健康权已遭受他人侵害,则自然人有权请求行为人承担相应的民事责任。

最后,第 1005 条明确了负有法定救助义务的组织或个人应当及时救助生命权、身体权、健康权处于危难情形中的自然人。生命作为自然人之最高人格利益,理应受法律最严密的保护。而对身体权、健康权处于危难情形中的自然人怠于施救,极有可能会危及自然人的生命权,故本条将三者并列,以实现对人身安全的全面保障。

(三)姓名权和名称权

《民法典》第 1012 条规定姓名权的权能。广义上姓名的决定包括姓名的选取与姓名的变更;姓名之使用包括姓名人自己使用以及许可他人使用。自然人拥有姓名外的其他称谓,如笔名、艺名、网名等,涉及姓名权保护范围的问题。对于某些职业而言,为人所熟知的正是这些称谓。需要注意的是,这些称谓并不需要符合姓名的构造,可以适当超越一般姓名的长短且具有良好的识记性。《民法典》第 1017 条对于笔名等通称的保护规定了"足以致使公众混淆"的要件。对此,以姓名权保护笔名等通称需达到"混淆"的程度。[1]

《民法典》第 1014 条确认了"干涉、盗用、假冒"三种侵害他人姓名权的典型行为方式。姓名作为一种符号,其关键作用在于指代具体的对象,此为"同一性利益"的体现。在不引起混淆的情况下,他人的使用行为与本人无关。姓名的混淆大致可以分为识别混淆与商业利用混淆。只要侵权行为能够认定为有可能造成上述两种混淆,即能认定为侵害姓名权的行为。在姓名的选择、变更问题上,《民法典》仅有第 1015 条关于姓氏选取范围的规定以及第 1016 条笼统的姓名决定、变更权的宣示和登记程序要求。第 1015 条规定了父母姓氏作为通常情况下的姓氏决定范围,同时吸收了全国人大常委会《关于〈中华人民共和国民法通则〉第 99 条第 1 款、〈中华人民共和国婚姻法〉第 22 条的解释》之规定。"不违背公序良俗的其他正当理由"包括现实生活中大量出现的"返祖姓"需求,也包括原姓氏的含义随着时代的变化而变换为贬义含义等。

《民法典》第 1013 条前半句规定名称权的主体为法人及非法人组织,后半

---

[1] 此系对姓名权的内涵理解出现偏差。参见张红:《民法典之姓名权立法论》,载《河北法学》2019 年第 10 期。

句规定名称权的权能包括使用、变更、转让或者许可他人使用自己的名称。名称权的财产利益色彩浓厚,主要通过名称权的积极利用实现其中的经济价值。名称权的许可使用上,适用第 1023 条第 1 款的规定,参照适用肖像权的许可使用规范。

(四)肖像权

《民法典》第 1018 条第 2 款确认了肖像的定义。需注意之处,一则肖像非形象本身,而是载体之上的再现;二则肖像应具备“可识别性”,不能从中识别出特定自然人的非肖像;三则肖像并不局限于自然人面部,而是“外部形象”。基于肖像的特性,与肖像利益一样具有可识别性的人格利益可以类推肖像权的保护方法进行保护。具体而言包括美术形象(包括漫画形象)、游戏形象、表演形象、声音等。这些形象都具有识别出特定自然人的可能,故扩张肖像权的保护范围将其纳入进来加以保护能够有效维护自然人的人格利益,避免动辄寻求“一般人格权”的保护。无论何种形式,考察的重点在于:从其所呈现的形象中是否能够清晰辨认为某一特定人,且一般人可据此建立联系。《民法典》第 1023 条第 1 款规定其他人格利益的许可使用参照肖像权相关规定;第 2 款明确规定了“声音”利益参照肖像权保护的规定,未规定其他具有同样保护需求的人格利益参照适用,此类人格利益面临侵犯时,应当率先考虑肖像权的保护规则。

《民法典》第 1019 条体现肖像权的消极权能。首先,肖像权作为一项具体人格权,其保护的首要利益在于精神利益,肖像权人对其肖像真实、完整享有正当权益。由于肖像系一定载体之上的个人外部形象,故而不得加以“丑化、污损”。其次,针对自然人外部体征的捕捉技术愈发成熟,通过生物特征进行电子在线支付已经日常化。对此,强调通过信息技术手段深度伪造的方式侵害他人肖像权的行为具有时代的紧迫性与必要性。以该种方式侵害他人肖像权往往作为一种手段,追求其他违法目的,如骗取钱财等。而出于对肖像权人的精神利益保护,即便行为人通过信息技术手段伪造他人肖像并非出于侵犯任何人财产的目的,单纯出于娱乐等目的亦在禁止行为之列。《民法典》第 1019 条未规定侵害肖像权的“营利目的”要件。但“以营利为目的”在审判实践中仍具有重要的价值,为侵权责任范围大小以及具体责任承担方式确定依据。对于以非营利为目的肖像权侵权责任承担范围,该因素不发生作用。但在精神损害赔偿中,这一因素不能作为精神损害裁量的因素,因为精神损害赔偿是一种补偿,而非赔偿。否则将使公众人物与普通民众的赔偿数额产生的巨大差额,在精神人格的保护上有失公平。

《民法典》第1020条列举了肖像权合理使用的五种情形,即"为个人学习、艺术欣赏、课堂教学或者科学研究,在必要范围内使用肖像权人已经公开的肖像""为实施新闻报道,不可避免地制作、使用、公开肖像权人的肖像""为依法履行职责,国家机关在必要范围内制作、使用、公开肖像权人的肖像""为展示特定公共环境,不可避免地制作、使用、公开肖像权人的肖像""为维护公共利益或者肖像权人合法权益,制作、使用、公开肖像权人的肖像的其他行为"。为公共利益而合理使用他人肖像的其他情形亦豁免相应民事责任,但主张者需负举证责任。

《民法典》第1021条与第1022条分别规定了肖像许可使用合同中的"有利于肖像权人的解释规则"与特殊合同解除规定。此二者的理论基础皆侧重于肖像权人的保护,因为肖像许可合同仅牵涉肖像权的财产利益,而肖像权作为人格权之一种,其中精神利益系法律保护的重点。第1021条的有利解释规则是对一般合同解释规则的突破,其正当性基础在于保护肖像权的法政策需要,目的是采用特殊的解释方法排除作出不利于肖像权人的解释结果,维护利益平衡。第1022条第1款规定在合同期限不明时双方均享有合同解除权;第2款规定肖像权人的合同解除权。"正当理由"当然包括《合同法》第94条所列情形,此外欲运用这一规定,必须证明合同履行损及肖像权人人格尊严。对于明星等人的肖像许可合同,因其一般有专业团队为其审查合同,谈判能力与地位并不居于弱势,故在适用本条时应更为慎重,若未侵害其精神利益则不能随意解除合同。

(五)名誉权和荣誉权

《民法典》第1024条规定名誉权的主体为"民事主体",即非法人组织亦享有名誉权。法人、非法人组织的名誉主要是指信誉、生产能力、经营状况等因素。随着互联网的发展,虚拟世界中对网民的"社会评价"也是名誉的组成部分,理应为名誉权所保护。名誉感是自然人内心对于自己名誉评价的自我感受,是一种主观感觉。当外界的轻微言辞或行为对该自然人有所冒犯,势必会使这种自我感受有所变化,此时若以名誉感遭受侵害为由提起名誉权侵权之诉,将有碍于社会交往的正常进行以及司法活动的正常秩序。将其作为"其他人格利益"加以保护是更为妥适的选择。第1025条至第1027条规定了侵害名誉权的抗辩事由。名誉权的保护相较于其他人格权而言,具有更高的容忍义务,受到社会公众的言论自由权、对公共事务的舆论权等限制。其中,第1025条确认了"新闻报道""舆论监督",第1026条列举了"合理审查"的因素以及第1027条以不特定人为描述对象的文艺作品名誉侵权豁免。第1028条确认了权利人在报道失实侵害名誉权情况下的更正、删除请求权。这一规定是人格权请求权的细化,权利人能够及时请求更正、删除,最大限度地保护名誉利益不受损害。权利人行使此项权利时,不需要证明媒体已经构成侵权,更不需要证明其行为应当承担侵权责任,体现了人格权请求权契合人格权保护预防性的特点。

从《民法典》第1029条中尚不能解读出我国承认了独立的信用权作为一项具体人格权。从体系解释的角度来看,第1029条置于“名誉权和荣誉权”项下且第1024条第2款关于名誉的定义中明确写明“信用”,显然是将信用作为名誉的组成部分之一,名誉权的保护规范当然得适用于信用利益的保护。第1029条规定了民事主体查询信用评价以及要求更正、删除错误信用评价的权利,信用评价人及时纠正错误信用评价的义务。第1030条则规定信用信息的权利人与收集者、控制者的关系适用“个人信息保护”的有关规定。

《民法典》第1031条为荣誉权规范。第1款后半句表述了侵害荣誉权的两种方式。“非法剥夺他人的荣誉称号”主要针对的是荣誉的授予者,因为非授予者在事实上不可能剥夺他人的荣誉称号。“诋毁、贬损他人的荣誉”则不限主体。此为荣誉的受保护权能。本条第2款规定了未记载荣誉的记载请求权利以及错误记载的更正权利。

(六)隐私权和个人信息保护

隐私内涵的确定有两种模式:其一,价值判断模式;其二,具体列举模式。《民法典》第1032条第2款兼采两种模式。据此,隐私包括“私人生活安宁”与“不愿为他人知晓的私密空间、私密活动、私密信息”。从实践来看,侵害他人生活安宁利益的行为可类型化为“相邻关系滥用”“个人信息滥用”“错误告知”“不当维权”四种情况。私密空间是个人所欲保留的空间,或从公众生活中隐退而形成的私人空间范围,其既包括承载个人隐私的物理空间,还包括个人基于生存与发展的需要而与他人保持的心理距离或空间。私密活动是指那些具有私人性的,群体利益、公众利益之外的私人事务,是一种动态的隐私,因此可能会产生发展和变化,受到时间之影响,原本已经不是隐私的由于时间的经过又可能变成隐私。私密信息不同于个人信息。私密信息强调信息的“私”属性,即具有私人性质及强烈地主观排斥他人知晓的心理。而个人信息则侧重于强调自然人的识别。第1033条列举了五种具体的侵害隐私权的行为。

《民法典》第1034条至第1039条规定个人信息保护。个人信息的保护最初以隐私权加以保护,但互联网时代的到来以及大数据的发展,将个人信息作为一项独立的具体人格权加以保护更加符合当今的保护需求。第六章的标题为“隐私权和个人信息保护”,而非“隐私权和个人信息权”,故而本章个人信息保护规范仅仅将个人信息作为保护对象加以规定。个人信息权的属性是积极的人格权,个人对此享有自主决定的权利,包括公开、利用、共享等。任何民事主体未经允许而擅自窃取、买卖、非法提供或获取他人个人信息的,皆构成个人信息权之侵权行为。基于此,第1034条确认个人信息的主体与定义,第1035条确认了收集处理个人信息的"合法、正当、必要"原则以及告知细则,第1037条规定自然人对信息控制者的查阅、抄录以及更正、删除记载错误的个人信息的请求权,第1038条和第1039条则分别规定了信息控制者的保密消极义务与妥善保管的积极义务。

第三节　学术史:人格权变迁与中国民法方法

一、变动中的人格权

正如本章第一节所言,近现代的中国民法体系和民法学科是在继受外国法之基础上所形成的,人格权学说与理论之发展亦遵循此一轨迹,即引入和借鉴外国学说,结合本国实际予以本土化改造,进而形成我国的学说与理论。在此过程中,各种学说与观点相继被引入,互相冲击,人格权则在此种持续而激烈地争辩中变动不居。

(一)清末与民国时期人格权学说

人格权之法律理念最早是在清末由日本学者传入。是时世界范围内的人格权研究较为薄弱,德国立法、学说及实务上对人格权争议较大。德国的争论直接影响日本的民法研究,而我国的民法研究正处起步阶段,学说和理论多从日本直接引入,因此清末的人格权学说追随日本学者的见解,大致可分为三类:第一类观点认为,人格权是以人格为目的,或以人格保护的内容为标的的各种权利;第二类观点认为,人格权即为与人格始终而不可分离的权利;第三类观点将生命、身体、荣誉等皆视为维持人格所必需的法律上拟制的货物,人格权是支配这些法律货物的权利。其中,第二类观点进一步发展,将人身权设定为与财产权对立之假定名称,将人格权与身份权置于人身权之下,逐渐成为当时学界主流。此外,清末民初的理论界还存在一种反对将人格利益权利化的观点,如余棨昌先生,其反对将生命、身体、名誉等视为人格权,认为前述三类人格权肯定说观点乃"皮毛之见"。[1] 但此一观点并未被当时的立法和司法实务所重视,而逐渐式微。

---

〔1〕 余棨昌:《民法总则》,朝阳大学1920年版,第84页。

颇有意思的是,一直持人格权反对说的余棨昌先生,在其所起草的《民国民律草案》中不仅规定一般人格权,甚至还直接使用了“人格权”的概念。[1]

至1929年《中华民国民法典》始施行,其在第18条明确肯认人格权,学术界关于人格利益是否应权利化的争论得以尘埃落定,学者转而关注人格权这一法律概念的内涵与外延问题。在概念内涵研究方面,学者唐纪翔根据《中华民国民法典》第18条的规定及其立法理由,推导出人格权与人格之概念完全等同的结论。徐谦、吴学义、陈谨昆等学者认为,人格权保护只是人格保护的一方面,人格保护还包括权利能力、行为能力和自由的保护。胡元义先生则进一步指出,《中华民国民法典》中关于权利能力、行为能力和自由的规定是为了维持人格,关于人格权和姓名权的规定是为了保护人格。与前述四位学者人格权保护从属于人格保护的观点相反,有学者主张人格保护是人格权保护的一方面,如欧宗祐先生主张“能力”和“人格”的保护均为人格权保护的内容,《中华民国民法典》中第18条人格权之保护与第17条自由权之保护、第19条姓名权之保护之间是抽象规定与具体规定的关系。[2]

至于概念外延之研究,诸学者皆认为生命、身体、名誉等当属人格权的重要内容,其分歧主要存于以下三点:第一,身份、能力是否为人格权?第二,自由是否是人格权?第三,《中华民国民法典》中的姓名权保护与一般人格权保护关系若何?就第一点而言,肯定说为《大清民律草案》立法理由书所持观点,余棨昌先生复述之,然《中华民国民法典》出台后,学界主流观点转而支持否定说,即主张身份、能力非人格权之内容,仍坚持肯定说的只有唐纪翔、胡元义等少数学者。就第二点而言,依民国学界通说,自由为人格权的一种,不得抛弃亦不得侵害,反对意见则以梅仲协先生为代表,其主张自由不得抛弃是人格保护之内容,而非人格权的内容。[3] 就第三点而言,通说认为,《中华民国民法典》仿照《德国民法典》第12条和《瑞士民法典》第29条,在一般人格权之外特设姓名权保护,其理由有二:一是债编中一般侵权行为无姓名权保护之规定;二是姓名权与一般人格

---

[1] 俞江:《近代中国民法学中的私权理论》,北京大学出版社2003年版,第162－170页。

[2] 唐纪翔:《民法总则》,中国大学讲义,1943年版,第64－65页;徐谦:《民法总论》,上海法学编译社1933年初版,第88－89页;吴学义:《中国民法总论》,世界书局1934年初版,第48－49页;陈瑾昆:《民法通义总则》,朝阳大学1930年版,第72－73页;胡元义:《民法总则》,好望书店1934年初版,第140－142页;欧宗祐:《民法总则》,商务印书馆1933年版,第102－104页。以上资料均转引自俞江:《近代中国民法学中的私权理论》,北京大学出版社2003年版,第171－172页。

[3] 梅仲协:《民法要义》,中国政法大学出版社1998年版,第61页。

权的保护方法有所区别。对此,胡长清先生持不同观点,他认为《中华民国民法典》第184条第1项所言之权利专系财产权的观点是误读,该项作为一般侵权行为的规定,其应当包括姓名权保护之内容;在民国民法体系下,一般人格权与姓名权之保护均遵从一般侵权行为之规则,并无本质不同,因而无须分别规定。[1]

除人格权概念问题外,民国时期关于人格权的另一个争议焦点是侵害人格权行为的构成要件问题,即《中华民国民法典》第18条应作《瑞士民法典》式的以"不法"为要件的解释,还是作《德国民法典》式的以"过失"和"不法"为要件,抑或作《日本民法典》式的以"过失"为要件。于此,学界主要有三种观点。第一种观点以史尚宽先生为代表,认为根据《中华民国民法典》第18条的规定,侵害人格权的行为原则上不以"过失"或"不法"为要件,受害人可提起摒除侵害之诉;唯请求损害赔偿时,须按第184条一般侵权行为构成要件的规定,以侵害人有"过失"为前提。第二种观点以黄右昌先生为代表,其遵循德国民法的侵权行为理论,主张"过失"和"不法"均为人格权侵害行为的构成要件。第三种观点以李宜琛先生和龙显铭先生为代表,认为侵害人格权行为的构成要件的解释应遵从《瑞士民法典》的模式,即以"不法"为要件,但无须以"过失"为要件。[2] 三种观点相较而言,史尚宽先生的解释对《中华民国民法典》第18条可谓亦步亦趋,比较严格地按照法解释的方法解释第18条,从逻辑上看较为合理;黄右昌先生以"过失"和"不法"为构成要件的观点本身并没有问题,但其以该理论对《中华民国民法典》第18条进行解释较为牵强,说服力有限;而第三种观点更多仅是一种学理上的主张。因此,第一种观点在当时逐渐确立为学界通说,并为实务所接受。[3]

(二)我国当代人格权学说

中华人民共和国成立后,出于政治考虑,并没有继受民国时期的民法理论,转而全盘继受苏联的民法理论。在苏联的民法理论中,民法的调整对象只限于财产关系和与财产关系有关的人身非财产关系,人格权被排除在民法调整对象之外,加之政治运动的影响,因而在很长一段时间内,关于人格权的研究逐渐被忽略。

---

〔1〕 胡长清:《中国民法总论》,中国政法大学出版社1997年版,第87页。

〔2〕 史尚宽:《民法原论总则》,大东书局1946年初版,第67－68页;黄右昌:《民法诠解·总则编》,商务印书馆1947年版,第151－153页;李宜琛:《民法总则》,国立编译馆1947年版,第403－404页;龙显铭:《私法上人格权之保护》,中华书局1949年初版,第5页。以上资料均转引自俞江:《近代中国民法学中的私权理论》,北京大学出版社2003年版,第174－175页。

〔3〕 俞江:《近代中国民法学中的私权理论》,北京大学出版社2003年版,第174－180页。

改革开放后,民法研究开始向传统民法精神、理念回归。[1] 早期的人格权理论仍在一定程度上受到苏联理论的影响,尝试通过构建人格权制度与财产权制度之间关系的方式将人格权制度纳入民法的调整范围,其中较有代表性的是佟柔教授的观点,其将人身关系定义为"没有财产内容而具有人身属性的社会关系",肯认生命、健康、姓名、荣誉等具体人格权,并认为上述由具体人格权和知识产权所共同构成的人身关系虽然没有财产内容,但可以成为财产关系的前提。[2] 此外,这一时期人格权理论的另一个重要特点就是将人格关系视为人身关系的内容,与身份关系并列,换言之,人格权制度在这一时期仍未恢复其独立性。这一理论上的缺陷直接导致1986年颁布的《民法通则》将民法调整对象规定为财产关系和人身关系,并在人身关系部分将人格权与身份权一并规定。此种立法体例虽体现了对历史教训的反思和对时代潮流的顺应,在当时特定的历史背景下有显著的进步意义,但也为后来人格权理论的发展带来了曲折。[3]

1. 人格权制度在民法体系中的定位问题

原《民法通则》颁布后,围绕人格权在民法体系中地位问题,学界形成了两种截然相反的观点。第一种观点以魏振瀛、郑立、闵锋等学者为代表,主张按原《民法通则》之规定,将人格关系作为人身关系的一部分,由人身权的概念统辖人格权,而不赞成独立的人格权制度。然颇有意思的是,持此一观点的学者在论述人身权时,往往有意无意忽略身份权,而只对人格权加以讨论,如郑立教授认为人身权是"与权利主体的人身不可分离的、以特定的精神利益为内容的民事权利","它的内涵是一种精神利益,或称精神上的利益;它的外延是该种精神利益与权利主体的人身的不可分离性"。该定义在文义上已将身份权排除出人身权之范畴,人身权仅具人格权之含义。[4] 再如魏振瀛教授认为,侵犯人身权的行为具体表现是侵犯生命健康权、姓名权、肖像权、名誉权等,其所列举的均为人格权,而对身份权未有涉及。[5]

第二种观点以梁慧星、申政武、王利明等学者为代表,主张在民法体系中建立相对独立的人格权制度,但三位学者构造的实现路径却截然不同。梁慧星教授通过对原《民法通则》中的人身权制度进行抽丝剥茧式的分析,将知识产权、

---

〔1〕 何勤华、殷啸虎主编:《中华人民共和国民法史》,复旦大学出版社1999年版,第28页。

〔2〕 佟柔:《民法原理》,法律出版社1983年版,第13页。

〔3〕 徐国栋:《人格权制度历史沿革考》,载《法制与社会发展》2008年第1期。

〔4〕 郑立:《关于人身权概念的思考》,载《法律学习与研究》1990年第2期。

〔5〕 魏振瀛:《侵犯人身权的民事责任》,载《法学杂志》1988年第1期。

家庭关系中的身份权从人身权制度中排除出去，使得人身权制度与人格权制度完全等同，从而实现人格权制度的独立。[1] 申政武教授从侵权行为法的角度，将人格利益定义为权利主体在身体和精神方面的自由和完整性，并与人身利益，财产利益进行辨析，从而主张借鉴西方现代侵权行为法，将人格权确立为与财产权、人身权并列的基本权利。[2] 王利明教授则认为，人格权是财产权享有的前提，财产权是人格充分自由发展的基础和外在动力，其将人格权视为与财产权并列的一种权利类型，同时主张我国应在原《民法通则》既已规定数项具体人格权的基础上，建立一般人格权制度以促使人格权制度的独立和日趋完善。[3]

随着实务中人格权问题的逐渐凸显和人格权理论的发展，主张人格权制度独立的观点逐渐成为学界主流，但在原《民法通则》相关规定未进行修改的前提下，主张人身关系统辖人格关系的理论仍有其市场，因而时至今日，关于人格权在民法体系中地位的争论亦难言已有定论。

2. 一般人格权的确立及其权利主体问题

从人格权制度的历史演进看，在民法对人格权这一概念加以确认和保护后，经过一定时间的发展，方产生一般人格权的概念。我国人格权的发展亦遵循这一演变轨迹。原《民法通则》中关于人身权的规定在实质上是对具体人格权的肯认，但遗憾的是，其并未设立一般人格权的概念。由此，学界开始对一般人格权及其立法展开探讨。王利明教授是较早关注一般人格权的学者，他在《人格权法新论》中，对我国法律语境下的一般人格权概念进行界定，并系统阐释建立一般人格权制度的意义、一般人格权保护方式与具体人格权类推保护方式的比较以及公民、法人一般人格权的具体内容，构建起我国一般人格权的理论框架。[4] 杨立新教授认为，我国《宪法》、原《民法通则》和《未成年人保护法》、《残疾人保障法》等法律中关于人格尊严的规定，是确认一般人格权的法律依据，应视为我国已确立一般人格权及其法律保护制度，而并非像王利明教授所说的我国尚无一般人格权的立法，因而实务中可依据一般人格权确认原《民法通则》没有确认的具体人格权，用精神损害赔偿的方法，救济侵害一般人格权的行为。[5]

---

〔1〕 梁慧星：《中国人身权制度》，载《中国法学》1989 年第 5 期。

〔2〕 申政武：《论人格权及人格损害的赔偿》，载《中国社会科学》1990 年第 2 期。

〔3〕 王利明：《人格权法新论》，吉林人民出版社 1994 年版，第 162、217 页；姚辉：《创建中国的人格权法理论——简评王利明教授主编的〈人格权法新论〉》，载《中国法学》1995 年第 2 期。

〔4〕 王利明：《人格权法新论》，吉林人民出版社 1994 年版，第 162 页；姚辉：《创建中国的人格权法理论——简评王利明教授主编的〈人格权法新论〉》，载《中国法学》1995 年第 2 期。

〔5〕 杨立新、尹艳：《论一般人格权及其民法保护》，载《河北法学》1995 年第 2 期。

尹田教授则认为,一般人格权由具体人格权抽象而来,是司法裁判为顺应时代潮流对立法的超越和突破,具有解释、创造和补充立法上明定的特别人格权的功能,因而应确立一般人格权。[1] 与上述学者的观点相对,薛军副教授认为,我国民法理论对于一般人格权的种种立法构想,很大程度上是源于对德国的一般人格权概念的错误理解。在德国民法体系中,一般人格权是一种"框架性权利",其设定是为了适用《德国民法典》第823条第1款关于侵权法的保护范围的规定而做的特殊处理,实质是借"权利"外衣,表达人格权法益应受保护的法律原则。我国并不存在德国式的侵权法保护范围限制问题,因而没有必要建立一般人格权制度,应采由具体人格权构成的多元模式。[2] 总体观之,主张建立一般人格权制度的观点已成为学界主流,反对的声音较为微弱。

关于一般人格权的主体,争议焦点主要集中在法人是否应具一般人格权。持肯定论的学者认为,法人应当与自然人一样,具有一般人格权。王利明教授认为,法人的一般人格权具体包括法人的意志自由与人格尊严,其他机关、团体或个人干涉法人的意志自由即侵犯法人的一般人格权,而法人的人格尊严作为法人的一般人格权是法人的基本权利。[3] 杨立新教授认为,法人一般人格权的内容与自然人一般人格权的内容基本相同,包括人格独立、人格自由和人格尊严三大利益。[4] 马俊驹教授和余延满教授以各国人格权立法演变趋势为依据,认为从某种意义上说,法人的人格权已经开始逐步实现从个别人格权到一般人格权的转变,法人的人格权被侵害,虽不可主张精神损害赔偿,但一定条件下可主张非财产损害赔偿。[5] 持反对论的学者认为,法人本身只是法律的拟制产物,不可同自然人一样享有一般人格权。尹田教授认为,一般人格权的民法价值在于对人类的自由与尊严的尊重与保护,而法人人格纯为法律满足经济生活需要而进行的法律技术构造,因而一般人格权仅适用于自然人而不适用于法人。尹教授进一步从伦理性的因素考虑,认为团体人格既无社会政治性,亦无伦理性,法人的名称权、荣誉权等权利无精神利益,实质上是一种财产权,且不具专属性,因

---

[1] 尹田:《论一般人格权》,载《法律科学》2002年第4期。

[2] 薛军:《揭开"一般人格权"的面纱——兼论比较法研究中的"体系意识"》,载《比较法研究》2008年第5期;薛军:《人格权的两种基本理论模式与中国的人格权立法》,载《法商研究》2004年第4期。

[3] 王利明:《人格权法新论》,吉林人民出版社1994年版,第40页。

[4] 杨立新:《人身权法论》,中国检察出版社1995年版,第694页。

[5] 马俊驹、余延满:《试论法人人格权及其民法保护》,载《法制与社会发展》1995年第4期。

而法人不具有人格权。[1] 叶金强教授则认为,王利明教授和杨立新教授的观点混淆了一般人格权制度与作为具体人格权上位概念的人格权概念。民法以对人的终极关怀为己任,法人相比于自然人只是手段,其尊严与自然人的尊严是无法相类比的,并且各国一般人格权法律制度均针对自然人而言,因而一般人格权制度不可适用于法人。[2] 目前在该问题上,学界尚未形成较有说服力的通说,有待通过进一步的研究和讨论以及司法实践的检验以确定适合我国的一般人格权主体范围。

3. 人格权的性质问题

人格权的性质问题是人格权研究的基本问题之一。人格权的性质,概而言之,即人格权作为一种权利所具有的属性。作为近代法律理论与实践发展的产物,人格权并非传统民法权利体系中的内容,并且相比于其他权利,其在权利构造模式、伦理价值方面均具特殊性。由此,即产生了人格权的性质究竟是什么的问题。我国学界在此一问题上存在不同的看法,归纳起来主要有以下三种:

(1)人格权的性质为宪法权利。该种学说以尹田教授为代表,认为人格在历史上一直是公法上的概念,民法的任务仅在于用产生损害赔偿之债权的方式对人格权予以私法领域的法律保护,民法关于人格权的规定不过是为了实现宪法权利的民法保护而已。近代以来出现的人格权私权化的倾向是对缘于狭隘的法律实证主义观念的误读,现代社会人格权的发展和一般人格权的创制,已表明私权化的人格权从观念上向宪法权利回归的历史趋势。[3] 李永军教授亦倾向于此种观点,他认为,无论从自然法的角度,还是实证主义的视角,人格权都不是民法所赋予的权利。在实证主义的框架下,对人格权的赋予和宣示,应当是宪法的使命。[4]

(2)人格权的性质为民法权利,该学说目前为我国学界通说。多数学者持该种观点,如王利明教授和杨立新教授,即认为人格权是人身权的一种,本质上应是民法上的权利而不是公法上的权利,这不仅因为人格权是民法中的一项重要制度,各项具体人格权是由民法确认的,而且是因为只有成为民事权利,对人

〔1〕 尹田:《论一般人格权》,载《法律科学》2002 年第 4 期;尹田:《论法人人格权》,载《法学研究》2004 年第 4 期。

〔2〕 叶金强:《一般人格权制度初论》,载《南京大学法学评论》1999 年春季号。

〔3〕 尹田:《论人格权的本质——兼论我国民法草案关于人格权的规定》,载《法学研究》2003 年第 4 期。

〔4〕 李永军:《论我国人格权的立法模式》,载《当代法学》2005 年第 6 期。

格权的侵害才构成侵权行为,受害人才有可能获得损害赔偿的救济。[1] 马俊驹教授认为,人格权不同于人格或权利能力,尽管其与传统民事权利的内涵有所区别,但其是以人的伦理价值外在化为前提,以自身的要素为客体,属于支配权和绝对权的范畴,因而应是一种民事权利。[2]

(3)人格权的性质为双重权利,即人格权既是民法权利,又是宪法权利。该学说是我国新近兴起的一种学说,以龙卫球等学者为代表。龙卫球教授认为,人格权是一种私法权利,但应当突破狭隘的民法实证主义思维,在民法未及立法之时,以宪法上具有双重功能的基本权利条款作为私法的规范援引,以解决私法中的人格关系冲突。[3] 笔者亦认为,人格权是一种新的宪法权利,应将私法上的人格权借助宪法中的基本权利概括条款升华为基本权利,以具对抗国家权力之防御功能。[4]

就上述三种学说而言,纯粹的宪法权利说的支持者较少,且在人格权民事立法如火如荼展开的时代大背景下,日渐式微,因而确定人格权的性质为民法权利应无太大疑问,现在的问题在于,人格权除了是民法权利外,是否还是一种宪法权利?尽管双重权利说在理论和实践中均不乏支持者,[5] 且与民法权利说不存在本质上的冲突,但其要获得广泛的认可和支持,还有待进理论的进一步完善。

4. 人格权的立法体例问题

当代我国法学界关于人格权的问题中争议最大的,当属人格权的立法体例问题。立法体例是人格权立法的基础,只有确定了合适的立法体例,之前争论的问题与结果才有可能通过立法加以反映和实现。当前,我国学界在人格权立法体例上主要存在三种思路:

(1)人格权单独规定说。这种学说认为,人格权是民事主体的基本权利,与财产权相比,人格权具有同等甚至更高、更重要的地位。在民法中,民事权利分为两大类,就是人身权利和财产权利,两种权利的价值和地位应当是同等的,或

[1] 王利明、杨立新主编:《人格权与新闻侵权》,中国方正出版社 2010 年版,第 22 - 23 页。

[2] 马俊驹:《关于人格权基础理论问题的探讨》,载《法学杂志》2007 年第 5 期;马俊驹:《论作为私法上权利的人格权》,载《法学》2005 年第 12 期。

[3] 龙卫球:《论自然人人格权及其当代进路考察——兼论民法实证主义与宪法秩序》,载《清华法学》2002 年第 2 期。

[4] 张红:《一项新的宪法上基本权利——人格权》,载《法商研究》2012 年第 1 期。

[5] 如"齐玉苓受教育权被侵害案",判决即将宪法中的受教育权解释为一般人格权进行适用。理论上自人格权发展史上进行考察,说明"人格权基本化"的成果参见石佳友:《人权与人格权的关系——从人格权独立成编出发》,载《法学评论》2017 年第 6 期;石佳友:《人格权立法的历史演进及其趋势》,载《中国政法大学学报》2018 年第 4 期。

者人身权利的价值高于财产权利。原《民法通则》已给予人身权以独立的地位,此种立场必须坚持。而从民法典制定的角度看,人格权制度既不能为主体制度所涵盖,也不能为侵权行为法所替代,将其独立成编是丰富与完善民法典体系的需要,符合民法典体系结构的内在逻辑,也是人格权自身发展的需要。因此,应通过制定《人格权法》或在未来的中国民法典中设立专门的人格权编。[1] 持该种观点的学者主要有王利明、杨立新、马俊驹、张翔、薛军、张民安、孟勤国等,目前已成为学界的主流观点,2002 年出台的官方民法典草案人格权部分即遵照此种体例进行立法。

(2)民事主体部分规定说。这种学说认为,人格权单独规定的主张不可取,原因在于以往的民事立法没有先例,将人格权单独规定,在内容上会与侵权行为法相冲突,两者之间的关系不好处理。因此,应当在民法典民事主体部分中规定人格权,但在具体的规定方式上,该学说内部又分为三种不同的意见:第一种意见以尹田教授为代表,主张人格权与主体不能分离,它不是一种与物权、债权、知识产权并列的权利,应在民法典"自然人"一章中专设"自然人人格保护"一节,从"保护"之角度出发而非从"设权"之角度出发,对一般人格权和各具体人格权作出规定。[2] 第二种意见以梁慧星教授为代表,认为人格权是自然人的民事主体资格的题中应有之义,人格、人格权与自然人本身不可分离,人格权在民法典中单独成编,条文畸少,会损害民法典的形式美,因此,人格权应在民法典总则的"自然人"一章以"权利保护"的方式规定人格权。[3] 由中国社会科学院法学研究所起草的《中国民法典草案建议稿》即采此种立法体例。第三种意见以徐国栋教授为代表,主张用人的"主体性要素"的概念(指人之所以作为人的要素或

[1] 张民安:《人格权在民法典当中的独立地位:人格权为何应当在我国民法典当中独立设编》,中山大学出版社 2019 年版;孟勤国:《论人格权的伦理价值》,载《财经法学》2019 年第 4 期;孟勤国:《人格权独立成编是中国民法典的不二选择》,载《东方法学》2017 年第 6 期;王利明:《论人格权独立成编的理由》,载《法学评论》2017 年第 6 期;杨立新:《对民法典规定人格权法重大争论的理性思考》,载《中国法律评论》2016 年第 1 期;马俊驹、张翔:《人格权的理论基础及其立法体例》,载《法学研究》2004 年第 6 期;薛军:《人格权的两种基本理论模式与中国的人格权立法》,载《法商研究》2004 年第 4 期。

[2] 尹田:《论人格权独立成编的技术障碍》,载《政法论丛》2016 年第 1 期;尹田:《人格权独立成编的再批评》,载《比较法研究》2015 年第 6 期;尹田:《论人格权的本质——兼论我国民法草案关于人格权的规定》,载《法学研究》2003 年第 4 期。

[3] 梁慧星:《民法典编纂中的重大争论——兼评全国人大常委会法工委两个民法典人格权编草案》,载《甘肃政法学院学报》2018 年第 3 期;梁慧星:《中国民法典中不能设置人格权编》,载《中州学刊》2016 年第 2 期;梁慧星:《当前民法典编纂的第三条思路》,载梁慧星主编:《民商法论丛》第 21 卷,法律出版社 2001 年版,第 170－184 页。

条件)来涵盖人格、人格权以及与它们相关的问题,以纯化“人法”的主体法特性,因而在立法上应将人格权的规定纳入人法之中,用类似《瑞士民法典》“人格法”的上位概念来解决人格和人格权同规定于民事主体制度中的矛盾。[1] 徐国栋教授牵头起草的《绿色民法典草案》即采该种立法体例。

(3)侵权行为法规定说。该种学说以李永军教授为代表,认为人格权不是实证法上的权利,而是人之为人的本质属性在民法上的反映与保护,不应由民法肩负赋权的使命。在民法中,人的属性应当定位于保护而非支配,对人格权的保护可通过侵权行为法规定不受侵犯和侵犯后的民事责任实现,而不是罗列一系列权利。[2] 此种观点实质上是部分借鉴了《德国民法典》的做法,在节省篇幅、避免重复和增加司法实践的灵活性方面有一定的积极意义,但从国内学界的态度看,该观点的支持者较少,多数学者已放弃类似主张。[3]

5. 人格权独立成编的分歧

诚如前言,在对民法应否规定人格权规范的观点分歧渐次统合后,如何落实民法典人格权规范成为学界主要争点。此为立法技术之争,最为激烈者,在于人格权应否独立成编。分歧双方围绕着如何理解“人格权与人格的本质联系”、“人格权与其他民事权利本质区别”、“人格权客体为何”以及“人格权主体的有限性与积极权能”等纯粹学术意见展开,这些理论上的分歧恰好反映了当代人格权学说的发展历程。对于上述人格权基础理论问题的不同回答,直接影响了学者们对待人格权编的态度。然而,一种新的观点横空出世,即“政治风险说”。有论者认为,由于仅有乌克兰的民法典中将人格权独立成编,而乌克兰的社会经济发展陷于困境,甚至发生了“颜色革命”,故而中国民法典不能效法于此,否则将会产生政治风险。

对此,有学者撰文专门驳斥。[4] 首先,《乌克兰民法典》将人格权独立成编的命题不准确。该法典于第2卷规定“自然人的人身非财产权”,包括“结社自由权”等宪法性权利。他国民法典缘何规定宪法基础权利姑且不论,中国民法

---

〔1〕 徐国栋:《两种民法典起草思路:新人文主义对物文主义》,载徐国栋主编:《中国民法典起草思路论战》,中国政法大学出版社2001年版, 第175页。

〔2〕 李永军:《论我国人格权的立法模式》,载《当代法学》2005年第6期。也有学者认为应当在民法典中分别规定人格权的确认与保护,参见柳经纬:《民法典编纂中的人格权立法问题》,载《中国政法大学学报》2018年第6期。

〔3〕 杨立新:《中国人格权法立法报告》,知识产权出版社2005年版,第10页。

〔4〕 杨立新:《对民法典规定人格权法重大争论的理性思考》,载《中国法律评论》2016年第1期;石冠彬:《人格权独立成编争论评述》,载《中国政法大学学报》2018年第4期。

典中规定的各项人格权均属私权利。因此，担忧由此而生政治风险并无根据。其次，基于我国民法典编纂史与中国学者人格权研究历程可知，我国学者提出人格权独立成编的观点与《民法典》官方草案公布在先，所谓“人格权独立成编”的《乌克兰民法典》在后，故而不存在效法乌克兰的问题。最后，乌克兰“颜色革命”发生于20世纪末，彼时尚无《乌克兰民法典》，遑论人格权独立成编所致。而后，提出“政治风险说”的学者以“自卫权”为由重倡此说，试图为该说添加新的注脚。其大概内容如下：民法典人格权编草案中“自然人……有权维护自己的生命安全/身体完整和行动自由/身心健康”的表述实际上规定了一项新的权利，这项权利系不属于民事权利的特别权利，即“自然人用自己的力量保护自己的生命身体和健康的权利”。论者进一步认为人格权编草案规定如是权利颠覆了现代法治国家“禁止私力救济”的基本原则，将会诱发如同乌克兰“颜色革命”一样的政治风险。此种理由显然是过度解读《民法典》中的有关内容。众所周知，民法为私法，民法典中规定的内容规范平等主体间的人身与财产关系。既然要将上述内容解读为非民事权利性质的“自卫权”，论证义务自然由主张一方所承担。然而，从民法典中解读出非民事权利的权利本身就是悖论。再者，现代社会只禁止血亲复仇性质的私力救济，并不禁止依法进行的自力救济，此亦为基本常识。[1] 因此，“自卫权”的说法难以成立。至此，“政治风险说”并无理据。[2]

二、法律漏洞填补与法官造法

任何法律体系都会存在法律漏洞；由于不能时时立法、修法，故良法之治向来承认法官拥有填补法律漏洞的造法权限。法律漏洞填补是法解释学的重要任务，是法律发展的体现。法律漏洞的发现首先来自法官内心基本公平正义观念的评价，而这种公平正义观又来自对整个法律体系所承载价值的感应和把握。法律漏洞填补的两项基本方法是案例比较和类推适用。中国是继受法国家，当出现法律漏洞时，法官应首先探寻的是比较法上类似案件如何裁判，而不是一味查找比较法条文如何规定，因为别国法典条文我们无法适用，但别国法院的裁判理由与论证思路确是我们是可以借鉴的。条文比较是比较法的基础形式，案例比较是比较法的高级样态。通过案例比较，我们寻求到的是理论依据和论证方法。但是法治又必须是依法之治，裁判必须要有现制上的实在法依据，故类推解

〔1〕 孟勤国：《学术争论应是蓝天净土》，载何家弘主编：《法学家茶座》第49辑，山东人民出版社2018年版，第130页。

〔2〕 杨立新：《民法典规定生命维护权为生命权内容的正确性——兼与否定民法典人格权编的主张商榷》，载《东方法学》2020年第4期。

释类似问题的法律规定来适用于缺乏规范调整的案件乃是漏洞填补的必要途径,如此亦使得外国判例的理论能有本国现制的依托而转换成本国裁判理由。

从比较法上看,法律漏洞填补皆为一国最高法院的任务与专利,方式大多是通过个案裁判而实现,这是由最高法院的地位、任务与实力决定的,中国也不例外。但中国的最高人民法院有其特殊性:(1)四级法院、二审终审、以标的额确定一审法院,使得最高人民法院一般不审理具体案件,其丧失了就许多重大法制发展通过个案发表权威主张的机会。(2)中国法律体系不完整,民事立法尚为粗糙,最高人民法院获得了独特的、甚至超越立法权的司法解释权,而这又使得最高人民法院一定程度上充当了立法者的角色,反而使其忽视了裁判上法律漏洞填补方法的自觉与反省,而这又恰恰是一国法制发展的重要且必要的手段。个案创制规则的缺失导致司法裁判论证思路混乱,理由不充分、不透明亦不透彻,法学研究也失去了重要的批判标本,实务与学说脱离了。因此,主张通过最高人民法院的个案裁判来填补法律漏洞应该是一个符合法制发展一般规律的方案。

但是,我们不能为此要求而修改我国现有的审级制,因为这牵涉面太广,制度成本难以承受。我们也不能为此而要求废止最高人民法院的司法解释权,因为其在相当长一段时间还会有其存在的必要性。因此,在现行体制下合理利用现制当为可行之道。具言之,应承认、鼓励下级法院就法律漏洞大胆类推适用,发挥最广大法官的主观能动性,调动其参与法制发展建设的积极性,而不是一味以法无规定拒绝受理疑难案件。实际上,我国众多基层法院就法制发展的诸多问题已经作出了许多有创造性的判决。[1] 与此同时,最高人民法院再利用其审判委员会遴选下级法院层报上来的具有法制创新、漏洞填补意义的案例,经过修改加工,再由《最高人民法院公报》予以发布,代表最高人民法院就特定案件的见解,进而指导全国类似案件的审判。如此累积到一定程度,聚个案而成类型,再在适当的时候借司法解释或立法、修法而将其以成文法的形式固定下来,形成稳固的统一法制。[2] 在这一过程中,学说不断对《最高人民法院公报》案件的判决理由和裁判思路进行检讨、斧正,以推动其朝着科学、理性的方向发展,学说与

---

〔1〕 例如,自 1985 年以来,《最高人民法院公报》共发布 14 个名誉权案件,其中有 9 个案件是初级法院一审法院裁判的,这些一审法院的裁判理由和结果基本上都得到了最高法院审判委员会的肯定。

〔2〕 关于最高人民法院统一行使司法解释权的论证,参见张红:《民事裁判中的宪法适用——从裁判法理、法释义学和法政策角度考证》,载《比较法研究》2009 年第 4 期。

实务对话的平台得以构建，相得益彰共同推动法制的创新和发展。

(一) 死者人格精神利益保护

迄今为止，《最高人民法院公报》一共公布三例关于死者人格精神利益保护的案例，分别是：1992 年第 2 期刊载的《陈秀琴诉魏锡林、〈今晚报〉社侵害名誉权纠纷案》(以下简称"荷花女案")，1998 年第 1 期刊载的《李林诉〈新生界〉杂志社、何建明侵害名誉权纠纷案》(以下简称"李四光案") 和 2002 年第 6 期刊载的《彭家惠诉〈中国故事〉杂志社名誉权纠纷案》(以下简称"彭家珍案")。

在"荷花女案"中，最高人民法院认为死者吉文贞仍有名誉权，此为直接保护死者权利的"直接说"立场。而一审、二审法院的判决则采"直接说"与"间接说"的混合立场——死者和原告皆有名誉权，都因被告诽谤而遭名誉受损，皆应保护。在该案中，最高人民法院与下级人民法院在立场上出现了分歧，其"直接说"的观点并未得到贯彻，并招致学界的反对。魏振瀛教授认为，根据我国公民通常的观念，死者名誉的好坏，往往影响到对其近亲属的评价；其近亲属也会因死者名誉受损而感到气愤、痛苦、不安，因此与其说对死者的名誉需要民法保护，不如说死者近亲属的名誉权或利益需要受到法律保护。[1] 该观点实质为保护死者近亲属名誉权的"间接说"。孙加锋认为，依法保护死者的名誉，既是社会利益的需要，也是死者自身的需要，但死者的名誉保护不能通过赋予死者以名誉权的方式实现，最高人民法院在"荷花女案"中死者仍享有名誉权的观点并不符合法理，死者名誉保护可适当参考胎儿利益保护的方式，由法律明文规定，在名誉等方面，死者视同生存，享有准名誉权，其名誉不容损害。[2] 陈信勇教授认为，对死者名誉的保护，其实质是对死者生命痕迹 (在生前表现为各项民事权利的客体) 的保护，应赋予死者亲属、一定的社会组织和行政机关以保护死者生命痕迹的权利。既有的"死者仍享有名誉权"的观点有悖法理，而"死者享有准名誉权"的观点既不符合法理，也缺乏可操纵性。[3] 王利明、杨立新两位教授则指出，死者不是民事权利主体，不能享有名誉权，但死者的名誉可体现为一种利益，并应受到法律保护，这不仅是死者自身利益的需要，而且是社会利益的需要。[4] 麻昌华教授对此提出不同意见，他认为对死者名誉的保护，保护的是死者生存亲

---

〔1〕 魏振瀛：《侵害名誉权的认定》，载《中外法学》1990 年第 1 期。持类似观点的还有张新宝教授，参见张新宝：《名誉权的法律保护》，中国政法大学出版社 1997 年版，第 36 - 37 页。

〔2〕 孙加锋：《依法保护死者名誉的原因与方式》，载《法律科学》1991 年第 3 期。

〔3〕 陈信勇：《论对死者生命痕迹的法律保护——兼与孙加锋同志商榷》，载《法律科学》1992 年第 3 期。

〔4〕 王利明、杨立新主编：《人格权与新闻侵权》，中国方正出版社 1995 年版，第 344 - 349 页。

属的本体权利——名誉权和名誉继承权,而不是对死者人身权的延伸保护或死者拥有的延续法益的保护;保护的目的不是死者名誉的维护,而是维护生者的利益和社会的利益。[1]

受学说观点的影响,最高人民法院在死者人格精神利益保护问题上的立场开始转变。1993 年最高人民法院发布《名誉权解答》,其中第 5 条规定:“死者名誉受到损害的,其近亲属有权向人民法院起诉。”其表述已由“荷花女案”中的“死者名誉权”改为“死者名誉”。随后,在“李四光案”中,二审法院将一审法院“李四光的名誉权”之表述改为“李四光的名誉”,并肯认一审法院关于李四光名誉受损、并导致原告(李四光女儿)精神痛苦、原告有权获得精神损害赔偿的判决,表明最高人民法院既持“直接说”的立场,又持“间接说”的立场,总体上是一种“混合说”的立场。而至《精神损害赔偿解释》(2001 年)第 3 条规定:“自然人死亡后, 其近亲属因下列行为遭受精神痛苦,向人民法院起诉请求精神损害赔偿的,人民法院应当依法予以受理……”该条采“近亲属遭受精神痛苦”的提法,表明了鲜明的“间接说”立场。但在随后《最高人民法院公报》公布的“彭家珍案”中,二审法院认定侵权人侵害了死者的名誉权,而未对死者近亲属的名誉权或人格利益造成侵害,其立场又重回“直接说”。由此,学界展开新的反思与探讨。

梁慧星教授认为,所谓侵害死者名誉,包括三种情形:第一种,仅造成死者的社会评价降低,而与生者无关,此种情形仅侵害死者名誉,因死者人格已不存在,不可能成为权利主体,因而不构成人格权的侵权行为;第二种,因侵害死者的名誉而导致死者遗属的名誉受损害,此种情形已构成对死者遗属人格权的侵害,当然构成侵权行为,但受害人系生者而非死者;第三种,侵害死者名誉并不对死者遗属的名誉造成损害,但损及遗属对死者的敬爱追慕之情,此种情形因降低死者的社会评价致损及遗属对先人的敬爱追慕之情,此对先人的感情亦属于人格利益而应受保护,应允许遗属以侵害死者名誉为由诉请损害赔偿及停止侵害。[2]葛云松教授在魏振瀛、梁慧星、张新宝等学者观点的基础上进行进一步的探讨,认为死者不具有权利能力,法律无须对死者的人格利益进行独立保护;损及死者的名誉,有可能构成侵害死者近亲属的名誉权或者人格尊严,死者近亲属可以为了保护自己的人格权而获得法律救济;而对于死者其他的人格利益,最高人民法

[1] 麻昌华:《论死者名誉的法律保护——兼与杨立新诸先生商榷》,载《法商研究》1996 年第 6 期。

[2] 梁慧星:《民法总论》,法律出版社 2001 年版,第 132 页。

院司法解释所持死者近亲属基于自己的权利受到侵害而提出请求的精神是正确的,但只有在侵害死者近亲属名誉权和人格尊严的情况下,才能够主张侵权。[1] 刘国涛教授补充了葛云松教授的观点,其以"利益关联说"为理论基础,认为死者人格利益是其近亲属人格利益的组成部分,死者的人格利益,应通过近亲属的人格权反射、间接保护。[2] 王全弟教授认为,侵害死者人格精神利益的行为侵害了近亲属对死者美好情感的法律上利益,也是对社会道德情感和善良风俗的损害,对死者人格精神利益的保护既是保护近亲属,也是对属于社会公共利益的公共信念的一种保护。近亲属对死者美好情感的法律上利益,可通过原《侵权责任法》第 2 条的民事权益扩大解释实现,在不存在近亲属时出于社会公共利益考虑,特定情形下可由国家公权力机关行使诉权。[3] 笔者亦曾在对最高人民法院的司法解释和案例演变进行总结和分析的基础上,提出自己的观点:我国应坚持"间接说",将现行主流的"近亲属利益说"向前推进一步,改为"近亲属人格权说",以原《民法通则》第 106 条第 2 款作为死者人格精神利益的保护依据,原告范围增加"其他与死者关系密切的人",并设置保护期限的限制。[4]

(二)名誉权保护

侵害名誉权这一类型的案件是《最高人民法院公报》中出现频率最高的人格权类型案件,自 1985 年以来,《最高人民法院公报》共公布名誉权案件 16 起。以下,笔者将选取其中部分比较有影响的案例及学界对这些案例判决理由和裁判思路的研究,进行简要的介绍和梳理。

1. 侵害法人名誉权不适用精神损害赔偿

原《民法通则》第 120 条规定:"公民的姓名权、肖像权、名誉权、荣誉权受到侵害的,有权要求停止侵害、恢复名誉、消除影响、赔礼道歉,并可以要求赔偿损失。法人的名称权、名誉权、荣誉权受到侵害的适用前款规定。"原《民法通则》施行后不久,《最高人民法院公报》即公布了两例关于侵害法人名誉权的案例,分别是:1988 年第 1 期刊载的《上海新亚医用橡胶厂诉武进医疗用品厂损害法人名誉权纠纷案》(以下简称"上海新亚案"),1990 年第 2 期刊载的《康达医疗

---

[1] 葛云松:《死者生前人格利益的民法保护》,载《比较法研究》2002 年第 4 期。

[2] 刘国涛:《死者生前人格利益民法保护的法理基础——读〈死者生前人格利益的民法保护〉后的再思考》,载《比较法研究》2004 年第 4 期。

[3] 王全弟、李挺:《论死者精神人格利益的民法保护》,载《法治研究》2011 年第 11 期。韩世远教授亦主张公权力机关在特定情形下行使诉权的观点,参见张娜、韩世远:《作者、新闻出版单位与死者名誉保护》,载《法律适用》2008 年第 10 期。

[4] 张红:《死者人格精神利益保护——案例比较与法官造法》,载《法商研究》2010 年第 4 期。

保健用品公司诉西北工商报社、陕西省医疗器械公司侵害法人名誉纠纷案》(以下简称“康达案”)。这两例案例判决都有一个共同的特点,即法院均不承认法人有精神损害,更否认法人在名誉权受侵害时有精神损害赔偿请求权。

对此,余延满教授指出,精神是人脑特有的产物,法人作为法律上拟制的人不可能产生精神损害;原《民法通则》第120条并未确立精神损害赔偿制度,应将其中的“赔偿损失”解释为“如造成财产损害的,并可以要求赔偿损失”,因而自然人和法人适用精神损害赔偿均无法律依据。[1] 针对这一问题,《名誉权解答》中指出:“公民、法人因名誉权受到侵害要求赔偿的,侵权人应当赔偿侵权行为造成的经济损失;公民并提出精神损害赔偿要求的,人民法院可根据侵权人的过错程度、侵权行为的具体情节、给受害人造成精神损害的后果等情况酌定。”根据上述案例和司法解释,马俊驹教授认为,应承认法人的人格权,但精神损害赔偿只适用于自然人,而不适用于法人,但法人可以主张非财产损害赔偿,立法应当肯认法人一定范围的非财产损害可用金钱赔偿。[2] 这一主张亦在后来的实务中得到认可。

2. 名誉权的“膨胀”与“瘦身”

我国名誉权在20多年的发展过程,可以形象地说,是一个“膨胀”的过程,再加上一个“瘦身”过程。[3] 这一过程,尤其是名誉权“膨胀”的过程,从《最高人民法院公报》中的案例可以清晰地看出。学者以《最高人民法院公报》早期公布的名誉权案例为依据,对名誉权的过度膨胀问题提出了自己的看法。如前述“上海新亚案”,王利明教授认为,该案被告对原告的经济能力进行诋毁宣传,破坏了公众对原告产品质量的信赖,损害了原告的信用,违反了《反不正当竞争法》第14条,侵害了原告的法人信用权;名誉权本身包含了信誉权的内容,我国民法没有信用权的概念,只得将信用权概念的内容吸收在名誉权当中,导致名誉权内容膨胀,超出本身的应有含义。[4] 杨立新教授认为,本案被告是以不正当的方式侵害企业法人的信用权,对这种侵权行为认定为侵害名誉权,显系采取间接保护方式,这种保护方式不足以保护民事主体的信用权,必须采用直接保护方

---

〔1〕 余延满:《我国〈民法通则〉并未规定精神损害制度——〈民法通则〉第120条新解》,载《法学评论》1992年第3期。

〔2〕 马俊驹、余延满:《试论法人人格权及其民法保护》,载《法制与社会发展》1995年第4期。

〔3〕 王利明、杨立新主编:《人格权与新闻侵权》,中国方正出版社2010年版,第341页。

〔4〕 王利明:《中国民法案例与学理研究·总则篇》,法律出版社1998年版,第152-154页;王利明、杨立新主编:《人格权与新闻侵权》,中国方正出版社2010年版,第342页。

式。[1] 张新宝教授认为，尽管我国法律将法人的名誉权与公民的名誉权采用相同的法律规范加以保护，但法人没有情感只有利益使然，因而对其名誉采取不同的法律规范加以调整更为妥当，可使用侵害“商誉”纠纷的法律规则处理法人的“名誉权”案件。[2] 程合红主张，该案是司法实践中不分名誉权、商誉权和信用权，将本应属于商誉权和信用权纠纷的案件按照名誉权案件处理的表现，人格权应适应人格商品化等市场经济活动的需要，形成不同于传统人格权制度和观点的商事人格权。[3] 又如刊载于1993年第1期的《倪培璐、王颖诉中国国际贸易中心侵害名誉权纠纷案》（以下简称“倪培璐案”），判决依据原《民法通则》第101条，明确使用人格尊严的概念，并认为问话和搜身会导致当事人社会评价的下降，因而是侵害名誉权的行为。杨立新教授认为，人格尊严这一概念应当是一般人格权的内容。原《民法通则》在规定名誉权这一概念的时候，实际上就包含了一般人格权的内容，这就导致名誉权内容的膨胀。[4] 沈建峰认为，虽然人民法院没有明确提出被告的行为侵害了原告的人身自由，但判决间接认可了人身自由这种法益，其实质可视为司法对一般人格权的保护。[5] 此外，原《民法通则》没有规定隐私权，后来最高人民法院的司法解释认为隐私权需要加以保护，于是将隐私权保护的内容强加给名誉权，这也是导致名誉权膨胀的重要原因。[6]

随着我国名誉权制度的不断发展成熟以及学者的推动，名誉权开始了“瘦身运动”，具体表现在以下三个方面：第一，自《消费者权益保护法》始，把人格尊严这样一个一般人格权的概念从名誉权中分离出来，让其真正成为一般人格权的核心内容；第二，最高人民法院关于确定民事侵权精神损害赔偿责任的司法解释确立了独立的隐私权保护方法，从而将隐私权从名誉权中分离出来；第三，在民法典草案中，立法机关采纳学者的研究成果和建议，将信用权单独规定，以实现信用权与名誉权的分离。[7]

3. 名誉权保护与新闻侵权

新闻侵权指利用报纸、杂志、广播电台、电视台、新闻电影等大众传播工具对

---

〔1〕 杨立新：《人格权法》，中国法制出版社2006年版，第263－265页。
〔2〕 张新宝、康长庆：《名誉权案件审理的情况、问题及对策》，载《现代法学》1997年第3期。
〔3〕 程合红：《商事人格权——人格权的商业利用与保护》，载《政法论坛》2000年第5期。
〔4〕 杨立新：《人格权法》，中国法制出版社2006年版，第233页。
〔5〕 沈建峰：《论我国司法实践中的一般人格权制度》，载《法律适用》2009年第8期。
〔6〕 王利明、杨立新主编：《人格权与新闻侵权》，中国方正出版社2010年版，第341页。
〔7〕 王利明、杨立新主编：《人格权与新闻侵权》，中国方正出版社2010年版，第344－345页。

新近发生的事实的报道行为。介于小说在侵权构成要件、责任后果方面与新闻侵权基本相同,我国司法实践通常将小说侵权归到新闻侵权之中。[1] 1985 年至今,《最高人民法院公报》中关于名誉权保护与新闻侵权的案例共有 9 例,分别是:1989 年第 2 期刊载的《王发英诉刘真及〈女子文学〉等四家杂志侵害名誉权纠纷案》(以下简称"王发英案"),1990 年第 2 期刊载的"康达案",1990 年第 2 期刊载的"荷花女案",1990 年第 4 期刊载的《徐良诉〈上海文化艺术报〉、赵伟昌侵害名誉权纠纷案》(以下简称"徐良案"),1992 年第 2 期刊载的《胡骥超、周孔昭、石述成诉刘守忠、遵义晚报社侵害名誉权纠纷案》(以下简称"胡骥超案"),1998 年第 1 期刊载的"李四光案",2002 年第 6 期刊载的"彭家珍案",2003 年第 2 期刊载的《余一中诉新闻出版报社侵害名誉权纠纷案》(以下简称"余一中案")以及 2007 年第 2 期刊载的《李海峰等诉叶集公安分局、安徽电视台等侵犯名誉权、肖像权纠纷案》(以下简称"李海峰案")。

1989 ~ 1992 年,最高人民法院在公报中连续刊载了 5 个有关新闻侵害名誉权的案件,并于 1993 年发布《名誉权解答》,对新闻侵害名誉权案件的相关问题加以规定,可见这一时期新闻自由与名誉权保护的冲突已成为司法领域的热点问题。对此,学界主要从两个维度对这一问题加以研究:新闻侵权[2]的构成要件和新闻自由与名誉权的优先保护选择。

在新闻侵权的构成要件方面,王利明教授与杨立新教授结合公报案例,进行了系统而深入的研究,并形成《人格权与新闻侵权》的著作。他们认为,新闻侵权的权利主体是受害人及已死亡的受害人的近亲属,但不包括"其他直接关系者",义务主体为新闻单位和作者;新闻侵权的客体原则上适用原《民法通则》第 120 条,即姓名权、肖像权、名誉权、荣誉权以及司法解释所确认的隐私权,但实践中通常将名誉权作广义的扩张解释,将其他客体包括在内;在行为方式方面,新闻侵权主要包括写作与发表、编辑与出版,其应以作为的方式进行,其侵权的类型参照最高人民法院的司法解释,可分为以下四种类型:(1)侮辱;(2)诽谤;(3)公然丑化他人人格;(4)宣扬他人隐私。在具体审判中,应遵循以下标准:(1)利用新闻报道的方式,故意写作、编辑、发表、出版侵权新闻;(2)作者、编辑选材、写作、审查核实不严,造成新闻失实,侵害他人名誉权等人格权;(3)擅自

---

[1] 王利明、杨立新主编:《人格权与新闻侵权》,中国方正出版社 2010 年版,第 446 - 447 页。

[2] 张新宝教授反对使用"新闻侵权"这一概念,但其主要是针对在侵权责任法中规定单独的新闻侵权类型而言,并非反对学理上的新闻侵权概念及其相关研究,因此,本书仍采"新闻侵权"这一概念进行论述。参见张新宝:《"新闻(媒体)侵权"否认说》,载《中国法学》2008 年第 6 期。

公布、揭载他人隐私;(4)写作、编辑、发表的新闻事实基本真实,但文中有侮辱、诽谤人格的言辞,足以造成人格损害的。[1] 郭明瑞教授认为,新闻是否侵害他人名誉权应根据主客观两方面的标准确定。所谓主观标准,是指看报道者主观上有无损害他人名誉的过错,有无损害他人名誉的动机或目的。如果作者对自己所作的事实报道未经查证核实,则应认定为有过失;如果作者有意以损害他人名誉为目的或有损害他人名誉的动机而作报道,则应认定为有故意。所谓客观标准,是指所传播的内容客观上与事实是否相符。如果传播的内容与事实不符,也就是所报道的"事实"与客观事实有着实质性的差异,则可构成侵权。所传播的内容与客观事实基本相符,只是在某一具体情节上有一定出入,而这一出入又不影响事实的性质的,不为与事实不符。[2] 新闻学者张西明教授则认为,新闻媒体侵害名誉权行为的具体构成要件可归纳为以下四个方面:(1)发表具有侵害名誉权内容的新闻报道;(2)被损害名誉者能够被受众指认;(3)新闻报道中有损害名誉性质的内容;(4)行为人对其实施违法的新闻行为和损害结果的发生持有一种故意或过失的心理状态。[3] 此后,随着新闻侵权案件理论研究的深入与实践的丰富,新闻界与法学界对新闻侵权纠纷的构成要件基本达成了共识:(1)行为人借助大众传播媒体发表了有损公民或者法人人格权利的侵权文章;(2)被报道的公民或者法人确实有人格权利遭受损失的事实;(3)侵权文章与人格权利损失之间有一定的因果关系;(4)新闻媒体或者新闻记者主观上有一定的过错。以上四个要件同时具备,才能确定新闻媒体或者新闻记者侵犯了公民或者法人的人格权利,才构成新闻官司的立案标准。[4]

关于新闻侵害名誉权的构成要件,近年来学界亦出现一些不同的意见,例如,笔者运用法释义学的方法对公报上的案例加以研究,认为新闻言论应分为事实与意见,二者的区分是规则建立的基础。对于事实,真实是基础性要求,但真实并非一定不诽谤,不真实也不一定必然诽谤,表面的、片面的真实事实暗示虚假事实亦可构成诽谤。合理查证是判断事实是否诽谤的基本标准,我国不宜引进真实恶意原则。对于意见,应坚持合理评论原则。善意地针对可受公评事项发表言论不构成侮辱,侮辱不必然导致名誉受损。以事实为基础的评论应将合

---

〔1〕 王利明、杨立新主编:《人格权与新闻侵权》,中国方正出版社 2010 年版,第 481 页;杨立新:《新闻侵权问题的再思考》,载《中南政法学院学报》1994 年第 1 期。

〔2〕 郭明瑞:《论名誉权侵害构成的若干问题》,载《烟台大学学报(哲学社会科学版)》1992 年第 4 期。

〔3〕 张西明:《关于新闻侵害公民名誉权行为的研究》,载《新闻与传播研究》1995 年第 3 期。

〔4〕 王军:《我国新闻侵权纠纷现状、对策及研究回顾》,载《法学杂志》2006 年第 3 期。

理查证与合理评论相结合,评论的空间应尽量宽广。[1]

基本明确新闻侵害名誉权案件的构成要件后,学界又在此基础上进行了一些延伸性和拓展性的研究。例如,杨立新教授提出了构建中国新闻侵权抗辩体系与具体规则的设想,将新闻抗辩定性为事实抗辩和法律抗辩,构成新闻抗辩的事由必须具备对抗性要件、客观性要件和正当性要件,具体而言,新闻侵权抗辩事由体系由完全抗辩事由和不完全抗辩事由构成,完全抗辩事由包括事实基本真实、权威消息来源、连续报道、报道特许发言、公正评论、满足公众知情权、公众人物、批评公权力机关、公共利益目的、新闻性、受害人承诺、为本人利益或者第三人利益、"对号入座"、报道、批评的对象不特定、配图与内容无关和配图与内容有关等情形,不完全抗辩事由包括已尽审查义务、已经更正、道歉、如实报道、转载、推测事实与传闻、读者来信、来电和直播、文责自负等情形。但是,明知事实虚假或者放任事实是否真实、公布诽谤性谣言、不具有新闻侵权抗辩目的或者违反新闻侵权抗辩目的、超过新闻侵权抗辩的必要界限以及同时公布不具有新闻侵权抗辩事由的相关诽谤等事项则构成新闻侵权抗辩的滥用,应承担相应的法律责任。[2] 同样就新闻侵权抗辩事由的问题,郭卫华与常鹏翱则认为,新闻侵权抗辩事由具有规范指引功能和价值宣示功能,其标准主要有两种,即可靠的信息来源与具有新闻价值。其中,可靠的信息来源包括受害人提供或同意和权威的信息来源两种情形,具有新闻价值包括新闻报道符合社会公共利益和新闻报道符合公众兴趣两种情形。[3] 在众多学者的推动下,一个包括构成要件、抗辩事由等要素的完整的新闻侵权理论体系逐渐成形。新闻侵权虽然未能在原《侵权责任法》作为一种独立的侵权类型获得认可,但此种理论的不断完善对实务的发展起到了至关重要的作用,这从近年来公报中新闻侵害名誉权案件的减少和裁判思路的清晰与规范可见一斑。

在新闻自由与名誉权的优先保护选择方面,学界存在一定的争议,主要有三种不同的观点。第一种观点以朱苏力教授为代表,主张在言论自由与人身权保护之间进行制度性的权利配置,初始权利应配置给言论者,言论自由具有一种逻辑上的先在。当言论自由与人身权进行配置产生权利的冲突时,两个权利之间

---

〔1〕 张红:《事实陈述、意见表达与公益性言论保护——最高法院 1993 年〈名誉权问题解答〉第 8 条之检讨》,载《法律科学》2010 年第 3 期。

〔2〕 杨立新:《论中国新闻侵权抗辩及体系与具体规则》,载《河南省政法管理干部学院学报》2008 年第 5 期。

〔3〕 郭卫华、常鹏翱:《论新闻侵权的抗辩事由》,载《法学》2002 年第 5 期。

无法找到一个互不侵犯的界限,应当优先保护言论自由的权利。[1] 王利明教授亦持与朱苏力教授相近的观点,认为法律在两种法益冲突的情况下,向一种法益倾斜是必不可少的。从我国的实际情况出发,当人格权与言论自由(新闻自由与舆论监督)的权利之间发生冲突时,应对言论自由(新闻自由与舆论监督)的权利优先保护。[2] 第二种观点以杨立新教授为代表,主张人格权是绝对权,任何人都负有维护他人人格权的义务,禁止非法侵害。当行使新闻自由的权利与保护人格权发生冲突的时候,法律应毫不犹豫地选择后者,禁止新闻自由权利的滥用,并以国家的强制力保障民事主体的人格权。[3] 第三种观点以梁治平教授、关今华教授为代表,主张采取个案衡平的权利配置方式处理言论自由与人格权的冲突。梁治平教授认为,处理名誉权诉讼的正确办法不是先验地确定何种权利当然地具有优先性,而是在法律的价值体系的整体框架下,仔细考察特定案件中言论的性质、目的以及名誉权主张的内容等相关要素,最后根据特定价值在社会生活中的相对重要性,对权利保护的优先性作出权衡和判断。[4] 关今华教授认为,言论自由与人身权是两种同等重要的法律权利,不存在主次之分和何者优先问题,言论自由优先配置不符合我国国情。在案件处理中,对言论自由权利与人格权的冲突,应运用权利制约机制进行权利均衡,并侧重对弱者的保护,不宜多用权利制约的手段解决纠纷。[5] 除上述三种观点之外,学界还存在一种跳出权利冲突的模式处理名誉权诉讼的观点,此一观点以汪庆华为代表,认为中国媒体的坚持舆论导向的任务以及较为严格的新闻管制决定了中国的新闻无法代表言论自由,因而处理新闻侵害名誉权案件不应去考虑如何实现言论自由与名誉权之间的平衡,而是从非常技术性的角度入手,由完善名誉侵权的基本要件尝试建立一个相对比较完整的名誉侵权的体系。[6]

颇有意思的是,当前第三种观点为学术界主流观点,但实务界更倾向于按照

---

〔1〕 朱苏力:《〈秋菊打官司〉案、邱氏鼠药案和言论自由》,载《法学研究》1996 年第 3 期。尽管朱苏力教授的《〈秋菊打官司〉案、邱氏鼠药案和言论自由》一文未直接引用和评论公报中的案例,但其所引用的《秋菊打官司》案、邱氏鼠药案与公报中的新闻侵害名誉权的案例较为相似,将其视为对公报案例的检讨并无不可。

〔2〕 王利明:《论人格权保护与舆论监督的相互关系》,载《法学家》1994 年第 5 期。

〔3〕 杨立新:《新闻侵权问题的再思考》,载《中南政法学院学报》1994 年第 1 期。

〔4〕 梁治平:《名誉权与言论自由:宣科案中的是非与轻重》,载《中国法学》2006 年第 2 期。

〔5〕 关今华:《权利冲突的制约、均衡和言论自由优先配置质疑——也论〈秋菊打官司〉案、邱氏鼠药案与言论自由〉》,载《法学研究》2000 年第 3 期。

〔6〕 汪庆华:《名誉权、言论自由与宪法抗辩》,载《政法论坛》2008 年第 2 期。

侵害名誉权的构成要件加以评判,并以构成要件作为主要的裁判理由。[1] 如何在该问题上将学术研究与实务工作相结合,进而找到合适的解决之道,推动理论与实践相得益彰地发展,值得学术界与实务界深思。

(三)人格权保护中的宪法适用

人格权作为一种宪法规定的基本权利,体现着人的基本尊严和价值。民事裁判须贯彻基本权利保护宗旨,妥善解释适用基本权利规范,并以此补充民事立法不足,来保护人民基本权利。然而当前在我国的民事裁判中,对人格权的保护几乎都是通过民事权利规范实现,而对宪法基本权利规范适用几乎无章可循。在最高人民法院所公布的涉及人格权保护的案例中,共有三个案例在裁判中适用了宪法基本权利规范,分别是:1989 年第 1 期刊载的《张连起、张国莉诉张学珍损害赔偿纠纷案》(以下简称"张连起案"),1989 年第 2 期刊载的"王发英案"和 2001 年第 5 期刊载的《齐玉苓诉陈晓琪等以侵犯姓名权的手段侵犯宪法保护的公民受教育的基本权利纠纷案》(以下简称"齐玉苓案")。[2]

"张连起案"是"我国法院采用合宪性解释方法的第一个判例"。[3] 在该案中,当时法律、法规并未有明文禁止当事人约定"工伤概不负责"之类免责条款的规定,且法律对于一般格式条款之规定亦属阙如,但如果认定"工伤概不负责"条款有效,则显然有违社会正义。因此,审理法院根据最高人民法院(88)民他字第 1 号批复,直接引用《宪法》中关于劳动权的规定,认为"工伤概不负责"条款违反法律和社会主义公德而无效,即直接引用宪法来否认法律行为之效力。随后不久,《最高人民法院公报》又公布了另一起适用宪法权利规范的民事案件,即"王发英案"。但与"张连起案"略有不同的是,"王发英案"所涉及的名誉权问题在原《民法通则》第 101 条已有明确规定,但审理法院同时以《宪法》和原《民法通则》第 101 条为依据作出判决。由此,人格权保护中的宪法适用问题开始引起学界的关注。

---

〔1〕 有学者择取了 7 件 1990 年至 1999 年报请最高人民法院批复的新闻侵害名誉权案件,发现最高人民法院对案件的处理并没有依赖法益衡量,而是着眼于侵权要件构成。参见熊静波:《利益衡量抑或要件思考——名誉权与表达自由冲突的解决之道》,载《法学论坛》2011 年第 6 期。

〔2〕 一般人格权包括人身自由权和人格尊严权,人身自由权包括行为自由和意志自由,侵犯教育权和劳动权均可视为侵犯意志自由,即教育权和劳动权是具有人格利益的基本权利,因而侵犯教育权和劳动权的案件可视为侵犯人格权的案件。张红:《论一般人格权作为基本权利之保护手段——以"齐玉苓案"的再检讨为中心》,载《法商研究》2009 年第 4 期。

〔3〕 梁慧星:《最高法院关于受教育权案的法释〔2001〕25 号批复评析》,载中国民商法律网 http://www.civillaw.com.cn/article/default.asp?id=25254,2009 年 3 月 1 日访问。

王振民教授是较早注意到人格权保护中宪法适用问题的学者,[1]其在《我国宪法可否进入诉讼》一文中指出,我国《宪法》不能进入诉讼,是因为最高人民法院两个批复所造成的误解,其没有任何宪法的、法律的、政策的、领导人讲话的依据。“张连起案”和“王发英案”是有限适用宪法但依具体法律判案的典型,但其仍处于“于法无据”的“非法”状态。考虑到《宪法》本身的司法效力和内容的可诉性,以及宪法在整个法律体系和法制进程中的重要性与不可替代性,应当建立我国的宪法诉讼制度,使《宪法》明确进入诉讼或成立专门的宪法诉讼机构专“司”宪法。[2] 由该观点推及,宪法中关于人格权的规定在诉讼中可直接适用。王学栋教授亦持与王振民教授相类似的观点,认为“张连起案”和“王发英案”都是我国宪法的司法适用性的司法实践,但判决没有注明和引用宪法的具体条款,而是对宪法条款作了笼统性、变通性的规定,且法院在作出判决时往往不是仅仅依据宪法,而是要找一个具体法律一并进行,略显牵强,因而有必要建立规范而完整的宪法司法适用制度。[3] 两位教授的观点基本可以代表早期人格权保护中宪法适用问题的主流观点,即主张人格权保护中宪法规范可直接适用。[4]

2001 年以后,人格权保护中的宪法适用问题的研究进入了新的阶段,学者们围绕宪法可否进行司法适用这一主题进行了激烈而深入的讨论。与此同时,这一阶段学者的研究成果吸收借鉴了国外的先进理论,相较于早期的研究,体现出一种多元化的特征,各种理论的交锋令人叹为观止。理论虽多,但究其核心观点——宪法权利规范能否直接适用于诉讼,不外乎两种观点:赞成说和否定说。

综观我国学界目前的研究,居于主流的学说多为赞成说,例如,蔡定剑教授认为,我国宪法中存在大量的直接适用私人关系的条款,宪法直接通过司法适用于私法应采取“严格掌握,有限适用”的原则,《宪法》中直接适用于司法的条款应限定在关于人格权、公民社会经济文化权利等内容的条款,并应遵循间接适用原则和尊重具体法律原则,王磊教授最早提出“宪法司法化”的概念,他认为,宪法可以调整私法关系,其具有强制力和规范性,具有与其他法律一样的法律属性,应在法院得到适用。

虽然多数学者赞同肯定说,但学界对该说亦不乏强有力的质疑,即否定说,

---

[1] 王振民教授在《我国宪法可否进入诉讼》一文中,运用宪法学理论对“张连起案”和“王发英案”进行了分析,该部分研究内容的实质即为人格权保护中的宪法适用问题。

[2] 王振民:《我国宪法可否进入诉讼》,载《法商研究》1999 年第 5 期。

[3] 王学栋:《论我国宪法的司法适用性》,载《山东大学学报(哲学社会科学版)》2000 年第 3 期。

[4] 除王振民、王学栋两位教授外,还有许多学者支持人格权保护中的宪法司法化观点,如王利明教授、李龙教授等,但因其表述未提及“张连起案”或“王发英案”,此处不详加论述。

这一学说以强世功、童之伟等学者为代表。强世功教授指出,“齐玉苓案”所体现的实质只是司法判断。应当从法律解释学的立场出发,考虑宪法可进行司法适用的主张本身是不是具有宪法上的依据。从这个意义上讲,“宪法不是法”,不能直接进入民事判决当中。童之伟教授则认为,现行宪法从来没有任何规定曾由司法机关作为裁判依据合法地适用过,宪法适用司法化的路径背离现行宪法,“齐玉苓案”只是个别法院违宪违法的证据。我国应当以现行宪法为基础确立理性的宪法适用观念,应该走最高国家权力机关立法适用和监督适用的路径,法院在审判中不得以《宪法》直接作为裁决依据。

综上可见,一方面,人格权的性质问题逐渐为理论界所重视,即人格权是私法权利还是宪法权利。另一方面,以人格尊严、人身自由等为内容的一般人格权研究逐渐兴起,并将其作为解决人格权保护中的宪法适用问题的一种可行之道。如何在明确人格权性质的基础上,建立妥当的人格权保护的宪法适用规则,当是今后我国人格权研究的一个较有意义的研究课题。

第四节　本 章 总 结

历史是人类文明的记忆,记忆是社会进步的力量。急遽中国,一百年总嫌太长,抖落一地的都是记忆的苔藓:煌煌国运相逢文弱书生,从此点燃国耻和炮火也浇不灭的薪火文明——都是挖也挖不尽的故纸堆,埋着越擦越亮的理想种子。[1] 百年中国人格权法正是走过了这样一条泥泞之路。在此,我们有必要借用杨立新教授的一段话,来表明中国人格权法百年之维研究之意义:

> 人格权法,是当代民法极为重要的组成部分。民法就是人法,就是权利法。而在人的所有的民事权利中,以人的自己的人格利益为客体的人格权,是其中最重要的权利,对于维护人的独立地位、独立人格和尊严,具有极为重要的意义。目前,我国民法典的起草工作已经进入了最为重要和最为关键的时刻,总结人格权法的司法经验,加强人格权法的立法研究,就具有非常重要的意义。这关系到我国究竟应当制定一部怎么样的民法典、民法典将人格权法究竟放到什么样的地位,国家法律对人格权究竟要保护到什么

〔1〕 杨梅菊:《百年清华的世界坐标》,载《国际先驱导报》2011 年 4 月 27 日。

样的程度的问题。[1]

今日之中国,人的主体意识正逐步苏醒,人的自身价值逐渐被人们所重视,人格权法作为保护人格利益的法律,理应在这一过程中发挥重要的作用,这也是衡量中国的法律文明乃至于整个中华文明能否达到新高度的文化标志。中国人格权法学的发展肩负重要的历史使命。

回顾中国人格权法一百年来的发展,虽历经曲折,但近三十年来,其发展趋势良好。《中华民国民法典》的制定,使得在一个缺乏形式理性民法传统的古老帝国全面移植了西方民法,第一次在古老的东方大地上以规范的法律形式确立了人格权。其最深刻的意义在于,使中国的民众开始正视人自身的价值,人的主体意识被唤醒。中华人民共和国成立之后的前 30 年,人的自身价值被漠视,个体意识受到压制,加之民法成为治国理政基本工具的观念未被执政者所接受,人格权法的发展遭遇重大挫折,人格权被肆意践踏。这清楚地告诉我们,人格权法在保护公民合法权益、塑造和谐市民社会与良性国家政治中的重要作用不可或缺。1978 年改革开放至今,社会活力得到极大释放,社会改革获得空前成就。在这样的背景下,人们对于人之所以为人的基本权利的渴求异常迫切。与此同时,由于权利缺乏制约,滥用权利侵犯人格权的现象层出不穷。由此,人格权逐渐获得重视,在原《民法通则》、原《侵权责任法》中得到体现,并作为《民法典》中重要的一部分进行较为全面、系统的立法,这无疑是我国人格权法发展的巨大成就。

更让人欣喜的是,改革开放以来我国人格权法的发展呈现法学家主导以及理论与司法实践相互促进的特征。从当前人格权法可能的立法趋势看,我们似乎又看到了 20 世纪之初曾经的曙光。回顾 1911 ~ 1949 年的两部民法草案和一部民法典,它们皆可谓出自著名法学家之手。事实证明,民法典由于其注重体系性及逻辑性的特点,由于其具有诸多专业的概念和术语,它确实是法学家的法,需要科学理性的立法,而非民粹式的突进与表决。[2] 但是,法律作为一种社会规范,实施效果无疑是对其评价的最为重要的标准。一部好的法律,绝不仅仅是凭法学家们的冥思苦想就能够造出来的,还必须通过实践的检验与修正才能逐渐臻至完善。搭建学术界与实务界的交流平台,实现理论与实践的互动,是我国人格权法发展的必由之路。

---

〔1〕 杨立新:《中国人格权立法报告》,知识产权出版社 2005 年版,“前言”。

〔2〕 张新宝、张红:《中国民法百年变迁》,载《中国社会科学》2011 年第 6 期。

对于中国人格权法百年的回顾,我们没有马勇先生在《1911 年中国大革命》一书对辛亥革命全新解释的勇气,[1]但我们已然深刻认识到了正如钱穆先生所言的一个道理,创剧痛深之际,幡然悔悟,“一棒一条痕,一掴一掌血,必有渊然而思,憬然而悟,揪然而悲,奋然而起者”。[2] 经历了巨大阵痛之后的中国人格权法,虽依然面临新着挑战,但一定会继续前行;承载着千百民法学人梦想的人格权法已在《民法典》中占有一席之地,其必将为实现中华民族的伟大复兴贡献力量。

---

〔1〕 该书全新解读 1911 年中国大革命,重构这场大革命来龙去脉,以期读懂中国革命,读懂中国民主,读懂中国未来。该书认为,1911 年中国大革命体现了中国独有智慧,不战而屈人之兵;一个拥有深厚历史智慧的民族,总会用温情和敬意看待一个王朝的潇洒隐退。参见马勇:《1911 年中国大革命》,社科文献出版社 2011 年版,特别是第一章“革命改良二重唱”和第二章“构建现代政治文明”。

〔2〕 钱穆:《国史大纲》(上册),商务印书馆 1996 年版,“引论”第 31 页。

第三章 人格权之权利属性：私法权利与宪法权利的统一

第一节 本章问题

关于人格权权利本质属性的争论，在我国学术界的讨论已久。[1] 对此问题讨论的焦点在于，人格权究竟是宪法上的基本权利，还是私法上的民事权利。就目前研究现状观之，学界对此问题的研究路径多依赖于历史的解释，致力于从历史发展的先后顺序来证明究竟其为私法权利，抑或宪法权利。不可否认，此种正本清源的历史梳理必不可少，但如果缺乏对现行法上的实际运作的实证研究，则很难达到堂窥奥妙的境地。究其缘由在于，纯粹的权利属性争论并不能直接解决实际问题，而实践中的运作或许已经为我们的理论研究打开了一扇窗户。

在“齐玉苓案”中，被告陈晓琪冒名顶替原告齐玉苓就读于济宁商校后并就业，原告起诉被告侵害其受教育权。一审判决认定：“齐玉苓主张的受教育权，属于公民一般人格权范畴。它是公民丰富和发展自身人格的自由权利。”[2] 该表述特色显著，但却鲜有关注，其将民法未规定的、宪法上基本权利——受教育权解释为一般人格权，使民法上一般人格权成为宪法上基本权利的民法保护手段。此与 1954 年德国在“读者来信案”（Leserbrief）[3] 中运用《德国民法典》第 823 条第 1 款中的“其他权利”保护其《德国基本法》第 1 条第 1 款的“人格尊严”和第 2 条第 1 款的“人格自由发展”两项基本权利的做法不谋而合。那么，究有何种宪法上基本权利可通过民法上一般人格权得到民法保护？在解释学上应如何确定我国法制上（一般）人格权之请求权基础（Anspruchgrundlage）？

此外，从比较法来看，德国、日本等皆已将诸多民法具体人格权藉宪法上基本权利概括条款上升为宪法上基本权利，此宪法上基本权利概括条款实可谓宪

---

〔1〕 尹田：《论人格权的本质》，载《法学研究》2002 年第 5 期。

〔2〕 山东省枣庄市中级人民法院民事判决书，(1999) 枣民初字第 8 号。

〔3〕 BGHZ 13, 33.

法上一般人格权。[1] 将人格权升华为基本权利,使其具备基本权利诸属性,如此得以从根本法的高度建立人格权保护依据,从而约束立法、行政和司法。对此,我国法制上虽暂未践行,但理论研究却宜先行,为将来法制发展奠定基础。那么,确认哪一宪法条文作为宪法上一般人格权之规范依据,遵循何种法学方法,使得各种具体人格权能够由此轨道升华为宪法上基本权利,则是宪法解释学上需要探讨的重大问题。

由于民事立法的加速,近年来人格权已成为目前我民法学研究之热点,学者对人格权的历史[2]、本质[3]、现状[4]、发展趋势[5]、理论构造[6]、体系结构[7]、立法模式[8]、一般人格权[9]、法人人格权[10]等重大基础问题都已有相当深入的探讨。与之对应的是,宪法学界对未列举的基本权利[11]和宪法上的一般人格权[12]亦有相当的研究成果。这些都构成了后来研究的智识基础,但综观上述研究,尚缺乏对现代人格权之民法与宪法双重属性的着力阐述。虽然民法学界龙卫球教授谈到了人格权的宪法保护,尹田教授论及了人格权的宪

〔1〕 王泽鉴:《宪法上人格权与私法上人格权》,载台湾大学法律学院编:《第二届马汉宝讲座论文汇编》(2007 年)。

〔2〕 徐国栋:《人格权制度历史沿革考》,载《法制与社会发展》2008 年第 1 期;徐国栋:《人身关系流变考》(上、下),载《法学》2002 年第 6、7 期;徐国栋:《寻找丢失的人格》,载《法律科学》2004 年第 6 期。

〔3〕 尹田:《论人格权的本质》,载《法学研究》2002 年第 5 期。

〔4〕 龙卫球:《自然人人格权及其当代进路考察》,载《清华法学》2002 年第 2 期。

〔5〕 石佳友:《人格权立法的历史演进及其趋势》,载《中国政法大学学报》2018 年第 4 期;王利明:《试论人格权的新发展》,载《法商研究》2006 年第 5 期。

〔6〕 薛军:《人格权的两种基本理论模式与中国的人格权立法》,载《法商研究》2004 年第 4 期。

〔7〕 张新宝:《人格权法的内部体系》,载《法学论坛》2003 年第 6 期。

〔8〕 张新宝:《我国人格权立法:体系、边界和保护》,载《法商研究》2012 年第 1 期;王利明:《人格权制度在中国民法典中的地位》,载《法学研究》2003 年第 2 期。

〔9〕 薛军:《揭开"一般人格权"的面纱》,载《比较法研究》2008 年第 5 期;尹田:《论一般人格权》,载《法律科学》2002 年第 4 期。

〔10〕 薛军:《法人人格权的基本理论问题探析》,载《法律科学》2004 年第 1 期;尹田:《论法人人格权》,载《法学研究》2004 年第 4 期。

〔11〕 王广辉:《论宪法未列举权利》,载《法商研究》2007 年第 4 期;蒋清华:《公民基本权利的规定方式、限制方式及体系安排》,载《湖北警官学院学报》2005 年第 5 期。

〔12〕 林来梵:《人的尊严与人格尊严》,载《浙江社会科学》2008 年第 3 期;刘练军:《试论作为宪法权利的人格权》,载刘茂林主编:《公法评论》第 5 卷,北京大学出版社 2008 年版,第 143 – 162 页;侯宇:《论人性尊严的宪法保障》,载《河南省政法管理干部学院学报》2006 年第 2 期;胡玉鸿:《人的尊严思想的法律意蕴》,载《江苏行政学院学报》2005 年第 4 期;李累:《宪法上"人的尊严"》,载《中山大学学报(社会科学版)》2002 年第 6 期。

法属性,但在此基础上仍可延伸,特别是在运用一般人格权建立二者的沟通机制方面。宪法学界王广辉教授虽然对宪法未列举的基本权利的一般理论进行了研究,但并未论证人格权是宪法的未列举权利;林来梵教授将《宪法》第 38 条解释为宪法上一般人格权,但并未论证该一般人格权可以吸收各种民法上的具体人格权而使其成为宪法上基本权利。

本章试图在现有研究基础上,从民法和宪法的双重角度透视一般人格权,着力解决民法一般人格权和宪法一般人格权在我国法制上的规范基础问题,并从比较法上实务经验出发,探讨二者以一般人格权为工具的互换机制和方法。在展开论述之前须界定本章意义中的一般人格权之内涵。本章将在两种意义上使用一般人格权:(1)一般人格权即人格权,即我国台湾地区“民法”第 18 条“人格权受侵害时,得请求法院除去其侵害;有受侵害之虞时,得请求防止之”之意义上概括性人格权;(2)具体人格权之外的兜底性或“框架性”(Rahmrecht)人格权,一如《德国民法典》第 823 条第 1 款中的“其他权利”。对于二者以何种含义应用,将在下文详述。

第二节　由私法上人格权到宪法上人格权:一项新的宪法权利的产生

人格权作为一项新型宪法基本权利,其出现加长了宪法基本权利清单,完善了宪法基本权利体系。本章意义上的宪法上一般人格权要解决的问题,首先,为何要将民法上的人格权上升为宪法上人格权,即宪法上人格权具有何种异于民法上人格权的功能?其次,将民法上各种人格权上升为宪法上人格权,其宪法上请求权基础何在,即以宪法哪一条为依托?最后,宪法上一般人格权在我国法制上操作的可能性。

一、宪法上人格权之功能

宪法上人格权系基本权利之一种,具有对抗国家权力之防御功能;[1]亦可形成客观价值,拘束立法、司法与行政;[2]并课予国家权力保障人民基本权利实现之义务。[3] 现代基本权利发展趋势已经使得基本权利所建构之客观价值秩

---

〔1〕 BVerfGE 7,198 (204); 21, 362 (371f.); 39, 68 (70ff.); 50, 290 (327); 68, 193 (205).

〔2〕 BVerfGE 7,198(204f.); 49, 89(141f.); 56,54(73); 73,261(269); 84,212(227).

〔3〕 BVerfGE 69,1ff.; 88, 203ff.

序同时亦约束私人行为,要求私人行为应如同国家权力行为,慎重考虑自己行为对他人基本权利之影响。[1] 民法上人格权为民事权利一种,与财产权(物权、债券、知识产权)、婚姻自主权、继承权等并列,同受民法规范。人格权系为防止他人侵害而设,系民法上绝对权,对其侵害,即构成违法。民法上人格权本不具对抗国家权力功能,当其遇到公权力侵害,而诉诸普通法律程序难以救济之时,得经由宪法机构将其解释上升为基本权利,来检讨立法、司法等。下面以姓名权为例,彰显宪法上人格权对抗国家权力之功能。

在赵C换第二代身份证被拒一案中,一审法院判令被告公安局核准、签发赵C继续使用该名字并给他换发第二代身份证。被告不服,认为一审判决无法执行,因为如赵C保留原名,公安部就须对现有标准进行修改,全国所有正在运行的人口信息管理系统亦要更改。二审中,双方达成和解,法院作出裁定:撤销一审判决,赵C将用规范汉字更改名字,公安局免费为赵C办理更名手续。[2]

本案关键在于字母"C"是否能用于取名?2000年《国家通用语言文字法》第18条第2款规定:"《汉语拼音方案》是中国人名、地名和中文文献罗马字母拼写法的统一规范,并用于汉字不便或不能使用的领域。"2003年《居民身份证法》第4条规定:"居民身份证使用规范汉字和符合国家标准的数字符号填写。"1995年公安部《关于启用新的常住人口登记表和居民户口簿有关事项的通知》附件三第1条规定:"常住人口登记表和居民户口簿应使用国务院公布的汉字简化字填写,民族自治地区可使用本民族的文字或选用一种当地通用的民族文字填写"。公安部对本案的批复认为,居民身份证姓名登记项目应当使用规范汉字填写。从上述法律和部门规章、批复来看,自然人姓名必须使用规范汉字,而不得使用字母。因此本案难点可归为两点:一是"C"是否能归为规范汉字?二是如"C"是规范汉字,则被告上诉理由称修改难度大能否成立?

姓名权为人格权,为人之外在表征,攸关人格尊严和人格自由,不仅是民法人格权,亦应为宪法基本权利。上述规定限制姓名不得使用字母,即对基本权利之限制。而对基本权利限制应遵循比例原则,依次应通过"三阶理论"(Drei-Stufentheorie),即手段的妥当性(Geeignetheit)、必要性(Erforderlichkeit)和法益相称性原则来检验。[3] 就本案而言,主要从法益相称性来检验,即禁止使用字

---

[1] BAGE 1,185,193f. Zölitatsklausel-Urteil;BVerfGE 7,198. Lüth-Urteil.

[2] 杨涛:《赵C的姓名权官司为什么能赢》,载《东方早报》2008年6月11日;蔡方华:《赵C赢了那么谁输了》,载《北京青年报》2008年6月8日。

[3] 陈新民:《宪法基本权利之基本理论》(上册),台北,三民书局1990年版,第246-247页。

母命名所维护的法益与人民姓名权之间何者优先？前者利益主要有二:一是便于户籍行政管理,此种利益与基本权利意义上姓名权比较自然位阶较低,因为基本权利维护为一切国家权力之目的,一切行政手段自当以基本权利实现为目的,其本身并不是目的;二是牵涉到文化传统的保护。其实,这并非攸关传统文化保护。1956 年毛泽东同志在是否采用字母统一汉字拼音问题上持赞成态度,并批判"中国怎么能用外国字母"的错误观点。[1] 这一观点使 1958 年《汉语拼音方案》得以出台。这部法律改变了传统汉字的读音规则,是对传统的"颠覆",但正是因为这部法律,普通话才得以统一,其利益之大,无可计量。类比此事,上述法律禁止字母进入为名,实属损益不当。本案中,赵 C 在姓名中的"名"部分使用字母。根据《国家通用语言文字法》第 18 条第 2 款规定,字母亦可使用,C 是拉丁字母,也是汉语拼音字母,为一种符合国家标准的符号,用之于名,并无不妥。并且,其未使用拉丁文字,亦未有背俗嫌疑。因此,上述禁止性法律与比例原则不符,应予更正。

由本案可见,将人格权上升为基本权利主要可用于对抗国家权力,这对当前我国人格权多受到国家权力侵害的状况改变甚有助益。

二、宪法上人格权之请求权基础

宪法上一般人格权在《德国基本法》上的规范依据是第 1 条第 1 款与第 2 条第 1 款,即"人格尊严 + 人格自由",尤指第 1 条第 1 款之人格尊严。宪法法院借此条,将民法上人格权上升为宪法上保护之基本权利,如咨询自主、隐私等。按人格尊严、人格自由皆为独立的基本权利,其又如何能够承担接纳民法上各种人格权成为基本权利之责呢？概括原因有二:其一,《德国基本法》从条文字面解释看,无概括性基本权利条款,即无类似"其他自由及权利"之类表述。其二,"二战"后德国进行道德反省与法制重建,将人之存在及价值作为第一价值,故将人格尊严置于基本法之首,统率全局,成为整个基本权利之一般条款,决定所有自由权及平等权的解释适用,任何个别基本权利都不得与之抵触。

人格尊严(Die Würde der menschlichen Persönlichkeit, dignity of human personality),是当今世界各国宪法及世界性人权公约中的一个普遍性用语。除《德国基本法》第 1 条第 1 款外,1948 年联合国《世界人权宣言》在其前言中使用"人固有尊严""人格尊严",并于其第 22 条中分别以"个人尊严"及"人格自由发展",于其第 23 条用"人类尊严"表述。1966 年联合国《公民及政治权利国际公约》前言

---

[1] 黄加佳:《〈汉语拼音方案〉制订始末》,载《北京日报》2008 年 4 月 22 日。

中亦提及"人的固有尊严"。我国《宪法》第 38 条规定:"中华人民共和国公民的人格尊严不受侵犯。禁止用任何方法对公民进行侮辱、诽谤和诬告陷害。"[1]

人格尊严系蕴含宗教价值、伦理观念及社会认同之集成概念,且并非一成不变之概念,具有历史时代性。由德国半个多世纪以来之释宪实务观之,法律及学界对此一概念阐释受时代背景影响甚巨。虽然解释上赋予其"自我决定""自我发展""自我形成"之意义,但些许意义仍然是不断变化的,故人格尊严之内涵系紧密连接于社会意识。职是之故,对于人格尊严的概念生搬硬套是无益的,而社会共同意识究在何处,则是法律解释之任务。但从规范言之,人格尊严仍然不失为主观防御权之一种,可借此对抗国家;亦是客观价值秩序,可借此对抗他人,并可请求国家保护。尤为甚者,人格尊严尚与其他宪法及法律规定互相连结、互相作用,并主导其他规范价值方向,增强宪法作为最终论据之功能。由此可见,鉴于人格尊严概念之抽象性,释宪实务自可以其作为不断扩大之基本权利之规范基础,成为宪法因应时代而动之"缓冲器",成为基本权利清单加长之"接收器"。

以上述两种基本权利概括条款规范模式度我国宪法,有三项条文值得关注:2004 年增修《宪法》条文第 33 条第 3 款"国家尊重和保障人权",第 37 条"人身自由",第 38 条"人格尊严"。由此可见,如采用前者,则属日本的做法,如采后两者合成,则是典型的德国做法。上述分析表明,两种模式皆无不可,但应如何选择则应依我国宪法基本权利体系解释而定。

本书认为,我国宪法上基本权利概括条款应采 2004 年新增条文第 33 条第 3 款中的"国家尊重和保护人权"。原因有三:其一,中华文化自古缺乏人权观念,对于人格尊严之解释适用自是阙如。况自宪法上基本权利言之,国人大多只知人权而非人格尊严。有学者称:"作为新增条文,这是我国历史上,人权第一次明确地载入宪法。宪法关于人权原则的规定是人权保障制度走向法治化的里程碑。"[2]但此种说法亦存在不当之处,因人权、基本权与基本权利皆为同一概念,[3]人权入宪自我国立宪即存在,《宪法》第 33 条至第 49 条皆为人权条款。只不过由于学界一直没有解释清楚何为概括性基本权利(人权)才导致了这一误解发生。虽然这是误解,但客观上使人民认识到基本权利之一般条款已经在

---

[1] 此外,如 1962 年《韩国宪法》第 5 次修改案、1993 年《俄罗斯宪法》、1997 年《波兰宪法》、1978 年《西班牙宪法》、1975 年《瑞典宪法》、1959 年《突尼斯宪法》、1996 年《南非宪法》、1991 年《卢旺达宪法》、1992 年《沙特阿拉伯宪法》、1992 年《以色列宪法》等都有相同或类似的表述。

[2] 陈泽宪:《对国家尊重和保障人权载入宪法的几点认识》,载《中国社会科学院院报》2004 年第 5 期。

[3] 萧淑芬:《宪法上权利之概念》,载《月旦法学杂志》2004 年第 1 期。

宪法中有明文规定。其二,人格尊严在我国立法上,不仅存在于《宪法》第 38 条之中,被作为一种具体的基本权利;而且规定在《民法典》第 109 条、第 990 条,在《消费者权益保护法》第 14 条、第 43 条中置于消费者权利之下,而且在《精神损害赔偿解释》(2001 年)中被当作一种个别的民法上人格权。因此,这一术语在我国法制体系中更多的是被当作一种具体的民法上人格权或者宪法上人格权,而非宪法上概括性人权条款。其三,新增条文"国家尊重和保护人权"位列基本权利一章之首,客观上具有类似与《德国基本法》第 1 条第 1 款和《日本国宪法》第 13 条的统摄并引导旗下各基本权利之作用。此自然亦迎合了中国固有文化,即排第一位的往往是最重要、最根本的。

三、宪法上人格权如何创设

综合比较域外释宪实务发展,对于宪法上人格权创设需注意以下几点:

1. 宪法上人格权创设系加长基本权利清单的宪法性创制活动,位阶高于一般立法活动,须由专门宪法机构为之。在成文宪法制定后,各国实践一般皆仰仗专门释宪机构——宪法法院或大法官,或者最高法院。

2. 在创设新型基本权利之前,唯为维护宪法基本权利体系稳定,释宪机构须合理解释各种被列举基本权利之内容,阐释其保护范围以发挥其规范机能,不能动辄创设新型基本权利。因此,只能在穷尽其他已经列举基本权利而无法救济当事人权益的情况下才可进行创设活动。[1]

3. 须慎重权衡考量何种法益能够升华为基本权利。进行此种考虑须运用法律解释方法,从基本权利发展史、现有基本权利所体现的机制体系、新型基本权利与原有基本权利之间的冲突整合,并综合考虑该项法益所具普遍性、保障必要性、人权的品质,及比较法上的发展趋势等。[2]

从学理分析,将民法上人格权升华为一种基本权利,包括了将各个特殊(具体)的人格权都升华到了基本权利的高度,所谓"一荣俱荣"是也。但是,究应对此做何种顺序安排,仍需释宪机构衡诸具体情形,借由个案而定。此因,人格权系一种不断发展的概念,其内涵随着社会变迁逐渐变化,原有的内涵可能被摒弃,如夫权被抛弃;而新型的内涵可能被纳入,如子女知悉自身血统的权利即属前所未有之人格权。反之,如果放任人格权概括都上升为基本权利,那必将扰乱基本权利体系,使权力与权利行为动辄得咎,管制与自制无法平衡,并加剧基本

---

〔1〕 王泽鉴:《人格权法》,台北,2012 年自版发行,第 72 – 73 页。

〔2〕 王泽鉴:《宪法上人格权与私法上人格权》,载台湾大学法律学院编:《第二届马汉宝讲座论文汇编》(2007 年)。

权利冲突,损害宪法权威。但究因考虑何种因素而确定一种具体人格权是否上升到宪法高度,仍然是解释学的重大课题,本书亦于此难有建树。但一般而言,对于民法上保护内涵相对清晰,且有关最广大人民根本人身利益者,可考虑使其先行进入基本权利序列,如隐私权、名誉权、姓名权、肖像权等;而对于内涵尚未明确,比较法发展趋势尚不明了的诸如所谓亲吻权、瞻仰权、环境权、生活安宁权等,则应善加观察,不可操之过急使其进入基本权利序列。

第三节 经由私法上人格权保护宪法上基本权利

一、《受教育权案批复》再检讨

(一)《受教育权案批复》起草背景分析

2001 年最高人民法院针对"齐玉苓案"的《受教育权案批复》虽已废止,[1] 但"齐玉苓案"终审判决仍然有效,其引发的讨论仍在继续,且继续纵深发展。需要进一步反思的是,为何如此高调的一个司法解释,会在如此短暂的时间内就寿终正寝呢? 难道真的如学者所言,其方向意义大于实质意义?[2]或者其存有错误?[3]"齐玉苓案"关键在于受诉法院是否支持原告关于受教育权被侵犯的诉求。一审不支持受教育权受侵害的损害赔偿请求,原告仅能因姓名权受损害而获得精神损害赔偿。显然,此赔偿数额与其所受损害并不相称,违反了侵权行为法上的损害填补原则。但由于我国民法没有规定受教育权,而此案又是一个民事诉讼案件,存有法律漏洞。[4] 由此,最高人民法院作出了《受教育权案批复》,认定陈晓琪等侵犯了齐玉苓依据《宪法》享有的受教育权,以司法解释填补法律漏洞。二审法院根据此该批复,结合《宪法》第 46 条和《教育法》第 9 条、第 81 条判决被告因侵害原告受教育权而承担赔偿责任。

《受教育权案批复》:"陈晓琪等以侵犯姓名权的手段,侵犯了齐玉苓依据宪法规定所享有的受教育的基本权利……"批复的这一规定说明,被告侵害了原

---

〔1〕 2008 年 12 月 24 日最高人民法院《关于废止 2007 年底以前发布的有关司法解释(第七批)的决定》(2008 年 12 月 8 日最高人民法院审判委员会第 1457 次会议通过,法释〔2008〕15 号)。

〔2〕 强世功:《宪法司法化的悖论》,载《中国社会科学》2003 年第 2 期。

〔3〕 童之伟:《宪法司法研究适用中的几个问题》,载《法学》2001 年第 11 期;童之伟:《宪法适用应依循宪法本身规定的路径》,载《中国法学》2008 年第 6 期。

〔4〕 关于疑难案件理论,参见[美]罗纳德·德沃金:《认真对待权利》,信春鹰、吴玉章译,中国大百科全书出版社 1998 年版,第 4 章。

告的作为基本权利的受教育权，至于姓名权的侵害只是一种侵害受教育权的手段而已。当然，侵害姓名权也构成一种单独的侵权行为，并会导致相应的后果。因此，从这份批复中我们不难发现，最高人民法院的意思就是，被告侵害原告依据《宪法》第46条所享有的受教育权，应该赔偿。二审判决贯彻了最高人民法院的这一指示，并引据《宪法》第46条判决。但该判决引出另一个问题：民事判决是否能直接引据《宪法》作为判决依据，用来保护基本权利？

针对该问题，学界多从《受教育权案批复》内容去寻找根源，而由于该批复"言简意赅、惜墨如金"，学者往往难以切中要害。因此，我们需将研究视线转向该批复产生的背景。在该批复作出之日，《光明日报》援引最高人民法院一位负责人的观点认为，受教育权是宪法上的基本权利，又具有人格权益。《受教育权案批复》完善了我国民事法律体系和公民基本权利的救济手段。[1] 依此而言，以"齐玉苓案"为引，该批复实则激活了宪法，使得宪法上的基本权利于民事领域得以保护，并弥补民事法律之法律漏洞，周延保护自然人之合法权益，实现了宪法与民法的交融。为了使这种交融具有可操作性，就需要对我国现行侵权法机制进行有效解释，才能将宪法条文导入其中，来具体衡平"两造"权利义务关系，作成妥切判决。为此，宋春雨从技术层面论证了这一问题。根据其行文，本案处理思路为：

1. 受教育权是宪法基本权利，以国家为义务对象，不直接涉及私人行为。受教育过程中所涉私法利益通过人格利益的保护实现。

2. 人格利益有具体人格权和一般人格权。具体人格权是民法明确规定的人格权，如原《民法通则》第120条之姓名权、肖像权、名誉权等；具体人格权之外的人格利益由一般人格权调整，包括人身自由权和人格尊严权。人身自由权包括行为自由与意志自由，侵犯受教育权是侵犯意志自由，因此本案可适用一般人格权保护原告。

3.《民法通则》没有规定一般人格权，《精神损害赔偿解释》(2001年)第1条规定的人身自由是仅指行为自由意义上具体人格权。《宪法》第37条直接规定人身自由权，但直接据此创设一般人格权"存在方法论上的局限"。[2] 因此，最高人民法院寻求民法上的姓名权作为被告侵害原告受教

---

〔1〕《侵害他人受教育的权利应承担民事责任》，载《光明日报》2001年8月13日。

〔2〕由此可见，宋春雨认为，《宪法》第37条是不能作为本案裁判依据的，实际上已经否认了有的学者观点——宪法条文直接适用于裁判。因此，宋春雨认为受教育权上的私法利益——意志自由，不能直接适用宪法来裁判。

育权的手段,来实现受教育权作为基本权利在民法上的保护。[1]

基于这一处理思路,宋春雨认为,《受教育权案批复》"虽然没有创设作为一般人格权的人身自由权,但在完善我国侵权法体系构成和公民基本权利保护上具有重大意义"。那么该批复对于完善我国侵权法体系的重大意义又体现于何处呢?为此,作者作了详述。

作者首先指出:

大陆法系侵权行为有三种类型:一为权利侵害类型,即侵权行为侵害法定民事权利;一为公序良俗违反类型,即以违背公序良俗的方法侵害他人利益;一为法律违反类型,即违反保护他人的法律致他人利益受损。这三种侵权行为类型互为补充,构成完整的侵权行为体系。

接着作者指出:

我国的侵权法很不完备,《民法通则》只规定了权利侵害的侵权行为类型,最高人民法院《精神损害赔偿解释》(2001 年)第 1 条"违反社会公共利益、社会公德侵害他人隐私或者其他人格利益"应承担民事责任的规定,确立了侵权行为的公序良俗违反类型,对《民法通则》的缺陷作出有益的补充。该批复以侵害公民依据宪法所享有的基本权利为理由,令加害人承担民事责任,确立了法律违反的侵权行为类型,使侵权行为构成体系得以完备。[2]

由此可见,本书认为《受教育权案批复》创建了"违反保护他人法律"这一侵权行为类型。且由上可知,此种"保护他人的法律"就是宪法上的基本权利条款,具体到本案即《宪法》第 46 条。因此,作者通过这一推理,将宪法基本权利价值通过民法侵权机制中的"违反保护他人法律"予以转介,进而实现了基本权利在民事裁判中作为裁判依据予以适用。但该观点正确与否,且采"权利侵害类型""背俗故意致损类型"是否更具可行性,有待探讨。

---

[1] 宋春雨:《齐玉苓案宪法适用的法理思考——受教育权的性质与公民基本权利保护的法律研究》,载《人民法院报》2001 年 8 月 13 日;宋春雨:《〈关于以侵犯姓名权的手段侵犯宪法保护的公民受教育的基本权利是否应承担民事责任的批复〉的理解与适用》,载最高人民法院研究室编:《最高人民法院司法解释理解与适用》(2001),中国法制出版社 2002 年版,第 276 页。

[2] 宋春雨:《齐玉苓案宪法适用的法理思考——受教育权的性质与公民基本权利保护的法律研究》,载《人民法院报》2001 年 8 月 13 日。

(二)"齐玉苓案"的裁判路径选择之难题

1.创设了"违反保护他人法律"的侵权行为类型

我国《民法典》第1165条第1款形式上以一个概括条款统一保护权利和利益,第187条规定加害人在违反公法强制规范导致公法责任后,仍有可能承担侵权赔偿责任,但却未存在涉及"违反保护他人法律"的转介条款,"齐玉苓案"批复创建了"违反保护他人法律"这一侵权行为类型,在我国现行法律规范中并未存在明确请求权基础。请求权基础的缺失使得"违反保护他人法律"之侵权责任的适用成为无源之水、无根之木。

"违反保护他人法律"是德式侵权法体系中三个小的一般性条款之一。如《德国民法典》第823条第2款。[1] 此一侵权行为类型具有吸纳民法之外的规范——特别是公法规范,进入民法的转介整合功效,是协调民法典的滞后性与社会发展性的有效机制。现假设我国侵权法上存在"违反保护他人法律"的转介条文,本案便理所当然可适用该条进行妥善解决吗?数量庞大、未直接规定损害赔偿的公法规范在私法领域的效果内容与限度为何?不可将一切公法强制规范视为保护他人的法律,对公法规范应当进行合理限制,故而应当首先从性质上讨论何种法律可成为保护性法律,诸如宪法、法律、行政法规、地方性法规、自治条例等,其次需讨论在可成为保护性法律的规范范围内需具备何种要件方可适用该种侵权行为类型。

针对本案而言,亟须讨论的是《宪法》第46条与《教育法》第81条可否成为"保护他人之法律",对于"法律"之解释适用,由德国发展出来的判例学说以及丰富的操作规则,均无一例外地反对将宪法规定直接认定为"保护他人的法律"。对于宪法对侵权责任法的影响,我国的研究不可谓不丰富[2],宪法所具备的根本法地位使得其所赋予的权利属于基本权利之范畴,宪法对民法之适用

---

〔1〕 Cöster – Waltjen, Die Haftung nach § 823 Abs. 2 BGB, Jura 2002, 102ff. 在德国,对此类侵权行为为独立类型的侵权行为没有异议。

〔2〕 宪法对侵权行为法领域的讨论详见强世功:《宪法司法化的悖论》,载《中国社会科学》2003年第2期;王磊:《宪法司法化的几个问题》,载《中国社会科学》2003年第2期;蔡定剑:《中国宪法实施的私法化之路》,载《中国社会科学》2004年第2期;童之伟:《宪法司法研究适用中的几个问题》,载《法学》2001年第11期;张新宝:《民事法官能够直接引用宪法判案吗?》,载《民商法前沿》2002年1、2合辑本,吉林人民出版社2002年版;宋春雨:《齐玉苓案宪法适用的法理思考》,载《人民法院报》2001年8月13日,第1版;王涌:《宪法与私法的关系》,载吴汉东主编:《私法研究》创刊号,中国政法大学出版社2002年;姚辉:《关于民事权利的宪法学思维》,载《浙江社会科学》2007年第1期;于飞:《基本权利与民事权利的区分及宪法对民法的影响》,载《法学研究》2008年第5期。

效力实则为宪法基本权利对民法的效力。[1] 对于若某行为违反宪法基本权利的内容,是否可援引该权利的宪法性而对该行为的性质进行判断这一问题,答案应当是否定的,宪法对民法的规范效力不可直接作用于民法的具体规则,此做法违背宪法对民法规范效力的一般原则。[2] 宪法保护公民权利,规定并限制政府权力,但权利保护并非通过落实具体私人间权利义务之形式实现,而是通过政府承担义务而保障公民权利实现,如公民的言论自由、营业自由等权利。宪法保护范围并非特定个人或特定群体之利益,涵摄范围广至国家及社会公共利益,"保护他人之目的"如何存于宪法之中?本章下面将对"违反保护他人法律"之侵权行为进行概念、特征的详述展开,结合本案所涉法律规范进行比较界定,对此类案件的裁判路径进行探讨分析。

2. 一般人格权能否作为基本权利被侵害的救济途径

此外,针对本案被告陈晓琪及其父的行为是否构成侵权,需要满足《民法典》第1165条第1款关于侵权责任构成要件的一般规定。而且问题的关键在于受教育权是不是一种民事权利,因为适用本条的前提是,侵权行为损害的客体是一种民事权益。要解决这一问题,我们就需要通过宪法解释,[3] 考证《宪法》第46条意义上的受教育权是否可能为民事权利。

受教育权作为宪法上的基本权利,其义务对象为国家,国家应提供并满足公民受教育的条件,包含受教育机会权、受教育条件权和受到公平评价权等三项内容。[4] 但随着社会发展,接受教育已成为一个人获取职业并谋生的必要手段,因此受教育权的享有具有经济利益。此外,受教育还可以丰富人格,扩展身心,促进人格自由发展,因此,受教育又具有精神价值。既然受教育权的享有能够使人获得经济上的满足和精神上的愉悦,而且这都是人之为人的正常利益诉求,现代各国法制莫不以人为本,财产权与人格权皆为宪法价值所涵盖,因此此种基于受教育权而获得的物质与精神双重利益应是一种"法上之利益",也就应该成为

---

[1] 韩大元:《论基本权利效力》,载《判解研究》2003年第1期;陈新民:《德国公法学基础理论》(上册),山东人民出版社2001年版,第288-302页;[德]迪特尔·梅迪库斯:《德国民法总论》,邵建东译,法律出版社2000年版,第8页。

[2] 许中缘:《民法强行性规范研究》,法律出版社2010年版,第84-85页。

[3] 此处的宪法解释是指法院所进行的合宪性解释之中的法律方法或司法技艺,其在功能上辅助了法律解释和个案判决的作出,但并不会导致对法律的合宪性作出整体上的、一般性的、具有普遍约束力的决定。参见黄明涛:《两种"宪法解释"的概念分野与合宪性解释的可能性》,载《中国法学》2014年第6期。

[4] 袁文峰:《受教育权的宪法条款援引、内涵及救济路径——基于齐玉苓案与罗彩霞案的分析》,载《政治与法律》2015年第4期。

一种民事权利，应该得到《民法典》等民事法律的保护。但是，仅仅论述到这里显然不够，因为《民法典》要保护权利需要在民法上有一定的“名分”，而受教育权未能满足这一要件，因此，我们就必须进行“法之续造”，即“类推适用”，在民法上找一个可以接纳这种“法上之利益”的权利，而这种权利就是被称作“框架性权利”的一般人格权。[1]

《受教育权案批复》通过侵犯姓名权来达到保护被侵害的受教育权的做法，实质上是试图为作为基本权利的受教育权通过侵权机制保护提供“甬道”或者“机会”。但可惜的是，最高人民法院找的这个基本权利进入民法、接受民法侵权机制保护的“通道”过于狭窄。试想，如果被告是通过其他手段——如限制原告欺诈、限制人身自由等手段侵害原告受教育权，那么该批复还能适用吗？正确的表述应该是“被告以侵害原告一般人格权的方式侵害了原告基于《宪法》第46条所规定受教育权，妨碍了原告的人格自由发展”。也许正是因为这一点，最高人民法院才废除了该批复。于是，本书接下来的问题就转为如何通过一般人格权这个“甬道”，承接诸如受教育权之类关于人格发展的基本权利到民法中，进而实现通过民事侵权机制来保护公民遭受侵害的基本权利。

为了论证这一问题，亦需明确一般人格权在中国法制的运作情况及其问题，然后求诸一般人格权的产生地——德国的理论与实务，进而比较借鉴，实现我国法制上一般人格权的合理制度设计和裁判指引。

二、违反保护他人法律之侵权行为

（一）何为“违反保护他人之法律”

如前所述，违反保护他人法律的侵权行为是传统民法侵权行为一般条款中的三大类侵权行为之一，《德国民法典》第823条第2款规定：“违反以保护他人为目的的法律者，负相同的义务（同该条第1款义务）。如果根据法律的内容并无过失也可能违反此种法律的，仅在有过失的情况下，始负赔偿义务。”我国台湾地区“民法”第184条第2款后半段规定：“违反保护他人之法律，致生损害于他人者，负赔偿责任。但能证明其行为无过失者，不在此限。”此侵权行为类型性质上属“转介条款”；其功能主要在于，转介规定制定者未直接规定的公“法”强制规范，使其成为民事规范；其目的并非为对世权遭到侵害时提供多一层的保护，而是在填补非对世权遭到侵害时，而又没有特别规定可以保护的漏洞，并调

---

〔1〕 此一论述参见宋春雨：《齐玉苓案宪法适用的法理思考——受教育权的性质与公民基本权利保护的法律研究》，载《人民法院报》2001年8月13日，第1版。

和公私法的价值冲突。因此,在对世权遭到侵害的情况下,将没有适用这一侵权类型的救济的余地。[1]

该侵权行为类型适用之难点在于如何界定何为“保护他人的法律”？因法治社会中,冠以“法律”之规范类型繁多、数量庞大,有宪法、法律、行政规章、条例等。如果这些种种“法律”皆可成为此类侵权行为所指之“法律”,又因法律大多系为保护人民而制定,故人民动辄将违反此种“法律”,构成侵权。如此则将极大限制私法自治,限缩人民自由行为之空间。因此,将何种法律归属于此类侵权行为中所指之“法律”,即对此类侵权行为之构成进行一定范围之限缩,就显得尤为必要。那么,操作上又应采用何种标准来限缩这一范围呢？鉴于德国已有的丰富实践,我们有必要对此进行探讨。

依德国通说,所谓“保护他人之法律”,是指任何以保护个人或特定范围之人为目的之公私法规,但专以保护社会公益或社会秩序为目的之法规则不包括在内。[2] 个人保护这一标准是与对公众的保护相对而言的。如若一条法律规范目的只在于保护公众利益,则其并不适合归类为《德国民法典》第 823 条第 2 款意义上的保护性法律。一项保护公众的条款,只有当它同时也有意图对具体的受害人提供保护时,才有可能被视为保护性条款。[3] 《德国民法典》第 823 条第 2 款并不具有像警察一样的维护治安的任务,它的目的只在于对具体的受害人提供个人保护。[4]

德国实务认为,保护性条文特质的关键在于,所涉及的法律规范的意图在于对援引《德国民法典》第 823 条第 2 款的个人提供保护。对此,联邦最高法院一则判决可以说明:[5]

> 被告用挖掘机在一宗私人所有的土地上进行挖掘时,挖断了一个供电企业的电缆,由此使得原告企业因此停电而停工。原告基于此,要求被告赔偿窝工损失。原告诉请的主要依据是《德国民法典》第 823 条第 2 款结合

---

〔1〕 参见苏永钦:《再论一般侵权行为的类型——从体系功能的角度看修正后的违法侵权规定》,载苏永钦:《走入新世纪的私法自治》,中国政法大学出版社 2002 年版,第 300 页。

〔2〕 Knöpfle, Zur Problematik der Beurteilung einer Norm als Schutzgesetz in Sinne des § 823 Abs. 2 BGB, NJW 1967, 697; Kötz, Deliktsrecht, 1967, S. 83f. 朱岩:《违反保护他人法律的过错责任》,载《法学研究》2011 年第 2 期。

〔3〕 [德]马克西米利安·福克斯:《侵权行为法》,齐晓昆译,法律出版社 2004 年,第 143 页。

〔4〕 Deutsch/Ahrens, Deliktsrecht, Unerlaubte, Handlungen, Schadensersatz und Schmerzensgeld, 4. Aufl. 2002, Rn. 213.

〔5〕 Vgl. BGHZ 66,388ff.

《土地建筑条例》(LBauO)第 18 条第 3 款。[1]

联邦最高法院最终否定了该州《土地建筑条例》第 18 条第 3 款具有保护性法律的特点。其依据在于,几乎无法想象哪一条公法条文不是在较为一般的意义上,以保护人民为目的。此种一般的保护功能不能表明在何种情况下,存在一项《德国民法典》第 823 条第 2 款意义上的保护性法律,以及哪些利益应当受到保护。因为,原则上只有条文保证对个人实施保护时,它才能成为保护性的法律。基于此,该院认为《土地建筑条例》第 18 条第 3 款只是总结了在本法规定的工作中应采取必要的安全防范措施,并提供了对违法行为进行处罚的可能性。没有情况表明,对用电人的个人保护是该建筑规章规定的意义和目的。这种个人保护与联邦法律是不相符合的,并且具有任意性。

德国联邦最高法院在另一则判例中坚持了这一标准,并又有新的发展:[2]

> 被告在车辆到期后没有继续使用该车,但却未将该车之车辆行驶证交换给车辆准行管理机关,亦未注销车牌号。该做法违反了《道路交通许可条例》(StVZO)第 29d 条的规定。而后,在此情形下,被告将该车转卖他人,但在出卖时,被告已经对买主说明该车已无保险。买主买得该车后亦未投保。嗣后,买主使用该车致他人受害,且买主并无赔偿能力。故受害人原告依据《道路交通许可条例》第 27 条第 1 款第 3 句[3]和第 29d 条第 1 款[4]规定,起诉被告赔偿其损失。

虽然原告之请求权规范——《道路交通许可条例》中的两项规定,客观上都是为了阻止没有参加保险的车辆投入使用,避免出现此种车辆致害后,被害人无法得到赔偿的情形。但是,联邦最高法院最终还是拒绝了原告依据该规定获得赔偿的诉求。为此,该院提出的重要论据是,受害人可以通过其他途径获得赔偿。因为,原告可以根据《机动车主义务保险法》(PflVG)第 3 条第 5 款结合《保险合同法》(VVG)第 158 条 C 条第 3 款至第 5 款规定的保险人的介入义务,[5]

---

〔1〕 该款内容大致为:"要在建筑施工期间,对公共交通用地、水电供应、排水和通信设施等予以保护,必要时应采取安全防范措施。"

〔2〕 BGH NJW 1980,1792.

〔3〕 该句规定:车主在转让机动车时,应当向车辆准行机关申报。

〔4〕 该款规定:机动车辆没有参加规定的保险,包括保险到期时,车主应当及时申报,并交还行驶证同时注销车牌号。

〔5〕 此介入义务为,如果保险人在车辆保险到期后没有将情况通报给机动车车辆准行管理机关,则在发生事故时,虽然已无保险合同关系,但仍有介入赔偿义务。

通过起诉保险人而获得赔偿。根据这一判决,如果受害人应受保护的利益能够通过其他途径得以保障,那么就不承认行政罚款之类的条文为第 823 条第 2 款意义上的保护性法律。

此判决及其他相关判决[1]针对违反侵权类型所发展出来的"被害人别无损害请求"的"补充性"(Subsidiarität)原则,具有重要意义。菲肯谢尔(Fikentscher)指出,违法侵权类侵权行为及功能限于"转介"其他领域的强制禁止规范而成为民事侵权法之规范,并以此减轻民事法立法者之负担。[2] 因此,只要法律规定(包括民法规定)已明确规定了两种权利义务关系,如我国原《民法通则》第 119 条规定"侵害公民身体造成伤害的,应当赔偿医疗费、因误工减少的收入、残废者生活补助费等费用;造成死亡的,并应当支付丧葬费、死者生前扶养的人必要的生活费等费用",《产品质量法》第 43 条规定"因产品存在缺陷造成人身、他人财产损害的,受害人可以向产品的生产者要求赔偿,也可以向产品的销售者要求赔偿。属于产品的生产者的责任,产品的销售者赔偿的,产品的销售者有权向产品的生产者追偿。属于产品的销售者的责任,产品的生产者赔偿的,产品的生产者有权向产品的销售者追偿"等,法官即可径依其作成判决,无须再援引该类型"转介"条款做蛇足之举。苏永钦认为,背俗和违法类侵权行为存在的意义就在于"补强"民事规范,前者"转介"的是社会伦理所生之行为义务,后者"转介"的则是所有无涉民事不法之行为义务,从而与直接规定民事行为义务与违法责任者,鼎足成为三种侵权类型。[3]

在我国台湾地区,对于保护性规范的理解,王泽鉴先生曾举例说明,堪为经典。"违警罚法"第 62 条第 3 项规定,车马夜行不燃灯火者,处 3 日以下拘留或 20 元以下罚款或罚役,系保护他人之法律。因此当甲骑机车不燃灯火,而撞伤路人乙时,系违反保护他人之法规,应负损害赔偿责任。反之,若甲骑机车不燃灯,致撞坏乙之墙角时,则尚不得依"民法"第 184 条第 2 项之规定请求损害赔偿。因为"违警罚法"关于车马夜行须燃灯火之规定,旨在保护参与交通者之安全,而非在于保护墙角不受其毁坏也。[4]

我国台湾地区"民法"中,所谓"保护他人之法律",无论是规定或命令,均足

---

〔1〕 如 BGHZ 84,312,314;110,342,360。

〔2〕 Fikentscher, Schuldrecht, 9. Aufl. 1997, S. 776.

〔3〕 苏永钦:《再论一般侵权行为的类型——从体系功能的角度看修正后的违法侵权规定》,载苏永钦:《走入新世纪的私法自治》,中国政法大学出版社 2002 年版,第 311 - 322 页。

〔4〕 王泽鉴:《违反保护他人法律之侵权责任》,载王泽鉴:《民法学说与判例研究》(重排合订本),北京大学出版社 2015 年版,第 506 页。

当之。但需该法令对行为人课以“特定义务”，且系针对特定群体之个人利益，或为保护该特定个人而订定，而非专为保护国家社会利益或大众利益之利益者。[1] 正如学者之观察，何时构成保护他人之法律，因为涉及某一规定之规范目的的解释，有时并非易事，[2]对于某一规定究竟是保护个人权益、一般公益或是兼及于此两者的判断极难。对于“违反保护性法律”这类侵权行为的适用，苏永钦根据德国经验而作出的总结可值赞同。其谓，欲满足保护他人法律侵权行为之构成要件，须通过三阶段之检验：

> 第一，该强制或禁止规定须以个人法益为主要保护标的或其中之一，且须具有行为规范及“命令性格”。故如交通规则中单纯以维持交通顺畅为目的之规定，如时速下限即不属于此类法律。
>
> 第二，被害人必须属于该法所要保护的“人”的范围。故如交通规则中以行人为保护对象的规定，如斑马线，机动车驾驶人即不在此保护之列。
>
> 第三，被害法益应当属于该法所要保护的“物”的范围。故如交通规则中以提高其他用路人安全为保护目的的规定，比如夜间行车点灯，其违反对于被毁损的路边摊架则不构成此类侵权。[3]

由此可见，所谓“保护性法律”应有严格之限制。依文义解释，“保护他人”与“法律”二者具有同等重要性，不可偏废。“法律”将从法律的性质和法律的内容两方面对其进行认定，“保护他人”须从法律规范是否以保护他人为目的、被害人是否为法律规定所欲保护之人的范围、被害人之损害是否为法律规范所欲保护之权益及行为人之方式是否为法律规范所欲禁止者等方面判断。[4]

就我国现有法律而言，略微整理，可以发现有如下一些典型的“保护性法

---

〔1〕 陈聪富：《论违反保护他人法律之侵权行为》，载《侵权归责原则与损害赔偿》，北京大学出版社2005年版，第65页；朱柏松：《现代侵权行为救济制度之研究——以多氯联苯事件为中心之商品制作人责任之探讨》（上），载《台大法学论丛》1981年第1期；朱柏松：《论不法侵害他人债权之效力》（上），载《法学丛刊》1992年第145期；陈忠五：《校园学生事故中应负赔偿责任之人——台湾板桥地方法院八十七年度诉字第六九〇号民事判决评释》，载《台湾本土法学》1999年第1期；苏永钦：《再论一般侵权行为的类型——从体系功能的角度看修正后的违法侵权规定》，载《政大法学评论》2002年第69期；杨佳元：《道路交通安全规则与侵权行为法》，载《台北大学法学论丛》2004年第55期。

〔2〕 陈聪富：《违反保护他人法律之侵权行为》，载《台湾本土法学》2002年第30期。

〔3〕 苏永钦：《再论一般侵权行为的类型——从体系功能的角度看修正后的违法侵权规定》，载苏永钦：《走入新世纪的私法自治》，中国政法大学出版社2002年版，第177页；另见[德]马克西米利安·福克斯：《侵权行为法》，齐晓昆译，法律出版社2004年，第141－153页。

〔4〕 张红：《论侵权责任中的成文法义务》，载《中国高校社会科学》2019年第4期。

律”。试举下例予以说明。

《刑法》第 304 条规定了邮政人员延误投递邮件罪。根据该条规定,邮政工作人员严重不负责任,故意延误投递邮件,致使公共财产、国家和人民利益遭受重大损失的,构成该罪。

> 1999 年 10 月,陈某报考了北京大学的硕士研究生,但因邮政工作人员的失误,导致准考证延迟了一个月,直至 2000 年 2 月 3 日才送至陈某手中,而研究生入学考试已于 10 天前举行。由于邮局的失误,导致陈某丧失参加研究生入学考试的机会,精神受到极大的痛苦。于是,陈某向法院诉请精神损害赔偿。[1]

本案判决适用原《合同法》判决原告胜诉,有待商榷。因原告陈某并未与邮局缔结邮寄合同,邮寄合同的交寄人是北京大学,故两者并无合同关系。本案在法理上应属于“违反保护他人法律”的侵权类型,应由邮局赔偿原告的机会利益损失和精神损失。可惜的是,由于我国侵权法体系中并无“违反保护他人法律”的侵权责任类型,原《民法通则》中亦无相应“转介条款”,故法官不得已而援引《合同法》“曲线救国”。

《刑法》第 262 条规定“拐骗不满十四周岁的未成年人,脱离家庭或者监护人”的行为。此种侵权行为侵害的是近亲属间关系和监护关系,理论上亦属“违反保护他人法律”侵权行为。此外,《消费者权益保护法》第 27 条规定“经营者不得对消费者进行侮辱、诽谤,不得搜查消费者的身体及其携带的物品,不得侵犯消费者的人身自由”。《妇女权益保障法》第 23 条第 1 项规定“各单位在录用职工时,除不适合妇女的工种或者岗位外,不得以性别为由拒绝录用妇女或者提高对妇女的录用标准”。《劳动法》第 58 条至第 65 条关于女职工和未成年工特殊保护的内容也属于保护他人的法律。《道路交通安全法》中关于道路通行安全的规定,《未成年人保护法》中关于未成年人保护的规定以及法律、法规中关于老年人、残疾人保护的特殊规定等,皆属“保护性法律”。

现阶段我国《民法典》并未引入“保护他人法律”的侵权行为,但其作为比较法上侵权救济解决路径,可于理论上进行研究探讨,然而面对类型繁多、数量庞大的现行法律规范,如何将“保护他人法律”的筛选机制具体化更为关键。本书结合域外成熟理论与我国审判实践、学者学说,将“保护他人之法律”筛选方式总结如下:

---

[1] 张艳丽主编:《法例法理》,北京理工大学出版社 2003 年版,第 128 页。

第一,该保护性法律规范处于适格的法律渊源范围之内,此处应当采取广义标准,就我国法律体系而言,可包括全国人大及其常委会颁布的法律、行政法规、地方性法规、部门规章、地方规章、司法解释。

第二,该保护性法律规范须具体、确定,而非抽象、概括,即通过明确规定具体的行为义务对行为人进行规范,或在抽象行为义务基础上进行具体化操作使得抽象之法律规范得以具象化。

第三,该保护性法律规范须以保护个人或特定范围之人为目的,不仅以保护国家公共利益与公众为目的,在两者兼顾时,也可认定为保护性法律。此外,在符合目的确认标准基础上,法官需结合案例从责任法角度进行政策评价,即该侵权损害赔偿请求权之赋予是否存在合理意义,是否会造成法律体系内部的结构混乱与评价矛盾。

第四,违反保护他人法律之侵权责任,除需满足被违反法律规范之构成要件外,受损损失应当处于该保护性法律规范的保护范围之内,涉及人的范围、物的范围与加害方式三层检验。细言之,若一项法律具有保护某特定范围主体的目的,而具体案件中的受害人非属于该特定范围,受害人不能援引该法律要求他人赔偿,该法律对于该受害人而言不属保护性法律;若法律规范目的在于保护主体的生命健康,而行为人违反规范导致主体财产损失的,不在此列;最后需考察该主体所受损害是否依法律所预想之加害方式产生。

综上所述,保护他人法律应当满足其能直接界定侵权法保护的客体,明确规定行为义务的强制或禁止规范,具有保护特定个人或特定人群之目的,具有明确的保护范围,他人负有按照该法律规范规范个人行为之义务,并由此建立期待可能性,使该法律规范成为侵权责任之筛选机制之一。

(二)《宪法》第46条与《教育法》第81条是否属于保护他人之法律

依据上文中对“保护他人法律”认定标准,针对“齐玉苓案”,需对《宪法》第46条和《教育法》第81条是否属于“保护他人之法律”进行讨论。前已述及,判断法律是否为“保护性法律”,标准在于其是否保护特定人之法益或主要系保护特定人之法益,且具有明确的保护范围,他人负有按照该法律规范规范个人行为之义务,并由此建立期待可能性。

1.《宪法》第46条非属保护他人法律

按照传统的公私法的划分标准,宪法属于公法的范畴。而公私法之间主要区分标准就是,公法旨在调整私人与国家之间的关系,而私法是调整私人之间的关系。因此宪法上的条款包括基本权利条款,其效力范围由私人指向国家,基本权利就是一种私人针对国家的权利,即宪法基本权利对私法领域无效力。宪法对基本权利的保障,在规范的延伸意义上内在地蕴涵了同时排除私人之间侵犯行为的规范内涵,即基于基本权利的崇高价值,不仅国家不能侵犯,私人更不得随意侵犯。宪法基本权利在私法领域的有效力说已经取代传统的无效力说,在德日学界称为主流。虽然德日学者都未然该学说展开了激烈的争论,但学者争论的焦点并不在于否认有效力说的存在,更多是质疑在具体的实践中如何贯彻落实宪法基本权利对私法领域的效力。[1]

基本权利的私法效力如何?苏永钦教授[2]主张,应当仿照民法的分类,将纯粹国家取向的权利视为宪法上的相对权,即相对于私法而言,只受公法的保障。相对权中,有与私法关系完全无涉者,如司法权、受教育权、选举、罢免等参政权,也有随社会发展而衍生出某种对世效力者,如言论自由、宗教自由等。把同时具有国家与私人取向的权利视为宪法上的绝对权,即无论是公法还是私法都绝对地保障。具体地讲,绝对权又分为真正的绝对权和非真正的绝对权,真正的绝对权的私法效力明定于宪法,如《魏玛共和国宪法》第 118 条第 1 项规定:"德国人民,在法律限制内,有用言语,文字,印刷,图书或其他方法,自由发表其意见之权,并不得因劳动或雇佣关系,剥夺其此种权利。如其人使用此权利时,无论何人,亦不得妨害之。不得施行检查。"第 159 条规定:"为保护及增进劳工条件及经济条件之结社自由,无论何人及何种职业,均应予以保障。规定及契约之足以限制或妨碍此项自由者,均属违法。"《德国基本法》第 9 条第 3 项规定:"保障所有人和所有职业为保护和改善劳动、经济条件而结社的权利。限制或妨碍此项权利的协议均属无效,为此采取的措施均属违法。"反之,如其私法效力仅于私法上规定,则为非真正的绝对权,如人身自由、财产权等。(这些权利先为民法所规定,后被宪法吸收而成为基本权利,但是,由于其私法上的根深蒂固性,转化为基本权利后仍不失其固有的司法效力。)绝对权与相对权的绝对效力之间的区分在于,绝对权与私法权利无异,任何侵害即可构成违法,而相对权的绝对效力因为没有经过立法具体化的过程,所以其私法权利的内涵仍过于笼统而应定位于一种框架权,所以在判定违法时,必须综合考虑侵权与被侵权双方的利益状态、侵害方式及严重性、其行为动机及被侵权人被侵害前的行为等因素。

---

[1] 韩大元:《论基本权利效力》,载《判解研究》2003 年第 1 期;陈新民:《德国公法学基础理论》(上册),山东人民出版社 2001 年版,第 288 - 302 页;许中缘:《民法强行性规范研究》,法律出版社 2010 年版,第 70 页。

[2] 苏永钦:《合宪性控制的理论与实际》,台北,月旦出版社 1994 年版,第 25 页。

《宪法》第46条中所涉的受教育权在上述基本权利分类中应属何种?对于私法领域又具备何种效力?受教育权显然是一种针对国家的受益权,并未明确阐明私人之间侵犯行为的私法效果。受教育权是基本权利中的相对权,而且是与私法完全无涉的相对权,一般认为不具有第三人效力,所以它所能解决的问题是有限的。而最高人民法院的批复则明确指出受教育权可以扩展到私人之间侵权行为,私人可以直接依据《宪法》第46条向法院主张侵权损害赔偿。考察该批复的合法性的关键在于作为基本权利的受教育权是否在私人之间具有私法效果。我们开篇提出的问题仍然没有得到解决,似乎疑惑又随之加深,我国宪法究竟有没有可能存在基本权利的私法效力空间?

我国《宪法》第36条第2款规定:“任何国家机关、社会团体和个人不得强制公民信仰宗教或者不信仰宗教,不得歧视信仰宗教的公民和不信仰宗教的公民。”第40条规定:“中华人民共和国公民的通信自由和通信秘密受法律的保护。除因国家安全或者追查刑事犯罪的需要,由公安机关或者检察机关依照法律规定的程序对通信进行检查外,任何组织或者个人不得以任何理由侵犯公民的通信自由和通信秘密。”第41条第2款规定:“对于公民的申诉、控告或者检举,有关国家机关必须查清事实,负责处理。任何人不得压制和打击报复。”这三个条款中都出现了“个人不得”的字眼,与《魏玛共和国宪法》第118条和第159条的定位相同。基本权利有可能受到个人的侵犯或者基本权利有在个人侵权案件中适用的可能性,但如何适用,依然是摆在我们面前的“障碍”。私法关系在一定程度上也能实现对私人基本权利的保障,或通过将基本权利予以具体化,或通过法官解释私法中不确定概念以将基本权利的价值注入私法关系,这些举措对基本权利的保护显有成效,固然值得欣喜,但是,宪法的基本权利并非都面向私法,大量的宪法基本权利尚未被普通法律具体化。

保护性法律是指至少也保护个人利益的法律,而不包括单纯只维护一般公共利益的法律。[1]《德国刑法典》第125条与第258条中的破坏国家和平罪与破坏刑罚罪,该条文保护的客体为司法秩序与公众利益,但当个人利益与司法秩序同时得到保护时的条文也可认定为保护性法律,如伪证罪。[2]“根据以往的审判实践,当一项法律规范的作用在于针对法益损害而对个人或某一类人实施保护时——即使这种保护作用相对于本规范保护公众的作用是次要的——则此项

---

〔1〕[德]玛克西米利安·福克斯:《侵权行为法》,齐晓琨译,法律出版社2004年版,第143页。[德]梅迪库斯:《德国债法分论》,杜景林、卢谌译,法律出版社2007年版,第677页。

〔2〕张金海:《侵权行为违法性研究》,法律出版社2012年版,第73页。

规范为保护性法律。……即使条文首先是着眼于公众的利益,但只要其应当也对个人的利益实施保护,则已足够将其视为保护性法律。”[1]也就是说,“如果一项法律意在维护一般公共利益,并不必然意味着其不保护特定人群的利益”。[2]遗憾的是,《德国民法典》第823条第2款未提供任何依据以确定,某一规定系以保护何人或何种权益为目的。于飞[3]认为,宪法不宜作为保护性法律。其理由如下:其一,宪法的规定极其概括笼统,无法通过细致的行为规定(命令或禁止)为行为人设置一个具体场景下的具体注意义务。宪法的根本意义在于在“公民——国家”关系中为国家设置广泛义务,而保护性法律是以特定范围的他人为保护对象,宪法是以一般公众为保护对象,其保护作用是不区分地作用于一切主体之上。其二,宪法基本权利的范围过于广泛,若将宪法视为保护性法律,则关于基本权利的广泛粗糙的规定会代替一切侵权规范,而且基本权利中还掺杂着政治权利、各种自由权、平等权、社会救济权等不适宜民法救济的权利。其三,“齐玉苓案”是“过错侵害权利”模式,是“宪法第三人效力”中的“直接说”的体现,“受教育权”直接被认定为一项受侵权法保护的民事权利,故反对将该案作为一个依照“违反他人的法律”方法来裁判的典型案例。

本书认为,在我国,宪法规定之基本权利具有救济之必要,但宪法不宜作为保护性法律。其一,宪法不符合保护性法律之适格要求,保护性法律虽可属公法性质,但需为规范主体设置对其他主体的注意义务,注意义务需应当通过相当细致的行为规定体现,但宪法中对于注意义务之规定过于抽象,极为概括笼统,如“中华人民共和国公民有劳动的权利”(《宪法》第42条)、“中华人民共和国公民有受教育的权利”(《宪法》第46条),法律规范之制定需使人了解自己对其他主体的具体义务为何,注意义务边界为何,无法设定具体情境下的具体注意义务。“基本法规范作为保护性法律并无效用,宪法仅仅依其性质只限于提供一般条款式的保障。”[4]其二,保护性法律应当针对特定范围的受保护主体,不可以一般公众为保护对象,若以一般公众为保护对象,该法律仅能被理解为保护“公益”为目的的法律,而非一个以保护“他人”为目的的法律,故而不符合“保护他人法律”,“他人”仅仅指“特定范围的他人”,宪法的规定即使对主体有保护

---

[1] [德]玛克西米利安·福克斯:《侵权行为法》,齐晓琨译,法律出版社2004年版,第144页。

[2] Basil S. Markesinis and Hannes Unberath, *The German Law of Torts: A Comparative Treatise*, p. 887.

[3] 于飞:《权利与利益区分保护的侵权法体系之研究》,法律出版社2012年版,第148-150页;于飞:《基本权利与民事权利的区分及宪法对民法的影响》,载《法学研究》2008年第5期。

[4] Münchener Kommentar - Wagner, 5. Aufl., Verlag C. H. Beck, München 2009, § 823, Rn. 337.

作用,该保护作用不区分作用于一切主体之上,宪法的根本意义在于“公民——国家”关系,故此无法被认为是对特定“民事主体”设置义务的法律。其三,将宪法视为“保护他人法律”会覆盖侵权规范。除“私有财产权”“人格尊严”的“大民事权利”,基本权利还有政治权利、自由权、平等权、社会救济权,若在“保护他人法律”中涵盖几乎所有基本权利保护规范,则足以为一切侵权案件提供裁判依据,违反保护他人法律之侵权责任的引入本为减少现行侵权责任法之不确定性,宪法之代入将会与初衷相悖。其四,“齐玉苓案”并非违反保护他人法律之侵权责任的思维模式,该案的主要裁判模式为“过错侵害权利”,宪法在该案中起到的最直接作用为对权利的赋予,提供民事基本权利保护的基础。[1]

综上所述,《宪法》第46条“中华人民共和国公民有受教育的权利和义务”所明定之受教育权是针对全体国民,是一种社会取向的基本权利,其立法目的并非在于保护特定人群之特定利益,保护他人法律不涉及与私法关系完全无涉的调整宪法相对权的宪法规范,其应不属于“保护性法律”。

2.《教育法》第81条非属保护他人法律

《教育法》第81条规定:“违反本法规定,侵犯教师、受教育者、学校或者其他教育机构的合法权益,造成损失、损害的,应当依法承担民事责任。”此一条文已经规定了侵权责任的构成要件,[2]是存在于特别法中的侵权责任规范,直接依据此条就可以裁判,因此其亦不属于“保护性法律”。本条规定课予侵权者民事赔偿责任的前提是“违反本法规定”,亦即违反本法——《教育法》,方负责任。于是,为了在“齐玉苓案”中适用这一条,我们就必须在《教育法》中寻找到诸被告侵害原告所导致的损失是因为违反了《教育法》的“哪些”规定?对此,须区别不同的被告逐一具体分析。

首先,《教育法》没有规定公民对于公民(brger zu brger)的受教育权的义务,这与本法属宪法性法律有关,因为一般宪法性法律并不直接调整私人关系,所以,很难说被告陈晓琪的行为违法了《教育法》的哪一条“规定”。与此同理,既然陈晓琪的行为没有违反《教育法》,那么其父陈克政的行为自然也不违反《教育法》。其次,本案被告滕州市教委有没有违反《教育法》呢?滕州市教委属于

---

〔1〕于飞:《基本权利与民事权利的区分及宪法对民法的影响》,载《法学研究》2008年第5期。

〔2〕“侵权行为的构成要件”的称谓既不符合两大法系国家的民法学者对行为人承担侵权责任条件的称谓,也违反了我国的明确规定等,称“侵权责任的构成要件”更为妥适。参见张民安:《“侵权行为的构成要件”抑或“侵权责任的构成要件”之辨——行为人对他人承担侵权责任条件的称谓》,载《政治与法律》2012年第12期。

教育行政主管机构,《教育法》对其权利和义务没有规定,因此无法从《教育法》上认定其是否违法。最后,因被告滕州八中在本案中故意协同行为,使得被告陈晓琪能够冒领济宁商校发给齐玉苓的录取通知书,并伪造档案。因被告济宁商校过失使得被告陈晓琪能够自带档案并更换档案。此两被告在《教育法》上属于"学校及其他教育机构",而对于这类主体的义务,《教育法》第29条(2015年修正后为第30条)规定:"学校及其他教育机构应当履行下列义务:(一)遵守法律、法规;(二)贯彻国家的教育方针,执行国家教育教学标准,保证教育教学质量;(三)维护受教育者、教师及其他职工的合法权益;(四)以适当方式为受教育者及其监护人了解受教育者的学业成绩及其他有关情况提供便利;(五)遵照国家有关规定收取费用并公开收费项目;(六)依法接受监督。"从上述规定来看,唯一与本案有所关联的是本条第3项,该款要求"学校及其他教育机构"维护"受教育者的合法权益"。那么,在本案中,被告滕州八中和济宁商校显然未尽该义务,因此可以说符合《教育法》第81条的规定,应当承担民事赔偿责任,而被告陈晓琪及其父陈克政、被告滕州市教委却不能依据该条承担责任。而且,须注意的是,本案的"主犯"是陈晓琪及其父陈克政。由此可见,适用《教育法》难以达到"制裁"本案"主犯"陈晓琪及其父之效果,而仅仅适用《宪法》第46条,又不能作为判决依据。

三、一般人格权之中国现状

(一)一般人格权在中国的司法实践

1."齐玉苓案"

一审法院枣庄市中级人民法院根据原《民法通则》第99条,认定陈晓琪等侵害了齐玉苓的姓名权。且受教育权是公民的一般人格权,但原告主张侵犯受教育权的证据不足。故依原《民法通则》第120条,被告应停止侵害原告姓名权,并赔礼道歉和赔偿精神损失费。该法院将民法未规定的受教育权解释为一般人格权,是实务上对一般人格权应用的大胆探索,亦是借一般人格权将基本权利导入民法的尝试,使基本权利蕴含的人格利益进入民法法域。这与德国创设一般人格权的做法不谋而合。[1] 而通过民法一般人格权条款贯彻基本权利价值,或者通过基本权利价值创设一般人格权的做法是比较法上的重要课题,也是中国民法、宪法解释学所要面临的问题。一审法院虽将受教育权解释为民法上

〔1〕 Leserbrief案(Leserbrief)将德国《基本法》第1条第1款的"人格尊严"和第2条第1款的"人格自由发展"导入《德国民法典》第823条第1款中的"其他权利"。参见[德]马克西米利安·福克斯:《侵权行为法》,齐晓昆译,法律出版社2004年版,第50页。

一般人格权,却因对本案事实的认识错误,而没有将这一探索付诸实践。如若一审法院再向前一步,在将受教育权解释为一般人格权的基础上,再以原《民法通则》第106条第2款中的"侵犯他人人身"作为判决依据,即可生成中国式的"Leserbrief案"。

2. 徐高诉北京燕莎公司人格尊严侵权案

1999年7月1日,徐高欲去北京燕莎公司所属饭店东花园休息并就餐,但保安将其驱离。其向酒店投诉,酒店答复已写有告示,告示内容为"酒店范围,仅供住店客人使用"。原告认为,被告保安的驱赶行为,且东花园仅用中文书写告示是对中国公民的歧视,进而提起诉讼。本案审理法院认为:人格尊严是人格权的内涵之一,包含权利主体自身的人格、社会价值得到他人的认识和尊重。消费者在接受服务时,人格尊严应受尊重。原告是被告的消费者,有权利在被告的东花园休闲等待就餐。但被告保安要求原告离开,致使原告产生了同为消费者而无同等待遇,受到歧视的心理反应,此种心理反应是原告人格尊严未受到被告尊重的表现。故被告保安的行为侵害了原告人格尊严。综上,根据原《民法通则》第101条,《消费者权益保护法》第9条第1款、第2款,第14条,第25条,第43条(2013年修订后分别为第9条1款、第2款,第14条,第27条,第51条,下文如未说明皆指1994年《消费者权益保护法》)之规定,判决被告向原告书面赔礼道歉。[1]

本案判决于《精神损害赔偿解释》(2001年)出台前作成,具有一定代表性。因其认定原告基于本案事实而遭受的人格尊严损害是属于人格权内涵之一,实质上是承认了公民具有一般意义上的人格权,抑或实际上已经运用了一般人格权的原理。从判决看,法官认为原《民法通则》第101条规定的公民的人格尊严,《消费者权益保护法》第14条规定消费者享有人格尊严、第25条规定经营者不得侵犯消费者的人身自由等,为一般人格权的规范基础。另有学者专门撰文认为本案是"中国宪法诉讼第一案",本案中的人格尊严是《宪法》第38条中的人格尊严通过民事侵权机制得以实现的标志性判决,具有重要启示价值。[2]

3. 陈伟诉金映儿一般人格权案

原告陈伟与被告金映儿婚后育有一子。2001年12月二者协议离婚,由原告一次性支付儿子的全部抚养费62,500元。后经证实,其子非原告亲生。由此原告向法院提起诉讼。法院认为:被告的行为违反了原《婚姻法》第4条、《民法

〔1〕 北京市朝阳区人民法院民事判决书,(2000)朝民初字第120号。
〔2〕 陈云生:《中国宪法诉讼第一案评析》,载《人民法院报》2003年7月15日。

通则》第7条,侵犯了原告的一般人格权。依《精神损害赔偿解释》(2001年)第1条第2款、第10条,判决被告支付原告精神抚慰金15万元。[1]

本案性质上属欺诈性抚养关系的侵权行为。判决认定被告行为侵犯了原告的一般人格权,并依此判处精神损害抚慰金。法官论证一般人格权成立所援引的论据是原《婚姻法》第4条夫妻应当互相忠实的义务,同时违背了原《民法通则》第7条公序良俗原则。但其直接的判决依据是《精神损害赔偿解释》(2001年)第1条第2款"违反社会公共利益、社会公德侵害他人隐私或者其他人格利益,受害人以侵权为由向人民法院起诉请求赔偿精神损害的,人民法院应当依法予以受理"。显然,于此法官认为被告侵害了原告的其他人格利益。由此可见,该款亦被认为是一般人格权的规范基础。

上述三案例即为一般人格权在中国运用之典型。随着物质生活之充裕,人格自觉之发展,人们逐渐注重人格自由、人格尊严之实现。由此,一些新型人格权利诉争经常出现,法官常陷入难寻裁判依据之困扰。又因具体人格权的具体类目皆为法律明定,具有相对确定的范域。可纳入具体人格权类目者,需满足一定要件,而新型人格利益因其内涵尚不确定,多难满足这些要件,而扩大解释具体人格权则会扰乱现有法律体系。由此,具体人格权在保护新型人格利益时往往力有不逮,将新型人格权益情形纳入其中,要么扰乱严格的人格权之体系,要么顾此失彼,难得周延,如前文批复以借由姓名权保护齐玉苓之受教育权之情形。由此,法官将目光转向了一般人格权。历经多年实践积累,以一般人格权这一框架性权利作为保护新型人格利益的"口袋"的实践案例已不胜枚举,例如,对祭奠利益[2]、性自主利益[3]、生活安宁利益[4]等,一般人格权作为兜底性质的人格权利,为司法实践普遍认可,并发挥着不可替代的作用,契合了人格自觉、权利意识日渐萌生的社会潮流。

4. 问题所在

在徐高诉北京燕莎公司人格尊严侵权案中,法院认定被告的行为侵犯了原告的人格尊严,根据原《民法通则》第101条,《消费者权益保护法》第9条第1

---

[1] 浙江省绍兴市中级人民法院一审判决书,(2005)绍中民一初字第76号;浙江省高级人民法院民事裁定书,(2005)浙民一终字第309号。

[2] 北京市第三中级人民法院民事判决书,(2014)三中民终字第05390号;上海市第二中级人民法院民事判决书,(2010)沪二中民一(民)终字第971号;北京市第二中级人民法院民事判决书,(2015)二中民终字第06010号。

[3] 上海市第一中级人民法院民事判决书,(2014)沪一中民一(民)终字第2315号。

[4] 上海市第一中级人民法院民事判决书,(2011)沪一中民一(民)终字第1325号。

款、第 2 款、第 14 条、第 25 条、第 43 条之规定,判决被告向原告徐高书面赔礼道歉。法院在事实上认定原告应被告行为人格尊严受损后,只能将当时(2000 年)所有有关保护“人格尊严”的法律规范都找出来作为裁判依据。诚然,本案是一起消费者权益纠纷案,适用《消费者权益保护法》中的人格尊严条款无可非议。但是,对于适用原《民法通则》第 101 条中的“人格尊严”未免牵强,因为此条主要针对的是名誉权,并且此条中“人格尊严”只是名誉权之附属。由此案件,我们可以确定,《消费者权益保护法》中的“人格尊严”条款一般只是针对消费者权益纠纷案件而适用,对于其他人格尊严案件并无适用空间。而且,原《民法通则》第 101 条也不能承担保护其他人格尊严受损的法律依据。于是,我们应该寻找新的规范。

在陈伟诉金映儿一般人格权案中,法院认为被告的行为违反了原《婚姻法》第 4 条夫妻间的忠诚义务,同时违背了原《民法通则》第 7 条公序良俗原则,侵犯了原告的一般人格权。因此根据《精神损害赔偿解释》(2001 年)第 1 条第 2 款、第 10 条之规定,判决被告支付原告精神抚慰金。该判决认定本案被告实施的欺诈性抚养行为是侵犯了原告的一般人格权,其法律依据是原《婚姻法》第 4 条、原《民法通则》第 7 条和《精神损害赔偿解释》(2001 年)第 1 条第 2 款、第 10 条,但其直接的法律依据应是《精神损害赔偿解释》(2001 年)第 1 条第 2 款即“违反社会公共利益、社会公德侵害他人隐私或者其他人格利益,受害人以侵权为由向人民法院起诉请求赔偿精神损害的,人民法院应当依法予以受理”。不难看出,本案判决关键依据是该款中的“其他人格利益”。由此可见,本案是以《精神损害赔偿解释》(2001 年)第 1 条第 2 款中的“其他人格利益”作为一般人格权的法律条文依据。

如此,则出现了矛盾。因为这里的“其他人格利益”与前文所述一般人格权的“人格尊严权”出现了重合和矛盾,两者皆为一般人格权的请求权基础,那么实践中遇到侵犯一般人格权的案件时,到底如何区分适用这两类请求权规范呢?对此,陈现杰法官指出了应以行为人是否违反“公序良俗”作为判断侵害他人“其他人格利益”是否具有违法性的标准,这是为了防止“其他人格利益”的滥用。但问题是,“人格尊严权”作为一种权利,其保护与“其他人格利益”在法律的清晰性上来讲区别甚大。而且,“人格尊严权”与“其他人格利益”同为一般人格权的请求权基础,其内涵界分在操作上亦是相当困难,何种法益归属“人格尊严”,何种法益又“归属其他人格利益”呢? 加之,由于“人格尊严权”的本身内涵与外延不确定,且对其侵害不需要违反“公序良俗”这个违法性要件,那就将使得对于所谓的新型人格利益受损时,法官面对两个法条而束手无策,不知道该适用哪一个?此为问题之一。

问题之二在于,梁慧星和龙卫球认为,应将《宪法》第38条的人格尊严解释为民法上的一般人格权,王利明认为,我国实际上已经通过司法解释确立了《宪法》第37条之人身自由和第38条的人格尊严为民法之一般人格权。这表明,民法学界已经有意识将宪法基本权利——人格尊严权和人身自由权透过民法中的一般人格权投射到民法中来,并欲借助民法中的一般人格权来实现对此种基本权利的保护。此与受教育权被侵害,而欲通过姓名权来寻求民法侵权机制保护实属异曲同工。于是,现在的问题就变成了如何从比较法和我国实践经验来探索基本权利借助一般人格权,进而实现其民法侵权法上保护之途径,为法院之基本权利保护判决提供明确指引。为此,我们需借鉴比较法上的经验,特别是一般人格权的诞生地——德国法上的操作。而我国台湾地区"民法"第18条已经明确规定了人格权,即所谓一般人格权,因此其请求权规范明确,可资借鉴之处不多。

(二)人格权之中国法制体系

人格权为民事权利已无异议,人格权保护主要由《民法典》来规制,但是其并非一项单一的侵权责任法问题。从比较法上观之,人格权保护莫不为一国法制的综合课题,由各部门法律综合调整,涉及宪法、民法、刑法和各特别法等。中国法制对于人格权的保护亦是由众多部门法协力而为,各司其职,共同协作,构成了人格权的保护体系。又人格权一般分为具体人格权和一般人格权。因此,欲厘清中国一般人格权的法律规定,须从人格权的中国法制体系整体观之。舍之,难免将陷于"只见树不见林"之困惑,亦难保证分析的广度和深度。

1982年《宪法》第37条第1款规定:"中华人民共和国公民的人身自由不受侵犯。"第38条规定:"中华人民共和国公民的人格尊严不受侵犯。禁止用任何方法对公民进行侮辱、诽谤和诬告陷害。"

1986年《民法通则》第98条规定:"公民享有生命健康权。"第99条规定:"公民享有姓名权、有权决定、使用和依照规定改变自己的姓名,禁止他人干涉、盗用、假冒。法人、个体工商户、个人合伙享有名称权。企业法人、个体工商户、个人合伙有权使用、依法转让自己的名称。"第100条规定:"公民享有肖像权,未经本人同意,不得以营利为目的使用公民的肖像。"第101条规定:"公民、法人享有名誉权,公民的人格尊严受法律保护,禁止用侮辱、诽谤等方式损害公民、法人的名誉。"第102条规定:"公民、法人享有荣誉权,禁止非法剥夺公民、法人的荣誉称号。”第 103 条规定：“公民享有婚姻自主权，禁止买卖、包办婚姻和其他干涉婚姻自由的行为。”第 106 条第 2 款规定：“公民、法人由于过错侵害国家的、集体的财产，侵害他人财产、人身的应当承担民事责任。”第 120 条第 1 款规定：“公民的姓名权、肖像权、名誉权、荣誉权受到侵害的，有权要求停止侵害，恢复名誉，消除影响，赔礼道歉，并可以要求赔偿损失。”

1994 年《消费者权益保护法》第 14 条规定：“消费者在购买、使用商品和接受服务时，享有其人格尊严、民族风俗习惯得到尊重的权利。”第 25 条规定：“经营者不得对消费者进行侮辱、诽谤，不得搜查消费者的身体及其携带的物品，不得侵犯消费者的人身自由。”第 43 条规定：“经营者违反本法第二十五条规定，侵害消费者的人格尊严或者侵犯消费者人身自由的，应当停止侵害、恢复名誉、消除影响、赔礼道歉，并赔偿损失。”

1997 年《刑法》第 246 条规定：“以暴力或者其他方法公然侮辱他人或者捏造事实诽谤他人，情节严重的，处三年以下有期徒刑、拘役、管制或者剥夺政治权利。前款罪，告诉的才处理，但是严重危害社会秩序和国家利益的除外。”

2001 年《精神损害赔偿解释》第 1 条规定：“自然人因下列人格权利遭受非法侵害，向人民法院起诉请求赔偿精神损害的，人民法院应当依法予以受理：(一)生命权、健康权、身体权；(二)姓名权、肖像权、名誉权、荣誉权；(三)人格尊严权、人身自由权。违反社会公共利益、社会公德侵害他人隐私或者其他人格利益，受害人以侵权为由向人民法院起诉请求赔偿精神损害的，人民法院应当依法予以受理。”第 2 条规定：“非法使被监护人脱离监护，导致亲子关系或者近亲属间的亲属关系遭受严重损害，监护人向人民法院起诉请求赔偿精神损害的，人民法院应当依法予以受理。”第 3 条规定：“自然人死亡后，其近亲属因下列侵权行为遭受精神痛苦，向人民法院起诉请求赔偿精神损害的，人民法院应当依法予以受理：(一)以侮辱、诽谤、贬损、丑化或者违反社会公共利益、社会公德的其他方式，侵害死者姓名、肖像、名誉、荣誉；(二)非法披露、利用死者隐私，或者以违反社会公共利益、社会公德的其他方式侵害死者隐私；(三)非法利用、损害遗体、遗骨，或者以违反社会公共利益、社会公德的其他方式侵害遗体、遗骨。”

2009 年《侵权责任法》第 2 条规定：“侵害民事权益，应当依照本法承担侵权责任。本法所称民事权益，包括生命权、健康权、姓名权、名誉权、荣誉权、肖像权、隐私权、婚姻自主权、监护权、所有权、用益物权、担保物权、著作权、专利权、商标专用权、发现权、股权、继承权等人身、财产权益。”第 6 条第 1 款规定：“行为人因过错侵害他人民事权益,应当承担侵权责任。”第 21 条、第 22 条、第 23 条规定了侵害人格权的侵权责任。

2017 年《民法总则》第 109 条规定:“自然人的人身自由、人格尊严受法律保护。”第 110 条规定:“自然人享有生命权、身体权、健康权、姓名权、肖像权、名誉权、荣誉权、隐私权、婚姻自主权等权利。法人、非法人组织享有名称权、名誉权、荣誉权等权利。”第 111 条规定:“自然人的个人信息受法律保护。任何组织和个人需要获取他人个人信息的,应当依法取得并确保信息安全,不得非法收集、使用、加工、传输他人个人信息,不得非法买卖、提供或者公开他人个人信息。”

2020 年《民法典》规定人格权编第 989 条至第 1039 条共 51 条以及其余各编可供人格权保护所适用之规范若干。

此外,还有专门针对名誉权的 1993 年《名誉权解答》和 1998 年《名誉权解释》等司法解释,专门针对人身损害赔偿标准的 2003 年《人身损害赔偿解释》及最高人民法院的若干针对具体案件的“复函”或“答复”等。以上是中国人格权保护的主要法规构成,而下面表 3 - 1 展示我国人格权立法的宏观发展状况。

表 3 - 1　我国人格权立法的宏观发展状况

单位:件

权利	≤1989 年	1990 ~ 1999 年	2000 ~ 2009 年	≥2010 年	总数
生命、身体、健康权	1	3	3	5	12
姓名权	6	3	8	5	22
名称权	2	5	6	3	16
肖像权	2	4	3	4	13
名誉权	5	12	7	6	30
荣誉权	2	6	6	2	16
婚姻自主权	1	1	1	1	4
隐私权	0	0	10	17	27
个人信息权	0	0	13	125	138
人格尊严	2	8	14	16	40

下面再以表 3 - 2 示其体系,以提供更清晰的概貌,可窥得我国人格权立法体系的内在,以及一般人格权在人格权法体系中的地位以及作用。

表 3-2 我国人格权立法所涉规范性文件

<table>
<tr><th colspan="2">类别</th><th>涉及的规范性文件</th></tr>
<tr><td rowspan="4">一般人格权</td><td>一般人格权</td><td>《民法典》第 109 条、第 990 条</td></tr>
<tr><td>人格尊严(权)</td><td>《宪法》第 38 条,《民法典》第 109 条、第 990 条,《消费者权益保护法》第 14 条、第 43 条,《精神损害赔偿解释》第 1 条第 1 款第 3 项</td></tr>
<tr><td>人身自由权</td><td>《宪法》第 37 条,《民法典》第 109 条、第 990 条,《精神损害赔偿解释》第 1 条第 1 款第 3 项</td></tr>
<tr><td>其他人格利益</td><td>《精神损害赔偿解释》第 1 条第 2 款</td></tr>
<tr><td rowspan="11">特别(具体)人格权</td><td>生命权</td><td rowspan="5">《民法典》第 110 条、第 4 编第 2-5 章,《精神损害赔偿解释》(2001 年)第 1 条第 1 款第 1 项、第 2 项</td></tr>
<tr><td>身体权</td></tr>
<tr><td>健康权</td></tr>
<tr><td>姓名权</td></tr>
<tr><td>荣誉权</td></tr>
<tr><td>名誉权</td><td>《民法典》第 110 条、第 4 编第 5 章,《精神损害赔偿解释》(2001 年)第 1 条第 1 款第 2 项,《刑法》第 246 条,《名誉权解答》</td></tr>
<tr><td>名称权</td><td>《民法典》第 110 条</td></tr>
<tr><td>隐私权</td><td>《民法典》第 110 条、第 4 编第 6 章</td></tr>
<tr><td>个人信息权</td><td>《民法典》第 111 条、第 4 编第 6 章</td></tr>
<tr><td>监护关系</td><td>《民法典》第 1 编第 1 章第 2 节,《精神损害赔偿解释》(2001 年)第 2 条</td></tr>
<tr><td>死者人格利益</td><td>《民法典》第 994 条,《精神损害赔偿解释》(2001 年)第 3 条</td></tr>
</table>

对于表 3-2,做如下说明:

首先,我国人格权立法虽较早出现星星之火,可以追溯到清末,但为保护人格权激荡而起的立法浪潮肇始于改革开放,且滥觞于 1982 年《宪法》第 38 条规定公民的人格尊严不受侵犯。紧随其后的《民法通则》关于人格权的详细规定,奠定了之后二十多年人格权保护的基本框架。

其次,不同具体人格权受立法青睐的程度不一,但从条文上并不能直观地得出确切答案。例如,生命身体健康权较少,并不是因为对其不够重视,而是因为侵权法、刑法等关于人身伤害的规定已够详尽。但就其他具体人格权而言,近年来,个人信息权更受关注,相关立法最多,这正契合信息时代的立法要求。当然,少不并代表该项权利不重要,数量只能体现近年来立法机关的关切之处。

再次,从历史维度看,立法机关和最高人民法院对人格权愈来愈关注,20 世纪 80 年代共有 17 个相关条文或司法解释规范人格权,紧随其后的两个十年分别有34/36部相关条文或司法解释,而近 7 年,短短时间已经超过之前立法之总数,关于人格权立法呈爆发趋势,相信在可预见的将来,人格权的相关规定会愈来愈多。

又次,隐私权、个人信息权作为已被广泛认可的具体人格权,但从表格中可以发现在 2000 年之前并无相关立法,而是于 2000 年之后出现在立法者视野内,并且在近几年呈骤增之势。这说明具体人格权的类型是不断增加的,随着社会发展、司法实践等,新型人格利益会不断成熟,加入具体人格权的家族,新生人格权利的生成,应获得足够的重视。因此,有必要未雨绸缪,对人格权的开放体系进行研究。

最后,我国原《民法总则》并无一般人格权的表述,原《侵权责任法》虽简略点明人身权益应受法律保护,但无专门概括性规定人格权的条款,亦未明定一般人格权之法律地位。对于一般人格权内涵之人格尊严(权),〔1〕我国相关规范文件的规定各有不同表述。《宪法》第 38 条,原《民法通则》第 101 条,《消费者权益保护法》第 14 条、第 43 条,原《民法总则》第 109 条谓之"人格尊严",《精神损害赔偿解释》(2001 年)第 1 条第 1 款第 3 项则称其为"人格尊严权"。对于《宪法》第 38 条,有学者主张,将该条中"公民人格尊严不受侵犯"的表述,突破仅理解为名誉权的限制,广义解释成为一般人格权。〔2〕 参与起草《精神赔偿损害解释》(2001 年)的陈现杰法官对此阐述道:

> 值得特别指出的是,"人格尊严权"在理论上被称为"一般人格权",是人格权利一般价值的集中体现,因此,它具有补充法律规定的具体人格权利

---

〔1〕 随着研究的深入,一般人格权主要是以人格尊严、人格自由发展为内容的权利,而观一般人格权在我国滥觞之始,一般人格权肇始于人格尊严权,并通过对人格尊严之解释与理论化建构,并借鉴德国关于一般人格权之立法,来构建我国的一般人格权理论体系。

〔2〕 梁慧星:《民法总论》(第 2 版),法律出版社 2001 年版,第 106 页;龙卫球:《自然人人格权及其当代进路考察——兼论民法实证主义与宪法秩序》,载《清华法学》2002 年第 2 期。

立法不足的重要作用。《解释》的规定实现了精神损害赔偿范围从“具体人格权”到“一般人格权”的发展,是人格权司法保护的又一重大进步。但在处理具体案件时,应当优先适用具体人格权的规定,而将一般人格权作为补充适用条款。[1]

准此,王利明教授认为:“由此可见,最高人民法院实际上已经将《宪法》关于‘中华人民共和国公民的人身自由不受侵犯’(第37条)和‘中华人民共和国公民的人格尊严不受侵犯’(第38条)的规定,解释为人身自由权和人格尊严权,这实际上是通过司法解释确认了一般人格权。”[2]由此可见,将人格尊严权、人格自由权作为一般人格权的规范基础,在我国立法和学理上已经基本上达成了一定程度的共识。[3]

对于《精神损害赔偿解释》(2001年)第1条第2款中的“其他人格利益”的解释适用,陈现杰亦有专门表述:

但由于历史或其他原因,法律对有些合法利益没有规定为民事权利(如隐私),这些利益受到侵害,如何确认侵权行为的违法性?侵权法理论和有关国家和地区的立法实践以及判例学说一般采取“违反公序良俗”作为判断依据。故《解释》参考有关国家和地区立法将侵权行为类型化的方法,将侵害隐私纳入违反公序良俗致人损害的侵权类型中予以规定,同时涵盖了不能归入第一款“权利侵害”类型中的侵害其他人格利益的案件类型。

基于上述论述,本书认为,《民法典》第990条第2款应定位为一般人格权。考察一般人格权在德国的发展可知,一般人格权所保护的利益族群原本由“背俗故意致损”侵权责任条款规制,[4]为其他人格利益冠上权利的名字,实则是重视人格利益的表现,是为了更周延地保护非典型人格利益。这样可以避免适用“背俗故意致损”侵权条款时更为严格的构成要件,并可通过“过失+积极确定的违法性”侵权认定模式,规避对民事主体其他权利的影响,进而保持法律的安定性。虽然我国《民法典》侵权责任编与德国侵权法立法模式有所差别,但我国

---

〔1〕 陈现杰:《人格权司法保护的重大进步和发展——〈最高人民法院关于确定民事侵权精神损害赔偿责任若干问题的解释〉的理解与适用》,载《人民法院报》2001年3月28日。

〔2〕 王利明:《试论人格权的新发展》,载《法商研究》2006年第5期。

〔3〕 李岩:《一般人格权的类型化分析》,载《法学》2014年第4期;冷传莉:《论人格物与一般人格权的内在契合》,载《法律科学》2013年第4期;杨立新、刘召成:《论作为抽象人格权的一般人格权》,载《广东社会科学》2010年第6期等。

〔4〕 于飞:《违背善良风俗故意致人损害与纯粹经济损失保护》,载《法学研究》2012年第4期。

司法实践对利益保护时仍应加以甄别,详加论述,以防权利泛化,一般人格权应否受法律保护的论证,与"权利地位"的问题在表现形式上虽然不同,但在实质上其实属于同一个问题。〔1〕 基于此,实则在实践中我国已趋向德国式。此外,在"多元模式"人格权立法模式情形下,人格权、一般人格权、具体人格权并不存在冲突,人格权作为上位概念,一般人格权、具体人格权作为同一逻辑层次的下位概念,各司其职,共同构成人格权立法体系。此外,"一般人格权纠纷"已经作为民事具体案由类型,并于最高人民法院《关于印发修改后的〈民事案件案由规定〉的通知》(法〔2011〕42 号)中获得明确。同时需要注意的是,我国一般人格权亦有民法一般人格权与宪法一般人格权之区分,《民法典》第 990 条第 2 款是《宪法》第 38 条通向私法领域的桥梁,有助于提升民法一般人格权的保护力度,〔2〕于此不再赘述,详见后文。

(三)一般人格权的中国学理发展

如前所述,随着社会发展,人格自觉,各新型人格利益层出不穷,并为民众所重视,每当其感知人格权益受损时,往往诉诸法院请求保护,由此相关诉争以疑难案件的形式涌入法院。为给司法实践提供理论供给,寻求新型人格利益保护之路径,学界形成了研究一般人格权的高潮。早在 1995 年,一般人格权已进入我国学者的研究视野,集中于一般人格权的介绍以及引入,相关研究尚少。〔3〕及后,学界转向对一般人格权的宪法转介功能和新型人格利益保护的研究。〔4〕近年来,随着民法典的编纂,特别对人格权立法体例的探讨,使一般人格权研究进入暴发期。〔5〕 研究繁荣的背后是理论上争议频现,且诉争多集中在一般人格

---

〔1〕 黄茂荣:《债法通则之 2:债务不履行与损害赔偿》,厦门大学出版社 2014 年版,第 251 页。

〔2〕 王锴:《论宪法上的一般人格权及其对民法的影响》,载《中国法学》2017 年第 3 期。

〔3〕 姚辉:《论一般人格权》,载《法学家》1995 年第 5 期;杨立新、尹艳:《论一般人格权及其民法保护》,载《河北法学》1995 年第 2 期。

〔4〕 杨立新主编:《中国人格权法立法报告》,知识产权出版社 2005 年版,第 227 – 228 页;最高人民法院研究室编:《最高人民法院司法解释理解与适用》(2001),中国法制出版社 2002 年版,第 279 页;龚向和:《受教育权论》,中国人民公安大学出版社 2004 年版,第 172 – 173 页等。

〔5〕 朱晓峰:《人格权编一般人格权条款的具体表述》,载《吉林大学学报(社会科学版)》2020 年第 1 期;刘召成:《民法一般人格权的创设技术与规范构造》,载《法学》2019 年第 10 期;张红:《一般人人格权:新生人格利益的保护机制》,载《人大法律评论》2018 年第 2 期;方金华:《一般人格权理论分析及我国的立法选择》,载《法律科学》2015 年第 4 期;李莉:《法律思维与法律方法下的人格权立法模式——兼论否定一般人格权立法》,载《当代法学》2013 年第 6 期;马俊驹、王恒:《未来我国民法典不宜采用"一般人格权"概念》,载《河北法学》2012 年第 8 期;尹田:《论人格权概括保护的立法模式——"一般人格权"概念的废除》,载《河南省政法管理干部学院学报》2011 年第 1 期。

权的本质，具体人格权与一般人格权之关系、人格权的立法模式选择。

一般人格权的本质在我国存有“权利说”“法益说”两种学说。[1]“权利说”者认为一般人格权是指权利主体基于其法律人格而享有的，以人格独立、人格自由、人格平等、人格尊严等一般人格利益为客体的民事权利。一般人格权作为人格权的下位概念，具有人格权的一般属性。[2]此外，亦有观点进一步将其一项“框架性权利”，此亦是德国通说。[3]而“利益说”者认为一般人格权仅是对无限多样的人格法益的概括性保护，并非一项主观权利。[4]其本质究竟为何？有待探讨。

一般人格权所保护的客体、内容和范围具有开放性。这无疑是一般人格权对现有的“权利”之概念所提出的挑战。在我国，利益、权利区分保护已获得很多学者的认同，[5]法律明定的权利边界显明，内容确定，以为人们自由的行动划定可预期边界，而不必担心动辄遭受法律的惩罚。权利的确定性特征既明确了权利主体享有权利的范围，又为其他民事主体不侵害该权利提供了警戒线，给予了民事主体活动的自由以及不因为该行为自由而受到法律制裁的合理预期。[6]而在司法实践中，无论法官在对民事主体的利益进行保护时，抑或民事主体为自己利益寻求法律保护时，往往会为其披上“权利”的外衣。由此导致法律上的权利丧失了其应有的规范性和法律技术上的意义，而成为价值上的宣誓工具。这就需要明定、正视一般人格权的性质。

就一般人格权与具体人格权关系而言，存有“一元模式”“多元模式”两种学

---

[1] 朱晓峰：《作为一般人格权的人格尊严权——以德国侵权法中的一般人格权为参照》，载《清华法学》2014年第1期。

[2] 郭明瑞主编：《民法》，高等教育出版社2003年版，第191页；李景义：《人格权基本问题论纲》，知识产权出版社2014年版，第39页。

[3] 王磊：《私法的争鸣：私权保护热点问题研究》，新疆人民出版社2005年版，第41页。

[4] 韩强：《人格权确认与构造的法律依据》，载《中国法学》2015年第3期；薛军：《揭开一般人格权的面纱》，载《比较法研究》2008年第5期；熊谞龙：《权利，抑或法益？——一般人格权本质的再讨论》，载《比较法研究》2005年第2期。

[5] 方新军：《权益区分保护的合理性证明——〈侵权责任法〉第6条第一款的解释论前提》，载《清华法学》2013年第1期；朱虎：《侵权法中的法益区分保护：思想与技术》，载《比较法研究》2015年第5期；于飞：《侵权法中权利与利益的区分方法》，载《法学研究》2011年第4期；葛云松：《侵权责任法保护的民事权益》，载《中国法学》2010年第3期；方新军主编：《侵权责任法学》，北京大学出版社2013年版，第60页；陈现杰：《侵权责任法一般条款中的违法性判断要件》，载《法律适用》2010年第7期。

[6] 熊谞龙：《权利，抑或法益？——一般人格权本质的再讨论》，载《比较法研究》2005年第2期。

说。[1] “一元模式”认为一般人格权可以抽象为人格自由、人格尊严、人格发展等,而人格自由、人格尊严等又是生命健康权、隐私权等具体人格权的价值基础,进而可吸收这些具体人格权。由此,具体人格权成为一般人格权的权能,丧失了独立性。[2] “多元模式”认为具体人格权与一般人格权相互独立,一般人格权具有兜底功能,保护具体人格权之外的非典型人格权。[3] 在司法实践中,当出现人格权诉争时,先寻找具体人格权进行保护,无果后方能适用一般人格权,具体分析详见第九章。

就人格权权利体系建构,目前学界存在两种观点,即“具体人格权 + 其他人格利益”[4]及“具体人格权 + 一般人格权”[5]。持第一种观点者认为:一般人格权之本质并不是一项“权利”,并且在德国其立法技术亦多受争议,引入一般人格权有损于法律的安定性。[6] 特别是在我国民法理论上,人格权、一般人格权、具体人格权存有逻辑冲突,[7]并且在立法时,可以通过设立“一般人格条款”或者“保护其他人格利益”之规定替代一般人格权,足以保持人格权条款的开放性。[8] 职是之故,在人格权立法时,应选择“具体人格权 + 其他人格利益”的立法模式。采“具体人格权 + 一般人格权”的立法模式者认为,一般人格权的本质是利益,为其披上权利的外衣,作为类似于营业权的“框架性权利”,确实没有一般权利的确定性。何去何从,本书将于第九章第二节详述。

---

〔1〕 薛军:《人格权的两种基本理论模式与中国的人格权立法》,载《法商研究》2004 年第 4 期。

〔2〕 杨立新、刘召成:《论作为抽象人格权的一般人格权》,载《广东社会科学》2010 年第 6 期。

〔3〕 王利明:《隐私权概念的再界定》,载《法学家》2012 年第 1 期。

〔4〕 此建构模式有时又被称为“具体人格权 + 一般人格条款”。参见方金华:《一般人格权理论分析及我国的立法选择》,载《法律科学》2015 年第 4 期;尹田:《论人格权概括保护的立法模式——“一般人格权”概念的废除》,载《河南省政法管理干部学院学报》2011 年第 1 期;李莉:《法律思维与法律方法下的人格权立法模式——兼论否定一般人格权立法》,载《当代法学》2013 年第 6 期。

〔5〕 杨立新、刘召成:《论作为抽象人格权的一般人格权》,载《广东社会科学》2010 年第 6 期;郭明龙:《拟制与衡平:一般人格权保护之路径》,载《广西社会科学》2008 年第 5 期;霍银泉:《一般人格权研究》,吉林大学 2010 年博士学位论文;许可、梅夏英:《一般人格权:观念转型与制度重构》,载《法制与社会发展》2014 年第 4 期。

〔6〕 方金华:《一般人格权理论分析及我国的立法选择》,载《法律科学》2015 年第 4 期。

〔7〕 杨立新、刘召成:《论作为抽象人格权的一般人格权》,载《广东社会科学》2010 年第 6 期。

〔8〕 易军:《论人格权法定、一般人格权与侵权责任构成》,载《法学》2011 年第 8 期。

四、以民法上一般人格权转介保护基本权利

(一)我国法上一般人格权之规范基础

1. 五种规范依据选择

如前所言,受教育权是宪法上人格权,为基本权利。在司法实践中,因宪法的司法运用缺乏"规范性文件"依据规范的概括性,以及缺乏制裁性,导致宪法不能作为裁判依据,只能援引于裁判说理部分,[1]最终宪法效能需通过放射至民法的原则和规则作为裁判规则。[2] 由此,需要寻求受教育权在民法上的转介条款。以一般人格权为受教育权的民法保护手段,在法理上并无障碍,但尚需为该权利在民事实证法上找到请求权基础。为了论证这一问题,须综合实证分析我国关于一般人格权之法制、实务和理论。依现制,总结各家学说,发现我国法制上一般人格权之请求权基础,至少存在五种可能的选择。

第一,《宪法》第38条、原《民法通则》第101条、《消费者权益保护法》第14条、第43条谓之"人格尊严"。对于《宪法》第38条,有学者主张,将该条中"公民人格尊严不受侵犯"的表述,应突破仅理解为名誉权的限制,扩张解释为一般人格权。[3] 依该观点,《宪法》第38条为一般人格权之请求权基础。

第二,陈现杰认为:"'人格尊严权'在理论上为一般人格权,是人格权利一般价值的集中体现,具有补充法律规定具体人格权利立法不足的重要作用。但在处理具体案件时,应当优先适用具体人格权的规定,而将一般人格权作为补充适用条款。"[4]根据该观点,《精神损害赔偿解释》(2001年)第1条第1款第3项中"人格尊严权"为一般人格权之请求权基础。

第三,王利明认为:"最高人民法院实际上已经将《宪法》关于'中华人民共和国公民的人身自由不受侵犯'(第37条)和'中华人民共和国公民的人格尊严不受侵犯'(第38条)的规定,解释为人身自由权和人格尊严权,这实际上是通过司法解释确认了一般人格权。"[5]依该观点,《精神损害赔偿解释》(2001年)

---

[1] 童之伟:《宪法适用应依循宪法本身规定的路径》,载《中国法学》2008年第6期;向前:《司法裁判文书中"宪法援引"的法律解读》,载《人民论坛》2014年第11期。

[2] 王禹:《法院裁判文书必要时可以并且应当援引宪法》,载《法学》2009年第4期;朱福惠:《我国人民法院裁判文书援引宪法研究》,载《现代法学》2010年第1期。

[3] 梁慧星:《民法总论》,法律出版社2001年版,第106页;龙卫球:《自然人人格权及其当代进路考察》,载《清华法学》2002年第2期。

[4] 陈现杰:《人格权司法保护的重大进步和发展——〈最高人民法院关于确定民事侵权精神损害赔偿责任若干问题的解释〉的理解与适用》,载《人民法院报》2001年3月28日。

[5] 王利明:《试论人格权的新发展》,载《法商研究》2006年第5期。

第1条第1款第3项中“人格尊严权”和“人身自由权”共同作为一般人格权之请求权基础。当然,随着《民法典》的生效,其第990条第2款规定“除前款规定的人格权外,自然人享有基于人身自由、人格尊严产生的其他人格权益”。该条作为新法是对以往相关立法的总结与发展,是该观点的现时体现。

第四,《精神损害赔偿解释》(2001年)第1条第2款中的“其他人格利益”,根据陈现杰的解释,涵盖了不能归入第1款“权利侵害”类型中的侵害其他人格利益的案件类型,在判断侵害他人“其他人格利益”是否具有违法性时,应以行为人是否违反“公序良俗”作为衡量标准,此系仿照《德国民法典》第826条而设。

第五,原《民法通则》第106条第2款中“人身”,以及作为其赓续的原《侵权责任法》第6条1款以及第2条中的人身权益。原《民法通则》第106条第2款规定:“公民、法人由于过错侵害国家的、集体的财产,侵害他人财产、人身的应当承担民事责任。”原《侵权责任法》第2条规定民事权益的范围包括生命权等人身、财产权益,第6条规定过错归责原则。梁慧星认为:该款中的“人身”指“人身权”,〔1〕包括人格权与身份权,是与财产权(所有权、债权等)相对应的民事权利。〔2〕由此可见,原《民法通则》第106条第2款及原《侵权责任法》第2条中的“人身”亦可作为一般人格权请求权基础。《民法典》出台后即为《民法典》第1165条。

那么,面对此五种请求权基础,实务又是如何回应的呢?下面再来分析本章第一节所叙的两个案例,以资说明。在徐高诉北京燕莎公司人格尊严侵权案中,〔3〕法院的裁判依据为原《民法通则》第101条,《消费者权益保护法》第9条第1款、第2款,第14条,第25条,第43条。其中,法官认为原《民法通则》第101条规定的公民的人格尊严,《消费者权益保护法》第14条规定消费者享有人格尊严、第25条规定经营者不得侵犯消费者的人身自由等,皆为一般人格权的规范基础。在陈伟诉金映儿一般人格权案中,〔4〕因欺诈性抚养而侵犯一般人格权的判决中,法官援引原《婚姻法》第4条夫妻应互负忠诚义务、原《民法通则》

---

〔1〕 梁慧星:《最高法院关于侵犯受教育权案的法释〔2001〕25号批复评析》,载www.civillaw.com.cn,2009年3月30日访问。

〔2〕 佟柔:《中华人民共和国民法通则疑难问题解答》(第1辑),中国政法大学出版社1986年版。

〔3〕 类案有上海市长宁区人民法院民事判决书,(2009)长民一(民)初字第3827号;上海市第二中级人民法院民事判决书,(2013)沪二中民一(民)终字第1837号等。

〔4〕 类案有上海市第一中级人民法院民事判决书,(2014)沪一中民一(民)终字第2315号;上海市杨浦区人民法院民事判决书,(2013)杨民一(民)初字第5623号;云南省富宁县人民法院民事判决书,(2009)富民初字第14号;广东省潮州市中级人民法院民事判决书,(2016)粤51民终288号等。

第7条公序良俗原则,保护一般人格权。其直接的判决依据主要是《精神损害赔偿解释》(2001年)第1条第2款"违反社会公共利益、社会公德侵害他人隐私或者其他人格利益,受害人以侵权为由向人民法院起诉请求赔偿精神损害的,人民法院应当依法予以受理"。显然,于此判决认为欺诈性抚养属于侵害"其他人格利益"的行为。由此可见,《精神损害赔偿解释》(2001年)第1条第2款亦被认为是一般人格权的规范基础。由上述两则判决可知,面对如此众多的一般人格权请求权基础,法官将无所适从。同为一般人格权侵害的案件,裁判依据却彼此不一,将严重影响法制的统一性、安定性和权威性。因此,需要从法释义学基础上,进一步明确一般人格权之请求权基础。

2. 我国侵权责任法的一般条款

观点一将《宪法》第38条解释为民法上一般人格权之请求权基础,实为区分民法上一般人格权与宪法上一般人格权,比如宪法学者林来梵就将该条解释为一般人格权的请求权基础。[1] 第二、三两种观点,要么将"人格尊严权"理解为一般人格权,要么将"人格尊严权"与"人身自由权"合成作为一般人格权。但一般人格权理论研究至今,以及随着《民法典》的出台,"人格自由""人格尊严"被认为一般人格权的核心内容。基于此,本书认为亦将《民法典》第990条第2款一般人格权的请求权基础。但从《民法典》第990条第2款规定内容看,其仅规定了一般人格权的核心内容这一构成要件,但未规定侵权后果等,属于不完全性法条。[2] 从此角度,请求权基础除《民法典》第990条第2款外,尚需侵权保护性法条共同构成裁判依据。故《民法典》第990条第2款、第1165条等可共同构成一般人格权的保护体系,但应以《民法典》第990条第2款为基础。

人格权系重要民事权利一种,近现代民法发展转型莫不因应人格权保护发展而动。鉴于其重要性,创设一种如此重要的民事权利,应依民事基本法之解释而为之。在我国法制体系中,司法解释较之基本法律,其权威性、稳定性自无法比肩,且对于我国司法解释之合法性,学者一直存疑,法院个案解释与统一解释之辩一直未有结果,司法解释之将来去向亦尚有疑问。职是之故,不宜将如此重要之民事权利之请求权基础委身于《精神损害赔偿解释》(2001年)第1条。

此外,原《侵权责任法》第2条采全面列举侵权法保障的对象、保障的权益

---

〔1〕 林来梵:《人的尊严与人格尊严》,载《浙江社会科学》2008年第3期。

〔2〕 [德]卡尔·拉伦茨:《法学方法论》,陈爱娥译,商务印书馆2003年版,第133页。

范围的方式来规定侵权法的调整对象,并用“权益”“等”来保障法条的开放性。[1] 该条作为一般条款,将所有侵权行为概括在一起。[2] 原《侵权责任法》第 6 条类似于传统大陆法系国家关于侵权责任一般条款的规定,即采用概括一般侵权责任(过错责任)的模式,例如法国、德国、日本等。[3] 我国原《侵权责任法》第 2 条作为大的侵权责任一般条款,确定侵权责任之范围;第 6 条第 1 款作为小的侵权责任一般条款,为原《侵权责任法》分则没有具体规定的一般侵权责任设置法律适用规则,提供请求权的法律基础。因此,形成了大小搭配、双重的侵权责任的一般条款。[4] 原《侵权责任法》第 6 条第 1 款是对原《民法通则》第 106 条第 2 款的继承和发展,犹如《德国民法典》第 823 条第 1 款,重要性自不待言。其立法系主要参照《法国民法典》第 1382 条,对民事权益不区分权利与权益,采概括保护方式,但终因民事权益究难逃财产与人身二分,故当时之立法难谓不周全。然后来实务学说发展认为,法国式侵权法采概括保护,难免使人民行为动辄得咎,有害私法自治,且实务上难以建立相对客观的裁判标准,故实务学说转向以德国法制解释适用本款。是以,将本款之财产解释为财产权,人身解释为人身权,为人民行为创设一个相对自由之行为空间,以资私法自治。

然则,在司法实务中,原《民法通则》、原《侵权责任法》该选何者作为裁判依据呢? 原《民法通则》是由全国人大通过生效,而原《侵权责任法》是由全国人大常务委员会通过生效,因全国人大直接代表民意,是最高权力机关,而人大常务委员会间接代表民意,是“次高权力机关”,[5] 由此原《民法通则》与原《侵权责任法》并不适用新法优于旧法规则,而适用上位法优于下位法规则。但是,考究原《侵权责任法》立法过程可知,该法由全国人大常委会审议通过根本原因是基于政治上的考虑而非法理逻辑,因需在 2010 年完成中国特色社会主义法律体系,如果原《侵权责任法》是在 2010 年 3 月由全国人大大会审议,则意味着《涉外民事关系法律适用法》当年无法交由全国人大审议。由此,原《侵权责任法》

---

〔1〕 王利明:《侵权责任法的中国特色解读》,载《法学杂志》2010 年第 2 期。

〔2〕 杨立新:《〈中华人民共和国侵权责任法〉精解》,知识产权出版社 2010 年版,第 7 页;周安平:《中国著作权理论与实践研究》,人民出版社 2014 年版,第 272 页。

〔3〕 房绍坤:《论侵权责任立法的一般条款与类型化及其适用》,载《烟台大学学报》2009 年第 3 期;李靖:《侵权责任法》,河北人民出版社 2013 年版,第 12 页。

〔4〕 朱景文、韩大元等主编:《中国特色社会主义法律体系研究报告》,中国民主法制出版社 2010 年版,第 319 页;杨立新:《中国侵权责任法大小搭配的侵权责任一般条款》,载《法学杂志》2010 年第 3 期。

〔5〕 韩大元:《全国人大常委会制定的新法能否优于全国人大旧法》,载《法学》2008 年第 10 期。

作出了让步。[1] 并且,与之共同构成债法的原《合同法》,与之地位类同的原《物权法》、原《婚姻法》等尽皆为全国人大审核通过。原《侵权责任法》是对原《民法通则》等法律的细化、补充和完善。既然是完善,就应起到替代更新之效用,那么涉及同一法律关系时,从立法目的角度看,优先适用原《侵权责任法》也就说得通了。[2] 当然,《民法典》于2021年1月1日正式生效后便无此问题。

以《民法典》第990条第2款作为一般人格权的请求权基础,保持规范的开放性,为因应社会发展、观念变迁保护新型人格法益提供规范基础,且为宪法上基本权利通过民法保护创造了可能。此可能表现为,以民法上一般人格权来吸收基本权利之价值,进而通过一般人格权之侵权法保护机制来保护基本权利。易言之,一般人格权为基本权利价值外衣,基本权利穿了这件外衣,就获得了民法上的权利身份,就可以通过侵权法来保护之。

然仍需指出,基本权利透过一般人格权获得"保护伞",并非只是基本权利单方受益。民法上一般人格权在"为他人作嫁衣"的同时,也极大丰富了自身。自从民法上一般人格权成为基本权利之侵权法保护之"黄金通道"后,其自身获得了极大发展,成为一个繁盛的利益群,德国一般人格权之发展足以为证。

(二)何种基本权利可透过一般人格权得到保护

路已修,桥已架桥,然此路为何人所修,此桥为何人所架呢?是以,仍需解决的问题是,究有何种基本权利,在其遭受侵害的时候可以通过民法中一般人格权得到侵权法的"关照"?需注意的是,一般人格权只是基本权利民法保护的一条通道而已,并非唯一通道。本书其他章节的分析亦是针对其他通道而作。

在德国,透过《德国民法典》第823条第1款中的"其他权利",而得到保护的是《德国基本法》第1条第1款中的人格尊严和第2条第1款中的人格自由。通过对"其他权利"作符合此两项基本权利的解释,一般人格权麾下成员大增,如个人领域保护(隐私)、资讯自主、死者人格利益保护、人格权财产利益承认与转让、继承、精神损害赔偿、子女知悉自身血统权利等。

此外,对于《德国基本法》第2条中的生命权、身体权和人身自由权等,于《德国民法典》第823条第1款前段已有规定,其无须再取道一般人格权。《德国基本法》第3条之平等权,一般透过背俗法律行为无效条款得到保护,详见本书第二章。但平等权亦可透过《德国民法典》第826条获得保护,如房东无故拒

〔1〕 梁慧星:《我国侵权责任法的几个问题》,载《暨南学报(哲学社会科学版)》2010年第3期。
〔2〕 曹险峰:《侵权责任法总则的解释论研究》,社会科学文献出版社2012年版,第21页;杨立新:《侵权责任法的适用效力诸问题研究》,载《人民法院报》2010年7月7日,第5版。

绝残疾房客。信仰自由侵害出现在法律行为领域,如欲获得继承权,即应当期特定宗教信仰,可通过《德国民法典》第 138 条保护;也通过《德国民法典》第 826 条获得保护,如以切断供给方法妨碍他人宗教活动。《德国基本法》第 5 条之言论自由,如在法律行为领域遇到侵害,如合同关系维系当以不得发表攻击某一政党之言论,此即束缚性合同,依其《德国民法典》第 138 条无效;如发生与名誉、隐私保护冲突问题,则是侵权法领域之特殊问题。同理,同属于自由权范畴的第 8 条(集会)、9 条(结社)、11 条(迁徙)、12 条(职业),亦都可通过民法第 138 条和第 826 条得到保护。《德国基本法》第 6 条属婚姻法问题,通常与一般人格权无涉。此外,第 7 条(学校教育)、10 条(通信秘密)一般通过侵权法保护,可能是《德国民法典》第 823 条第 2 款之违反保护他人法律类型,也可能是第 826 条故意背俗加害他人型。第 13 条(住宅不受侵犯)一般有民法上所有权排除请求权或由侵犯私领域而得到保护,第 14 条(财产权、继承权),则因民法已详细规定,此二者通常不发生基本权利问题。

由此观之,我国宪法上之基本权利自又另当别论。因与德国比较,我国尚未建立权利侵害、违法侵害和背俗侵害三个小概括条款,对于基本权利保护,法官造法空间自然要小得多。我国通过《民法典》以及司法解释补充,在立法上已经形成了丰富的人格权体系,含生命权、健康权、身体权、姓名权、肖像权、名誉权、荣誉权、隐私权、个人信息权,对于监护侵害亦明文保护。可见,我国民法对于人格权保护业已建立较为完备的体系,此在比较法上亦属罕见。既然民法人格权已经如此完备规定,说明基本权利之价值秩序很大程度上已经透过民法得到实现。由此,基本权利受侵害的情形自然就会少很多。但这并不表明,所有的基本权利都无须求助于一般人格权而能获得保护。

齐玉苓的受教育权为《宪法》第 46 条所明定,属基本权利,当其被侵害时,如何来保护呢?显然,《宪法》第 46 条没有规定如何救济问题,那么就得诉诸侵权机制。诉诸侵权法就得在侵权法上找依据,前文已经分析,我国原《侵权责任法》上并无违反保护他人法律之侵权类型,且《教育法》第 81 条亦非保护性法律,故此路不通。那么就得诉诸另外两条路:权利侵害或者故意背俗侵害。如采前者,则应当将受教育权解释为一般人格权,如采后者需将受教育权之落实为公序良俗应有之义。此两者皆系概括条款,运用间接效力说,都可承载受教育权之基本权利价值,都是可行之道。且在本案判决(2001 年 8 月 23 日)与《受教育权案批复》实施(2001 年 8 月 13 日)前,《精神损害赔偿解释》已经实施(2001 年 3 月 10 日),并且陈现杰亦指出该司法解释已经确立了一般人格权(如前所述,本书并不赞同这一观点)和背俗侵害其他人格利益两种侵权类型。由此可见,对于齐玉苓之救济,我国法制并无缺陷可言。有观点认为,本案因《精神损害赔偿解释》(2001 年)属后法,故不能适用。但须不知,被告侵权后果至《精神损害赔偿解释》(2001 年)实施之日尚在持续,故当可与《教育法》同理予以适用。

但当权利侵害类型和适用故意背俗侵害类型皆可选择适用时,如何抉择?此应就个案综合考虑,由当事人选择而定。需要注意的是,二者构成要件不同,前者加害人故意、过失皆可,后者唯故意情形始可问责。前者只保护权利,后者则保护权利和利益,且主要为保护纯粹财产上损失。前者构成要件明确,容易操作,后者由于"善良风俗"不易认定,操作上较为困难。

至于《宪法》第 42 条劳动权之侵害一般发生在法律行为领域,且我国《劳动法》与《劳动合同法》及众多劳动法规已建立较健全劳动者保护体系,因此取道民法保护劳动权的情形并不多见。如遇《劳动法》无规定而受害情形,当可视情形类推上述方法于民法上选择救济渠道。而对于《宪法》第 43 条休息权、第 44 条社会保障权、第 45 条获得物质保障权等,皆系我宪法上特有基本权利,性质上属社会权,得向国家主张,私人之间一般难谓侵害。但休息权亦可能发生被私人侵害,如到了退休年龄而不准许退休,而引发的职工与单位之间的纠纷,在一则案例中,法院就认为《宪法》第 44 条规定的退休权是一项重要的社会经济权利,应当予以保护。[1] 但此种情形须综合权衡,决定是否以侵权法保护。因为休息权内涵外延极难界定,比较法上亦鲜有经验可资借鉴,且休息权是否人格利益仍犹待考量。

关于实践中出现的选举权被侵害的案件,对于选民登记机构无故不予登记行为是否构成侵权,此应予肯定。因为,选举权即是一种政治权利,亦是人格利益,概现代民主社会,参与公共政策形成,系人格自由发展、人格尊严的重要体现。此点从犯罪被剥夺选举权与被选举权情形反推当可不证自明,无故剥夺选举权实有贬损人格之嫌。是以,此种行为可通过一般人格权之权利侵害类型或故意背俗侵权类型予以保护。至于其他基本权利保护,可参照前文对德国基本权利部分的分析解决。

综上所述,基本权利中的人格尊严、人身自由、选举权与被选举权、受教育权、劳动权等,皆可借民法上一般人格权得到侵权法的保护。认定何种基本权利可借一般人格权保护须考虑两大因素:第一,此种基本权利是否已有具体法律保

---

〔1〕 上海市长宁区人民法院民事判决书,(1997)长民初字第 1248 号。

护,如有则适用前提丧失,如财产权、继承权、住宅不受侵犯权等权利则不能适用。第二,此种基本权利是否具有人格利益——人格尊严、人格自由发展等内涵特质。如我国《宪法》第41条之批评和建议、申诉、控告或者检举的权利,获得国家赔偿的权利,因皆是公众参与政治及程序性基本权利,一般无取道一般人格权保护的适用余地。

《德国基本法》基本权利首要条款与我国《宪法》基本权利首要条款都是人格权,说明人格权居于基本权利体系之首,具统率地位,由此亦足见人格权实为整个法制之中心任务与终极目标。人格权发端于民法,本为民事权利,但民法绝非能凭一己之力而周延保护人格权,特别当民法上人格权遭遇国家权力侵害时,民法往往无能为力。此外,基本权利体系中攸关人格利益的基本权利,如尚未落实到具体法律中来的,亦可借民法上一般人格权,实现私法保护。故为周全人格权保护,宜建立民法上人格权与宪法上人格权之互化机制,将本属于宪法的基本权利透过民法一般人格权得到民事侵权救济。将本属民法权利的人格权上升至宪法基本权利,以防御国家权力并请求国家履行保护义务,如此使人格权保护得以在民法和宪法两个维度展开,并通过宪法的介入使得整个法制体系于人格权保护上更加协调自洽。

第四节　本章总结

《德国基本法》基本权利首要条款与我国宪法基本权利首要条款都是人格权,说明人格权居于基本权利体系之首,具有统率地位,由此亦足见人格权实为整个法制之中心任务与终极目标。[1] 人格权发端于民法,本为民事权利,但民法绝非能凭一己之力而保人格权于万全,特别是民法上人格权遭遇国家权力侵害时,民法往往无能为力。此外,基本权利体系中攸关人格利益的基本权利,如尚未落实到具体法律中来的,亦可借民法上一般人格权为通道,实现民法上的保护。故,为周全人格权保护,宜建立民法上人格权与宪法上人格权之互化机制,将本属于宪法的基本权利透过民法一般人格权得到民事侵权救济;将本属民法权利的人格权上升至宪法基本权利,以防御国家权力并请求国家履行保护义务,如此使得人格权保护得以在民法和宪法两个维度展开,并由于宪法的介入使得

〔1〕 参见薛军:《人的保护:中国民法典编撰的价值基础》,载《中国社会科学》2006年第4期。

整个法制体系于人格权保护上更加协调自洽。

上文论证了民法上的一般人格权的请求权基础为《民法典》第 990 条第 2 款,宪法上一般人格权的请求权基础为《宪法》第 33 条第 3 款,此为二者互化之实证法基础。但欲将此实施还需涉及宪法解释的协力,前者之宪法解释应属司法意义上的宪法解释,可由最高人民法院统一以司法解释的方式行使;后者之宪法解释则属合法性审查意义上的宪法解释,应由全国人大常委会集中行使。[1]

〔1〕 关于全国人大常委会的宪法解释权与最高人民法院的宪法解释权的行使,详细的论证可参见张红:《基本权利与私法》,法律出版社 2020 年版,第四章。

第四章 人格权之权利内容：精神利益与财产利益的统一

第一节 本章问题

按传统民事权利划分，民事权利分为人身权和财产权，其中人格权属于人身权，保护人的精神利益，如名誉、隐私、肖像、姓名等，不涉及财产利益。[1] 但随着社会发展，名人的穿着打扮、衣服毛发、行为举止、姓名肖像、名誉隐私等能给商家带来巨大利益。政治、体坛、演艺明星代言更是蔚然成风。人格商业化在18世纪下半叶已经成为一项蓬勃发展的事业。到19世纪，人格商业化更为普遍。工业化、都市化等社会形态的改变，促成了流行文化的兴起，演艺人员成为大众瞩目之焦点。如此种种使得人格表征具有经济价值，传统人格权理论遭遇强力挑战。为应对此项挑战，传统人格权理论被更新，人格财产性得以被承认，新的规范机制亦应运而生。

承认人格权具有精神与财产双重利益，已属比较法上之普遍现象，[2]《民法典》第993条规定，民事主体可以将自己的姓名、名称、肖像等许可他人使用，其中姓名、肖像的许可使用在当下显然有财产价值。《民法典》第995条规定，人格权受到侵害的，受害人有权依照本法和其他法律的规定请求行为人承担民事责任，其中包括"赔偿损失"之民事责任承担方式，且"损失"应当包括精神损失和财产损失。关于精神损失，已被《精神损害赔偿解释》（2001年）与《民法典》第996条肯定并细化；对于财产损失，究竟是指人格权财产价值的损失和受害人的其他经济损失，如医疗费、误工费，还是仅指后者？从原《民通意见》第151条

---

〔1〕 谢怀栻：《论民事权利体系》，载《法学研究》1996年第2期。

〔2〕 王泽鉴：《人格权的性质及构造：精神利益与财产利益的保护》，载《台湾本土法学杂志》2008年第4期；Christoph Luther, *Postmortaler Schutz nichtvermögenswerter Persönlichkeitsrecht*, 2009；Annette Fischer, *Die Entwicklung des postmortalen Persönlichkeitsschutzes*：*von Bismarck bis Marlene Dietrich*, 2004。

规定看,应该仅指后者。因为该条规定,侵害他人的姓名权、名称权、肖像权、名誉权、荣誉权而获利的,侵权人除依法赔偿受害人的损失外,其非法所得应当予以收缴。本条中“受害人的损失”应是指因受害而导致的其他财产性开支,如医疗费、误工费;而“非法所得”应指加害人因侵害他人人格权的获利。但对此项获利,依本条不是返还给被害人,而是被“收缴”。由此可见,此规定并未明确此“非法所得”即为加害人利用受害人人格权之所得,否则此部分“非法所得”自应归于受害人所有。[1] 此外,《广告法》第 33 条规定,广告主或广告经营者在广告中使用他人名义或者形象的,应当事先取得其书面同意。该条明确了人格特征商业利用应当征得事先许可,而事先许可是不是以金钱为对价,并不得而知。因此,也难谓此条确立了人格权的财产价值内涵。从《民法典》第 993 条、第 1012 条、第 1013 条及第 1018 条看来,人格权上财产价值得以承认,“赔偿损失”之责任承担方式包括人格权财产价值的损失。

第二节　人格权上财产利益保护的两种模式及我国的选择

一、美国法:隐私权与公开权分离的二元模式

(一)Haelan 案

美国 1953 年的 Haelan 案[2]由美国著名现实主义法官 Jerome Frank 主判,创设了美国法上的公开权(right of publicity)。公开权是指人们可对其人格的商业性利用实施控制,制止他人不当使用的权利。[3] 在美国人格法体系中,公开权不同于保护人格精神利益的隐私权,保护的是人格财产利益,可转让性是其区别于隐私权的本质特点。本案中,原告是一家口香糖制造公司,拥有某群职业棒球选手授予其使用该群职业棒球选手之姓名与肖像于一种交易卡上的专属权利

[1] 查实务中,有认为“损失”是人格权财产价值之外的其他经济损失,如臧天朔诉北京网蛙数字音乐技术有限公司等侵害名誉权、人格权、肖像权案,北京市朝阳区人民法院民事判决书(一审),(2001)民第 1935 号,以及北京市第二中级人民法院民事判决书(二审),(2002)民第 397 号;李晓霞诉被告深圳市西伯莱生物科技有限公司肖像权纠纷案,广东省珠海市香洲区人民法院民事判决书,(2006)香民初字第 167 号。

[2] Haelan Laboratories, Inc. v. Topps Chewing Gum, Inc., 202 F. 2d 866(2nd Cir. 1953).

[3] See J. Thomas McCarthy, *The Human Persona as Commercial Property: The Right of Publicity*, 19 Colum. - VLA J. L. & Arts 129, 132 (1993).

(exclusive right),该交易卡作为附赠品以促销其口香糖。该群棒球选手嗣后又将此权利授予其经纪人,该经纪人又将此项使用权让与被告。被告系原告之竞争对手,亦使用该群棒球选手的姓名及肖像于商品之上。原告主张其基于第一次授权取得了一个绝对且排他性的法律地位,应禁止被告继续使用该群棒球选手的姓名、肖像。

根据《纽约州权利法案》(*New York Civil Rights Law*)第50条、第51条的规定,被告认为,该法规定的隐私权并不保护商业利益,该群棒球选手授予原告契约上的排他性使用权,为隐私权的抛弃,原告并未因第一次授权而取得一种绝对的法律地位。一审采纳被告此抗辩,原告败诉。二审中,Frank法官赞同被告见解,但其又强调,在隐私权之外,尚存有一项保护此种商业利益的法律基础:在隐私权之外,并独立于隐私权,个人对其肖像有一种公开的价值,即授权他人有排他地公布其肖像的特权。此种权利称为公开权。[1] 名人对其肖像的商业利用是一种可转让的利益,该项转让并不导致其情感受创。如果公开权无法被排他性地授权使用,则通常无法带来金钱收入。基于此,二审判决原告胜诉。本案系公开权的指标性判决(leading case),肯定了人格利益具有财产性。

(二)公开权与隐私权的界限

前已述及,美国在1953年的Haelan案中承认公开权,使公开权作为一种人格上财产权脱离隐私权的保护而成为独立的诉因。Nimmer教授的重要论文提出的"劳动财产权说"有力支持了这一判决,并将公开权由专属名人扩展至适用于一般人。[2] 那么在美国法上,保护人格精神利益的隐私权与保护人格财产利益的公开权是何种关系?

公开权属于州法(state law)调整,与著作权属于邦法(federal law)调整不同。目前,全美以普通法(common law)承认公开权的有11个州;以成文法(statute law)承认公开权的有19个州。[3] 美国法律协会(American Law Institute,

---

〔1〕 本句原文为:We think that in addition to and independent of that right of privacy (which in New York derive from statute), a man has a right in the public value of his photograph, i. e., the right to grant the exclusive privilege of publishing his picture... This right might be called a "right of publicity"。

〔2〕 Nimmer是第一位研究界定此项新型财产权的人。See Nimmer, *Right of Publicity*, 19 Law & Contemp. Probs. 203 (1954).

〔3〕 资料来源:National conference of State legislatures, http://www.ncsl.org/programs/lis.privacy/publicity04.html。转引自黄松茂:《人格权之财产性质——以人格特征之商业利用为中心》,台湾大学法律学研究所2007年硕士学位论文,第263-264页。

ALI)在 1995 年通过的《不正当竞争法第三次重述》[Restatement (Third) of Unfair Competition]中的第 46 ~ 49 节内容涉及公开权。[1] 特别是第 46 节指出:"未经同意而基于营利目的利用他人姓名、肖像或其他人格特征的商业价值者,负有依据第 48、49 节的规定停止其侵害行为并承担损害赔偿的义务。"[2]该重述从以下几点强调了隐私权与公开权的区别:(1)隐私权是公开权的前身,但由于将无权使用(appropriation)归于隐私侵害类型,造成法院拒绝给予名人(人格特征商业利用)救济的不公平现象出现,因此不得不将公开权从隐私权分离出来。(2)公开权保护的是人格的商业价值,隐私权保护的是人格(精神)利益。(3)二者的区别在于是否可让与:公开权可以自由被让与,但限于让与与人格具有统一性的人格上精神利益,以期被商业所利用;隐私权所保护的人格利益不得让与,具有专属性。

在公开权与隐私权的区别中,另一项需要着重指出的是公开权的保护对象,此亦为区分二者的重要标准。关于公开权的保护对象,美国早期的判决仅包括肖像、姓名,但随着实践的发展,公开权保护的范围不断扩大。目前的判例学说大多认为,公开权之范围包括任何能够代表并识别个人之标志(特征),如能识别个人之物品、[3]口头禅(slogan)、[4]声音(voice)[5]等。此外,如果以机器人为某商品的代言人,但该机器人的穿着及仪态等与某知名电视节目主持人神似,则亦可构成对该主持人公开权的侵害。[6] 并且实践进一步地发展表明,公开权保护的对象已经不局限于个别人格特征,而是扩展至可识别性(同一性,identity)。关于可识别性,应以一般理性人能否依据所有相关情况识别出原告为标准。只要有人能根据此相关情况识别出原告,则侵权责任就成立,至于有多大范围内的人能产生此项认识,只影响损害赔偿的数量。[7]

---

〔1〕 See Restatement (Third) of Unfair Competition § §46 – 49(1995).

〔2〕 Restatement (Third) of Unfair Competition §46: One who appropriates the commercial value for a person's identity by using without consent the person's name, likeness. Or other indicia of identity for purposes of trade is subject to liability for the relief appropriate under the stated in § §48 and 49.

〔3〕 Motschenbacher v. R. J. Reynolds Tobacco Co., 498 F. 2d 821 (9th Cir. 1974).

〔4〕 Carson v. Here's Johnny Portable Toiletts, Inc., 698 F. 2d 831 (6th Cir. 1983).

〔5〕 Midler v. Ford Motor Co., 849 F. 2d 460 (9th Cir. 1988).

〔6〕 White v. Samsung Electronics American, Inc., 91 F. 2d 1395(9th Cir. 1992).

〔7〕 Negri v. Schering Corp., 333 F. Supp. 101 (S. D. N. Y. 1971), at 104: In any event, the number of people who recognize the photograh in the advertisement as Miss Negri, while it may be relevant on the question of damages, is not material on the issue of liability. On the issue the question is whether the figure is recognizable, not the number of people who recognized it.

二、德国法:人格权上精神利益与财产利益合一的一元论模式

(一)Paul Dahlke 案

《德国民法典》无人格财产价值的保护规定,亦不承认人格特征的转让,本案改变了这一状况,承认人格特征具有财产价值并可转让。本案原告 Paul Dahlke 为德国著名影视明星,被告 A 为新闻摄影师,因公开的目的而为原告拍摄照片。原告在被告 B 的建议下允许 A 为其拍摄了一张骑摩托车的照片。被告 B 以 40 马克的价格将该照片卖给摩托车生产商被告 C,被告 C 将此照片作为其摩托车宣传广告使用。在原告此张照片的下面被告 C 还写有提示语:“名人骑名车,演员 D 在 X 摩托车上。”原告要求被告 C 停止使用其照片并赔偿损失,被告 C 答应停止使用并交出所有洗好的照片,但拒绝赔偿。原告遂以上述三被告为连带债务人,请求 2000 马克之赔偿金。一审判决三被告赔偿原告 500 马克,二审改判原告败诉,德国联邦最高法院终审恢复一审判决。主要理由为:肖像权系一种具有财产价值的专属性权利(Vermögenswerts Ausschließlichkeitsrecht),知名艺人就其肖像的利用,拥有自主决定权,其一般应在获得相当报酬的情况下才会同意他人使用。[1]

《德国民法典》第 12 条规定姓名权,立法初衷不仅是防止他人擅自利用自然人姓名,而且也是防止自然人姓名被他人用于广告目的、标示商品或作为商店招牌。[2] 这表明姓名权自始就具有商业价值,这与德国早期商标、商号中含有自然人姓名的传统做法关系密切。1907 年的《德国艺术著作权法》第 22 条规定肖像权为人格权之一种,是对《德国民法典》的一大重要突破。但该条主要是为了保护个人就其图像自我展示的权利,是一种人格上精神性权利,此见解以 1910 年的 Graf Zeppelin 案为代表。[3] 但自前述 1956 年 Paul Dahlke 案以来,这一传统见解得以改变——肖像权(人格权)亦具有财产性,并且侵害人格权的财产价值,以通常合理报酬(angemessene Lizenzgebühr),即拟制授权契约作为赔偿标准。但稍后的 Herren heiter 案将这一赔偿限定在,只有肖像权人在通常情况下,会基于该报酬而同意对其肖像进行涉案方式的散布和传播,也就是在原告可能同意拟制这样一种授权契约的情况下才使用这种赔偿方式。[4] 如果原告无论如何都不可能同意其肖像做上述使用,而此时原告又没有财产损害,则不得适

---

〔1〕 BGHZ 20,345 – NJW 1956, 1554 – GRUR 1956, 427 – Paul Dahlke.

〔2〕 Vgl. Götting, Persönlichkeitsrechte als Vermögensrecht,1995, S. 84.

〔3〕 RG vom 28.10.1910, RGZ 74, 308 – Graf Zeppelin.

〔4〕 Vgl. Götting, Persönlichkeitsrechte als Vermögensrecht,1995, S. 51.

用通常合理报酬的损害赔偿方式，而只能是在侵害情节重大的情况下，法院才能再斟酌侵害强度、加害人故意过失等因素而判定给予原告适当的精神损害赔偿金。此种赔偿规则同样适用于姓名被商业利用。[1]

(二)人格权上财产价值之确认

《德国民法典》本不承认人格权，无人格权的明文规定。第823条规定的是对生命、身体、健康、自由、名誉等五项人格法益的保护。1954年联邦法院通过Leserbrief案[2]承认一般人格权，人格权才最终被认可。那么，一般人格权是否如姓名权与肖像权一样也具有财产价值？早期见解认为一般人格权无法拥有财产权之归属内容（vermögensrechtlicher Zuweisungsgehalt），因而无法用侵害型不当得利制度（Eingriffskondiktion）予以救济；[3]且一般人格权保护的是人格的完整性（Intergritätsschutz），故并不保护人格的用益。[4] 因此，不承认一般人格权的财产性。但是，后来随着实务发展，逐渐演变为承认一般人格权也具有财产价值，主要有两项理由：(1)补充姓名权保护的不足。因为联邦法院认为在商业广告中，单纯提到姓名并不构成对姓名权的侵害，而只侵害一般人格权，受害人可按照合理报酬获取赔偿。(2)保护法律未曾明文规定的人格特征，如1990年Heinz Erhardt案[5]中的声音即采一般人格权来保护。[6] 到1999年的Marlene Dietrich案，联邦法院进一步表示，一般人格权及其特殊表现形式，如肖像权及姓名权，不仅保护人格权之精神利益，而且保护人格权之商业利益。至此，一般人格权之财产价值获得德国实务确认。

(三)遗留问题

关于人格权是否能够被让与，截至目前，德国联邦法院仍未作出明确回答。在1968年的Mephisto案[7]中，联邦法院表示："人格权，除了财产价值成分外，为一身专属的权利而不得转让且不得继承。"虽然我们可以据此推定人格权之财产价值可以转让且可以被继承，但是毕竟此项论断并非本判决主要解决的问题，法院的态度并不是非常明确。在1987年的Nena案[8]中，这一问题曾清楚

[1] BGHZ 30, 7 = GRUR 1959, 430, 433 – Caterina Valente.

[2] BGHZ 13, 334 – Leserbrief.

[3] Vgl. Hubmann, UFITA 39 (1963) S. 223.

[4] Vgl. Schwerdtner, Das Persönlichkeitsrecht in der deutschen Zivilrechtsordnung, S. 245f.

[5] OLG Hamburg, NJW 1990, 1995 – Heinz Erhardt.

[6] Schertz, Merchandising: Rechtsgrundlagen und Rechtspraxis, 1997, S. 126 – 129.

[7] BGHZ 50, 133 = NJW 1968, 1773 – Mephisto.

[8] BHG GRUR 1987, 128 – Nena.

地摆上了联邦法院的桌面,但该法院却通过不当得利制度回避了这一问题。在1999年的Marlene Dietrich案中,联邦法院主要以该案只涉及人格权财产价值的继承为由,而认为对让与性问题的承认并非必要,对此再度搁置。由此可见,对于人格权能够被让与,联邦法院的态度到目前还是非常谨慎的,还需等待判例学说的进一步发展方能明确。

三、我国的选择

(一)我国现存理论与实务现状

实务上已经作出了大胆探索,并发展出了两种保护人格权财产价值的模式与方法。

在蓝天野肖像权纠纷案[1]中,法院认为,被告二《茶馆》的制片人北京电影制片厂不具备许可被告一北京天伦王朝饭店使用该剧照的权利。因为制片人虽就剧照享有著作权,但超出从事与使用或宣传电影作品有关活动范围的使用就需要征得表演者的许可或有特殊约定。被告二在未与原告就肖像使用范围进行特殊约定并未征得原告许可的情况下,允许被告一使用剧照已超出合理使用范围,故被告一属于无权使用原告肖像。但被告一使用剧照从摆放、搁置位置及门楣灯箱上无任何文字注释看,并非广告性质,不具有直接的营利目的。因此,二被告的行为不作侵犯肖像权之认定。但法院又认为,尽管二被告未侵犯原告肖像权,但被告一使用了有原告形象的集体肖像应向原告支付使用费。法院判决二被告连带支付原告肖像使用费6000元,并赔偿其他损失费1040元。本判决亮点在于,虽然法院认定被告行为不侵犯肖像权,但仍应支付肖像使用费。这证明,肖像之财产价值独立于作为人格权的肖像权,是一项独立的财产权,应予保护。

在张柏芝肖像权纠纷案[2]中,法院认为,被告侵害了原告肖像权。因为原、被告之间并无关于使用原告肖像的合约,被告以营利为目的在其网站上张贴原告肖像,侵犯了原告的肖像权。鉴于被告是以营利为目的而使用原告肖像,法院认为,被告侵犯了原告的肖像权,应赔偿原告肖像权被侵害的财产损失。此种损失不仅是指原告为诉讼而支出的财产性开支,而且包括被告利用其肖像之获利,后者即肖像之财产价值,属于原《民法通则》第120条第1款中因肖像权被侵害的损失。法院据此款裁判,突破了原《民通意见》第151条限定"损失"不包括

---

〔1〕 蓝天野诉北京天伦王朝饭店有限公司和北京电影制片厂肖像权纠纷案,北京市东城区人民法院民事判决书,(2002)东民初字第6226号。

〔2〕 张柏芝诉江苏东洋之花化妆品有限责任公司和付大勇肖像权纠纷案,安徽省合肥市高新技术产业开发区人民法院民事判决书,(2003)合高新民一初字第137号。

人格权财产价值损失之狭隘立场,是对原《民法通则》第120条第1款中"损失"的扩大解释,使人格权财产价值保护获得实务上之认可。但值得注意的是,该判决与蓝天野肖像权案判决认为对人格权之财产价值保护系属一项独立的财产权的意见相反,其采人格权精神利益与财产利益合一归于统一人格权项下保护的立场,对于人格权上之财产价值的保护并无诉诸一项独立的财产权保护之必要。

在人格特征经济利用日益繁多的情形下,我国理论界开始对人格权和财产权二分的传统观点进行反思。[1] 从目前来看,将利用人格特征带来的经济利益置于人格权的保护范围之内,视为人格权权能之扩张,已为主流观点。王泽鉴先生赞同此种见解,认为人格权中的姓名权和肖像权等具有财产权的性质,权利人可以有偿授权他人使用自己的姓名和肖像。[2] 王利明教授认为,应承认人格权中包含财产利益和精神利益,财产利益可进行商业利用并作为交易的对象。[3] 还有学者承认姓名权有姓名许可使用权能,肖像权有肖像许可使用权能,都具有财产权性质。[4] 亦有人认为,应对原《民法通则》第100条作反对解释,该条注意到了肖像所具有的营利价值,体现了法律对肖像权中经济利益内涵的承认。[5] 此外其他的一些著作中也大多认为某些人格权具有财产价值。[6] 但是也存在将利用人格特征而产生的财产利益作为一种独立的财产权的不同主张。[7] 那么,在我国现有的法制、实务与学说的基础上,究竟应采纳何种观点,尚需寻求一定的比较法上的基础,方能证明之。

(二)人格权一元保护论在我国的确立

由上述对人格权财产价值保护的美国公开权模式和德国人格权模式叙述可知,我国实务与学说上的两种对立观点恰恰是对此二者的分别继受所致。其实,此二者并无优劣之分,皆是各所在国法制自生之结果,皆可使生者和死者的人格

---

〔1〕 梁慧星:《民法总论》,法律出版社2001年版,第113页。

〔2〕 王泽鉴:《人格权的性质及构造:精神利益与财产利益的保护》,载《台湾本土法学杂志》2008年第4期。

〔3〕 王利明:《人格权法研究》,中国人民大学出版社2005年版,第283页。

〔4〕 尹田:《自然人具体人格权的法律探讨》,载《河南省政法管理干部学院学报》2004年第3期。

〔5〕 程合红:《商事人格权论》,中国人民大学出版社2002年版,第28页。

〔6〕 江平主编:《民法学》,中国政法大学出版社2000年版,第293-294页;王利明、杨立新、姚辉编著:《人格权法》,法律出版社1997年版,第106页;杨立新:《人格权法专论》,高等教育出版社2005年版,第197页;郭明瑞主编:《民法》,高等教育出版社2003年版,第146页;韩松主编:《民法学》,中国政法大学出版社2004年版,第280页。

〔7〕 吴汉东:《形象的商品化与商品化的形象权》,载《法学》2004年第10期;刘春霖:《商品化权论》,载《西北大学学报(哲学社会科学版)》1999年第4期;董炳和:《论形象权》,载《法律科学》1998年第4期;薛虹:《名人的"商标权"——公开形象权》,载《中华商标》1996年第3期。

上财产利益得到有效保护。既然如此,那么我国应采取何种模式?决定我国模式选择的因素只能是我国现有的规范、学说和实务的现状。从现有规范看,我国并无将人格权之财产利益归为一项独立的财产权保护的法律规定;相反,通过《民法典》第993条、第1018条、第1021条和第1022条以及对原《民法通则》第100条的反面解释和第120条第1款的扩大解释,可以得出肖像权等人格权包含财产价值的结论。从理论上看,公开权系美国法上之专有制度,而我国民法概念体系多借鉴法德两国,并无公开权的术语使用,在我国财产法体系中亦无公开权,多数学者亦不赞同引进公开权,认为应采人格权保护模式。对此,可以蓝天野肖像权纠纷案为例做进一步说明。

在该案中,法院之所以采将人格权财产价值保护作为一项独立于人格权的财产权这样类似于公开权的观点,是从严解释原《民法通则》第100条的结果。因为该条将"以营利为目的使用公民的肖像"作为侵犯肖像权的要件,而本案被告并非因营利目的侵权,故不构成侵犯肖像权。但如果以此为由不保护原告,不追究被告责任,又显然有违公平正义,因此才有此"创新"。然而,"以营利为目的"实际上是不当地限制了肖像权的保护范围,属立法瑕疵。因为侵犯肖像权并不限于以营利为目的,如将某演员肖像悬挂于具有非营利性质的公厕门上,虽构成对该演员肖像权的侵害,但却非基于营利之目的。

事实上,将肖像财产利益与肖像精神利益分离,认为在不构成肖像权侵权的情况下仍然应当支付非基于营利目的而使用肖像的费用,在法理与规范上皆难自圆其说。因为从法理上看,无法外事由的无权使用(未经许可)是当然的侵权行为,而无论其使用的是他人的财产还是人格特征。反之,如无权使用不是侵权行为,那就是合法行为(私法中法不禁止即自由),既然是合法使用,那还有什么理由让使用人支付使用费?因为这与使用已经超过保护期限而遁入公共领域的知识产权一样,或者如同著作权的合理使用一样,无须征得许可,无须支付费用。[1] 从规范上讲,判决在认定被告未侵害原告肖像权的情况下,依据诚实信用原则,判处被告支付使用费。此种直接以民法基本原则作为裁判依据的做法并不适当,因为基本原则的适用是有条件的,并非放之四海而皆准。既然未经许

---

〔1〕 在我国法律中,对于他人享有专有权利之物,也存在无须征得许可而合法使用但必须付费的规定,如《著作权法》第25条规定著作权法定许可制度。但此种情形存在须以法律明文规定权利对象为前提,属例外规定。《著作权法》第25条规定:"为实施义务教育和国家教育规划而编写出版教科书,可以不经著作权许可,在教科书中汇编已经发表的作品片段或者短小的文字作品、音乐作品或者单幅的美术作品、摄影作品、图形作品,但应当按照规定向著作权人支付报酬,指明作者姓名或者名称、作品名称,并且不得侵犯著作权人依照本法享有的其他权利。"

可无权使用他人肖像不是非法行为,那此种使用又有何不公平之处? 又何来等价有偿之说? 因此,本案根本无适用等价有偿之民法基本原则的前提,将肖像上的财产利益作为一项独立的财产权来保护,无法成立。因此,认为人格权是人格精神利益与财产利益合一的一元论人格权保护模式更符合我国的实际情况,人格上财产利益保护应在人格权的框架下为之。

第三节　人格权上财产利益保护的理论基础

虽然人格财产利益保护已被确认,但此项制度并非毫无争论,无论是在美国还是德国,其皆只有50多年的历史,并且在这50多年间,一直充斥着各种各样的反对声音。其中比较有力的一种观点认为,此种财产利益的获得是基于人格权主体良好的名声,而此种良好名声的得来,公众的参与、媒体的塑造皆功不可没,且与言论自由关系甚巨,因此没有理由赋予人格权主体排他性地独占由此种名声得来的好处。[1] 我国尚未明文确立此项制度,因此有必要对其合理性进行适当说明。从法制史上看,可以将主张人格上财产利益保护的代表性理由归为以下两类。

一、功利主义理论

(一)劳动财产权理论

洛克的劳动财产权理论(labor theory)认为,人因为对自身身体拥有自然权利,因此亦拥有蕴含于身体的劳动力,并延伸至拥有劳动力所产生的成果。因此,知识产权的取得犹如农民对其庄稼的取得。[2] 该理论被Nimmer引入美国司法,其著作认为:"除非有其他重要公共政策考虑,人人皆享有其劳动之成果,此应为美国司法之首要原则,且是最基本的公理(axiom)。"[3] 美国联邦法院亦对此有明确阐述:"名人是经过常年的积累与竞争方得脱颖而出并达至相当的市场地位。人格同一性中的姓名、肖像、记录等,系名人的劳动成果,应当成为某一类型的财产。"[4] 以劳动财产权理论证成人格特征之财产价值,其思路与证立

〔1〕 See Malkan, *Stolen Photographs*: *Personality*, *Publicity and Privacy*, 75 TEX. L. Rev. 779 (1997).

〔2〕 吴汉东:《法哲学家对知识产权法的哲学解读》,载《法商研究》2003 年第5期。

〔3〕 Nimmer, *Right of Publicity*, 19 LAW & Contemp. Probs. 203 (1954). 20, p. 216.

〔4〕 Uhlaender v. Henrichsen, 316 F. Supp. 1277, 1282 (D. Minn. 1970).

知识产权合理性无异:创造者对其创造物拥有控制权,此项创造物自然包括知识产权,也包括名气价值(publicity value)。

(二)诱因理论

美国还有一些判例主张诱因理论(incentive theory)来证成人格上财产价值的合理性,这种理论认为,公开权是从经济层面刺激个人为了追求名气而不断投入体力与心力,这样能够为社会整体财富的增加作出贡献。[1]

(三)法律经济分析理论

法律经济分析理论认为,财产权的专属性符合效率原理,确认人格特征系交易上的绝对性权利,有利于人格特征所有人努力创造并在市场交易中获取较高的交易价格,以发挥其最大经济效益;反之,如果人人可任意利用这些人格特征,则这些人格特征就变成毫无价值。[2] 经济分析理论与诱因理论具有相似之处,但也有不同,主要体现在前者强调人格特征财产利益作为一种专属绝对权,具有垄断性,否则其将毫无价值。

(四)综合分析

上述理论诚然有其合理性,但仍然不足以完全证立人格特征财产价值的保护。劳动财产权理论无法解释为什么要排除社会在构建名人良好名声中的作用。诱因并非名人追求良好名声的唯一动机,因为名人可能纯粹为了自己的事业或学术理想在成名以后仍然继续奋斗而不顾及经济利益的得失。经济分析理论在构建人格特征保护的前提上存在问题,因为社会从来是不会缺乏名人的,一位名人消逝了,媒体和大众马上又会制造出新的名人,甚至政府也会参与制造"大师"。从这个意义上讲,名人不具有资源的有限性或稀缺性特点,名人资源永远不会耗尽。因此,除了上述哲学、经济学等理论之外,我们应该寻找更加全面的、更加基础的论据。

二、道德原旨主义理论

(一)康德—黑格尔哲学中的财产

在康德哲学中,财产是自由的产物,财产与自由之内在结合非常紧密。[3]

---

〔1〕 Lugosi v. Universal Pictures, 25 Cal. 3d 813, at 839, 160 Cal. Rptr. 323 (1979). Memphis Development Foundation v. Factors, Etc., Inc., 616 F. 2d 956 (6th Cir. 1980), at 958. Zacchini v. Scripps – Howard Broadcasting Co., 422 U. S. 563 (1977), at 576.

〔2〕 Vgl. Götting, Persönlichkeitsrechte als Vermögensrecht, 1995, S. 210.

〔3〕 与此类似的是,黑格尔之人格财产权理论(personality theory of property)亦将财产视为人格之延伸,由此可推出人有权对其人格予以控制的结论。See Samuel K. Murumba, *Commercial Exploitation of Personality*, 1986, p. 132.

由此出发可推论:一方面,所有的物均可供人拥有及使用;另一方面,自由意味着占有之行为的实施,因为假设某物与我联系非常紧密,以至于任何人未经我的许可对其侵害便是对我本人的侵害,则该物在法律上应归我所有。申言之,若我拥有某物,则他人未经允许对该物的触碰,即属于影响并削弱我固有的东西之侵权行为。[1] 因此,既然自由是人的基本属性,人对其人格特征的自由支配自属于人之基本自由的题中之义,那么人对于依据其自由支配人格特征而产生的财产当然应该自主控制。

事实上,代表人格表征的姓名、肖像等人格特征共同构成了人格的同一性(indentity),其与个人存在无法割裂的内在关联。且人格同一性的形成又与人格发展密不可分,更确切地说是与人格自主发展唇齿相依。基于人格充分自主,个人才得以决定成为如何之人。职是之故,人格自由发展必然包含人对其人格同一性,即人对其姓名与肖像等人格同一性之构成要素及其衍生利益的支配。换言之,对姓名与肖像等人格特征的商业利用,必然影响外界对于个人人格同一性之观感,影响个人的外在形象,因此对此种影响个人形象之行为的控制权必然而且只能赋予该个人本人。[2] 由此可见,从康德关于人性本质的论述中,我们能够找到人格上财产利益保护的最根本的论据:这是基于人性的需要,是基于人格自主的自然推导结果。

(二)从人性自主证立人格权上财产利益之保护

Hammerli 认为,以自由、意志及自主为中心的康德理论,可以避免劳动财产权的理论缺陷,并战胜后现代主义者的攻击,是最能够充分证立公开权的理论。[3] 根据康德理论,个人最基本的属性是自主且有道德的个体,自由是基于人性而与生俱来的权利,包括人是自己的主人——自我控制与自我决定。在康德哲学中,自我控制与自我决定是最基本的概念。继承了康德哲学的《德国基本法》在第 1 条强调人的地位、尊严之后,紧接着第 2 条就强调了人的自由发展权,将自我控制和自我决定纳入其中。此外,在康德哲学中,财产是自由的产物。

---

〔1〕 类似的详细论证可参见黄松茂:《人格权之财产性质——以人格特征之商业利用为中心》,台湾大学法律学研究所 2007 年硕士学位论文,第 108 页。

〔2〕 如学者 Salomon 就认为,公开权保护人格自主之价值,即关于个人姓名、肖像等人格特征之认可价值的利用,此种利用体现着个人对其人格及外在形象的决定力。See Eugene Salomon, *The Right of Publicity Run Riot*: *The Case for a Federal Statute*, 60 S. CAL. L. REV. 1179 (1987), p. 1189 - 1190.

〔3〕 See Hammerli, *Whose Who? The Case for Kantian Right of Publicity*, 49 DUKE L. J. 383(1999). p. 416 - 419.

因此,既然人能自由,那么人对于依据其自由而产生的财产当然应该自主控制,当然也就包括因利用其人格特征而产生的财产。由此可见,从康德关于人性本质的论述中,我们能够找到人格特征财产价值保护的最根本的论据:这是基于人性的需要,也是基于人性的自然推导结果。

上述基于人性本质得出的论据在美国与德国的法院判决依据中都能够找到验证。美国在其关于隐私权的经典判决——Pavesich 案中,亦采用自主、自由作为肯定隐私权的论据。[1] 德国自帝国法院以来的判决多次宣示人有权自主决定其姓名或肖像是否作为商业利用,人的自主决定权(Selbstbestimmungsrecht)应该得到相当的尊重。[2] 实际上,对人格特征财产价值的保护就是对人格自主(personal autonomy)价值的保护,对人格特征(如姓名、肖像等)的利用本质上是人格塑造与个人形象展现的决定,是人之为人的内在属性与不可剥夺的权利。

三、著作权财产权之规定作为类推适用的请求权规范

毕竟人格财产利益保护在各国立法之初都是未曾预料的,虽然其具有正当性,但仍然需要在现行法体系中为其寻找规范根据。因为经济学与哲学上的抽象理由并不能作为直接裁判依据,法院判决必须具有实在法上的规范基础。换言之,法院必须找到实在法上的规范基础来承载法学外部的种种理由,实现从法理到规范的转变,此为法律漏洞填补的两项基本步骤。实际上,这是可能的,因为从理性主义的观点来看,一个法律体系其实基本上已经提供了待解决问题的方案,如果人们依据现行法不能解决新问题,那是人们还没有发现这个新问题的解决办法。从将人格特征财产保护引入实证法的发展路径看,作为人格外在表现的著作物权利起到了重要的桥梁作用。

(一)基尔克人格权理论的启示

在基尔克的人格权理论中,著作权的本质是人格权,人格特征与著作物类似,皆被认为是人格具体化的体现。[3] 既然法律对著作物加以保护,就自应类推适用对人格特征加以保护。实际上,无论美国、德国,还是中国,人格保护的理论根据皆与著作权保护之依据存在互动。美国早期以作者之人格保护主张著作权保护的案件,采取的是类推个人容貌的方式:"每个人的文字风格,与其外表一样具有独特性。"(The order of each man's words is as singular as his counte-

---

〔1〕 See Pavesich v. New England Life Insurance Co., 122 Ga. 190, 50 S. E. 68(1950). p. 80.

〔2〕 Vgl. RGZ 74, 308 – Graf Zeppelin; BGHZ NJW2000, 2198 – Maelene Dietrich.

〔3〕 Vgl. Gierke, Deutsches Privatrecht, 1895, S. 766 – 767.

nance.)〔1〕在一些侵害肖像权的案件中,判决认为这是侵害人对其外表自然的著作权(natural copyright)。〔2〕在德国,联邦法院于 1954 年创设了一般人格权的 Lererbrief 案中,采用的也是这种论证思路:

> 任何一次言论都是对某一思维的固定,都是言论者的人格的流露;即使言论固定的形式不具备享有著作权保护的形式要件,亦是如此。原则上,某个言论是否可以以某种形式为公众所知悉,只有言论者自己有权利决定。未经允许而发表他人言论,一般情况下是对人们普遍具有的个人私密领域的强行干预;将他人言论改动后加以表达,这是在表达言论者的人格权领域造成损害。因为这种不为表达言论者所认可的改动,可能会呈现出一个错误的人格形象。〔3〕

(二)"荷花女案"判决的大胆创设

在中国创设了死者名誉保护的"荷花女案"中,天津市高级人民法院在其《关于处理〈荷花女〉名誉权纠纷案的请示报告》中指出:"当死人名誉权受到侵犯时,可参照《图书、期刊版权保护试行条例》(1984 年)第 11 条关于作者死亡后,其署名等权利受到侵犯时,由作者的合法继承人保护其不受侵犯的规定精神,'荷花女'之母陈秀琴有权提起诉讼。"此是在《著作权法》未出台情况下由死者著作人身保护类推适用至死者人格精神利益保护。由此可见,不同时期、不同国家的法制实践都表明,人格特征犹如著作权,体现着人性自主,既然著作权应该被保护,那么人格特征自应同样被保护。由此可见,通过对著作人格权保护的类推适用,使人格财产价值保护获得实在法上的规范依据,使得人格财产利益保护具有理论与规范双重依据。

---

〔1〕 Jefferys v. Boosey, 4 H. L. C. 815, 869, 10 Eng. Rep. 681, 703 (H. L. 1854). 转引自 Ginsburg, *Creation and Commercial Value: Copyright Protection of Works of Information*, 90 COLUM. L. Rev. 1865 (1990), p. 1882。

〔2〕 Continental Optical. V. Reed, 86 N. E. 2d 306, 309 (Ind. 1949). 转引自 Post, *Rereading Warren and Brandeis: Privacy, Property, and Appropriation*, 41 Case W. Rev. 647 (1991), p. 671。

〔3〕 BGHZ 13, 334 = NJW 1954, 1404 – Leserbrief.

第四节 人格权上财产利益的实现与救济

一、同意转让作为人格权上财产利益实现的方式

(一)德国 Nena 案

虽然过去的德国通说坚持人格权不得让与的原则,但在实务中,人格权的商业利用已经相当普遍,因此该原则在学说上也逐渐受到挑战。德国 1986 年作出的 Nena 案判决尽管不能被认为彻底突破了人格权不得转让的原则,但是此案件判决后该原则的基础产生了动摇,至少法院不再对人格权上的财产利益视而不见,而是借由权利人的"同意",保护权利人及被同意人享有的人格权之财产价值。

1. 基本案情

原告是一家著作权管理中介团体,它与歌星 Nena 签订了一份有效期为 7 年的契约,原告就 Nena 的肖像与姓名享有使用于各种商品上的全球专属权利,即"Nena 将商业利用 Nena 的声音和视觉所必需的全部权利,包括 Nena 的肖像权、姓名权和商标权,转让于原告"。[1] 原告发现被告未经其同意,擅自散发印有 Nena 照片的商品,遂对被告提起诉讼,请求被告偿付相当于许可费的金额。

2. 法院判决

经审理,地方法院判原告胜诉,被告提出上诉。高等法院(上诉法院)驳回了原告的诉讼请求,认为肖像权属于人格权,不得让与,且原告与 Nena 订立的契约仅具有债权效力,原告并未取得对抗第三人的权利,并排除了诉讼承担(prozessstandschaft)的发生。德国联邦最高法院肯定肖像权属于人格权一部分,认为被拍摄人就其照片有自由处分权利,其亦得同意他人使用其照片,该同意可以明示或默示方式为之,也可以有限制地或无限制地授予散布的权利。至于同意的效力如何,则应依个案之具体情况解释认定。关于本案中肖像权是否让与的问题,由于原告并非主张其不作为请求权,而只是请求相当于许可费的给付,关于此项请求的认可,无须对以下有争议的问题作出决定:肖像权是否因为其人格权性质而不得让与。原告之请求应基于不当得利准许,并不以 Nena 已将肖像转移于原告为前提(该观点与上诉法院相反),且根据原告与 Nena 概括授权契约,原

〔1〕 BGH vom 14. 10. 1986, GRUR 1987, 128.

告也取得对第三人收取许可费的权利，因而推翻高等法院的见解，改判原告胜诉。

3. 本案意义

德国法院在Nena案中的审判思路是这样的：原告与Nena签订的人格权的商业利用合同合法有效，具有债权效力。而不当得利请求权的基础不仅仅以绝对权为限，相对权（包括债权）也可以发生不当得利请求权。原告与Nena签订的排他性使用Nena人格利益合同赋予了原告以相对权，被告侵犯该相对权亦可以引发原告不当得利请求权，因此原告的诉求并无法律上之桎梏。至于人格权的不可转让性，虽然在德国学界争议很大，但是本案完全可以借由保护因"同意"他人使用肖像产生的债之效力，从而保护被同意人对同意人肖像、姓名等人格利益的排他性使用权。换言之，德国法院并不受困于人格权的不可让与性，而是通过确认相对权具有"财产归属内涵"，当权利人"同意"他人使用其姓名、肖像等人格特征而取得利益时，对这种权利的侵害，法院支持通过不当得利返还请求权进行救济。

在德国学说关于不当得利请求权的传统理论中，不当得利请求权的发生通常以该权利为绝对权（absolutes Recht）为前提，对相对权的侵害是否得以发生不当得利请求权，在理论上有争议。有学说认为一项权利"可以进行商业性利用"（eine Marktfähige Verwertungsmöglichkeit），则该权利具有"财产归属内涵"，也就可以成立不当得利返还请求权。[1] 德国法院通过Nena案对此表达了明确的肯定，认为对于相对权（本案中为原告与Nena之间缔结的合同具有债权效力）的侵害也可以成立不当得利请求权。

Nena案中，人格权的让与问题被清楚地呈现在法院面前，但是德国联邦最高法院没有明确采取人格权得以转让的观点，并非通过确认人格权的可让与性的方式保护Nena及原告的经济利益，而是通过不当得利绕过了该棘手的问题，同时在结果上保护了被同意人的利益。尽管如此，Nena案对于人格权上财产利益保护具有里程碑式的意义。原因在于，德国法院对于肖像权是否能够让与他人的问题持开放态度，不置可否，认为肖像权是否可以让与系"有争议"（Umstrittene Frage）。[2] 这代表，德国联邦最高法院考虑到实践中对于肖像权经济利益让与的需要，在结果上，该判决实际上是支持了他人对人格权人肖像进行某种

〔1〕 Vgl. Götting, Persönlichkeitsrechte als Vermögensrechte, 1995, S. 62－63.

〔2〕 BGHZ 50, 133, 137 = NJW 1968, 1773.

程度支配的需要,[1]对德国民法中人格权不得转让的传统提出了挑战。

4."同意转让"之理论基础

财产利益只有在市场交易中其利益才能得到充分体现,既然要承认人格权的财产利益,那么就要给予人格权财产利益以相当的让与空间,然而传统理论关于人格权专属性的特征不利于人格权财产利益的保护。如果坚持认为人格权是典型的不能转让而且不得许可使用的专有权利,只有权利人本人才可以享有,不得抛弃、转让和继承,将不利于人格权人充分利用其人格权赋予的财产价值,也不利于保护被授权人的合理获益。具体而言,权利人在什么程度上可以像处分财产一样处分自身人格权;被授权人是否可以,或者在什么程度上得以对抗原权利人或者第三人以获得排他性使用权;[2]面对侵权,得以发起何种诉讼请求——这些问题未被传统理论充分解释。总而言之,人格权属于传统分类的非财产权,基于这个特点,人格权的财产利益无法如同财产权一样使权利人获益,其根本原因在于专属性理论的羁绊,人格权的财产利益无法像财产权一样变更权利主体。

在法律实践中,特别是商务活动中,人格权人往往许可他人使用人格利益,从而得到一定的报酬。如某些知名度高的艺人、运动员等,他们的肖像、姓名等权利有数之不尽的商业用途,单凭自己的精力与能力不可能实现人格权财产利益的最大化。加之现代社会分工日益精细,这些人也产生了将其人格权的商业使用权交给他人保管的必要,如经纪公司等(例如,Nena 案中,原告并非歌手 Nena,而是经纪公司)。这些公司往往希望得到权利人的"独占性授权",排除权利人再次授权他人的可能性,进而再授权其他厂商进行商业化使用。这一让与行为有两大特点:

(1)经纪公司获得"独占性"的姓名权、肖像权等人格利益的使用权,甚至排除权利人本人进行再次商业应用的可能。

(2)经纪公司被授权再次授权其他厂商为权利人人格利益的使用。究其本质,也就是类似于财产权转让性质的让与。换言之,法律实践要求法律保护通过授权获得具有准物权效力的人格利益使用权。在这样的情况下,民法的任务就不只是保护人格权不被侵犯的问题了,亦要承认、调整和保护这种合理的商业利用。[3]

---

[1] Vgl. Götting, Persönlichkeitsrechte als Vermögensrechte, 1995, S. 61.

[2] Vgl. MünchKomm BGB/Schwerdtner, 4. Aufl., § 12 RdNr. 42.

[3] 薛军:《人格权的两种基本理论模式与中国的人格权立法》,载《法商研究》2004 年第 4 期。

然而,简单地承认人格权的可让与性,允许权利人对人格利益做物权化让与[1]在理论上会遇到很大的阻力。权利的让与,应当以其所保护利益有可让与性为前提。人格权的不可让与性来自宪法对人性尊严、人格自由的保护。以肖像权为例,为了避免自然人的肖像滥用,理论上应当对其让与进行限制,如果承认肖像权被物权化让与,将会使原权利人本人失去对自己肖像的使用权,而他人获得对其肖像在任何场合以任何目的做任何使用的权利,导致原肖像权人对于自己的肖像的合理使用再无控制能力。而且,人格权确实与财产权有较大不同,一个财产被物权性让与,原所有人会永久性与之失去联系,但是人格权与权利人之间的关系,因为涉及人格,人格权与权利人的人格尊严和人格自由之“连结”无法切断,因此无法做到真正地如财物一般做物权化让与。

尽管自然人无权同意侵害自身生命或者严重损害健康的行为,如果权利人“同意”他人对人格利益的使用,该“同意”可以视为权利人对他人使用其人格特征的有限度的授权。基于此授权,权利人应当在一定程度上容忍对于人格权的“侵害”,被同意人享有原权利人人格特征的有限度的使用权,而且法律并不禁止该权利再转让给第三个人。人格权人对自己的姓名、肖像等拥有保护和进行商业利用的权利。[2] 人格权人对姓名、肖像等人格标识的商业利用是权利人对自身人格利益的一种自治,当人格权人通过此种方法授权他人对其人格利益进行商业化利用时,法律应该在一定程度上允许权利人自由处置。王泽鉴先生认为,允诺旨在发生一定的法律效果,将允诺视为法律行为较为合理。允诺可以以明示或默示的方式作出。通常采取书面的形式,口头形式也是有效的。[3] 值得注意的是,由于商品化的人格标识所具有的特殊性,被授权人并不是人格权经济利益的真正拥有者,而仅仅是获得了以某种确定的方式对人格标识进行商业利用的权利。[4]

该观点的理论基础是德国学者 Forkel 以德国著作权一元论为基础,结合著作权法的相关规定所提出的“限制性让与理论”(beschränkte Übertragung)。[5]

---

[1] 此处让与,是指权利主体变更的让与,一经让与,受处分的权利与原主体完全分离。与此对应的是德国学者 Forkel 提出的限制性让与理论(beschränkte Übertragung)。

[2] 王利明、杨立新主编:《人格权与新闻侵权》,中国方正出版社 1995 年版,第 427 页。

[3] 王泽鉴:《人格权的具体化及保护范围(3):肖像权》,载《台湾本土法学杂志》2006 年第 10 期。

[4] 钟鸣:《论人格权及其经济利益——以霍菲尔德权利分析理论为基础》,载王利明主编:《民法典·人格权法重大疑难问题研究》,中国法制出版社 2007 年版,第 207 页。

[5] Vgl. Forkel, Lizenzen an Persönlichkeitsrechten Duich gebundene Rechtsübertragung, GRUR 1988, 491, S. 491ff.

Forkel 认为,虽然人格权不能被终局地转让,但著作权所适用的"限制性让与理论"可以适用于人格权。依照过去的传统理解,人格权人同意他人使用其人格利益,仅具有债之效力,被同意人无法基于自己"被授权"之权利对第三人无权使用行为有所主张。[1] Forkel 参照法学家 Von Tuhr 将权利继受分为转移取得(translative Rechtsnachfolge)和创设取得(konstitutive Rechtsnachfolge)的做法,将让与分为无限制性让与及限制性让与两种。依据 Forkel 的观点,人格权人同意他人适用其人格权时,其人格权的部分权能得以作为从母权利(Mutterrcht)中分离出的子权利(Tochterrecht)转让给被同意人。值得特别注意的是,虽然子权利得以转让与被同意人,但是,为了保护原权利人的人格利益,母权利依然可以对子权利进行限制、施加影响、实施干涉。且一旦子权利归于消灭,不需任何返还或者同意接受的行为,该子权利自动回归母权利,归母权利人享有。事实上,该种理论主要考虑到了人格权之不可让与性或所谓一身专属性,试图避免因为人格权的让与造成人格尊严或者人格自由上的侵害,避免人格成为他人实现自身目的的生产资料或工具。如若承认人格权得以完全、彻底、物权性让与,等于是承认个人的人格得以与权利人相分离,作为财产在市场上流通,与宪法保障人性尊严相冲突。Forkel 的限制性让与理论保证人格权的母权利时刻留存于人格权人处,无论人格权的经济利益如何流通转让,人格权对人格尊严的保护不得丧失,子权利与母权利之间的联系紧密不可分割,子权利受相当之约束从而强迫被同意人顾及授权人之利益。

Forkel 的限制性让与理论受到了德国部分学者的认可。其中 Götting 认为,为了满足现实中商业化对于人格权让与的呼唤,基于私法自治和个人对于其人格统一性之自主决定权,个人可以设立具有准物权效力的使用权,该权利得以对抗第三人甚至是人格权人自己。权利人对于自身人格权经济利益的这种处分,只要不伤害人格权精神利益的部分,权利人的人格尊严得到充分的保障,那么该种让与应当是可被允许的。著作权为其中典型,著作权作为整体因为其精神与财产利益相互交融不得让与,因而著作权法授予被让与人以用益权。但是,该使用权必须得到限制,以至于授权人为了保护其人格权之精神利益,得以限制干涉被授权人的经济利用。[2]

部分德国学者从人格权与财产权的关系分析、解释限制性让与理论的可行

---

[1] Vgl. Forkel, Lizenzen an Persönlichkeitsrechten Duich gebundene Rechtsübertragung, GRUR 1988,491,S.495ff.

[2] Vgl. Götting, Persönlichkeitsrechte als Vermögensrecht,1995, S.64, 65.

性。Magold 认为,著作权同时既保护著作权人之精神利益,又保护著作权之财产利益,因此限制性让与在理论上不存在问题。若人格权同样具有无体财产权之成分,则由著作权让与发展来的限制性让与也可以适用于人格权。Magold 通过分析人格权与无体财产权具有共同之历史渊源、[1]人格权与其他商业标识一样具备广告价值、[2]人格特征具有可分离性(Ablösbarkeit)[3]等特征,认定人格权亦具有无体财产权之成分,因此支持 Forkel 关于人格权适用限制性让与的观点。对于人格权与财产权(无体财产权)的关系,Gierke 认为,人格权与财产权不是严格对立的关系,有些人格权同时也是财产权,甚至有时候人格权的财产权成分太过于突出,以至于我们会忽略其人格权的本质。[4] Coing/Habermann 也有更加详细的论述,他们同样认为人格权和无体财产权不是绝对的区分、数学般精确的界定,两者之间有着重合的可能。原因在于无体财产权是相对于物之所有权而界定的概念,无体财产权是对"无体的"却具有财产利益的财产的支配权;人格权是借由人相对于物质(Person - Sachwelt)而界定的概念,人格权表现在一定的人上面,但是人格的发展也可以在经济上的行为自由中实现,所以不能认为人格权只限于精神利益而不包含财产利益。[5]

Schertz 也通过提出自己的解释表达对 Forkel 的支持,他指出连虚构人物的商品价值都受到著作权法或者商标法相关制度的保护,真实人物(real personen)商品化之规模完全不亚于虚构人物,也就更没有理由受不可让与原则僵化的限制。Forkel 提出的限制性让与理论,保护了人格权中的精神利益这一不可分割的成分,使其不受影响。[6]

(二)拟制授权契约作为转让方式

所谓拟制授权,就是当受害人人格权遭受侵害时,假设原告与被告间存在一个授权契约,损害额按照原告与被告签订契约应有的授权金进行计算。虽然人格权的财产利益与权利人人格的"连结"无法切断,继而无法做到真正的物权化

---

〔1〕 Magold, Personenmerchandising: der Schutz der Persona im Recht der USA und Deutschlands, Diss. Frankfurt am Main/Berlin/Bern 1994, S. 523 ff.

〔2〕 Magold, Personenmerchandising: der Schutz der Persona im Recht der USA und Deutschlands, Diss. Frankfurt am Main/Berlin/Bern 1994, S. 534 ff.

〔3〕 Magold, Personenmerchandising: der Schutz der Persona im Recht der USA und Deutschlands, Diss. Frankfurt am Main/Berlin/Bern 1994, S. 537 ff.

〔4〕 V. Gierke, Deutsches Privatrecht, 1. Band, 1895, S. 706.

〔5〕 Vgl. Staudinger/Habermann(2004) § 12 Rn 14.

〔6〕 Schertz, Merchandising: Rechsgrundlagen und Rechtspraxis, 1997, S. 157 f.

让与,但是根据限制性让与理论,人格权人有权对其人格标识为限制性让与,以实现人格特征商业利用之目的。此时,若受害人的人格利益被无权进行商业利用时,面对人格权之不可让与性和商业利用的矛盾,以拟制授权契约作为赔偿的基础和计算标准是解决此困局的实用考虑。

拟制授权金的赔偿方法,是德国联邦法院在 Paul Dahlke 案[1]首次应用于人格权方面的。该方法原先始创于对著作权的保护,[2]德国法院将其转用于人格权商业化应用的损害赔偿。[3] 实际上原告与被告双方并没有缔结任何授权契约,被告也可能并没有遭受类似于财产损失一般的实际侵害,只是假如放任此类侵犯人格权的行为而不予以预防,可能会造成权利人权利的无价值化,因此这种计算方法具有一定的预测性,并通过阻止侵权人从自己的侵权行为中获利,得以维持人格权人对其人格权的自治权和专属地位。因此,相比较于计算遭受的实际损失,拟制授权金的损害计算方法着眼于阻止加害人的侵权行为,而不仅仅在于填补受害人的损失。

拟制授权契约作为转让方式,其具体赔偿金额需要进行预测评估,然而在实务操作中仍需要确立一套客观的评估标准,需要强调损失的客观性。此处的评估标准实质指的是特定权利人人格标识的市场价值。拟制授权金与精神损害赔偿相对应,后者强调精神痛苦的主观性,前者突出人格权财产价值的客观性。就拟制授权金的客观性而言,演员、歌手等人格标识常常用于商业化的名人,其市场价值较易判断,也较为客观。如刘翔与《精品购物指南》报社等肖像权纠纷案、[4]张柏芝肖像权纠纷案等,无论法院以何种理由判决,最终的赔偿金额大致与客观市场价值出入不大。特别是“张柏芝诉江苏东洋之花公司案”中,法院明确指出:“原告主张赔偿 85 万元经济损失,未提供确凿证据,但原告确实存在经济上的损失,其数额应不少于被告江苏东洋之花公司若与之签约使用肖像的费用……”从“应不少于”可以看出,该法院开创性地通过拟定授权金的形式酌定赔偿金额,此授权金的具体数额其实就是对原告人格标识市场价格的估量。应当注意的是,若原告虽为名人,但在侵害发生前从未授权他人对其人格标识为商业利用时,较难确定其授权金实际金额,法院应当综合考虑受害人的社会地

---

〔1〕 BGHZ 20,345.

〔2〕 德国对于著作权损害赔偿计算采用“三择一计算方法”(dreifache Schadensberechnung),即具体计算财产损失(dreifache Schadenberechnung)、拟制授权金(angemessene Lizensgebühr)、返还获利(Gewinnabschöpfung)。

〔3〕 BGH 143,214,232 – Marlene Dietrich = GRUR 2000,709.

〔4〕 北京市第一中级人民法院民事判决书,(2005)一中民终字第 8144 号。

位、声誉、特殊职业等众多因素加以预测。且从未授权进行商业利用的,其拟制授权金应该相对较高,在确定损害赔偿数额时应予以考虑。[1] 对于非名人的普通大众,可以按照通常的工资报酬进行估测。

在我国,也有部分学者主张通过拟制授权的方式确定人格权侵权赔偿数额。由王利明负责起草的《民法典》(草案)侵权编第2043条规定:"人格权依法已经或者按照权利人的意思即将进入市场的,应当对非法使用该人格权造成的财产损失予以赔偿。前款损失不能确定的,可以按照使用该人格权使用费的市场价格或侵权行为人获得的利益计算。"[2] 我国现行的立法并未明确设立拟制授权金制度。《民法典》第1182条规定:"侵害他人人身权益造成财产损失的,按照被侵权人因此受到的损失或者侵权人因此获得的利益赔偿;被侵权人因此受到的损失以及侵权人因此获得的利益难以确定,被侵权人和侵权人就赔偿数额协商不一致,向人民法院提起诉讼的,由人民法院根据实际情况确定赔偿数额。"一个疑问是这里的"财产损失"是否包括人格权上经济利益的损失,在立法时这是没有考虑到的问题。本书认为,为了充分保护人格权益,不妨解释"财产损失"也包括拟制授权许可费用等人格标识上的经济利益。值得注意的是,该条文最后"由人民法院根据实际情况确定"的兜底条款,为司法中法院以拟制授权金作为赔偿标准提供了法律支持,如前文提到的张柏芝肖像权纠纷案等,我国法院在"根据实际情况确定"赔偿金额时往往会依据人格标识的市场价值,此处可作为将来通过司法解释确定拟制授权金赔偿计算方法的突破口。

既然是"拟制",一个重要的问题就是受害人的授权意愿问题。具体而言,就是受害人在任何情况下都根本不会同意将其人格标识用于商业活动的场合,受害人可否主张以拟制授权金为标准进行赔偿。此问题源于对"拟制"的理解,如果将拟制授权契约理解为加害人与被害人在侵权行为发生后缔结授权契约,使之前的无权使用行为转为"有权使用",若被害人全然无授权意愿,则强制适用拟制授权可能会造成对受害人人格尊严的二次伤害,有强迫受害人"出售尊严"的嫌疑。因此,德国联邦法院第四民事庭在Herrenreiter骑士案[3]中认为:如果具体个案中原告无论如何都不会收受报酬而同意肖像权的商业利用,如使用方法严重贬损、侮辱人格等,不得使用该计算方法。

---

〔1〕 McCarthy, §11.8[B],11-46.3.

〔2〕 王利明主编:《中国民法典学者建议稿及立法理由——侵权行为编》,法律出版社2005年版,第381页。

〔3〕 BGHZ 26,349.

德国联邦法院第四民事庭在Herrenreiter骑士案[1]中的判决引起德国部分学者批评。[2] 其原因在于拟制授权并非强迫当事人订立授权契约,当事人之间不存在真实的契约关系,拟制授权仅仅是计算损失额度进行赔偿的一种手段,是基于保护受害方人格利益、预防侵害而设计的计算方法。这种计算方法正是为了弥补侵权行为损失计算时采用差额法的不足,如果以可能对受害人人格尊严二次伤害为由拒绝拟制授权金,反而对受害人不利。而且人格权人的人格利益在未经同意的情况下被他人侵害,这足以证明其非自愿"出卖"其人格尊严。[3] 因此,德国法院在司法实务中一般认为,在无体财产物受到侵害时,以通常的报酬作为损害计算的方法,并不因权利人是否有意授权有所限制。[4]

二、不法侵害

(一)停止侵害

人格权旨在维护人的价值,要求他人对自身人格予以尊重,体现于精神利益的保护,具有防卫权(Abwehrrencht)的性质。对于人格权的去除妨害或防止妨害请求权,德国民法未具体设立,实务上类推适用《德国民法典》第1994条关于所有权的物上请求权的规定。[5]

关于人格权上的停止侵害请求权,我国《民法典》第995条规定了人格权请求权。中国台湾地区"民法"第18条第1款规定:"人格权受到侵害时,得请求法院除去其侵害;有受侵害之虞时,得请求防止之。"此规定确立了人格权上去除妨害、防止妨害的请求权基础。一般来说,无权使用他人人格标识的商业化行为,必然构成人格权之侵害,基于人格权中财产权部分的防卫请求权通常会被基于人格权的防卫请求权覆盖吸收,[6]因此,基于一般人格权的停止侵害、消除危险请求权也包含了对人格权财产价值的保护。

(二)精神损害赔偿

1.精神损害赔偿的救济对象

对于精神损害,各个国家的定义有所不同。德国使用的是"非财产上的损害"的概念,其相当的金钱赔偿称为"痛苦金"(Schmerzensgeld),或称为"金钱赔偿"(Entschadigung in Geld);日本民法使用的是"财产外的损害"的概念;瑞士

---

[1] BGHZ 26,349.

[2] Wager, GRUR 2000,717,719. Gregotitza, S.207 ff.

[3] Gregoritza, S.209.

[4] BGHZ44,372,375 – Mebmer – Tee Ⅱ;BGHZ 119, 20,23 – Tchibo/Rolex Ⅱ.

[5] 王泽鉴:《人格权法》,台北,2012年自版发行,第326页。

[6] 陈龙江:《人格标志上经济利益的民法保护》,法律出版社2011年版,第277页。

采用“抚慰金”的概念。尽管各国称呼不同,但是设立精神损害赔偿的立法本意都在于适用物质的补偿抚慰人精神上的痛苦,就精神痛苦进行金钱上的赔偿。人格权益关乎人的人格利益的存在与完整,相对其他财产权益而言,它是人最重要和首位的权益。当人格权益受到侵害时,就意味着人之完整性和人格的自由与尊严遭受侵害,首当其冲的就是人的精神世界,进而产生非财产损害,这表明人格权益受到侵害与非财产损害的发生存在必然性。因此,世界各国均将非财产损害作为精神损害赔偿的首要客体,精神损害赔偿在20世纪急剧发展,不仅使人格权获得了极大的充实,而且为受害人所遭受的精神痛苦提供了充分的抚慰。[1] 当侵权人擅自对受害人的人格权加以商业化的运用时,如果这种侵权行为同时损害了被侵权人的精神利益,比如将他人的形象与特定商品相联系造成不良社会影响,损害了他人的声誉,那么受害人可以在要求财产损害赔偿的同时就精神利益的侵害请求精神损害赔偿。例如,O' Brien v. Pabst Sales Co. 案[2]中,一家啤酒厂在未经任何授权的情况下使用著名的足球运动员 O' Brien 的肖像,将其用于啤酒月历广告。由于该运动员是禁酒主义者,该啤酒厂的行为即损害了运动员的精神利益,该运动员从而得主张精神损害赔偿。通常精神损害表现为“受害人反常的精神状况,如精神上的痛苦和肉体上的疼痛。受害人精神上的痛苦自身感受为哀伤、懊恼、悔恨、羞愧、愤怒、胆怯等……严重的会出现精神病学上的临床症状”。[3] 如果侵权造成受害人精神痛苦十分强烈并带来生理上的伤害,恢复其生理健康的费用也由精神损害赔偿救济。可见,精神损害赔偿在弥补受害人精神利益的同时,也填补了部分财产利益的损失,但主要是精神利益的救济。精神损害赔偿请求权与人格权经济利益的赔偿请求权是请求权之聚合,权利人可同时主张,也可以单独主张。

2. 精神损害赔偿的请求权基础

依据《德国民法典》第253条的规定,非财产损害,只有法律明文规定的几种情况下才能请求金钱赔偿。所谓法律明文规定的几种情形是指《德国民法典》第847条第1款规定的“侵害身体或者健康,侵害自由,被害人对这些非财产的损害也可以请求相应金钱损害赔偿……”以上规定并未明确指明人格权亦得以作为精神损害赔偿的保护对象,为确立人格权的精神损害赔偿请求权之基础,德国法学界通过一系列案件逐步突破《德国民法典》第847条之限制,同时为人

---

[1] 王利明:《试论人格权的新发展》,载《法商研究》2006年第5期。

[2] 124 F. 2d 167, 170 (5th Cir. 1941).

[3] 王泽鉴:《民法学说与判例研究》(第7册),中国政法大学出版社2005年版,第118页。

格权上精神利益的金钱赔偿请求构建了理论基础。

在 Herrenreit 骑士案[1]中,德国法院类推适用《德国民法典》第 847 条关于"侵害自由"的规定,将"侵害自由"类推适用于侵害精神自由之情形,肯定精神自由被侵犯者亦得以请求金钱赔偿。《德国民法典》第 847 条所谓的"侵害自由",通说认为是指侵害身体上的行动自由,如拘禁、胁迫他人为特定行为等,但是在学界并未就此达成统一意见。德国法院认为,《德国基本法》明确保护人格权,精神自由因此也应当受法律保护,精神自由被侵害时,如果否认其请求金钱赔偿的请求权,将使保护人格权的相关法律成为空文,不符合实际要求。因此,根据《德国民法典》第 847 条的相关精神,精神损害赔偿的金钱赔偿应当予以支持。Ginseng 人参案[2]的判决法院又从《德国基本法》的角度赋予人格权金钱赔偿以请求权基础。德国联邦法院提出,《德国民法典》第 253 条对非财产损失的金钱赔偿进行限制,是基于旧时的立法条件和社会状况。在《德国基本法》明确规定人格权应当受尊重和保护的背景下,民法对人格权的保护有所缺漏,因为人格权被侵害时受损的主要是非财产损失,如果法律忽视对这部分损失的金钱赔偿,将十分不利于人格权的保护,这与宪法的价值体系相左。只是侵害一般人格权与侵害健康权等请求精神损害赔偿的条件不同,因侵害一般人格权而请求精神损害赔偿的,应当以加害人有重大过失、受害人遭受严重侵害为条件。

《德国民法典》第 847 条的类推适用和《德国基本法》就自由的保护两个方向寻找人格权精神损失赔偿的可能路径,然而此种法官造法的合理性在德国引起了争议,最具典型性的就是 Soraya 王妃案。[3] 初审法院支持了原告关于精神损害赔偿的诉讼请求。被告认为该判决违宪并提出宪法诉讼,其中一个上诉理由认为联邦法院判决违背权力分立原则。经过争论,最终此判决被裁定不违反宪法,德国宪法法院认为《德国基本法》明文保护公民人格权,因此在私法上承认一般人格权,在精神利益受到严重侵害时赋予金钱赔偿,实际上补充了现行法律的不足,实为维护宪法的基本人权体系的行为,也就不违反权力分立原则。同时,德国宪法法院承认,时至案件发生之日,德国民法已经制定了 70 余年,部分

---

[1] BGHZ 26,349.

[2] 原告是一名大学国际法宗教法教授,某日带回韩国人参供其同事从事研究工作。其同事获得研究成果后在发表的结果中感谢原告的协助。被告为一家药物公司,擅自在广告中引述原告为欧洲著名人参专家,并以其名义肯定人参在增强性功能方面的功效。BGHZ 35,363.

[3] 一家出版社在杂志中刊登虚构的伊朗王妃 Soraya 访问记,致使 Soraya 王妃人格权受损,请求精神损害赔偿。BGH NJW 1965,685.

法律部门,特别是劳动法方面,已经显得落后于社会的发展需要,人格权的保护方面也远远落后于其他西方国家法律,因此必须通过司法造法适应法律观念和社会发展的变化。《德国民法典》第 253 条对非财产损失的金钱赔偿进行严格限制,是以立法时的社会情况为背景的。几十年后的今天,法律观念和商品经济的发展需要放宽对非财产损失金钱赔偿的限制,以顺应人格权保护的发展。法院通过判决,弥补法律对人格权保护的不足,是必要的,更是符合宪法精神的。

3. 精神损害赔偿的法律限制

德国通说一般认为,因一般人格权受到侵害而请求精神损害赔偿,前提是损害无法通过排除(Beseitigung)、撤回(Widerruf)或者相反表示(Gegendarstellung)等其他方式填补,且人格权受侵害的程度必须达到一定的强度,以侵害情节重大为必要〔1〕。《德国民法典》第 253 条规定:"关于非财产的损害,仅在法律明文规定的情形下,才能请求金钱赔偿。"王泽鉴先生亦认为,精神损害赔偿应当以恢复原状为原则,不能恢复原状的,才能请求金钱赔偿。〔2〕 而是否存在严重的侵权,需要考虑侵权行为的方式、影响程度、动机和持续时间,还要考虑所侵害的是何种人格法益等。〔3〕 值得注意的是,在德国,尽管侵害名誉、姓名、肖像、隐私等人格权时,请求非财产上损害赔偿必须以情节重大为必要条件,因人格权遭到无权商业利用而请求财产上的损害赔偿不受此限制。〔4〕 在我国,精神损害赔偿的条件与《德国民法典》的规定在效果上相类似,根据《民法典》第 1183 条和《精神损害赔偿解释》第 8 条第 2 款,侵权行为必须造成严重精神损害才能主张精神损害赔偿。《民法典》第 996 条规定的违约精神损害赔偿亦以严重精神损害的存在为必要。司法实践中,法院往往以不存在严重精神损害为由驳回精神损害赔偿请求。在"谢文涛诉中国平安财产保险股份有限公司广州市天河支公司肖像权纠纷案"〔5〕中,原告谢文涛与被告保险公司约定,原告同意被告在约定期限内使用其肖像做商业广告。约定使用期届满后,原告发现被告仍继续在广告中使用其肖像,遂提起诉讼。法院判决被告支付原告证据保全所付费用及肖像使用权费,然而不支持关于精神损害赔偿的请求,因为法院认为被告行为未造成公众对原告综合社会评价的降低。同样,在"王慧娟与上海黄嘉婚庆礼

---

〔1〕 BGHZ 35,363,369 = GRUR 1962 105,107 – Ginseng.

〔2〕 王泽鉴:《民法总则》,中国政法大学出版社 2013 年版,第 142 页。

〔3〕 Vgl. Palandt/Sprau(2011), § 823, Rn. 124.

〔4〕 德国联邦法院在 Marlene Dietrich 案中认为,当姓名肖像或其他人格特征遭到无权商业利用时,侵害情节重大不是权利人请求损害赔偿的前提条件。

〔5〕 广州市中级人民法院民事判决书,(2008)天法民一初字第 115 号。

仪服务有限公司肖像权纠纷上诉案”[1]中,法院同样以被告行为未造成严重后果为由拒绝原告精神损害赔偿。然而,也有部分判决并未严格遵循司法解释所确立的精神损害赔偿的限制,往往根据案情不同放宽对严重精神损害的要求。特别是在原告未因人格权受侵害而提出经济利益损害赔偿,只提出精神损害赔偿,或经济利益损害赔偿请求被驳回时,为了给原告一定的补偿,法院往往放宽对于严重精神损害的认定,以精神损害赔偿行经济利益损害赔偿之实。典型如“袁海鹰与成都晚报社肖像权纠纷上诉案”[2],成都晚报社将原告肖像用于文章《成都:就是中国宜居第一城》,客观上并未引起社会对原告综合社会评价的降低,反而有利于提高其知名度,二审法院也认定成都晚报社的侵权行为没有损害原告之正面形象,但是二审法院却支持了原告精神损害赔偿的请求。该判决是否严格遵循精神损害赔偿要求严重精神损害的限制,值得怀疑。类似案例还有“刘翔与《精品购物指南》报社等肖像权纠纷案”[3]“苏家玉等与汤镇宗肖像权纠纷案”[4]等。此类放宽精神损害赔偿限制的判决往往发生在非法使用名人肖像进行一般商品代言的案件中,在这类案件中,名人平常也代言产品。按照通常理解,名人的肖像等权利的一般商业化不会给其造成严重的精神痛苦,法院支持精神损害赔偿往往是从结果出发,服从于判决结果的合理性。严格来说,人格权益受到侵害而请求精神损害赔偿,受侵害的程度必须达到一定的强度,以侵害情节重大为必要。

4. 精神损害赔偿之功能与具体数额量定

精神损害赔偿的功能有两个:一个是填补损害(Ausgleichsfunktion),另一个是抚慰被害人(Genugutuungsfunktion)。[5] 关于填补损害功能,理论上必须发生精神上的痛苦,才有填补之必要,无痛苦则无所谓填补。因此前述的“袁海鹰与成都晚报社肖像权纠纷上诉案”“刘翔与《精品购物指南》报社等肖像权纠纷案”“苏家玉等与汤镇宗肖像权纠纷案”等,法院往往在受害人无精神痛苦,或精神痛苦不严重、不明显的情况下判决精神损害赔偿金,以精神损害赔偿行经济利益损害赔偿之实,是与填补损害功能不相符的。

关于精神损害赔偿的抚慰被害人功能,学界有争议。Deutsch 认为,精神损

[1] 上海市第一人民法院民事判决书,(2009)沪一中民二(民)终字第 4020 号。

[2] 四川省成都市中级人民法院民事判决书,(2008)成民终字第 499 号。

[3] 北京市第一中级人民法院民事判决书,(2005)一中民终字第 8144 号。

[4] 成都市金牛区人民法院民事判决书,(2006)金牛民初字第 2190 号。

[5] 王泽鉴:《民法学说与判例研究》(第 2 册),中国政法大学出版社 2005 年版,第 267 页。

害赔偿具有预防及制裁功能,而 Larenz 却不这样认为。Larenz 认为,抚慰功能包含在填补功能之内,因为加害人对其损害结果进行金钱赔偿,被害人因此得到满足,所以也是起到填补之功效。〔1〕

精神损害赔偿数额量定标准与其功能关系密切。因一直认为精神损害赔偿的功能仅仅在于填补损害,德国法院过去主张精神损害赔偿的数额标准取决于人格权的受损害程度。〔2〕 毫无疑问的是,人格权的受损程度应当作为一个衡量因素。除此之外,1994 年的摩洛哥 Caroline 公主案(Caroline von Monaco)〔3〕的审判法院提出将获利也作为量定因素,以实现精神损失赔偿的预防功能。此案中被告为一家杂志社,捏造 Caroline 公主的访谈记,捏造并公开其私人事务。德国联邦法院判决原告胜诉,认为对被害人之人格权的侵害行为的目的是增加杂志销路并获利,本着预防的目的,决定关于金钱赔偿的数额时,应当将获利作为量定因素。〔4〕 在此案的另一项判决〔5〕中,德国联邦法院再次确认:对于肆无忌惮进行强制人格权商业化的行为,若非判给"明显的精神损失赔偿金",不足以实现预防功能,这无异于将受害人的人格权置于不受保护的境地。〔6〕

我国立法基本继承了德国民法关于精神损害赔偿功能和数额量定的认识。2001 年施行的《精神损害赔偿解释》第 10 条第 1 款明确规定:"精神损害的赔偿数额根据以下因素确定:(一)侵权人的过错程度,法律另有规定的除外;(二)侵害的手段、场合、行为方式等具体情节;(三)侵权行为造成的后果;(四)侵权人的获利情况;(五)侵权人承担责任的经济能力;(六)受诉法院所在地平均生活水平。"《民法典》第 998 条在认定精神性人格权侵权责任应考虑的主要因素上列举了"行为人和受害人的职业、影响范围、过错程度,以及行为的目的、方式、后果等因素"。在我国,精神损害的赔偿数额不仅考虑填补损害,也将获利情况、侵害手段等作为考虑因素,为实施"明显的精神损失赔偿金"提供了法律依据。精神损害赔偿金额在司法实践中的具体确定,可见本书第九章第三节。

(三)财产损害赔偿

在德国,财产上损害赔偿的数额计算方法一般采纳"差额说"(Differenzhypothese),也就是以侵权行为发生前受害人的相应财产总额,与侵权行为发生后

---

〔1〕 王泽鉴:《民法学说与判例研究》(第 2 册),中国政法大学出版社 2005 年版,第 271 - 272 页。

〔2〕 Vgl. Paland/Sprau(2011), § 823, Rn. 124;BGH NJW 1996,984,985.

〔3〕 BGHZ128,1.

〔4〕 王泽鉴:《人格权法》,台北,2012 年自版发行,第 330 页。

〔5〕 BGH NJW 1996,985.

〔6〕 陈龙江:《人格标志上经济利益的民法保护》,法律出版社 2011 年版,第 290 页。

受害人的相应财产总额相比较,其差额作为受害人所受损失的数额。

但是差额说也存在诸多问题。在人格权受侵害的领域,最突出的表现在于人格权的财产权益,作为无体财产权往往没有实质损害。如前文提到的刘翔与《精品购物指南》报社等肖像权纠纷案[1]、张柏芝肖像权纠纷案等,人格权人的人格特征早已经被众多厂商进行商业化利用,权利人亦可继续授权他人进行商业化利用,人格权的财产权益并无明显减损,或难以判断具体减损数额。如果依据传统差额说,在无损失即无赔偿的原则下,权利人得不到足够的赔偿,这明显与其保护人格权的目的相违背。

德国法上关于无体财产权受侵害的损害计算办法采用"三择一计算方法",即具体计算财产损失;赔偿拟制授权金;返还获利三种。该计算方式起源于1895年的一项判决。[2]原告是一位作曲家,被告非法影印并散布了原告的乐谱,原告提出赔偿请求。二审法院采纳了被告的抗辩,认为被告擅自复印的行为证明被告不会为取得原告授权而支付报酬,因此不得请求以拟制授权进行赔偿;原告人格利益并未受损失,反而借助被告的行为提升了知名度,因而不存在损失。帝国法院驳回了二审法院的判决,认为原告可以选择请求按照授权金或者侵权行为所得利益为标准进行赔偿。此后,在Paul Dahlke案[3]中,法院确认了相当于授权金的赔偿可以适用于无权商业使用他人肖像造成肖像权侵权的案件中。在Marlene Dietrich案和Der blaue Engel案[4]中,法院进一步确认授权金或返还获利的赔偿标准,适用于侵犯姓名权、肖像权或一般人格权的情形。值得注意的是,"三择一计算方法"只是基于同一请求基础的不同计算方法,并不存在请求权竞合、聚合的问题,请求权人在诉讼程序中可以改变计算方法的选择,只有当权利人的请求权得到满足的情况下才终止。

《民法典》第1182条规定:"侵害他人人身权益造成财产损失的,按照被侵权人因此受到的损失或者侵权人因此获得的利益赔偿;被侵权人因此受到的损失以及侵权人因此获得的利益难以确定,被侵权人和侵权人就赔偿数额协商不一致,向人民法院提起诉讼的,由人民法院根据实际情况确定赔偿数额。"在人格权领域,我国的损害赔偿计算方法考虑三方面因素:首先,是实际损失赔偿或侵权获益。在侵害人身权的同时,有时也会造成财产损失。如Nena案中,著作

[1] 北京市第一中级人民法院民事判决书,(2005)一中民终字第499号。
[2] RGZ 35,63.
[3] BGHZ 20,345 – Paul Dahlke.
[4] BGHZ 143,214 – Marlene Dietrich; BGH NJW 2000.2201 – Der blaue Engel.

权管理中介团体与歌星 Nena 签订的契约中将 Nena 的肖像与姓名使用于各种商品上的全球专属权利排他性地赋予该中介团体。其次,该使用权具有排他性和独占性,因而当其他企业使用 Nena 的人格标识时,不可避免地将造成 Nena 的违约,从而产生直接损失。在没有造成直接经济损失的情况下,人格权的经济价值实难估量,此时得以侵权人所获利益计算损失。最后,在协商不一致的情况下,赋予人民法院根据具体案情裁量定夺的权力,以应付现实中案情的复杂多样。

我国的规定与德国"三择一计算方法"不同的是,德国计算方法采用的是平行选择的模式,即受害人可以选择三种计算方法中的一种。而我国法律的规定采取的是依次选择的模式,先计算实际损害和侵权人的获利问题,如果前两项都难以确定,最后由人民法院"根据实际情况"自由裁量,这时往往会以拟制授权金的角度估计损失。未经授权使用人格权人人格标识的,法律在保护受侵犯人格权之人格利益的同时,也要保护受侵犯人格权的经济利益,前文已述,本书认为,此处规定的"财产损失"包括人格标识上的经济利益。

三、不当得利

"引起财产损失的原因一方面可能是权利人的姓名或商号被非法使用后,在商事交易中造成混淆,从而使权利人的销售额或收入下降,另一方面还可能是权利人为营利目的允许使用其姓名,但未能由此获得报酬。在使用人拒绝支付因使用姓名权而普遍应获得的报酬时,便存在着不当得利。"[1] 从此可以看出,德国的学界通过对《德国民法典》相关条文的扩张解释,承认了对人格权中财产利益的保护,其诉因既可以是侵权,也可以是不当得利。相比较于财产损害赔偿,不当得利返还请求权不以侵权人的过错为要件,因而适用范围更广,在侵权人主观无过错因而不承担损害赔偿责任时,不当得利可以平衡人格权人人格利益的损失和侵权人的获利。我国《民法典》第 985 条规定:"得利人没有法律根据取得不当利益的,受损失的人可以请求得利人返还取得的利益……"相对于侵权责任,理论上主张不当得利对人格权人更加有利,因为受害人不但无须证明加害人主观过错,而且无须证明客观上造成经济利益损失。然而客观上很少有原告主张不当得利维护人格权益,法院也未有判决予以突破。因此,在我国,不当得利作为人格权经济利益的救济手段仍需进一步发展。

---

〔1〕［德］卡尔·拉伦茨:《德国民法通论》(上),王晓晔、邵建东等译,法律出版社 2003 年版,第 169 页。

《德国民法典》第812条将不当得利细分为给付型不当得利和非给付型不当得利两种。非给付型不当得利以侵害型不当得利为典型。[1] 该种不当得利理论上为我国《民法典》相关规定所囊括。[2] 然而根据德国民法的“区别说”,认为不当得利应当区分为因给付而受利益和因给付以外的事由而获得利益两种,分别探求法律上的请求权基础。

(一)给付型不当得利

所谓给付型不当得利,是指因给付欠缺目的而生的不当得利。[3] 构成给付型不当得利的情况一般有四种:因民事法律行为不成立、无效或被撤销;因合同解除产生;因合同终止产生;履行不存在的债务。[4] 在人格权领域,发生给付型不当得利的情形学界很少论及。前文已述,人格权人有权对自己的人格标识的使用权为限制性让与。本书认为,若人格权人已经基于授权契约授权他人利用其人格特征进行商业活动,被授权人利用其人格特征获得一定利益后,契约被确认不成立、无效或被撤销等,受益人基于此类民事行为获得授权并且获得利益,就构成给付型不当得利。根据前文 Forkel 提出的限制性让与理论,一旦子权利归于消灭,不需任何返还或者同意接受的行为,该子权利自动回归母权利,归母权利人享有。因此毋庸置疑的是,此时受益人获得的人格标识商业利用权自动回到人格权人所有。然而值得思考的是,在授权契约签订之后,被确认不成立、无效等之前,原被授权人利用他人人格标识所得利益是否应该属于不当得利的返还范围。本书认为,此时所得利益依然符合不当得利请求权之返还范围,应当返还。但现实中,善意受益人往往也要为授权契约的无效、被撤销等而承受损失,或这种始料未及的变化可能造成其所得利益的减损。从公平角度来讲,要求善意受益人返还全部不当得利有失公允。人格权的不当得利返还同其他不当得利返还一样,其范围需要考虑受益人善意或者恶意区分对待。如果受益人是善意,在取得授权时不知道自己没有取得合法根据,其返还利益的范围以现存利益为限,如果不存在现存利益,则不负返还义务。同理,若受益人为恶意,即使获得利益不复存在甚至蒙受损失,亦不能免除其返还义务。

(二)侵害型不当得利

未经权利人授权而对他们人格标识进行商业性应用,大多属于侵害型不当

---

〔1〕 王泽鉴:《人格权法》,台北,2012年自版发行,第351页。

〔2〕 陈龙江:《人格标志上经济利益的民法保护》,法律出版社2011年版,第285页。

〔3〕 王泽鉴:《人格权法》,台北,2012年自版发行,第343页。

〔4〕 马俊驹、余延满:《民法原论》,法律出版社2007年版,第773页。

得利,即侵害他人权利的不当得利。依不当得利之法律关系请求返还不当得利者,须以无法律上之原因受有利益,并因而致他人受损害为要件。[1] 在如何确定侵害他人权利而获得的利益时,有"违法性说"和"权益归属说"两种均起源于德国的学说。多数学者采纳"权益归属说",侵权行为并不一定是不当得利行为,不当得利行为也未必具有违法性。王泽鉴先生认为,在认定是否该当此种不当得利的成立要件时,应以权益归属说据以判断违反权益归属而取得的利益是否缺乏法律上之原因。[2]

权益归属说与违法性说的重要区别在于,权益归属说并不要求侵害行为本身违法,而是以不当得利债务人是否取得应归于债权人的权益归属为标准。取得应归属于他人的权益内容,例如占有他人土地为停车场等,系取得应归属于所有人对物占有使用收益的权能。[3] 因此,确认"权益归属内容"显得尤为重要。有学者对权益归属说提出批评,认为其内容空洞无法充分确定。[4] 其原因在于权益归属说最早是以所有权为出发点,在适用于人格权时,受侵害的法律地位是否有权利归属内容引人怀疑。[5]

有学者试图完善"权益归属说"。如 Kleinheyer 提出当债务人的财产取得因得到他人法益(Rechtgut)的帮助而完成时,可证明不当得利的发生。此处的法益指的是,权利人可以就其利益的利用加以决定并对该利益之侵害加以防御,即不作为请求权。然而 Kleinheyer 的回答忽略了另一个问题,依通说见解,不当得利是保护人格权益的积极行使的可能性,而并非消极防御。[6] 还有学者提出,其归属内容为人格权人对于此法律地位加以处分而获利的机会,此机会遭到不当得利人的侵害。[7] 至今,权益归属的内容之认定尚未明确,概念有待进一步填补。

在德国,无权将他人人格标识进行商业化应用是否形成不当得利,在实务上经历了长期的演变。其中争议的焦点在于,在原告根本不可能愿意将其人格标

〔1〕 王泽鉴:《不当得利》,北京大学出版社 2009 年版,第 42 页。

〔2〕 王泽鉴:《人格权法》,台北,2012 年自版发行,第 351 页。

〔3〕 王泽鉴:《人格权法》,台北,2012 年自版发行,第 545 页。

〔4〕 Horst Heinrich Jakobs, Eingriffserwerb und Vermögensverschiebung in der Lehre von der ungerechtfertigten Bereicherung, 1964, S. 24.

〔5〕 黄松茂:《人格权之财产性质——以人格特征值商业利用为中心》,台湾大学法律学研究所 2007 年硕士学位论文,第 198 页。

〔6〕 黄松茂:《人格权之财产性质——以人格特征值商业利用为中心》,台湾大学法律学研究所 2007 年硕士学位论文,第 198、199 页。

〔7〕 MüchKomm/Lieb, § 812, Rn. 249.

识用于商业利用场合时,原告能否主张不当得利返还请求权?与损害赔偿请求权的立场演变一致,德国法院对于此问题的认识经历了逐步认识人格权之财产价值、请求不当得利要求原告具有商业利用的意愿到不做苛求的过程。

具体而言,在1956年的Paul Dahlke案〔1〕中,联邦法院在判决中将肖像权称作"具有财产价值的排他性权利"(vermögenswertes Auschliesslichkeitsrecht),改变了长期以来将其视为纯粹精神利益的做法。〔2〕同时法院还认为,被告摩托车公司支付给摄影师相应的对价适用该摄影作品,不存在过失,因而不成立侵权责任,但成立不当得利。此案确认了肖像权为具有财产价值之权利,并肯定当肖像被无权进行商业利用时得以请求不当得利。在1958年的Herrenteiter骑士案〔3〕中,一个重要问题被提了出来:不当得利请求是否以原告具有授权意愿为前提。该案中的原告是一位著名的骑士,然而被告并非将其肖像用于赛马竞技,而是用于增强性功能之药物,看到广告之后人们都会说:"冲啊!冲啊!"致使原告被讥笑、侮辱。原告不可能将其肖像用于商业活动,更无论如何都不会同意这样一种严重侮辱其人格的商业利用行为。法院认为,不当得利请求权成立的前提是在侵权行为发生前,原告在接受合理报酬的情况下同意其人格标识的商业利用。此案中,原告无授权他人为商业利用的可能,没有财产上的损失,不具备《德国民法典》第812条规定的不当得利需"财产转移"(Vermögensverschiebung)的条件。〔4〕因此,原告得请求精神损害赔偿,但不得请求不当得利。此案的判决在理论上和实务上均引起很大争议,学者在不当得利返还请求权是否以被利用人具有商业利用意愿为前提的问题上展开激烈讨论。如果支持本判决,则只有名人的肖像才具有财产权之属性,至于一般人的人格特征遭到无权商业利用时将不能请求不当得利的救济。〔5〕而且,财产上的赔偿请求权与精神损害赔偿请求权将不能同时主张,只能选择一种。当主张精神损害赔偿时,证明权利人拒绝同意商业利用并且该商业利用使其产生相当之痛苦,如果以拟制授权金进行赔偿,其前提又是权利人愿意为该商业利用行为。〔6〕大多数学者反对这样一个观点,侵犯型不当得利返还请求权的目的在于剥夺不当财产获利,而非补偿权利人之

---

〔1〕具体案情见本章第二节第二目(一),BGHZ 20,345。

〔2〕BGH vom 8.5.1956,GRUR1956,429.

〔3〕BGHZ 26,349.

〔4〕BGHZ 26,349,353,354.

〔5〕Hubmann,Das Persönlichkeitsrecht,2. Aufl.,Köln 1967,S. 365f.

〔6〕Vgl. Götting, Persönlichkeitsrechte als Vermögensrecht,1995. S. 52.

损失。[1] 1981 年的 Carrera 案[2]确认了无权使用他人姓名进行商业利用得以请求不当得利,并肯定了法人作为人格权主体请求不当得利的可能。本案中,原告为一家广告公司,该公司拥有一定数量的跑车,该公司提供这些跑车供相关厂商拍摄广告使用,并收取费用。被告为一家名为 Carrera 的玩具厂。被告未经过原告同意,在包装上使用了原告跑车的照片,并将跑车挡风玻璃上的原告商号涂改为自己的公司商号,但原告的商号仍可以辨认。原告主张被告无权使用其名称做广告,应该成立不当得利。高等法院支持了原告的请求,认为原告虽为法人,也具有一般人格权之主体资格。姓名权具有经济利益和财产价值,被告无权使用原告人格特征,侵害原告人格权上的自主决定是否授权他人利用其姓名的权能,进而侵害了人格权的财产归属内容。被告无权使用原告姓名节约的开支,应当基于不当得利予以返还。最为重要的一个案例是 2006 年的 Lafontaine 案[3]。该案的重要之处在于明确抛弃了 Herrenteiter 骑士案[4]的立场。本案原告 Lafontaine 于 1999 年 2 月 11 日辞去德国财政部长以及社会民主党主席职务。被告为一家汽车租赁公司,在未经原告同意的情况下,在报纸刊登一幅印有全体内阁成员肖像的广告,并刻意涂去 Lafontaine 的面部。尽管如此,Lafontaine 的身份仍可以被轻易分辨出来。该广告讽刺原告是试车期间失败的共事者。[5] 本案的案情并无特殊之处,然而德国联邦最高法院的裁判对于人格权的不当得利请求权的认识与 Herrenteiter 骑士案的判决完全不同,被告人是否有意愿接受对价容许他方传播或公开其肖像进行商业利用,均得以成立不当得利。[6]

至此,学界对不当得利请求权的功能有了清晰的认识,其目的在于剥夺不正当的财产利益,而不在于填补损害。因而,发生侵害型不当得利的前提是被侵犯的权利具有权益归属内容,该权利人在此权利上享有排他性、积极性地利用以获得经济利益的权能。

前文已述,在我国,精神损害赔偿请求权和《民法典》第 1182 条规定之损害赔偿请求权之间属于请求权聚合,受害人可以同时主张。然而,不当得利返还请求权与损害赔偿请求权的关系值得探讨。根据我国《民法典》第 1182 条规定,

---

[1] [德]M. 雷炳德:《著作权法》,张恩民译,法律出版社 2005 年版,第 586 页。

[2] BGHZ 81,75.

[3] BGHZ 169,340.

[4] BGHZ 26,349.

[5] 案情转述自王泽鉴:《人格权法》,台北,2012 年自版发行,第 551 页。

[6] Balthasar, Eingriffskondiktion bei unerlaubter Nutzung von Persönlichkeitsmerkmalen – Lafontaine in Werbeannonce, NJW 2007,664.

侵权人所获的不当利益的返还请求权其实是被包含在广义的侵权损害赔偿的计算方法之中的,当受害人的财产损失无法计算时,可以采取计算侵权人获利的方式进行损害赔偿。因此,也就不存在损害赔偿请求权与不当得利返还请求权同时主张的问题。不当得利与精神损害赔偿请求权可以同时主张,但其衡量因素亦有所重叠。根据《精神损害赔偿解释》(2001 年)第 10 条的规定,侵权人的获利情况也作为精神损害的赔偿数额量定的考虑因素。前文已述,精神损害赔偿具有填补损失和抚慰预防两种功能。因此,在同时主张的情况下,精神损害赔偿与不当得利返还请求权可能构成双重获利剥夺,过度加重加害人的惩罚。若受害人同时主张两项请求权,则精神损害赔偿应当回归其原本的填补损害功能,将获利剥夺的功能留给不当得利返还,以避免其对加害人重复惩罚。

四、无因管理

真正的无因管理是管理人无义务为他人管理事务,且具有管理意思的无因管理是一种事实行为。[1] 若无法定或约定的义务而干预他人事务违反了当事人意思自治,在本质上属于侵权行为。但是法律却规定了无因管理制度作为阻却侵权行为的法定事由,杨与龄先生认为,管理人有将管理利益归属他人的意思,因此而获得正当性的基础。[2] 若管理人为管理人自己而非为他人管理事务,则失去了正当性的基础,应当承担侵权责任,为加以区分称为不真正的无因管理。在人格权领域,如果行为人主观上明知为他人之人格标识,仍作为自己之事务而管理,客观上为无权利用他人人格特征以牟利之行为,损害权利人本人利益的,就构成不真正无因管理中的不法管理。在无权利用他人之物,如出租他人房屋收取租金等,得发生无因管理返还请求权。人格权亦具有财产价值,客观上属于他人事务,权利人排他性的利用权受到他人无权利用并因此获得利益时,也应当成立无因管理返还请求权。[3]

我国台湾地区“民法”第 177 条第 2 款规定了不真正无因管理,在该条被增订的理由中特别指出:“明知系他人事务,而为自己之利益管理时,管理人并无为他人管理的主观意思,原非无因管理。然而,本人依侵权行为或不当得利之规定请求赔偿损害或返还利益时,其请求之范围却不及于管理人所获之利益,与正义有违……因此宜使不法之管理准用无因管理之规定……除去经济上之诱因而

---

〔1〕 马俊驹、余延满:《民法原论》,法律出版社 2007 年版,第 767 页。

〔2〕 杨与龄:《民法概要》,台北,三民书局 2000 年版,第 113 – 116 页。

〔3〕 王泽鉴:《人格权法》,台北,2012 年自版发行,第 557 页。

减少不法管理之发生。"[1]王泽鉴先生认为，不当得利和侵权损害赔偿不足以剥夺加害人的获利。[2] 因此，不真正无因管理的真正价值在于剥夺加害人的全部不法获利。同不当得利返还请求权一样，无因管理利益返还请求权的成立同样不受人格权人人格特征商业化利用意愿的影响，而且不真正的无因管理的返还请求权对于侵害结果轻重、人格权是否有财产价值等问题一概不问。[3]

《瑞士民法典》对于人格权领域无因管理的规定更加明确，也更具有前瞻性，值得我国参考借鉴。《瑞士民法典》第423条就无因管理作了一般性规定，其内容与我国《民法通则》第92条之规定相当。除此之外，1983年《瑞士民法典》增加了一条重要规定："人格权被害人得依无因管理规定向侵权人请求返还因侵害所得利益。"此规定明确人格权领域因侵权所获不法利益的除去，采用无因管理利益返还请求权，而非不当得利返还请求权。这样做的好处有两个：第一，可以弥补不当得利和侵权损害赔偿不足以剥夺加害人的获利的缺憾；第二，避免了《德国民法典》中规定的不当得利制度在人格权领域关于权益归属内容的争论。前文提到的，该争论至今未有定论，实为权益归属说的一大弊病。

我国尚未有无因管理请求权适用于人格权经济利益保护的经典案例。在法律上，我国《民法典》合同编之"准合同"中的无因管理与不当得利规范并非针对于人格权保护所设。理论上，无因管理作为独立的请求权，与损害赔偿请求权的关系是请求权竞合，只能择一主张。原告请求损害赔偿请求权，也就不得再请求无因管理，为了规避诉讼风险，人格权人一般会选择适用较多的损害赔偿请求权，这也就解释了司法实务中少有无因管理请求权发生在人格权领域的情况。

第五节　本 章 总 结

王利明先生在其文章《我国民法典中的人格权制度的构建》中说过："市场

[1] 王泽鉴：《人格权法》，台北，2012年自版发行，第555页。

[2] 王泽鉴：《人格权的具体化及保护范围(2)：姓名权》，载《台湾本土法学杂志》2006年第9期；王泽鉴：《人格权保护的课题与展望——人格权的性质及构造：精神利益与财产利益的保护》，载《人大法律评论》2009年第1期。

[3] 王泽鉴：《人格权法》，台北，2012年自版发行，第559页。

经济的发展所引发的有关信用、商誉、姓名的许可使用以及名称的转让、形象设计权的产生等都是我们在人格权制度中必须加以解决的问题。”[1] 在商品化的今天,人格权所蕴含的巨大经济潜力被充分挖掘。在市场经济中,自然人尤其是名人的姓名、肖像等人格标志具有较大的商业价值和感召力,当用名人的形象、姓名做广告时,对产品的促销能够产生巨大的推动作用。[2] 然而,人格权之财产价值保护在我国法制中却并未得到明确承认。环顾英、美、日、德等国家,不论是大陆法系还是普通法系,对人格权财产价值的认可已经远远将我们甩在身后。

面对传统人格权理论与现代商品社会发展之间的冲突,我们必须找到一条路径在不完全摧毁既有理论基础的原则上,创设新的规范机制以顺应社会的发展。北京大学尹田教授提出“无财产即无人格”[3] 的观点,徐国栋教授提出新人文主义的民法典思想,学界对于人格权与财产权的论述越发深入。人文主义并非不强调财产在商品社会中的重要价值。我们必须认真梳理人格权中所蕴藏的各种类型的财产利益,进一步提高人格权的保护的广度并在理论上寻求深度的突破,在这一点上,是应该取得共识的。如今,人格属性与财产价值的关系从来没有停止过解释和创新,随着社会的不断发展和对于人格权的认识更加深入,或许人格权的财产利益保护会被更新的制度所取代。着眼当下,德国的一元论更加符合我国立法的现实进度,并非最前沿的立法就是最适合的,考虑到我国人格权财产价值保护的落后性与紧迫性,尽快运用现有理论深入辅佐立法才是务实的做法。无论是劳动财产权理论、诱因理论,还是基尔克的人格权理论,都是人类社会智慧与实践的结合,都能为我国的立法建设提供充实的依据。

值得欣慰的是,我国的立法者、学者对人格权财产价值的存在基本取得了共识,正积极研究国外先进立法思想及理论。证据之一是全国人大常委会法制工作委员会民法室编著的《中华人民共和国侵权责任法解读》中关于原《侵权责任法》第20条立法背景中特别提到,在德国,侵害人格权财产损害方式获得了扩张,受害人的不悦以及人格标识的商品化都被解释为财产损害,还特别提到了德国的“沮丧理论”和“商品化理论”。[4] 王利明先生和梁慧星先生主编的《民法

---

〔1〕 王利明:《我国民法典中的人格权制度的构建》,载《法学家》2003 年第 4 期。

〔2〕 杨立新等:《中国民法典〈人格权编〉草案建议稿的说明》,载王利明主编:《中国民法典草案建议稿及说明》,中国法制出版社 2004 年版,第 327 页。

〔3〕 尹田:《无财产即无人格——法国民法上广义财产理论的现代启示》,载《法学家》2004 年第 2 期。

〔4〕 王胜明主编:《中国人民共和国侵权责任法解读》,中国法制出版社 2010 年版,第 88 页。

典》(草案)中的相关条文,也清晰地流露出加强人格权财产利益保护的思想。[1]《民法典》第993条等条文更是正面确认人格权财产利益的存在。由此可以看出,我国的人格权立法正紧跟国际立法的前沿,相信不久的将来,人格权的财产价值必将作为人格权的重要部分受到我国法律更为充分的保护。

[1] 王利明负责编纂的《民法典》(草案)人格权编第297条确立了"专有使用权和商品化权"。其中规定:"权利人就其人格利益享有专有使用权。权利人可以在公共秩序和善良风俗允许的合理范围内许可他人使用其姓名、名称、肖像、隐私等人格利益,并获取报酬。因侵害姓名、名称、肖像、隐私等人格利益而获有不当利益的,受害人有权在获利范围内请求返还。"王利明主编:《中国民法典草案建议稿及说明》,中国法制出版社2004年版,第43页。梁慧星负责编纂的《民法典》(草案)侵权行为编第1570条第2款规定:"受害人受到重大精神损害或财产损失的,加害人应当对该重大精神损害和财产损失予以赔偿。"第3款规定:"加害人以营利为目的侵害他人姓名、肖像的,对受害人赔偿金额应相当于其非法所得的金额。"梁慧星主编:《中国民法典草案建议稿》,法律出版社2003年版,第331页。

第五章 人格权之权利冲突：人格权保护与言论自由之调适

第一节 本 章 问 题

言论自由是宪法赋予公民的基本权利，具有个人实现自我、沟通意见、促进民主政治、实现多元意见等多重功能。我国《宪法》第 35 条、第 41 条、第 47 条规定公民享有广泛的言论自由，但由于我国未有言论保护的专门立法，又囿于宪法难以直接作为裁判依据，因此有关言论保护的诉求往往无法可依，言论保护亦非我国法院受案案由之一。[1] 由于侵害名誉往往通过言论为之，言论保护一般表现为名誉权诉讼中被告的抗辩事由，言论保护成为名誉权诉讼的附属物。而且，实务上此种诉讼一般以原告胜诉告终。[2] 因此，如何在法技术上通过名誉权诉讼实现对言论的保护，以使国家（法院）能够履行基本权利保护义务，[3] 当属民法解释学上的重要课题。

《民法典》第 179 条规定赔礼道歉作为民事责任的责任承担方式之一，是沿袭了原《民法通则》第 120 条、第 134 条之规定。这使得赔礼道歉这一在比较法上广受争议的侵权责任承担方式在我国法律上再次被确立。从法律适用上看，我国法院对于此种责任承担方式的运用一般为判令被告登报刊载道歉声明，如

---

〔1〕 参见最高人民法院《民事案件案由规定》，2008 年 4 月 1 日起施行，2011 年 2 月 18 日修正，2020 年 12 月 27 日第二次修正。

〔2〕 据作者统计，《最高人民法院公报》的 16 件名誉权诉讼案件，被告胜诉的只有 1 件。据学者统计，在 1987～1996 年北京市朝阳区人民法院审结的 18 件名誉权诉讼中，被告胜诉的只有 5 件。参见张新宝：《名誉权的法律保护》，中国政法大学出版社 1997 年版，第 249 页。

〔3〕 保护公民基本权利是对国家的基本要求，也是基本权利基本属性之一。关于基本权利的国家保护义务，参见 Canaris，Grundrechte und Privatrecht，AcP1984；Canaris，Grundrechte und Privatrecht，－eine Zwischenbilanz－，1998。

被告不主动刊载，则由法院代替被告刊载而由被告支付刊载费用。[1] 从比较法上看，同属中华文化圈的日本[2]、韩国[3]都放弃了将赔礼道歉作为承担民事责任的方式。

第二节　言论自由与人格权保护

一、问题

案例一"范志毅案"：原告范志毅在其参加的2002年韩日世界杯足球赛中国与哥斯达黎加之战中涉嫌赌球被被告报道，后经查证，并无此事。原告以名誉权受损为由起诉被告。法院判决原告败诉，主要理由为：(1)新闻报道不能苛求其内容完全反映客观事实，争议报道中没有批评、诽谤，不存在恶意，因此不违法。(2)原告私事或名誉与社会公众关注"世界杯"、关心中国足球相联系时，属于社会公共利益的一部分，应允许媒体报道监督。(3)作为公众人物的原告，对媒体在行使正当舆论监督的过程中，可能造成的轻微损害应当予以容忍与理解。[4]

案例二"世纪星源案"：被告中国证券市场研究中心证券分析师蒲少平在《财经》杂志撰文，指责作为上市公司的原告深圳世纪星源股份有限公司(以下简称世纪星源公司)有操纵财务报表、欺骗投资者的行为。法院认定，该文内容部分失实，使投资者对原告信誉产生怀疑，侵害了原告的名誉权，判决被告败诉，主要理由为：(1)新闻媒体行使新闻报道权和批评权必须坚持"真实是新闻的生命"的原则。(2)被告文中的11处评论性语言，虽然失于严谨，趋于臆断，甚至有些哗众取宠，但仍属于正常新闻评述的方法，其遣词造句，从词性、词义上看，未到侮辱言词的范围，对原告不构成侵权。[5]

上述两案皆为公益性言论保护的经典案例，但结果迥异。"范志毅案"中，

---

[1] 如云南省昆明市中级人民法院(2004)昆民六初字第10号的周成清诉陈丽娟侵犯著作权纠纷案民事判决书判决"被告陈丽娟于本判决生效之日起十日内在《云南日报》刊登致歉函(内容需经本院审定)，对原告周成清公开赔礼道歉。若逾期不履行，本院将代为刊登，费用由被告陈丽娟负担"。

[2] 参见《北方杂志事件》，载《日本国最高法院裁判选译》第2辑，朱柏松译，第21页以下。

[3] 韩大元：《韩国宪法法院关于赔礼道歉广告处分违宪的判决》，载《判解研究》2002年第1辑。

[4] 上海市静安区人民法院民事判决书，(2002)静民一初字第1776号。

[5] 广东省深圳市罗湖区人民法院民事判决书，(2002)深罗法民一初字第1120号。

法院认定涉及公益的言论与名誉权冲突时言论优先,对媒体报道不要求达到客观真实的程度;公众人物有容忍与理解义务。在“世纪星源案”中,法院对新闻报道采取客观真实原则,但对侮辱性言论认定较为宽松。类似的言论,异样的保护,说明实践中对言论保护的标准不一,同案不同判。

随着政治社会变迁,公民权利意识觉醒,名誉权诉讼自20世纪80年代以来一直是我国法治建设中的持续性热点,〔1〕为学术所聚讼。目前的学界研究已突破从抽象价值的角度比较言论自由与名誉权的做法,注重从个案中发掘调适二者的机制,从更技术的层面来发展法律规则:如张新宝等对恒升电脑诉王洪案、〔2〕方流芳对上市公司名誉权案、〔3〕苏力对秋菊肖像权案和邱氏鼠药案、〔4〕梁治平对宣科案、〔5〕汪庆华对陈永贵案〔6〕的研究。但个案研究难以建立具体规则并类型化,为弥补这一缺陷,本书特梳理30年来名誉权法治发展中的指标性案件(leading case),并突破传统从名誉被害来研究言论保护的做法,而直接从解剖言论的角度出发,期望构建更加精细的裁判规则以保护公益性言论。

根据《名誉权解答》第7条的规定,对于名誉权侵权行为是否构成,采侵权行为构成四要件说:损害事实、行为违法、因果关系及过错。因此,如何审慎保护言论,取决于在技术上如何掌握此四要件。就此四要件而言,损害事实与因果关系在名誉权诉讼中一般较易认定,而言论是否违法以及言论者是否有过错,实务中较难把握。名誉权诉讼中的言论保护往往取决于对此二要件的具体掌握,违法性与过错成为二者利益衡量的工具。〔7〕

为对此二要件予以明确化,针对在名誉权诉讼中占绝大多数的新闻、小说等作品侵权问题,《名誉权解答》第8条规定:(1)文章反映的问题基本真实,没有侮辱他人人格内容的,不应认定为侵害他人名誉权。(2)文章反映的问题虽基本属实,但有侮辱他人人格的内容,使他人名誉受到损害的,应认定为侵害他人

〔1〕 据作者统计,最高人民法院自1986年以来共作出有关名誉权的司法解释18件(项),《最高人民法院工作报告》自1980年以来共提及名誉权9次,《最高人民法院公报》自1985年以来,共公布名誉权案件16件。

〔2〕 张新宝、唐一平:《网上商业诽谤第一案:恒升诉王洪等侵权案评析》,载《私法》2002年第1期。

〔3〕 方流芳:《关于上市公司名誉权诉讼的法律思考》,载《21世纪经济报道》2002年8月28日,第39版。

〔4〕 朱苏力:《〈秋菊打官司〉案、邱氏鼠药案和言论自由》,载《法学研究》1996年第3期。

〔5〕 梁治平:《名誉权与言论自由:宣科案中的是非与轻重》,载《中国法学》2006年第2期。

〔6〕 汪庆华:《名誉权、言论自由和宪法抗辩》,载《政法论坛》2008年第1期。

〔7〕 Ehmann, Zur Struktur des Allgemeinen Persönlichkeitsrechts, JuS 1997, S. 193 – 203.

名誉权。(3)文章的基本内容失实，使他人名誉受到损害的，应认定为侵害他人名誉权。本条为言论是否侵害名誉权最细致的立法判断标准，其将言论分为两类：事实与意见。对前者要求“基本真实”“基本属实”“基本内容失实”，但此三项表达皆较为模糊，实践中难以把握。对后者要求达到“侮辱”程度，但终究何谓“侮辱”，亦难由条文查知。正是因为如此模糊的表达，才使得对于事实，“范志毅案”中采“相对真实”的标准，而“世纪星源案”采“绝对真实”标准。对于意见，“范志毅案”中虽要求作为公众人物的范志毅容忍与理解，但并未阐述其容忍与理解的限度；“世纪星源案”中认定“失于严谨，趋于臆断，甚至有些哗众取宠”的言论仍应肯定，是否又对“侮辱”作了过于宽泛的解释？《民法典》第998条、第1024条至第1027条对名誉侵权的认定有所细化，除一般性规定了侵害名誉权之侵权责任的情节考虑因素外，还有合理核实义务的认定因素，但以此检验先前判例，仍有不足之处。由此可见，将言论区分为事实和意见，对二者适用不同的规则，明确其适用的各种情形，追求更加相对明确的裁判规则，当是解决言论保护可行之策。

二、诽谤、事实陈述与合理查证

(一)诽谤与事实

诽谤(Verleumdung、defamation)是指为了毁坏他人名誉，无中生有捏造事实并加以散布的行为。[1] 诽谤盖指捏造负面事实意图毁损他人名誉的言论，[2] 捏造正面事实，如拾金不昧、见义勇为等一般不构成诽谤，且主观上也不会基于毁人名誉而为之。诽谤分为书面诽谤(libel)和口头诽谤(slander)，二者构成要件和抗辩事由有所不同。本书研究的对象为书面诽谤，因口头诽谤主观上皆为故意，行为方式直接、简单，传播范围小，侵权认定较易；而书面诽谤，如小说、新闻、纪实文学等侵权，行为主体多元，主观状态多样，方法复杂、隐晦，传播范围广，且与言论自由联系更为直接，侵权认定难度较大。在我国法院实践中，较多的名誉权侵害情形案件皆为书面诽谤。

诽谤针对的是言论中的事实陈述，而将言论区分为事实与意见，是比较法上一致的做法。对此二者的区分，美国最高法院曾提出较为明确的判断标准：(1)分析所涉及的陈述，其一般正常用法及意义，可否被认定为一种事实或意见；(2)分析该陈述是否可被检验为真或伪；(3)了解表达该项陈述时的事实情

---

〔1〕 余一中诉《新闻出版报》社侵害名誉权纠纷案，载《最高人民法院公报》2003年第2期。

〔2〕 如《韩非子·难言》：“大王若以此不信，则小者以为毁訾诽谤，大者患祸灾害死亡及其身。”《同州刺史谢上表》：“然臣益遭诽谤，日夜忧危，唯陛下圣鉴照临。”

境及全部陈述,以确定涉及争议的陈述之真正意涵是事实还是意见;(4)探求表达该项陈述时的客观社会状态,以判断当时社会对该陈述认定为事实或是意见。[1]

王泽鉴先生就此提出了二项判断标准:(1)可证明性:如私运黄金出国、甲偷乙的钱包、打麻将等,是可以证明其真伪性的;反之,如品质低劣、学术程度不高等,则难以证明,因此可证伪性是二者区别的关键。就证明性而言,其表述的细节越明确,越能证明其真伪性。(2)受领人的理解:因言论皆系对他人言之,因此其表述是否具有证明性,亦应以受领者的理解加以判断。如在德国实务指称的"军人为杀人者"(sodaten sind möder),[2]依一般理解乃在反对战争,而非指军人即杀人犯。此措辞虽然夸张,但仍属价值判断,故为意见表达。[3] 综上可知,事实属可检验的客观陈述或经验总结,而意见则是对事物的主观看法或立场,是否可证伪是判断二者的主要标准。

实践中,虚伪事实陈述的表现形态常见有:(1)言语,如超市雇员当众声称顾客有偷窃行为,其实顾客并未偷窃;[4](2)文字,如小说虚构事实毁人名誉或[5]以影射的手段侮辱他人;[6](3)图画,如以图画方式展示不实指责某官员贪污;(4)相片,如加害人将他人性爱照片与已婚被害人之头部合成另一性爱照片,并传播诬陷被害人与他人通奸。

(二)基本真实的量定

《名誉权解答》第8条将事实分为三个层次:"基本真实""基本属实""基本内容失实"。从文义看,基本真实与基本属实并无区别,可归一类,皆非指完全的客观真实。但对于何种程度的真实才是基本真实?显然,法律技术再精湛也不可能达到百分之百准确的程度,只能在总结个案经验的基础上求得一个大概的标准,并以类型化的方式表现。从现有案例看,本书认为,将言论所指向的对象区分为公益性言论与非公益性言论,对二者适用不同的真实性标准,应该不失为一种切实可行的方法。而且,目前大部分案件都涉及公益性言论是否侵权的

---

〔1〕 Milkovich v. Lorain Journal Co. 497 U. S. 1, 110 S. Ct. 2695, 111 L. Ed. 2d 1. (1990).

〔2〕 Vgl. BGH NJW 1989, 1365.

〔3〕 王泽鉴:《言论自由、名誉权保护与真实恶意(actual malice)原则》,载台湾大学法律学院编:《第二届马汉宝讲座论文汇编》(2007年)。

〔4〕 倪培璐、王颖诉中国国际贸易中心侵害名誉权纠纷案,载《最高人民法院公报》1993年第1期。

〔5〕 陈秀琴诉魏锡林、《今日晚报》社侵害名誉权纠纷案,载《最高人民法院公报》1990年第2期。

〔6〕 胡骥超等诉刘守忠、《遵义晚报》社侵害名誉权纠纷案,载《最高人民法院公报》1992年第2期。

问题。

通常,对于涉及公益的言论,都应允许言论中存在一定的错误,因为事关公益的事件更应及时报道以满足公民的知情权,而及时地报道其查证真实性的程度自应有所减弱,如此才能维护一个活泼的言论市场;反之,如坚持客观真实的标准,则寒蝉效应始生。例如,在一家工厂诉报社名誉权侵害案中,报社文章《飞蝇聚车间、杂物堆墙角——××饮料厂昨被罚款》披露了饮料工厂被罚款的事实。原告对车间有苍蝇的事实不否认,但却纠缠于几只苍蝇才能"聚"。法院并没有拘泥于此细枝末节,而认定文章基本属实,驳回原告诉讼。[1] 本案中,饮料厂自应树立干净的形象,一只苍蝇与一群苍蝇在其车间出现,都是对其形象的毁坏,公众与这一事实的关系甚巨,因此被告的报道即使与事实有若干出入,也不构成侵害名誉权。

"世纪星源案"判决认定,被告蒲少平在《世纪星源症候:一家上市公司的财务报表操纵》一文中所称原告虚增利润和资产的事实部分失实,使投资者对原告的信誉产生怀疑,侵害了原告的名誉权。但依据《名誉权解答》第8条第3款:"文章的基本内容失实,使他人名誉受到损害的,应认定为侵害他人名誉权。"显然,"部分失实"不等于"基本内容失实",单独的"部分失实"不能导致名誉损害。实际上,作为上市公司的原告其虚增资本10亿元与虚增资本1亿元甚至100万元的性质是一样的,都是欺骗投资者的说谎行为,事关公益,且客观上也不可能要求外部人准确掌握其虚增资本数额。因此,被告所述事实部分失实并不能构成对原告名誉权的侵害,法律应该鼓励此种言论去揭示上市公司的造假行为,发挥媒体"第四权"的作用。

在另外一些案件中,假设某报道载:某国家足球队首席跟队女记者A与该主教练发生不正当男女关系并休产假数月,A认为该报道侵害其名誉权,理由是其未与主教练发生关系,而是与其另外的上级领导发生了关系并休产假,因此该报道的言论不真实,构成诽谤。那么,本案中报道的事实到底是"基本真实"、"基本属实"还是"基本内容失实"?国家队足球队的首席跟队女记者A经常出没于镜头与报章,其从此种身份中获得了作为公众人物的满足感,应可将其归为公众人物。因此,作为公众人物的记者A与涉案中的两位男主角任何一位发生不正当男女关系都是对公益的一种损害,其行为破坏了竞争规则,而且降低了公众对于公众人物品行的期待。因此,在本案中报社的披露虽然对象有误,但基本

---

[1] 王利明、杨立新主编.:《人格权与新闻侵权》,中国方正出版社1995年版,第596页。

内容并未失实,不能视为侵害原告名誉权的行为。[1] 类似的情形还如媒体报道某官员受贿1000万元,而其实际上是受贿10万元;某知名作家承诺向灾区捐款20万元,而其实际上只承诺捐款20万册书籍等言论,都不宜认定侵害了该公众人物名誉权。

然而,法律虽应给予公益性言论较大自由,但并非放纵此种言论,其亦应遵循基本真实原则。在"徐良案"中,被告文章称:"当一家新闻单位邀请一位以动人的歌声博得群众尊敬爱戴的老山英模参加上海金秋文艺晚会时,这位英模人物开价3000元,少一分也不行。尽管报社同志一再解释,鉴于经费等各种因素酌情给付报酬,他始终没有改口。"而实际上,该英模并未如此要求报酬。报社此项事实陈述无疑给英模的名誉造成了损害。在这种情况下,虽然报社没有使用任何评论性语言,但由于报社的该则消息属于杜撰,英模的社会评价因此而被严重降低,法院判决原告胜诉。[2] 此即《名誉权解答》第8条第3款所指情形:文章内容基本失实毁人名誉。在赵忠祥案中,被告《买一双鞋才能得到签名——赵忠祥泉城卖书遭冷遇》一文对赵忠祥签名活动的具体内容、赠书还是售书、签名活动现场情况、读者获取签名方式及要求、签名现场顾客、读者对赵忠祥的诘问及赠书的具体数目均存在错误描述,属于严重失实,使原告社会评价降低。[3] 此外,在一起法人名誉权是否损害的案件中,被告作为原告的竞争对手,公开声称原告生产的妇用卫生纸杯积压105万只,且倾销失效、半失效的产品;而实际上原告的库存量从未超过20万只,也未销售失效、半失效的产品。法院判决原告胜诉。[4] 本案与"世纪星源案"不同,属竞争对手恶意捏造事实、毁人名誉的不正当行为。正反案例再次验证了一个颠扑不破的道理,公众人物虽是玻璃球中的人物,但是也有名誉及人格尊严,不尊重事实的违法侵害亦是侵权行为。[5]

(三)真实是否一定不诽谤

根据《名誉权解答》第8条的规定,真实不诽谤是基本的准则。此为一般法

---

[1] 本案例的设计来自张新宝教授启发。

[2] 徐良诉《上海文化艺术报》、赵伟昌侵害名誉权纠纷案,载《最高人民法院公报》1990年第4期。

[3] 赵忠祥诉张淋、新华日报社侵害名誉权案,北京市海淀区人民法院民事判决书,(2000)海民初字第7230号。

[4] 上海新亚医用橡胶厂诉武进医疗用品厂损害法人名誉权纠纷案,载《最高人民法院公报》1988年第1期。

[5] 参见 Cabral Barreto:Caroline von Hannover v. Germany 案之欧洲人权法院判决之协同意见书,案号59320/00,载 Reports of Judgments and Decisions 2004 - Ⅵ。

律原理,如《美国侵权行为法重述(第二次)》第634条规定:“公布有害他人(名誉)之陈述者,如果其所陈述的事实或者作为陈述意见合理之隐含的事实为真实,就不必就其有侵害之陈述承担责任。”据此,如事实陈述基本真实,即使造成原告社会评价降低,诽谤也不成立。在“世纪星源案”中,如果被告文章所指事实基本真实,无须被告再行指责评论,原告的社会评价客观上也已经降低,但由于被告言论真实,因此无须为此负侵权之责。因为任何一个良性社会的法律都应该鼓励公民说真话,被告行为不具有违法性。

但是,是否真实的言论就应当绝对被保护?真实不诽谤原则是否绝对?答案是否定的。《宪法》第51条规定公民在行使权利的时候,不得损害国家、集体和他人合法权利。这一宪法权利保留原则在民法技术上的处理可以通过如下的一则案例来说明。该案中,原告有“易性癖”并做了变性手术,因此而被原单位开除。后原告接受被告约访,将事实经过及心理反应过程等向被告详谈并提供文字材料及相片。被告在未征得原告明确授权的情况下,将这些访谈内容写成《走过男人路的女人——我省第一例变性人采访记》发表,该文使用了原告的真实姓名和照片。该文发表后,原告遭受巨大精神压力并再次失去工作。法院判决原告胜诉。[1] 本案中,被告显然是有过错的,因为其应当能够预见该文发表后会给原告造成名誉损害,属重大过失侵权。在英国,虽然真实被认定为民、刑诽谤成立之抗辩事由,但也对此严格限制:仅在公布的事实是真实的且是为了公共利益方能作为抗辩事由。[2] 由此可见,真实还应与公益相联系,否则就很可能被认定为传播行为有过错。

此外,真实的言论是否侵权还应与行为人的行为是否具有违法性相联系。在一则案例中,原告到被告医院就医,被告经检验确定原告为“艾滋病毒感染”者,但由于无法确诊,遂将原告病症提交更权威机构检验,但该机构检验结果与被告结果不一致,于是被告又将其向两家更高级别的机构提交检验,但这两家机构的检验结果仍然不一样。最终的结果是原告并非艾滋病患者。在此过程中,被告曾向原告单位领导及亲属通报病情并要求保密,但原告单位领导在职工大会上通报了原告的病情,原告病情的消息因而扩散。为此,原告起诉被告,但终

---

〔1〕 李某某诉郝冬白等以其真实姓名发表采访其隐私内容的文章侵犯名誉权案,载最高人民法院应用法学研究所编:《人民法院案例选》2000年第1辑,总第31辑,人民法院出版社2000年版,第116页。

〔2〕 John G. Fleming, *the Law of Torts*, 5th ed., p.545.

审判决原告败诉。[1] 本案中,被告的行为符合卫生部等部门《艾滋病监测管理的若干规定》与总后勤部与卫生部联合颁布的《中国人民解放军医院医疗工作暂行规则》的规定,无违法之处。原告病情消息扩散的原因在于其单位领导不当通报,不能归责于原告作为接诊单位的正常通报。但假设在本案中,被告医院没有依照上述规定而传播原告病情,则很可能导致名誉权侵权行为构成。因此,对于真实的言论是否侵权,应当从行为人主观状态和客观违法性作双重考量,真实并非一定不诽谤,不能视"真实不诽谤"为僵化的教条。

(四)不真实是否一定诽谤

针对是否构成诽谤的事实,不能要求其达到完全的客观真实,而只要求基本真实,但如没有达到基本真实是否一定要承担侵权责任,不真实是否绝对诽谤?如果一味采取基本真实的标准的话,言论者对信息的"搜寻成本"将会大大增加,并且言论者即使发表自认真实的言论,在发表之前都会踌躇:"即使我说的是真的,但我能否证明它是真的?"如此则言论自由功效难以发挥。然而,限于长期以来"以事实为依据"的司法理念和"真实是新闻的生命"的新闻原则,以及《名誉权解答》第 8 条的规定,目前我们似乎对此并无问题意识。

《民法典》第 1025 条、第 1026 条使用"合理核实义务"的表述,其适用范围限于公益事项,不包括私德而与公益无关之事件。对于公益的评判应以人民是否有知道的利益为标准,所谓私德是指有关个人私生活事项的德性,如经常出入娱乐场所、喜欢黄色电影、生活奢侈腐化等。

根据 1988 年 1 月 15 日最高人民法院《关于侵害名誉权案件有关报刊社应否列为被告和如何适用管辖问题的批复》(已失效),报刊社对要发表的稿件,应负责审查核实,此为《民法典》第 1025 条所吸收。发表后侵害了公民的名誉权,作者和报刊社都有责任,可将报刊社与作者列为共同被告。据此,合理查证义务不应限于作者,而应扩至报社或杂志社等言论刊载机构。由于刊物毕竟不是作者,其查证能力自不及作者,因此二者的合理查证义务理应有所区别。但如果刊载的是职务作品,作者的言论视为报社的言论,则此项区分并无必要。实践中法院往往对此查证义务要求过严,因此宜以建立更易保护言论的裁判基准。

在"范志毅案"中,2002 年 6 月 14 日,《体坛周报》刊出《某国脚涉嫌赌球》一文称"有未经核实的消息透露,6 月 4 日中哥之战,某国脚竟然在赛前通过地

[1] 杨某某诉第四军医大学第一附属医院对其病症无根据地诊断为怀疑艾滋病病毒感染侵犯名誉权案,载最高人民法院应用法学研究所编:《人民法院案例选》2001 年第 1 辑,总第 31 辑,人民法院出版社 2000 年版,第 807 页。

下赌博集团，买自己球队输球”。又称“某国脚总在最关键的时候失位，两个失球都与他脱不了干系”。2002 年 6 月 16 日，被告登载《中哥战传闻范志毅涉嫌赌球》的报道，并转载《体坛周刊》上文，对文中涉及的国脚进行排除式分析后，指明涉嫌球员为原告范志毅，同时又报道了原告本人的否定意见及足协和国家队其他队员的反应，并引用了网友的文章，最后注明将进一步关注这一事件。该文刊登后，被告于 6 月 17 日、19 日又对该事件进行了连续报道，刊登了对原告父亲的采访及原告没有赌球的声明；6 月 20 日，《体坛周报》对出自不实消息来源的报道声明道歉；6 月 21 日被告以《真相大白：范志毅没有涉嫌赌球》为题，为整件事件撰写了编后文章。上述事实证明，被告转引《体坛周报》的文章，并经过谨慎分析，已经尽到合理查证义务，不应承担侵权之责。因为如果要求任何人，特别是媒体对于已经发表在具有一定权威载体上的信息都负有查证义务的话，显然是不现实的，法律也不能要求人们对他人的行为负责。正确的态度应该是，引用此类信息无须对其真实性负责，因为该类信息的真实性由信息源负责，除非引用者明知信息虚假或者在该信息被证明虚假之后仍加以引用。

在“世纪星源案”中，被告蒲少平经调查相关人员、分析数据和以专业分析师眼光分析世纪星源公司财务报表之后，认为该公司存在财务造假行为，此已经尽到了合理查证义务。纵使嗣后证明作者之言有若干虚假，也不能轻易究其责。此外，法院认为《财经》杂志社对于蒲少平的文章没有尽到审查义务，应当承担连带责任。此项责任对于杂志社的课予显然过于严格，因为作者蒲少平尚不能还原原告虚增资本的全貌，《财经》杂志社又如何能够达到这样的要求？如以此标准严苛报纸、杂志社，则将致两社无文于可载之窘境。

相反的案例表明，在很多情形下，被告往往道听途说，没有尽到合理查证义务而致人名誉受损，应使其负损人名誉之责。如在“徐良案”中，被告赵伟昌主张其言论内容是在青少年讨论会上听到的，是对不同意见的如实记载，因而请求免责。《上海文化艺术报》在编校该稿时，预料到该文发表后会侵害原告的名誉权，但未向有关单位查实，仅将文章标题中徐良的姓名删除，将“索取”改为“索价”，把文中徐良改为“老山英模”。本案中，两被告显然皆未尽到合理查证义务。在另一则案例中，被告也主张其给报社提供的材料系他人反映的情况，因而可以免责，法院判其败诉。[1] 由此可见，如欲因报道失实而主张已尽合理查证义务免责，被告至少须证明其消息来源的权威性、可靠性，以及其客观上已经尽

〔1〕 康达医疗保健用品公司诉西北工商报社、陕西省医疗器械公司侵害法人名誉权纠纷案，载《最高人民法院公报》1990 年第 2 期。

到了尽可能地查证。

那么,究竟尽到何种合理查证义务方能免责?对此,应该区别不同的情况分别考量,王泽鉴先生在大量实证分析的基础上得出以下标准,可供借鉴:(1)对名誉侵害的程度:侵害程度愈重者,其查证义务愈大;(2)报道事实的公共利益:公共利益愈高者,查证义务较低;(3)报道事项的时效性:报道愈具有时效者,查证义务愈低;(4)新闻来源的可信度:可信度愈低者,查证义务愈高;(5)查证成本:查证义务的高低应考虑查证的时间、费用等成本;(6)查证对象包括相关人士,尤其是当事人。[1] 当然,这依然不是计算机,只是设定了一些基本的准则,具体的个案还应当由法官以此为指导作出更具体的论证。

(五)真实恶意(actual malice)原则

真实恶意原则出自1964年美国最高法院的New York Times v. Sullivan案,[2]其意是指:"宪法保障要求有一个联邦的法则,禁止公务员就有关该公务行为而为的诽谤性不实陈述请求损害赔偿,除非证明该项陈述以有真实恶意(actual malice)而为之,即明知其陈述为不实或轻率地不顾其是否真实。"[3]其中actual malice(真实恶意)是指:with knowledge that it was false(明知不实)和with reckless disregard of whether it was false or not(轻率不顾其真实与否)。根据该规则,不真实的事实并不一定构成诽谤,除非原告能证明被告言论不实(falsity),且还须证明被告有损害其名誉的故意或间接故意(reckless)。但须指出的是,真实恶意原则的适用范围限于公众人物,[4]而不适用于私人。

真实恶意原则上比合理查证对被告公益性言论的保护力度更大,同样是针对一定程度的虚假事实,前者几乎置事实本身不顾,要求原告证明被告之所以发表此不实言论是基于明知不实或轻率而不知其真实;后者要求被告就此不真实事实证明其已经尽到勤勉、注意的查证义务。前者举证责任在原告,后者举证责任在被告;前者要求证立的是主观心态,后者要求证立的是事实行为。因此,若

---

[1] 王泽鉴:《言论自由、名誉权保护与真实恶意(actual malice)原则》,载台湾大学法律学院编:《第二届马汉宝讲座论文汇编》(2007年)。

[2] 方流芳:《纽约时报诉沙立文案》,载孙国栋主编:《律师文摘》第1辑,中国法制出版社2004年版,第110-118页。

[3] 原文为:The constitutional guarantees require, We think, a federal rule that prohibits public official from recovering damages for a defamatory falsehood relating to his official conduct unless he proves that the statement was made with "actual malice" that is, with knowledge that is was false or with reckless disregard of whether it was false or not。

[4] See Curtis Publishing Co. v. Butts,388 U. S. :130(1967);Gertz v. Robert Welch, Inc. 418 LI. S. 323 (1974).

依前者,原告实难胜诉,但由于美国一向强调言论自由,特别是传媒力量异常强大,使得这一原则在美国施行并无障碍。由于该原则过于保护言论,忽视了言论自由与人格权具有同等价值位阶的事实,因此在同属英美法系的英国、加拿大、新西兰、澳大利亚,以及大陆法系的德国、日本等皆未被采纳,属比较法上的奇特现象。[1]

言论自由与名誉权皆为基本权利,二者无优劣之分,[2]我国实务上亦多次宣示此项原则。[3] 依现制,名誉权虽非宪法明定之基本权利,但原《民法通则》第101条系直接依据《宪法》第38条而定,是宪法人格尊严之必然延伸,名誉是人的第二生命。言论自由是人格自由发展的体现,也是人存在的一种方式,言论自由的行使本身就是为了实现人的尊严,因此二者性质相同,皆为人格尊严之体现。对于二者的调和方式,诚如Cabral Barreto法官指出,应以发展中的案例法均衡地调和公众获取资讯的权利与私人寻求隐私权(人格权)两者之间的关系。[4] 因此不应先入为主树立言论自由必然高于名誉权的观念并以此构建裁判规则。我国目前言论市场并不活泼,实务界对此处于不断探索之中,当前仍不适合引进真实恶意原则,审慎地运用合理查证原则以保护公益性言论当为可行之策。

(六)表面的、片面的真实与虚假的暗示

语言是一项艺术,对于事实的陈述并非全都直来直去。如在某些报道中,虽然表面的陈述是真实的,但人们通过这种表面真实的言论往往很容易推断其背后有另外一些隐藏的事实,而这种隐藏的事实通常是虚假的。在这种情况下,此种表面真实的言论是否侵权呢?在英国1964年的水晶出版公司案中,被告报道指出,政府在对战争破坏的房屋修理中对某议员的房屋修缮得比邻居的要好。此外,该议员的房屋与邻居的房屋一起被征用过,但议员的房屋刚被征用,征用通知就被撤销了。此两条消息都是真实的,但此两条消息出现在同一报道中却给人强烈的暗示:该议员以权谋私,为自己谋求高于普通人的待遇。而实际上并非如此,议员状告报社而胜诉。[5]

---

〔1〕 王泽鉴:《言论自由、名誉权保护与真实恶意(actual malice)原则》,载台湾大学法律学院编:《第二届马汉宝讲座论文汇编》(2007年)。

〔2〕 如德国宪法法院自Lüth案后一直宣示此立场。Vgl. BVerfGE 7,198; 25, 256; 35, 202.

〔3〕 如"范志毅案"、"世纪星源案"、"胡骥超等诉刘守忠案",等等。

〔4〕 参见Cabral Barreto:Caroline von Hannover v. Germany案之欧洲人权法院判决之协同意见书,案号59320/00,载Reports of Judgments and Decisions 2004 - Ⅵ。

〔5〕 孙旭培等编:《各国新闻出版法选辑》,人民日报出版社1987年版,第229页。

还有一些报道,其刻意只报道整个事件中的一部分,而对了解事件全貌所必需的其他事实概不报道,此种片面的报道容易使读者脱离当时的环境而产生错误的推测,影响他人对言论所指向对象的社会评价。在一篇《赌徒竟是这些人》的报道中,指名道姓干部陈某系观赌者并为被抓获的赌徒向公安干警求情,全文未提及任何一位参赌者的名字。一审原告陈某胜诉,二审原告败诉。[1] 报道题为《赌徒竟是这些人》,一般读者皆会认为该文所指之人应系赌徒本人,文题即暗示其是要揭露赌徒,但是该文通篇未提及任何一位赌徒的姓名,而是指出了一位旁观者和说情者的姓名,且这位旁观者还是一名干部,这就给人一种暗示或者猜测:陈某到底是不是参赌者或组织者或包庇者等。而实际上,这些暗示并不是真实的,但这些暗示对于拥有干部身份的陈某来说,无疑会导致其社会评价被降低。

对于此类表面真实或片面真实事实下暗示的虚伪事实是否构成诽谤,真实不诽谤原则如何应用?有学者提出了四步检验法,值得赞同:(1)是否存在暗示的事实;(2)据通常理解,暗示的事实指向的是否是原告;(3)暗示的事实是否是真实的;(4)暗示的事实是否会导致原告社会评价被降低。[2] 如上述四点皆可肯认,则加害人不得以真实不诽谤抗辩,加害人行为违法且具有过错,侵权责任成立,但只要上述四点任何一点是否定的,则侵权责任不成立。

三、侮辱、意见表达与合理评论

(一)侮辱与评论

侮辱(Beleidigung、insult)是指公然损害或诋毁他人人格或名誉使他人人格或名誉受损的行为。[3] 侮辱是名誉权侵害的一种常见的方式,但揭穿造假者或骗局,使造假者和骗子蒙羞不是侮辱。侮辱是言论者对其所针对之对象的一种看法或评价,属于意见表达。如在“王发英案”中,被告文章中“要展览一下王发英”,并使用“小妖精”“大妖怪”“流氓”“疯狗”“政治骗子”“扒手”“造反派”“江西出产的特号产品”“一贯的恶霸”“小辣椒”“专门的营私者”“南方怪味鸡”“打斗演员”等言词,即典型的侮辱性言词。[4] 此案中侮辱认定不难,但问题是实践中很多案件不是如该案中如此直白地侮辱,侮辱往往以更隐晦的方式或“幽雅”

---

〔1〕 案情载《新闻记者》1991 年第 3 期。转引自王利明、杨立新主编:《人格权与新闻侵权》,中国方正出版社 1995 年版,第 596 页。

〔2〕 张新宝:《名誉权的法律保护》,中国政法大学出版社 1997 年版,第 180 - 181 页。

〔3〕 余一中诉《新闻出版报》社侵害名誉权纠纷案,载《最高人民法院公报》2003 年第 2 期。

〔4〕 王发英诉刘真及《女子文学》等四家杂志侵害名誉权纠纷案,载《最高人民法院公报》1989 年第 2 期。

的言词为之,又由于意见表达系主观评价,无法检验真伪,因此实践中如何判断某人的意见表达是否构成侮辱,侵害了名誉权,较为复杂。

根据《名誉权解答》第8条,我国法律将意见表达是否侮辱他人作为是否侵害他人名誉权的标准,意见表达不得突破侮辱界限,突破则侵权,但各地法院在执行这一规则时往往标准不一。如在宣科案中,法院判定,在声称打假的语境中把"纳西古乐"称为"东西","就具有对原告和'纳西古乐'明显的轻蔑和侮辱的意思"。判决由此进一步引申,认为这些言辞"明显超出学术评论的范畴",而且"针对上诉人宣科的人格质疑,违背了作为学术争论应遵循的公正评价原则,丧失了学术评论应有的正当性",构成侮辱。[1] 此种标准显然对于学术批评文章要求过严,如果依此准则评论者难免动辄得咎。在"世纪星源案"中,该判决认为对于评论部分,"虽然失于严谨,趋于臆断,甚至有些哗众取宠,但仍属于正常新闻评述的方法,其遣词造句,从词性、词义上看,未够侮辱言词的范围,对原告不构成侵权"。根据该判决,对于意见表达,即使遣词造句略有不妥,只要不逾越侮辱界限,就应当是被允许的。在"赵忠祥案"中,针对原告诉称被告文中的"冷遇""闹剧""草草收场"等侮辱性言辞,法院认定只是对签名现场活动的评价,而非针对原告本人的评价,因而不构成侵权。

显然,上述类似的判决并未对侮辱进行界定,从中难以求得一项相对抽象的标准来衡量"侮辱"性言论是否侵害了原告的名誉权。

(二)善意

合理评论原则的第一要求是评论者主观上必须是善意的。[2] 意见表达应当保护,但意见表达不得以毁人名誉为目的,此为不证自明之理。合理评论原则要求评论者的主观心态应该是善意的,此种善意系出于揭露黑暗、弘扬正义而为,而非指毁人名誉、揭人隐私等。前者如宣科案中被告基于揭露虚假电视宣传,还原民族艺术真实面目的目的;后者如"王发英案"中被告基于"展览一下王发英"的目的。合理评论中的善意由谁举证?根据"谁主张、谁举证"的原理,被告被推定为有过错——恶意,被告应就自己无过错——无恶意,即言论是善意的而举证。真实恶意原则之恶意是指被告主观上明知言论不实或轻率而不顾其是否属实而妄加言论的主观心态,而非传统侵权行为构成要件上的 ill - will(恶意)——如专为毁人名誉、揭人隐私或为"搞臭某人"之主观心理状态,与善意评论之对立面的主观状态不同,其证明原告具有恶意之举证责任在原告方。

---

〔1〕 云南省高级人民法院民事判决书,(2005)民一终字第88号。

〔2〕 张红:《民法典之名誉权立法论》,载《东方法学》2020年第1期。

(三)可受公评之事

合理评论的对象必须是可受公评事项,与私德无关,前文已多次提及。可受公评之事系指有关公益之事,然何为有关公益之事,实务上一般认为涉及公共人物的事项都有关公益。为此,需要对公众人物进行界定。我国实务上自“范志毅案”开始引用公众人物这一概念,受到广泛赞扬,并被后来实务所依循。[1] 对于公众人物的分类,由于国内文献较多,本书不再赘述。

本书认为,针对我国媒体对官员约束不力,[2]以及官员权力过大、易于维权的特点,[3]针对企业诚信状态较差,国家监管不力等现状,如三鹿奶粉事件,有必要对官员和企业的名誉权诉讼采用合理评论规则,即使言词激烈辛辣,亦不轻易追究言论者的侵权之责。另外,对于攸关公益的公众人物事件,由于该人或事件将在很大程度上影响公众的知情权或者社会风尚,如陕西华南虎事件涉及整个社会诚信问题,如周正龙起诉媒体,则宜适用合理评论原则。但是,诚如 Caroline 案和臧天朔案所宣示的那样,对明星的报道不应该侵入其最隐蔽的私人生活和核心人格利益,否则就可能被认定为侵权。

此外,对于非公众人物的报道是否一律不涉及公益?实践证明,即使是普通人的事件,亦可涉及公益。如原告张某系潘某第三子,却屡有虐待潘某的行为,潘某为此提出刑事自诉,状告原告,一审认定张某有罪;二审认定一审事实无误,但量刑过重,改判张某无罪,但维持一审判决中的民事赔偿部分。在刑事自诉案一审开庭之前,被告柳某根据潘某的口述和其自诉状,撰写了题为《八旬老母状告忤逆之子》一文发表,该文中叙述的潘某“突遭其三子在肩上一掌”与刑事案终审认定结果不一致。[4] 本案焦点在于文中些许情节与事实不符的情况下,又

---

〔1〕 北京市臧天朔诉网蛀公司、网易公司名誉权纠纷案,载豆丁网 2018 年 8 月 9 日,http://www.docin.com/p-457729885.html。

〔2〕 根据 Liebman 教授的一项研究,在中国,一般能够被纳入媒体监督范畴的只是那些比较低级别的官员;即使是中央一级的媒体也很少或者近乎没有对于省部级官员的指名道姓式的批评。另外,媒体要受到各个方面的管制、指示和电话通知,要求报道以及如何报道某些方面的新闻,以及要求不得报道某些方面的新闻。Benjamin L. Liebman, *Watchdog or Demagogue? The Media in the Chinese Legal System*, 105 Columbia Law Review 29-65, (2005). 转引自汪庆华:《名誉权、言论自由和宪法抗辩》,载《政法论坛》2008 年第 1 期。

〔3〕 实践中,“官告民”现象突出,如安徽省临泉县县委书记张西德诉《中国农民调查》作者及出版社名誉侵权纠纷案。本案缘由在于该书报道了在临泉县农民上访与当地政府发生激烈冲突过程中,张西德在此事件中“负有不可推卸的责任,扮演了极不光彩的角色”。本案在各方斡旋下以该书出版社对原告进行名誉损害赔偿,原告撤诉为结果。参见刘若南:《〈中国农民调查〉惹上官司》,载《凤凰周刊》2004 年第 13 期总第 146 期。

〔4〕 浙江省景宁畲族自治县人民法院民事判决书,(2000)景民初字第 54 号。

使用了“忤逆”一词,是否侵害了原告的名誉权?本案原告肯定不是公众人物,但由于本案事件涉及亲子虐待父母,与社会正义及善良风俗关系甚巨,在一个一定的时空范围内理应被视为可受公评之事项,以接受人民监督、指责以纯化民风,弘扬社会正义,故本案应有合理评论规则的适用余地,被告不应承担侵权之责。

在中国国际贸易中心(以下简称国贸中心)诉吴祖光案中,吴祖光根据《中国工商时报》发表的《红颜一怒为自尊》一文,报道了国贸中心非法搜查倪培璐、王颖侵害其名誉权的案件,发表《高档次事业需要高素质员工》一文,对原告单位个别工作人员检查顾客的行为及有关人员的谈话进行了批评,在其后的谈话和文章中,被告对原告再次进行了批评。法院判决这种批评“均属于正常的舆论监督范畴,不构成对国贸中心名誉权的侵害”[1]。本案焦点之一在于国贸中心怀疑两位女顾客偷窃进而将其带进仓库解衣搜查的行为是否是可公评事由?首先,本案被告国贸中心是全国文明的大商场,主营高端产品,其客户群体有倾向性地针对外宾,广为公众所知悉;其次,此事件正如学者所言,社会大众很可能由人推己,即这种事情如果发生在自己身上怎么办?应当寻求何种救济途径?等等。显然,这已经与社会大众利益发生了一定联系,引起了公众的兴趣,应当被认定为可受公评事项。[2]

(四)评论方式

合理评论原则的另一要求是评论的方式应当控制在一定的范围之内,不能搞人身攻击。但何为一定范围之内,需视不同案情而定。在德国一则著名的案件中,宪法诉愿人 E 为基督民主党要员,公开撰文批评“德国基金会”滥用他人名义供右派团体使用,其实是一个披着民主外衣的具有国家主义倾向的机构,该机构的常务董事 Ziesel 试图将基金会所主办的杂志带向他所崇拜的“德国国家战士报”的风格。联邦宪法法院判决原告败诉,其中一项重要理由是:在政治性意见争辩中,仅以表意人之遣词造句是否有碍他人名誉作为判断标准,而完全不顾及表意人同时是为了告知读者某些事实以及他个人对此所作的批判性评价,这是一种限制言论自由的过高要求。假如在报章杂志所发表的,甚至是最严厉的批评文句,都必须一律毫无分别地让一般读者都可以考证,并以此作为是否侵权的标准,则这一要求与《德国基本法》第 5 条第 1 项的表意自由之意旨背道而驰。[3]

---

〔1〕 孙文鹰:《国贸案 消费者维权意识的滥觞》,载《人民法院报》2006 年 8 月 11 日。

〔2〕 方流芳:《名誉权与表达自由》,载《东方》1994 年第 4 期。

〔3〕 Vgl. BverfGE AfP200, 161. 案号:1 BvR 163/72。

在美国,New York Times v. Sullivan 一案判词中的诸多关于评论方式的名言成为传颂不绝的经典:(1)对于公众事务的辩论,应能以无限强制、强烈、公开,且应能包括以激烈、尖酸刻薄、与某些时候得以不留余地地批评攻击于政府与公务员。(2)对于公务员职务上的批评,不得仅仅因为有效批评且贬损其职务上的名誉而丧失批评者基于宪法而享有的言论自由。(3)错误陈述在自由辩论时难以避免,表达自由有赖于自由生存的呼吸空间,自应获得保障。(4)即使是不实的陈述,也应当被视为对公共辩论有价值。在该案中,Brennan 大法官还引用了美国宪法第一修正案主要起草人 James Madison 的名言,某种程度的滥用与每一件事的适当使用是难以分离的,这种情形在新闻上尤其如此。

从上述两大经典判例来看,人格权主张者不能从只言片语不当中获得对抗言论自由的抗辩事由。换言之,攸关公益、政治性辩论,语言使用并非判定是否侵害人格权的重要因素。意见表达是主观意向的外露,无真伪可言,因此只要是对于可公评事项进行评论,应无须考虑、推敲其遣词造句。梁治平对何为合理评论之论述亦颇为到位:“批评就是表达见解,就是褒贬人、物。真正的批评往往是令人不快甚至令人难堪的。但这是批评的性质使然,也是批评的价值所在。批评可以有不同类型,采取不同方式,展示不同风格。它可以是温和的,也可以是尖锐的;可以迂回曲折,也可以直截了当;可以是严谨的、缜密的,也可以是大胆的、夸张的。批评的言辞可以是学术性的,也可以是文学性的;可以是科学的,也可以是艺术的;可以是中和的,也可以是辛辣的甚至刻薄的。只要不是恶意捏造事实、揭人隐私或者无端谩骂,批评的天地宽广无际。这就是言论自由的含义。”[1]正因如此,在国贸中心诉吴祖光案中,即使吴祖光使用了“混账话”“恬不知耻”“流露出扎根深远的洋奴意识”等,法院也不认定为侮辱。

(五)侮辱是否一定导致社会评价被降低

名誉权损害的后果是受害人的社会评价被降低,但是否侮辱一定会导致被害人的社会评价被降低?诚然,如果从“王发英案”来看,“小妖精”“大妖怪”“流氓”“疯狗”等言辞足以被认定构成侮辱,因为这些言论降低了公众对王发英的社会评价。但事实上,并非所有的侮辱都会导致受害人的社会评价被降低。在“倪培璐案”中,原告二人被国贸中心工作人员带进仓库盘问并解衣查看的行为无疑是对原告的侮辱,但事实上原告未有盗窃行为,原告的社会评价并未因此而被降低。原告因此而遭受的只是精神上的痛苦,社会大众因此对原告而产生

---

〔1〕 梁治平:《名誉权与言论自由:宣科案中的是非与轻重》,载《中国法学》2006 年第 2 期。

的是同情而不是不屑,原告的起诉行为是伸张正义的体现,其社会评价反而被提高。因此,侮辱并不一定构成名誉权侵害,一个人的社会评价并不一定因遭侮辱而降低。对此,有学者总结道:"侮辱不以原告名誉受损害为要件,而是言词、行为本身即可证明侮辱的存在。受侮辱的人之所以应受赔偿,并不是因为其名誉受损,而是因为侮辱而导致精神痛苦。"[1]

(六)以事实为基础的评论

侵害名誉的言论在形式上表现为:事实陈述、意见表达及以事实为基础的意见表达(夹叙夹议)。当事实陈述与意见表达难以区分的时候,如何判断是否侵权?在德国,意见表达作为基本权利,不仅要有助于事实发掘,而且也要保障每一个人都能自由地表达他个人的想法,即使他无法对他所做的表示或判断提出可资佐证的证据。在前述"德国基金会案"中,宪法法院认定E所宣称的"Ziesel试图把他的'德国杂志'带向他所崇拜的'德国国家战士报'的风格",此段文字,不必要求其达到客观真实。因为该句本身是一种无法证明其内容是否属实的讽刺性笔战方式,无论其正确与否,均受《德国基本法》第5条第1项保护。这表明,意见表达不必要求其基础事实达到客观真实的高度。

在美国,根据真实恶意原则,如果被告非出于故意或轻率不注意,其评论所依据之事实之真伪并非诽谤认定的因素,这与德国不同,走得更远。在中国台湾地区,若言论系以某项事实为基础,或发言过程中夹叙夹议,将事实叙述与评论混为一谈,在评价言论自由与保障个人名誉权之考虑上,仍应考虑事实之真伪,倘行为人所述事实足以贬损他人之社会评价而侵害他人名誉,而行为人未能证明所陈述事实为真,纵令所述事实系转述他人之陈述,如明知他人转述之事实为虚伪或未经相当查证即公然转述该虚伪之事实,而构成故意或过失侵害他人之名誉,仍应负侵权行为损害赔偿责任。此项见解表明,在二者杂混时,应坚持真实不诽谤原则,并对合理查证义务予以严格要求。

在"王蒙诉慎平、《文艺报》案"中,慎平在《文艺报》刊文指责王蒙《坚硬的稀粥》一文影射、攻击某领导,目的在于"改变公有制、建立私有制",并引用一家中国台湾地区官方杂志的编者按作为论据。一审法院以被告系正常的文艺评论为由不予受理,二审认为本案不属于受案范围,不予受理。[2] 在"李林诉《新生界》、何建明侵害名誉权案"中,被告在《科学大师的名利场》一文中,称李四光是"被毛泽东敏锐地发现可以作为知识界的'革命势力',去担当起同'反动势力作

[1] 方流芳:《名誉权与表达自由》,载《东方》1995年第4期。
[2] 方流芳:《名誉权与表达自由》,载《东方》1995年第4期。

斗争的理想人选',而李四光也无愧这种赏识,积极地充当这种角色"。该文还描述了李四光在中国地质计划指导委员会会议上大骂地质界老前辈丁文江,并推测这是李四光为了保住地质部部长的位置所为;等等。但被告并未对此在法庭上有效举证,法院判决被告败诉。[1]

上述两案案情与"德国基金会案"极为相似,因为在德国全面反思纳粹罪行的大环境下称某人"试图要把他的'德国杂志'带向他所崇拜的'德国国家战士报'的风格",与在中国指责某人要"改变公有制、建立私有制"等的性质是一样的,是一种严重的否定性言论,动辄侵害名誉权。那么此种言论究竟系事实陈述还是意见表达?由于这是一种倾向性明显的表述,倾注作者对人和事的主观判断,因此是一项意见表达。而且无论是德国基金会的主席还是王蒙、李四光,都是公众人物,涉及的事件无疑都是有关公益的。对此种意见表达,德国宪法法院认为系笔战言辞,无法辨别真伪,无须查证客观真实;此类案件如果放到美国,自然也是原告败诉;中国台湾地区的相关机构认为,即使是这种言论,言论者仍然要尽到合理查证义务,本书对此赞同。概因在当代多元政治社会中,由于选举论辩等原因而引发的口舌之战此起彼伏,如果不对言论者评论之事实真实性做一定要求,则难免使言论者为了击倒对手而信口雌黄,盖棺定论之频繁表现而不顾是否毁人名誉。因此,以事实为基础的评论,除了评论主观上是善意的、客观上针对的是可受公评之事、评论方式不得过当外,还应注意对其所依据的事实尽到合理查证义务。

四、综合分析

公益性言论保护意义自不待言,现有法制已为此种言论提供保障依据,体现在名誉权诸法制上,但未臻明确,导致裁判标准不一。学说的任务在于为公益性言论保护提供更具体的裁判基准,以促进活泼言论市场之建立,推动民主法治进程。言论自由与名誉权(人格权)的平衡是举世法学难题,各法域囿于情况不一,解决方案各异,但各有特色,难分优劣,并处于不断调整之中。在我国,可行的方案是总结名誉权之司法解释及判例学说,并参酌比较法,进行精细的法释义学构造,务实地进行法之续造。这是法律发展的一般规律与生长机制,如此,"法律系骨架、判例系血肉、学说系神经"三者交融方能实现。

言论自由与名誉权(人格权)同属宪法赋予公民的基本权利,无位阶先后之分,二者的平衡当在个案中求得实现,规范机制为侵权责任构成的四要件,特别

---

〔1〕 李林诉《新生界》、何建明侵害名誉权案,载《最高人民法院公报》1998 年第 2 期。

是其中的违法与过错要件作为利益衡量工具。言论分为事实与意见，对二者的区分是规则建立的基础。对于事实，基本真实是基础性的要求，但真实并非一定不诽谤，不真实也不一定必然诽谤，表面的、片面的真实事实下暗示虚假事实同样可能构成诽谤。合理查证是量定基本真实的判断标准。对于意见是否侵权，应坚持合理评论原则，善意地针对可受评论的公益性事项而为之，非专系人身攻击的激烈言辞不宜认定构成侮辱，即使侮辱成立也并不一定导致名誉受损。以事实为基础的评论应将合理查证与合理评论相结合，评论的空间应尽量宽广。《名誉权解答》第 8 条设定的三种名誉权侵害的情形并未照顾到上述种种情况，是一项较为粗糙的规则，实践中需要扩张解释。

第三节　不表意自由与人格权保护

一、以赔礼道歉民事责任为中心

言论既是侵害人格权的手段（主动言论侵害人格），也是保护人格权的手段（强迫言论恢复人格）。在宪法与民法领域，立法、判例及学说皆视言论自由与人格权保护的悖论为棘手问题。[1] 因为言论自由与人格权同为宪法规定的基本权利，对人格权的损害往往通过言论为之，对一者的保护可能损害他者；此外，不仅主动的言论会与人格权保护存在冲突，被动的不表意（言论）也会与人格权保护存在冲突。因为针对人格权被毁损而判令加害人向被害人赔礼道歉，可能涉嫌侵害被害人受宪法保护的不表意之言论自由，这表现在对消除影响、恢复名誉和赔礼道歉民事责任的解释适用上。但这一问题并不如积极的言论自由那样被广泛议论。这里除关涉宪法和民法，还旁及强制执行法和证据法，并涉及法律与道德的复杂关系。

《民法典》颁行前，原《民法通则》第 134 条第 1 款第 9 ~ 10 项，原《侵权责任法》第 15 条第 1 款第 7 ~ 8 项分别规定消除影响、恢复名誉和赔礼道歉为承担民

---

〔1〕关于本项论题的代表性研究成果有：方流芳：《名誉权与表达自由》，载《东方》1995 年第 4 期；苏力：《〈秋菊打官司〉案、邱氏鼠药案和言论自由》，载《法学研究》1996 年第 3 期；梁治平：《名誉权与言论自由：宣科案中的是非与轻重》，载《中国法学》2006 年第 2 期；王泽鉴：《言论自由、名誉权保护与真实恶意原则》，载台湾大学法律学院编：《第二届马汉宝讲座论文汇编》（2007 年）；汪庆华：《名誉权、言论自由和宪法抗辩》，载《政法论坛》2008 年第 1 期；张红：《事实陈述、意见表达与公益性言论保护——最高法院 1993 年〈名誉权问题解答〉第 8 条之检讨》，载《法律科学》2010 年第 3 期；等等。

事责任的方式。原《民法通则》第120条规定此两种责任适用于公民姓名权、肖像权、名誉权、荣誉权,法人名称权、名誉权和荣誉权的侵权救济。在实务上,检索《最高人民法院公报》刊登的自1985年至2012年有关人格权的判决共18件,在判决受害人胜诉或调解成功的案件中,有16件判处或责令加害人消除影响,为受害人恢复名誉并向受害人赔礼道歉。〔1〕而《最高人民法院公报》自1985年至2012年的其他民事案件,几乎没有判处这两种责任的。〔2〕可见,这两种责任主要适用于人格权侵权领域。〔3〕另有抽样调查表明,实务中存在大量"赔偿可以,道歉绝不"的案例,且赔礼道歉诉讼的胜诉率较低。〔4〕此皆证明,欲破解不表意自由与人格权保护的冲突问题,须围绕赔礼道歉民事责任的解释适用展开。

自原《民法通则》实施以来,学界对赔礼道歉的民事责任未予足够重视。近年来,一些学者对此种责任方式提出质疑:(1)赔礼道歉系将道德法律化,实际上并无作用,有消除影响、恢复名誉及精神损害赔偿已经足够;〔5〕(2)强令加害人为受害人消除影响、恢复名誉和赔礼道歉,侵害了加害人的不言论自由,即违反宪法上良心、思想、信仰自由,不合比例原则;〔6〕(3)判决加害人向受害人赔礼道歉无法强制执行,〔7〕且对赔礼道歉间接强制执行违宪。〔8〕总之,一项缺乏足够法理支撑且违宪又无法执行的法律责任应予废弃。与这些观点相对应的是,

---

〔1〕这16个案件的出处分别为:《最高人民法院公报》1987年第1期;1988年第1期;1989年第2期;1990年第2期;1990年第4期;1992年第2期;1993年第1期;1998年第1期;2000年第6期;2001年第1期;2001年第5期;2002年第6期;2003年第2期;2006年第12期;2007年第2期;2008年第11期。

〔2〕据本书统计,《最高人民法院公报》1985年至2012年公布的204件民事判决书,只有上述16件判决责令加害人赔礼道歉,比例为7.8%。

〔3〕张新宝:《侵权责任法》(第2版),中国人民大学出版社2010年版,第134页。

〔4〕据姚辉、段睿对北京市第一中级人民法院的抽样统计数据,在该院抽查的91件均有赔礼道歉诉讼请求的二审审结的民事案件中,仅有17件的该项诉讼请求在一审、二审中均被支持,比例为18%。参见姚辉、段睿:《"赔礼道歉"的异化与回归》,载《中国人民大学学报》2012年第2期。

〔5〕周友军:《我国侵权责任形式的反思》,载《法学杂志》2009年第3期;杜文勇:《认真对待"良心自由"》,载《河北法学》2010年第5期;姚辉、段睿:《"赔礼道歉"的异化与回归》,载《中国人民大学学报》2012年第2期。

〔6〕柳经纬:《我国民法典应设立债法总则的几个问题》,载《中国法学》2007年第4期;吴小兵:《赔礼道歉的合理性研究》,载《清华法学》2010年第6期。

〔7〕冀宗儒:《论赔礼道歉作为民事救济的局限性》,载《人民司法》2005年第9期;付翠英:《论赔礼道歉民事责任方式的适用》,载《河北法学》2008年第4期。

〔8〕葛云松:《民法上的赔礼道歉责任及其强制执行》,载《法学研究》2011年第2期。

有学者主张应坚持赔礼道歉作为民事法律责任的形式,[1]或者主张在坚持的基础上改造使用。[2]

为平息争议,统一裁判标准,本书拟全面总结判例学说,针对上述三个问题逐一探讨,以期构建平衡不表意自由与人格权保护的妥当法律机制。其中,第一个问题解决的是,赔礼道歉在民法上作为一种侵权责任承担方式是否恰当?这是一个民法问题。第二问题解决的是,赔礼道歉作为民法上的侵权责任承担方式是否能够经得住宪法的考验?这是一个宪法问题。第三个问题解决的是,赔礼道歉是否可被强制执行?这是一个民事诉讼法问题,也是关涉法律与道德的关系处理问题。这三个问题环环相扣,依次递进,作为不表意自由与人格权保护矛盾冲突焦点的赔礼道歉责任如能通过此三项考验,那么其作为民事责任就可以顺利实施。

二、不可或缺:赔礼道歉责任是民事责任必要组成部分

(一)赔礼道歉责任的确立过程及现状

"赔礼道歉"中的"赔礼",是指向人施礼认错;[3]"道歉"是指表示歉意,特指认错。[4] 二者合成意指向人认错,表示歉意,请求谅解。有学者认为,赔礼道歉作为一种民事责任,是总结革命老区司法经验制定的,[5]且效果良好。[6] 但另有不同意见认为,(即使在老区)赔礼道歉也未成为一种民事责任形式,仅在少数案例中,当事人经过调解,主动进行赔礼道歉。[7] 魏振瀛认为:"(赔礼道歉)能否采取判决的形式,我认为一般不采取为好。"[8]佟柔、杨荣新等认为:

---

〔1〕 黄忠:《赔礼道歉的法律化:何以可能及如何实践》,载《法制与社会发展》2009 年第 2 期;黄忠:《认真对待"赔礼道歉"》,载《法律科学》2008 年第 5 期;付翠英:《论赔礼道歉民事责任方式的适用》,载《河北法学》2008 年第 4 期。

〔2〕 葛云松:《民法上的赔礼道歉责任及其强制执行》,载《法学研究》2011 年第 2 期;郝维华:《加拿大—中国道歉法的比较分析》,载《比较法研究》2011 年第 6 期。

〔3〕 中国社会科学院语言研究所词典编辑室编:《现代汉语词典》,商务印书馆 2012 年版,第 978 页。

〔4〕 中国社会科学院语言研究所词典编辑室编:《现代汉语词典》,商务印书馆 2012 年版,第 269 页。

〔5〕 顾昂然等:《中华人民共和国民法通则讲座》,中国法制出版社 2000 年版,第 245 页;魏振瀛:《论请求权的性质与体系》,载《中外法学》2003 年第 4 期;侯欣一:《从司法为民到人民司法——陕甘宁边区大众化司法制度研究》,中国政法大学出版社 2007 年版,第 285 页。

〔6〕 侯欣一:《从司法为民到人民司法——陕甘宁边区大众化司法制度研究》,中国政法大学出版社 2007 年版,第 285 页。

〔7〕 参见杨永华、方克勤:《陕甘宁边区调解工作的基本经验》,载《西北政法学院学报》1984 年第 2 期。

〔8〕 顾昂然等:《中华人民共和国民法通则讲座》,中国法制出版社 2000 年版,第 245 页。

"赔礼道歉只有当事人主动才有意义,作为承担责任的方式不当。"[1]但金平认为,对于原《民法通则》的这一做法,我国民法学说也是给予积极评价的,认为其有利于缓和矛盾、切实保护受害人的权利,符合我国的民族传统,是民间调处纠纷经验的法律化、制度化。[2] 可见,赔礼道歉作为一种民事责任方式,在其确立初期存在较大争议。

在中华人民共和国民事立法史上,赔礼道歉亦非一种理所当然的民事责任形式。1956 年第一次民法草案对于人格权的保护仅限于物质性人格权,在民事责任上仅限于损害赔偿而不包括赔礼道歉。[3] 1964 年民法草案没有涉及侵权法内容,自然无赔礼道歉责任。赔礼道歉第一次作为民事责任方式是在 1980 年第三次民法草案第一稿第 68 条,该条将责令赔礼道歉作为一种民事制裁方法,第 454 条还将赔礼道歉作为侵害宗教信仰、民族习惯侵权行为的责任方式。此后的第二稿(第 62 条)、第三稿(第 486 条)、第四稿(第 442 条),都将赔礼道歉作为民事责任(民事制裁)的方式之一。虽然第三次民法草案第一稿至第四稿都规定赔礼道歉作为民事责任或民事制裁方式,但并未将此种责任方式适用于侵害自然人姓名权、名誉权、肖像权及法人的名称权、名誉权和信用权等情形。[4] 第一次将赔礼道歉作为此类民事权利救济方式的是原《民法通则》第 120 条、第 134 条。

原《民法通则》之后,赔礼道歉作为民事责任形式除为《民法典》所确定外,还可见诸《消费者权益保护法》第 27 条、第 50 条(人格尊严与人身自由),《著作权法》第 52 条、第 53 条(著作人身权)及《名誉权解答》第 10 条、第 11 条(赔礼道歉执行方式)、《精神损害赔偿解释》(2001 年)第 8 条(精神损害)。需要指出的是,此种责任形式在人身损害赔偿领域很难适用,[5]一般也不适用于财产侵

---

〔1〕 参见"民法通则(草案)座谈会"会议秘书处 1985 年 12 月 10 日第九号会议简报(主题是"对第六章民事责任的意见")记载。

〔2〕 参见金平等:《民法通则讲座》,西南政法学院法律系 1986 年版,第 398 - 399 页;金平主编:《民法通则教程》,重庆出版社 1987 年版,第 445 - 446 页;王作堂等:《民法教程》,北京大学出版社 1983 年版,第 119 - 120 页。

〔3〕 参见"债篇通则第一次草稿"第 34 条,"债权篇通则草稿"第 11 条,"债的通则第二次稿(另案)"第 69 条、第 76 条,"损害赔偿(或改为:因侵权行为所产生的债)(第三次草稿)"第 1 条、第 11 条。

〔4〕 参见"第一稿"第 453 条,"第二稿"第 350 条,"第三稿"第 470 条,"第四稿"第 431 条。

〔5〕 如上海市第一中级人民法院(2008)沪一中民一(民)终字第 4262 号民事判决书(吴某与仲某等生命权、健康权、身体权纠纷上诉案):"……对于人身损害赔偿之诉讼,难予科以赔礼道歉之民事责任,所以吴某要求对方当事人承担赔礼道歉之上诉请求,本院不能支持。"

权损害赔偿。[1] 在公法领域，《国家赔偿法》第35条规定行政机关及其工作人员违法致害，可判处赔礼道歉。[2]《治安管理处罚法》第117条规定，公安机关及其人民警察违法行使职权，侵犯公民、法人和其他组织合法权益的，应当赔礼道歉；造成损害的，应当依法承担赔偿责任。原《行政监察法》第23条第3项及原《行政监察法实施条例》第22条规定，（行政机关及其工作人员）给国家利益、集体利益和公民合法权益造成损害，需要采取补救措施，这些补救措施是指消除影响、恢复名誉、赔礼道歉、给予赔偿等。《公务员法》第110条规定机关因错误的人事处理对公务员造成名誉损害的，应当赔礼道歉、恢复名誉、消除影响。此外，《刑法》第37条[3]及《刑事诉讼法》第288条也规定了赔礼道歉的法律责任。可见，赔礼道歉是在公、私法领域存在较广泛的一种责任方式。[4] 由于公法上的赔礼道歉更多地表现为一种社会综合治理的手段，并非一种强制性的责任承担，故本书主要论述的是作为民事责任的赔礼道歉。

（二）赔礼道歉责任在比较法上获得广泛认可

赔礼道歉作为民事责任，并未被欧陆范式民法典所认可。从目前正在进行的欧洲侵权法统一研究来看，大多数欧洲法律制度原则上认为，赔偿是支付金钱；[5]有的国家在理论上主张以恢复原状作为损害赔偿的一般原则，[6]但皆未包括诸如赔礼道歉之类的人身责任。虽然立法未明确规定此种责任，但后来实务上因地制宜、因势利导，根据损害赔偿之基本法理，以损害赔偿之一般条款为依据，创造性地发展出来类似制度，弥补了成文法的不足。

德国民法未规定名誉损害的赔偿责任或补救措施。《德国民法典》第823

---

〔1〕 王利明：《侵权责任法研究》（上卷），中国人民大学出版社2011年版，第648页。

〔2〕 但在国家赔偿法上，最高人民法院通过司法解释排除了该种责任的适用。最高人民法院赔偿委员会《关于赔偿义务机关应当为受害人消除影响恢复名誉赔礼道歉的批复》（[1999]赔他字第3号）规定："通州区人民检察院已经依法确认具有《国家赔偿法》第十五条第（二）项规定情形，通州区人民检察院依法应为孙连贵恢复名誉，赔礼道歉。赔礼道歉不宜作为决定书中的主文内容，但应在决定书的理由部分加以表述。"

〔3〕 本条在1979年《刑法》中为第32条，该条规定，对于犯罪情节轻微不需要判处刑罚的，可以根据案件的不同情况，责令赔礼道歉。此为中华人民共和国立法史上第一次将赔礼道歉上升为法律责任。

〔4〕 王晨：《国家赔偿领域中赔礼道歉制度的检讨与建构——从国家赔偿法、民法、刑法、国际公法"四法"比较的角度谈起》，载《法学杂志》2009年第5期。

〔5〕 如英国、法国、希腊、意大利、荷兰。参见欧洲侵权法小组编著：《欧洲侵权法原则：文本与评注》，于敏、谢鸿飞译，法律出版社2009年版，第210页。

〔6〕 如奥地利、比利时、德国。参见欧洲侵权法小组编著：《欧洲侵权法原则：文本与评注》，于敏、谢鸿飞译，法律出版社2009年版，第210页。

条第1款未将名誉纳入其保护范围,实务上曾通过《德国民法典》第823条第2款违反保护性法律的侵权责任规定来援引《德国刑法典》第186条以下诽谤罪的规定来保护名誉。20世纪50年代以来,德国法院创设一般人格权,将名誉纳入其保护范围,名誉侵权责任始可根据其《德国民法典》第823条第1款认定。在德国法上,名誉被损,可请求经济上的损害赔偿,也可类推适用其《德国民法典》第12条第2句、第862条第1款第1句及第1004条第1款第2句,判令加害人恢复原状。[1] 恢复名誉原状的方法除公布法院判决外,最常见的是对所谓侵害名誉虚假陈述的撤回(Widerruf)。Widerruf的请求权根据的是《德国民法典》第249条第1款,其法理依据在于将《德国民法典》第1004条第1款所有权妨碍排除请求权类推适用至侵权责任承担方式。但是,Widerruf仅适用于事实陈述的撤回,[2]不适用于意见表达的撤回。[3]

《日本民法典》第723条规定:"侵害他人名誉者,法院得因被害人的请求命令加害人赔偿损失,或者判令赔偿损失的同时,命令加害人为恢复原状之适当处分。"对于该条之解释适用,所谓"恢复原状之适当处分",通常指在报纸上刊载"谢罪广告"。[4]《韩国民法典》第764条规定,侵害他人名誉者,除命以替代损害赔偿或损害赔偿外,法院尚得依被害人之请求,命其为恢复名誉之适当处分。本条系采《日本民法典》第723条立法例。英国法关于名誉被毁损的救济方法,法院不得命加害人为谢罪广告或撤回、取消陈述的广告,但加害人自动为此行为时,可作为减免损害赔偿的事由。[5] 美国法亦不承认禁止令,但加害人自发为撤回取消侵害名誉的事实陈述时,得作为损害赔偿(包括惩罚性赔偿金)的减免事由。[6] 之所以不强制加害人撤回,是恐强制个人违反其信念之陈述,而发生违宪争议。[7] 但在同属英美法系的加拿大,情况却迥异。近年来加拿大有两个省专门就道歉的效力立法,并鼓励政府、官员、公众大行道歉之风:先是2006年

---

〔1〕 Fuchs, Deliktsrecht, 7. Aufl. 2009, S. 54.

〔2〕 BGHZ128, 1, 6.

〔3〕 Fuchs, Deliktsrecht, 7. Aufl. 2009, S. 54.

〔4〕 [日]幾代通:《对侵害名誉者命道歉启事之判决》,庄柏林译,载《法学丛刊》第4卷第3期;于敏:《日本侵权行为法》,法律出版社2006年版,第355页。

〔5〕 S. Daekin, A. Johnston & B. Markesinis, *Markesinis and Deakin's Tort Law*, 6 th ed., Oxford University Press, 2007, p. 811; John Murphy & Christian Witting, *Street on Tort*, 12 th ed., Oxford University Press, 2007, p. 568.

〔6〕 Hiroshi Wagatsuma, Arthur Rosett, *The Implications of Apology: Law and Culture in Japan and the United States*, Law and Society Review, Vol. 20, No. 4, 1986, p. 463 – 467.

〔7〕 参见王泽鉴:《人格权法》,台北,2012年自版发行,第513页。

加拿大不列颠哥伦比亚省议会通过《道歉法案》(Apology Act of 2006 British Columbia, S. B. C. 2006, C19),继之2007年萨斯喀温省也在其证据法中就道歉的效力作专条立法(Evidence Amendment Act, Saskatchewan, S. S. 2007, C24)。不唯如此,立法者还酝酿通过一部统一道歉法案,以期适用于全加拿大的民事法领域。[1] 加拿大此两省道歉法案的目的在于推动民事纠纷得到积极解决,与我国《民法典》第179条、第995条的立法初衷不谋而合。

综上所述,中国和加拿大明确规定赔礼道歉作为民事责任;日本、韩国等民法规定"恢复名誉之适当处分";德国有强令刊登撤回不实陈述的做法,也是一种程度轻微的道歉。在英美,法院虽不得强令赔礼道歉,但如赔礼道歉,则可减轻赔偿责任。由此可见,赔礼道歉作为一项法律责任,在用于人格损害之救济上,具有相当的比较法上的共性,其在损害赔偿和纠纷解决中的积极作用应予肯定。

(三)赔礼道歉作为民事责任是民法体系的内在要求

民法是财产与人身二分之法,财产损害(Vermögensschaden)和非财产损害(Nichtvermögensschaden)分别对应的是财产责任(Vermögenshaftung)和非财产责任(Nichtvermögenshaftung),二者的主要区别是损害是否可以按照金钱来客观确定其经济价值,或者是否包含了个人情感等只能通过主观方法来确定的利益。[2] 区分二者的理由是,非财产损害只能估计,而不能通过金钱来客观评价。[3] 损害赔偿的目的是赔偿受害人的全部损害,此为损害赔偿的共同基础;[4] 损害赔偿的方式一般分为恢复原状和金钱赔偿,不管是通过恢复原状还是金钱赔偿的方式,目的都是将对受害人造成的损害恢复到损害之前的状态,即加害人必须赔偿受害人的全部损失。[5] 损害赔偿的首要方法是恢复原状,恢复原状应尽可能达到没有损害时的状态(《德国民法典》第249条第1款),恢复原状被认为是保护受害人权利(利益)的最好方法,也是加害人必须要承担的义务。[6] 虽然受害人在遭受财产或人身损害时可以请求金钱赔偿而非恢复原状(《德国民法典》第249条第2款),但是金钱赔偿只有对金钱损害才能充分救济,通过金钱赔偿非财产损害只能在法定的小范围内进行,不能任意扩大法官在

---

〔1〕 郝维华:《加拿大—中国道歉法的比较分析》,载《比较法研究》2011年第6期。

〔2〕 Lange/Schiemann, Schadensersatz,3. Aufl. 2003. S. 51.

〔3〕 Lange/Schiemann, Schadensersatz,3. Aufl. 2003. S. 51.

〔4〕 Esser/Schmidt, Schuldtecht 1/2, 7. Aufl. 1993, S. 158.

〔5〕 Lange/Schiemann, Schadensersatz,3. Aufl. 2003. S. 13.

〔6〕 Esser/Schmidt, Schuldtecht 1/2, 7. Aufl. 1993, S. 187; Lange/Schiemann, Schadensersatz,3. Aufl. 2003. S. 211; BGH NJW 1985. 793.

用金钱赔偿非财产损害上的自由裁量权。非财产损害应该用非财产赔偿的方式解决,其路径在于扩大解释恢复原状的适用范围,赔礼道歉责任即属非财产性之恢复原状赔偿方式。

我国民事责任体系亦分为财产(金钱)责任与非财产(精神)责任两种。《民法典》第179条所规定的11种民事责任可以二分为财产责任与非财产责任。此种二元民事责任体系使受害人既可以获得财产补偿,并且如有必要,也可获得精神慰藉。因为生活经验告诉我们,金钱并不能抚平一切伤痕,"只为讨个说法"的"秋菊"们大有人在。虽然现代的精神损害赔偿制度已经将精神损失赔偿金钱化了,但这不过是不得已而为之的举措。金钱虽贵为"一般等价物",但人类情感是个体的内在感知,是不可能被真正"等价"的,更不能被用来交换。金钱虽然可能使人生活变得更舒服,但并不能真正、彻底地消除人之精神伤害。基于此,主要应用于人格权损害赔偿领域的赔礼道歉责任,作为一项与现代精神损害制度不同的、真正的非财产之责任方式,对于科学健全的且逻辑自洽的民事责任体系而言具有不可或缺性。

长期以来,我国在法律制定上强调使用经济手段进行规范和奖惩的功能,在一定程度上忽视法律的伦理功能和教育功能。金钱赔偿是市场规则,但民法规则绝非全部是市场规则。民法是财产与人身之合成法,以人为本,关注人的全面发展,特别是精神层面需要的民法的伦理性不容忽视。强调这一点对于今日中国尤其重要。我们遍尝经济至上的恶果并已深受其害,诸如健康食品、洁净水源和蓝天白云等人之基本外部生活条件已成奢侈品。完善社会主义市场经济应当弘扬作为市场经济基本法制保障的民法的伦理性,以弥补纯粹经济市场规则的缺陷。在民事责任上确立非金钱赔偿责任,否定金钱能摆平一切的狂妄念想,使加害人履行必要的人身责任,并使其良心深受谴责,实属必要之举。作为民事责任,赔礼道歉是人格权被侵害的补救措施,非金钱价值所能衡量和替代,性质上属于恢复原状而非赔偿损失的非财产责任。赔礼道歉民事责任的存在是损害赔偿原理的基本要求,其对于科学完整的民事责任体系具有不可或缺性。

三、合宪审查:赔礼道歉民事责任何以通过宪法之门

(一)基本权利冲突:不表意自由与人格权保护

我国有学者提出,赔礼道歉作为法律责任违反人民不言论的自由,即良心自由和思想自由,违反《世界人权宣言》第18条、《公民权利和政治权利国际公约》

第18条及我国《宪法》第33条第3款,应予废弃。[1] 此种观点颇有商榷余地。

我国《宪法》第35条规定公民享有广泛的言论自由。言论自由具有个人实现自我、沟通意见、促进民主政治、实现多元意见等多重功能。言论自由包括说的自由和不说的自由(不表意自由)。人格权以维护人格尊严与发展人格自由为内核,是《宪法》第37、38条保护的基本权利。言论自由与人格权都属于《宪法》第33条第3款规定的人权(基本权利)。法院判决赔礼道歉是强制加害人向受害人承认错误并表示悔改,是公权力为保护人格权而对不表意自由作出的限制。为保护一种宪法基本权利(人格权)而限制另一种宪法基本权利(言论自由),属于宪法基本权利冲突的问题。在我国,公民基本权利冲突问题通常由法院裁决(主要是民事法庭)。因此,关于赔礼道歉这种民事责任是否违宪的问题,在中国法制语境下,主要是一个民法解释学问题。抽象论及作为维护人格权手段的赔礼道歉责任是否因侵犯不表意自由而应予废弃的观点并无多大意义。

国家对不表意自由自可依法限制,但却不可随意为之。因不表意之缘由甚多,涉及道德、伦理、正义、良心、信仰等内心信念与价值,属人之内在深层次的思想问题,攸关人之内在精神活动及自主决定权,是个人主体性维护、人格自由完整发展和人格尊严确保所不可或缺之工具。赔礼道歉如果是因公权力所迫使,并在公开场合为之,则不仅限制了道歉人之不表意自由,亦可能令其感到屈辱,甚至有损人格尊严,危及信仰及良心自由。职是之故,在侵害人格权案件中,若为恢复受害人之名誉,有限制加害人不表意自由之必要,自应就不法侵害人格法益情节之轻重与强制表意之内容等审慎斟酌而为适当之决定,以符合比例原则。[2]

从比较法上看,根据目前所掌握的资料,仅有韩国宪法法院判令《韩国民法典》第764条赔礼道歉规定系属违反《宪法》第19条所规定的良心自由而遭废弃。[3] 但对此判决,韩国学界亦提出质疑,认为法院没有理由宣布这样有文化

---

〔1〕 夏秀渊:《论取消侵权责任法的"赔礼道歉"责任》,载豆丁网2012年3月30日,http://www.docin.com/p-372925800.html。

〔2〕 我国宪法对比例原则未有明确规定,实务上运用比例原则的案例可参见汇丰实业发展有限公司诉哈尔滨市规划局案,黑龙江省高级人民法院行政判决书,(1996)黑行初字第1号(一审),最高人民法院行政判决书,(1999)行终字第20号(二审)。学说对此的论证参见湛中乐:《行政法上的比例原则及其司法运用——汇丰实业发展有限公司诉哈尔滨市规划局案的法律分析》,载《行政法学研究》2003年第1期。

〔3〕 韩大元:《韩国宪法法院关于赔礼道歉广告处分违宪的判决》,载王利明主编:《判解研究》第1辑,人民法院出版社2002年版,第199-201页。

基础的赔礼道歉是违宪的。[1] 在日本,针对《日本民法典》第723条所提出的赔礼道歉责任违宪的裁决中,宪法法院认为其并不违宪,符合国民一直以来的心理感受。[2] 在德国,针对法院命不实陈述的被告在报纸上撤回不实陈述是否违宪所提出的宪法诉愿,联邦宪法法院认为此种撤回对于撤回义务者而言,不能认为其受侮辱,因为此种撤回不改变其确信,并不要求对外告知其确信已经不存在,只是一种事实的澄清。此种撤回声明难认是对人之尊严的损害。[3]

但是,我们并不能仅仅因为多数国家宪法法院认定赔礼道歉民事责任合宪,而即认定其合宪,并进而作为确信我国民法中的赔礼道歉合乎我国宪法之依据。数量上的多寡对决不能代替科学上之论证。有关赔礼道歉之合宪性问题的判定,应深刻体察言论自由与名誉权保护二者之间的平衡机理,以求得科学论证和法理支撑。

(二)合宪性的双重检验:事实陈述与意见表达

言论自由与名誉权同属宪法基本权利,无位阶先后之分,二者的平衡应通过个案利益衡量(fallbezogene abwagung),诉诸民事裁判,在个案中实现。公权力(司法权)是否宜强迫人民登报公开道歉,即涉及基本权冲突,也就是被害人一方的人格权,以及加害人一方不表意自由,乃至良心自由双方间冲突的问题。将这一问题还原至民法规则,因言论而侵害他人名誉(人格)就涉及如下两个方面的问题:其一,如何判断言论是否侵犯名誉(人格),即构成侵权法上的责任?此须依侵权责任构成要件判断,关键是违法性问题,依据为《名誉权解答》第7条。如果在个案中倾向于保护名誉(人格),则言论具有违法性,侵权责任构成;如何倾向于保护言论自由,则侵权责任不构成。其二,如果侵权责任构成,在责任承担方式上,受害人要求加害人赔礼道歉,是否会侵害加害人受宪法保护的言论自由(不表意自由)?如果侵害不表意自由,则赔礼道歉责任违宪;如果不侵害不表意自由,则赔礼道歉责任不违宪。欲对此进行宪法判断,则需突破比例原则的单一论证模式,另吸收将言论分为事实陈述和意见表达这种分析框架,才能得出更妥当的结论。

事实是对实际事件或状态的客观描述或通报,言论者之主观判断不掺杂其

---

〔1〕 Dai - Kwon Choi, *Freedom of Conscience and the Court - Ordered Apology for Defamatory Remarks*, Cardozo Journal of International and Comparative Law, Vol. 8, No. 2, 2000, p. 205 - 224.

〔2〕 陈洸岳译,日本最高裁判所昭和31年7月4日大法庭判决,昭和28年(才)1241号,载《日本国最高法院裁判选译(一)》,台湾地区相关部门印行2002年版,第23页;另见[日]圆谷峻:《判例形成的日本新侵权行为法》,赵莉译,法律出版社2008年版,第151页注1。

〔3〕 Hein Kötz, Gerhard Wagner, Deliktsrecht, 10. Aufl. 2006, S. 159.

中。事实有真伪之分,具有可证明性。事实陈述者应以善良管理人的注意义务为自我约束,但亦得考量事件的不同性质而加以区分,如行为人的职业、危害的严重性、被侵害法益的轻重、防范避免危害的代价、与公共利益的关系、资料来源的可信度、查证资料来源的难易程度等,因这些因素不同而判断标准有所不同。意见主要是指对人物、事件或社会等所持有的看法、见解、评价或立场等,与此相关的意见表达则包含了表达者以自己的观察方式对评价对象所作的主观评估。〔1〕意见系主观价值判断,无真伪之分。表达意见的基本权利是个体人格在社会中的最直接体现,其对自由民主秩序之构建是绝对必须的。因为只有它才能使不间断的思想交流和意见竞争成为可能。事实上,它是所有其他形式的自由的基础和不可或缺之前提条件。〔2〕对于事实和意见的区分,刑法上对应的是诽谤罪和侮辱罪,民法上对应的是诽谤和侮辱两种不同的侵权行为。

将言论分为事实陈述(Tatsachenbehauptungen)与意见表达(Werturteilen),分别适用不同的检验规则而进行宪法判断,在比较法上具有广泛性。〔3〕区分此二者是宪法判断得以建立的基础,此为调和言论自由与人格权冲突的基本规则。〔4〕一般来说,针对不实陈述所引发的诽谤是否违宪,采合理查证规则;针对不合理评论引发的侮辱是否违宪,采合理评论规则。〔5〕对于加害人是否享有不赔礼道歉的不表意自由,也应分别区分法院强制加害人是为事实陈述,还是为意见表达。如果是强制为事实陈述,则应适用事实陈述是否违宪的判断标准;如果是强制为意见表达,则应适用意见表达是否违宪的判断标准。那么,此二者能否分别通过宪法之门呢?

对于事实陈述,真实性是基本要求,但不能要求绝对真实,因为要求言论者事事绝对调查清楚并不现实,这有违新闻及时性要求。如果言论者有丝毫差错则课以法律责任,则“寒蝉效应”始生,将有碍于自由活泼之言论市场的形成。若此,则此种法律责任系对言论自由限制过度,公权力对人权干预过度有违法益相称性原理(the principle of proportionality),应属违宪。因此,对于事实的判定,

---

〔1〕 BGHZ 3, 270,274.

〔2〕 BVerfGE 7,198.

〔3〕 Stegmann, Tatsachenbehauptung und Werturteil in der deutschen und französischen Presse, Tübingen, 2004.

〔4〕 Vgl. BVerfG NJW 1999,1322,1324 – Helnwein; BGHZ 132,13,21; BGH VersR 1997, 325, 326; MünchKomm – BGB/Wagner, §824 Rn. 14ff. Kötz/Wagner, Deliktsrecht, 11. Aufl. 2010, Rn. 386.

〔5〕 王泽鉴:《人格权法》,台北,2012 年自版发行,第 187 – 190、370 – 372 页。

应以合理查证作为判断事实陈述是否构成诽谤的基本标准。如果言论者所言虽有谬误,但其在言说之前,主观上没有诽谤、攻击之恶意,客观上已事先尽到其所应尽的勤勉查证义务,则一般不应究其言论不实之责,其言论在侵权法上不具有违法性。合理查证义务的创设是为了平衡事实陈述与人格权保护二者之间的冲突,采用该原则判定事实陈述是否构成诽谤,将能为言论者创造广阔的言论空间。[1] 加害人未尽合理查证义务,所为之言论对受害人造成诽谤,但如嗣后还事实以本来面目,则谣言不攻自破,受害人受损之名誉即可恢复。法院查明事实真相后,判决加害人澄清事实,即法院强令被告为恢复事实真相之必要处分,如登报澄清或公布判决书真实情况,这并不会损及被告人尊严,更不会侵犯其良心自由。法院如此判决自无违宪之虞。在此种情况下,被告有义务撤回错误的陈述,以恢复原告名誉,此为弥补自身先前过错。

对于意见表达,则应坚持合理评论原则。行为人对于可受公众评论之事,如未使用偏激不堪之言词,则并无不可。善意地针对可受公评事项发表言论不构成侮辱,评论的空间应尽量宽广。[2] 意见表达即使尖酸刻薄,也应受保护,除非其评论内容系专以恶意侮辱毁损他人人格尊严为目的。如果构成侮辱,则证明加害人的评论主观上非系善意,客观上亦属不合理,系专为贬损他人人格而为,法律上自应命其向受害人表示歉意,以使受害者之心理伤口得以抚平。此并非完全的道德义务,而是一项法律责任。前已述及,在现代法制语境下,根据民法市民法的伦理性要求,判决加害人赔礼道歉是一种补偿精神损害的办法,此种损害补偿不得以金钱为替代,而系纯粹人身之债,符合侵权法的损害填补原理。但是,在侵权责任承担上,适用于事实陈述和意见表达的责任不同。从德国法来看,对于损及名誉的意见表达,受害人只能要求加害人停止侵害或金钱赔偿,而不能要求加害人"收回、更正或补充"该项侵权言论。"收回、更正或补充"只能针对不实之陈述。[3]

这是因为强制加害人道歉是强制一种内心的意见表达,与针对错误的陈述而还原真相不同。针对错误的陈述可以强制还原真相,但针对恶意的诋毁,就不存在还原真相的问题,只存在抚平被害人心理伤口的问题。由于人的内心无法

---

〔1〕 张红:《事实陈述、意见表达与公益性言论保护——最高法院 1993 年〈名誉权问题解答〉第 8 条之检讨》,载《法律科学》2010 年第 3 期。

〔2〕 张红:《事实陈述、意见表达与公益性言论保护——最高法院 1993 年〈名誉权问题解答〉第 8 条之检讨》,载《法律科学》2010 年第 3 期。

〔3〕 [德]迪特尔·施瓦布:《民法导论》,郑冲译,法律出版社 2006 年版,第 273 页。

被强制,事实上也无法在法律的框架下被执行,因此强制道歉是一项无强制力的责任,犹如无刃之刀与无齿之虎。赔礼道歉责任条款存在的意义在于告诫人们,错了就应该悔过并道歉,以求得他人宽恕与内心安宁。针对无法强制内心的道歉行为而言,此种宣示性条款的存在就是对加害人的内心谴责,就是对被害人的慰抚。因此,强制道歉责任的存在,虽构成对内心自由的强制,但由于其目的系为恢复名誉及保障人格权,且手段适中,因此其存在并不违宪。

(三)对"消除影响、恢复名誉"和"赔礼道歉"作符合宪法的解释

从立法继受看,原《侵权责任法》第15条是对原《民法通则》第134条第1款的重复,但是二者在对赔礼道歉与消除影响、恢复名誉这两种责任方式的排序上存在差别。原《民法通则》第134条第1款第9项规定消除影响、恢复名誉,第10项规定赔礼道歉,《民法典》第179条的列举顺序与之一致;而原《侵权责任法》第15条第1款第7项规定赔礼道歉,第8项规定消除影响、恢复名誉。关于此次侵权责任立法将此二者顺序的调整,立法机关未给出权威解释,但此种表述顺序的更换绝非无意之举,反映了立法者对二者关系认识的转变。

检索《最高人民法院公报》相关判决可知,赔礼道歉与消除影响、恢复名誉大多同时出现在判决主文中,但并未得到区分。消除影响是指在公民或法人的人格权受到影响后,在影响所及的范围内消除不良后果。恢复名誉是指在公民或法人的名誉受到侵害后,在影响所及的范围内将受害人的名誉恢复至未侵害时的状态。[1] 学说上有主张,公开的赔礼道歉能够在一定程度上消除影响、恢复名誉,赔礼道歉可谓消除影响、恢复名誉的手段,消除影响、恢复名誉与赔礼道歉是目的与手段的关系。但此种主张亦认识到消除影响、恢复名誉还有其他的手段,诸如刊载澄清声明、将判决书登报公布等。[2] 本书认为,此种学说将赔礼道歉作为消除影响、恢复名誉的手段,有悖于现行司法解释,亦与法理相悖。

根据《名誉权解答》第11条问答,该条问题是:侵权人不执行生效判决,不为对方恢复名誉、消除影响、赔礼道歉的,应如何处理?回答是:侵权人拒不执行生效判决,不为对方恢复名誉、消除影响的,人民法院可以采取公告、登报等方式,将判决的主要内容和有关情况公布于众,费用由被执行人负担,并可依照

---

〔1〕 最高人民法院侵权责任法研究小组编著:《〈中华人民共和国侵权责任法〉条文理解与适用》,人民法院出版社2010年版,第120-121页;葛云松:《民法上的赔礼道歉责任及其强制执行》,载《法学研究》2011年第2期。

〔2〕 姚辉、段睿:《"赔礼道歉"的异化与回归》,载《中国人民大学学报》2012年第2期;姚辉:《论人格权法与侵权责任法的关系》,载《华东政法大学学报》2011年第1期。

《民事诉讼法》第102条第6项[1]的规定处理。《民法典》第1000条规定与之相同。由此可见,采取公告、登报等方式将判决主要内容和有关情况公布于众,并由被执行人承担费用,是恢复名誉、消除影响、赔礼道歉的方式。另需指出的是,该司法解释第11条问题中提到不执行赔礼道歉的判决如何处理,回答却对此未置可否,这恰恰说明赔礼道歉无法被强制执行。又因针对消除影响、恢复名誉是采取公告、登报等方式将判决主要内容和有关情况公布于众的方式,而这种方式只能起到澄清事实的作用,不能表明被告有悔过和请谅解的道歉愿望和表示。据此,消除影响、恢复名誉是一种澄清事实的行为,针对的是不实陈述,消除影响与赔礼道歉是两种不同的民事责任。[2]

从本质上看,赔礼道歉是加害人向被害人承认错误和请求谅解的行为,消除影响是澄清事实的行为,二者殊为不同。通过消除影响可以恢复名誉,私下的赔礼道歉与恢复名誉无关,因为"大街骂人岂可小巷赔礼"？赔礼道歉是发自内心的表达,是良心的问题,是意见的发表。消除影响、恢复名誉是澄清一项事实,可以通过公布判决书和相关事实而达成。目前实务上公布判决书和相关事实、代替加害人起草道歉声明并刊登,由加害人支付刊登费用的做法,与加害人心悦诚服地开口或亲自撰文道歉是两种性质不同的事实。真正的意见表达是无法被强制的,而虚伪的事实陈述却是可以被强制而还原真相的。

虽然民事责任意义上的赔礼道歉是以道德为基础的,但其本质上不是道德责任,仍然是一种法律责任。[3] 但是,针对侮辱,无法强制加害人赔礼道歉,法律规定赔礼道歉的责任也只有宣示意义。受害人被侮辱以后,强制执行法的救济是无能为力的。针对一项侵害人格权的行为,如果是诽谤,则判决加害人消除影响、恢复名誉;如果是侮辱,则应判决加害人赔礼道歉。针对前者,如加害人不履行生效判决,可强制履行;针对后者,如加害人不主动诚心道歉,则法院应到此为止。但是,由于实践中单纯的侮辱很少存在,加害人往往是"夹叙夹议",即言论以某项事实为基础,将事实陈述与主观评价混为一谈,因此恢复了事情的真相,往往也就使侮辱的言论失去了事实基础,当真相大白于天下时,谣言也就不攻自破,受害人名誉自然也就恢复了。但值得强调的是,与纯粹的意见表达相比较,此种混合言论对名誉更具危害性,因其系以不实内容增强其意见的可信度,

[1] 现为《民事诉讼法》第111条第1款第6项。

[2] 吴小兵:《赔礼道歉的合理性研究》,载《清华法学》2010年第6期。

[3] 王利明:《人格权法研究》,中国人民大学出版社2005年版,第685页。

因此在利益衡量上,言论自由应当退让。[1] 事实上,如果加害人履行了消除影响、恢复名誉的判决,对受害人的精神也是一种有效的慰抚。

四、知耻服礼:不可强制之赔礼道歉需主动为之

(一)赔礼道歉责任不可强制执行

侵权法的目的是建立一种稳定而平衡的社会秩序,需要从实际出发权衡加害人和受害人之间的各自承受力。并非所有的损害皆能获得侵权法的救济,冯·巴尔在《欧洲比较侵权行为法》(下卷)开篇即论述了侵权法的这个前提问题:侵权行为法只有当它避免了过分严苛的责任时,才能作为有效的、有意义的和公正的赔偿体系运行。[2] 霍姆斯认为:"我们法律的一般原则是,意外事件之损害,应停留在它发生的地方。"[3]所以,"在欠缺充分理由转由他人负担时,无辜的受害人应自我承担生命中的不幸与损害"[4]。正如并非所有损害都可以在侵权法上获赔一样,法院无法也无必要强制加害人针对侮辱而为赔礼道歉。

事实上,不仅赔礼道歉责任无法被强制执行,其他民事责任也存在不能被强制执行的情况。对于赔偿损失和承担违约金这样的金钱责任,如果被执行人无责任财产可供执行,那么判决书亦只有宣示正义的效果,胜诉方无法获得实际补偿。当然,如果被执行人恢复资力,在执行时效所及范围内,即应当恢复执行。此处将二者类比,是从法的实效角度观之。此外,返还原物以原物存在为前提,恢复原状、修理、重作、更换等以事实上可能和费用经济为前提。因此,对于"一种无力强制执行的责任形式是否还能称为责任?"的提问,[5]回答是肯定的。因为强制"可能是心理性质的,也可能是有形的,直接产生作用的或间接产生作用的"[6]。既然法律对赔礼道歉无能为力,如果在判决胜诉和已经澄清事实的基础上仍存在痛苦,亦只能由受害者在法律的框架承受,让损害停留在它发生的地方。

既然赔礼道歉是无法被强制执行的,则肯定该项责任存在者即不必再去思考如何对其予以强制执行。因为实践已经证明,现存种种强制方法皆有悖基本法理,且无法真正达到慰抚受害人和救赎加害人的目的。从目前实务经验看,针

[1] MünchKomm – BGB/Rixecker, § 12. Anh. Rdnr. 131.

[2] [德]克雷斯蒂安·冯·巴尔:《欧洲比较侵权行为法》(下卷),焦美华译,法律出版社2004年版,第1页。

[3] Holmes & Olwer Wendell, *The Common Law*, Little, Brown, and Co., 1881, p. 94.

[4] 陈聪富:《侵权归责原则与损害赔偿》,北京大学出版社2005年版,第7页。

[5] 王涌:《私权的分析与建构——民法分析法学基础》,北京大学出版社2020年版,第382页。

[6] [德]马克斯·韦伯:《经济与社会》(上),林荣远译,商务印书馆1997年版,第347页。

对当事人“赔偿可以,道歉绝不”的做法,法院在强制当事人思想无效的情形下,只能采取如下措施:(1)加害人口头道歉、书写道歉或道歉声明,其内容由法院或原告审定后,由法院发布。这种情况在加害人配合的情况下,一般可以实现。[1] (2)若上述方法不能奏效,法院只能以加害人的名义登报向受害人道歉。[2] 这实际上并非加害人道歉,而是法院“代表”或“代替”加害人道歉,而事实上内心之道歉是无法被“代表”或“代替”的。(3)法院登报公布判决书或相关内容,登报费用由侵害人承担。[3] 但是此种方式在法理上难以立足。除涉及国家秘密、个人隐私和保护青少年等少数情况的判决书不能公布之外,判决书在法治国家中原则都应当公开。因此针对赔礼道歉的强制执行采取登报公布判决书是判决书的第二次公布,既然已经公布,这第二次公布又如何能起到赔礼道歉的效果呢?义务人针对第二次公布,只是多出了一份登报费,与其应当承担的赔礼道歉义务没有关系。而且一如前述,公布判决书只能起到澄清事实的作用,与道歉无涉。(4)对于在庭审中明确表示拒绝赔礼道歉的,在判决中增加精神损害赔偿数额。[4] 但赔礼道歉是针对精神损害的精神慰抚,与精神损害的金钱慰抚方式本质不同,否则其就没有被单独立法规定的必要了。

对于赔礼道歉的强制执行,有学者提出通过发表谴责声明的方式替代强制执行赔礼道歉。[5] 但是,细究起来,无论间接执行、替代执行还是赔偿执行,皆非赔礼道歉义务人的主动表现,不是一种心悦诚服的行为。由受害人发表谴责声明仍然是受害人单方意思表示,是一种变相的“以牙还牙、以眼还眼”的方式,与赔礼道歉系发自内心而由加害人亲口而为的立法初衷相去甚远。

(二)诉讼中的赔礼道歉不构成自认

赔礼道歉不可被强制执行,但如果在诉讼中能实现主动道歉,则可促使纠纷

---

[1] 四川省成都市南岸区人民法院为执行该院(2005)南民初字第915号民事判决书中的赔礼道歉,执行法官先是发出强制执行通知书,后来又以拘留相“威胁”,但最后也只是让被告人写下保证书,保证准时到庭赔礼道歉,至于此种道歉能否诚恳和到位,则无法保证。

[2] 《发电邮侮辱诽谤他人　法院责令其在局域网道歉》,载《人民法院报》2006年4月3日。

[3] 安徽省高级人民法院民事判决书,(2006)皖民三终字第0008号(文摘周刊报社与焦友龙侵犯著作权纠纷上诉案)所列:“(二)文摘周刊报社于判决生效之日起三十日内在《新安晚报》上刊登向焦友龙赔礼道歉的声明(逾期不执行,本院将在报纸上公布本判决内容,相关费用由文摘周刊报社承担)。”

[4] 有学者认为,赔礼道歉具有类似于精神损害赔偿的作用,当赔礼道歉无法实现时,可以加重精神损害赔偿额度来代替。参见崔建远:《债法总则与中国民法典的制定——兼论赔礼道歉、恢复名誉、消除影响的定位》,载《清华大学学报(哲学社会科学版)》2003年第4期。

[5] 关于发表谴责声明在现行赔礼道歉实务操作办法体系中的位置,参见葛云松:《民法上的赔礼道歉责任及其强制执行》,载《法学研究》2011年第2期。

快速解决。有关诉讼中的赔礼道歉,如根据《刑事诉讼法》第288条的规定,犯罪嫌疑人、被告人真诚悔罪,通过向被害人赔偿损失、赔礼道歉等方式获得被害人谅解,被害人自愿和解的,双方当事人可以和解。此种法律规定的精神,自可类推适用于民事诉讼和行政诉讼。诉讼中的主动道歉能有效化解纠纷,这种法律责任方式在替代性纠纷解决方式中发挥了重要作用。当前我国法院注重追求调解结案,赔礼道歉的有效运用,可以提高调解的成功率。法院鼓励诉讼中的赔礼道歉不但有利于重建道德,也有助于纠纷迅速和彻底解决,做到案结事了。[1]

但是,诉讼中加害人主动道歉,或者加害人遭诱使或者迫使加害人主动道歉,可能导致自认侵权成立,使加害人过早地在诉讼中处于不利地位,由此导致加害人不敢在诉讼中道歉。在美国的一些州,甚至通过立法固化道歉者的赔偿责任,律师则建议被告可以向原告表示同情,但绝不能道歉,以避免巨额赔偿风险。甚至有些律师总结了一些安全的道歉表达来避免可能的赔偿风险。[2] 于是,需要建立这样一种法律机制:既鼓励当事人主动道歉,以息事宁人;又免除道歉者因道歉而负担巨额赔偿的后顾之忧。从证据法的角度看,就是削弱道歉与责任成立之间的关联性。对此,《民诉证据规定》(2001年)第67条规定,在诉讼中,当事人为达成调解协议或者和解的目的作出妥协所涉及的对案件事实的认可,不得在其后的诉讼中作为对其不利的证据。本条规定只针对旨在达成调解与和解的自认,应将其类推适用至一般诉讼中的自认。

从比较法上看,加拿大《道歉法案》为此提供了有益借鉴。根据加拿大《道歉法案》第2条"道歉对责任承担的效力":任何情况下的道歉都不构成明示或默示对该人过错或责任的承认;不构成因果联系的确认;在合同或保险条款中即使有相关的约定,道歉也不构成可获得保险赔付的无效或失效条件;道歉也不纳入该人过错或责任的考量因素。[3] 此外,在英国和美国,如果加害人在诉讼中主动道歉,这将对从轻判处金钱赔偿或者决定是否判处惩罚性赔偿具有积极作

[1] Jonathan R. Cohen, *Advising Clients to Apologize*, Southern California Law Review, Vol. 72, No. 4, 1999, p. 1009.

[2] Lee Taft, *Apology Subverted: The Commodification of Apology*, The Yale Law Journal, Vol. 109, No. 4, 2000, p. 1134.

[3] (SBC 2006) CHAPTER 19, *Effect of apology on liability.* 转引自郝维华:《加拿大—中国道歉法的比较分析》,载《比较法研究》2011年第6期。

用。[1] 在日本,诉讼中的主动道歉亦可获得判决上的精神损害赔偿金的减免。[2] 如此使得"法律的归法律,道德的归道德",不以法律责任束缚内心,实现事实与意见的和谐统一。如此使得不再为道歉而道歉,道歉是为了内心的服从,良心实现的外部强制被剔除,道歉成为责任证据的引线被切断,从而使道德更强大,法律更和谐。[3]

(三)唤醒良知、知耻服礼与主动赔礼道歉

人是有理性和良知的。良知即个人对正当与否的感知,是个人对自己的行为、意图或品格在道德上好坏的认识,以及一种要正当地行动或做一个正当的人的责任感,这种责任感在人做了坏事时常能引起自己有罪或悔恨的感情。[4] 当人们违背道德原则行事,他/她们通常会受到道德和良心的谴责,从而产生负罪感和耻辱感。[5] 法律应该唤醒这种负罪感和耻辱感,甚至放大它,但绝非通过强制来惩罚之。因为道德的本质需要的是主动服膺。勇于反省,真诚悔过,更能赢得尊重;用这种方式来"善后",比拒不悔改成本更低,回报更高。坦白越自觉越彻底,越能展示真实的自我。真实是一种大善,社会与个人皆应崇尚真实,拒绝虚伪。法律不应当期望所有人成为道德楷模,但法律应当鼓励而非强制人人成为道德楷模。

良知是社会正义的必要土壤,良知也是个人追求良好的外在自我形象的原动力。名誉是社会对个人的良好评价,展示个人良好的外在形象。名誉是人的第二生命,恶意毁损他人名誉亦是对自身名誉的毁损,当一个人的形象因其先前恶行而被破坏后,为了重塑形象,其必须首先反省并向受害者致歉,之后再将功补过,以求恢复名誉。法律应深刻体察此点,并为其提供宽容的保障机制,如此方可使法律赢得信仰。"法律必须被信奉,否则就形同虚设。"[6] 如果我们的法律能朝着这个方向发展,道歉将变得更主动,道歉所欲达到的慰抚被害人的作用将更容易实现,加害人欲通过道歉追求的内心忏悔更容易大胆表达。健康的守

---

〔1〕 徐爱国:《英美侵权行为法学》,北京大学出版社 2004 年版,第 187 页;Richard A. Epstein, *Torts*, Aspen Law & Business,1999,p. 501 - 503.

〔2〕 [日]幾代通:《对侵害名誉者命道歉启事之判决》,庄柏林译,载《法学丛刊》第 4 卷第 3 期;曾世雄:《损害赔偿法原理》,中国政法大学出版社 2001 年版,第 413 页。

〔3〕 郝维华:《加拿大—中国道歉法的比较分析》,载《比较法研究》2011 年第 6 期。

〔4〕 [美]默里·斯坦因:《日性良知与月性良知》,俞阳译,东方出版社 1998 年版,第 21 页。

〔5〕 E. J. Bond, *Ethics and Human Well - being: An Introduction to Moral Philosophy*, Blackwell Publishers Inc., 1996, p. 185.

〔6〕 [美]哈罗德·J. 伯尔曼:《法律与宗教》,梁治平译,商务印书馆 2012 年版,原序第 3 页。

法心态,其实质内容主要是对法律遵守的义务感和对违反法律的羞耻心。[1] 不与责任成立勾连的道歉将不忌讳承认错误,是自愿的、真诚的和彻底的道歉和悔罪,如此道德层面的争论将不再凸显,剩下的将由法律公断。

赔礼道歉作为一项"无强制力之法律责任",在法律中设定此项责任,可为加害人真心悔过提供压迫力、正当性及正式表达的机会。如果判决已经证明加害人言论构成侮辱,且判决要求加害人赔礼道歉,但加害人拒绝赔礼道歉,则该项公开的判决就是对加害人无穷无尽的谴责,直至其主动道歉为止。使拒绝道歉的加害人永远背负谴责,就是对主动道歉的鼓励,就是一种扬善。因为理想的社会状态需要主动的道歉,需要谦卑的道歉,需要知错就改的道德指引。如此则将引导大众息斗,社会自然和谐。和解有利于共识的形成,社会健康、连续发展需要在和解的氛围中不断达成新的共识。法律在惩恶的同时也扬善。赔礼道歉虽是一项不可被强制执行的责任,却是一项打击灵魂的惩罚;当判决对加害人的良知、负罪感唤醒之时,就是该种无法被强制的责任之"强制力"实现之时。由此观之,赔礼道歉责任是一项"微言大义"的制度。

五、从赔礼道歉管窥法律与道德对人格权的保障

人格权保护最大的挑战来自言论自由,因此欲保障人格权,则须构建平衡人格权保护与言论自由冲突的平衡机制。而关于赔礼道歉民事责任的解释适用,是此项平衡机制的重要组成部分。对于赔礼道歉民事责任,法律只能宣判道歉,而不能在执行层面强制道歉,因为这在客观上是不可能的。这不是因为强制道歉会侵害良心自由,而是客观上良心自由不可被强制。法律不应该做它所做不到的事情,否则效果将适得其反,使法律得不到尊重,更不可能成为信仰。我们的社会遍布法律,但社会治理效果并不理想。法律与道德历来并存,法律与道德应各司其职,法律做不到的应该留给道德。赔礼道歉属法律不可强制的道德问题,在法律确认道歉成立之后,执行即应该由道德完成,即道德谴责。赔礼道歉的实现就是道德的无限谴责。

人格权为法治的一个基石,维护和发展人格权是法治的重要使命,但人格权的保护不是单独由法治能完成的,道德之治对于人格权保护亦很重要。人只有成为有德性之人,才能真正从内心深处尊重人,将人当作目的而非手段。当前,中国面临的很多问题,根本原因是对人的道德教化不够,从而引发对人的尊重不

---

〔1〕 吴汉东:《法律的道德化和道德的法律化——关于法制建设和道德建设协调发展的哲学思考》,载《法商研究》1998 年第 2 期。

够。解决这些问题,从根本上看,要以人格权保护为目的,法治与道德并重。

法治不是冰冷无情的规则、裁判与惩罚,法治的实现需要唤醒良知、重建道德和确立信仰。在依法治国成为治国基本方略,更加注重发挥法治在国家治理和社会管理中的重要作用的背景下,我们需要秉承深刻认识人本身,维护和发展人格权为出发点和归宿的意旨,以法治凝聚道德,通过法治建设提高公民的道德素质,使人"知耻服礼",让凝聚道德的法律成为信仰。未来人格权立法应深刻体察中国现实,力贯此项意旨,以深度肯定人和尊重人为目标,从人本及人权的高度诠释法治真谛,并以此形成广泛的社会共识。

第四节 本章总结

理性的自负并不能掩饰人类脆弱的灵魂,法律的技艺理性并非万能,100年前彻底的概念法学被放弃就验证了这一点。如此毋宁牢记霍姆斯的规训:"法律的生命是经验而不是逻辑。"以"成熟一个,发展一个"的经验性推进方式发展法律似乎更加实际。在这一过程中,任何精准的规则都具有相对性,此时此地适用而彼时彼地可能不适用,利益衡量才是法官在面临这类民法问题时所不可或缺的,规则或技术都是为了利益衡量而准备的,法官的自由心证仍然无法取代。在Caroline一案旷日持久的诉讼中,历经10年(1994~2004年)五审(汉堡地方法院、汉堡州高等法院、德国联邦普通法院、德国宪法法院、欧洲人权法院),欧洲人权法院终审判决也不得不承认言论自由与人格权矛盾的解决只能是经验性的、个案式的和国别性的,无法就此建立皆准的规则。最后德国政府坦诚不再继续的理由也正是如此。因此,本书为平衡此二者所建立的个案判断标准和类型化总结仍然只是对前30年判例学说的一点总结,需在实践中接受检验与不断再发展。法释义学只能追求相对细致准确的规则,而无法建立永恒的规则,法释义学工作的成就最多也只能享受一刹那间的喝彩而已。

言论自由与人格权保护的冲突,包括表意自由与人格权保护的冲突、不表意自由与人格权保护的冲突,二者皆属于基本权利冲突。不表意自由与人格权保护冲突应通过妥当解释消除影响、恢复名誉与赔礼道歉此两项民事责任来调适。赔礼道歉是一种在我国法律体系中广泛存在的法律责任,在比较法上获得普遍认可,作为民事责任对于打击金钱至上观念、维护市民法的伦理性具有不可或缺性。消除影响、恢复名誉与赔礼道歉作为民事责任皆符合宪法。消除影响、恢复名誉针对的是诽谤,是事实陈述问题;赔礼道歉针对的是侮辱,是意见表达问题。前者可以强制被执行人澄清事实而还原真相;后者无法强制被执行人真诚悔过并致歉,只能通过判决宣示正义。良法之治应唤醒人的良知,法律与道德应各司其职,共同保障和发展人格权。

第六章　特殊主体人格利益保护之一：错误怀孕

第一节　本 章 问 题

错误怀孕(wrongful pregnancy/conception)的损害赔偿,是指由于医院或药商之过错,导致本没有计划或根本不愿意怀孕的妇女怀孕;或由于医院之过错导致引产失败而使孩子降生。在此种情况下,父母因多抚养一个孩子而向医院或药商提出损害赔偿之诉。[1] 典型的情形有:医院提供之避孕措施(如绝育手术)失败、[2]建议[3]或药商之避孕药物[4]未达到避孕之效果;医院由于过错未能检测出或虽检测出但未告知怀孕之事实而使堕胎机会丧失;[5]医院流产措施不当使孩子降生。[6] 也有学者指出医生的过错行为主要表现为:输卵管结扎或输精管切除手术操作失误、药剂师开处避孕药方错误、不当的避孕建议等行为。[7] 此类案件的特点在于,假如医生尽到职责或药商之药物无误,则怀孕不会发生。错误怀孕之诉是我国近年来出现的一种新型诉讼,因为医学科技发展和社会伦理的变迁,现代人多从个人或家庭的因素出发,借助医学知识及医疗措

---

〔1〕 Deutsch/Ahres, Deliktsrecht, 5. Aufl., Rn. 669.

〔2〕 富心振:《绝育手术未绝育　患者索赔被驳回》,载中国法院网,https://www.chinacourt.org/article/detail/2006/04/id/203785.shtml。BGH NJW 1995, 2407, 2408.

〔3〕 BGHZ 124, 128, 138f; BGHZ 143, 389 = BGH NJW 2000, 1782, 1783 – Kind als Schaden, Ausrichtung des vertraglichen Schadensersatzes am Schutzzweck des Vertrages.

〔4〕 OLG Frankfurt NJW 1993, 2388. 本案中,原告由于不想再要小孩而一直服用避孕药,但在一次耳部手术中服用了被告生产的抗生素而导致再次怀孕。

〔5〕 逸馨:《孕妇被诊断为更年期反应案开审》,载中国法院网,https://www.chinacourt.org/artcle/detail/2006/04/id/201745.shtml。

〔6〕 王和成:《引产失败挑起医患赔偿官司 本案社会抚养费谁担》,载中国法院网,https://www.chinacourt.org/article/detail/2005/05/id/161779.shtml。BGH NJW 1980, 1452, 1453.

〔7〕 Iraida J. Alvarez: *A Critique of the Motivational Analysis in Wrongful Conception Cases*, Boston College Law Review, May, 2000 (Approx. 53 pages).

施来防止生育,比如实施绝育手术、服用避孕药品、实施流产或引产手术积极地终止妊娠,达到优生优育和实现个人和家庭的家庭计划的权利。然而国内学者对此热点问题关注甚少,因此对这一概念的中文翻译[1]和内涵的认识也不统一。目前国内学者对于错误怀孕有以下几种见解:一是错误怀孕是父母不愿生孩子,但是由于医生节育手术过失或者指导过失,母亲有了生育而控告医生的诉讼。这种诉讼的原告有时也可以得到赔偿,通常包括母亲怀孕的痛苦,怀孕、流产和生产的费用,以及这段时间的工资减损。[2] 二是错误怀孕是指父母并不希望生育子女,但由于医疗过失导致一名健康婴儿出生的情形。[3] 三是错误怀孕是指由于医生绝育手术、指导或开处药方等行为存在过失,导致不想怀孕的妇女怀孕而起诉医生或医疗机构的诉讼。[4] 四是错误怀孕是指由于绝育手术实施错误或避孕药品或设施的错误经营等引起怀孕,并且受孕胎儿在母体内与出生时都是正常与健康的情形。[5] 从以上的论述我们可以看出,错误怀孕构成要件中有两点是肯定的:首先,损害赔偿请求权主体是父母,而非残疾婴儿。其次,胎儿或婴儿是健康的,而非有残疾。欲进一步厘清错误怀孕之概念,须将其与错误出生(wrongful birth)与错误生命(wrongful life)两类案件进行比较。

错误出生的损害赔偿,是指希望产下健康婴儿之父母,由于医院孕前体检失误(如不能怀孕而被建议怀孕)[6]或医院引产失败[7],而使残障婴儿诞生;由于医院过错,未检查出胎儿患有疾病或天生缺陷,而如果检查出来胎儿患有疾病或缺陷的话,父母将决定堕胎[8];由于医院或药商之过错,如错误输血[9]或错

---

[1] 如徐爱国的《英美侵权行为法学》一书中对于 wrongful pregnancy/conception 翻译为不当怀孕,同时,书中对于 wrongful birth 和 wrongful life 也分别翻译为不当出生和不当生命,这三种类型统称为"产前侵权行为"。还有,李燕的《不当怀孕损害赔偿研究——从上海"绝育手术不绝育索赔案"说起》一文也是将 wrongful pregnancy/conception 翻译为不当怀孕。本书为了行文的方便,统一采用错误怀孕这一称谓。

[2] 徐爱国:《英美侵权行为法学》,北京大学出版社 2004 年版,第 95 页。

[3] 丁春燕:《"错误出生案件"之损害赔偿责任研究》,载《中外法学》2007 年第 6 期。

[4] 李燕:《不当怀孕损害赔偿研究——从上海"绝育手术不绝育索赔案"说起》,载《东岳论丛》2009 年第 10 期。

[5] 冯恺:《胎儿的损害赔偿请求权探究》,载刘士国主编:《侵权责任法若干问题研究》,山东人民出版社 2004 年版,第 67 页。

[6] BGHZ NJW 2000, 1782, 1783.

[7] BGH NJW 1985, 671, 673.

[8] BGHZ 86, 240.

[9] BGHZ 8, 243.

误用药[1]导致胎儿患上严重疾病而出生后为残障婴儿因而在医患双方之间所引发的损害赔偿责任。就错误怀孕与错误出生二者的区别而言,前者产下的是健康婴儿,后者产下的是残障婴儿。错误生命的损害赔偿则是指,在错误出生之情形下,由残障婴儿自己作为原告,向医院或药商提出就自身损害而产生的赔偿之诉。[2] 此外,由于他人外力(如车祸)致胎儿受损,[3]母亲工作环境污染而导致胎儿受害等,[4]胎儿出生后是否可以请求损害赔偿,也属于错误生命案例。[5]

错误怀孕在我国是一种新型的诉讼,法院对于父母提起的请求医院或医务人员损害赔偿的判决意见也不尽相同,根据本书的收集整理,目前我国法院对于该种诉讼有以下的一些判决意见。

1. 张女士在某医院生产后实施了"输卵管双折夹挫结扎切除术",并被告知该手术有0.5%至1%的再通率。1年后张女士发现自己再次怀孕并被迫实施了"人工流产",遂起诉要求判令医院赔偿其医疗费、误工费等经济损失5685元及精神损害抚慰金2万元。

上海市南汇区人民法院审理后认为:医疗是一种高技术、高风险的行为,基于同一病情、同一诊断,常有多种不同的治疗方案。医院在对张女士选择结扎手

---

[1] 如20世纪50年代前后,孕妇服用"沙利窦迈度"(Thalidomide)之镇静剂,产生大量畸形胎儿,受害者遍及全球。See Robert Nilsson and Henning Sjostrom, *Thalidomide and the Power of the Drug Campanines*, A Penguin Special, Penguin Books Ltd.,1972.

[2] 关于错误生命术语的含义,一如正文所叙,并无争议,但关于错误生命术语的由来,学界有不同看法。德国学者Deutsch认为,其系英国普通法上之概念,与错误死亡(wrongful death)相对应,vgl. Deutsch/Ahres, Deliktsrecht, 5. Aufl., Rn. 667。但我国有学者认为该术语第一次使用于1963年美国法上的Zepda v. Zepda案(Zepda v. Zepda, 1963,41 Ⅰ 11,1 p.2d 240, 190 N. E. 2d 849.),而世界上第一个真正的错误生命之诉为美国新泽西州最高法院于1967年审理的Gleitman v. Cosgrove案[Gleitman v. Cosgrove, 49 NJ22, 227 A.2d 689(1967)]。参见张学军:《错误的生命之诉的法律使用》,载《法学研究》2005年第4期,注1。但亦有不同的意见认为,Gleitman v. Cosgrove(1967)是美国传统上第一个错误出生的案件。See Kristen N. Carey and James McCartney, *Wrongful Life and Wrongful Birth*: *Legal Aspects of Failed Genetic Testing in Oocyte Donation*, Penn Bioethics Journal Vol. 1, Issue 1, Spring 2005, p.2.

[3] BGHZ 58. 48.

[4] 《金宗娜诉北京大唐发电股份有限公司陡河发电厂、陡河电力实业总公司人身损害赔偿案》,载罗豪才、孙婉钟主编:《人民法院案例与评注》,中国法制出版社2006年,第2160页。

[5] 关于wrongful pregnancy/conception、wrongful birth和wrongful life的概念及其区别,参见Prosser, Wade and Schwartz, *Torts*, p.426,434; Markesinis & Deakin, *Tort Law*, Blockstore Press Ltd. p.253; Deutsch, unerwunschte Empfangnis, unerwunchte Geburt und unerwunschtes Leben vergleichen mit Wrongful Conception, Wrongful Birth und Wrongful Life des anglo – amerikanischen Rechts, MDR, 1984, 793。

术方法时的判断标准符合医学常理，诊疗行为中也不存在任何过错。判决驳回张女士的诉讼请求。[1]

2. 熊女士接受计生站结扎手术后又怀身孕，于是被送至计生部门施行药流手术。后以计生站手术过错导致怀孕受到损害为由向法院提起民事诉讼，请求判令被告赔偿误工费、精神损失费等经济损失共6760元。

南宁市邕宁区人民法院经审理认为：熊女士到邕宁计生站施行结扎手术，双方成立有效的计划生育技术服务合同关系，邕宁计生站在施行结扎手术过程中，按照规范的手术常规进行操作，未出现差错，已经全面依约履行合同义务，没有违约。判决驳回熊女士的诉讼请求。[2]

3. 苏女士在某保健院生产并实施了“双侧输卵管结扎手术”，并被告知有“输卵管结扎后复通的可能”。1年后苏女士发现自己再次怀孕并被迫实施了“人工流产”，经诊断结果为：右侧输卵管畅通，左侧输卵管不通。遂以某保健院节育手术失败造成自身损害为由提起诉讼，要求赔偿其各项损失7700余元，继续治疗费和精神抚慰金，待鉴定后再行主张。

天津市南开区人民法院审理后认为：虽然在现有医学技术条件下，不能完全避免“再怀孕”情况，但实施绝育手术后使原告再次怀孕，给其造成了身体和精神的损害。原告和被告应分担民事责任。原告后期治疗费尚未发生，待确定后可另行主张。被告给予的经济补偿，应包括原告剖腹产及双侧输卵管结扎手术费和后来因人工流产所支付的医药费。判决被告酌情一次性给予原告5000元。[3]

4. 王先生在某医院实施了输精管结扎手术，8年后却发现妻子怀孕，后进行了精液实验，结果证实绝育手术失败。遂以某医院技术欠佳，导致手术失败并引发他们的夫妻矛盾为由要求医院赔偿损失和精神抚慰金1万元。

济南市平阴县人民法院委托法医鉴定后经审理认为：由于医院手术方式存有缺陷，导致原告输精管再通，并使妻子怀孕，因此医院应承担原告因输精管再通造成的经济损失。医院的失误虽然导致原告受到精神损害，但并未造成严重后果，因此原告要求精神抚慰金的诉求不予支持。判决责令医院赔偿原告化验

---

〔1〕 参见《绝育手术后怀孕　患者索赔被驳回》，载法律快车网2019年10月8日，https://www.lawtime.cn/info/jianding/jdanli/2006101038265.html。

〔2〕 参见《广西一妇女结扎后再孕　告计生部门被驳回》，载新浪网，https://news.sina.com.cn/s/2005-07-29/11096560618s.shtml。

〔3〕 参见《妇女绝育手术后再怀孕　保健院赔偿五千》，载法律快车网2020年2月24日，https://www.lawtime.cn/info/hunyin/lihunpeichang/20110128117173.html。

费、医疗费等共计800元,同时驳回了王先生索要精神抚慰金的诉讼请求。[1]

5. 陈女士在北京酒仙桥医院实施了输卵管绝育手术,2年后经医院妇产科检查,确认再次怀孕,只得再次实施“人工流产”。陈女士遂以医院的绝育手术失败导致她再次怀孕给身体和精神都带来了伤害为由提起诉讼,要求被告赔偿医疗费493.3元,误工费1000元和精神抚慰金2000元,并要求对方赔礼道歉。

北京市朝阳区人民法院审理后认为:原告结扎后再孕的现象是现有医院科学技术条件下所不能完全避免的,被告的手术行为不构成医疗侵权,医院并无过错,但对原告因手术失败而引发的实际损失应共同负担,判决医院返还医疗费、赔偿误工费用共计514元,驳回原告其他诉讼请求。[2]

6. 家政服务员韩女士在北京某医院实施了输卵管绝育手术,大约2年6个多月后,她在该医院经B超检查确定为宫内早孕,并于次日支付494.3元进行了人工流产。术后,韩女士向其服务的客户申请留职停薪1个月。后韩女士向法院提起诉讼,诉称因医院的绝育手术不成功,导致自己再次怀孕,对自己身体造成极大损害。因此要求医院赔偿医疗、误工及精神抚慰金等费用共计3400余元,并要求医院赔礼道歉。

一审法院判决后原告上诉,北京市第二中级人民法院审理后认为:根据现有病历材料等证据,医院在对韩女士实施输卵管结扎术过程中,没有违反操作规程。接受输卵管结扎术后复孕是目前医学上还难以避免的。韩女士坚持医院存在过错并应承担全部赔偿责任,但未能提供充足证明,法院难以采信。且一审法院考虑到医疗行为的特殊性及案件的实际情况,已确定医院承担韩女士因复孕产生的部分费用,韩女士上诉坚持其原诉请求,法院难以支持。[3]

7. 身怀第二胎8个多月的周女士到当地某卫生院住院引产,并和丈夫一起与某卫生院签订了《引产手术同意书》,某卫生院医生采用“利凡诺”药液进行药物引产,但娩出的是一活体女婴,医生即采取用“来苏尔”针注射胎儿头部的补救措施,周女士之夫见状强行阻止,医生只完成了少量药物注射。后母女住院治疗20日,花去医疗费用3001元。后周女士夫妇因计划外生育被征收社会抚养费18,000元。于是周女士夫妇以该卫生院实施引产手术失败,造成医疗费、征

---

〔1〕 参见《夫做绝育手术妻竟再怀孕　一医院没把好关赔了钱》,载新浪网,https://news.sina.com.cn/c/2005-04-18/08135678338s.shtml。

〔2〕 参见《做绝育手术后又怀孕　法院判医院无过错》,载河南法院网2003年7月22日,http://www.hncourt.gov.cn/public/detail.php? id=8577。

〔3〕 参见《医学没有百分百　术后复孕难获赔》,载新浪网,https://news.sina.com.cn/o/2003-12-31/18161476172s.shtml。

收社会抚养费损失为由,将该卫生院告上法庭,请求被告赔偿损失 21,001 元。

泸州市泸县人民法院审理后认为:被告在对原告行引产手术时实施的医疗行为和使用的药物及剂量,均符合医疗技术规范,无医疗过错,原告被征收社会抚养费系自身原因所致,与被告的医疗行为无必然因果关系,原告要求被告赔偿社会抚养费损失于法无据。但在原告周女士娩出活体女婴后,被告用"来苏尔"针注射女婴头部,具有明显过错,应当赔偿由此产生的医疗损失。判决被告赔偿原告医疗费损失 3001 元,驳回原告要求被告赔偿社会抚养费损失的诉讼请求。[1] 在我国"计划生育"作为基本国策的背景下,许多与政府计生部门有关的错误怀孕案件都没有进入司法的程序,而是采取行政措施进行的调解和补偿,比如政府和计生部门对因绝育手术失败的受害人进行行政补偿,如 2011 年媒体披露的陕西省神木县太和寨乡发生的农妇绝育手术后生下龙凤胎,乡政府补偿 8 万元求保密的案件。[2]

对进入司法程序的上述几个案例类型化的归纳,它们分别是:首先,案例 1 ~ 6 属于过失导致绝育手术失败的情形。它们都是由于绝育手术的失败而引起的损害赔偿诉讼,原告因为绝育手术失败导致自身或配偶再次怀孕,但是胎儿都没有出生,原告都采取了积极的措施终止自身或配偶的妊娠,这一类型的错误怀孕案件都没有涉及子女的抚养费赔偿等问题,只涉及父母的医疗费、诊断费、误工费、精神损害赔偿等。其次,案例 7 属于过失导致流产或引产手术失败。对于上述案例中以侵权为由提起的损害赔偿案件,法院的处理意见分为两种:一种是支持原告的侵权损害赔偿诉讼请求。比如,案例 3 中法院认为实施绝育手术后使原告再次怀孕,给其造成了身体和精神的损害。另一种是不支持原告的侵权损害赔偿诉讼请求。比如,案例 5 中法院认为节育手术后再孕是现有医院科学技术条件下所不能完全避免的客观情况,医院并无过错,不构成医疗侵权。

错误怀孕系因不愿意被降生而降生之健康婴儿所引发的损害赔偿问题,事关人之主体地位承认、亲子伦理关系与医疗机构责任认定等重大社会公共政策和法律问题。职是之故,自其一出现,便成为比较法上炙手可热之议题。自 20 世纪 50 年代以降,各国最高法院争相对此发表意见,学者各种讨论延续至今,极大检验着各国法律人的智慧。从实体权利保护上看,作为具体人格权的身体权

---

〔1〕 参见《引产失败挑起医患赔偿官司　本案社会抚养费谁担》,载法律快车网 2020 年 1 月 7 日, https://www.lawtime.cn/info/hetong/lxxkbq/2007041831263.html。

〔2〕 参见《农妇绝育手术后生下龙凤胎　乡政府补偿 8 万求保密》,载腾讯网,https://new.qq.com/a/20110928/000462.html。

和健康权理应受到法律的保护,"错误怀孕"案件的不断涌现,为我们的人格权立法和司法活动提出了新的研究课题。现实生活中,医学发展增强了人们对个人及家庭生活的决策能力,原告的"生育自主决定权"(right of procreational autonomy)是其人格及其自主发展的核心,也是民法上一种应受到保护的人格利益。在比较法上,其也被称为家庭计划的权利(Recht auf Familienplanung)。[1]从法律技术上看,被告行为违法性、过错与因果关系和损害赔偿项目与数额的认定等都是重大法律技术难题,其涉及的法域有民法、宪法、刑法和民事诉讼法等。对这一问题的不同处理结果,体现不同法律文化的特色,人格价值变迁的图景和法律技术的多样化形态。然而遗憾的是,我国立法、司法解释至今未曾涉及此问题,最高人民法院对此尚无判决,《最高人民法院公报》亦未见公布过此类案件。

与此对应,我国学者研究亦较为少见。[2] 这种状况急需改变。通说认为在我国现行法上,错误怀孕损害赔偿的请求权基础有二:违约责任和侵权责任。前者是基于受术者与医疗机构之间存在的医疗服务合同关系,该合同的目的是希望通过避孕节育医疗措施而达到避孕节育的效果。但从法律适用上来看,这种方式不利于原告的利益保护,原因如下:(1)基于合同相对性原理,如果医疗机构或医务人员的过失导致患者(合同当事人)以外的第三人遭受损失,如塞克诉莫列斯案中,输精管切除手术失败导致患者的妻子承受怀孕、分娩等痛楚,第三人(患者的妻子)的损害赔偿请求很难获得法院的支持。(2)举证责任和举证能力的限制。如原告依据违约提起损害赔偿之诉,需要按照《民事诉讼法》"谁主张、谁举证"的原则承担举证责任,证明被告存在医疗过错、损害与医疗过错之间存在因果关系等,显然不利于原告的利益保护。后者是医疗机构或医务人员的过失诊疗行为导致了原告的非自愿怀孕或非自愿生育侵害了母亲的身体权和健康权,从而产生的损害赔偿责任。在该侵权行为产生之前,加害人和受害人之

---

〔1〕 王泽鉴:《侵权行为》,北京大学出版社2009年版,第138页。

〔2〕 如根据本书不完全统计,现有主要的研究成果有王泽鉴:《未出生者之保护》,载《民法学说与判例研究》(第4册),中国政法大学2005年版;王泽鉴:《侵权行为》,北京大学出版社2009年版;徐爱国:《英美侵权行为法学》,北京大学出版社2004年版;黄建伟:《胎儿的损害赔偿请求权》,载《法学研究》1994年第5期;杨立新等:《人身权的延伸法律保护》,载《法学研究》1995年第2期;丁春艳:《"错误出生案件"之损害赔偿责任研究》,载《中外法学》2007年第6期;张学军:《错误的生命之诉的法律适用》,载《法学研究》2005年第4期;李燕:《不当怀孕损害赔偿研究——从上海"绝育手术不绝育索赔案"说起》,载《东岳论丛》2009年第10期;冯恺:《胎儿的损害赔偿请求权探究》,载刘士国主编:《侵权责任法若干问题研究》,山东人民出版社2004年版;张雪、王萍、张赫楠:《不当妊娠之诉损害赔偿问题探讨》,载《中国卫生法制》2011年第1期;陈克刚:《对不当出生、不当生命、不当受孕的探讨》,载《判解研究》2007年第1辑。

间不具有特定的法律关系，只是存在不特定的人身权或财产权法律关系，或者是依据《民法典》第 186 条的规定，因当事人一方的违约行为，损害对方人身权益、财产权益的，受损害方有权选择请求其承担违约责任或者承担侵权责任。原告选择侵权损害赔偿提起诉讼要求被告承担相应的侵权责任。另外，在我国医疗侵权诉讼中，医方是否有过错及医疗行为与损害后果间是否存在因果关系是由医方承担举证责任的，原告的举证责任与违约之诉中的举证责任并无不同，因此，对原告而言还是提起侵权之诉更为有利。下文即从侵权损害赔偿的视角，依侵权责任构成四要件逐步对这类疑难案件进行解析，以期为今后此类案件之判决提供指引。

第二节　侵害法益之违法性

一、母亲之身体权与健康权损害

侵权责任的构成需以违法为必要。依照《民法典》第 1165 条，行为人侵害他人民事权益应承担侵权责任。所谓民事权益，应指生命权、健康权、姓名权等人身、财产权益。那么，在错误怀孕案件中原告（孩子的父母）究竟有何种民事权益遭受损害？此为判断被告行为是否违法之基本依据。[1] 首先，可以确定的是，母亲因为非自愿的意外怀孕必须承受十月怀胎的种种不便和分娩的痛苦。这是对母亲身体上负担的增加，并且由于怀孕和分娩还可能对母体产生不利影响，侵害其健康。从我国实务中的判例看，几乎没有判决提到这个问题，但所有法官似乎都默认，医疗机构或医务人员的过失行为具有违法性。比如，在天津市南开区发生的一例错误怀孕的案件，2008 年 8 月，孕妇苏某来到南开区某保健院生小孩，并同时做了双侧输卵管结扎手术。术前，医生告知苏某在进行剖腹产及做绝育手术后，存在发生并发症的可能，其中包括“输卵管结扎后复通的可能”。苏某和家属当时表示同意进行手术，并在材料上签了字。在住院和进行手术期间，她共支付 4750 余元费用。但在 1 年之后，苏某突感身体不适，于是来到某医院检查后被诊断为怀孕，在没有生育的计划之下，被逼无奈的苏某只能在某医院做了人工流产，前后共支付了医药费 800 余元。后经医院诊断，结果为：

---

〔1〕 违法性存在结果违法与行为违法两类，前者指对法律保护权益之侵害，后者是指对法律规定之义务或行为规范之违反。由于行为违法在此类案件认定中，主要取决于医疗事故责任鉴定书之结果，与法律解释关系不大，因此本书只涉及因侵害法益之违法性的认定。

右侧输卵管畅通,左侧输卵管不通。苏某认为保健院的节育手术失败,给她造成了身体损害,应该进行赔偿。因此,她将保健院告上法庭,要求赔偿其各项损失7700余元。继续治疗费和精神抚慰金待鉴定后再行主张。审理本案的法官认为:虽然在现有医学技术条件下,不能完全避免"再怀孕"情况,但实施绝育手术后原告再次怀孕,给其造成了身体和精神的损害。原告和被告应分担民事责任。原告后期治疗费尚未发生,待确定后可另行主张。被告给予的经济补偿,应包括原告剖腹产及双侧输卵管结扎手术费和后来因人工流产所支付的医药费,酌情一次性应给予原告5000元。[1] 在该案件中,如果被告医院被认定在进行输卵管结扎术时具有过失,那么"绝育手术未能使苏某失去生育能力"本身并不对苏某的身体造成伤害。然而,由于医疗过失而导致的"非自愿怀孕"却对她的身体构成伤害,即她需要承受怀孕带来的各种身体不适、流产对身体造成的侵害乃至分娩所带来的痛楚与不便。可以明确的是被告侵犯了原告的健康权,对于身体权是否也属于一种法定的被侵犯的权利类型还需要深入研究,详见后文。作为具体人格权的身体权和健康权,自然人有健康完整的身体就可以自然生育,健康也包括了生育健康。医院的诊疗行为过错致使自然人的生育健康受到损害,或生育功能丧失,其生育自由不能实现,影响了其正常的家庭生活并导致精神痛苦,完全符合一般民事侵权损害赔偿的构成要件。其中侵权人包括医疗机构和其他实施了侵权行为的人,侵害的客体是自然人的生育健康权,损害后果为生育能力及优生选择权的丧失以及由此造成的精神痛苦,侵权行为人主观上有故意或过失。通过上述案例的实证分析,我们可以看到在错误怀孕案件中,被告的医疗过失行为导致了非自愿怀孕或非自愿生育而侵害了母亲的身体权、健康权,从而该行为具有违法性。在理论上,有学者认为,错误出生(wrongful birth)案件比较法上认为,其被侵害的是产妇的身体或健康。前揭"最高法院"判决认系侵害妇女本身得决定实施人工流产的权利,此项见解可资赞同,盖其所涉及的不仅是产妇身体完整性的保护,更是生育的自主决定(right of procreational autonomy),乃人格及其自主发展的核心,系一种应受保护的人格利益。此种生育自主权一并适用于错误怀孕(wrongful conception)(如为避孕而结扎失败)的情形,亦得称是家庭计划的权利(Recht auf Familienplanung)。[2] 综上所述,母亲身体权与健

---

〔1〕 参见《妇女绝育手术后再怀孕　保健院赔偿五千》,载法律快车网2020年2月24日,https://www.lawtime.cn/info/hunyin/lihunpeichang/20110128117173.html。

〔2〕 王泽鉴:《侵权行为》,北京大学出版社2009年版,第138页。

康权受到损害应无疑义,被告行为因而具有违法性。[1]

需要特别说明的是,身体系人之生命载体,是人之重要法益,然而对我国民法是否应规定身体权一事一直存在争议。根据民法学原理,健康权和身体权是自然人最基本的人格权,健康权保护的是公民保持其正常健康水平的权利,而身体权保护的是公民保持其身体之完好性的权利。对健康权的侵害所导致的损害后果包括健康水平的下降、健康状况的恶化以及由此产生的精神痛苦;对身体权的侵害则包括肢体、器官的丧失或部分丧失以及由此产生的精神痛苦。原《民法通则》第98条只规定生命健康权,而无身体权之表述。学说认为,此处之生命健康权亦包括身体权。[2]《宪法》第37条第3款规定禁止非法搜查公民身体,《民法通则》第119条及《民通意见》第146、147条都规定了侵害他人身体造成损害的后果。《精神损害赔偿解释》(2001年)第1条明确将身体权视为人格权的一种,认为对他人身体权之侵害可以产生精神损害赔偿。《人身损害赔偿解释》(2003年)在其第1条明确将生命、身体、健康三者予以区分,也可视为身体权独立之证据。实务上,身体权之作为独立的诉讼理由和判决依据也属实践中常见做法。因此,综合来看,身体权之独立性具备现实之基础,《民法典》第1003条加以确认。

从比较法看,身体皆系独立于生命与健康之单独法益而被与生命、健康并列单独规定。《德国民法典》第823条第1款即属著例。就身体权之内涵而言,其系以维护身体之完整性为己任之权利,与健康权有明显的界分。因为侵害健康是指侵扰了一个人生理、心理与精神的正常状态,使其产生病态。[3] 但如掌掴他人耳光、侵害他人毛发、强行接吻等属于身体侵害,而无关健康。当然,经常出现的情形是,既侵害身体也侵害健康,如车祸致人伤残。在强调身体权独立性的时候,最好的证据之一便是引用德国法上一则著名案例来加以说明。在这则储存精子灭失案(Vernichtung von Sperma)中,原告在实施一项手术前要求将其精子冷藏,因为该手术会使其丧失生育功能。但是,嗣后由于医院之过失,致使原告冷藏之精子灭失。原告遂请求精神损害赔偿。本案显然不适用健康权来作为请求权之依据,因为精子灭失并未使原告产生病态后果。但是,也不能将体外冷藏之精子视为所有权之客体物,因为该精子孕育着新的生命体。鉴于此,法院认

---

〔1〕 BGH NJW 1980, 1452, 1453; BGH NJW 1995, 2407, 2408; MünchKomm/Mertens, § 823 Rn. 80; Soegel/Zeuner, § 823 Rn. 19; Staudinger/Hager, § 823 Rn. B14.

〔2〕 王利明:《人格权法》,中国人民大学出版社2009年版,第157－158页。

〔3〕 Vgl. Larenz/Canaris, Schuldrecht, besondere Teil Ⅱ, 13 Aufl., § 76 Ⅱ1 a.

为,如果身体一部分脱离之后仍然可能与身体结合,则不能视为物体对待,对该部分的侵害即视为对身体之侵害。如果该部分与身体分离后将永远不再与身体结合,则可视为物体对待,如捐献之器官。涉案被灭失之精子目的在于挽回生育能力,体现个人之自我决定与自我实现。《德国民法典》第 823 条第 1 款保护的客体不是物质,而是人格的存在及其决定领域,其物质化表现为身体,并以身体作为人格的基础加以保护。[1]

二、父母之生育权损害

有学者认为,错误怀孕案件中被告的医疗过失侵犯了原告就是否生育的自主决定权(the right to reproductive autonomy)或生育自由权。[2] 由于医疗机构的过错导致避孕节育失败而再次怀孕,医疗机构侵害了受害人的计划生育自主权这一人格权。[3] 根据《妇女权益保障法》第 51 条第 1 款的规定,妇女有按照国家有关规定生育子女的权利,也有不生育的自由。在此类案件中,由于母亲是“被生育”,因此其生育自由受到侵害。又根据《人口与计划生育法》(2015 年)第 17 条的规定,夫妻双方都享有生育权,此等权利包括不生育权,因此父母双方的生育自由都受到了侵害。那么,生育权或生育自由是否是《民法典》第 2 条中的“人身”?

生育权系由 1980 年《消除对妇女一切形式歧视公约》首次规定,该公约第 16 条规定,男性、女性有相同的权利,自由负责地决定其子女人数和生育间隔,并有机会获得他们能够行使这种权利的知识、教育和方法。在西方国家,生育权被定位为基本人权,因而其受到的限制极小,受到限制的主体往往是变性或遗传性疾病患者、犯罪者等特殊群体。生育的自主决定(right of procreational autonomy),乃人格及其自主发展的核心,属一种应受保护的人格利益。[4] 在中国,生育权一般是指是否生育、何时生育以及如何生育的权利。关于生育权的性质,争论焦点在于生育权是基本人权、民事权利、基本人权兼民事权利、人格权、身份权,还是兼有人格权与身份权的属性?[5]本书认为,生育权为自然权利,无须法律赋予即可根据人之自然属性而享有。因此,生育权属宪法上之基本人权,应属

---

〔1〕 BGHZ 124, 52 = NJW 1994, 127. – Schmerzensgeldanspruch wegen Vernichtung einer Spermakonserve.

〔2〕 丁春艳:《“错误出生案件”之损害赔偿责任研究》,载《中外法学》2007 年第 6 期。

〔3〕 李燕:《不当怀孕损害赔偿研究——从上海“绝育手术不绝育索赔案”说起》,载《东岳论丛》2009 年第 10 期。

〔4〕 王泽鉴:《侵权行为》,北京大学出版社 2009 年版,第 138 页。

〔5〕 邢玉霞:《我国生育权立法理论与热点问题研究》,知识产权出版社 2008 年版,第 19 – 22 页。

《宪法》第33条第3款中国家尊重和保障的人权范围。按照米尔恩的观点,人权观念是这样一种观念:“存在某些无论被承认与否,都在一切时间和场合属于全体人类的权利。人们仅凭其作为人就享有这些权利,而不论其在国籍、宗教、性别、社会身份、职业、财富、财产或其他任何种族、文化或经济特性方面的差异。”尽管从生育行为能力的角度看,生育权有各种各样的资格限制,比如生理原因和法律原因的限制,但是从生育权利能力上讲,所有的自然人都平等地享有生育权。也正是顺应上述法理。《妇女权益保障法》第47条、第51条,《人口与计划生育法》第17条是对此种宪法基本人权的具体化,为生育权纠纷之裁判规则。实践中,有关生育权之审判实践屡屡发生,[1]域外法上也经常有此类案件发生。[2] 如此皆证明生育权是一种在普通民事诉讼中的可诉性权利,应属于《民法典》第2条中的“人身”,且又因其蕴含人格自主之内涵,因此应属一般人格权之保护范围,[3]对其侵害构成违法。[4]

在此还需说明的是,父亲是否可以成为原告?这涉及父亲是否是生育权的主体,此处值得深究。依现制,是否可根据《妇女权益保障法》第51条仅仅规定“妇女有按照国家有关规定生育子女的权利,也有不生育的自由”,而否定男性生育权?显然不能对该条做如此反对解释。因为该条虽没有规定男性生育权,但亦未否定男性之生育权。生育权是基本人权,首先是排除国家干涉的防御权。[5] 更甚者,国家应对此基本人权承担保护义务。[6] 必要时,国家立法如欲侵害或限制基本人权,须遵循比例原则,并按照法定程序而为之。因此,未明文

---

〔1〕 如黄志雄、高长江:《本案原告是否侵犯男性的生育权》,载中国法院网,https://www.chinacourt.org/article/detail/2007/02/id/234148.shtml。台建林:《陕西首判生育权纠纷案》,载搜狐网,http://news.sohu.com/20100607/n272607939.shtml。

〔2〕 参见廖雅慈:《人工生育及其法律问题研究》,赵淑慧、何家弘译,中国法制出版社1995年版,第103-104页。Harry D. Krause, *Family Law*, 3td ed. 1999, p. 143,144.

〔3〕 关于一般人格权作为宪法基本人权保护之手段之论述,参见张红:《论一般人格权作为基本权利之保护手段》,载《法商研究》2009年第4期。德国有判决认为,将生育自主权归于《德国民法典》第823条中的“其他权利”而作为一般人格权对待,将会使该条保护的权利范围无法控制,因而拒绝将其归入一般人格权。Vgl. OLG Frankfurt NJW 1993, 2388. 但是,这实际上是不可行的,因为如果生育自由不作为一般人格权对待,那么对其侵害的损害求偿将于法无据,因而将影响此类案件中损害后果的认定。

〔4〕 关于生育权之诉讼研究,参见徐国栋:《出生与权利——权力冲突》,载《东方法学》2009年第2期;张红:《夫妻生育权的冲突及其解决——从妻子私自堕胎引发丈夫索赔案出发》,载《咸宁学院学报》2010年第5期。

〔5〕 BVerfGE 7, 198(204); 21, 362(371f); 39, 68(70ff); 50, 290(327); 68, 193(205).

〔6〕 Canaris, Grundrechte und Privatrecht AcP, 1984; ders., Grundrechte und Privatrecht: eine Zwischenbilanz, 1998.

否定男性的生育权自不能视为对男性生育权之剥夺。从立法旨意上说,《妇女权益保障法》没必要也不应当规定男性生育权。前已述及,从实在法看,我国《人口与计划生育法》(2015 年)第 17 条也规定:“公民有生育的权利,也有依法实行计划生育的义务,夫妻双方在实行计划生育中负有共同的责任。”可知生育权既包括女性生育权,也包括男性生育权。学说上对此也持赞同态度。如有人认为,生育权是公民的基本权利,夫妻双方都有;关于是否生育、何时生育、妻子孕后是否继续妊娠或终止妊娠,应该由夫妻双方协商决定。[1]

上文已论及生育权是一种在普通民事诉讼中的可诉性权利,应属于《民法典》第 2 条中的“人身”,且又因其蕴含人格自主之内涵,所以应属一般人格权之保护范围,即《民法典》第 990 条第 2 款。父亲可以作为原告提起侵权诉讼,因此,在原告主体资格的具体确立中,可以确认下述规则:如果是女性接受节育手术后又怀孕,女性可作为原告向被告主张侵权责任;如果是男性接受节育手术后致妻子怀孕,则男性可作为原告向被告主张侵权责任。在上述两种情况之下,夫妻双方作为计划生育自主权的共同权利主体,也可以共同提起侵权之诉。当夫妻共同起诉时,损害赔偿的范围不能重叠计算。

第三节 损害结果

一、抚养费是否为可赔之损害

人身损害的赔偿,是指侵害身体权、健康权、生命权造成人身损害的赔偿。一如前述,在错误怀孕案件中,医方侵害两项权益:母亲的身体权和健康权;父母的生育自主权。对母亲身体权和健康权的侵害表现为因怀孕、分娩而造成的财产损害和精神损害,根据《人身损害赔偿解释》(2003 年)第 17 条的规定,医方应承担赔偿责任,如医疗费、误工费、护理费、交通费、住宿费、住院伙食补助费、必要的营养费及伤残补偿金与死亡赔偿金等和第 18 条规定的受害人或者死者近亲属遭受精神损害,赔偿权利人向人民法院请求赔偿精神损害抚慰金的,适用《精神损害赔偿解释》(2001 年)予以确定。[2] 本书认为具体包括以下项目:(1)医疗费。指为怀孕及分娩和进行再次避孕而产生费用。包括:①挂号费。

---

〔1〕 蒋月:《婚姻家庭法前沿导论》,科学出版社 2007 年版,第 95 页。

〔2〕 关于这部分损害的计算,可参见丁春艳:《“错误出生案件”之损害赔偿责任研究》,载《中外法学》2007 年第 6 期。

包括医院门诊挂号费和专家门诊挂号费。②医药费。包括中草药费、中成药费和西药费。③检查费。患者在对所受人身伤害确诊过程中支付的费用。其中包括各种医疗检查费,如:B 超检查费、透视检查费等。④治疗费。指患者为治疗在医疗过程中所受到的人身伤害而支付的费用,比如:换药、注射、理疗、化疗、矫形等费用。⑤住院费。包括患者住院治疗所支出的必要费用,比如:住院床位费、护理费、特护费等。⑥其他必要费用。包括进行器官移植的有关费用、聘请专家会诊的费用等。[1] 医疗费的赔偿,应以治疗医院的诊断证明和医疗费的单据为凭。(2)误工费。指母亲因非自愿怀孕和分娩事由,不能参加工作所减少的收入。误工费根据受害人的误工时间和收入状况确定。关于误工费的赔偿问题,原《民通意见》第 143 条规定:"受害人的误工日期,应当按其实际损害程度、恢复状况并参照治疗医院出具的证明或者法医鉴定等认定。赔偿费用的标准,可以按照受害人的工资标准或者实际收入的数额计算。受害人是承包经营户或者个体工商户的,其误工费的计算标准,可以参照受害人一定期限内的平均收入酌定。如果受害人承包经营的种植、养殖业季节性很强,不及时经营会造成更大损失的,除受害人应当采取措施防止损失扩大外,还可以裁定侵害人采取措施防止扩大损失。"《医疗事故处理条例》第 50 条规定:"……(二)误工费:患者有固定收入的,按照本人因误工减少的固定收入计算,对收入高于医疗事故发生地上一年度职工年平均工资 3 倍以上的,按照 3 倍计算;无固定收入的,按照医疗事故发生地上一年度职工年平均工资计算。……" 这些规定表明,在医疗损害赔偿中对误工费的赔偿和计算方法,因受害者身份和职业的不同而有所区别。(3)护理费。指母亲需要专门人员护理,对此人员应当给付的费用。护理费根据护理人员的收入状况和护理人数、护理期限确定。(4)交通费。包括母亲、护理人员就医、转院治疗所发生的交通费用。常见的交通费用有转院诊疗交通费、二期治疗交通费、聘请上级专家诊治交通费、参加医疗损害事件的解决或诉讼活动的交通费。[2] 交通费根据母亲及其必要的陪护人员因就医或者转院治疗实际发生的费用计算交通费应当以正式票据为凭。(5)住宿费。母亲确有必要到外地治疗,因客观原因不能住院,本人及其陪护人员实际发生的住宿费用,为住宿费。合理部分应予赔偿。(6)住院伙食补助费。指受害人及其陪护人员在住院期间所支出的伙食费用。住院伙食补助费可以参照当地国家机关一般工作人员的出差伙食补助标准予以确定。(7)必要的营养费。指为了母亲的康复有必

[1] 定庆云、赵学良编著:《医疗事故损害赔偿》,人民法院出版社 2000 年版,第 149 页。

[2] 屈芥民:《专家民事责任论》,湖南人民出版社 1998 年版,第 95 页。

要食用的营养品的费用。营养费根据情况参照医疗机构的意见确定。(8)母亲因为怀孕及分娩而产生的妊娠并发症或产后并发症(如妊娠高血压综合征、产后贫血症等)。(9)因非自愿怀孕及分娩而遭受的精神损害。

对于上述项目的损失,几乎所有的立法例都认可针对母亲的这一损害作出赔偿,承认母亲因生产或堕胎所受之身心痛苦、医疗费用,以及因此减少的薪水的损害而请求赔偿。[1] 除此之外,对于侵害父母双方生育权之损害后果,应该如何认定?其要点在于,子女自其降生至成年之抚养费(包括为照顾小孩而花费的误工费等)是否应为此项损害题中之义?如果应赔的话,那么范围又应如何认定?这个问题的要害体现在两个方面:一是婴儿出生是不是损害的问题,二是亲属法上的特殊抚养义务能否单独抽离的问题。对于婴儿出生是不是损害的问题,学说上有两种观点:一种观点认为,婴儿的出生,不论是否为父母所计划,均不能视为损害,其理由不仅是基于亲子关系间生理及伦理上的联系,更在于肯定婴儿的出生是一种价值的实现;承认一般抚养费是一种损害,将侵害人的尊严。另一种观点认为,婴儿的人格尊严与肯定婴儿出生发生抚养费的损害事故,是两回事,不能混为一谈。如果父母得向被告医院请求赔偿对唐氏儿的抚养费,不但无害于人的价值与尊严,而且有助于父母尽其对子女的照顾义务。[2] 对于亲属法上的特殊抚养义务能否单独抽离的问题也有两种观点:一种观点认为,基于出生而产生的亲属法上的特殊照顾义务,不得单独抽取出来,而主张对其子女之付出是一种损害。另一种观点认为,所谓亲属法上的特殊抚养义务不得单独抽离,旨在排除将此项特殊抚养义务转由第三人负担。将抚养义务的发生视为一种损害,使第三人负赔偿责任,并不影响父母对子女的特殊照顾义务,只是使其有能向第三人请求赔偿的可能性而已。[3] 关于错误怀孕中的抚养费用能否请求损害赔偿,有不同的观点,各国实务见解也不尽一致,其所涉及的是法律逻辑或概念以外更深层的法律政策和社会价值的考虑。我国学说上对此问题的见解有以下几种:(1)如果错误怀孕而分娩,孩子的抚养费应否赔偿要视具体情况而定。如果原告原计划避孕却错误怀孕,此时符合计划生育政策,原告愿意生育,被告不必赔偿抚养费。如不符合计划生育政策,原告坚持生育孩子,因其本身行为违法,被告不必赔偿抚养费。需注意的是,即使不符合计划生育政策,但

---

〔1〕 龚赛红:《医疗损害赔偿研究》,中国社会科学院2000年博士学位论文,第63页。
〔2〕 王泽鉴:《侵权行为法》(第1册),台北,三民书局1998年版,第163页。
〔3〕 王泽鉴:《侵权行为法》(第1册),台北,三民书局1998年版,第162-163页。

如出于医学原因原告不得不生育孩子,被告应赔偿抚养费。[1] (2)原告原本希望通过采取避孕手术避免生育子女,避免增加家庭开支的愿望,确实因为被告的医疗过失而无法实现。拒绝赔偿抚养费的做法,在维护道德价值的同时,却给原告造成了不公平。也正因如此,判决抚养费具有可赔偿性的立法例也同样存在。从道德的视角来看,“将孩子出生视为一种对父母或家庭的负担”或者“非自愿生育的孩子由他人提供抚养费”是否违背了我国的现行道德观念?要回答这个问题,必须进行实证的了解。假设答案是肯定的,那么还需要考虑,法官在审理抚养费问题时,应在多大程度上受到道德的限制。[2] (3)一般地说,为适当限制医师的责任,鉴于养育子女费用及从子女获得利益(包括亲情及欢乐)之难以计算,并为维护家庭生活圆满,尊重子女的尊严,不将子女的出生视为损害,转嫁于第三人负担抚养费用,而否定抚养赔偿请求权。[3] 对此,我国审判实务尚无判决医方承担该项抚养费之先例,因此实务上似采否定立场。但是,我国实务上此种见解是否合理?是否有深刻的比较法之依据?这仍然是一个需要深究的问题。

二、比较法观察之一:以美国错误怀孕案之判例为观察对象

从比较法上看,此亦属分歧重大之难题。在美国,完全否认抚养费赔偿的约有34个州。举其依据要者为:(1)健康小孩之降生对于父母不是损失,相反,其给父母带来的快乐和受益要远远大于负担;(2)孩子的抚养费非由父母承担将损及其精神与观感,有悖伦理;(3)抚养费事实上难以计算;(4)抚养费承担与被告过失行为不成比例;(5)原告未采取终止妊娠的措施是由原告承担抚养费的重要原因。约3个州赞同全赔抚养费,理由为:(1)抚养费是医方直接、可预见且可赔偿之损失;(2)孩子不是损害,但医方过失行为危害了家庭财产安全;(3)孩子给父母带来的快乐与抚养费性质不同,不能抵销。另有部分州采折中赔偿之见解,抚养费数额的确定须因孩子带来快乐而有所扣除。新近美国判例逐渐趋向支持抚养费之诉请。[4]

在英国1979年的Scuriaga v. Powell[5]中,原告产下了一个健康的孩子的

---

〔1〕 李燕:《不当怀孕损害赔偿研究——从上海“绝育手术不绝育索赔案”说起》,载《东岳论丛》2009年第10期。

〔2〕 丁春艳:《“错误出生案件”之损害赔偿责任研究》,载《中外法学》2007年第6期。

〔3〕 龚赛红:《医疗损害赔偿研究》,中国社会科学院2000年博士学位论文,第64页。

〔4〕 See David Kerrance, *Damages for Wrongful Pregnance*, (2000) 11 Journal of Contemporary Legal Issues, p. 468 -471.

〔5〕 Scuriaga. Powell, [1979] 123 SJ 406.

原因是医院的堕胎手术诊疗过错,法院认为:原告有权要求被告对其因手术失败而导致的收入减少、婚姻前景黯淡及遭受的痛苦和折磨进行赔偿。1983年的Udale v. Bloomsbury Area Health Authority〔1〕中,法院支持了原告因其遭受的痛苦和折磨而提出的赔偿请求,但是驳回了其因抚养尚未达到16岁子女而遭受损失的赔偿请求。法院的意见是这名"不受欢迎的孩子"在16岁之前是无法估算出该孩子的出生是否在经济上对该家庭产生重大不利的。1985年的Thake v. Maurice〔2〕中,法院支持孩子父母因结扎手术失败而要求被告承担孩子抚养费用的赔偿请求。而该判决采纳的意见与Sherlock v. Stillwater Clinic〔3〕一样,法官Peter Pain在QB第666页中认为"一个健康孩子的诞生对于所有的家庭来说并不见得是一件好事"。自上议院1999年的McFarlane v. Tayside Health Board〔4〕之后,判例否定了抚养费之诉请,其理由与美国法上大同小异,该判决运用了比较手法来解决此问题,就连Styen议员(Lord Styen)也称赞其"在矛盾问题的考量上具有不可估量的参考价值"。〔5〕虽然该案的判决意见和做法在美国非常盛行,但反对的意见仍然此起彼伏。〔6〕英国新近的判例对此似乎略有松动,上议院在P. v. St. James and Seacroft University Hospital NHS Trust〔7〕中指出,Styen议员的论断只适用于出生时为健康状态的孩子,而不适用于出生时存有缺陷的孩子。出生时存有缺陷孩子的父母有权请求实质性的损害赔偿。但是,赔偿范围以抚养存在严重残疾的孩子所需费用为限。同样在Rees v. Darlington Memorial Hospital NHS Trust〔8〕中上议院强调,抚养费能否最终获赔取决于小孩是否健康。

此外,诸如法国、意大利、丹麦等国皆否认抚养费之诉请;而比利时、西班牙、苏格兰等又原则上认可抚养费之诉请。对此,国际知名比较法学者von Bar教

---

〔1〕 Udale v. Bloomsbury Area Health Authority, [1983] 1 WLR 1098.

〔2〕 Thake v. Maurice, [1985] 2 All ER 513.

〔3〕 Sherlock v. Stillwater Clinic, 260 NW 2d 169, 174-5(Minn. 1977).

〔4〕 McFarlane v. Tayside Health Board, [1999] 4 All ER 961.

〔5〕 关于这一点,具体可参见:Reichman: Damages in Tort for Wrongful Conception: Who Bears the Cost of Raising the Child. 3 Sydney L. Rev. 568, (1985).

〔6〕 该案系因输精管切除手术失败而生育小孩引发抚养费诉讼之争。在此之前的判例认为,与母亲身体伤害无关的损害,如抚养费、教育费、误工费等是可以要求赔偿的。See Emeh v. Kensington and Chelsea and Westminster Area Health Authority [1984] 3 All E. R. 1044; Thake v. Maurice [1986] QB 664.

〔7〕 P. v. St. James and Seacroft University Hospital NHS Trust, [2001] 3 All ER 97.

〔8〕 Rees v. Darlington Memorial Hospital NHS Trust, [2004] AC 309.

授坦言,这是一个尚未获得最终解决的问题。[1] 为了进一步明确此问题,下文再选取美国法上对这一问题的见解变化作详尽论述。

在 1967 年加利福尼亚州一个上诉法院判决的 Custodio v. Bauer 案[2]之前,由于许多州坚持堕胎和绝育为非法的观点,基于公共政策认为错误怀孕不具有可审理性,不能作为诉因提起诉讼。原告只能利用欺诈、虚假陈述等理由寻求赔偿,即使如此这些诉讼请求通常仍以失败告终,难以得到法院的支持。美国最早记载的错误怀孕的案例是 1934 年明尼苏达州最高法院审理的 Christensen v. Thornby。[3] 在 Christensen v. Thornby 中,原告为避免妻子在生产过程中发生生育危险,于被告处接受了输精管结扎手术,但术后其妻仍怀孕生下一名健康的孩子。原告并未以被告存在医疗过失为由提起诉讼,只是宣称被告有过手术成功其妻不会再受孕的欺诈性说明,要求法院判令被告赔偿损失。法院驳回了原告损害赔偿的诉讼请求,认为手术并非违法,也不与公共政策冲突,但原告无法证明被告存在欺诈的故意——这恰恰是欺诈的必要构成要件之一。法官还指出,原告接受避孕手术的目的是保护妻子免受分娩带来的伤害,并非避免新生儿出生带来的经济压力。妻子在分娩中不但没有危险,还生育了一个健康的孩子,这不能不说是一份上帝的恩赐。孩子对于其父母是上帝的祝福而非一种损害。这份判决所建立起的观点深刻影响了美国 20 世纪七八十年代法院对待错误怀孕诉讼的态度。在 Christensen v. Thornby 之后,许多同样的诉讼相继被提起。1945 年 West v. Underwood[4]中,原告是一名已经拥有两个孩子的母亲,由于剖腹产生育第一个孩子时出现了腹腔开裂与中毒反应,在第二次怀孕时她咨询了医生的意见剖腹产后进行输卵管结扎。由于医生的失误,术后原告再次怀孕不得不接受又一次剖腹产手术。原告声称被告绝育手术的操作失误是导致其遭受第三次手术的近因。一审法院认为该案不具有可诉性,因而驳回了原告的起诉。新泽西州上诉法院(Court of errors and appeals)纠正了这一判决。法院认为事实应当让陪审团去判断,而不是驳回起诉。一旦陪审团发现存在过失行为造成的损害,就应当赋予原告要求赔偿的权利——来填补这一过失造成的疼痛与痛苦,身体与精神的伤害以及其他损害等。第一个以家庭计划权受损而非母亲

---

〔1〕 Christian von Bar, *Gemeineuropäisisches Deliktsrecht* I, S. 581 – 583.

〔2〕 Custodio v. Bauer, 251 Cal. App. 2d 303, 59 Cal. Rptr. 463 (1967).

〔3〕 Christensen v. Thornby, 192 Minn. 123, 255 N. W. 620 (1934).

〔4〕 West v. Underwood, 132 N. J. L. 325, 40 A. 2d 610 (1945).

身体权受侵害为基础的诉讼是 1957 年 Shaheen v. Knight 案。[1] 原告并未提出被告存在过失,而是诉称被告违反了合同义务,破坏了其控制家庭规模的预期。原告要求被告支付孩子的抚养费。法院认为在生育一个健康的儿童的情况下,原告是没有受到任何损害的。要求被告支付抚养费意味着他要为原告在抚养教育孩子过程中获得的愉快、乐趣、亲情埋单。这无疑将与公共政策相冲突。[2] 最后法院判决驳回原告起诉。不同于上述案例,1964 年 Ball v. Mudge 案[3]被认为是第一个原告以医生在绝育手术中存在过失侵权行为为由起诉要求赔偿的案件。Ball 夫人已经是三个孩子的母亲,医生向已经进行过三次剖腹产手术的她建议,为了其身体的安全最好采取绝育措施。同时,Ball 夫妇也无力承担第四个孩子降生的花费。在这个案例中,夫妻俩决定避孕的原因既包含对母亲健康的考虑又有家庭经济计划的因素。Ball 先生接受了输精管结扎手术。但术后,Ball 夫人再次怀孕。于是她不得不接受第四次剖腹产手术,幸运的是手术并未给 Ball 夫人带来并发症,出生的新生儿也非常健康。原告的控诉同时建立在违约与过失侵权上。而被告则提出 Christensen v. Thornby 案和 Shaheen v. Knight 案的先例要求驳回起诉,指出如果母亲在怀孕、分娩以及产后恢复过程中没有遭受额外的疼痛、痛苦或不适,生育一个正常健康的孩子不应当被当作一种损害。法院拒绝适用这一规则。但法院仍然作出了有利于被告的判决,并陈述了其三点理由:(1)法院发现术前检查是否有公认的行业标准仍存在质疑。(2)原告并未成功证明医生的过失或违约是其再次怀孕的近因——因为手术后依然存在复发危险的可能。(3)陪审团能够理智地作出判断——原告在这起案件中没有受到任何损害——抚育孩子所带来的快乐、欣慰要远远高于所承受的经济负担。

第一个支持错误怀孕之诉的判例是 Custodio v. Bauer。[4] 原告诉称:由于被告在绝育手术中的不当操作使其夫妇不得不要面对第十个孩子出生所造成的经济窘境。经过冗长的讨论之后,法院支持了被告侵权行为造成的所有可预见的损害,甚至赔偿了包括适用了损益相抵规则后的"非计划"生育的孩子的抚养费。[5] Custodio v. Bauer 案无疑是具有里程碑意义的一起判决。该案不但承认

---

〔1〕 David J. Burke, *Wrongful Pregnancy: Child Rearing Damages Deserve Full Judicial Consideration*, 8 Pace L. Rev. 313 (1988), p. 317.

〔2〕 Shaheen v. Knight, 11 Pa. D. & C. 2d 41 (C. P. Lycoming county 1957).

〔3〕 Ball v. Mudge, 64 Wash. 2d 247, 391 P. 2d 201 (1964).

〔4〕 Custodio v. Bauer, 251 Cal. App. 2d 303, 59 Cal. Rptr. 463 (1967).

〔5〕 李燕:《不当怀孕损害赔偿研究——从上海"绝育手术不绝育索赔案"说起》,载《东岳论丛》2009 年第 10 期。

了错误怀孕之诉为一项独立的诉因,具有可诉性,而且它还给该种诉讼涉及的赔偿范围下了最自由的定义。[1] 真正使法院保守态度发生改变的是1973年Roe v. Wade案[2]——美国联邦最高法院从宪法上确认了妇女有计划生育(family plan)的权利。[3] 随后作为Roe v. Wade案的延续,节育以及堕胎被最高法院的判例认为是受宪法保护的权利。最高法院的态度极大地推动了错误怀孕之诉的发展,如今,美国绝大部分州承认错误怀孕之诉,到1993年承认错误怀孕作为一种诉因的州已经发展到36个。[4]

从近年来的判决来看,错误怀孕之诉中赔偿范围的确定一直是困扰法院的难题。自Custodio v. Bauer案后,不断有法官重新对错误怀孕中损害的赔偿范围做各种讨论,我们大概将这些出现过的赔偿类型列举如下:(1)进行绝育手术的医疗费;(2)重做绝育手术的费用;(3)怀孕与分娩孩子的医疗费;(4)怀孕与分娩过程中的疼痛与痛苦;[5](5)怀孕期间母亲收入的损失;(6)配偶权的损害赔偿(loss of consortium);[6](7)精神苦恼与情绪上的愁苦;(8)孩子的抚养教育费。多数法院支持了原告对于包括因怀孕、分娩所带来的医疗费、收入损失等财产损害以及怀孕、分娩带来的疼痛与痛苦的精神损害赔偿的要求,但是就是否满足原告要求的错误怀孕出生儿的抚养费问题不同的法院作出了截然不同的判例,理论界也引发了旷日持久的讨论。赞成抚养费赔偿的法院仍然处于数量上的弱势,据统计,到1993年一共有8个州法院有支持抚养费的判例。[7]

---

[1] David J. Burke, *Wrongful Pregnancy: Child Rearing Damages Deserve Full Judicial Consideration*, 8 Pace L. Rev. 313 (1988), p. 319.

[2] Roe v. Wade, 410 U. S. 113 (1973).

[3] Iraida J. Alvarez, *A Critique of the Motivational Analysis in Wrongful Conception Cases*, Boston College Law Review, May, 2000 (Approx. 53 pages).

[4] Lisa A. Podewils, *Traditional Tort Principles and Wrongful Conception Child – Rearing Damages*, Boston University Law Review, May, 1993 (Approx. 22 pages).

[5] Hartke v. McKelway, 526 F. Supp. 97, 104 (D. C. 1981).

[6] Macomber v. Dillman, 505 A. 2d 810, 813 (Me. 1986).

[7] 支持抚养赔偿的8个州分别是:亚利桑那州、加利福尼亚州、康涅狄格州、马里兰州、明尼苏达州、威斯康星州、新墨西哥州、马萨诸塞州。密歇根州支持判决与否定判决兼有,判决结果摇摆不定。

考察美国判例法中对错误怀孕之诉抚养费赔偿的态度有两种[1]:以多数法院为代表的拒绝抚养费赔偿说与少数法院坚持支持抚养费赔偿说。我们从一份判决书考察美国州法院对待抚养费赔偿问题具体分歧。1990 年马萨诸塞州最高法院审理了 Burke v. Rivo 案[2]:在 1983 年,已有三个孩子的 Burke 家经历着经济上的困难,妻子想通过重新工作来贴补家计,她约见了被告并告知了其不想再生育孩子的愿望。被告推荐了一种叫 bipolar canterization 的绝育手术,并保证能使她将来不会受孕。在 1984 年 2 月,被告给原告实施了该种绝育手术。次年原告发现自己怀孕,并于 1986 年 2 月 12 日生下一名健康的孩子。于是 Burke 太太又不得不接受另一种绝育手术。Burke 夫妇声称,如果被告告知她这种手术有复孕风险,即使风险再小,她从一开始就会选择另外一种不同的绝育手术。大多数法官倾向于承认赔偿由于医生过失而产生的与该出生直接相关的损害(有时包括对父母感情痛苦的赔偿)。但法庭在父母能否就孩子的抚养费要求赔偿问题上存在分歧。主要问题是原告是否有权要求孩子的抚养费赔偿?依据通常的侵权法与合同法原则,这种损失是原告主张的非法行为产生的一种既可合理预见,自然又有充分依据的后果。问题在于是否存在公共政策上的考虑而限制传统的侵权与合同损害的适用。该案的主审法官 Wilkins 支持了原告的请求,并且推翻了一些拒绝支持抚养费赔偿的"正当理由"。法院认为并不是所有人都把为人父母作为一种利益,避孕与不育措施的广泛运用以及每年无数次堕胎手术的实施表明:在某些情况下,大量的人并不愿意将成为父母视为一种单纯积极的情形。法院拒绝承认孩子的出生在任何时候对于父母都是一项利益的观点。法院也不认为允许赔偿抚养费是对非期待儿心理影响的漠不关心。恰恰相反,当他得知是他人而非父母被强迫支付抚养费,这一事实可能会减轻孩子因得知自己曾不被需要的精神痛苦。而 O'connor 法官在判决书后注明了自己不同的意见。他强调错误怀孕之诉并非普通的医疗误诊案,其独一无二处在于它包含了对人类新生命的缔造,并且在构想一个适当的赔偿规则时必须意识到这一事实。在其看来,一个致力于寻求一个孩子对其父母的价值的审判是无法忍

---

[1] 也有学者认为美国各州形成了三种态度:严格规则(the striet rule)、利益规则(the benefit rule)和全部赔偿规则(the full recovery rule)。两者的联系是本书讨论的"支持抚养费赔偿说"包括了"利益规则"和"全部赔偿规则"。参见丁春艳:《"错误出生案件"之损害赔偿责任研究》,载《中外法学》2007 年第 6 期;李燕:《不当怀孕损害赔偿研究——从上海"绝育手术不绝育索赔案"说起》,载《东岳论丛》2009 年第 10 期;冯恺:《胎儿的损害赔偿请求权探究》,载刘士国主编:《侵权责任法若干问题研究》,山东人民出版社 2004 年版,第 73 页。

[2] Burke v. Rivo, 406 Mass. 764, 551 N. E. 2d 1 (Mass. 1990).

受的。这一行为将孩子看作私人财产,违背了国民必须与每一个人类生命相一致的尊严性。[1]

1. 拒绝抚养费赔偿说。美国的司法界在20世纪70年代以前拒绝错误怀孕的任何赔偿要求。法院秉持这一种全面否认的原则(total denial of recovery),这主要是传统的公共政策、道德伦理限制侵权法的适用。1986年内华达州最高法院判决的Szekeres ex rel Szekeres v. Robinson[2]显示了该州依然坚持全面否认原则。在该案中法院否认了原告关于赔偿的任何要求。但自20世纪70年代之后,随着错误怀孕之诉的合法化,有限赔偿原则(limited recovery)为美国多数州的法院所接受。有限赔偿原则是指赔偿母亲怀孕、分娩带来的医疗费、收入损失等财产损害及怀孕分娩带来的疼痛与痛苦等精神损害,不赔偿孩子的抚养费。目前支持有限赔偿说的法院有:亚拉巴马州、阿肯色州、特拉华州、哥伦比亚特区、佛罗里达州、佐治亚州、伊利诺伊州、艾奥瓦州、堪萨斯州、肯塔基州、密苏里州、新泽西州、纽约州、北卡罗来纳州、俄亥俄州、俄克拉何马州、宾夕法尼亚州、田纳西州、得克萨斯州、弗吉尼亚州、华盛顿州、西弗吉尼亚州、怀俄明州、印第安纳州、缅因州、犹他州,密歇根州以及新罕布什尔州。[3] 这些法院论述的理由大致可以归结为以下几点:(1)一个健康孩子的降生所带来的利益应高于一切经济损失;(2)出生儿的抚养费与医生应受之谴责不成比例,显失公平;(3)当孩子发现自己并非父母期待降生的孩子,并由他人支付的抚养费养大,这对其心理将会造成极大的创伤;(4)出生儿的抚养费太过投机,难于确定,给证明造成巨大困难;(5)州不应该干涉家庭的完整性;[4](6)允许抚养费赔偿可能会滋生欺诈诉讼;[5](7)错误怀孕诉讼只是事关怀孕,只应赔偿直接由怀孕造成的损失。如在1989年俄亥俄州最高法院审理的Johnson v. University Hospital案[6]中法官认为有限赔偿理论是错误怀孕赔偿之诉最合理的解决之道。在论述了上述原因之外,法官补充,抚养费的赔偿过于捉摸不定,不易计算。同时我们也不应该为了确定损失而将孩子的生命打上价格的标签。法院还认为,俄亥俄州的公共政

[1] 冯恺:《胎儿的损害赔偿请求权探究》,载刘士国主编:《侵权责任法若干问题研究》,山东人民出版社2004年版,第33页。

[2] Szekeres ex rel Szekeres v. Robinson, 715 P. 2d 1076 (Nev. 1986).

[3] Thomas R. Ireland & John O. Ward, *Assessing Damages in Injuries and Deaths of Minor Children*, copyright 1995 by Lawyers & Judges Publishing Co., p. 401.

[4] Wilber v. Kerr, 275 Ark. 239, 243, 628 S. W. 2d 568, 571 (1982).

[5] Beardsley v. Wierdsma, 650 P. 2d 288, 292 (Wyo. 1982).

[6] Johnson v. University Hosps., 540 N. E. 2d 1370 (Ohio 1989).

策表明一个健康的孩子的出生对其父母永远不会构成损害。

1999 年发生了一起具有争议性的案例——Taylor v. Kurapati 案。该案虽然是关于错误出生的案例,但是却引发了对于错误出生、错误生命以及错误怀孕之类诉讼的争论。法官认为将这类诉讼带到公共法庭上是对孩子人格尊严的损毁,请求立法机关通过法律禁止该类诉讼的发展。2000 年,几个禁止性议案被提出并得以通过,从而以成文法的形式否定判例法中的该类诉讼。2000 年 12 月 31 日,Engler 长官签署了将 S. B. 1170 纳入法律的命令,自 2001 年 3 月 28 日开始,不允许以"错误出生"为诉因提起诉讼。同样,依据 S. B. 1170,禁止"错误生命"之诉的普通法被纳入成文法。最后,禁止父母就"错误怀孕"要求赔偿孩子抚养费损失的普通法也被纳入成文法。[1]

2. 支持抚养费赔偿说。在美国少数几个支持抚养费赔偿的州中,法院又有两种不同的观点:(1)损益相抵规则(the offset benefits view)——赔偿抚养费但减去孩子带来的利益;(2)完全赔偿规则(full recovery)——对包括孩子抚养费在内的损失予以完全赔偿。目前只有威斯康星州[2]与新墨西哥州[3]有过完全赔偿出生儿抚养费的判决,即承认被告应当对原告那些可预见的尚未发生的损害予以赔偿,而丝毫不考虑前文提到的法院应当平衡原告可能因拥有孩子而从中得到益处的因素。[4] 其他 6 个州,包括亚利桑那州[5]、加利福尼亚州、康涅狄格州[6]、马里兰州、明尼苏达州、马萨诸塞州[7],都是在运用损益相抵规则后承认抚养费赔偿的。[8] 在这种原则下,赔偿范围包括孩子的抚养费用,但同时这些州也希望法院能够考虑孩子出生后在精神层面及经济层面上给其父母带来的益处,以平衡甚至减少赔偿金额。损益相抵规则的理论基础源于美国《侵权法重述》(第 2 版)第 920 节的规定。基于被告的侵权行为使原告受益的,应将所受利益从所受损害中扣除,以确定损害赔偿范围。[9] 法院利用这一规则

---

〔1〕 冯恺:《胎儿的损害赔偿请求权探究》,载刘士国主编:《侵权责任法若干问题研究》,山东人民出版社 2004 年版,第 74 页。

〔2〕 Marciniak v. Lundborg,450 NW 2d 243(1990).

〔3〕 Lovelace Medicaf Ctr. v. Mendez, 805 E. 2d 603 (1991).

〔4〕 83 A. L. R. 3rd l5,3a 2000.

〔5〕 Univ. of Arizona Health Science Center v. Superior Court,667 P. 2d 1294(1983).

〔6〕 Ochs v. Borrelli 445 A. 2d 883(1982).

〔7〕 Burke v. Rivo, 551 NE 2d 1(1990).

〔8〕 Thomas R. Ireland & John O. Ward, *Assessing Damages in Injuries and Deaths of Minor Children*,Lawyers & Judges Publishing Co. ,1995,p. 400.

〔9〕 Restatement (Second) of Torts § 920 (1977).

指导陪审团考察个案中孩子的抚养费用是否会超过他给家庭带来的利益。法院相信损益相抵规则的益处在于它的弹性,因为陪审团可以根据个案的具体因素——家庭成员的多少、收入、父母的年龄、婚姻的状况——确定原告事实是否遭受损失。同时这些法院解释如果抚养费的赔偿规则建立在“铁定”的规则之上,那么无疑是私人情绪主导下的法官通过判决将自己的道德观念强加于他人。有些法院进一步发展了这一规则——将父母做绝育手术的动机作为限制因素,只有出于经济原因的绝育失败才允许赔偿抚养费。在上述 Burke v. Rivo 案中法院支持以经济原因为动机做节育手术的原告的请求,法官还认为在确定赔偿范围时陪审团需要减去原告已得到或者可能从孩子处得到的利益。英国上议院在McFarlane v. Tayside Health Board 案[1]中严厉批评了这一做法。荷兰最高法院采纳以下观点:避孕手术失败案件中,作为原告的母亲可以主张孩子抚养费用的赔偿请求,还可要求赔偿合理情形下,因照顾孩子而被迫放弃工作导致个人收入损失,但原告从被告那里获得的赔偿与原告是否因为拥有孩子而获得的乐趣是没有任何关系的。完全赔偿规则(full recovery)也被称为最有利于原告规则,在抚养费赔偿上走得更远。持这种观点的法院几乎支持了原告包括抚养费的所有损害赔偿请求。起初,完全赔偿原则只适用于错误出生生育残障子女的赔偿。第一个对生育健康孩子采用完全赔偿规则的是威斯康星州最高法院。其在 1990 年审理的 Marciniak v. Lundborg[2]中,判决被告赔偿原告的抚养健康孩子的费用,无须减去孩子带来的利益。该法院认为,孩子的抚养费用是由过失的绝育手术实施时应预见到的直接的后果,原告要求赔偿抚养费用,不是为了摆脱“不想要的”孩子,而是想提高孩子的生命质量而不是轻视他。[3] 同时,法院认为强迫原告接受被告失误所带来的利益难见公平。孩子的抚养费赔偿也只能与由于抚养孩子产生的经济利益相抵销,而不能与相关的情感利益抵销。因此,法院判决被告赔偿原告抚养健康孩子的费用,无需减去孩子带来的利益。从已经有过

[1] [2000]2 AC 59.

[2] Marciniak v. Lundborg, 450 N. W. 2d 243 (Wis. 1990).

[3] Judge Paul H. Mitrovich, *Ohio Wrongful Pregnancy, Wrongful Birth, and Wrongful Life Law Needs to Be Visited to Ob tian a More Equitable Result and Consistency of Law*, Ohio Northern UniversityLaw Review, 2007, Vol. 133, p. 623. 转引自李燕:《不当怀孕损害赔偿研究——从上海“绝育手术不绝育索赔案”说起》,载《东岳论丛》2009 年第 10 期。

错误怀孕之诉的36个州的判决来看,其中有28个[1]州法院拒绝了原告对出生儿抚养费的请求,只有8个[2]州法院有过肯定抚养费赔偿的判决。[3] 从数据上看拒绝赔偿说显然占据实践的优势,但是当我们认真地考察这28个拒绝抚养费赔偿的州法院的判决书,我们仍能够从中发现许多不同的声音。在这些拒绝赔偿的判决中有接近一半附有法官关于对赔偿问题的意见书。

亚拉巴马州最高法院的Faulker法官在Boone v. Mullendore[4]判决书中写下了自己的配合意见(concurring opinion)[5]。多数法官认为,为了彰显人的价

〔1〕 坚持有限赔偿说,拒绝抚养费赔偿的27个州的首例判决:Boone v. Mullendore, 416 So. 2d 718 (Ala. 1982); Wilbur v. Kerr, 628 S. W. 2d 568 (Ark. 1982); Coleman v. Garrison, 349 A. 2d 8 (Del. 1975); Flowers v. District of Columbia, 478 A. 2d 1073 (D. C. 1984); Fassoulas v. Ramey, 450 So. 2d 822 (Fla. 1984); Fulton – Dekalb Hosp. Auth. v. Graves, 314 S. E. 2d 653 (Ga. 1984); Cockrum v. Baumgartner, 447 N. E. 2d 385 (Ill.), cert. denied, 464 U. S. 846 (1983); Garrison v. Foy, 486 N. E. 2d 5 (Ind. Ct. App. 1985); Nanke v. Napier, 346 N. W. 2d 520 (Iowa 1984); Byrd v. Wesley Medical Ctr., 699 P. 2d 459 (Kan. 1985); Schork v. Huber, 648 S. W. 2d 861 (Ky. 1983); Macomber v. Dillman, 505 A. 2d 810 (Me. 1986); Girdley v. Coats, 825 S. W. 2d 295 (Mo. 1992) (en banc); Kingsbury v. Smith, 442 A. 2d 1003 (N. H. 1982); P. v. Portadin, 432 A. 2d 556 (N. J. Super. Ct. App. Div. 1981); O'Toole v. Greenberg, 477 N. E. 2d 445 (N. Y. 1985); Jackson v. Bumgardner, 347 S. E. 2d 743 (N. C. 1986); Johnson v. University Hosps., 540 N. E. 2d 1370 (Ohio 1989); Morris v. Sanchez, 746 P. 2d 184 (Okla. 1987); Mason v. Western Pa. Hosp., 453 A. 2d 974 (Pa. 1982); Smith v. Gore, 728 S. W. 2d 738 (Tenn. 1987); Terrell v. Garcia, 496 S. W. 2d 124 (Tex. Ct. App. 1973), cert. denied, 415 U. S. 927 (1974); C. S. v. Nielson, 767 P. 2d 504 (Utah 1988); Miller v. Johnson, 343 S. E. 2d 301 (Va. 1986); McKernan v. Aasheim, 687 P. 2d 850 (Wash. 1984); James G. v. Caserta, 332 S. E. 2d 872 (W. Va. 1985); Beardsley v. Wierdsma, 650 P. 2d 288 (Wyo. 1982)。

〔2〕 支持抚养费赔偿的8个州的首例判决:University of Ariz. Health Servs. Ctr. v. Superior Court, 667 P. 2d 1294 (Ariz. 1983); Custodio v. Bauer, 59 Cal. Rptr. 463 (Cal. Ct. App. 1967); Ochs v. Borelli, 445 A. 2d 883 (Conn. 1982); Jones v. Malinowski, 473 A. 2d 429 (Md. 1984); Burke v. Rivo, 551 N. E. 2d 1 (Mass. 1990); Sherlock v. Stillwater Clinic, 260 N. W. 2d 169 (Minn. 1977); Lovelace Medical Ctr. v. Mendez, 805 P. 2d 603 (N. M. 1991); Marciniak v. Lundborg, 450 N. W. 2d 243 (Wis. 1990)。

〔3〕 密歇根州在不当怀孕之诉上的态度似乎有点摇摆不定,1971年Troppi v. Scarf案中法院允许了原告获得出生儿的抚养费赔偿金,但1978年Bushman v. Burns Clinic Medical Ctr. 案中该州否定了抚养费的赔偿。1992年Rouse v. Wesley案中该州上诉法院又作出了拒绝原告抚养费赔偿请求的判决。

〔4〕 Boone v. Mullendore, 416 So. 2d 718 (Ala. 1982).

〔5〕 主审法官的意见是法院意见。除法院意见外还有两种意见,它们被称为反对意见(dissenting opinion or dissent)与配合意见(concurring opinion)。"反对意见"指不同意大多数法官判决结论之某一法官的意见;"配合意见"是指同意大多数法官的意见,但是不同意判决结论的推理之某一法官的意见。

值，公共政策拒绝对出生儿的抚养费进行赔偿。而 Faulker 法官则将这一理由称为“隐藏真正问题的烟幕”（A Smokescreen Hiding the True Issue）。而这一被隐藏的问题正是医生是否应对自己犯下的过失行为负责？错误怀孕之诉的目的不应当被看作是对孩子出生的赔偿，而是一个计划外的孩子出生后对于家庭经济现状破坏的填补。这一赔偿应当被允许来使父母能够更好地给予子女们爱，而拒绝抚养费的赔偿将削弱家庭的经济实力，使家庭成员的经济状况恶化。Faulker 法官还指出拒绝抚养费的赔偿是与原告所拥有的宪法上保护的控制家庭规模权相违背的。基于此，Faulker 法官认为应当在减去受益的前提下，支持父母抚养费的赔偿请求。[1]

Dudley 法官在阿肯色州最高法院判决的 Wilbur v. Kerr[2]中持有相似的观点。其给出的反对意见（dissenting opinion or dissent）中指出，侵权法的基本原则清楚地规定着一个侵权者必须要为自己的过错所造成的所有损害负责，多数法官忽略了这一基本原则而对含义模糊的公共政策表示热情。[3]

在 Flowers v. District of Columbia[4]中，Ferren 法官的反对意见指出，父母是否能够获得抚养费赔偿取决于夫妻作出绝育决定时的动机。该案中 Flowers 夫妇声称自己是由于不愿面临经济重负而决定避孕的。在这种情况下，医生过失造成的损害赔偿应当得到支持，因为计划外孩子的出生削弱了家庭的稳定性。这种损害是显而易见。作为比较，Ferren 法官还补充，如若夫妇当初决定绝育的目的是保护母亲不发生危险或者是出于优生学的考虑，抚养费请求就不能被允许。因为此时并没有出现损害情形。他还指出，损益相抵规则应当适用于计算赔偿中，但是不应当将情感利益与经济损失相抵销。[5]

Cockrum v. Baumgartner[6]所附的反对意见由两位法官共同提出。Clark 法官与 Simon 法官指出法院的判决中存在一个基本的逻辑错误，多数观点的推理建立在一个假设的基础上——一个健康孩子的出生不能构成损害。这也是法院拒绝赔偿抚养费的理由。Clark 法官与 Simon 法官提出这一拒绝的判决与支持其他类损害赔偿（如医疗费、怀孕分娩所遭受的痛苦、怀孕期间的误工费等）的判决相矛盾。因为正如多数观点所说的，如果这种情况下不存在损害，那么为

---

[1] 416 So. 2d 718 (Ala. 1982) (Faulker, J., Concurring).

[2] Wilbur v. Kerr, 628 S. W. 2d 568 (Ark. 1982).

[3] 628 S. W. 2d at 571 (Dudley, J., dissenting).

[4] Flowers v. District of Columbia, 478 A. 2d 1073 (D. C. 1984).

[5] 478 A. 2d 1073, 1078 – 83 (D. C. 1984) (Ferren, J., dissenting).

[6] Cockrum v. Baumgartner, 447 N. E. 2d 385 (Ill.).

什么又要赔偿怀孕分娩所产生的“痛苦”?Clark 法官形象地比喻,如果把原告投给孩子的抚养费看作一个分期付款的长期的过程,法院坚持有限赔偿的规则就如同只允许原告得到赔偿的“首付”,而允许抚养费赔偿则是给予原告“分期付款”的全部。[1]

Wolle 法官在 Nanke v. Napier 案[2]的反对意见中指出,法院坚持的父母从孩子的出生中得到的利益要多于受到的损害的观点,忽略了评估损失是陪审团的任务。Wolle 法官认为这种评估是一种事实的问题,而不是法律问题,应该给予原告在陪审团面前证明损害事实的机会。Schork v. Huber. 案[3]中 Leibson 法官与 Vance 法官都支持孩子的抚养费赔偿。同样在 Mason v. Western Pa. Hosp. 案[4]中也附有两名法官的反对意见。反对的法官认为该州有支持错误出生孩子抚养费的判例,没有什么理由只支持残疾出生儿的抚养费而不支持健康孩子的抚养费。Beardsley v. Wierdsma 案[5]中 Rose 法官同样认为法院应当在适当地抵销掉父母所受利益之后给予抚养费赔偿。

以上是对坚持有限赔偿原则的法院作出的判决中的不同声音进行的分析,我们发现虽然拒绝抚养费赔偿的法院在数量上占了多数,但是我们也看到就算在作出败诉判决的有限说法院中也存在许多法官对于抚养费赔偿的理性思考,而且这种现象并非少数,接近一半的案例中存在类似讨论。正如有的学者所言,这种状况促使接受原告委托的法律职业者不得不去考虑现时该州的法官观点,而过去的那种对原告来说不利的情况正在改变。[6]

上文提到的 Burke v. Rivo 案[7]中,争论的核心问题即是否存在公共政策上的考虑而限制传统的侵权与合同损害的适用。反对者认为,赔偿孩子的抚养费是对于孩子作为人之尊严的一种贬低。正如在 O' connor 法官强调的,一个致力于寻求一个小孩对其父母价值多少的审判是无法忍受的。……损失和利益平衡本身实际将孩子当作私人财产。这一审查违背了国民必须与每一个人类生命

---

〔1〕 95 Ill. 2d 193, 205 – 11, 447 N. E. 2d 385, 391 – 94 (Clark & Simon, JJ., dissenting).

〔2〕 Nanke v. Napier, 346 N. W. 2d 520 (Iowa 1984).

〔3〕 Schork v. Huber, 648 S. W. 2d 861 (Ky. 1983).

〔4〕 Mason v. Western Pa. Hosp., 453 A. 2d 974 (Pa. 1982).

〔5〕 Beardsley v. Wierdsma, 650 P. 2d 288 (Wyo. 1982).

〔6〕 David J. Burke, *Wrongful Pregnancy; Child Rearing Damages Deserve Full Judicial Consideration*, 8 Pace L. Rev. 313 (1988), p. 329. 例如, Flowers v. District of Columbia 中执笔否定抚养费赔偿的判决意见的 Kert 法官已经退休。暗示哥伦比亚州最高法院对于抚养费的两种态度的法官人数比例开始发生改变。

〔7〕 Burke v. Rivo, 406 Mass. 764, 551 N. E. 2d 1 (Mass. 1990).

相一致的尊严性。强调对孩子的亲权损失或其死亡的损失进行估价成立的基础是孩子生命是有价值的,其损伤或死亡都可归结为对父母的损失。这种假设与国家公共政策中应当体现对人类生命的尊重不一致。价值大小的比较决定了被告的损赔额。正当的公共政策需要作出一种确认:对于他人而言构成损害的是孩子的伤害与死亡,而非其生命本身……O' connor 法官断言采用这种规则(支持抚养费赔偿的规则)将会鼓励有害于家庭的诉讼——孩子最终发现自己不被父母所抚养(因为他们不想要他),而实际上是被一个不情愿的陌生人抚养长大。[1] 在 1991 年 Lovelace Medical Center v. Mendez[2]中,新墨西哥州最高法院特别指出了这一点。法院肯定了原告抚养费的要求,并且未引入损益相抵规则和经济动机分析作为赔偿的限制。无论是地方法院还是最高法院都将修辞学应用于错误怀孕诉讼的解释之中。法院指出伤害(harm)与损害(injury)是有所区别的。伤害是个人受到的损失与不利,而只有这种利益是法律所保护的利益时,其受到侵害才能被称为损害,才能作为一种能够提起诉讼受到保护的诉因。通过分析这些概念,法院发现父母在错误怀孕之中至少遭受了两种伤害:一种是决定节育的妇女违背其意志意外受孕,这无疑侵犯了父母控制家庭规模的权利;另一种是无论节育的动机是什么,父母在家庭经济上的利益受到了侵害。父母尽力避免因多生育一个小孩而造成的窘境并寻求医生的帮助,然而却事与愿违,这正是他们经济利益上的损失——是一种伤害。法院认为这种经济利益是一种不能否认的合法的被保护的利益,因此应当支持父母抚养费赔偿的请求。法院反对"支持抚养费赔偿就等于认定孩子本身是一种损害"的观点。同样,密苏里州上诉法院也指出:"伤害并非孩子的出生而是抚养孩子的花费。如果说错误怀孕中父母没有遭受经济损失是既不合法也不符合实际的。"[3] 同时,也有法院认为公共政策要求的尊重个人价值与赔偿抚养费并不矛盾。Lovelace Medical Center v. Mendez 中 Alarid 法官认为:"我们无法理解为什么人的尊严使拒绝抚养费赔偿正当化。对人的尊重不应掩盖正常的需求——孩子的衣食住行、教育、医疗以及其他花费——而将父母推向其尽力避免的尴尬境地。我们不能理解为什么维持对人的尊重要求我们无情地漠视父母与孩子的需求。"法院拒绝给孩子带来心理伤害的争论。诉讼本身是孩子抚养费的问题,而非他们摆脱一个并

---

〔1〕 冯恺:《胎儿的损害赔偿请求权探究》,载刘士国主编:《侵权责任法若干问题研究》,山东人民出版社 2004 年版。

〔2〕 Lovelace Medical Ctr. v. Mendez, 805 P.2d 603 (N.M. 1991).

〔3〕 Girdley v. Coats, 825 S.W.2d 295 (Mo. 1992).

不想要的孩子。很显然他们想保留这个孩子,他们愿意付出任何一个孩子所需要的宠爱、关心以及感情上的支持,但这一切并不能给他们带来抚养孩子所需要的经济手段。这正是诉讼所关心的,并且相信这个孩子在长大后能看到这两者的区别。减轻家庭对孩子抚养费的经济损失能够很好地增进包括孩子在内的整个家庭方面的幸福,而不会给其带来损害。诉讼不会引发降低人类生命的圣洁性后果,相反这种行为正试图提高人的价值。

除了上述公共政策限制抚养费赔偿理由外,父母进行绝育手术的动机经常被法院引入来论证抚养费赔偿是否合理。(1)以动机作为抚养费赔偿的决定因素。在 Burke v. Rivo 中,马萨诸塞州最高法院就直接指出父母的动机对于抚养费判决起决定性的作用。法院认为只有出于经济原因进行绝育手术失败的原告可以有权得到非计划孩子的抚养费赔偿。(2)动机是法院判决的暗含的考虑因素。康涅狄格州 1982 年发生的 Ochs v. Borrelli[1]中,地方法院指导陪审团一旦发现医生存在过错就应当赔偿由这一过错造成的所有损失也包括新生儿的抚养费。一审判决原告胜诉,获得包括抚养费在内的所有赔偿。上诉法院肯定了医生存在过错,但是却以公共政策为理由驳回了抚养费的赔偿。最后康涅狄格州最高法院维持了一审的判决。法院认为给予抚养费的赔偿并不与公共政策相抵触。为人父母的快乐并不能消除经济窘境。法院指出经济损失要重要于不愿接受之利益。法院虽然没有表明自己在父母避孕动机上的态度,但是其关于孩子的出生是否构成净利益的讨论中正暗含了这层考虑。法院查明了原告已生有两个有轻微畸形缺陷的孩子,而且有流产历史和进行过卵巢手术。法院认为知道自己身体状况和家族遗传史的原告应该会选择避孕手术保护自己。法院并不反对陪审团考虑以上事实。动机分析成为一种暗含的要素。(3)父母的动机是一种明示的要件。在 Jones v. Malinowski[2]中法院指出正确的损害评估应建立在分析父母进行绝育手术的动机之上。如果医生的过失削弱了原告通过绝育手术来保护的利益,那么法院就应当允许抚养费的赔偿。可以看出马里兰法院已将动机当作抚养费赔偿的一项要件。(4)不需要考虑动机问题。Lovelace Medical Center v. Mendez 中法院明确指出,父母寻求绝育手术的动机不应当被用来阻止抚养费的赔偿。父母实施避孕的原因不像父母在家庭财政方面的利益受到损害那样明确,那样易于把握。法院形象地举了一个例子:一位职业女性出于非经济的动机接受了绝育手术,但由于医生的失误而怀孕,她的大好的经济前

〔1〕 Ochs v. Borrelli, 445 A.2d 883 (Conn. 1982).

〔2〕 Jones v. Malinowski, 473 A.2d 429 (Md. 1984).

途就骤然发生了变化。这种情况下应当允许该女士寻求赔偿,而不论其之前的动机是什么。另外,法院指出对于陪审团来说识别动机是有一定困难的。

支持者认为,基于公共政策的考量,孩子当然不能被认为是一种损害。但在错误怀孕中不难发现,父母受到了至少两种侵权:一是生育自主的权利受到侵犯,二是家庭的计划受到破坏,家庭经济利益受到损害。在父母出于社会经济原因而选择避孕或绝育的时候,一个非计划内的孩子的出生往往意味着家庭经济负担的加重,意味其要与其他家庭成员争夺本来有限的资源。而在考虑优生因素,或者由于治疗原因为了避免给孕妇及出生儿带来危险而选择的避孕时,一个健康儿的出现,即使是非计划的,对于其父母也是一种巨大的利益,此时强加给医生巨额的抚养费是不公正的。这种观点被许多支持抚养费赔偿的法院所认同。法院倾向于将调查的重点置于夫妇避孕的原因之上,以此决定孩子的出生是否给父母带来损害。在 Jones v. Malinowski 案中,马里兰州上诉法院认为,如果医生的过失行为侵害了父母想通过节育来保护的利益,那么这种被侵害的利益就应当被赔偿。也就是说如果父母出于想维持家庭经济利益的目的节育,那么非期待儿的出生显然破坏了家庭的经济计划,被告理应赔偿。如果被告是出于担心孩子出生患上遗传疾病而作出节育决定的话,医生的失误并未侵害父母所想保护的利益,这时一个健康儿的出生就是上帝给予的意外的礼物,父母不应得到抚养费的赔偿。

但是与此同时动机分析理论也引起了诸多学者的质疑。首先,法院探究父母内心真实的避孕动机是非常困难的。许多时候原因往往不是单一的,而是混合着经济与优生等其他因素的。其次,这种动机分析的证明责任被归于原告,向陪审团证明自己的动机是复杂而有风险的。最后,这种区分动机的行为侵犯了宪法上所保护的家庭规模控制权。由于只承认出于经济原因的避孕失败的赔偿,显然流露出对于其他动机下避孕保护的歧视。另外,从侵权法的基本目标的实现来看,引入动机分析并不会有利于促进侵权法基本目标:赔偿、预防、公共福利的实现。在该理论下,出于经济以外原因避孕的父母被排斥在抚养费赔偿之外,显然会造成不公,可预见的直接损失未能得到赔偿。动机分析的理论对于避免医生在往后工作中的操作失误,谨慎履行义务毫无帮助,因为在该理论下,出于经济原因以外的避孕行为,医生所要负的注意义务要明显低于在经济原因下进行的避孕。我们还发现引入动机分析法不但没有更好地使父母与出生儿获得赔偿,而且把他们置于更加尴尬的境地。其实不管是基于何种动机作出避孕绝育的决定,孩子的出生都会破坏一个家庭原先的计划,家庭的经济付出是不可避免的。抛弃动机分析理论,承认不区分动机的平等赔偿不失为一种解决途径。

至于抚养费的确定问题,在 Johnson v. University Hospital 案〔1〕中,法官认为有限赔偿理论是错误怀孕赔偿之诉最合理的解决之道。抚养费的赔偿过于捉摸不定,不易计算。但是这并不能成为拒绝赔偿抚养费的理由,因为孩子的抚养费是侵权行为发生后完全可以合理预见的结果。通过人口调查学,比照过失致人死亡赔偿解决方式以及保险精算来估计抚养费赔偿额完全是可能的。陪审团在其他类型的医疗过失案中同样会面对类似的计算。精神损害赔偿的计算要比孩子抚养费的计算更加难以捉摸,但是我们依然肯定了精神损害赔偿。法院怎能以难以计算赔偿额为由拒绝原告的请求。正如 Burke v. Rivo 案法官主张的那样:因为预期的孩子抚养费的确定并不比许多在侵权案中作出的未来损失的计算更加复杂与不切实际。如果一个医生在照顾新生儿时有过失,损害赔偿的计算会根据新生儿一生中的收入能力及预见到的医疗费来确定。孩子的抚养费远比以上情形更容易确定。假如在此类案件中存在否认正常侵权损害赔偿救济的正当性的话,那也不应当是孩子抚养费不能合理计算或费用给医生施加过重负担。另外,根据存在的数据显示法院判决原告的抚养费赔偿并不像想象的那样高得吓人,事实上实际的赔偿数额要低于一般医疗事故的平均赔偿数额。例如,在 1977 年明尼苏达州 Sherlock v. Stillwater Clinic 案〔2〕中,法院判决了包含抚养费总数为 195,000 美元的赔偿金。1981 年密歇根州的 Clapham v. Yanga 案〔3〕中,抚养费为 57,000 美元;1982 年加利福尼亚州的 Morris v. Frudenfeld 案〔4〕判决了抚养费与教育费 90,000 美元;1982 年康涅狄格州法院 Ochs v. Borrelli 案〔5〕判决了 56,375 美元的抚养费;1984 年马里兰州的 Jones v. Malinowski 案〔6〕判决了包含抚养费总数为 70,000 美元损害赔偿。比起这些抚养费的数额,一份 1985 年的调查数据显示到 1978 年法院判决的涉及永久性的严重伤害的平均赔偿数额已经超过了 349,000 美元。〔7〕在抚养费的确定中,关于损益相抵规则与减轻损失规则两者的适用问题也有广泛的争论,损益相抵规则

〔1〕 Johnson v. University Hosp., 540 N. E. 2d 1370 (Ohio 1989).

〔2〕 Sherlock v. Stillwater Clinic, 260 N. W. 2d 169 (Minn. 1977).

〔3〕 Clapham v. Yanga, 102 Mich. App. 47, 300 N. W. 2d 727 (1980).

〔4〕 Morris v. Frudenfeld, 135 Cal. App. 3d 23, 185 Cal. Rptr. 76 (1982).

〔5〕 Ochs v. Borrelli, 187 Conn. 253, 445 A. 2d 883 (1982).

〔6〕 Jones v. Malinowski, 299 Md. 257, 473 A. 2d 429 (1984).

〔7〕 P. M. Danzon, Medical Malpractice (1985). 转引自 David J. Burke, *Wrongful Pregnancy: Child Rearing Damages Deserve Full Judicial Consideration*, 8 Pace L. Rev. 313 (1988), p. 334。

将在下文作详细的阐述,这里只讨论减轻损失规则的适用问题,该规则也是建立在美国《侵权法重述》(第2版)之上。《侵权法重述》(第2版)第918节施加了被侵权人不真正义务,即如果能够采取而不采取合理的措施减少损害的发生,那么其赔偿的请求将不会被授权。[1] 在错误怀孕之中原告是否有义务减轻被告造成的损害而将损失降至最低,即堕胎与收养是否应该被实施?不实施堕胎或不寄养,是否就是意味着原告接受了孩子所带来的利益?孩子出生后的抚养费所带来的经济损失便属于扩大的损失,就不应再要求被告赔偿?上文提到的Shaheen v. Knight法官在陈述拒绝赔偿的理由时就提出,如果原告愿意,许多人会乐意收养这个孩子,但决定权在原告手上,原告却并未如此做。她喜爱并想养育他,但是却要求原告支付养育的费用。如果支持了这样的赔偿会造成公共政策的违反。更多的法院认为避免损失扩大的手段是否合理可行是该规则适用的关键。对于许多的父母,堕胎并不是一种理性的、感情上可以接受的途径。决定不生育一个小孩与决定堕胎对父母的影响是完全不同的。正如一位法官所言:"我们并不认为期望父母在孩子与诉因之间作出本质选择是合理之举……堕胎与否纯属私人问题,其中深层次的包含了道德与宗教方面的信念。"[2]纽约州法院也指出这种减轻损害的方式将导致对私权的侵犯,是糟糕而有害的。

三、比较法观察之二:以德国错误怀孕案之判决为观察对象

在德国,此类案件被置于"孩子是损害吗?"(Kind als Schaden)名下被持久、广泛讨论。就普通法院而言,联邦最高普通法院向来的判决都认为,对于孕前的错误遗传学咨询或避孕失误而引发的抚养费赔偿要求,都予以支持。[3] 但是,对于堕胎失误而导致的抚养费赔偿要求,联邦最高普通法院有赞同的[4],也有反对的,[5]因为这涉及堕胎是否符合法律规定。[6] 在宪法法院层面,宪法法院的第一庭和第二庭之间的意见似乎相左。第一庭认为,孕前咨询建议和避孕措施错误导致的抚养费负担应予赔偿;[7]第二庭认为,孕后堕胎失败导致的抚养

---

[1] Restatement (Second) of Torts § 918 (1977).

[2] Marciniak v. Lundborg, 450 N. W. 2d 243 (Wis. 1990).

[3] BGHZ 76, 249; 76, 259; 124, 128; 143, 389.

[4] BGHZ 143, 389.

[5] BGHZ 86, 240.

[6] 根据《德国刑法典》第218条及以下条款,堕胎是犯罪行为,除非基于医学、社会及刑事原因(强奸),由孕妇提出堕胎要求,再取得有关部门书面同意后,方可实施。如因医学原则堕胎失败,抚养费并不赔偿。BGH NJW 2000, 1782,1783.

[7] BverfGE 96, 374 - 409 = NJW 1998, 519 - 523 - Kind als Schaden.

费负担不予赔偿。[1] 至于第一庭对孕后堕胎失败的抚养费和第二庭对孕前咨询建议或避孕措施失败的抚养费持何种态度,目前仍不得而知。但可以确定的是,支持孕前咨询建议不当或避孕措施失败所导致的抚养费之诉请,是联邦最高法院与宪法法院共同的观点;而对于孕后堕胎失败的抚养费之诉请,普通法院与宪法法院的观点分歧仍然是一个拭目以待的争点。[2]

因结扎或堕胎失败而导致的意外怀孕产生的抚养费赔偿要求,与堕胎是否符合法律的要件有密切的关系,如果法律要件都成立,则联邦最高法院认定这一在紧急情形下对孕妇实施的以阻止危险为目的的堕胎手术是合法的,不应受到惩罚。如果不能认定医生进行堕胎手术存在紧急事由,那么故意堕胎行为就不具备合法性,即原告通过订立堕胎合同想避免孩子的出生而给其带来社会负担和经济负担的目的是不为法律所赞成的,那么原告关于其孩子抚养费用的赔偿要求缺乏合法依据。1995 年 3 月 28 日联邦最高法院(第六审判庭)公布的一则案例说明了这一问题。[3] 然而,即使在关于堕胎的法律被修改、联邦宪法法院在 1993 年 5 月 28 日作出的判决中采纳了更保守的观点,即堕胎一般为违法行为,但在大多数情况下可被允许之后,在违法实施堕胎的情况下仍可以索赔孩子抚养费用。其紧急事由是出于挽救孕妇生命之必要或紧急事由,抑或与这两种情形相当的其他情形,如《联邦最高法院民事判例集》第 129 卷第 178 页判例中的情形。索赔请求方的请求获得了法院的支持。

对于错误怀孕这类案件,德国法院在判决时都充分听取各方意见,对于这些意见的了解,将对我国法律有关于此项法律政策之选取具有重要启发作用。为详论此点,下文特选取德国法上最具影响的一则宪法法院判决(该判决支持孕前因咨询建议不当和避孕措施失误而导致的抚养费之诉请)予以说明。

本判决系综合以下两则宪法诉愿而为之裁判:

(1)甲为泌尿科职业医师,为乙之丈夫丙做节育手术,后节育手续失败,但乙、丙未被告知此事。后乙与丙产下一子丁,乙诉请甲赔偿因抚养丁之费用。

(2)A、B 是一对已产下一名残障女婴的夫妇。因为遗传基因问题,

---

[1] BverfGE 88, 203 – 366 = NJW 1993, 1751 – 1764 – Schwangerschaftasbbruch Ⅱ.

[2] Torsten Kellotat, Die Kontroverse zwischen BGH und BVerfG zur sogenannten, Kind als Schaden Problematik, 2005.

[3] 该案例收录在《联邦最高法院民事判例集》第 129 卷第 178 页和《新法学周刊》1995 年第 1609 页。

A、B 恐继续产下有缺陷的子女,因此向 C 咨询。C 系专业医疗结构,接受 A、B 咨询并出具书面函件:A、B 极不可能因遗传原因而产下先天有缺陷的子女,因此并不阻止 A、B 继续怀孕。后 A、B 产下一女 D,D 与其姐姐一样,具有先天缺陷。A、B 诉请 C 赔偿 D 之抚养费。[1]

原告认为,医生违反其应尽义务,应该对原告家庭生计给予赔偿。因为对于父母而言,经济的承受能力是其决定是否另外抚养孩子的重要因素之一。人性尊严的价值无法免除因有责、瑕疵手术或咨询致害的损害赔偿。由于非期待出生子女的降临不只是涉及父母与子女的经济关系,而会牵涉整个家庭,因为遭受经济上不利益的是全部家庭成员。父母的任务与义务是必须充满爱心地将子女长期地接纳于家庭之内,但这不应因为将抚养费转嫁给第三人而有所减损,这样做也不会影响子女的人性尊严,反而会提高被抚养人的物质生活条件,使其有尊严地生活。从民法规定看,抚养义务只是被当作恢复原状的赔偿而转嫁给他人,并不会因此而忽视权利人依自己意愿的生存。

诉愿人(被告)认为,原审判决主张对于非基于父母意愿而出生的子女抚养费,可视为一种适于填补的损害,抵触了基本法上的基本伦理。因为子女受基本法保障,不是客体、不是损害。因非期待出生的小孩而产生的抚养费与财产法上的损害不可同日而语。此外,这也侵害医生的职业自由与职业伦理。医生的天职在于维持生命以及避免毁灭孕育中的生命。如果医生要赔偿因出生而产生的抚养费,而这又被视为失败节育手术下的结果,将会败坏上述医生维持生命的职业道德。再者,这也侵害子女的人性尊严。如果同意母亲就其非预料之怀孕而请求赔偿金,则会导致子女自认为其是一个损害者,侵害了其母之身体,并应给付其母赔偿金。最后,相对其手足而言,该子女每月可领得一定的抚养费,将导致其较之其手足产生特殊性。母亲为了长期能领得抚养费,也将不得不长期声明其并非愿意生下该子女,而这对该子女的人性尊严显然是一种侵害。

普通民事法院认为,抚养费与子女人格尊严没有必然内在联系。任何法律体系下,皆不能将孩子本身视为损害。但是,由于违反生育计划而导致父母对子女的抚养费则可被视为父母的经济损害。孩子的存在虽难说不是抚养费的前提,但经由孩子所生解决负担的归责必定要和孩子的存在加以区分。很难相信将父母抚养孩子的费用转嫁给第三人,就代表孩子的父母表示他们不断反对孩子的生存权。父母与孩子存在何种内在关系,不取决于子女是否“非计划”或

---

〔1〕 BverfGE 96, 374, 409 = NJW 1998, 519 – 523 – Kind als Schaden.

"不被期待"。事实上,总是会有非期待出生的小孩,但他们一旦出生,他们就会与被期待出生的小孩一样,获得父母同样的照顾。加害者没有理由因为考虑到小孩的原因而免除自己对此应承担的责任。通过加害人来减轻受害人财产上的负担,对于受害人和小孩而言,都是有利的。因为小孩出生而产生的负担解决是中性的,不能将子女的不存在视为积极的财产增加,或将子女的存在视为财产的消极减少。因此,基于经济上之原因所规划的家庭计划因为医生之过失而告失败,对于子女的抚养费用,可请求医生予以赔偿。

契约法上医生的责任可以包括对子女的抚养费。法律将抚养费视为损害的关键在于医生在契约上有责任,即医生为了达到治疗和回答咨询的目的,所采取的手段应该满足医学上的要求,但其却未达到。事实上,避免具有遗传缺陷子女诞生的契约与节育契约一样,皆为合法。一对身心有缺陷的父母为了生下一个健康的子女而咨询,不仅不会有伦理道德疑问,相反表现了该父母高度的责任感。医疗契约的不完全履行可引起民法上的损害赔偿,如免除医生此种契约责任,将对契约利益造成重大损害。

从损害赔偿法的角度看,也毫无问题。因为只有父母对子女的抚养负担才可被视为财产的损害,即使医生参与部分抚养费的分摊,还是不能免除父母对其子女的抚养义务。通过医生赔偿来减轻父母财产上的损害,与损害赔偿法的任务相符合。损害的概念并不能做如此消极理解,以致应该禁止将因来自子女出生而造成的财产负担视为一种损害。特别是将抚养费视为医生与父母之间的损害赔偿关系,并不代表将子女当作一项无价值的判断,同时也不是通过与损害概念的连接而亵渎了子女的人格。根据今天的理解,损害赔偿代表一种根据各种责任标准之公平的负担分担,而非对于损害行为的一种制裁。因此,很难理解为什么将抚养费用认定为损害会不利于子女的人格尊严?

巴伐利亚州司法部部长认为,原审判决并未超越法官造法的界限,并未创设新的责任成立要件。这些裁判无非只是涉及对《德国民法典》第 249 条(恢复原状)一种可被接受的解释,以及造成损害概念的进一步发展而已。对于这些民法的学理解释,宪法法院不应介入。但是,由于宪法法院曾经在一份判决的旁论中指出不应考虑在法律上将子女的存在确定为损害来源。因此,对于非期待出生的子女,在法律上仅考虑父母负担抚养费的观点是否与基本法的价值相符合,值得怀疑。虽然这种考虑符合损害赔偿法的学理,但是对于特别重视父母与子女内在关联的关系而言,这种单纯财产法上的判定并不合适。因此,对于非期待出生子女的抚养费可否视为一种损害,在宪法上是有疑虑的。

联邦最高法院院长重申了联邦法院先前就本案的判决意见,强调只有婚姻伴侣而非所有的性伴侣可以得到医疗契约的覆盖保护。德国法学家协会认为,如果医疗或咨询瑕疵只是非期待子女出生之多种因素中的一种,则不论对于健康或身心残障的子女的一般生活抚养义务,仍然只是父母照料小孩的必然产物。并且属人性质的家事法上的义务可能无法通过损害填补的方式加以转移,但对于身心残障的子女的照顾则会有所不同,因为父母会为照顾这样的子女而多付出金钱,而这些多出来的付出就应该由加害人来承担。

宪法法院认为,原审并未侵害诉愿人的基本权利。本案原审对于契约上损害赔偿的理解是基于传统财产法上的理解,因此即使根据不同的认定方法,抚养义务原则上可以被视为《德国民法典》第249条项下的损害。这项一般契约法上长期发展而来的原则可以延伸到医疗契约上适用。诉愿人因契约侵害或侵权侵害而支付赔偿并不影响诉愿人基于基本法而享有的财产权。[1] 损害赔偿义务的履行对基本法上的职业自由权亦并无直接联系。[2] 如果医生提供协助的医学意见或行为可以在最私密以及由配偶自主负责的领域中获得确信,则应特别赋予损害赔偿责任法若干功能,以保障因此受到危害的父母与子女的人格自主和身体不受侵害。如果有责的医疗行为在这个领域不受制裁,则将由父母单方面承担医疗瑕疵之风险。以节育和避免残障子女出生的契约是合法的,因此医师对契约的不完全履行是可被归责的,而且一个自愿接受的契约义务并无法加以合理化。本案中,医疗职务行为系为应担责任之父母的亲权服务,父母为了经济考虑,或者是过度担忧出现第二位残障子女,而不考虑再生育。民法赋予医生不完全给付的赔偿责任,可以提高父母对非期待出生之子女的接纳程度。

将子女的抚养费作为损害,并未剥夺子女的自我价值,亦并未使其商业化。虽然损害赔偿请求权直接以人的存在为基础,但民法的责任构造在此并不涉及人性尊严,此只为一种责任的合理分配,不会导致人的人格或人所具有的不可转让之权利转化为商业交易的客体。同样,将抚养费转嫁给他人也不会导致父母或他人对抚养请求权人作无价值的判断。承认子女的人格不等于父母承担对子女的抚养义务。子女的存在只是构成抚养的要件之一,并不是每一个子女都有抚养的需求,抚养义务和父母的亲权是可以分开的。丧父、丧母、丧父母的儿童并不必然导致完全的抚养义务。帝国法院(1945年以前)就将不得视子女为损害和生育者负担财产减少性质之抚养义务相区分。民法从来没有贬抑或物化被

[1] BVerGE 95, 267, 300 = NJW 1997, 1975, 1979.
[2] BVerfGE 13, 181,186; 52, 42, 54; 70, 191, 214; 95, 267, 302.

抚养人,而仅就建立负抚养义务之家庭成员与加害人间之损害赔偿义务关系作出规定。在许多法典中所论及的产品、环境和交通责任,均采用此种填补损害的思路。将胎儿纳入车祸保险也是以此为要件,即子女的尊严不因抚养义务人抚养义务部分减轻而遭受伤害。诉愿人认为原审判决突破了家事法上的抚养义务体系,或者认为当子女知悉他的出生原来是应该被避免的而可能对其产生心理损害等,皆与基本法上的人性尊严无关。同时也不用担心原审判决会激起或增强父母对未期待之子女的负面观感。相反的是,如果否决原审判决,将危及父母在是否决定再育子女的亲权范围内的自我决定权与人格权。

综上可知,各国对于错误怀孕情形下的抚养费是否赔偿,采取了不同的法律政策和法律技术,体现了不同法律文化的多样性。由此亦可见,此问题并无一定之标准答案,而是一个人言人殊之开放性问题。但是,由于判决必须在是与否之间进行抉择,法学研究在特定的时空和法制背景下必须对这一问题作出明确的回答,以便提供判决指引。对于我国而言,前已述及,错误怀孕侵犯的是父母之生育权,此种侵害结果表现为多抚养一个孩子所为之必要支出,此种必要支出因被告的过错而必然产生。对此,本书采德国法上的见解,认为子女抚养费纯系家庭财产之减少,与子女之人格尊严无关,更不会因为该子女抚养费系他方支出而影响其在家庭以及社会的人格形象。由于医方支付此项损害赔偿,与其过错相适应,并未侵害其职业自由。关于抚养费的确定问题,抚养费是指父母从怀孕期起到把孩子抚养到独立生活时止应承担的各种生活费用、教育费用、医疗费用和其他合理支出。我国原《婚姻法解释(一)》第21条规定:“婚姻法第二十一条所称‘抚养费’,包括子女生活费、教育费、医疗费等费用。”从这一立法条文来看,立法者对抚养费的界定主要定位于生活费、教育费和医疗费三大类。也就是说,从外延上而言,抚养费仅延及生活费、教育费、医疗费。我国1980年《婚姻法》未明确规定子女抚养费的数额,这一问题留待于最高人民法院的司法解释《离婚案件子女抚养意见》解决。该意见第7条规定:“子女抚养费的数额,可根据子女的实际需要、父母双方的负担能力和当地的实际生活水平确定。有固定收入的,抚养费一般可按其月总收入的百分之二十至三十的比例给付。负担两个以上子女抚养费的,比例可适当提高,但一般不得超过其月总收入的百分之五十。无固定收入的,抚养费的数额可根据当年总收入或同行业平均收入,参照上述比例确定。有特殊情况的,可适当提高或降低上述比例。”社会学家徐安琪于2003年在上海市徐汇区的调查显示,从直接经济成本看,0～16岁孩子的总成本将达

25 万元左右(0~16 岁子女 2003 年的人均支出相加之和)[1]，另外还有社会学家尚晓援调查显示，在安徽省阜南县的农村，培养一个小孩的成本相当于建造 2.6 所住房的费用。[2]

同时，还有一个问题需要明确，“社会抚养费”作为可被合理预见的损失具有可赔偿性。前引案例 7 中，泸州市泸县人民法院作出的驳回原告要求被告赔偿社会抚养费损失的诉讼请求的判决值得商榷。计划生育，就是有计划地生育子女。这里所说的“计划”，并不仅仅是指个人和家庭范围内的生育“计划”，而是在整个国家范围内(不包括港、澳、台)，由中央政府宏观规划、统一领导，在全社会范围内对人口再生产进行有计划的调节，并针对各种具体情况区别对待、分类指导，使人口数量、素质、分布和结构等与经济和社会的发展相适应，以促进社会的可持续发展。为此，国家制定的有关计划生育的法律：《宪法》《人口与计划生育法》；有关计划生育的行政法规：《流动人口计划生育工作管理办法》《社会抚养费征收管理办法》《计划生育服务管理条例》；还有一些有关计划生育的地方性法规，如《湖北省人口与计划生育条例》《湖北省流动人口计划生育管理办法》等，都是计划生育行政执法主体实施生育行政执法的重要依据。其中的《人口与计划生育法》(2001 年)第 41 条第 1 款的规定：“不符合本法第十八条规定生育子女的公民，应当依法缴纳社会抚养费。”原《社会抚养费征收管理办法》第 3 条第 1 款的规定：“不符合人口与计划生育法第十八条的规定生育子女的公民，应当依照本办法的规定缴纳社会抚养费。”那么在错误怀孕案件中，如果非自愿怀孕的母亲积极地采取了终止妊娠手术，不会产生社会抚养费赔偿问题。如果非自愿怀孕的母亲得知怀孕事实后，没有采取终止妊娠的手术，致子女出生且被征收社会抚养费，应自行承担社会抚养费，因为母亲有终止妊娠的机会却放弃，医生绝育手术失败和子女出生之间的因果关系已经中断。如果母亲怀孕后因医生的流产或引产手术失败导致子女出生，非自愿生育的母亲可以提出社会抚养费赔偿的请求并得到支持。子女因为计划外生育而出现的无法登记户口的损失也应该予以赔偿。有学者也认为这种(社会抚养费)可被合理预见的损失与父母养育孩子的责任无关，对该项损失的赔偿，并不会引发道德的争议，因此其应当具有可赔偿性。[3]

四、损益相抵

损益相抵，又称损益同销，是指赔偿权利人基于损害发生的同一赔偿原因获

---

〔1〕 徐安琪：《孩子的经济成本：转型期的结构变化和优化》，载《青年研究》2004 年第 12 期。

〔2〕 尚晓援、李振刚：《儿童的抚育成本：安徽省阜南县农村儿童抚育成本研究》，载《青年研究》2005 年第 9 期。

〔3〕 丁春艳：《“错误出生案件”之损害赔偿责任研究》，载《中外法学》2007 年第 6 期。

得利益时,应将所受利益由所受损害中扣除以确定损害赔偿范围的规则。损益相抵规则在我国现行立法中并未得到明确的规定,但在司法实践中却得到了普遍的应用。[1] 它是债法中普遍适用的确定实际损害范围的规则,任何因债而发生赔偿的情况下,均可适用该规则。有学者认为,原则上损益相抵在精神损害中也应该适用,因为损害事实在造成精神损害的同时也可能会引起精神上的利益,而这个精神利益在计算精神损害赔偿时是应该加以考虑的。[2] 还有学者则认为,精神痛苦本身是不会分裂的,在精神损害中区分出由于损害事实所产生的精神利益,并将这种利益从最初计算出来的全部请求权中扣除抑或不扣除,都是不可能的。精神损害中的具体有利因素在确定赔偿大小时一开始就被考虑了,因而在精神损害领域是不存在通常意义上的损益相抵的。[3] 应当肯定的是,精神利益本身也可以转化为一种财产利益,如姓名权、肖像权等人身权利通过支付对价的方式,他人可以使用。然而,精神损害的计算方法与其他损害情形有很大的区别,根据《精神损害赔偿解释》(2001 年)第 10 条之规定,尚需考量侵权人的过错程度,侵害的手段、场合、行为方式等具体因素加以确定。

因此对损害事实造成受害人精神损害的同时,又给受害人带来一定利益的,应该将其作为确定精神损害时的一个具体因素加以考量,而不像在财产损害领域那样,可以先排除这个精神利益的因素计算出一个损害额度,然后再确定这个精神利益的大小,并从整体额度中将这一精神利益扣除。因此,损益相抵中"利益"应与其相对应的损害项目发生抵扣,因而在财产损害与精神利益之间不能适用损益相抵;同样,在精神损害与财产利益之间也无法适用损益相抵。一般来说,精神损害与财产损害具有质上的不同,精神利益也无法与财产利益进行比较。[4]

在美国的错误怀孕案件中,法院如果允许对孩子的抚养费损失进行补偿,通常要求抚养费损害可以被胎儿带来的父母身份利益所抵销。正如一位法官所言:"允许以抚养利益抵销损害赔偿只不过是将抵销用于减弱医疗侵权人与其

---

〔1〕 2009 年 7 月 7 日,最高人民法院《关于当前形势下审理民商事合同纠纷案件若干问题的指导意见》(法发〔2009〕40 号)第 10 条规定:"人民法院在计算和认定可得利益损失时,应当综合运用可预见规则、减损规则、损益相抵规则以及过失相抵规则等,从非违约方主张的可得利益赔偿总额中扣除违约方不可预见的损失、非违约方不当扩大的损失、非违约方因违约获得的利益、非违约方亦有过失所造成的损失以及必要的交易成本……"

〔2〕 赵刚:《损益相抵论》,载《清华法学》2009 年第 6 期。

〔3〕 Lange/Schiemann, Schadensersatz, 3. Aufl. 2003. S. 497.

〔4〕 赵刚:《损益相抵论》,载《清华法学》2009 年第 6 期。

保险人金钱上的震撼。”[1]如果父母不孕的目的是基于优生或治疗上的原因，并且出生的是一个健康的孩子，司法上支持正常孩子自出生至成年的抚养费的数额会远低于基于经济上的原因寻求不孕而失败的情况。在这种情况下，事实审查者总会就父母可能自孩子身上得到的或将得到的利益与孩子抚养费损失相抵偿。源于美国《侵权法重述》（第2版）第920节规定，被告的侵权行为使原告受益的，应将所受利益从所受损害中扣除，以确定损害赔偿范围。即使面对《侵权法重述》（第2版）第920节b款[2]的挑战，坚持损益相抵原则的法院仍占了上风。密歇根州 Troppi v. Scarf 案中，法院还将所有的经济损失与情感利益都划归到“家庭利益”之中，使他们拥有共同的属性，以此来解释抵销的困惑。[3]然而批评者指出这里存在对于《侵权法重述》（第2版）第920节的规定的误解与滥用。首先，孩子的抚养费的赔偿只能与由于抚养孩子产生的金钱利益相抵销，而不能与情感利益相抵销。《侵权法重述》（第2版）第920节b款明确地规定抵销只能限于同类利益。为此编者不厌其烦地举例说明，通过诽谤侵害他人名誉的，不能因对方利用该事件出版获得经济利益而抵销其责任。被告的行为造成原告精神痛苦不能因为该行为还使原告的收入水平提高了有所减弱。其次，强迫受益难见公正。正如 Marciniak v. Lundborg 案谈及抵销问题时，Wisconsin 法官引用第920条评论：“痛苦与心理遭遇方面的损害并不会通过显示原告的收入能力由于被告的行为增强而减轻。”这样一来，经济利益仅能与经济性损害相对应，发生感情利益仅能与感情伤害相对应。在这里被告试图将感情利益与经济损害分割开来。父母所作的不要孩子的决定中包含了放弃可能来自另一个孩子的感情利益的决定。当父母作出决定放弃这一丰富的感情的机会时，强加该利益于他们并且告诉他们必须以抵销其已证明的经济损害，这显然是不公平的。

对于我国错误怀孕案件中是否适用损益相抵规则这个问题还需要解释，即在一般情况下，生儿育女对于父母及整个家庭而言都会增加很多快乐，特别是在我国这样一个拥有多子即多福的悠久传统之国度。那么，此处是否产生损益相抵的问题？首先，须明确的是，损益相抵适用之前提是损害或获益是同质的。而

---

[1] 冯恺：《胎儿的损害赔偿请求权探究》，载刘士国主编：《侵权责任法若干问题研究》，山东人民出版社2004年版，第32页。

[2] Restatement (Second) of Torts § 920 comment b (1977). 该条规定了抵销的利益必须属于同一种类。

[3] David J. Burke, *Wrongful Pregnancy: Child Rearing Damages Deserve Full Judicial Consideration*, 8 Pace L. Rev. 313 (1988), p. 336.

在此类案件中,抚养费是财产损害,自不应与所得之快乐(精神利益)相冲抵。[1]美国少数州采用损益相抵规则,即允许赔偿孩子的抚养费,但要求陪审团从中减去原告因孩子的出生而获得的利益的价值,该规则源于美国《侵权法重述》(第2版)第920节。法院相信损益相抵规则的益处在于它的弹性,因为陪审团可以根据个案的具体因素——家庭成员的多少、收入、父母的年龄、婚姻状况——确定原告事实上是否遭受损失。有的法院还会考虑另外一个限制因素,父母做绝育手术的动机,通常分为优生性的、治疗性的、经济性的不同的动机,只有出于经济原因的才被允许赔偿抚养费。[2] 而对损益相抵规则的批评意见认为,第920节的目的在于防止不正当的获利,而不是允许侵权者强迫受害人接受违背自己意愿的"利益"。如果允许在错误怀孕损害赔偿中损益相抵,就会允许侵权人强迫受害人接受一种利益。[3] 但是,是否父母的此种精神快乐在处理此类案件中是一项无须考虑的因素呢? 答案是否定的。因为就父母的损害而言,无论是母亲的身体权和健康权之损害,抑或父母之生育权受损害,都是人格权之损害,都将产生财产损害与精神损害(如我们无法否认父母为儿女之病痛而遭受之精神痛苦)两项赔偿。前者即抚养费,但后者是否应该赔偿? 本书认为后者不应该赔偿,因为父母为子女劳神之痛往往通过子女给其带来的快乐所冲抵,因损益同质而抵销。因此,错误怀孕案件中父母之精神损害是无须赔偿的,生儿育女所带来的快乐也不是扣减被告抚养费数额之依据。

第四节 过错及因果关系

一、过错的认定

错误怀孕案件一般属于医疗侵权责任案件,根据《民法典》第1218条、《医疗事故处理条例》第2条,属过错侵权责任。关于过错之认定,根据《民法典》第1219条规定,医方应当向患者说明医疗风险、替代方案等,否则即视为有过错。关于过错之举证责任,《民诉证据规定》(2001年)第4条第1款第8项规定,因

---

〔1〕 丁春艳:《"错误出生案件"之损害赔偿责任研究》,载《中外法学》2007年第6期。

〔2〕 JenrfiferMee, *Wrongful Conception: The Emergence of a Full Recovery Rule*, Washington University Law Quarterly, Fall 1992, Vol. 70, p. 902 - 903, 905 - 908.

〔3〕 李燕:《不当怀孕损害赔偿研究——从上海"绝育手术不绝育索赔案"说起》,载《东岳论丛》2009年第10期。

医疗行为引起的侵权诉讼,由医疗机构就医疗行为与损害结果之间不存在因果关系及不存在医疗过错承担举证责任。[1] 尽管这项举证责任倒置的规则并没有改变错误怀孕案件系"过错责任"的本质,而仅仅产生"过错推定"的效果,但是与以违约为由请求损害赔偿相比,这明显减轻了原告的证明负担。[2] 在此需要讨论两个问题:一是过错的认定标准,二是举证责任分配方式。

关于过错的认定标准问题,即医生是否违反了注意义务。医疗侵权损害责任构成要件应当包括医务人员的过错。过错是指加害人的一种可归责的心理状况,表现为故意和过失两种形式。[3] 在错误怀孕案件中过错的主要形式是过失,但在个别情况下也可能表现为故意,如医师在明知某一绝育手术失败的可能性极大的情况下,出于某种原因故意向父母隐瞒了这个情况,致使该母亲怀孕或产下孩子。由于医生从事医疗行为的主要目的是服务患者,主观上故意造成患者损害的并不多,所以此处仅就主观上过失的情况进行探讨。综观人民法院在处理医疗损害赔偿案件的裁判依据变化时发现,在 2002 年国务院颁布的《医疗事故处理条例》生效之后,人民法院审理医疗损害赔偿案件,优先适用《医疗事故处理条例》的规定,而不再适用原《民法通则》第 106 条第 2 款的规定。为了正确地处理现实中医患关系紧张局面,原《侵权责任法》废止"医疗事故"这一旧概念,代之以"医疗损害"这一新概念,从而使医疗损害责任之成立将不以构成医疗事故为前提条件,当然也就无须进行所谓"医疗事故鉴定"。此外,《侵权责任法》专设第 54 条明文规定医疗损害责任案件适用过错责任原则,这就使医疗损害赔偿案件"回归于"过错责任原则的适用范围。因此,原《侵权责任法》生效后,《医疗事故处理条例》有关医疗事故赔偿责任的规定同时废止,人民法院审理医疗损害责任案件,适用原《侵权责任法》第七章关于医疗损害责任的规定,而不再适用《医疗事故处理条例》。[4] 《民法典》正式生效后即使用法典规则。

关于过错的理论有主观过错说和客观过错说。主观过错说,是指过错是行为人主观上应受非难的心理状态。客观过错说,是指行为人违反了某种行为标准,此种标准可能是法律上确定的行为人应当作为或不作为的义务,也可能是指一个合理的人或者善良管理人应当尽到的义务或注意程度等。[5] 错误怀孕的

---

〔1〕 2019 年 10 月 14 日最高人民法院审判委员会第 1777 次会议《关于修改〈关于民事诉讼证据的若干规定〉的决定》将本条删去。

〔2〕 丁春艳:《"错误出生案件"之损害赔偿责任研究》,载《中外法学》2007 年第 6 期。

〔3〕 张新宝:《侵权责任法原理》,中国人民大学出版社 2005 年版,第 68 页。

〔4〕 梁慧星:《论〈侵权责任法〉中的医疗损害责任》,载《法商研究》2010 年第 6 期。

〔5〕 王利明:《侵权行为法》(上册),中国人民大学出版社 2004 年版,第 462 - 463 页。

医疗侵权是一种过失侵权,作为医疗过失责任问题,采用客观过失说更为合理。民法理论将注意义务区分为一般注意义务与特别注意义务。《民法典》第1219条规定的说明并取得明确同意的义务,属于医疗活动中医务人员应履行的特别注意义务。医务人员按照该条规定履行了说明义务并取得患者或其近亲属明确同意之后,于实施诊疗行为时还必须履行一般注意义务。民法理论上关于医务人员的一般注意义务,称为"专家的高度注意义务",是指医务人员作为医学专家于实施诊疗行为时应为患者一方的最大利益尽高度的注意义务。此高度注意义务,应以同专业领域的医务人员通常应履行的注意义务为标准。而《民法典》第1221条未采用"专家的高度注意义务"或者"高度注意义务"这样的概念,而采用了"与当时的医疗水平相应的诊疗义务"这样的表述。"注意义务"概念与"诊疗义务"概念,是种概念与属概念的关系。所谓"诊疗义务",即医务人员在实施诊疗行为时应尽的注意义务。"诊疗义务"概念,强调医疗服务领域医疗机构和医务人员必须履行的注意义务的行业特点。[1] 专家责任在日本是"专家契约责任说",在美国,是"专家过失侵权说"(Professional Negligence),即认为医生是一种专家,医疗活动本质上是一种为全体社会成员提供服务的职业性行为。由于他们受到其所从事的行业长期而又严格的专门训练,其从事工作的内容具有高度的专门性(skilled and specialized),因此他们必须在获得有关机关授予的资格证书、执业证明后才能执业,并且以其精神的、智力判断的工作为中心(mental and intellectual rather than manual),他们工作所关涉的利益极为重大,决定了病人"活着还是死去"。[2] 医生注意义务的来源主要包括三个方面:一是合同的约定,如对诊断、治疗方法的特殊约定等,只要不违反有关法律的规定,就应受到法律的保护。如违反这些义务,患者仅能提起违约之诉。二是有关的医疗卫生管理法律、行政法规、部门规章和诊疗护理规范、常规规定的义务。这些义务因具体实施的医疗行为的不同而有不同的规定。三是有关的医学伦理、道德和习惯等,这是对执业医生的最基本的要求。

我国通过医疗相关立法和医疗行业的有关操作规章制度规定了医师注意义务的标准。根据张新宝先生的观点,医师的注意义务主要有:第一,取得医师执业证书,按照注册的执业类别、执业范围执业;第二,遵守卫生法律法规、规章和技术操作规范;第三,对患者进行正确的诊断的义务;第四,依据诊断结论加以适

〔1〕 梁慧星:《论〈侵权责任法〉中的医疗损害责任》,载《法商研究》2010年第6期。

〔2〕 程啸:《医疗损害民事纠纷中医疗者的义务》,载梁慧星主编:《民商法论丛》总第21卷,金桥文化出版(香港)有限公司2002年版,第719页。

当治疗的义务；第五，对危急病人应采取紧急救助措施，不得拒绝治疗；第六，应当使用经批准使用的药品、消毒药剂和医疗器械；第七，告知并取得患者同意的义务；第八，保护患者的隐私；第九，转诊或转院的义务；第十，病例的保存义务等。[1]

本书认为，在错误怀孕案件中，(1)如果是医生误诊而未能诊断出怀孕的事实延误了终止妊娠时机的，则属于违反上述第三种的注意义务，因为医生应当充分运用其掌握的医学知识，合理运用有助于诊断的技术手段进行认真谨慎的诊断。(2)如果是过失导致流产或引产手术失败或选择绝育手术方法上有过错，属于违反上述第四种注意义务，医生在认识或预见其医疗行为的危险后，仍继续实行这种医疗行为，如果医师提高警觉而保持客观必要的更高注意，并采取了各种必要的安全措施，而使危险行为不致发生损害结果，意味着医师没有过失。当然，医生在实施该医疗行为时，必须履行其应尽的注意义务，以避免损害结果的发生。如果自信其不发生而不采取对策，一旦损害结果发生，则认定其违反了结果避免义务而承担过失责任。(3)如果是过失提供错误的避孕建议或事先没有告知绝育手术后仍有怀孕的风险或未及时地告知怀孕的事实从而丧失了终止妊娠的机会而导致怀孕，属于违反上述第七种的注意义务。因为医师的告知义务对应的是患者的知情同意权。知情同意权是患者自主权的核心，是患者享有的基本权利。如果医生已知其提供的诊疗护理服务受到现有医学水平限制而存在严重缺陷可能危害患者人身安全的，应当及时告知患者。医师能采取补救措施的，应采取补救措施，尽可能减少和预防危害后果的发生。告知的内容还包括患者所患疾病的治疗措施，即可能采用的各种治疗方案，通常能够达到的效果、可能出现的风险以及适宜采取何种治疗措施等，手术的目的、方法、成功率及预期效果、手术过程中可能出现的问题以及手术失败可能产生的后果等。

实践中发生的错误怀孕案件，大多是因为医方未向患者说明医疗风险，致使患者误信医疗手术或者措施能够达到100%的避孕目的。如发生在英国的 Eyre v. Measday([1986] 1 All ER 488)案中，被告对原告实施了绝育手术，并强调“手术是不可逆转的”，但是其未告知原告，该手术存在小于1%的再孕风险。一年后，原告产下婴儿。前已述及发生在英国的另外一起影响重大的错误怀孕案件——Thake v. Maurice，也是因为被告在为原告做了切除输精管手术后，向原告强调了“手术是终局”的，并嗣后做了两项精子测试，都证明手术是成功的，但

[1] 张新宝：《侵权责任法原理》，中国人民大学出版社2005年版，第73页。

是,被告未告知原告此种手术存在术后恢复输精功能的可能。对于结扎、引产手术失败等情形,判断医方是否有过错,关键在于医疗鉴定机构依据《医疗事故处理条例》第 27 条所出具的医疗事故鉴定结论,看医疗机构及其医务人员在医疗活动中,有无违反医疗卫生管理法律、行政法规、部门规章和诊疗护理规范、常规及违反医学科学原理和专业知识的行为。如果医方没有上述行为,实践中手术失败的后果一般由患者承担。此外,《医疗事故处理条例》第 33 条排除了在紧急情况下为抢救垂危患者生命而采取紧急医学措施造成不良后果的等六种情形为医疗事故,此为错误怀孕案件中在医方过错认定上需要排除的情况。

关于举证责任分配方式问题。原《侵权责任法》第 58 条的规定事实上进一步推动了医疗损害责任归责原则体系中对过错推定的争议性诠释。对于医疗损害责任的归责原则一元论、两元论抑或三元论,各派学说争议的焦点为是否承认过错推定原则独立。过错推定在英美法上称为事实自证法则,德国法上定名为外观证明,我国民法学界则一般称为过错推定。郭明瑞教授认为原《侵权责任法》第 58 条为医疗损害责任确立了过错推定的归责原则。梁慧星教授曾提出原《侵权责任法》第 58 条对医疗损害责任的过错推定属于不允许医疗机构以相反的证据予以推翻的过错推定。法院如果经审理查明医疗机构存在第 58 条规定的行为的,即可不许医疗机构提供反证径行认定被告医疗机构有过错。[1] 但就原《侵权责任法》第七章整章医疗损害责任而言,梁慧星教授主张属于过错责任原则,具体条文中设定内容是对过错判断标准的明确规定,立法机关在此采纳的是发达国家和地区的"客观过失论"的判例学说。[2] 全国人大法工委民法室编写的《〈中华人民共和国侵权责任法〉条文解释与立法背景》分析指出,患者有损害,对于因第 58 条规定情形之一而造成患者损害的,推定医疗机构有过错并非认定医疗机构事实上当然就有过错。医疗机构存在违法、违规、违章以及违反其他有关诊疗规范的行为,已经可以体现医疗机构的过错责任程度很强。此种情形下医疗机构可以提出的抗辩主张之一是特殊情境下的紧急抢救行为。而针对与隐匿、拒绝提供、伪造、篡改、销毁病历资料的情形,医疗机构的过错非常明显,恶意也是非常明显的。如果其行为不构成侵权,又何需隐匿、拒绝提供与纠纷有关的病历资料或伪造、篡改、销毁病历资料?[3] 原《侵权责任法》实施以后,举证

---

〔1〕 梁慧星:《论〈侵权责任法〉中的医疗损害责任》,载《法商研究》2010 年第 6 期。

〔2〕 梁慧星:《中国侵权责任法解说》,载《北方法学》2011 年第 1 期。

〔3〕 王胜明主编:《〈中华人民共和国侵权责任法〉条文解释与立法背景》,人民法院出版社 2010 年版,第 226 - 227 页。

责任倒置规则在《民诉证据规定》(2001 年)中虽然没有明确废止,但实质上已经被边缘化,而事实上成为“沉睡的条款”。

司法实务中,部分地方司法审判机关已经在其审判管辖区域内统一审判指导意见,明确废止举证责任倒置规则的适用。比如,北京市高级人民法院于 2010 年 11 月 18 日下发施行的京高法发〔2010〕第 400 号《关于审理医疗损害赔偿纠纷案件若干问题的指导意见(试行)》第 7 ~ 10 条中详细规定了患方两个方面的举证责任:第一方面的举证责任属于诉讼主体关联性举证,即患方需“证明其与医疗机构之间存在医疗关系并发生医疗损害”;第二方面的举证责任则属于“医疗真实过错与法定过错”举证,包括“医疗机构有医疗过错,以及医疗行为与损害结果之间存在因果关系”“违反法律、行政法规、规章以及其他有关诊疗规范的规定”“隐匿或者拒绝提供与纠纷有关的病历资料”“伪造、篡改或者销毁病历资料”三种举证对象。

该指导意见明确删除了此前(京高法发〔2005〕157 号)审判指导意见中关于举证责任倒置的规定。[1] 也有学者认为,在过错认定中既不宜机械地按照原《侵权责任法》第 6 条第 1 款关于过错责任原则的规定,要求原告(患者)一方负担证明医疗机构和医务人员具有过错的举证责任,并在原告(患者)不能举证或者不能充分举证证明医疗机构和医务人员有过错时,作出不利于原告(患者)的事实认定,也不宜沿用原《民诉证据规定》(2001 年)第 4 条第 1 款第 8 项对医疗纠纷案件采用举证责任倒置的规定,要求医疗机构负担证明自己无过错的举证责任,并在医疗机构不能举证或者不能充分举证证明自己无过错时,作出不利于医疗机构的事实认定。[2] 本书认为,原《侵权责任法》实施后,对于原《民诉证据规定》(2001 年)第 4 条[3]所确立并实施已有十年历史的举证责任倒置规则不能完全摒弃,应当根据原《侵权责任法》第 58 条医疗过错认定标准在医疗案件涉诉过程中继续予以适度贯彻执行,由人民法院结合医患双方需举证的事由合理地将举证责任向医疗机构一方倾斜。对《民法典》相应的内容亦应作同样理解。在《民诉证据规定》(2001 年)和《医疗事故处理条例》没有宣布废止的情况下,未来的司法实践中,法官在这一领域仍有较强的自由裁量权。应继续坚持

---

〔1〕 参见北京市高级人民法院《关于审理医疗损害赔偿纠纷案件若干问题的指导意见(试行)》(京高法发〔2010〕第 400 号)以及《关于审理医疗损害赔偿纠纷案件若干问题的指导意见(试行)》(京高法发〔2005〕157 号)。

〔2〕 梁慧星:《论〈侵权责任法〉中的医疗损害责任》,载《法商研究》2010 年第 6 期。

〔3〕 《民诉证据规定》第 4 条第 1 款第 8 项规定:因医疗行为引起的侵权诉讼,由医疗机构就医疗行为与损害结果之间不存在因果关系及不存在医疗过错承担举证责任。

由医疗机构就医疗行为与损害结果之间不存在因果关系及不存在医疗过错承担举证责任,非自愿怀孕父母证明存在就诊的事实和损害的存在的举证责任分配方式。因为医疗损害责任属于特殊侵权行为,医学领域的专业技术性是普通患者无法通晓的,医学学科以人的身体及生命为研究对象,相对于医疗机构和医务工作者,患方始终是处于极其弱势的地位,并且双方掌握的信息也不对等,医疗机构在提供诊疗过程中,可以就其制作并保管的病程记录、处方签、影像诊断结论记录以及其他原始凭证予以再修改录入,患方根本无法对抗医疗机构的这种单方面的强势,就错综复杂的医疗过程以及诊疗方案中的是非对错均无从知情并行使相应的选择权。患方只能相对顺从和配合医生的诊疗,并无判断医疗机构存在医疗侵权行为过错的能力以及自我保护技能。

二、事实因果关系与法律因果关系之认定

从 20 世纪 80 年代末期开始,有学者通过对世界两大法系中不同流派的因果关系理论的广泛而深入的研究,将一些新的学说、观点引入中国,主要是借鉴了普通法中的事实因果认定理论和大陆法中的相当因果关系理论,以至于现在的许多学者都将因果关系概括为事实上的因果关系和法律上的因果关系,前者确定责任的成立,后者确定责任的范围。[1] 事实上的因果关系的认定是以哲学中的因果关系理论为基础,主要是根据人们的通常意识和生活经验对因果关系进行判断;法律上的因果关系则是以事实因果关系的判断为前提条件,只有当事实因果关系得到确认之后,才有进一步讨论法律因果关系的必要。而且法律因果关系更多的是从社会公平、正义、公共政策等角度出发对因果关系进行价值判断,注重考虑可预见性、介入原因等因素。[2] 前者是一个单纯的事实判断,后者是一个法律判断或政策考量。事实因果关系所回答的问题就是,被告的过错行为是否是原告遭受损害的必要条件,或者用更广为人知的“若非……则……”(but - for - test)的测试方法来表述:若没有被告的过错行为,原告是否仍会遭受损害。如果不会,则构成事实因果关系;反之,则不构成事实因果关系。

关于普通侵权诉讼的因果关系在实务中的认定问题,张新宝教授也提出了一套完整的检验侵权行为与结果之间具有因果关系的方法,具体包括以下四个方面:(1)时间上的顺序性。凡原因现象必然先于结果现象出现。基于时间上顺序性的要求,如果原告不能证明加害人的行为是在损害结果发生之前实施的

---

〔1〕 崔建远:《合同法》,法律出版社 1998 年版,第 249 页。

〔2〕 龙海涛:《侵权法上因果关系的比较研究》,载沈四宝、王军主编:《国际商法论丛》第 8 卷,法律出版社 2006 年版,第 374 页。

或者被告方能够证明受害人的损害发生在加害人的加害行为实施之前，则说明加害人的行为与受害人的损害之间不存在因果关系。(2)原因现象的客观性。作为原因的现象应当是一种客观存在。质言之，只有外化的加害人的具体行为，才可能构成原因。相反，加害人的内在心理状态或受害人的主观猜测、估计等均不可能成为原因。损害也应当是客观的。(3)必要条件的检验。作为原因的现象应当是作为结果的现象的必要条件。其检验方法主要有三个：一是采用反证检验法(but－for)，即提出一个反问句：要是没有 A 现象，B 现象也会出现吗？如果回答是肯定的，则 A 现象不是 B 现象发生的原因；如果回答是否定的，则 A 现象可能是 B 现象发生的原因。"假如没有(but－for)被告的过错行为，原告的损害就不会发生的话，那么被告的过错行为就是损害发生的一个原因。这并不排除还存在其他相关的原因。"[1] 二是剔除法(elimination)。如果某一现象被剔除时结果现象仍然发生，则认定被剔除的现象不是原因。三是代替法。它不是把加害人的行为从案情中剔除出去，而是在思维模式上将其加害行为由一合法行为所取代。如果被取代后，损害后果仍然发生，则被告的违法行为不是原因；反之，被告的行为就是原因。(4)实质要素（substantial factor)的补充检验。它不是对必要条件检验方法的否定，而是对必要条件检验方法的一种补充。如果加害行为实际上足以引起损害结果的发生，那么它就是引起损害结果的原因。[2] 对于错误怀孕案件之因果关系认定，仍然须遵循普通侵权诉讼的认定规则，即加害行为与损害后果之间具备事实因果关系(必要因果关系)和法律因果关系(相当因果关系)。在举证责任倒置的前提下，被告只需证明此两类因果关系中其中有一类不成立即可免责。错误怀孕中的因果关系是指医疗机构或医务人员的过失诊疗行为与原告的损害之间的引起和被引起的关系。根据英美法上的事实因果关系的认定方法，确定医生的过错行为与父母所受损害之间是否存在因果关系，其实就是看如果没有医生违反注意义务的行为，父母是否仍会遭受损害。很显然，如果没有医生违反注意义务的行为，父母就不需承担非自愿怀孕带来的经济和精神上的损害。对于事实因果关系之否认，被告须证明没有被告的过错行为，原告之损害也会发生。对于法律因果关系，被告须证明，即使有被告的过错行为，原告的损害还是会发生。在证明程度上，根据民事诉讼一般证据规则，只要达到盖然性标准即可，无须达到 100% 的绝对程度。对于事实因果关系之否认，比如在绝育手术失败的案件中，被告若能证明没有被告的过失行

[1] Michal A. Jones: *Textbook on Torts*, 3th edition, Blackstone Press Ltd. 1991, p. 126.

[2] 张新宝：《侵权责任法原理》，中国人民大学出版社 2005 年版，第 47－76 页。

为,绝育手术失败的可能性也很大(如原告身体特殊),则事实因果关系被中断。而在未能诊断出怀孕案件中,如果被告能证明,即使因被告过错未能诊断出原告已经怀孕,原告嗣后在得知自己怀孕之后仍然选择不终止妊娠,如此也可证明被告之过错并非小孩出生的必要条件。对于法律因果关系之否定,比如在绝育手术失败案例中,如果被告能证明,原告损害并非被告过错行为之可能合理预见的结果,或者有其他不可被合理预见之事由导致原告怀孕(如嗣后因服用某种药物而导致重新具备生育功能),则法律因果关系中断。而在未能诊断出怀孕的案件中,如果被告能证明,即使被告行为有过错,但原告还是有可能选择不终止妊娠(如独生子遭遇意外身亡)。但仍需指出的是,因果关系之认定虽然有上述规则可循,但其在个案中的认定仍取决于被告能否说服法官,因此其在很大程度上还是由法官的自由裁量权决定。

第五节　本 章 总 结

错误怀孕案件系比较法上争议较大之难题,特别是在对于其违法性与损害的认定上,因各国法律文化不同,结果难以统一。我国目前此类案件常见诸报端,但实务上缺少合理的判决指引,导致各地判决争议较大,迫切需要理论研究予以积极回应。本书认为,循侵权诉讼之路径,这类案件在我国法制背景下,可以得到合理的解决。具体而言,由于医院之过错行为,导致父母未能避免产下一个本不欲出生之健康小孩,侵害了父母的生育自主权和母亲的身体权、健康权,并产生了抚养费、医疗费、误工费、护理费等财产损失和因妊娠、分娩、抚养小孩而产生的精神负担,符合《民法典》第 1165 条规定中的权利侵害性侵权行为的构成要件,医院应当承担赔偿责任。最后需说明的是,本书在此只分析此类案件在侵权诉讼中的法律适用,是因为在此类案件中一般事先存在医患合同,因此理论上原告可以选择违约之诉或者侵权之诉。[1] 但是,由于在我国合同法的适用上,违约之诉尚无法请求精神损害赔偿、诉讼中由原告举证,而且鉴于合同的相

〔1〕 关于此类案件合同之诉,关键在于认定医患双方之间的合同是否存在一项明确的担保条款或手术成功条款,详细的分析参见丁春艳:《"错误出生案件"之损害赔偿责任研究》,载《中外法学》2007 年第 6 期。

对性原理,违约之诉也难以保护夫妻中的另一方,[1]因此我国实践中原告大多选择侵权之诉。[2]

〔1〕 如在英国发生的 Thake v. Maurice 案(Thake v. Maurice [1986] QB 644)中,由于被告切断输精管手术失败,导致妻子不得不承受怀孕、分娩的痛苦与不适。此案若基于合同之诉,妻子的请求将很难得到支持。

〔2〕 但是,在其他国家,原告也经常选择合同之诉来解决这类问题。在德国,很多判决显示,此种纷争都是在合同之诉下进行的,比如将子女的抚养费作为《德国民法典》第 249 条中因违法合同造成损失赔偿措施中的恢复原状来对待。BverGE 96, p. 374 – 409.

第七章　特殊主体人格利益保护之二：错误出生

第一节　本 章 问 题

一、案例引入

案例1：云南省平安中西医结合医院与陈某凤、刘某医疗损害赔偿纠纷上诉案（以下简称云南省案）[1]：医方因产检失误，导致原告产下左掌缺失的婴儿。对此，法院认为：上诉人云南省平安中西医结合医院（以下简称平安医院）的过错医疗行为所导致的损害事实并非被上诉人陈某凤、刘某所生婴儿的身体残疾，而是作为婴儿生育主体的父母对于生育权的决定和选择被剥夺，即我国《母婴保健法》和《人口与计划生育法》所规定的优生优育权。设定这一权利制度的内在价值取向是促进生育质量和提高人口素质，以实现家庭幸福、民族繁荣与社会进步。由此可见，该项父母享有的优生优育权的内容表现为生育机构的及时告知义务和父母的生育知情权，此二者相结合以使父母能够及时对生育进行自主决定和选择。但是，由于上诉人平安医院在为被上诉人陈某凤进行B超检查时存在未对胎儿上肢进行检查的过失，该医疗过失行为直接导致了作为生育机构的上诉人平安医院未能及时探察和发现胎儿的有关肢体发育状况并将该情况及时告知被上诉人陈某凤、刘某，进而导致作为生育主体的被上诉人陈某凤、刘某亦未能及时根据胎儿的肢体发育状况对是否继续生育进行适时、理性的决定和选择，最终导致被上诉人陈某凤、刘某不得不接受残疾婴儿的出生。因此，上诉人平安医院在医疗服务过程中的过错行为侵犯了被上诉人陈某凤、刘某的生育知情权和优生优育权。

案例2：四川省杨某等与彭州市妇幼保健院医疗侵权赔偿纠纷上诉案（以下

---

〔1〕 云南省昆明市中级人民法院民事判决书，(2007)昆民三终字第854号。

简称四川省案)[1]:本案案情与上述云南省案基本相同,但审理法院却认为:优生优育权是由公民生育权衍生出来的一项权利,虽然我国《宪法》、原《民法通则》没有规定,但《母婴保健法》《人口与计划生育法》等相关法律对此作了相应规定。然而,优生优育权虽然是公民的一项基本权利,但毕竟有别于其他人身权利。《母婴保健法》规定,经产前检查及诊断,如胎儿存在严重缺陷等情况,医生应提出终止妊娠,此时夫妻双方有决定是否终止妊娠的权利。可见,优生优育权并非绝对权,权利的行使是受到一定限制的,故杨某等主张的优生优育权不属于侵权行为法所指的权利,因此,不能认定杨某等主张的侵权事实成立。

案例3:李某、陈某与城口县某院医疗损害赔偿纠纷案[2]:原告李某到被告城口县某院(以下简称某院)进行产前检查,被告某院共为原告李某行孕产期常规体检和保健检查5次,其中行B超检查3次。2010年1月30日,原告李某在被告某院产下左手掌先天性缺失女婴。法院认为,本案是因产前检查引发的侵权损害赔偿诉讼。被告某院对原告李某行产前检查过程中是否存在过错,应以其在客观上是否尽到注意义务为标准。被告某院只具有产前常规检查资质,受现有医疗水平、技术手段和医疗设备的限制,决定了产前常规检查内容的有限性,同时产前超声检查准确性客观上还受胎儿体位、胎儿活动、胎儿骨骼声影及羊水等多种因素的影响。按照现行的《临床技术操作规范》,胎儿手掌并非产前常规超声检查的内容。二原告也未与被告某院特别约定对胎儿手掌进行检查。据此可以确定,被告某院按照常规的检查内容对原告李某进行检查,符合常规检查技术规范的要求,被告某院经治医生就检查时未见胎儿左手掌缺失的情况,如实告知了二原告,并提示二原告到上级医院确诊,尽到了现有医疗条件下的通常之注意义务,主观上并无过错。原告李某所产胎儿左手掌缺失,系妊娠过程中形成的畸形,此结果并非被告某院的医疗服务行为所致,本案胎儿左手掌缺失与被告某院的医疗服务行为之间没有因果关系。因此不支持原告诉求。

案例4:曾某美、李某丽与邵阳医学高等专科学校附属医院医疗损害赔偿纠纷案[3]:原审法院经审理查明,李某丽因怀孕于2010年5月14日在邵阳医学高等专科学校附属医院(以下简称医专附属医院)进行产前B超检查,检查之前,李某丽在被告出具的《胎儿超声检查知情同意书》上签字,该《胎儿超声检查知情同意书》已告知其胎儿超声检出存在较大的局限性。原告于2010年8月22

---

〔1〕 四川省成都市中级人民法院民事判决书,(2008)成民终字第296号。

〔2〕 重庆市城口县人民法院民事判决书,(2010)城法民初字第00532号。

〔3〕 湖南省邵阳市中级人民法院民事判决书,(2011)邵中民一终字第107号。

日凌晨生下一右手掌、右手指缺失女婴。

二审法院认为,本案系医疗损害赔偿纠纷。被上诉人医专附属医院在给上诉人李某丽做产前胎儿彩色超声检查中,超声显像未将胎儿的手掌显示清晰,导致检查者无法作出准确判断。医专附属医院在现有设备的前提下未能作出准确判断,属于正常检查风险,这种风险医专附属医院在李某丽每一次检查之前做了书面告知并由李某丽签字,医专附属医院对李某丽的产前超声检查行为符合医疗常规和现行法律法规规定,主客观均没有过错。且李某丽所生女婴曾某右手掌、手指缺失,系其在妊娠过程中形成的畸形,并非医专附属医院的检查行为所致,故医专附属医院不应承担侵权赔偿责任。

案例5:婚检出错产妇生先天贫血婴儿,医院赔32万案[1]:2001年3月,张伟(化名)与李莉(化名)到医院进行婚前检查。因怀疑两人都是轻型地中海贫血[2]患者,二人又到医院遗传室做DNA检查,结论是张伟正常,李莉是轻型地中海贫血患者。不久,两人登记结婚。李莉怀孕后又选择到该院进行产前检查,但是,虽有夫妻双方一人正常、一人是轻型地中海贫血患者的检测在前,医院在产检时未对胎儿进行产前地中海贫血检查。2002年6月,张伟夫妇女儿小丽(化名)出生,为重型地中海贫血患者。此案经过三次医疗事故鉴定。广州市医学会和广东省医学会的鉴定结果均为构成二级丙等医疗事故;中国科学技术咨询服务中心鉴定结果为医院行为存在过失,其过失对小丽的损害后果存在因果关系。主审法官认为,医院的过错明显,应当承担主要责任。最终该案经由法院调解结案。

此五则案例皆发生在国内,且基本事实无异,但法院在对侵权责任的构成认定、所谓优生优育权的判定上,观点迥然不同,令人不得不深思。事实上,是否承认所谓的优生优育权,事关父母生下残障婴儿是否可以获得赔偿的问题。此类案件,比较法上称之为"错误出生"案件。此类案件的决断事关人的宪法权利、亲子伦理关系与医疗机构责任认定等重大社会公共政策和法律问题。自20世

---

[1] 参见《婚检出错生地贫儿 医院赔32万》,载搜狐网,http://news.sohu.com/20050920/n227007919.shtml。

[2] 地中海贫血,简称地贫,为一组常染色体不完全显性遗传性慢性溶血性贫血,其共同特点是珠蛋白基因缺陷使血红蛋白中的珠蛋白肽链有一种或者几种合成减少或者不能合成,引起血红蛋白的组成成分发生改变而导致的溶血性疾病。在我国北方比较少见,广东、广西、海南、四川等省发病率较高,以α-地贫和β-地贫为多见。参见王燕燕、李晓辉、徐西华:《地中海贫血诊治进展与我国现状》,载《中国实用儿科杂志》2013年第6期。

纪50年代以来,世界各国最高法院争相对此发表意见,[1]学者的各种讨论绵延赓续至今。[2] 然遗憾的是,我国立法、司法解释至今未曾涉及此问题,最高人民法院对此亦尚无判决,《最高人民法院公报》亦未见公布过此类案件。与此对应,学者研究亦较为少见。[3] 由于立法缺失,最高人民法院未有表态,加之学者研究式微,因此导致实践中对于这样一类普遍发生且事关重大的案件,同案不同判现象较为普遍,严重损害了法制的统一。此种立法上的缺漏,学说上的贫乏与实务上混乱的现状亟待改变。

二、基本概念界定

错误出生的损害赔偿,是指希望产下健康婴儿的父母,由于医院孕前体检失误(如不能怀孕而被建议怀孕)[4]或医院引产失败,[5]而使残障婴儿诞生;或由于医院过错,未检查出胎儿患有疾病或天生缺陷,而如果检查出来胎儿患有疾病或缺陷的话,父母将决定堕胎;或由于医院或药商的过错,如错误输血[6]或错

---

〔1〕 德国 BGHZ 8, 243; 76, 249; 76, 259; 86, 240; 124, 128; 143, 389; BverfGE 88, 203; 96, 375。法国 Cour de Cassation, 1 ère Chambre civil 26. 3. 1996, Bulletin des arrêts de la Cour de Cassation rendus en matière civile (Bull. Civ.) I 1996 Nr. 155 und 156 = Recueil Dalloz (D.) 1997, Jurisprudence (Jur.), 35 und 36.; Cour de Cassation (CC) JCP (Juris Classeur Périodique) 2000 II 10438, rapport P. Sargos et conclusion J. Sainte – Rose。西班牙 The Spanisch Supreme Court (STS 24. 4. 1994[R] 1994/3073; STS 5. 6. 1998 [R] 1998/4275; STS 24. 9. 1999 [R] 1999/7272)。荷兰 Roge Raad 21. 2. 1997, Rechtspraak van de Week (RvdW) 1997 Nr. 54 C, S. 335。关于英美法上案例,目前研究介绍较多,本书不再赘述。

〔2〕 Stürner, Das nicht abgetribene Wunschkind als Schaden, FamRZ 1985, S. 753 – 761; Grunsky, "Kind als Schaden", Jura 1987, S. 82 – 87; Giesen, Schadensbegriff und Menschenwürde: Zur schadenrechtlichen Qualifikation der Unterhaltspflicht für ein ungewolltes Kind, JZ 1994, S. 286 – 292; Müller, Unterhalt für ein Kind als Schaden, NJW 2003, 697 – 706. Knetsch, Entwicklungen der "Kind – als – Schaden" – Problematik in Frankreich, VersR 2006, S. 1050 – 1052; V. Bar, Wrongful life in Frankreich: Neue Entscheidungen der französischen Cour de cassation, ZeuP 2000, S. 118 – 124; Rebhahn, Entwicklungen zum Schadenersatz wegen "unerwünschter Geburt" in Frankreich, ZeuP 2004, S. 794 – 817; Arnold, "Kind als Schaden" in Frankreich – Unter besonderer Berücksichtigung des "Anti – Perruche – Gesetzs", VersR 2004, S. 309 – 313.

〔3〕 如根据本书不完统计,论文方面现有主要的研究成果有黄建伟:《胎儿的损害赔偿请求权》,载《法学研究》1994年第5期;杨立新等:《人身权的延伸法律保护》,载《法学研究》1995年第2期;张学军:《错误的生命之诉的法律适用》,载《法学研究》2005年第4期;张新宝:《母亲怀孕期暴露于污染的工作环境,受损害胎儿出生后有权获得赔偿》,载《中国案例指导:民事卷》,法律出版社2007年版;丁春艳:《"错误出生案件"之损害赔偿责任研究》,载《中外法学》2007年第6期。

〔4〕 BGHZ NJW 2000, 1782, 1783.

〔5〕 BGH NJW 1985, 671, 673.

〔6〕 BGHZ 8, 243.

误用药〔1〕导致胎儿患上严重疾病而出生后为残障婴儿;因而在医患双方之间所引发的损害赔偿责任。美国法院认为,"错误"(Wrongfulness)的不是生命的出生,而是医生的疏忽。损害也不是由孩子的出生导致的,而是因为医生的过错,导致了父母选择孩子出生还是不出生的权利受到了损害。根据案情发生的不同,有学者将"错误出生"案件的损害赔偿概念区分为广义和狭义。〔2〕根据此种界定,广义的错误出生是指原本不该出生的婴儿由于医疗机构或医务人员的医疗过失而出生时,由父母提起损害赔偿请求权的情形,其包括错误怀孕和狭义的错误出生两种情形。错误怀孕的结果是健康的新生儿,错误出生的结果是残疾的婴儿。狭义的错误出生仅涵盖由于医务人员的失误导致未及时终止妊娠的情况。

根据上述概念界定,本书将错误出生限定在两种情况:一是父母在决定孕育胎儿之前,为避免有缺陷的遗传基因延续到医疗机构进行咨询或者检查,由于医护人员的工作失误没有发现父母的遗传缺陷并告知其可以正常怀孕,父母信赖检查结果而怀孕,新生儿患有严重的遗传疾病或者残疾;〔3〕二是父母为了避免新生婴儿缺陷,在孕期到具备产前检查的医疗服务机构进行检查,但由于医务工作人员的过错出现错诊、误诊或者漏诊,未发现胎儿缺陷,而父母基于对诊疗结果的信任而分娩生产出有先天疾病甚至残疾的婴儿。

第二节　侵害法益的违法性

一、优生优育权是否是侵权法保护的对象

错误出生案件的特点是非出于父母意愿产下不健康婴儿而引发的损害赔偿。此类案件决断的关键在于,父母是否能就非基于其自身意愿而产下的残障婴儿请求损害赔偿?首先须要认定的是,父母是否有受法律保护的权益遭受损

〔1〕如20世纪50年代前后,孕妇服用"沙利窦迈度"(Thalidomide)之镇静剂,产生大量畸形胎儿,受害者遍及全球。See Robert Nilsson & Henning Sjostrom, *Thalidomide and the Power of the Drug Campanines*, A Penguin Special, Penguin Books Ltd., 1972.

〔2〕丁春艳:《"错误出生案件"之损害赔偿责任研究》,载《中外法学》2007年第6期。

〔3〕有学者认为,此种情况应属于错误怀孕(wrongful conception),如丁春艳:《"错误出生案件"之损害赔偿责任研究》,载《中外法学》2007年第6期。案例来源:《婚检出错产妇生先天贫血婴儿 医院赔32万》,参见《婚检出错生地贫儿 医院赔32万》,载搜狐网,http://news.sohu.com/20050920/n227007919.shtml。

害,即如何认定被告行为的违法性?[1]与错误怀孕案件不同的是,在错误出生案件中,父母并非不愿意生育小孩,而是不愿意生育不健康的小孩。因此,在此种情形下,父母的生育权或生育自由并未受侵害。又因为怀孕与分娩一个健康婴儿与残障婴儿,或分娩与脱胎对于母亲的身体、健康而言,并无本质区别,且由于其是基于自愿而怀孕,所以在错误出生案件中,母亲的身体权、健康权亦难谓遭受损害。那么,此类案件中,原告父母被损之权益究竟是什么?

事实上,在此类案件中,父母被侵害的是一种"欲产下健康婴儿的愿望",换言之,也是一种"防止残障婴儿出生的愿望"。我国《人口与计划生育法》(2011年)第2条第2款规定,国家采取综合措施,控制人口数量,提高人口素质。同法第11条亦规定,人口与计划生育实施方案应当规定控制人口数量,加强母婴保健,提高人口素质的措施。《母婴保健法》第1条规定,为了保障母亲和婴儿健康,提高出生人口素质,根据宪法,制定本法。由此可见,保证健康婴儿的出生,应为我国一项应予维护的基本公共政策。根据《母婴保健法》第7条规定,医疗保健机构应当为公民提供婚前保健服务。其第2款第3项规定,婚前医学检查是指对准备结婚的男女双方可能患影响结婚和生育的疾病进行医学检查。此外,该法第9条、第10条、第18条、第20条都对有可能产下残障婴儿的情形规定了预防措施,可视为对这一重大公共政策在法技术上的进一步贯彻落实。

尤其值得注意的是,《母婴保健法》第18条规定,产前诊断发现胎儿残障的,医方应当提出终止妊娠建议。既然法律规定医方有义务向父母提出终止妊娠的建议,那由此自可推断,父母即有终止残障胎儿妊娠的权利。申言之,根据我国法律,父母享有优生优育的选择权。这种优生优育权的赋予是国家提供给公民用于落实国家提高国民素质的公共政策的手段,或者反过来说,行使这种权利也是公民履行国家义务的表现。那么,此种优生优育的选择权是否为侵权法所保护的权益?查《民法典》人格权编及侵权责任编,并未发现这种权益的明文列举规定。在最高人民法院司法解释中也未发现此种权益保护的规定。在法无明文规定的情形下,对于此项依据《母婴保健法》第18条所推演出来的权益,其到底能否在现有法制基础上获得保护呢?为此,须探究实务及学说见解。

从目前我国法院实务见解来看,本书开篇所言云南省案的判决,从提高人口

---

[1] 违法行为之判定有两种方法:一是看行为有无违反注意义务,此为行为违法;二是看行为是否侵害某种受法律保护的权益,此为结果违法。Vgl. Esser/Wayers, Schuldrecht Band II/I, 8. Aufl., § 55 II 3 b－d; Kötz/Wagner, Deliktsrecht, 10. Aufl., Rn. 99. 在错误出生案件中,关键在于从权益侵害的角度判断被告行为是否违法。

素质这一重大国家公共政策的角度认定父母享有优生优育的选择权,并以我国《母婴保健法》与《人口与计划生育法》相关规定加以佐证,值得肯定。但是,四川省案判决却认为,优生优育权是由公民生育权所衍生出来的一项权利,虽然是公民的一项基本权利,《母婴保护法》与《人口与计划生育法》也对其有规定,但是,此种权利毕竟有别于其他人身权利,不是绝对权,不受侵权法保护。上述两则判决对优生优育权观点迥异,并不能给我们提供一项有关决断此问题的准确裁判依据。既然实务上对此观点迥异,就需再探知学说观点与比较法上之见解。对此,我国有学者从国家提高人口质量的公共政策、优生权的人格自主性、医方勤勉义务之强化等角度论证,认为优生权应系侵权法所保护的权利,[1]很具有启发意义。接下来,我们还需寻求比较法上类似案件的判决方法。

二、比较法观察

从比较法看,德国实务见解向来认为,父母由于生育一个不想被生育的小孩而产生的经济上的支出是可以被当作损害来请求医方赔偿的。[2] 为了支持此项诉请,德国法上避开侵权之诉,而扩大解释《德国民法典》第278条中合同的保护范围,认为这是医患合同违反的必然损害后果,患者可以向医方主张赔偿。[3] 德国实务界将此种合同归类于咨询合同,其目的在于阻止生下有基因缺陷的孩子,其有效性就体现在它是为了防止残疾新生儿带来的经济负担,是完全合法的。合同一旦成立,医生就有义务接受避免经济负担的职责,尽管它不是合同的首要义务。德国联邦宪法法院认为,将孩子的出生和存在作为损害赔偿的理由是违背宪法的,但是残疾孩子的出生可以被看作"损失的来源"。对此,德国最高法院认为,"当一个命运的不幸发生的时候,孩子本身不能阻止其发生,那么结果就应当由整个社会来承担(而不能完全归责于医生)"。但是在德国,由于《德国刑法典》第218条以下规定有堕胎罪,堕胎原则上是被禁止的,只有在特定情形下,基于医学、社会或刑事原因才能堕胎。[4] 因此,优生优育权在此种法制背景下无法在侵权法上获得保护。

在美国法上,有关此项争点在1984年新泽西州最高法院所判决的"德国麻疹新生儿案"中得到充分的体现。[5] 在该案中,孕妇在怀孕3个月后到医院产

---

〔1〕 丁春艳:《"错误出生案件"之损害赔偿责任研究》,载《中外法学》2007年第6期。

〔2〕 BGHZ 76, 249; 76, 259; 124, 128; 143, 389.

〔3〕 BGHZ 143, 389 = NJW 2000, 1782, 1783.

〔4〕 BGH NJW 2000, 1782, 1783.

〔5〕 Procanik by Procanik v. Cillo, Supreme Court of New Jersey, 1984. 97 N. J. 339, 478 A. 2d 755.

检,因医院医师的过错,未能检查出孕妇患有德国麻疹,孕妇未终止妊娠,导致婴儿一出生就患有德国麻疹,给父母及婴儿造成巨大的精神痛苦,给家庭造成重大财产损失。为此,原告婴儿以被告医院侵害其母可选择不怀孕的选择权造成损害为由,请求:(1)一般损害赔偿(general damages),包括因原告被生下所受的疾病痛苦以及其父母对于身心残障婴儿无法妥善照顾的损害;(2)特别损害(special damages),包括原告未成年时及未来成年后必须支出的医疗费用及精神损害赔偿。本案在事实审及上诉审阶段,原告皆败诉。新泽西州最高法院判决原告可获得特别损害赔偿,因为这是实际发生的损害;但驳回其一般损害赔偿之诉,因为该损害无法与生命法益相比较。

该判决是在回顾该院下述三则判例的基础上而作出的。在1967年的Gleitman v. Cosgrove中规定,因母体罹患德国麻疹而产下具有先天疾病的婴儿的父母与婴儿本身皆不得向医生诉请损害赔偿。因为残障婴儿的造成并非医生的过错,而是因母体的疾病而导致;残障婴儿亦可带来为人父母的喜悦,这种喜悦与选择不要小孩而带来的自在之间无法比较;堕胎系为非法。[1] 在1979年的Berman v. Allan中,父母以医生有过失未诊断出胎儿患有唐氏征而使其生出患有唐氏征的婴儿,请求精神损害与医疗费用损害赔偿。法院认为,承认父母有因照顾残障婴儿所受的精神损害赔偿可交陪审团酌定其数额,但对于因残障婴儿而额外支出的医疗费用请求则不予支持。因为如果允许父母医疗费用的诉请,则将使父母仅仅享受出生婴儿的利益而不承担抚养婴儿的责任,产生不当得利。[2] 但在稍后的Schroeder v. Porkel中,父母以医生未诊断出胎儿患有胞囊纤维症为由,请求医生赔偿因照顾残障婴儿而支出的医疗费。该院则一改先前判例所采观点,支持了父母此项诉请。此案判决结果成为1984年"德国麻疹新生儿案"判决支持父母因医生过错产下残障婴儿而向医生请求医疗费等额外支出的直接依据。另外,需要说明的是,在此类案件中,针对残障婴儿的额外医疗等费用,父母或者婴儿都可以以原告身份起诉。

此外,美国法上有关错误出生案例研讨被经常提及的还有1995年内达华州最高法院判决的所谓"产前检查瑕疵案"。在该案中,原告诉被告医院因过失而未查知婴儿在母体期间存在明显缺陷,而使其丧失及时终止妊娠的机会,产下半身不遂、成长迟缓的婴儿,因而请求损害赔偿。法院支持了原告的诉请,法院认

[1] Gleitman v. Cosgrove, 49N. J. 22, 227 A. 2d 689, 1967. 美国联邦最高法院于1973年承认妇女堕胎权。See ROE v. WADE, 410 U. S. 113 (1973) 410 U. S. 113.

[2] Berman v. Allan, 80 N. J. 421, 424, 404 A. 2d 8, 10 (1979).

为侵害终止怀孕的权利(堕胎权)应承担损害赔偿责任,因为此种损害之诉与一般医疗过失侵权之诉并无不同,虽然婴儿的残障并非被告所致,但残障婴儿的出生却是被告所致。[1]

1985 年,西班牙国会通过了一项法案,规定在三种情况下,孕妇享有堕胎自由并可因此免除责任。一是为了保护孕妇的身体健康,二是当怀孕是违法犯罪的结果之时,孕妇在怀孕后 12 周内都享有堕胎的权利;三是当有两名以上执业医师证明胎儿有可能患有严重的先天性疾病之时,孕妇可以在孕期前 22 周行使堕胎权利[2]。可见,对健康婴儿的期待利益是法律赋予西班牙妇女的权益。因而,错误出生案件侵害的并不是堕胎权[3],而是妇女人身自由和健康发展的权利。西班牙学者大都以西班牙最高法院早先的两个判决为基础进行研究,因其基于不同的理念对类似的案情给予了不同的判决结果。1997 年西班牙最高法院判决了第一起有关错误出生的案件[4]。原告的第一个孩子患有唐氏综合征,为了避免第二个孩子再次患有此种先天性疾病,其再次怀孕后到医院进行产前检查。因第一次检查失败,该妇女又进行了第二次检查。此时对其进行检查的医生因外出旅游,将告知和咨询工作任务移交给另一名医生,接班医生告知该妇女,胎儿是健康的。当做检查的医生旅游归来,却告知该妇女其实第二次检查仍然是失败的。遗憾的是,此时已经错失了堕胎的最佳时机,该妇女再次生产了一名患有唐氏综合征的婴儿。最终西班牙最高法院支持了原告的诉求。1999 年一名怀孕妇女进行了医生要求的产前全部检查并被告知可以正常生产,但最终生下了身体多处残疾的婴儿。西班牙最高法院最终驳回了原告的诉讼请求。

三、违法性的判定标准

违法性,是指法秩序对特定行为所作的无价值判断,它所指向的对象是行为。为了让行为人承担责任,"违法性"应当也必须是归责的最重要的依据。因为借助于过错和因果关系,损害后果被归责于行为人,但此种"结果归责"尚难以证明责任的正当性,所以,人们还必须增加一个责任的基础——违法性。[5]

---

[1] Greco v. United States (1995) Pg. 553, 893 P.2d 345 (Nev. 1995).

[2] 一些西班牙学者认为,该法案有违宪的嫌疑。其与宪法规定的无堕胎自由权相违背,但其出发点是与宪法保护人权的基本精神相一致的。

[3] 西班牙最高法院在判例上已经事实上承认了堕胎自由权的存在。参见 Glendon, *Abortion and Divorce in Western Law*, Cambridge, Harvard, 1987, with a comparative table that includes Spain。

[4] STS 6.6 1997[RJ 1997/4610].

[5] 周友军:《德国民法上的违法性理论研究》,载《现代法学》2007 年第 1 期。

民法的侵权行为是民事主体违反民事义务,侵害他人合法权益,依法应当承担民事责任的行为。如何判定一个行为是否为违法行为,学术界有不同的学说。目前,行为违法理论有结果不法说和行为不法说两种。行为不法说为德国学者提出,其核心观点为一个行为违法的成立须以行为人未尽避免侵害他人权利的注意义务为必要。只要行为人违反了一个具体的法律上的行为准则,或者违反了一般的注意义务,就应当认定其行为的违法性;结果不法说认为,在侵害《德国民法典》第 823 条第 1 款所规定的权利和法益时,不需要对违法性进行验证,只要符合构成要件就具有违法性特征。史尚宽先生认为,“权利之内容及其效力,法律上有规定者,其反面即禁止一般人之侵害,故侵害权利,即系违反权利不可侵之义务,而为法之禁止规定的违法。故此时,如无阻却违法之事由,即为不法”。

有学者认为,应当采用行为不法说。如果把医疗违法行为仅仅理解为违反医疗卫生管理法律、行政法规、部门规章和诊疗护理规范、常规的行为规范是不妥当的。只要医务人员有行为侵犯了患方的生命权、健康权或者身体权,不论作为或者不作为,都是不法行为。[1]不论是采用结果不法说还是行为不法说,错误出生医疗纠纷中医生都侵犯了患者的生育选择权。目前我国《母婴保健法》第三章“孕产期保健”详细规定了孕产期医生的注意义务,这是目前我国医生承担错误出生侵权责任的直接法律依据,也是错误出生之诉的直接请求权基础。根据我国《母婴保健法》的规定,医疗机构有义务为育龄妇女提供孕产期保健服务,该服务与医疗侵权相关的分为产前检查和产前诊断两部分。从结果不法说来看,错误出生是由于医务人员的失职行为导致的,其行为违反了相关法律;从行为不法说来看,医务人员的过失行为违反了产前检查应尽的一般义务,也成立违法性。

侵权行为包括作为和不作为两种形式。作为是侵权一方积极的举动,比如医生故意漏诊,或者故意遗漏重要的临床病症而给患者作出诊断报告,导致患者被诊断失误。不作为是行为人负有法律所施加的某种义务,没有履行即为违法。在错误出生案件中,医务人员没有按照规范的诊疗程序操作,导致孕产妇对自己应当终止妊娠的病症毫不知情,造成了与期待健康婴儿相违背的结果的发生。比如,在本书开头所举的案例当中,医院在检查过程中,未告知并进行唐氏综合

---

〔1〕 刘鑫:《侵权责任法“医疗损害责任”条文深度解读与案例剖析》,人民军医出版社 2010 年版,第 36 页;吴春岐、黄晓燕主编:《医师侵权责任:法律适用与案例评析》,知识产权出版社 2010 年版,第 40 页。

征筛查,错过了诊断开放性神经管畸形生化筛查的时机,且每次 B 超检查的项目和报告的内容均过于简单,漏诊了胎儿先天性脊柱裂、脊膜膨出,致使孕产夫妇丧失了选择是否让患有先天性脊柱裂胎儿出生的机会。院方每一次出具的报告的内容都很粗糙,导致有明显征兆的唐氏综合征的超声影像表现都没有正确报告出来,此种不作为行为的行为结果直接导致了一个残障婴儿的出生,给原告夫妇带来了精神痛苦和额外的经济损失。

四、综合分析

从比较法上看,德国实务上扩大解释《德国民法典》第 287 条合同的保护范围,绕过了刑法上堕胎罪的障碍,使原告在错误出生案件中索赔有据。而在美国,判例已经由过去否认原告之诉到如今完全承认原告之诉,法律政策上对这一问题的态度逐渐走向开明。综合分析可知,从比较法上看,承认在错误出生案件中,父母基于其优生优育权或堕胎权被侵害而产生因抚养残障婴儿的额外支出的赔偿请求权,已经成为主流趋势。

从法理上看,将胎儿视为母体的一部分的观点逐渐落后,承认胎儿的一定主体地位符合人性尊严与文明社会的基本价值取向,更利于保护胎儿。在此种法理背景下,仍然坚持父母享有优生优育的选择权的观点似乎很难得到支持,因为这似乎将胎儿的命运完全交给了父母而使其人格自主性被丧失。[1] 这也是目前反对赋予父母优生优育选择权的一种强有力论据。然而事实上,是否赋予父母此种优生优育选择权,是一场在坚持重大社会公共政策(全民人口素质提高)与残障胎儿的生命维护之间的博弈。既然各国法律大多都有类似"优生优育"的规定,即说明人类社会主流的价值取向在这一对矛盾冲突中已经作出了取舍:全民人口素质的提高优于个体残障胎儿的生命维护。因此,从法政策的角度看,优生优育选择权具有其存在的社会基础。

而从法解释学的角度看,这一权利也具有正当性,具有实在法上的基础,因为对于这一权利的含义我们必须做一定程度的限缩理解。事实上,父母优生优育的选择权无论是在刑法上设有堕胎罪的法域,还是在刑法上未设堕胎罪的法域,其拥有的都只能是是否产下残障婴儿的选择权,而绝非对于健康婴儿是否继续妊娠或最终生产的选择权。因此,该权利不是一项赋予父母对于胎儿任意生杀予夺的权利。而且不难想象的是,任何合乎人道的法律应该都不会去规定,即使胎儿属于类似于我国《母婴保健法》第 18 条规定的不宜继续妊娠的情形,父

---

〔1〕 徐国栋:《出生与权利——权力冲突》,载《东方法学》2009 年第 2 期。

母就负有终止对其继续妊娠的义务。因为残障的胎儿亦属生命体,丝毫不因其先天残障而有碍于其获得作为生命个体而应获的种种基于人性而应享有的尊严(云南省案判决书即如是指出)。父母当然有权选择产下残障的婴儿并照顾其终生。所以即使合法堕胎属于例外的国家或地区,父母是否愿意产下残障婴儿的优生优育权仍然存在。因此父母对于残障胎儿是有权决定是否堕胎的,这种基于优生优育的选择是客观存在的。

事实上,在一般情形下,对于先天残障的胎儿,父母一般会选择终止妊娠。医方未照顾到父母此种意愿,应属侵犯父母此种选择权的侵权行为。因此,所谓生育自主权缺乏法律依据,其实是不当扩大理解了这一权利的涵摄范围所致,误认一般性地承认此种权利,会导致父母任其意愿处置即使健康的胎儿,此不利于胎儿作为生命体的保护。当然,根据"举重以明轻"的法理,即使在合法堕胎为例外的国家或地区,优生优育的选择权依然存在,那么在堕胎合法化的我国,此种权利的存在更不应该成为一个问题。此外,如果残障胎儿属于合法的妊娠,父母优生优育的选择权之存在亦自不待言。

第三节 损害结果

没有损害就没有救济,这是民法救济的基本精神。医疗行为本身都具有一定的侵袭性,这是不可避免的。而错误出生案件中存在超出非正常损失的范畴。对错误出生案件的损害结果认定存在不同的观点。反对者认为侵权责任法的功能是填补损害、弥补损失,整体价值取向上采取以受害人的损害填补为原则[1],而错误出生的结果是造成不健康婴儿的出生,若将之视为一种损害,则是对生命的不公正对待。本书认为,这是一种认识上的错误。在错误出生产生的医疗纠纷中,损害事实并不是指不健康婴儿出生,而是指向孕产夫妇因此丧失的终止妊娠的权利和因不健康婴儿的出生所带来的精神损失和后续的物质花费。在是否应当肯定错误出生案件中遇到的最核心障碍是对损害的认定。在错误出生案件中,一切不利后果都是由于残疾婴儿的出生引起的。在这些不利后果中到底哪些是法律认可的损害,如何计算损害赔偿的数额,赔偿是否会有损人格尊严,等等,都是令法院比较棘手的问题。早期法院就常常以损害赔偿难以计算为由驳回原告

---

〔1〕 聂欣:《不当出生之请求权基础分析》,载《中国卫生法制》2010年第2期。

的请求。[1] 但是这一理由没有说服力,并且很快被新的判决否定。因为在错误出生之诉中,原告的损失虽然计算起来十分困难,但也还是可以完成的。

另外,有反对者表示,此种损害的结果并不是由医生造成的。因为医生并不能决定一个天生有缺陷的婴儿的降生,况且子女的出生对父母而言总是利大于弊。对此,本书认为,生育子女对父母而言并不一定是件好事,更何况是不健康的子女。天生残障的孩子给父母带来的痛苦远大于快乐,尤其是在幼年成长时期。这也是1967年美国新泽西州 Berman v. Allan 中判决肯定错误出生的原因之一。Handler 法官在评论该案件时提到,错误出生的婴儿对父母而言是一种作为父母身份和父母职能的贬损。因为残障儿童的出生使父母需要适应照顾特殊儿童的职责。正因为医生的失职行为,他们需要永久地照顾有特殊需求的儿童。他们本应享受的教育子女的满足感、自豪感和骄傲感都遭受损害。这种不满足感和懈怠感在孩子的成长早期一直延续。[2] 目前,虽然此种权利尚未被纳入我国法律的明文规定,但由于医生的诊疗失误,的确造成了本来有被可能终止妊娠的胎儿实际出生,阻止了父母终止妊娠的可能性。残障新生儿给父母带来了精神和物质上的双重损失,父母的生活可能就此改变。在此过程中父母对健康新生儿的期待利益也受到侵害。

一、财产损害:抚养费与残疾护理费

在我国法院的实务操作上,虽然有承认错误出生是对父母优生优育权的侵害的先例,但是,并不承认因此种权利侵害将产生对孩子的抚养费和因孩子残障而必须的其他费用赔偿。对此,上述云南省案一审判决指出:“本案的损害事实并非残疾婴儿的出生,因为生命的无价不能因身体的残疾而低估其价值,故本案产生的损害应当是被告平安医院对原告优生优育权的侵犯而给原告身体、感情、精神上造成的损害。”由此可见,优生优育权被侵害的后果指向是身体、感情、精神损害,而非因残障小孩出生而产生的费用。本案二审判决,对这一见解进一步强化指出:由于上诉人平安医院的医疗过错行为侵犯的是被上诉人陈某凤、刘某的生育知情权和优生优育权,该两项受损的权利并非实体的物质权利,无法具体计算或衡量受损权利的价值和数额,而上诉人平安医院的该过错医疗行为给受损权利主体造成的是情感和精神上伤害,只能通过精神损害抚慰金的方式对受损权利主体进行利益填补和精神抚慰,因此从该两项受损权利的实质和后果看,

---

〔1〕 例如,Gleitman v. Cosgrove。

〔2〕 Berman v. Allan,80 N. J. 421,404 A. 2d 8.

都具有人身权的特征和性质,因此一审判决根据《精神损害赔偿解释》(2001 年)的规定,确定以精神损害抚慰金的责任承担方式对被上诉人陈某凤、刘某进行权利救济并无不当。那么,原告诉请的财产损失,是否具有正当性呢?

上述判决认为,优生优育权非系实体性权利而无法核算其损失,因而不予救济。诚如上文分析,这显然是因为对于该项权利的认识有误所致。侵权法的目的首要在于填补损失,即使权益恢复到未被损害之前的状态。在错误出生案件中,父母不希望残障婴儿出生,如果这个婴儿不出生,则父母无须为其支付因继续妊娠和出生的费用、抚养费、教育费、残疾治疗费及其他因残障而产生的费用。诚如美国法上"产前检查瑕疵案"所指出的,父母所受的损失非婴儿是"残障",而是婴儿的"出生"。因此,此处仍然需强调的是,残障小孩并非损失,因其出生而产生的费用才是损失。

需要特别说明的是,关于此类案件中抚养费的负担,从比较法上看,亦属分歧重大的难题。从美国各州法院对错误出生案件支持的损害赔偿范围来看,总体上是扩大趋势。自从 1967 年 Gleitman v. Cosgrove 案中,法官驳回了 Gleitman 的诉讼请求之后,1978 年 Becker v. Schwartzy 案中,法官支持了原告的诉讼请求,判决"孩子的父母可以就孩子出生造成的特别损害获得赔偿,主要包括对孩子的治疗、照顾费用,但否认了孩子父母要求的精神损害赔偿",直到 1984 年 Procanik by Procanik v. Cillo 案,[1]法院认为医生对孕妇负有告知的义务,且该案中被告医生违反了这种义务,构成对胎儿母亲的侵害,因此母亲可以请求特别损害赔偿,将错误出生案件中父母的损害赔偿请求权的范围扩大到精神损害。目前在美国,完全否认抚养费赔偿的约有 34 个州。举其依据要者为:(1)健康小孩的降生对于父母不是损失,相反其给父母带来的快乐和受益要远远大于负担;(2)孩子的抚养费非由父母承担将损及其精神与观感,有悖伦理;(3)抚养费事实上难以计算;(4)抚养费承担与被告过失行为不成比例;(5)原告未采取终止妊娠的措施是由原告承担抚养费的重要原因。约 3 个州赞同全赔抚养费,理由为:(1)抚养费是医方直接、可预见且可赔偿的损失;(2)孩子不是损害,但医方过失行为危害了家庭财产安全;(3)孩子给父母带来的快乐与抚养费性质不同,不能抵销。另有部分州采折中赔偿的见解,抚养费数额的确定须因孩子带来快乐而有所扣除。新近美国判例逐渐趋向支持抚养费的诉请。[2]

---

〔1〕 478A. 2d 755,339.

〔2〕 See David Kerrance, *Damages for Wrongful Pregnance*, (2000) 11 Journal of Contemporary Legal Issues, p. 468 – 471.

在英国,1976年通过了《生而残障民事责任法》,该法第1条规定了对生而患有残障之儿童的民事责任:"如果医生凭借其专业技术知识很负责地向孕产夫妇提供了专业咨询意见,那么被告就可以不对孩子的健康状况承担任何责任。"之后法院不断放宽对错误出生案件的认定标准和损害赔偿范围,甚至将对残疾孩子的教育费和缺陷儿超过18周岁以后的抚养费用也包括在赔偿范围当中。[1] 自上议院1999年的McFarlane v. Tayside Health Board ([1999] 4 All ER 961)之后,判例否定了抚养费的诉请,其理由与美国法上大同小异,但反对意见仍然此起彼伏。[2] 英国新近的判例对此似乎略有松动,上议院在Rees v. Darlington Memorial Hospital NHS Trust ([2004] AC 309)案中强调,抚养费能否最终获赔取决于小孩是否健康。

在德国,更倾向于用合同的不完全履行来解决赔偿问题。[3] 德国联邦高等法院判决肯定了错误出生婴儿的父母可以以债务不履行为由请求有过失的医生承担损害赔偿责任。但德国各个法院之间对损害赔偿的范围还存在争议,比如,错误出生的婴儿是否为损害赔偿的依据,应赔偿的损害是否存在等。更有学者提出,错误出生不能被视为一种损害,因为没有人能了解,如果不是医生的过失导致先天残疾婴儿的出生,会发生何种情况。是否就是请求权人所描述的那样?谁都不得而知。[4] 德国把错误出生之诉当作违约之诉来处理,德国联邦高等法院的判决肯定了因医师过失而生出缺陷儿的父母得以债务不履行请求该医师赔偿抚养缺陷儿比健康婴儿多出的额外费用,包括财物与劳力付出。德国各法院之间对损害赔偿的问题主要有几点争执,包括正常进行的出生是否是对母亲的伤害、可赔偿的财产损害究竟存不存在及从尊重人类尊严的宪法原则出发等。[5]

---

[1] 冯恺:《胎儿的损害赔偿请求权探究》,载刘士国主编:《侵权责任法若干问题研究》,山东人民出版社2004年版,第34~35页。

[2] 该案系因输精管切除手术失败而生育小孩引发抚养费诉讼之争。在此之前的判例认为,与母亲身体伤害无关的损害,如抚养费、教育费、误工费等是可以要求赔偿的。See Emeh v. Kensington and Chelsea and Westminster Area Health Authority [1984] 3 All E. R. 1044; Thake v. Maurice [1986] QB 664.

[3] Basil S. Makesinis & Hames Unverath, The German law of Torts, A comparative liability, under 823 I BGB.

[4] Stephenson, LJ [1982] WLR 890.

[5] 例如,Bundesgerichtshof(Six Civil Senate) 16 November 1993 BGHZ 124,128 中原告夫妇已经生育了两个先天性残疾的婴儿,由于医生的过失导致其再生了第三个先天残疾的婴儿,德国法院判定财产损害赔包含一切抚养费用。

在1980年以后的一系列的案件当中,对于孩子抚养费的损害赔偿请求都得到了支持。例如,1993年的一个案例中[1],父亲(第一原告)和母亲(第二原告)的孩子于1982年出生,但孩子的心理和生理都有缺陷。父母怀疑自己的基因有问题,在私人医生的引荐下,去大学的人类基因学院(第三被告)的临床基因部(第一被告)征求意见,他们想在第二次怀孕前知道自己是否具有不良的遗传基因。临床基因部的医生(第二被告)做了化验,并出具了由临床基因部和医生共同签署的报告,报告称父母不太可能有基因问题,因而可以继续生育。1985年3月6日,父母的有同样的生理和心理缺陷的另一位孩子(第三原告)出生了,父母认为被告的化验诊断有误,因此请求赔偿。临床基因部和医生要求法院决定他们是否要为另一位孩子今后在社会医疗保险外的所有损失承担赔偿责任。父母也要求被告就他们自己的痛苦承担赔偿责任。

上诉法院支持了维持孩子生活的所有费用。上诉法院将基因咨询定性为门诊诊断。上诉法院支持的维持生活的支出包括治疗所需要的医疗费用,这是因为医生违反合同义务而负有责任。上诉法院认为,咨询合同的目的在于阻止生下有基因缺陷的孩子,绝育手术合同目的是阻止生产任何后代,而此合同的目标是完全合法的,因此本案中的咨询合同也是合法的。原告想生一个不残疾的孩子,他们为了避免第一个孩子一样的悲剧而去咨询意见,这样的目的是完全合理的,没有道德上的不对之处,也是作为父母责任心的体现。法院认为,维持孩子生活的费用不能被分为“父母养育正常孩子的费用”和“残疾孩子的额外支出”两部分,因为保证这个残疾孩子生活的必要费用是不可以分割的。法院认为,将孩子正常的抚养费认定为“损失”不是对孩子生命价值的贬低——因为给予的赔偿对孩子是有好处的,因为这样可以改善这个家庭的经济条件,特别是如果这个孩子一直需要特殊的护理,那么高额的费用非常可能威胁到这个家庭的存在。而将正常的抚养费纳入损害赔偿范围,会对孩子的成长十分有利。

德国联邦宪法法院在1997年审理的类似案件[2]中表示,从宪法的角度看,既不能容许将父母亲的抚养义务视为契约法上的损害,也不能容许将因错误出生所致的不愉快理解为侵权法上的损害;但是,维持孩子的生活费用可以被看作是“损失”,这并不会剥夺孩子的生命价值。民法规定的侵权责任,即使有时候损害赔偿直接与人的生命相联系,但原则上不会影响人的人格。民法和判例法仅仅是为了划分责任分担,并不是把人格利益商品化,绝不会把人和人格转换成

---

〔1〕 BGHZ 124,128.

〔2〕 NJW 1998,519.

商品。这样一种责任的分担也不会对人的生命有任何的负面评价。同时,对孩子生命价值的认可并不取决于父母就要承担抚养费用。即使按照民法,孩子的客观生存也仅仅是抚养费用的条件之一,也就是说,孩子的生存不一定需要父母支付抚养费用,抚养义务和双亲的身份是可以分离的。即使父母一方死亡,也不代表抚养责任就完全能落在父母中的另一方身上。

德国联邦最高法院也把错误出生跟错误生命作了区分,因而《德国民法典》确立的关系基础并未贬低残疾孩子存在的价值。联邦最高法院的裁判认为,在待判的案件事实下,对小孩的抚养义务构成一种损害,尚不至于构成足以剥夺小孩固有价值的商业化。即使在损害赔偿请求权直接以人的生存为要件的情形下,民法的责任体系原则上也不至于侵犯人性尊严。至此,并不会将人贬低成客体——在契约法或者侵权行为法范围内的可替代物。民法规定以及司法裁判对此所为的解释,都趋向于正当的负担分配,这不会造成商业化基本人性范围的后果。那么,将损害赔偿法适用于人际关系上,并不至于将具有人身属性、不可转让的权利转变成商业利益。同样,将抚养义务部分转由第三人负担,也不构成对抚养请求权人的非价值判断。同时,德国联邦最高法院认为,抚养义务与父母亲的资格是可分的。[1] 在其他领域,如产品责任、污染责任和交通责任中,也没有否认孩子存在的价值。例如,保险公司把胎儿纳入承保范围,这就说明胎儿的人格利益并没有因为胎儿父母的抚养负担被保险公司分担一部分而受到任何损害。其还建议以"抚养义务人免除部分的负担,并不至于伤害小孩的人性尊严"为前提,将胎儿列入保险之内,以尽最大限度地保护胎儿利益。在 1998 年的一个案例判决中[2]联邦最高法院指出,天生有残疾的小孩破坏了家庭计划,不能排除父母亲因家庭财产负担增加而在心理上反对其子女成长的状况。因而支持有错误的医生抚养费负担是十分必要的。

此外,诸如法国、意大利、丹麦等国皆否认抚养费的诉请;而比利时、西班牙、苏格兰等又原则上认可抚养费的诉请。有学者认为,亲属法上特殊抚养义务是指对残疾儿的医疗费用、特殊教育费用和人力照顾费用等;一般的抚养费用是指残疾儿的生活费用。一般抚养费用是父母生育和抚养一个健康孩子通常也要付出的费用,与医生的过失无关。[3] 如果父母连这些基本费用也获得赔偿,对父

---

〔1〕 BGHZ 72,299, BGH,NJW - RR 1987, 898.

〔2〕 BVerfG NJW 1998, 519.

〔3〕 相同见解可见房绍坤、王洪平:《医师违反产前诊断义务的赔偿责任》,载《华东政法学院学报》2006 年第 6 期。

母而言可能有不当得利之嫌疑;若基本的抚养费用都被纳入损害赔偿范围,视孩子为对父母的一种损害,可能会有损孩子的人格。德国联邦宪法法院认为:“如果解除对孩子之照顾与抚养是自然权利又是其父母的基本义务(《德国基本法》第6条第2款第1项)这一原则,将导致大量的问题。此等解除不仅严重违反家庭法,而且可能导致年长的兄姐提出要求其父母少生弟妹的主张。”王泽鉴先生认为,“为适当限制医生的责任,鉴于养育子女费用及从子女获得利益(包括亲情及欢乐)之难于计算,并为维护家庭生活圆满,尊重子女的尊严,不将子女之出生视为损害,转嫁于第三人负担抚养费用,而否定抚养费赔偿请求权,亦难谓无相当理由”。[1]此外,由于有很多有缺陷的新生儿是可以矫正的,并不影响其成长。在获得康复之后其可以正常生活,对父母而言,带来的是正常孩子一样的快乐和幸福,并不完全是累赘。

各国对先天有缺陷的婴儿的抚养费用基本予以支持,对正常的一般抚养费用则有不同的意见[2]。对此,国际知名比较法学者 Von Bar 教授坦言,这是一个尚未获得最终解决的问题。[3]

但是,需要注意的是,错误出生案件中的抚养费支付与错误怀孕案件中的抚养费支付的时限有必要予以区分。因为按照我国习惯做法,针对正常小孩而言,其成长到18周岁为成年,即被视为有自食其力能力的公民,而无须他人支付抚养费。[4] 因此,在错误怀孕案件中,抚养费一般亦支付到小孩年满18周岁为止。然而,在错误出生案件中,由于小孩终生可能都将无法自食其力,因此对于其抚养费的支付自难以再适用18年的时限。但是,由于不同小孩残障程度不同、治疗手段和效果差别较大、父母的经济状况和年龄等因素影响,对于具体抚养费的支付年限,应由法官根据个案予以综合权衡判断决定。此外,在确定父母财产损失之时,亦需注意损益相抵问题。因为小孩的出生避免了因妊娠终止手术而带来的财产损失和可能的精神损失。此部分费用应该在计算财产赔偿数额时予以减去。对于抚养费与教育费等常规费用而言,其与错误怀孕所产生的抚

---

〔1〕 王泽鉴:《民法学说与判例研究》(第1册),中国政法大学出版社1998年版,第120页。

〔2〕 西班牙也有案例赔偿费用排除了正常的抚养费用,参见 De úngel, Diagnósticos renatales Ⅱ, supra note 8, p. 154 and BERCOVITZ, supra note 8, p. 858。转引自 Miuqel Martín Casals, *Wrongful Conception and Wrongful Birth Cases in Spanish Law: Two Wrongs in Search of a right*。

〔3〕 Vgl. Christian Von Bar, Gemeineuropäisisches Deliktsrecht I, 1996, Rn. 581 – 583.

〔4〕 虽然,事实上大多18周岁之小孩尚无自食其力之能力,但这只是一个法官需要在个案中酌情裁判的事实问题。

养费和教育费并无区别。因此,本书认为医方应当支付这部分费用。[1] 对于因残障而产生的治疗、护理、残疾器具等费用,医方自应负担。

二、精神损害

对于父母优生优育权遭受侵害而产生的精神损害,诚如云南省案判决所述的理由,这是一个基本可以达成共识的问题。生育一个天生残障的婴儿对于父母而言,无疑会是一项巨大的精神痛苦。因此,对于父母的精神损害,需要论证的不是是否需要,而是如何赔偿的问题,即如何为此种精神损害赔偿寻找请求权规范问题。关于精神损害赔偿的范围,《精神损害赔偿解释》(2001 年)第 2 条著有明文,但该条并未包括优生优育权。上述云南省案一审判决认定,此项精神损害赔偿的依据是《精神损害赔偿解释》(2001 年)第 9 条第 3 项,即本案情形属于致人死亡与残疾之外的其他应该适用精神损害赔偿的事由。而该案被告的上诉理由则辩称,一审判决的精神损害抚慰金无法律依据,在《精神损害赔偿解释》(2001 年)第 1 条至第 4 条规定的精神损害抚慰金的范围中并不包含被上诉人主张的权利。二审判决认可此项精神损害赔偿,但对其法律依据未置可否。因此,对于此项精神损害赔偿的法律依据,仍存疑议。而对于认定精神损害的赔偿范围问题,各国法院在处理上也有所不同。如美国的新泽西州最高法院在 1979 年的 Berman v. Allan 案的判决中就承认了父母因照顾先天性残疾的婴儿所受之精神上损害可由陪审团认定赔偿金额;[2] 在 1995 年的 Greco v. United States 案中,法院就明确指出了母亲可请求的损害赔偿范围为:(1)特别医疗及照顾费用;(2)如其生出健康之子女,将来可得享有之亲情乐趣,因失去此种乐趣之损害;(3)精神上痛苦之损害。

认定此类案件中的精神损害赔偿问题,首先须明确的是,被告是因侵害原告的优生优育权而应向原告支付精神损害赔偿,而非因原告分娩一残障婴儿造成身体损害的精神损害赔偿。因为终止妊娠对于身体所造成的损害与分娩对于身体所造成的损害在法律上应认为并无不同。在此需要考虑的另一种情形是,如果因为胎儿的伤病而必须采取复杂的剖腹产手术时,则需另行考虑此种对身体侵害的精神损害赔偿问题。德国实务认为,在此种情形下应考虑损益相抵问题。因为正是由于医院的不当医疗行为,才使母亲避免了经受并不容易终止的妊娠

---

〔1〕 关于此种情形下抚养费是否应该赔偿,比较法上与学说上都争议较大,是一个尚未被解决的问题。Vgl. Von Bar, Gemeineuropäischen Deliktsrecht I, 1996, Rn. 583. 本书采德国法之见解,认为此系可赔项目。

〔2〕 404 A. 2d 8.

手术,而假如按照正常的医疗诊断则她就必须经受这种痛苦。因此,在酌定精神损害赔偿金数量的时候,应予以相应减少。[1] 然而,基于任何人不能从自己的错误行为甚至违法的行为中获利这一基本法理,本书认为,即使在此种情形下,仍无损益相抵原则的适用余地。

三、损害赔偿责任的适当限制

法律对医疗服务行业施以非常严格的注意义务,与此同时,很多国家也对行为人的行为设置了便于执行的具体的行为标准和实施细则。虽然医务工作者没有尽到应尽的义务导致错误出生的发生,但我们也应当认识到,所有错误出生的结果不应该都由行为主体承担。依据我国学者的通说,医疗侵权行为因其特殊性,除可以适用一般侵权行为的免责事由之外,还有一些特殊的免责事由。[2] 本书认为,错误出生案件中最为适用的免责事由为"在现有医学科学技术条件下,发生无法预料或者不能防范的不良后果"。目前产前检查常用超声检查,此外还有血液常规,梅毒检查,肝炎、麻疹抗体、尿蛋白检查、绒毛采检等多项检查指标。因为造成胎儿异常的原因很多,有些原因尚不明确,有些病变尚无精准的检查方式,出现错误出生的可能性都存在。因超声诊断是孕中期产检最为常用的技术指标之一,本书仅以超声诊断的客观局限性为例进行讨论。

超声检查运用于胎儿疾病诊断仅有30年时间,从起初仅用于确定妊娠的指标、判断胎儿是否存活、羊水多少,到今天,成为产科不可缺少的医学影像辅助检查手段。但是,超声检查作为辅助检查项目,有其不可避免的局限性。在检查胎儿心脏畸形问题上,受到采超者个人技术水平的影响很大。据报道,中孕期先天性心脏畸形的检出报到率为20% ~80%,[3] 实际操作中心腔切面检出率仅有30%,需要进一步从各进出心腔道切面取样才能得出最终诊断结果。因此,诊断结果单单与切面样本就有较大关联。

与此同时,目前产前超声诊断并没有明确统一的指标,对诊断报告的书写也没有统一要求。地方性医院大都依据自己的医疗水平和硬件设施条件设定自身

---

[1] BGHZ 86, 240, 248, 249.

[2] 如杨立新教授认为,医疗侵权行为免责事由有六种:一是在紧急情况下为抢救垂危患者生命而采取紧急医学措施造成不良后果;二是在医疗活动中由于患者病情异常或者患者体质特殊而发生医疗意外;三是在现有医学科学技术条件下,发生无法预料或者不能防范的不良后果;四是无过错输血感染造成不良后果;五是因患方原因延误诊疗导致不良后果;六是因不可抗力造成不良后果。参见杨立新:《医疗侵权法律与适用》,法律出版社2008年版,第78-81页。

[3] 颜幸燕、杨鸿凌:《超声筛查胎儿先天畸形的现状与研究进展》,载《现代医药卫生》2010年第24期。

的检查范围和检查指标,因而出现不同级别、不同地域的产前诊断医疗机构的检查内容相差很大,诊断结果书写不规范。由于目前我国医疗资源配置不公平问题一直是亟需解决的难题,很多地方的医务人员素质不过关,对于卫生部明确规定"在孕中期18~24周是检查胎儿畸形的最佳时期"掌握不准确,导致孕妇就诊检查胎儿畸形的时机不准确进而影响诊断结果。

此外,医患关系在我国一直处于紧张状态。受到媒体不实宣传的影响,有些患者对超声诊断结果期望值过高,认为只要出现失误就是医疗工作者不负责任的结果。事实上,胎位本身、胎儿骨骼、羊水多少、母体方面的因素,如母亲肥胖等原因都会影响超声诊断报告的结果。此种因素也应纳入医疗工作者抗辩缘由的考虑范围之内。另外,据医院报道,一个普通三甲医院超声诊断8小时120+,不到4分钟出一个诊断结果。医生在强度极高的压力之下可能会造成诊断结果失误,但这不应当成为医务人员拒绝承担诊断失误的抗辩缘由。

既然肯定了错误出生的损害赔偿请求权,也需要对其损害赔偿的上限进行限制。如果对医疗机构施加过重的赔偿责任,医疗机构必将通过增加其他患者医疗费用的方式来弥补损失,将风险转移给患者。2000年,法国著名的Perruche案判决中,最高法院肯定Perruche夫妇对于医师有损害赔偿请求权,认可了缺陷儿的错误生命损害赔偿请求权。[1] 此判决在法国国内引起了强烈不满,引起学者与民众的示威。妇产科义务人员因担心日后可能要支付巨额的赔偿金,以罢工甚至拒绝给妊娠妇女做产前诊断的方式抗议此判决。以此为鉴,我国为平衡各方利益,协调医患关系,应当妥善处理好错误出生案件中损害赔偿责任的范围问题。

虽然不能适用损益相抵规则,但是有些情形,法院可以适当减轻甚至免除医疗机构的责任。第一,限于当时的医疗水平难以诊疗。依据诊断时的医疗水平,无法通过产前检查、产前诊断发现遗传性疾病或先天畸形的,医疗机构不具有过失,不承担损害赔偿责任。应当注意的是,医疗水平的判断应当以全国标准为原则,以地方标准为例外。若只单独使用全国标准,对于一些偏远和诊疗设备、技术相对落后的地区是十分不利的;若只使用地方标准,势必导致一些医疗机构滥用"本机构医疗水平有限"来逃避责任。在美国,早期采用的是地方标准,即依据某一地区医疗水平的平均值来判定医生行为是否存在过失。之后随着医疗水平的进步,法院开始采用全国通行的行业标准来审查医生的行为,一些联邦和州法院重申应当适用地方标准。[2] 这种适应时代发展变化的判断标准可以参考

---

〔1〕 张民安:《现代法国侵权责任制度研究》,法律出版社2003年版,第334页。

〔2〕 李挺:《论医疗损害责任抗辩事由及其法律完善》,载《行政与法》2011年第7期。

借鉴。另外,若出现对同一病症临床采用两种或者两种以上的诊断治疗方法,如何判断医生的选择方案是否符合其注意义务及当时的医疗水平,也是颇具争议的问题。美国宾夕法尼亚州 Jones v. Chindester 案判决中,法院认为,医生的选择只要在其领域内有同业人员的认可,该医生就不需要在疗法选择上承担法律责任。第二,医务人员在抢救生命垂危的患者等紧急情况下已经尽到合理诊疗义务。根据原因力规则,医疗机构仅对自己原因造成的损害承担赔偿责任。[1] 错误出生中,医生固然存在过失,但残疾婴儿的出生也与母体因素相关,否则就不会有先天残疾孩子的出生,也就不会有孕产夫妇后续的财产损害和精神痛苦。因此,在错误出生损害赔偿责任中,要求医疗机构承担损害赔偿责任时,也要考虑受害人自身特殊体质的原因力,根据医疗机构违法行为的原因力来确定赔偿比例。第三,受害人过错。根据《民法典》第 1224 条的规定,医疗机构可以不承担责任或者承担相应的责任。

四、法律依据:违背公序良俗侵权责任的适用

在承认父母拥有对于先天残障的胎儿是否继续妊娠的决定权的前提下,仍然需要追问的是,此种权利应归属于民法上的何种权利范畴?否则,其接受侵权法保护的法律依据将难以证立。这一点在支持原告优生优育权被侵害而获赔偿的云南省案判决中,也未被明确定性,这不能不说是本判决的一大遗憾。其实,选择是否生育残障婴儿的自由权与错误怀孕的生育自由自主权不同,因为后者属于处置自己身体或意愿的行为——要不要孩子这是完全自由的,是人格自主的体现,符合一般人格权对于人的自由与尊严维护的要旨(《宪法》第 37 条、第 38 条),可适用一般人格权的规范予以保护。[2] 但是,错误出生的自由权毕竟是对于一个已经存在生命体的支配,客观上是将生命体作为权利的对象,与一般将物或精神作为权利对象不同。生命不能被当作客体来对待,这应该是一个基本的法治共识。自由权不包括处置他人生命的自由,也是毋庸置疑的。因此,本书认为此种权利不能归为一般人格权的保护范围,只能归为《民法典》第 1165

[1] 杨立新:《论医疗过失赔偿责任的原因力规则》,载《法商研究》2008 年第 6 期。

[2] 关于一般人格权作为宪法基本人权保护之手段之论述,参见张红:《论一般人格权作为基本权利之保护手段——以对"齐玉苓案"的再检讨为中心》,载《法商研究》2009 年第 4 期。德国有判决认为,将生育自主权归于《德国民法典》第 823 条中的"其他权利"而作为一般人格权对待,将会使该条保护的权利范围无法控制,因而拒绝将其归入一般人格权。Vgl. OLG Frankfurt NJW 1993, 2388. 但是,这实际上是不可行的,因为如果生育自由不作为一般人格权对待,那么对其侵害将于法无据,因而将影响此类案件中损害后果的认定。

条中的民事权益。[1] 该种人身、财产权益与社会公共利益与善良风俗相契合。

承本书上述对于优生优育权性质的认定,其属于《民法典》第1165条中的民事权益。既有人格利益的损失,也有财产利益的损失。人格利益的损失是指此种决定是否使产下残障婴儿的意志自由遭受剥夺,并进而因抚养一位残障小孩而产生的精神痛苦与负担,性质上属于对于人格自主意愿的侵害并产生了精神上不利后果。财产利益的损失是指因继续妊娠、出生、抚养残障小孩的必要支出。由于无法将此项权益归为一项以维护人格自由与人格尊严为己任的人格权,又由于其兼具人格利益,所以其亦非一项单独的财产权益之损失。由于我国并无违反保护他人法律的侵权行为类型,[2] 因此实务上无法适用《母婴保健法》第18条作为"保护性法律"而认定被告的侵权行为。[3] 因此,在我国侵权法一向采法国式概括的一般侵权行为条款的法制现实状况下,只能将《母婴保健法》第18条与《人口与计划生育法》第17条所确认的优生优育权解释为《民法典》第1165条中规定的"民事权益"。在此前提下,对于财产损失赔偿的法律适用应不存疑问。对于精神损害赔偿的法律适用,虽然该项人格利益不能被归属于《精神损害赔偿解释》(2001年)第1条第1款与第2~4条中具体人格权益。但是,如果我们仔细分析该司法解释第1条第2款的表述时,则不难发现,对于此项人格利益的侵害即属于"违反社会公共利益、社会公德侵害他人隐私或者其他人格利益"中"其他人格利益"。因为优生优育、提高国民素质无疑是一项重大公共政策,体现了整个民族的公共利益,而优生优育无疑又是人格自主的体现,可谓一项人格上的利益。因此,对于此项精神损害赔偿,应适用此项规范。至于上述案件一审适用该司法解释第9条第3项则属适用法律错误。因为该第9条是对精神损害赔偿方式的规定,而非对其适用范围的规定。

---

〔1〕 关于侵权责任法上一般条款的保护范围在学理上的阐发,参见王利明:《侵权法一般条款的保护范围》,载《法学家》2009年第3期。

〔2〕 如《德国民法典》第823条第2款,据陈现杰法官之见解,最高人民法院曾试图借齐玉苓受教育权被侵害一案之司法解释建立此项侵权行为类型,但由于该司法解释已经被废止,使得这一努力告于失败。参见张红:《论一般人格权作为基本权利之保护手段——以对"齐玉苓案"的再检讨为中心》,载《法商研究》2009年第4期。

〔3〕 关于违法保护性法律的侵权责任的构成要件、适用范围及其在我国侵权责任法上的适用,参见朱岩:《违反保护他人法律的过错责任》,载《法学研究》2011年第2期。

第四节　过　　错

一、过错的认定

错误怀孕案件与错误出生案件一样,都属于医疗事故侵权责任。根据《民法典》第1218条、《医疗事故处理条例》第2条的规定,属过错侵权责任。关于过错的认定,[1]根据《医疗事故处理条例》第56条,医方应当向患者说明医疗风险、替代方案等,否则即视为有过错。因此,不当怀孕案件在诉讼中实行过错责任推定,如果医方不能按照上述规定证明其无过错,则应认定其有过错。

关于过错的认定,从客观上看,《母婴保健法》第9条、第10条、第14条都规定了医方对于避免残障婴儿出生的义务,对于这些规则的违反自当构成过错。此外,从主观上看,医方还应不存在主观的错误,如疏忽大意或轻信能够避免而放任的动机。在错误出生案件中,具体过错形式可以表现为:错误的遗传学建议使不应怀孕的妇女怀孕,错误用药或输血导致胎儿受损,错误产检导致残障胎儿未及时被堕胎,引产手术不当导致婴儿顺利降生。在云南省案判决中,法院认为,上诉人平安医院在为被上诉人陈某凤进行B超检查时存在未对胎儿上肢进行检查的过失,而该过错医疗行为具体表现在依据相关临床医学及医疗常规,当妊娠18~24周时B超适宜对胎儿四肢进行检测。医院发现胎儿畸形应告知父母,且在上诉人平安医院出具的B超检查报告单上亦明确列明了四肢检查的项目。由此可见,上诉人平安医院在为被上诉人陈某凤提供医疗服务行为的过程中确实存有过错,即上诉人平安医院在本案中存有过错医疗行为,上诉人平安医院应当就此过错医疗行为给被上诉人陈某凤、刘某造成的损害承担相应的民事赔偿责任。

而同样是对于妊娠中晚期的产检,四川省案判决却认为:作为一门自然科学,医学尚需不断的探索研究。受现有医疗水平、技术手段和医疗设施的限制,医疗技术存在局限性,这决定了产前常规检查内容的有限性。同时,产前超声检查准确性,客观上还受胎儿体位、胎儿活动、胎儿骨骼声影及羊水等多种因素的

---

[1] 侵权责任构成上的过错作为一种抽象的判断,对其认定依赖于具体的社会活动类型,并且经历了从主观归责发展到客观归责的演变,需要在不同的社会活动类型中结合不同的管制规范加以认定。参见朱岩:《违反保护他人法律的过错责任》,载《法学研究》2011年第2期;王成:《侵权法的基本范畴》,载《法学家》2009年第4期。

影响。根据现行的《临床技术操作规范》的规定,“中晚期妊娠常规超声检查内容包括:1. 胎位。2. 胎儿径线测量双顶径,股骨长度。3. 是否为多胎。4. 检查胎儿有无显性脊柱裂、无脑儿、腹裂、心脏外翻。5. 测量胎心率及观察胎动。6. 确定胎盘位置。7. 测量羊水深度”。可见,胎儿手掌并非产前常规超声检查的内容。此外,杨某、李某城也未与彭州市妇幼保健院约定就胎儿手掌进行特别检查。据此判断,彭州市妇幼保健院按照常规的检查内容对杨某进行检查,检查内容符合双方约定,符合常规检查技术规范的要求,尽到了在现有医疗条件下通常的注意义务,主观上并无过错。

而重庆城口一案中,法院认为,被告某院按常规的检查内容对原告李某进行检查,检查内容符合常规检查技术规范的要求,不存在任何过错,被告某院就检查中胎儿左手掌未见显示情况,亦向二原告进行了说明,充分尽到了法定说明义务;另外,被告某院是非营利性医疗机构,只具备常规产前检查资质,不具备产前诊断资质,对此也对原告进行了告知,因此被告某院的行为已尽到告知义务,不具有违法性。

案例4中,上诉法院认为,本案中的李某丽先后三次在医专附属医院进行胎儿超声检查。每次检查前,李某丽都在该院出具的《胎儿超声检查知情同意书》上签字,该《胎儿超声检查知情同意书》中对胎儿超声检查存在的风险,条款具体、清楚、全面,应视为其已对胎儿超声检查存在的风险完全知晓,并认定医专附属医院已充分履行了对李某丽的告知义务;医专附属医院出具的超声检查报告单,也完全符合《临床技术操作规范—超声医学分册》《产前诊断技术管理办法》《超声产前诊断技术规范》所规定的内容、要求和范围,医专附属医院在对李某丽的诊疗活动中也不存在原《侵权责任法》第58条规定的“患者有损害,因下列情形之一的,推定医疗机构有过错:(一)违反法律、行政法规、规章以及其他有关诊疗规范的规定;(二)隐匿或者拒绝提供与纠纷有关的病历资料;(三)伪造、篡改或者销毁病历资料”中的任何一种情形。另外,我国原《侵权责任法》第七章规定关于过错之判断,否定了此前最高人民法院证据规则所谓举证责任倒置的解释规则,也不采取由受害患者证明医疗机构有过错的方法,而是采取了过错客观化的方法。[1]所以,医专附属医院为李某丽进行胎儿超声检查,按照医疗规范和常规尽到了注意和告知义务,主观上没有过错,客观上没有违反医疗卫生管理法律法规和规章及诊疗护理规范,因此不存在违法行为。

---

〔1〕 参见梁慧星:《侵权责任法的立法成就与不足(上)》,载中国社会科学网,http://www.cssn.cn/fx/fx_rdty/201310/t20131023_460697.shtml。

以上四判决所指向的事实,都是发生在国内颇有影响的案例。针对这几起事件,临床诊断因同时适用《临床技术操作规范—超声医学分册》《产前诊断技术管理办法》《超声产前诊断技术规范》,对其判断的医学标准应属相同。事实上,发生在2004年的事故,法院认为根据医学常理应该能够检查出来,而发生在2005年甚至2010年的事故,更无理由认为根据当时的医学水平不能检查出来。至于法院甚至要求原告与被告事先须签订检查胎儿手掌的协议,则显属对于无医疗专业判断知识的原告的不合理要求。因为原告要求产检是希望查知胎儿是否全面健康,四肢属于身体的重要器官,当然在原告的希望之列,应属双方产检合同中无须注明的检查项目。

当然,针对胎儿的某种残障是否能在妊娠期检查出来,会受制于个案而不同,一般情形下,应当以专业鉴定机构出具的意见为准。但就上述案情而言,胎儿手掌在妊娠的中晚期,应属可查且应查的项目。[1] 但是,如果仅仅以医院资源有限、《临床技术操作规范》中没有要求检查该项目、胎儿特殊性等事由来否定医方的过错,此即未照顾到患方在医患纠纷中的信息弱势地位,显然难谓合理。因为如果医院资源有限,自知无力承担检测任务,应及时通知患方转院,而不能待后果发生了才以此为由要求免责。否则,即属明知不能确定结果,但却轻信能够避免而放任损害结果发生的过错。《临床技术操作规范》应为指引性规范,而非免责性条款;况且其制定在先,自然无法预料胎儿全部的情况,医疗系须尽高度勤勉的职业,关系生命安全,医方焉能以此指引性规范而要求就其未能查出而又可以查出的病症而免责？至于胎儿个体差异问题,更不易成为判断医方无过错的理由。因为每一个胎儿都是不同的,但是其生理结构又基本相同,如果轻易以此项理由作为医方免责的事由,无疑将降低医方对其勤勉义务的注意程度。

二、注意义务

注意义务是决定何时适合将原告之损害转由被告负担。传统上认为,损害转移由他人负担之主要理由在于引发损害之人有过错,因而应当负担赔偿责任。英国法上通过 Donoghue v. Stevenson 案[2] 开启注意义务之建立,于 Anns v. Merton London Borough Council 案中揭示出判断注意义务成立的二阶段原则,在

---

〔1〕 本书于此无法提供医学上之证据,但根据经验及笔者咨询,中后期产检对于四肢的检查并不存在困难。因此,笔者赞同云南省案判决之立场,认为此属可检之项目。

〔2〕 [1932] AC 562.

Caparo v. Dichman 案[1]中确立了所谓"三阶段"模式,以确定注意义务是否存在。[2]法院认为,注意义务存否之认定,首先,应当探讨损害是否合理可预见;其次,应当探究原告与被告之关系是否足够紧密关联;最后,应当考虑在具体案例中为保护一方之利益而对他方课以注意义务,是否合理公平且符合公平正义要求。美国 Pike v. Honsinger 案[3]判决中曾有对医师注意义务的陈述:"一是在诊疗活动中以其知识和技能尽到勤勉和谨慎义务;二是运用其知识以尽其所能使用技能和学识进行诊断;三是不断学习新的诊疗技术;四是应对患者的行为、锻炼、受伤肢体的使用提供指导。如果医生因为自身的原因没有做到以上几点,其应当对其所造成的后果承担责任。"[4]美国法秉承英国法关于注意义务的概念,承袭注意义务为"侵权行为责任成立要件之一",但近年来法学教科书逐渐代之以"注意义务之违反",其基于政策考量,否认责任成立之制度。

我国现行的卫生相关法律、行政法规、规章有上百个,大都有对医生注意义务的概括。如《执业医师法》和卫生部颁布的《医院工作人员职责》中都规定,医师应当遵守法律、法规,遵守技术操作规范,树立敬业精神,遵守职业道德,履行医师职责,尽职尽责为患者服务[5]……医疗行业诊疗技术操作规范也是医生注意义务的主要来源之一,它规定医疗行为应当遵循的基本操作常规和基本操作程序等基本原则,即行业内部的工作注意事项和工作章程。它既包括国务院有关部门制定的诊疗技术操作规范、行业协会编著的诊疗技术操作规范,也包括国家药典委员会制定的用药规范、地方有关行政部门制定的诊疗规范。此外,注意义务还来源于医疗服务合同的特殊约定。例如,对一些疾病的诊断,医师负有保密义务;医生对某些预后并不好的手术提前告知患者及家属等。同时,注意义务还受到医师执业伦理道德的约束。《民法典》第 1221 条规定了医院人员的注意义务。事实上,我国医生注意义务主要来源于目前仍在施行的法律法规。具体而言,在产前诊断行为中,患者与医疗服务机构之前的合同不会有合同内容的

[1] 该案中 A 公司委托被告会计师制作财务报表,并以该报表为基础,制定股票承销价格。原告信赖被告之稽核,大量购买 A 公司股票,而持有该公司 90% 的股份。事后原告遭受严重亏损,而向被告请求赔偿损失。法院认为,会计师对不特定多数人负担注意义务,将导致不公平与不合理之结果,而判决被告胜诉。

[2] 陈聪富:《侵权归责原则与损害赔偿》,北京大学出版社 2005 年版,第 9 – 20 页。

[3] 49 N. E. 760.

[4] 当然,有一些只需要极少数专业人士掌握的技能,不必对所有的医务人员做硬性要求。See 49 N. E. 760.

[5] 参见《执业医师法》第 22 条。

详细表述,如果有特别约定,应当履行特别约定的义务。除此之外,产前诊断的义务来源主要是法律、行政法规、技术规范。法律渊源主要有1995年公布实施的《母婴保健法》、2001年实施的《母婴保健法实施办法》、2003年实施的《产前诊断技术管理办法》。主要可以概括为三个方面:

第一,孕产期保健服务义务。依据《母婴保健法》《人口与计划生育法》《母婴保健法实施办法》等法律法规的规定,医疗保健机构应当为育龄妇女和孕产妇提供孕产期保健服务,应当为孕产妇提供下列医疗保健服务:(1)为孕产妇建立保健手册(卡),定期进行产前检查;(2)为孕产妇提供卫生、营养、心理等方面的医学指导与咨询,即从接收孕妇入院开始,医疗机构就应当承担起宣传保健、知识普及等保健服务。

第二,产前检查义务和产前诊断义务。我国是出生缺陷和残疾高发国家,每年有20万~30万可见的先天畸形儿出生,加上出生后才显现的缺陷,先天残疾儿童总数高达80万~120万,约占每年出生人口总数的4%~6%,且有增长的趋势。[1]根据我国《母婴保健法》的规定,医疗机构有义务为育龄妇女提供孕产期保健服务,该服务与医疗侵权相关的分为产前检查和产前诊断两部分。我国《母婴保健法》第17条规定,"经产前检查,医师发现或者怀疑胎儿异常的,应当对孕妇进行产前诊断"。我国《产前诊断技术管理办法》第2条规定,"本管理办法中所称的产前诊断,是指对胎儿进行先天性缺陷和遗传性疾病的诊断,包括相应筛查。产前诊断技术项目包括遗传咨询、医学影像、生化免疫、细胞遗传和分子遗传等"。可见,产前检查履行的是筛查的职能,通过产前检查将可能存在病变的、需要进一步分析的病例筛查出来做进一步的产前诊断。产前诊断并不是孕期检查的必经程序,只有在医师认为有产前诊断必要之时,才进行产前诊断程序。

我国孕前筛查和产前诊断的法律规范主要有:其一,《母婴保健法》第18条,"经产前诊断,有下列情形之一的,医师应当向夫妻双方说明情况,并提出终止妊娠的医学意见:(一)胎儿患有严重遗传性疾病的;(二)胎儿有严重缺陷的;(三)因患严重疾病,继续妊娠可能危及孕妇生命安全或者严重危害孕妇健康的"。其二,国务院《母婴保健法实施办法》第20条,"孕妇有下列情形之一的,医师应当对其进行产前诊断:(一)羊水过多或过少的……(五)初产妇年龄超过35周岁的"。卫生部《产前诊断技术管理办法》第20条,另外,一些地方性法规和规章中也有关于产前诊断操作规范的文件。例如,2010年《山东省产前诊断

---

[1] 《中国是出生缺陷高发国家先天残疾儿童近120万》,载中国新闻网、华夏经纬网,http://www.huaxia.com/xw/dlxw/2011/09/2579802.html。

与筛查技术管理办法实施细则》〔1〕对产前诊断(包括产前筛查)作了详细的规定,从机构设置到技术管理,从岗位职责到责任承担,都有明确的规则。

第三,告知义务。知情同意权是患方的基本权利之一,最早由美国著名法官Carlozo于1914年提出。为保障患者知情权〔2〕的实现,我国《民法典》第1219条专门规定了医生的告知义务和责任承担。告知义务既是一项法律义务,也是道德层面的要求。《执业医师法》《医疗机构管理条例》分别规定了医院实施手术、特殊检查、特殊治疗、试验性治疗、患者病情、医疗措施和医疗风险等问题都是法定要求告知的。另外关于医疗管理制度、医疗费用等情况,也应当属于告知的内容。在医疗活动过程中,如果与起初约定不符或者有新病情出现时,医师都有及时告知患者的义务。据此,在错误出生案件当中,孕产夫妇将能否实现健康婴儿出生的期待利益交给医务人员来判定,其理应享有知情权。医生在诊断过程中存在失误,不论是漏诊还是错诊,都使告知义务不能完全履行,必然对患者此种期待利益有所损害。

实践中关于医方过错的认定,也是一个颇具争议的问题。前述案例在不同地点发生的判决都是基于胎儿先天身体可见残疾在妊娠期间未能被检测出来而引发的损害赔偿责任,但司法鉴定机构对医疗机构的行为是否存在违法性和过失,意见大有不同。实践中,对于同一医疗纠纷的司法鉴定,不同的鉴定机构可能得出不同的鉴定结果。这应当归结于其鉴定的标准不同。我国《民法典》对于过错的认定采用客观标准,即尽到的注意义务应当符合具有一般医疗专业水平的医务人员于同一情况下所应遵循的标准。目前鉴定可以由法院直接判定,也可以交由第三方机构进行鉴定。不论采取哪种方式,对注意义务的判断都要衡量诸如医疗水平、医疗专业因素、医疗地域性等各种因素。

第五节 因果关系的认定

明确了过错判定的标准后,还须分析被告行为与损害结果之间是否具有事

---

〔1〕《关于印发〈山东省产前诊断与筛查技术管理办法实施细则〉的通知》,载青岛政务网2010年7月27日,http://www.qingdao.gov.cn/n172/n24624151/n24627935/n24627949/n24627963/120908184417355817.html。

〔2〕严格讲,妊娠是生理现象,不是疾病的表观,但因其一系列适应性生理变化又明显不同于常人、且孕妇为保证胎儿的健康而进行产前检查和产前诊断,通常也被纳入医疗活动范围,因此孕妇常常作为“患者”进行研究。

实与法律上的因果关系。对于事实因果关系的判定要考察如果没有被告的过错行为,残障婴儿是否会出生。被告如欲免责,则须证明即使其未检测出胎儿系病胎,原告仍然会选择产下该婴儿。如果被告能证明这一点,则原告无损害发生,因为一切都是其自愿的,产检结果对其选择是否产下该婴儿没有影响。若被告无法证明不存在事实上的因果关系,被告还可以选择证明损害与其过错行为之间不存在法律上的因果关系,以求免责。为此,被告须证明,虽然其过错行为是损害发生的必要条件,但是却非该过错行为可得合理预见的结果,[1]或者有其他事情发生而中断了其过错行为与损害之间的因果关系链。如原告在被告处产检之后,发生了足以使胎儿产生残障的其他损失事由,如孕妇惊吓、错误被输血等。

因果关系是侵权责任构成中非常重要的一个方面,其所反映的是损害行为与损害后果之间引起与被引起的关系。王泽鉴先生将侵权法上的因果关系分为两种:责任成立的因果关系和责任范围的因果关系。前者指的是可归责的行为与权利受侵害之间具有因果关系,是认定权利受侵害是否由于加害行为而造成;后者指的是权利受侵害与损害之间的因果关系,直指损害与赔偿范围之间的关系。有直接关系的原因结果判断可以直接适用原因规则,但在医疗案件当中,因果关系通常比较复杂,对此判断通说采用相当因果关系说[2]。王伯琦先生对于相当因果关系有精辟的论述:"无此行为,虽不必生此损害,有此行为,通常即足生此种损害者,是为有因果关系。无此行为,必不生此种损害,有此行为,通常亦不生此种损害者,即无因果关系。"[3]对于判定因果关系,史尚宽先生曾概括了一个公式,"以行为时存在而为条件之通常情事或特别情事中,于为人时吾人智识经验一般可得而知及为行为人所知情事为基础,而且其情事对于其结果为不可缺之条件,一般的有发生同种结果之可能者,其条件与其结果为有相当因果关系"[4]。即以行为时的一般社会经验和知识水平作为判断标准确定该行为引起损害后果的可能性,而事实上确实导致了该损害后果的发生,则该行为与该结果有因果关系。

---

〔1〕"合理预见"系英美法用语,其相当于大陆法上的"相当因果关系"。参见陈聪富:《因果关系与损害赔偿》,北京大学出版社2006年版,第131页。

〔2〕杨立新、王丽莎:《错误出生的损害赔偿责任及适当限制》,载《北方法学》2011年第2期。

〔3〕王伯琦:《民法债编总论》,台北,三民书局1956年版,第77页。

〔4〕参考史尚宽:《债法总论》,台北,荣泰印书馆1978年版,第163页。

在复杂的因果关系上,[1]国内学者多主张用英美法系对于侵权行为法上因果关系的认定方法。英美法系采取的是一种两分法的思维程序,其把因果关系区分为两类:一为事实上的原因(cause in fact),二为法律上的原因(legal cause),也称为近因(proximate cause)[2]。其对于因果关系的判定也是分为两个步骤,事实因果关系由陪审团认定,而法律因果关系由法官认定。[3] 事实上的原因有多种判定规则:其一是若无(but for)原则,即原因是造成结果的唯一起因;其二是实质要件规则,即被告行为为原告受损的重要依据或者主要原因;其三是复合原因规则,涉及"多因一果"的情形。在错误出生案件中仅涉及前两种情形的判定,因此本书仅对此二者进行探讨,而在医疗纠纷诉讼中,通常采用机会丧失原则[4]。"近因"一词与"接近"这个词的含义类似,法律上的因果强调的是是否应当施加责任的问题,而不是被告行为是否为原告损害的事实上的原因。

美国法上确立用实质要件规则判定共同因果关系的案例是 Hill v. Edmonds[5] 和 Aderson v. Minneaplis, st. p & s. st. m. r. r. Co.[6],在 Hill v. Edmonds 中,被告 Bragoli 将其所有的卡车停放在道路中央,并且没有开灯也没有加装任何照明设施以示警示。致使汽车驾驶 Edmonds 不慎冲撞至卡车尾端,亦撞上恰巧行经路人原告 Hill。Hill 遂以 Bragoli 和 Edmonds 为共同被告,向法院诉请损害赔偿。上诉法院认为基于若无法则(but for),同时发生之两个原因事件,均与损害结果有事实上的因果关系时,所有原因事件的当事人均为损害结果负责任;即使仅存在一个事实,并不致发生该损害结果,各侵权行为人仍应对损害结果负全部责任,因此判决原告胜诉,两被告均需对损害承担责任。在 Aderson v. Minneaplis, st. p & s. st. m. r. r. Co. 中,由于被告的过失,导致一场森林大火,并与另一场无名大火结合后,造成原告之财产遭受损失。法院认为,即使无名火单独存在,也有可能导致原告损害的发生,但被告之过失仍为造成原告财产烧毁之重要因

---

[1] 也有学者称为"必要条件理论的边缘性问题",[德]克雷斯蒂安·冯·巴尔:《欧洲比较侵权行为法》(下卷),焦美华译,法律出版社 2004 年版,第 504 页。

[2] 王泽鉴先生认为,相当因果关系的判定步骤有两个:一是条件因果关系,二是相当性。"条件因果关系"相当于英美法上的"事实上的因果关系",而"相当性"即英美法上的"法律上的因果关系"。参见王泽鉴:《侵权行为法》(第 1 册),中国政法大学出版社 2001 年版,第 192 页。

[3] 王利明、杨立新等主编:《民法学》(第 2 版),法律出版社 2008 年版,第 738 页。

[4] 因在医疗诉讼案件中,事实因果关系通常由专家证言所确定。

[5] 26 A. D. 2d 554, 270 N. Y. S. 2d 1020.

[6] 146 Minn. 430 179 N. W. 45.

素,因此应当承担损害赔偿责任(substantial factor)[1]。上诉法院也支持了原告的诉求。值得注意的是,使用损害赔偿责任认定原则是对若无原则的替代,因为单独用若无原则会导致没有被告对其过失行为负责,这是有悖常识的。

机会丧失原则被公认为在Hicks v. United States[2]中得以确立。该案中,患者有糖尿病。某日凌晨4点该患者因腹部疼痛和呕吐到某医院门诊部就诊。值班医生诊断为胃肠炎,给其开了止疼药并叮嘱8小时后复诊,之后让其回家。该病人在家中吃药后休息,当日正午呕吐不止并陷入昏迷。该患者在被送往医院后不久死亡。尸检报告指出死因是疝气合并肠梗阻,死于肠出血。审判时专家证言,诊断存在重大失误,若及时手术病人完全可以避免死亡。上诉法院据此认定,正是医务人员的过失导致了遗漏诊断,病人错过了治疗的最佳时机,并因此丧命。因此医务人员的过失是导致病人死亡的最直接原因。该案确立了一个原则,"当被告的作为或者不作为已经有效终止了某人的生存机会,那么其本来的机会已经因被告的行为无法估算。此时不能因被告辩解而怀疑本来机会存在的可能性。如果有实质性的生存机会而被告使这一可能性丧失,那么被告就应当承担损害赔偿责任"。这就是机会丧失原则,此后在多个案件中法院都采纳了机会丧失原则确认因果关系。[3]

在医学领域中,一种病变由多种诱因产生,在此过程中又受到多种因素的影响,最终致病。因此其因果关系的判断是极其复杂的过程,作为没有医学背景知识的普通患者无法对其进行准确判断。而在错误出生案件中,孕妇通常在怀孕初期就开始定期做产检,一般直到围产期入院待产。在长达38周的频繁交流中,医患双方已经形成了高度的信赖关系。在"错误出生"中,权利人所认为的事实上的因果关系为:医生由于过失没有检查出或告知生下有基因缺陷的孩子的风险导致了缺陷儿的出生。因此,原告必须证明:医生的作为或不作为直接引起了有缺陷的孩子的出生。通常来说,父母被要求证明,如果当时他们得知了可预见的基因风险,他们不会生下这个孩子。虽然这是一个主观的检查,并因为其事后性而颇有争论,但是由于父母去寻求基因咨询的唯一原因就是担心生下有基因缺陷的孩子,因此让父母向法院证明要是他们得知了基因风险,会终止怀孕

[1] 也有学者称为实质性因素判定原则。参见胡伟强:《英美过失侵权行为法中的因果关系论——兼论对我国侵权法上因果关系认定的启示》,载易继明主编:《私法》第4辑第1卷,北京大学出版社2004年版。

[2] 368 F.2d 626.

[3] 值得注意的是,机会丧失理论目前还存在争议,美国很多州都不接受这一理论。

或避免怀孕是比较公平的。而"错误出生"中的法律上的因果关系则由法官来认定。当然,有些特殊情形下机会丧失原则也排除适用于医疗活动中。例如,西班牙莱昂上诉法院曾经支持过被告的一宗案件:医生告知孕妇应当进行羊膜穿刺术,并建议不要进行此检查。尽管最终原告生产下一名患有唐氏综合征的婴儿,法院认为医生对此不应当承担责任,因为其对患者提出不应当进行检查术,是以医学知识为基础的,并且符合医生的工作原则和职业道德。因此,认为他没有医疗过失行为[1]。

在本章开头提到的案例1和案例2当中,正是由于医生产前检查过程存在重大过失,未完全履行其应尽的告知义务,导致患方对胎儿的先天缺陷毫不知情,丧失了及时终止妊娠的最佳时机;正因为医务人员的违法行为,造成了先天残障婴儿的出生,孕妇的物质利益和精神利益都遭受损害。对错误出生当中的医生的诊断的遗漏或者未尽到告知义务的行为与损害结果之间具有因果关系,损害结果是因受到损害而发生的,因此错误出生符合侵权法上的因果关系构成要件。实践中,因其特殊性和专业性,因果关系的判定多是由医学会、司法鉴定等专业机构部门和组织判定的。而案例2中的当地法院仅以"医院不存在违法行为,因而不可能构成因果关系"为由,驳回了原告的诉讼请求,显然是以其对"违法行为"的错误判定为前提得出的结论,其错误不言自明。

"婚检出错产妇生先天贫血婴儿,医院赔32万一案"的因果关系比较复杂,可以运用实质要件原则对进行分析。根据地中海贫血遗传的基本规律,夫妻双方一方为无地中海贫血基因,另一方为轻型地中海贫血患者,其后代有50%的概率为轻型地中海贫血患者,50%概率为正常——不可能孕育出重型地中海贫血婴儿,因此婚检结果存在错误。在婚检中,医院没有诊断出张某的地中海贫血情况,也未对其地中海贫血假阴性结果进行综合分析,存在过失;在产前检查中,既然有"夫妻双方一人正常、一人是轻型地中海贫血患者"的检测在前,医院就应当对胎儿进行DNA检测,但是医院因过失没有进行检测,使李某错失了判断胎儿是否有遗传地中海贫血的机会。婚检的过失不必然导致先天残障婴儿的出生,产前检查的过失直接导致了地中海贫血患儿的诞生。此种无意思的因果联系在我国侵权行为法上为无意思联络的数人侵权行为。我国《民法典》第1171条规定,二人以上分别实施侵权行为造成同一损害,每个人的侵权行为都足以造

---

〔1〕 此时也有学者认为,医生在更深层意义上也应当承担责任。因为他的行为没有给予孕妇在"生产一名带有先天性疾病的婴儿"还是"堕胎"中进行选择的权利,因而也是对孕妇机会选择权的剥夺。

成全部损害的,行为人承担连带责任。第1172条规定,二人以上分别实施侵权行为造成同一损害,能够确定责任大小的,各自承担相应的责任;难以确定责任大小的,平均承担赔偿责任。第1171条规定的是累计因果关系的无意思联络数人侵权,第1172条是原因力竞合数人侵权或称部分因果关系的无意思联络数人侵权,即原告所受损害是由两个以上被告的行为共同造成的,其中任何一个行为都不足以造成此种损害,只有这些行为共同作用之后才能产生该损害。[1] 本书认为,本案中,虽然两次行为的具体医师可能并非同一个医生,但因医院实行替代责任,即由医院作为主体承担责任,因此该案中可以看作同一主体先后两次过失行为。若使用机会丧失原则进行分析,因果关系也是成立的。因为院方在婚检、产前检查的两次过失,导致本该诊断出的婴儿先天缺陷没有没查明,婴儿父母丧失了堕胎的时机,造成先天缺陷儿的诞生。如果婚检检查出夫妻不适宜生育,或者产前检查诊断出先天残疾儿的生理缺陷,缺陷儿必然不会降生,也不会给自身以及父母带来诸多不便。这是对父母健康胎儿期待利益的一种剥夺,因此院方行为和损害结果之间的因果关系成立。

第六节 本章总结

错误出生案件是比较法上极具争议的重要案件,在我国法院的实务操作中亦层出不穷,迫切需要学术研究予以回应。由于在此类案件中一般事先存在医患合同,因此理论上原告可以选择违约之诉[2]或者侵权之诉。就此类案件而言,我国实践中原告大多选择侵权之诉。[3] 上文于此也只分析侵权之诉的法律

---

〔1〕 孙佑海主编:《侵权责任法适用与案例解读》,法律出版社2010年版,第46页。

〔2〕 关于此类案件合同之诉,关键在于认定医患双方之间的合同是否存在一项明确的担保条款或手术成功条款,详细的分析参见丁春艳:《"错误出生案件"之损害赔偿责任研究》,载《中外法学》2007年第6期。

〔3〕 但是,由于合同法规定不同,在有的国家,合同之诉将更有利于维护原告利益。如在德国,很多判决显示,此种纷争都是在合同之诉下进行的,比如将子女的抚养费作为《德国民法典》第249条中因违法合同造成损失赔偿措施中的恢复原状来对待。Vgl. BverGE 96, 374-409.

适用,特此说明。依侵权之诉构成四要件,[1]在错误出生案件中,被告行为侵害的是原告选择是否产下残障婴儿的优生优育权,包括财产与精神双重利益,属于《民法典》第1165条中的"民事权益"。对此项权益的侵害将对原告产生财产与精神双重损失。[2] 对于原告精神损害赔偿的法律依据,可将原告被侵害的人格利益视为《精神损害赔偿解释》(2001年)第1条第2款中的"其他人格利益"。在过错与因果关系认定上,采举证责任倒置原则,由被告证明其无过错、损害与过错之间无因果关系。当然,具体过错与因果关系的认定是一个法官的自由裁量权问题,对其实难事无巨细地于本书中一一澄清。

---

〔1〕 关于侵权责任构成要件,我国存在三要件与四要件之争,但实务多采四要件,依据为《名誉权解答》第7条第1款规定:"是否构成侵害名誉权的责任,应当根据受害人确有名誉被损害的事实、行为人行为违法、违法行为与损害后果之间有因果关系、行为人主观上有过错来认定。"关于侵权责任构成要件的学理说明,参见王成:《侵权法的基本范畴》,载《法学家》2009年第4期。

〔2〕 我国《民法典》第120条"民事权益"是一个创新性的概念,将权利之外的合法利益纳入了侵权法保护的范围。在传统侵权法理论和立法,侵权法保护的对象限于权利,侵犯了权利才追究侵权责任,如果受侵害的不是权利,就不成立侵权行为,不能追究加害人的侵权责任。梁慧星先生主张,主要的判断标准为:(1)是否合法;(2)根据社会生活经验。比如之前发生在四川的请求保护"亲吻权"的案例,不是侵权法保护的对象。而在"悼念权"的侵权诉讼中,法院支持了原告的诉求。

第八章　特殊主体人格权保护之三：死者人格利益

第一节　本章问题

死者人格利益由不保护到保护，为20世纪各国法制发展的重大问题。在大陆法系，它检验着权利能力制度的包容性；在英美法系，它意味着古老的对人诉讼制度被放弃。在法学方法上，它涉及如何将新型法益纳入既有法制保护的法官造法问题，其可能与限度一直令各国法官殚精竭虑。由于各国法律文化、道德风俗以及社会各阶层力量对比迥异，死者人格利益保护方法各异，体现着不同法制背景下法技术发展的多样性。在我国，死者人格利益亦经历了由不保护到保护的发展演变。最高人民法院在近30年以来，造法频繁，共作出五项关于死者利益保护的司法解释，〔1〕《最高人民法院公报》〔2〕共公布三例关于死者利益保护的案例。〔3〕学

〔1〕［1988］民他字第52号《关于死亡人的名誉权应受法律保护的函》（已失效）、［1990］民他字第30号《关于范应莲诉敬永祥等侵害海灯法师名誉权一案有关诉讼程序问题的复函》、［1992］民他字第23号《关于范应莲诉敬永祥侵害海灯名誉一案如何处理的复函》、《名誉权解答》、《精神损害赔偿解释》。

〔2〕1988年6月4日最高人民法院办公厅《关于重申本院发出的内部文件凡与〈最高人民法院公报〉公布的内容不一致的均以公报为准的通知》："最高人民法院创办《中华人民共和国最高人民法院公报》，目的在于指导地方各级人民法院的审判工作，进一步加强社会主义法制建设。公报上公布的最高人民法院文件、批复和案例，为了做到更准确、更具有权威性，在发稿之前，均经院审判委员会再次进行认真讨论，并可能对其中有的文件，在文字上内容上作必要的修改。"法发（1993）23号《最高人民法院审判委员会工作规则》第2条第4款规定最高人民法院审判委员会的任务："讨论、决定《最高人民法院公报》刊登的司法解释和案例。"

〔3〕陈秀琴诉魏锡林、《今晚报》社侵害名誉权纠纷案，载《最高人民法院公报》1990年第2期；李林诉《新生界》杂志社、何建明侵害名誉权纠纷案，载《最高人民法院公报》1998年第2期；彭家惠诉《中国故事》杂志社名誉权纠纷案，载《最高人民法院公报》2002年第6期。

说对此不断修葺斧正[1],实务与学说协力,共同构筑了从无到有、从粗糙到日臻精细的死者人格利益保护规范机制。

依人性尊严维护与社会风俗尊重,死者利益应纳入法律保护,但由于死者利益保护本无法律明文规定,所以此项保护任务须由法官造法来完成。法官造法是针对成文法漏洞而从事的法之续造活动,是法律漏洞填补的必要手段,是法律扩容的必经之道。法学的重要志愿之一就是为此种法之续造活动提供一些适宜事理的依据和可以令人理解和接受的方法。[2]上述最高人民法院的造法活动就是在此背景下展开的。考察最高人民法院上述司法解释和《最高人民法院公报》案例,可以发现我国法上死者人格利益保护问题在以下几点上仍有待完善:(1)保护内容上未照顾到死者人格上之财产利益;(2)保护方法上直接说与间接说徘徊反复;(3)未注意到三代以内近亲属作为原告所存在的法律漏洞;(4)未注意到保护期限以原告存续期间为准是否合理。原《侵权责任法》在第2条列举了诸如生命权、健康权、姓名权、名誉权、荣誉权、肖像权、隐私权、婚姻自主权、监护权等人格法益,但死者人格利益并不在其中。《民法典》第994条规定,死者的姓名、肖像、名誉、荣誉、隐私、遗体等受到侵害的,其配偶、子女、父母有权依法请求行为人承担民事责任。该条为死者人格利益的保护提供了规范基础。

为准确理解死者人格利益保护,本章从解析死者人格利益保护第一案——“荷花女案”入手。

本案原告陈秀琴系中华人民共和国成立前已故天津艺人吉文贞之母。吉文贞1925年出生于上海一个曲艺之家,自幼就随其父学艺演唱,后辗转来津。1940年左右,吉文贞参加了天津“庆云”戏院成立的“兄弟剧团”演出,从此便以

---

[1] 魏振瀛:《侵害名誉权的认定》,载《中外法学》1990年第1期;孙加锋:《依法保护死者名誉的原因及方式》,载《法律科学》1991年第3期;陈正云:《死者可以作为侮辱罪诽谤罪的对象》,载《法律科学》1991年第6期;陈信勇:《论对死者生命痕迹的法律保护——兼与孙加锋同志商榷》,载《法律科学》1992年第3期;董炳和:《论死者名誉的法律保护》,载《烟台大学学报(哲学社会科学版)》1998年第2期;麻昌华:《论死者名誉的法律保护——兼与杨立新诸先生商榷》,载《法商研究》1996年第6期;葛云松:《死者生前人格利益的民法保护》,载《比较法研究》2002年第4期;刘国涛:《死者生前人格利益民法保护的法理基础——读〈死者生前人格利益的民法保护〉后的再思考》,载《比较法研究》2004年第4期;张娜、韩世远:《作者、新闻、出版单位与死者名誉保护——以〈最高人民法院公报〉案例为素材》,载《法律适用》2008年第10期。张新宝:《名誉权的法律保护》,中国政法大学出版社1997年版,第36-37页;王利明主编:《人格权法新论》,吉林人民出版社1994年版,第444-446页;王利明、杨立新主编:《人格权与新闻侵权》,中国方正出版社1995年版,第344-349页;梁慧星:《民法总论》,法律出版社2001年版,第132页;龙卫球:《民法总论》,中国法制出版社2001年版,第339-340页。

[2] [德]卡尔·拉伦茨:《法学方法论》,陈爱娥译,商务印书馆2003年版,第246页。

“荷花女”之艺名在天津红极一时,1944 年病故,年仅 19 岁。被告魏锡林在翻阅中华人民共和国成立前天津地区的旧报刊收集资料时,看到了有关“荷花女”的一些报道,即拟以其为主人公写小说。1986 年 2 月至 6 月,魏锡林曾先后三次找到原告陈秀琴家了解有关“荷花女”的生平以及从艺情况,同时又给在青岛工作的“荷花女”之弟吉文利去信询问有关吉文贞的情况及索要照片,但未将写小说一事告诉原告及其家人。随后魏锡林自行创作完成了名为《荷花女》的小说。该书使用了吉文贞的真实姓名和艺名,称陈秀琴为陈氏。书中描写了吉文贞从 17 岁到 19 岁病逝两年间,先后同三人恋爱,并三次接收对方聘礼,其中一名已婚,吉文贞却愿意作妾。小说还描写了吉文贞先后到当时天津帮会头头、大恶霸袁某和刘某家唱堂会并被袁某、刘某侮辱。小说最后影射吉文贞系患性病打错针致死。同时,小说还写有陈秀琴同意女儿作妾并接收聘礼。而上述内容均确属魏锡林虚构。该小说有 11 万多字并配有数十幅插图,自 1987 年 4 月 18 日开始在《今晚报》副刊上每日登出一篇,截至同年 6 月 12 日刊登完毕,共计连载 56 篇。原告陈秀琴在《荷花女》发表后,精神受到刺激致病,造成医药费等实际损失 404.58 元。小说在连载过程中,原告陈秀琴及其亲属以小说插图及虚构的事实有损名誉为由曾先后两次去《今晚报》社要求停载。《今晚报》副刊部负责人在接待中告知原告可找作者协商,并答应如亲属写出“荷花女”的生平文章后给予刊登,最后以报纸要对读者负责为由而未停刊。最终原告陈秀琴于 1987 年 6 月以被告侵害了她及死去的女儿吉文贞的名誉权为由向天津市中级人民法院提起诉讼。原告认为魏锡林未经原告同意在其创作发表的小说《荷花女》中故意歪曲并捏造事实,侵害了已故艺人古文贞和原告的名誉。《今晚报》未经审查刊登该小说,当原告要求其停止刊载时遭到拒绝;报社所作《荷花女》小说的插图也有损吉文贞形象,其肖像权也受到侵害,因此要求被告魏锡林及《今晚报》社赔礼道歉并负责赔偿因此而受到的经济损失。[1]

本案关键问题是,被告魏锡林撰文诽谤已故艺人“荷花女”,其行为是否构成对死者名誉(权)侵害,如侵害成立则又如何救济?天津市高级人民法院在向最高人民法院的《关于处理〈荷花女〉名誉权纠纷案的请示报告》(津高法[1988]第 47 号,以下简称《请示报告》)中对本案提出六点处理意见,其中第四点为:《今晚报》授予魏锡林创作《荷花女》一书所得的荣誉奖证书由人民法院收缴。第五点为:关于作者魏锡林所得稿酬,一种意见是应按非法所得予以收缴;

〔1〕 天津市高级人民法院《关于处理〈荷花女〉名誉权纠纷案的请示报告》(津高法[1988]第 47 号)。

另一种意见认为可以不管。该院倾向于后一种意见。最高人民法院[1988]民他字第52号第3条规定:本案被告是否承担或如何承担民事责任,由你院根据本案具体情况确定。据此,天津市中级人民法院一审判决:(1)被告魏锡林、《今晚报》社各赔偿陈秀琴400元。(2)被告魏锡林应停止侵害,其所著小说《荷花女》不得再以任何形式付印、出版发行。被告不服上诉至天津市高级人民法院,审理过程中,在确认上诉人构成侵权和应承担民事责任的前提下,双方自愿达成如下协议:(1)经济赔偿问题由上诉人和被上诉人双方自行解决;(2)上诉人魏锡林原著小说《荷花女》,不得以任何形式付印、出版发行。小说修改后,出版发行必须征询吉文贞有关亲属的意见。

上述《请示报告》中的两点处理意见是关于侵害死者名誉(人格利益)获利如何处理的问题,其中荣誉奖证书是荣誉(人格权,原《民法通则》第102条)的取得,稿酬是经济利益(财产权)的获取。但最高人民法院对此两项获利如何处理并未给出意见,而是交由审理法院处理。由于最高人民法院对此不置可否,加之天津市高级人民法院在《请示报告》中的倾向性意见,两审法院对此均未明确给出处理意见,一审笼统判令二被告各赔偿原告400元,但此800元到底是精神损害赔偿还是因侵权获利的返还,不得而知;二审中经济赔偿问题由双方协商解决,结果更无从知晓。由此导致,虽然本案及最高人民法院[1988]民他字第52号为死者名誉(人格精神利益)保护提供了依据,但对于侵害死者人格的获利如何处理,却未有建树。如此使我国法律目前似乎仍无法解决如下案例:著名影星甲死后,乙利用其遗容和声音推销商品获利1000万元。甲有一独子丙为其唯一继承人。试问:丙能否向乙主张权利?

承上文分析,死者人格财产利益保护在《民法典》出台之前存有规范漏洞,需要最高人民法院进一步的法官造法来填补。本章重点之一在于为最高人民法院填补此项漏洞提供理论上的解释依据和论证方法。但在论证死者人格上财产利益保护之前,须就目前我国理论与实务上所采纳的死者人格精神利益保护的近亲属保护说先进行反思,并构建新的理论基础与规范机制,以作为论证死者人格上财产利益保护的基础。[1]

---

〔1〕 在德国法上,死者人格精神利益保护与死者人格财产利益是两个不同的问题,关于前者参见Luther, Postmortaler Schutz nichtvermögenswerter Persönlichkeitsrechte, 2009;关于后者参见Gregoritza, Die Kommerzialisierung von Persönlichkeitsrechten Verstorbener, 2003。

第二节　死者人格上精神利益之保护

一、问题

就目前研究现状而言,死者人格精神利益保护往往被置于“死者人格利益”或“死者名誉(权)”保护的论题下被讨论。对于死者人格精神利益保护的理论基础,我国学者进行了深入地探讨,提出了各种学说,一般来说主要有:死者权利保护说〔1〕、死者法益保护说〔2〕、人格利益继承说〔3〕、死者人格利益延伸保护说〔4〕、近亲属权利保护说〔5〕等。各种学说争论不仅在论述角度上存在差异,而且相互之间有着实质性的冲突。首先,法律保护的内容到底是死者的人格权利还是死者的人格利益?其次,该保护的人格权利或利益是存在于死者的生前还是死者逝世以后,即在死者逝世以后是否还存在人格利益?最后,保护客体到底是死者自己的人格利益还是近亲属的利益,抑或整个社会的公共利益,或者是两者皆有之?由此可见,目前,我国死者人格利益保护的理论基础之分歧极大,各种学说都从不同的角度和立场进行逻辑论证,以构建科学合理的民法理论基础。虽然新的学说不断在以往学说基础上进行批判改良与推陈出新,列举以往学说的不足与漏洞,但目前为止仍然没有一个保护死者人格利益的学说被学界广泛接受。本节并非想另辟蹊径寻求一个特立独行的学说,而是想通过研究方法上的创新,围绕最高人民法院的司法解释与《最高人民法院公报》的案例,检讨其得失并参酌比较法上类似案例的解决经验,对其加以修正,并提出若干建议。在为最高人民法院完善上述规范漏洞提供理论依据和论证方法的同时,借鉴其他地区的经验进行抛砖引玉,借此项具体法律漏洞填补的引介,使实务与学说从中得到一些关于法律漏洞发现及其填补方法的启发,促使最高人民法院积极有效地进行法官造法。

---

〔1〕 龙卫球:《民法总论》,中国法制出版社 2001 年版,第 340 页。

〔2〕 王利明:《人格权法新论》,吉林人民出版社 1994 年版,第 444 - 445 页。

〔3〕 郭明瑞等:《民商法原理(一):民商法总论人身权法》,中国人民大学出版社 1999 年版,第 468 页。

〔4〕 杨立新:《中国人格权法立法报告》,知识产权出版社 2005 年版,第 203 - 204 页。

〔5〕 魏振瀛:《侵害名誉权的认定》,载《中外法学》1990 年第 1 期;梁慧星:《民法总论》,法律出版社 2001 年版,第 132 页。

二、最高人民法院之立场演变与地方法院的最新案例

(一)"荷花女案":直接说

根据最高人民法院《关于死亡人的名誉权应受法律保护的函》([1988]民他字第52号,已失效)的规定,吉文贞(荷花女)死后,其名誉权应依法保护,其母陈秀琴有权向法院提起诉讼。从文义看,最高人民法院认为死者吉文贞仍有名誉权,此为直接保护死者权利的直接说立场,但对其母为何享有诉权并未言明。一审法院一方面认定死者仍享有名誉权,死后仍受保护(判决结果第一项);另一方面又认为被告诽谤原告已故女儿,侵害原告本身的名誉权(判决结果第二项),此又为试图通过保护死者遗族之利益来保护死者的间接说立场。另外,该院还认定原告诉权之行使既是为原告自身名誉权受损,也是为了代行死者之诉权。二审法院肯定了此三项判决结果。[1] 由此可见,受诉法院采直接说与间接说的混合立场——死者和原告皆有名誉权,都因被告诽谤而名誉受损,皆应保护。显然,最高人民法院的直接说没有得到彻底贯彻,究其原因主要有两点:其一,《民事诉讼法》第119条第1项规定:"原告是与本案有直接利害关系的公民、法人和其他组织。"所谓"直接利害关系",即原告必须是为保护自己的利益而诉讼。[2] 因此,必须认定原告因其已故女儿名誉权受损而已身名誉权亦受损,否则原告诉权于法无据。其二,当时的代表性学说认为,公民生前人格权(姓名权、肖像权、名誉权等)死后仍受保护,保护的目的在于维护与死者有关的人(如亲属)和社会的利益。[3] 此说实际上是间接说的立场,因为保护死者人格权目的不是保护死者,而是保护生者与社会利益。

(二)"海灯案":由直接说到混合说

本案基本案情为:1988年12月,新华社《内参选编》刊登了被告敬永祥对海灯法师武功提出不同看法的信以后,湖南《新闻图片报》于1989年1月20日,以"海灯法师是个大骗子"为题,将敬文部分内容摘登。2月26日,内江市《星期天》报又将该文全文转载。一时社会各界反应强烈。8月5日,作为海灯养子和弟子的范应莲向法院起诉,指控敬永祥在《内参选编》上发表文章,无中生有、歪曲事实、侮辱和诽谤海灯及本人的人格,要求判令敬永祥停止侵害、消除影响、恢

---

[1] 天津市高级人民法院《关于处理〈荷花女〉名誉权纠纷案的请示报告》(津高法[1988]第47号);另可参见《最高人民法院公报》1990年第2期。

[2] 全国人大常委会法制工作委员会民法室编:《中华人民共和国民事诉讼法条文说明、立法理由及相关规定》,北京大学出版社2007年版,第198页。

[3] 佟柔主编:《中国民法学·民法总则》,中国人民公安大学出版社1990年版,第98-99页。

复名誉、赔礼道歉并赔偿损失。同时将《新闻图片报》《星期天》列为共同被告。最高人民法院《关于范应莲诉敬永祥等侵害海灯名誉权一案有关诉讼程序问题的复函》([1990]民他字第30号)规定:海灯死亡后,其名誉权应依法保护。此为直接说立场,与最高人民法院《关于死亡人的名誉权应受法律保护的函》(已失效)无异。最高人民法院《关于范应莲诉敬永祥侵害海灯名誉一案如何处理的复函》([1992]民他字第23号)规定:被告行为构成对海灯名誉的侵害,但对范应莲名誉的侵害较轻,可适当承担民事责任。此为混合说的立场,因为该复函认为被告行为既侵害海灯名誉,也侵害范应莲名誉。受诉法院一审认为:敬永祥立即停止对海灯和范应莲名誉的侵害;敬永祥向范应莲赔偿损失4000元。二审维持一审敬永祥立即停止对海灯和范应莲名誉的侵害的判决;而撤销敬永祥向范应莲赔偿损失4000元的判决。[1] 显然,上述两审采混合说立场。由本案可知,最高人民法院经历了由直接说到混合说的转变,且在最高人民法院《关于范应莲诉敬永祥侵害海灯名誉一案如何处理的复函》中已经将之前"死者名誉权"的提法改为"死者名誉",显然是认为死者无名誉权。

(三)"李四光案":混合说

《名誉权解答》第5条规定,死者名誉受到损害的,其近亲属有权向人民法院起诉。本项解释使用的是"死者名誉"而非"死者名誉权",坚持了最高人民法院的提法,但从文义来看,无法查知是直接说、间接说抑或混合说之立场。为了厘清此困惑,最好的办法是分析《最高人民法院公报》自本项解释后所公布的案例,因为《最高人民法院公报》的案例都经过最高人民法院审判委员会审查,代表最高人民法院的立场。本项解释公布之后至2001年,《最高人民法院公报》中唯一的关于死者名誉保护的案例是"李四光案"。

本案原告李林系著名地质学家李四光之女,被告何建明原任《新生界》杂志社主编。1995年7月,何建明在其主编的《新生界》杂志1995年第3期上发表了自己撰写的长篇报告文学《科学大师的名利场》(以下简称《科》)一文。《科》在描述李四光中华人民共和国成立后政治上的表现时,称其是"被毛泽东敏锐地发现可以作为知识界的'革命势力',去担当起同'反动势力'作斗争的理想人选,而李四光也无愧这种赏识,积极地充当了这种角色"。《科》描述了李四光在中国地质计划指导委员会会议上大骂地质界前辈丁文江的情节后,推测这是他为了保住地质部长的位置所为。《科》中还把地质学家谢家荣被定为"右"派、在

---

[1] 四川省成都市中级人民法院民事判决书,(1989)成法民一字第9号;四川省高级人民法院民事判决书,(1993)川民终字第6号判决书。

"文化大革命"中含冤自尽的遭遇,暗示成是李四光运用政治斗争手段来了结他们之间个人恩怨的结果。对《科》中这些有损李四光名誉的情节,何建明未能提供出都是客观事实的证据。《科》发表后,一些报刊转载了部分内容。原告因不满《科》中对李四光的描写和评价,向北京市第一中级人民法院提起诉讼,诉称被告发表的该篇文章对李四光肆意诋毁,不仅损害了李四光的名誉,也给李四光的亲属造成精神损害。请求法院判令《新生界》杂志社与何建明收回该文,以消除影响;在《光明日报》、《科技日报》、《中国科学报》、《中国地质矿产报》和《新生界》杂志上发表声明,公开认错,赔礼道歉,恢复名誉;并赔偿精神损害费100万元。[1]

本案一审认定:《科》部分内容严重失实,使社会公众对李四光作出贬损评价,已构成了对李四光名誉权的侵害,两被告应承担相应的民事责任。原告作为李四光之女,主张李四光的名誉不受侵害,法院应当支持。原告因其父的名誉被侵害而受到精神损害,要求支付精神补偿和经济赔偿费,亦应支持。据此,该院判处被告:(1)停止侵害:即发表《科》的该期杂志不得再发行。(2)消除影响:在《光明日报》等发表致歉声明,以消除侵害李四光名誉造成的影响。(3)赔偿损失:被告何建明支付原告李林精神抚慰金5000元、赔偿金5000元;被告《新生界》杂志社支付原告李林精神抚慰金5000元。二审认定:根据原《民法通则》第101条,公民的名誉即使在其死后,也不应当受到侵害。如果公民的名誉在其死后受到侵害,其近亲属有权提起诉讼……《科》的发表,客观上影响了公众对李四光的公正评价。何建明的行为已损害了李四光的名誉,同时也给李四光之女、被上诉人李林造成了一定的精神痛苦,何建明应当依法承担侵权民事责任。据此该院维持原判。

一审使用"李四光名誉权"的提法,此为"荷花女案"司法解释与海灯案第一次司法解释之提法。二审改用"李四光名誉",为海灯案第二次司法解释及《名誉权解答》之提法。因为最高人民法院的上述司法解释都有效,因此不能说本案一审有误,但根据后法优于前法的原理,本案审理法院应采"李四光名誉"的提法。本案另一特点是,两审皆认定李四光名誉(权)受损,显然是直接说的立场,但其同时认为由于李四光名誉(权)遭损导致原告精神痛苦,原告亦有权获得精神损害赔偿,此又为间接说的立场,因此本案仍是混合说的立场。

(四)"彭家珍案":直接说复出

根据《精神损害赔偿解释》(2001年)第3条、第7条,自然人死亡后,其姓

---

〔1〕 李林诉《新生界》杂志社、何建明侵害名誉权纠纷,载《最高人民法院公报》1998年第1期。

名、肖像、名誉、荣誉、隐私、遗体、遗骨遭受侵害,而使近亲属遭受精神痛苦,近亲属可以请求赔偿精神损害。此为目前最高人民法院作出的关于死者人格利益保护最全面的司法解释,但皆未使用“死者权利”的提法,而采“死者利益”“近亲属遭受精神痛苦”的提法。这样做的目的在于保护生者的精神利益,使生者请求精神损害赔偿有据,是鲜明的间接说立场。

自此项司法解释以来至今,《最高人民法院公报》公布了一起死者名誉权纠纷案——“彭家珍案”。本案原告彭家惠系辛亥革命烈士彭家珍之妹,被告《中国故事》杂志系以小说为主要文体的双月刊杂志。1998年《中国故事》第4期登载了周簧创作的小说《祸祟》,讲述了1928年发生在上海的一起特大诈骗案,其中用了很大篇幅讲述了清朝军咨使良弼的女儿白良玉为父复仇的情节。小说将辛亥革命历史人物彭家珍为推翻清王朝,炸死军咨使良弼时以身殉国的真实事件,虚构了彭家珍因刺杀良弼被当场抓获,趁乱逃脱后又效劳于英国情报机关,最后被白良玉找到并杀死。小说将彭家珍作为反面人物,描述为“恶魔”。小说中的人物对话讲到,“革命党人派彭家珍行刺令尊大人,毕竟不是私仇,国人不认为他有错。但现在这个彭家珍又受雇于黑寡妇,助纣为虐,当然该杀了”“彭家珍,你那脸上四两肉打不成胖子,你如果是正直的革命党人,就不会成为黑寡妇豢养的一条癞皮狗……”小说中的彭家珍自称:“老子行不改名坐不改姓,从前是响当当的革命党人,如今是大英帝国的私人保镖。”小说对彭家珍的死作了如下描写:“彭家珍顾不得血淋淋手断后的剧痛,双膝着地求饶说:姑娘,你废了我右手,就高抬贵手饶我一命吧”“彭家珍连连叩头说:姑娘,我与你无冤无仇,我不认识你啊,饶命吧”,等等。此外,小说还有虚构彭家珍不正当男女关系的内容。原告认为《中国故事》杂志发表的《祸祟》一文侵害了其兄名誉,并给其造成了精神和物质损失,要求精神和物质赔偿。[1]

本案一审判决既使用“死者名誉”的提法,又使用“死者名誉权”的提法,并指出被告行为造成死者名誉(权)损害和原告精神损害。二审判决也指出:杂志社需因侵权行为对死者亲属进行相应的精神赔偿。由此可见,本案似乎也是采用混合说的立场,与前面三个案件的判决无异。但令人费解的是,二审判决在最后说理部分却旗帜鲜明指出:“彭家惠作为彭家珍烈士的近亲属对杂志社提起诉讼,是维护彭家珍烈士的名誉,而非自身的名誉权受到侵害。一审法院将侵权人实施侵害死者名誉权的行为,认定同时对死者的近亲属也构成了侵权,没有法

---

〔1〕 彭家惠诉《中国故事》杂志社名誉权纠纷案,载《最高人民法院公报》2002年第6期。

律依据。”据此,原告自身在本案中没有利益,其诉讼行为纯粹是为了死者的利益,此为直接说立场的再次复苏。

本案另一个值得关注的地方是,本案原告在二审中死亡,法院裁定中止诉讼,后应原告子女要求,诉讼继续进行。因此,本案涉及两项死者人格精神利益的损害赔偿:彭家珍和彭家惠。二审判决被告“赔偿彭家惠精神慰抚金人民币5万元”,可见一审原告彭家惠在其死后仍然获得精神损害赔偿,依据是其生前因被告侵害其已过世之兄之名誉而使其遭受精神损失。判决死者彭家惠获得精神损害赔偿,这是本案采直接说的第二个有力证据。但是,如此判法并非毫无疑问。彭家珍在其死后名誉遭到他人损害,自然不会有精神痛苦,有精神痛苦的是其近亲属,因此彭家惠可以起诉;但彭家惠生前遭受了精神痛苦,死后精神痛苦自然不复存在。难道因为彭家惠生前有精神痛苦,其子女能够起诉代其获赔?抑或其近亲属能够“继承”这项痛苦?抑或此项赔偿金作为彭家惠的遗产由其继承人继承?实际上,本案诉讼中原告彭家惠已死,诉讼应该终止。因为此两种死者利益的殊为不同,彭家惠会因彭家珍被诽谤而精神痛苦,但彭家惠的子女并不会因彭家惠有此痛苦而痛苦,被告并未诽谤彭家惠,原告并无诉讼,此与财产权诉讼中的诉讼继承并不相同。

(五)我国地方法院的最新案例:谢晋名誉案

随着司法实践的深入,对死者人格利益的民法保护问题也逐渐地引起广泛的关注。最值得注意的是,曾备受社会关注的谢晋名誉侵权案[1],审理该案件的一审法院亦采取了混合说的立场。

本案原告徐大雯系已故导演谢晋的妻子,2008年10月18日,谢晋因心源性猝死,逝世于某酒店客房内。谢晋去世后,在被告宋祖德开设的公开博客中出现了《千万别学谢晋这样死!》《谢晋和刘晓庆在海外有个重度脑瘫的私生子谢虞庆!》《中国电影家协会等四大协会应该给谢老垫棺材底!》《李××的男人原来是个性虐待狂!》《2008年10大疯狗排行榜提前揭晓》五篇博客文章;在被告刘信达开设的搜狐、网易公开博客中出现了《刘信达愿出庭作证谢晋嫖妓死,不良网站何故黑箱操作撤博文?》《美×确是李××女儿》《宋祖德十五大预言件件应验!》《宋祖德22大精准预言!》四篇博客文章。谢晋遗孀徐大雯向上海市静安区人民法院提起名誉侵权诉讼,将二人告上法庭。原告认为,被告宋祖德向其开设在新浪、搜狐、腾讯网博客上传了《千万别学谢晋这样死!》等五篇涉案博客文

---

〔1〕 上海市静安区人民法院民事判决书,(2009)静民一(民)初字第779号。

章毫无根据造谣中伤谢晋,被告宋祖德宣称其消息来源于住在谢晋相邻客房内的被告刘信达,另外被告宋祖德还诽谤谢晋与著名演员刘晓庆有私生子;被告刘信达向其开设的公开博客上传了《刘信达愿出庭作证谢晋嫖妓死,不良网站何故黑箱操作撤博文?》等四篇涉案博客文章,与被告宋祖德相互呼应恶意诋毁谢晋的名誉。

一审法院认为:“名誉是社会公众对公民或法人的品德、声誉、形象等方面的综合评价。公民、法人享有名誉权,公民的人格尊严受法律保护,法律禁止他人用侮辱、诽谤等方式损害公民、法人的名誉。本案是一起侵害死者名誉的案件,但涉案博客文章所说的谢晋因嫖妓致死及与他人有私生子均非事实,属诽谤性文章。文章发表后,引起社会广泛的关注,一些不明真相的人见到博客文章不仅有较为详尽的细节描述,还有保证文章真实性并愿承担法律责任的所谓‘特别声明’,纷纷对涉案文章表示认同,故涉案博客文章刊登后,大大降低了谢晋的社会评价,侵害了谢晋的名誉。”显然,该法院认为被告的不实博文直接侵犯了死者谢晋的名誉,而非名誉权,这是承继了最高人民法院前述几个案例之最新立场的结果。故而判决的第1项为:“被告宋祖德、刘信达立即停止对谢晋名誉的侵害。”但是与此同时,法院又在判决的第2项和第4项载明:原告在各大网站和报纸醒目位置刊登“向原告徐大雯公开赔礼道歉的声明(致歉声明内容须经本院审核同意),消除影响,为谢晋恢复名誉”,并“于本判决生效之日起十日内赔偿原告徐大雯精神损害抚慰金人民币20万元”。在阐述该项判决理由时,法官作出如下论证:“谢晋是我国著名的电影导演,德艺双馨,受到社会公众的普遍尊敬和仰慕,而涉案文章均属用捏造事实的方式向他人散布不实之事,其中特别声明部分甚至还宣称欢迎性猝死的谢晋的亲朋好友以及所谓谢虞庆的母亲刘晓庆提起诉讼、转载者无须负法律责任,言之凿凿妄图达到以假乱真的目的……相对原告而言,在刚刚失去丈夫的时刻,又立即陷入被两被告持续诽谤的痛苦中,对原告的身心来说无疑遭受到的是重大的打击,故对原告提出的精神抚慰金赔偿请求,本院予以支持。”由此可见,法院同时也肯定了间接说,即认为侵害死者名誉可能同时侵害其亲属的名誉,或者损害了遗属对死者的敬爱追慕之情。一审败诉后,被告宋祖德在2010年1月3日提起上诉,同年2月1日,上海市第二中级人民法院二审裁定驳回宋、刘的上诉,维持了原判,即宋祖德、刘信达须停止侵权、赔礼道歉并赔偿人民币近29万元。

谢晋名誉案是近年来关于死者人格精神利益方面最受社会关注的案件,一审判决书长达31页,共11,663字,此判决也创下全国精神赔偿最高金额。该判决与前述李四光案的判决所采立场一致,在对死者人格利益保护方面采取了混合说的主张。

由上述分析可知,最高人民法院对死者利益保护共作出五项司法解释,《最高人民法院公报》为配合此五项司法解释,分别在不同的时期公布了三个典型案例,共同构成了最高人民法院在此一法无明文规定领域所构建的规范体系。最高人民法院经历了由"直接说—混合说—直接说"的立场演变。在此种反复徘徊的演变过程中,最高人民法院及下级法院前后说理矛盾、含混之处颇多,至今难以看出章法。因此,为得到科学的、可预测的裁判规则,有必要考察一下具有相同法制背景的德国等在处理此问题上的经验。

三、直接说与间接说

(一)直接说:德国 Mephisto 案[1]

《德国民法典》未设死者人格精神利益保护的规定。1899 年的俾斯麦案(Bismack)[2]回避了死者肖像权(人格权)问题,而采取不当得利制度要求侵害者将获利返还给死者子女。[3] 1907 年《德国艺术著作权法》第 22 条第 3 句规定:"人死后十年内,对其肖像的拍摄绘制须征得死者亲属同意。"此处亲属是指配偶、子女,无配偶、子女的为父母。同法第 23 条第 2 款规定:"在未经同意传播或展示他人肖像的例外情形下(同法同条第 1 款规定了几种例外情形),本人死亡后,此种传播或展示不得侵害死者亲属正当权利。"1965 年《德国著作权法》采著作人格权(Urheberpersönlichkeitsrechte)与著作财产权(Urheberverwertungsrechte)合一的一元论立场,该法第 28 条规定此两种著作权皆可被继承;该法第 64 条规定著作权于著作权人死亡后 70 年内消灭。由此可见,死者肖像权的保护期限为死后 10 年,著作人格权为死后 70 年。此两种权利皆为特殊人格权,至

---

[1] BGHZ 50, 133 = NJW 1968, 1773.

[2] 案情简介:1898 年 7 月 30 日俾斯麦病逝,当天夜里,摄影记者维尔克与助手普里斯特潜入俾斯麦子女所有房屋内的停尸间偷拍遗体,他们为求拍得最佳效果,悍然摆弄俾斯麦缠满绷带的遗体,胡乱叠起枕头,甚至将墙上挂着的时钟调至老人死亡的 11 时 20 分。照片中,享年 83 岁的杰出政治家衰弱无助,床边只有一个便桶相伴,早已失去往日睥睨天下的风采。两名记者于 8 月 2 日在柏林《每日评论报》上登广告准备高价出售该照片。俾斯麦子女声请为假处分请求,并命被告返还、销毁偷拍照片。在诉讼期间发生偷拍遗体是否构成侵害死者人格权,及如何保护的争论。帝国法院判决避开死者人格权的问题,认定侵入他人的住宅拍摄遗体,系因不法行为而取得遗体照片,应依不当得利(condictio ob iniustam causam)负返还责任。参见王泽鉴:《人格权保护的课题与展望——人格权的性质及构造:精神利益与财产利益的保护》,载《人大法律评论》2009 年第 1 期。

[3] RGZ 45, 170.

于其他特别人格权及一般人格权在权利人死后是否保护以及保护多长时间,不得而知。

1968 年,德国联邦法院就梅菲斯特案(Mephisto)作出判决,此为德国法院第一次对死者一般人格权进行保护。该案中,古斯塔夫·古登氏(Gustaf Grundgens)系德国著名的演员,于 20 世纪 20 年代与著名作家克劳斯曼(Klaus Mann)成为好友并与其妹结婚,但不久即告离婚。1933 年克劳斯曼兄妹因政治原因移民美国。古登氏因扮演梅菲斯特(魔鬼)角色而享盛名,于 1934 年起担任公职,尤其是于 1937 年被任命为普鲁士戏剧总监。克劳斯曼撰写一本名为梅菲斯特(Mephisto)的小说,于 1936 年在荷兰阿姆斯特丹出版。1963 年被告出版社预告将发行该书。该小说描写一个名为 Hendrik Hofgen 的舞台演员崛起的过程,叙述其为迎合当时纳粹德国的当权者,为其个人演艺生涯而改变政治信仰,抛却了人类及道德伦理的拘束。该书主角 Hofgen 的个人特性、外表形象、其所参加演出的戏码、职业生涯及相关人事情节,多与古登氏相符。古登氏于 1963 年死亡,其养子及唯一继承人(原告)乃依《德国民法典》第 823 条第 1 款规定向汉堡地方法院提起诉讼,以该书侵害古登氏的人格权,请求法院禁止该书的复制、散布及出版。原告主张,任何一个熟悉 20 世纪三四十年代德国电影史的读者,必然会将 Hofgen 其人与古登氏联想在一起。由于该小说中将许多可资辨认的事实综合杜撰,带有贬低意味的情节,对古登氏的人格形象造成重大贬损,该小说已非属艺术作品,而系"影射小说"(Schlusselroman),作者之目的在报复古登氏,不受《德国基本法》第 5 条艺术自由所保障。汉堡地方法院驳回原告之诉,其理由系该梅菲斯特小说所侵害古登氏的人格权已因其死亡而消灭。汉堡高等法院判决原告胜诉。德国联邦法院维持原审判决,肯定人格权上的精神利益在人死亡之后仍应受保护。[1]

德国联邦法院支持原告之诉请,理由为:(1)死者不仅遗留下可让与之财产利益,精神利益亦超越死亡而继续存在,其仍有受侵害之可能而值得在死后加以保护……此种可受侵害而值得保护的利益没有理由在其结束生命而无法辩护时,使人格权之不作为请求权归于消灭。(2)根据《德国基本法》的价值秩序,不能认为在人死亡后,其可让与的财产利益可以通过继承而继续存在,而经由死者生前努力而获得的,仍然留存于后代记忆中的声望、名誉等,得任人侵害而不受保护。(3)只有当个人可信赖其人格形象在死后不会遭到严重扭曲,并在此期

〔1〕 王泽鉴:《人格权保护的课题与展望——人格权的性质及构造:精神利益与财产利益的保护》,载《人大法律评论》2009 年第 1 期。

待下生活,人性尊严及人格自由发展在个人生存时才能获得充足的保护。

对联邦法院的上述判决,被告不服提出宪法诉愿,认为该判决侵害了其基于《德国基本法》第5条第1款而享有的言论自由,如此迫使联邦宪法法院第一次对死者人格权的宪法保护发表观点。联邦宪法法院在结论上同意了上述判决,但对其理由略加修正后认为,死者人格保护依据不包括《德国基本法》第2条第1款中的人格发展自由,因为基本权利的主体仅限于生存之人,但是人性尊严(《德国基本法》第1条第1款)则不受此限,在死后持续作用:个人死后遭受贬低或侮辱与宪法保障的人性尊严价值不符。[1]

本判决在裁判方法上采用了类推适用的方法。因为死者一般人格权保护于法无据,但由于《德国艺术著作权法》第22条有死者肖像权的保护规定、《刑法》第189条有诽谤死者罪规定,因此可将此两项规范类推适用至本案。[2] 从规范创设上看,有以下几点需要说明:(1)本案判决认定死者人格权应受保护,但未提到此种保护是为了保护死者遗族的利益,显然是直接说立场。由于保护的是死者人格权,但因死者已无法行使诉权,因此法院认为除法律另有规定外,应由死者生前所指定的人行使。如果生前未指定,则可类推适用其他法律规定(如《德国艺术著作权法》第22条)的与死者被毁谤、侮辱具有最紧密感情联系的近亲属,由这些亲属行使这项诉权。(2)对于死者人格权的保护时间,法院没有明确表示,但认为此种人格权保护应当有一定时间限制,应在个案中由权利行使人就权利行使要件进行举证,法院再做利益衡量综合判断。后来,在2006年金斯基·克劳斯(kinski - klaus. de)案[3]判决中,联邦法院认为,死者人格上财产利益的保护期限为死者死后10年,但一般人格权并不受此限制,死者人格上的精神利益在死者利益保护的前提和范围内继续存在。[4] (3)对于救济方法,原告得主张不作为请求权,但不得主张精神损害赔偿。在2005年的电视电影费用计算案(TV - Filmberechterstattung)[5]判决中,联邦法院开宗明义认为,死者人格权保护原则上不导致金钱损害赔偿请求权。理由是人已死亡,没有精神痛苦,自无理由再主张精神损害赔偿。

---

〔1〕 BverfGE 30, 173 = NJW 1971, 1645.

〔2〕 Vgl. Hager, Die Mephisto - Entscheidung des Bundesverfassungsgerichts, JURA 2000, S. 186 - 191.

〔3〕 BGH Ⅰ ZR 277/03,05. 10. 2006.

〔4〕 Götting, Anmerkung zu BGH I ZR 277/03, Urteil vom 05. 10. 2006 - kinski - klaus. de in: GRUR 2007, S. 170f - 171.

〔5〕 BGH Ⅵ ZR 265/04, 6. 12. 2005.

(二)间接说:中国台湾地区蒋孝严案[1]

因为我国台湾地区有关规定中无死者人格利益保护的规定,我国台湾地区法院多年来一直不保护死者人格利益,但2007年的蒋孝严案是其破冰之作,开死者利益保护之先河。然而,本案判决并未遵循德国之直接说,而采间接说,否认死者具有人格利益,承认死者亲属对死者的敬仰思慕之情系亲属之一般人格权。

本案原告蒋孝严为蒋介石之孙,控告被告陈水扁在"'二·二八事件'60周年国际学术研讨会"上公开蓄意诬指其祖父系"'二·二八事件'元凶,殆无疑义",诋毁了其祖父之名誉。为维护其祖父名誉及后人对故人敬仰思慕之情,原告蒋孝严请求被告赔偿精神慰抚金并恢复名誉。被告认为上述事件与原告无涉,原告主张被告言论同时造成原告名誉受损构成侵权行为无理由。本案争点有三:(1)被告发表上述言论,侵害原告何种权利或利益?(2)被告行为是否构成侵权行为?(3)原告请求恢复名誉方式,是否适当?

关于第一项争点,身体、健康、名誉、自由、信用、隐私、贞操等人格权应于死亡时消灭。对于侮辱、诽谤死者罪所保护之法益,学说论述不一,有保护死者名誉说、有保护遗族名誉说、有不受保护说。本条立法理由认为该条法益系采保护死者后人之孝思,至对死者名誉之侵害,仅为间接之损害,与民事侵权行为系以不法侵害他人权利或利益之要件不符,亦不足援引作为民事上保护死者名誉之依凭。[2] 名誉等人格权为人身专属权,对死者名誉的毁损行为并不等同对遗族等生存者名誉的毁损。因此,原告主张被告言行侵害其及先祖父之名誉权不成立。

但被告辩称其言论并未侵害原告权利或利益亦无道理。若对已死之人妄加侮辱诽谤,非独不能起死者于地下而辩白,亦使其遗族为之难堪,甚有痛楚愤怨之感。保护遗族对其先人之孝思追念,并进而激励善良风俗,自应将遗族对于故人之敬爱追慕,视同人格上利益加以保护,始符保障人性尊严之本旨。将精神慰抚金扩大适用至不法侵害其他人格法益而情节重大者,可为其依据。

关于第二项争点,按言论自由与个人名誉两相权衡,显然有较高之价值。查被告言论,已详述其论点及依据,系参照财团法人"二·二八事件"纪念基金会

---

[1] 台北地方法院(1996)年诉字第2348号民事判决书。

[2] 本条设定理由为:所以保护死者后人之孝思也。又本条第2项,以明知虚伪之事为限,其保护之范围,不如对生人之广,盖妨碍死者之名誉,实为间接之损害,且已死之人,盖棺论定,社会上当然有所评论及记录,其损害名誉,不若生人之甚也。

出版之《二·二八事件责任归属研究报告》及大溪档案而来,其言论有相当依据,无过于轻率径信他人所言之情形,其主观上应有相当理由信赖该等研究结果,原告既未举证被告徒凭一己之见虚伪杜撰,即难认为所陈系虚伪不实。被告言论与原告对先人敬仰思慕之人格利益受到侵害相较,两相权衡,仍难谓被告言论具有违法性。被告侵权行为不构成。由于侵权行为不构成,因此不考虑恢复名誉的方式问题,争点第三项也就无须论证。

本判决将侵害死者人格利益视为侵害死者遗族之人格权,并认定死者遗族可请求精神损害赔偿,扩大了一般人格权的内涵,使本项法官造法具有法律依据,对我国相关法制构建具有一定的借鉴意义。但是,由于判决认定侵权行为不构成,因此无法查知我国台湾地区实务上对死者利益保护期限的态度,相关问题仍有待于实务的进一步发展来解决。

四、间接说(近亲属利益说)之发展

目前我国多数学者主张对于死者人格利益保护采近亲属利益说,《精神损害赔偿解释》(2001年)也是持此种立场。该说认为,死者已去,名誉权即告消灭,再无人格精神痛苦,他人侮辱、诽谤死者侵害的只是生者的名誉,导致生者精神痛苦,因此只有生者才有权要求停止侵害、恢复名誉和损害赔偿。[1] 此说之正当性本书不再赘述。该说主张通过保护生者的利益来维护死者人格利益不受损害,是采间接说立场。然而,从最高人民法院司法解释与《最高人民法院公报》案例来看,其立场摇摆不定,与上述学说并不符合。直接说与间接说,二者论证模式不同,未有统一标准。然而,就一国现行法体系而言,一贯的立场与稳定的裁判规范应当是法治的应有之义,因此有必要对我国法制上此问题作出进一步的理论说明,并在此基础上建立更加妥善而精确的规范机制。

(一)理论重构:近亲属人格权

德国采直接说,认为人死之后其人格权仍在一定范围内继续作用,死者人格保护的是死者的人格利益,故又称继续作用说(Fortwirkungsthorie)。由于人格精神利益具有专属性,不得让与、不得继承,因此该说无法绕过《德国民法典》第

---

〔1〕 魏振瀛:《侵害名誉权的认定》,载《中外法学》1990年第1期;张新宝:《名誉权的法律保护》,中国政法大学出版社1997年版,第36-37页;梁慧星:《民法总论》,法律出版社2001年版,第132页;葛云松:《死者生前人格利益的民法保护》,载《比较法研究》2002年第4期。

1 条权利能力之规定，不能令人信服。[1] 鉴于该说的上述瑕疵，部分德国学者亦主张间接说，又称追思保护说（Andenkensschutzlehr），认为侵害死者人格将损及死者亲属之情感完整性，如同亲属本身遭受侵害，此即亲属人格权保护范围扩张至对死者的虔敬感情（Pietätsgefühle）。[2] 此种扩张并非来自权利转移，而是人格权本质使然。虽然在死者生存时，其人格权遭受损害，亲属之人格权亦会受到侵害，但由于彼时其能自行主张权利，因此亲属不得亦无须替代主张权利。当死者去世后，亲属当然能主张此项人格权损害赔偿。此与上述"蒋孝严案"判决观点一致，认为侵害死者人格精神利益即侵害死者亲属的人格权，属于死者亲属一般人格权的保护范围。此种论证模式将死者亲属利益归于现行民法体系，纳入现行民事权利当中，使其不至突兀，值得赞同。[3] 因此，本书建议将我国现行主流的近亲属利益说向前推进一步，改为近亲属人格权说。此外，基于上述分析可见，既承认死者人格利益又承认亲属人格利益的混合说是不可取的，也是不必要的。

还有一种观点认为，侵害死者人格上之精神利益同样是对社会公益的一种伤害，因为从我国历史传统和社会风俗来看，缅怀先人、"死后为大"、"为死者讳"的习惯一致为大众所认可。如果无端侮辱、诽谤死者无疑是对此种公益的损害。从尊重现实人情风俗的角度看，本书认可对死者人格上精神利益的侵害构成对社会公益的侵害。但是，由于此种公益只能是第二位的，因为侵害行为主要构成的是对死者遗族人格权的侵害，死者遗族自然会因人格权受害而提出停止侵害和赔偿损失之类诉讼请求，在此情形下自无公诉机关或其他主体主张权利之必要。承认维持死者精神利益不被非法侵害为社会公益之一，其在于当死者遗族不能或不主张权利时，使公诉机关或其他有权主体拥有诉权具备法理基础，使死者精神利益保护备至周全。

---

〔1〕 为了将该说融入现行民法体系中去，许多补充理论被提出，如：死后部分权利能力说（postmortale Teilrechtsfähigkeit）、一般权利主体性说（allgemeine Rehtssubjecktivität）、无主体之权利理论（die Theorie der subjektlosen Rechte）、尊重死者人格之一般义务（die allgemeine Pflichte der Achtung der postmortalen Persönlichkeits）。关于各学说详细介绍参见黄松茂：《人格权之财产性质——以人格特征之商业利用为中心》，台湾大学法律学研究所 2007 年硕士论文，第 239 – 241 页。德文文献参见 Luther, Postmortaler Schutz nichtvermögenswerter Persönlichkeitsrechte, 2009, S. 63 – 107。

〔2〕 Vgl. Gregoritza, Die Kommerzialisierung von Persönlichkeitsrechten von Verstorbener, 2003. S. 76f.

〔3〕 德国主张近亲属人格权说的观点参见 Bizer, Postmortaler Persönlichkeitsschutz? – Rechtsgrund und Länge der Schutzfristen für personenbezogene Daten Verstorbener nach den Archivgesetzen des Bundes und der Länder, in: NVwZ 1993, S. 653 – 656; Westermann, Das allgemeine Persönlichkeitsrecht nach dem Tode seines Trägers, in: FamRZ 1969, S. 561 – 572。

(二)规范基础:《民法典》第 990 条第 2 款

侵害死者人格精神利益导致对死者遗族人格权的侵害,属于一般人格权的保护范围。对于此项损害赔偿的请求权基础,在德国梅菲斯特案中,规范机制为其《德国民法典》第 823 条第 1 款中的"其他权利",并结合其《德国民法典》第 253 条第 1 款;在蒋孝严案中,为我国台湾地区"民法"第 18 条、第 184 条第 1 项前段及第 195 条第 1 项保护。但如果进一步分析,会发现在一般人格权保护之下的此种法益中又包括两种类型:一是因侵害死者的精神利益而使生者蒙羞,生者的名誉直接受损,"荷花女案"、"海灯案"、"李四光案"与"彭家惠案"皆是如此。因为人们一般会以先人的良好名声为荣,而以先人的卑劣名声为耻辱;社会大众往往亦以其先人的德行观其后人之德行。二是贬损死者人格会损害生者对死者的敬爱追慕之情,因为死者本来余存的良好形象被破坏了,此种敬爱追慕之情亦属生者之人格利益,法律应予保护。[1] 此两种法益虽然有所不同,但事实上对其损害往往难以分离。通常诽谤死者都会产生此两种损害,只在个别的情形,如盗窃、毁坏遗体、往遗体上泼撒排泄物等,才会单独损害生者的敬爱追慕之情。因此,近亲属人格权中的利益包括近亲属的名誉和敬爱追慕之情两种利益。

根据一般人格权与具体人格权的适用关系,具体人格权规范优先适用,一般人格权规范起补充作用,用于保护新型人格法益。关于一般人格权之请求权基础,依现制有五种主张:(1)《宪法》第 38 条、《民法典》第 990 条第 2 款、《消费者权益保护法》第 14 条、第 50 条谓之"人格尊严"。(2)《精神损害赔偿解释》第 1 条第 1 款第 3 项"人格尊严权"。(3)《精神损害赔偿解释》第 1 条第 1 款第 3 项中"人格尊严权"和"人身自由权"。(4)《精神损害赔偿解释》第 1 条第 2 款中的"其他人格利益"。(5)《民法典》第 1165 条第 2 款中"民事权益"。[2] 本书认为采第一种主张中的《民法典》第 990 条第 2 款较为合适。鉴于一般人格权之重要性,其规范依据不宜委身于《民法典》之外的其他法律或司法解释。但由于侵害死者人格精神利益的特殊性,具体适用还应结合《名誉权解答》第 5 条与《精神损害赔偿解释》第 7 条之规定,请求精神损害赔偿。

(三)原告范围:其他与死者关系密切的人

《名誉权解答》第 5 条规定,死者名誉受到损害的,配偶、父母、子女、兄弟姐妹、祖父母、外祖父母、孙子女、外孙子女可以作为原告起诉。《精神损害赔偿解

[1] 梁慧星:《民法总论》,法律出版社 2001 年版,第 132 页。

[2] 张红:《论一般人格权作为基本权利之保护手段——以对"齐玉苓案"的再检讨为中心》,载《法商研究》2009 年第 4 期。

释》(2001 年)第 7 条规定:“自然人因侵权行为致死,或者自然人死亡后其人格或者遗体遭受侵害,死者的配偶、父母和子女向人民法院起诉请求赔偿精神损害的,列其配偶、父母和子女为原告;没有配偶、父母和子女的,可以由其他近亲属提起诉讼,列其他近亲属为原告。”《民法典》第 994 条规定:“死者的姓名、肖像、名誉、荣誉、隐私、遗体等受到侵害的,其配偶、子女、父母有权依法请求行为人承担民事责任;死者没有配偶、子女并且父母已经死亡的,其他近亲属有权依法请求行为人承担民事责任。”从法理观之,上述原告范围的确定不是依继承法则,而是以血缘为基础的亲属关系为依据;从文义观之,上述原告起诉无先后顺序之分,地位平等。这是确定原告范围的依据,但细究之却能发现以下几个问题:

其一,如果死者在世时名誉等人格权遭受侵害,被告只需向其一人赔偿;而一旦死亡,侵害其名誉却要向如此众多的原告赔偿。如此使人死后人格的保护反而加强,有悖常情。其二,各原告对死者感情深厚程度不一,因被告行为而受伤害的程度自有所区别,法官如何酌情在原告之间合理分配精神补偿金?其三,上述原告以现阶段中国之人口生育现状,范围甚广,且各原告很有可能分散各地,如其在不同时间、不同地点诉讼,司法何以应对?其四,上述原告范围之外的其他与死者关系密切的人难道就不能作为原告?为什么与其关系不太和睦的配偶可以作为原告,而其深爱的情人或最疼爱的侄儿却不能作为原告?

对于上述问题一,精神损害赔偿总数应参照假设死者生前所受类似或差不多损害情况下的可获赔数额确定,一般不得超过生前可获赔数额。具体数额的确定,应依据《精神损害赔偿解释》(2001 年)第 8 条、第 10 条由法官综合案情量定。对于问题二,宜考虑各原告感情受到伤害的程度以及各原告与死者生前的关系,如是否共同生活、是否同甘共苦、是否有过重大过节等因素量定,而不适合平均分配。对于问题三,应比照适用公示催告程序,自第一位原告提起诉讼后,责成该原告于一定的期限内通知其他法定范围内的原告,确定其他人是否愿意参与诉讼,或者公示一定的期限,如果在此期限内其他人不来参与本项诉讼,则视为放弃诉权。对于问题四,应通过将来立法或司法解释增加“其他与死者关系密切的人”这种弹性条款,使法官能在具体案件中自由裁量时于法有据。

(四)保护期限:50 年

对于死者精神利益的保护期限,上述规范似乎已经确定,即在三代血亲范围内,如果上述原告皆已不复存在,则诉权消灭。这表面上看起来是对死者人格精神利益保护设定了期限,但实际上依然存在诸多问题:其一,假设死者系“五保户”,三代以内已无任何亲属,其死后人格精神利益如何保护?谁来当原告?其二,假设死者A去世时其最小的儿子甲刚出生,而甲又不幸在晚年60岁才得一独子乙,那么在乙100岁的时候,有人侮辱了其祖父A,乙诉至法院请求损害赔偿。于是,问题就变成A死后160年,因侵害其名誉而导致其遗族人格权受损还是否保护?按照上述规定,应当保护,此显然又有违“千秋功过,任人评说”的古训,亦有悖言论自由的基本要求,于情于理不符。更有甚者,还发生过孔子的名誉权官司。在2010年,自称是“孔家第75代直系子孙”的孔健向《孔子》剧组发出“措辞严厉”的“正式声明”,针对片中“子见南子”的“暧昧对白”和过多的武打戏份,要求对影片内容作出三点重大改动,并称在必要时“诉诸法律手段”。而在我国台湾地区,也曾发生韩愈名誉权案,原告获得胜诉判决。[1] 该案的基本案情为:1976年10月《潮州文献》杂志上,赫然登出文章《韩文公苏东坡给与潮州后人的观感》。作者郭寿华提及:“韩愈为人尚不脱古文人风流才子的怪习气,妻妾之外,不免消磨于风花雪月,曾在潮州染风流病,以致体力过度消耗,及后误信方士硫黄下补剂。离潮州不久,果卒于硫黄中毒。”韩愈第39代孙韩思道视为奇耻大辱,拍案而起,急忙翻阅我国台湾地区有关规定,查到诽谤死者罪:对于已死之人,犯诽谤罪者,处1年以下有期徒刑、拘役或1000元以下罚金。此条其后解释是:所以保护死者后人之孝思也。韩思道遂向我国台湾地方司法机构提起自诉。刑庭推事(法官)认定:“自诉人以其祖先韩愈之道德文章,素为世人尊敬,被告竟以涉于私德而与公益无关之事,无中生有,对韩愈自应成立诽谤罪。自诉人为韩氏子孙,因先人名誉受侮,而提出自诉,自属正当。”法院判处被告罚金300元。郭寿华不服上诉,但被判决驳回,维持原判,该案遂告定谳。[2]

对于第一个问题,有人主张在近亲属不能主张权利的时候,社会上任何人都可以主张,检察机关也可以提出。[3] 侵害死者名誉不仅是侵害遗族的人格权,也是对公益的一种损害,即使遗族已经不复存在,社会公益仍需保护,因此理论上看任何人似乎都可以起诉,但实际上这却是不可行的,因为一旦如此则滥讼必将出现,且赔偿金又判给谁?检察院代表国家行使权力,维护公益是其本职工作,赋予检察院此项诉权在没有出现其他更优方案的情况下,应该是可行的。

对于第二个问题,学者曾给予了严厉批评,指责其无异于当代“文字狱”。

---

〔1〕 杨仁寿:《法学方法论》,中国政法大学出版社1999年版,第3页以下。

〔2〕 俞飞:《怪哉,“诽谤韩愈”奇案》,载《检察日报》2011年12月23日。

〔3〕 王利明、杨立新主编:《人格权与新闻侵权》,中国方正出版社1995年版,第349页;张娜、韩世远:《作者、新闻出版单位与死者名誉保护》,载《法律适用》2008年第10期。

如杨仁寿认为,保护死者名誉是以保护其遗族之“孝思忆念”为目的的,但年代久远之后,已不存在法律目的所保护之“孝思忆念”,因此应做“目的性限缩”解释,有告诉权的直系血亲只限于“五服”之内。[1] 但诚如上文所分析,“三代”或“五服”之内仍可能过于久远。蒋孝严案判决已经指出:“唯依社会通常情形,咸认遗族对故人敬爱追慕之情于故人死亡当时最为深刻,经过时间的经过而逐渐减轻,就与先人有关之事实,亦因历经时间经过而逐渐成为历史,则对历史事实探求真相或表现之自由,即应优位考虑。”蒋孝严案案发时,离死者去世只不过 30 年,法院已经认定其属年代久远,由此可以想象上述司法解释之不合理之处。

上述司法解释可能受著作权法影响较大。我国《著作权法》第 22 条规定部分著作人身权(署名权、修改权、保护作品完整权)的保护期不受限制,同法第 23 条规定著作人身权中的发表权和使用、获得报酬权的保护期限是作者终身加死后 50 年。此采著作人身权与著作财产权分离的二元论立场,著作人身权在作者死后同样是死者人格的精神利益,但对其永久保护却胜过了对其他人格精神利益(如名誉)的保护,此与我国台湾地区“著作法”第 30 条第 1 项的规定相同。但此项规定遭到学者批评,认为如此规定过于侧重保护私益,超过必要限度,且对社会公益保护不足。[2] 因此学者建言将著作人身权的保护期限依著作财产权而定,即作者终身加死后 50 年。[3] 德国著作权于著作人死亡 70 年后消灭,包括著作人身权与著作财产权。对于该项立法理由,有学者认为是因为 70 年为一个世代对死者可能的追忆及寿命增长:因为经过 70 年已经基本上不存在私下认识死者的继承人。[4] 因此,有学者建议死者人格的保护期限应借鉴此做法,于死者死亡后 70 年归于消灭,因为在同一客体上可能同时存在著作权与人格权,如照片,应使此两类权利的存续期间一致。[5]

对于我国死者人格之精神利益保护期限,可以考虑类推适用《著作权法》第 23 条,设定为 50 年。从解释论来看,此种观点具有类推适用的法理基础,因为既然发表权也是著作人身权之一种,在作者死后只保护 50 年,死者的其他人格

---

〔1〕 杨仁寿:《法学方法论》,中国政法大学出版社 1999 年版,第 3 页以下。

〔2〕 刘得宽:《论著作人格权》,载《政大法学论丛》1973 年第 8 卷。

〔3〕 黄松茂:《人格权之财产性质——以人格特征之商业利用为中心》,台湾大学法律学研究所 2007 年硕士学位论文,第 251 页。

〔4〕 Vgl. Claus, Postmortaler Persönlichkeitsschutz im Zeichen allgemeiner Kommenzialiesrung, 2004, S. 220.

〔5〕 Götting, Persönlichkeitsrechte als Vermögensrecht, 1995. S. 281.

上精神利益自应当与此保持一致。因为没有足够的理由能够说明作者与一般人在人格精神利益保护上有什么区别。同样是人格精神利益,在死后保护期限自应一样。但从立法论而言,可以考虑在将来的立法中适当延长此种人格利益在死者去世以后的保护期限。因为现在的人均寿命已经延长到70岁以上,德国的做法似乎更可取。但仍需强调这不只是一个法技术问题,更是一个立法时候的法政策选择问题,将来的立法者可能会有其他的更多层面的考虑,而那些彼时的考虑在此是无法一一涉及的。

第三节　死者人格上财产利益之继承

一、问题

前文的分析只适应于纯粹的人格精神利益的场合。如果不是有意视而不见的话,谁都不会否认某些人格权利中包括财产价值。可能擅长法的经济分析的波斯纳的话是最简明扼要的,在他看来,一旦对某些人格权利采用一种经济学的观点,对此的解说就很简单:当一个人死后,他就不再进行交易了,因此那些便利他进行交易的权利就不再具有任何价值了(因此人死后就没有提起诽谤之诉的权利)。但是一个名人的名字或其他具有广告价值的类似东西在该名人死后仍然是一种可以推销的商品;并且一般说来,如果可以拥有这些有价值的商品,资源配置的效率就最大化了。这样的经济价值毫无疑问应属财产权利,否则,"一个真正的经济价值,不论它在有教养的人看来何等俗气,都会因为没有产权而被过分使用,最终失去价值"[1]。

我国现有司法解释、判例与学说皆集中于死者人格精神利益的保护,而对死者人格特征之商业利用缺乏关注,这相比美国与德国之法制发展颇显落后。[2]

---

〔1〕[美]理查德·A. 波斯纳:《超越法律》,苏力译,中国政法大学出版社2001年版,第613-614页。

〔2〕美国早在1982年即通过 Marin Luther King Jr. Center for Social Change, Inc., v. American Heritage Products. 案[296 S. E. 2d 697 (Ga. 1982).]承认死者公开权之继承,德国亦通过1999年的 Marlene Dietrich 案(BGH NJW 2000, 2195.)建立了死者人格特征商业利用的保护机制。Vgl. Beuthien, Postmortaler Persönlichkeitsschutz auf dem Weg ins Vermögensrecht, in: ZUM 2003, S. 261-262; Ders., Was ist vermögenswert, die Persönlichkeit oder ihr Image? Begriffliche Unstimmigkeiten in den Marlene-Dietrich Urteilen, NJW 2003, 1220-1222; Müller, Vererblichkeit vermögenswerter Bestandteile des Persönlichkeitsrechts-Die neueste Rechtsprechung des Bundesgerichtshofs zum postmortalen Persönlichkeitsrecht, in: GRUR 2003, S. 31-34.

实际上,死者人格财产价值保护之重要性丝毫不亚于死者人格精神利益之保护。此外,最高人民法院之法官造法一直缺乏方法意识,对比较法经验借鉴不足,对国内的学说发展不甚重视,对其先前的司法解释与《最高人民法院公报》案例亦检讨不足,如此使其缺乏稳定的立场与一以贯之的见解,下级法院也自难科学裁判。这种现象应该引起充分的反省。

我国对于死者人格上财产利益的案件以"鲁迅商标案"为代表,该案件引起人们对该问题的广泛关注。2000 年,鲁迅美术学院使用鲁迅姓名申请注册"鲁迅"商标;某公司使用鲁迅肖像用于商业活动。得知"鲁迅"商标被申请注册的消息之后,周海婴立即到国家商标局查询,在 42 个大类的商标中只发现教育系列的"鲁迅"商标被鲁迅美术学院申请注册。周海婴委托律师向国家商标局提出申请,以鲁迅的姓名权被侵犯为由,要求国家商标局撤销鲁迅美术学院的商标注册申请,同时向国家商标局递交了"鲁迅"商标图案,申请注册"鲁迅"教育类商标及酒类商标。鲁迅家人认为,鲁迅美术学院侵权不是说鲁迅美术学院不能叫这个名,而是指鲁迅美术学院在未与鲁迅家人联系的情况下,把"鲁迅"作为商标申请注册。鲁迅的商标只能由其家属来申请注册,不应由鲁迅美术学院来申请注册。目前全国有近 10 家学校用"鲁迅"的名字,这些学校的冠名均应征得周家的同意,而此番要求撤销鲁迅美术学院的商标注册申请,讨回鲁迅的注册商标是要讨回鲁迅的姓名权不被侵犯。2001 年 6 月,经与鲁迅家人多次协商,鲁迅外国语学校以 50 万元买下鲁迅的三年冠名权,成为全国第一所被授权冠名的"鲁迅"学校。2001 年 8 月,鲁迅先生的故乡浙江绍兴的古越龙山绍兴酒股份有限公司,经鲁迅先生之子周海婴先生授权同意,将在先生 120 周年诞辰之际推出"鲁迅酒"。然而,原国家工商总局正式告知媒体,周海婴向其申请注册"鲁迅酒"商标一案,经初审予以驳回,正式文案将随后送达相关人士。据国家工商总局商标局审查处的具体经办"鲁迅酒"商标的人士表示,"鲁迅酒"商标注册申请已经被驳回。据称,名人商标是一种特殊的商标,要考虑社会影响。根据我国《商标法》第 10 条第 1 款第 8 项规定,商标容易引起社会不良影响的不予以核准通过。就本案来说,鲁迅先生是名人,是一代大家,把他的名字作为商标用在商业活动中,是不合适的。[1]

这些案件引发一系列的法律问题,诸如:鲁迅学校、鲁迅纪念馆等未经鲁迅后代许可使用鲁迅姓名、肖像,是否构成侵权?纪念鲁迅先生的邮票、邮折等纪

[1] 胡喜盈、丁淼:《鲁迅的姓名肖像权之争》,载《律师世界》2001 年第 6 期。

念品是否必须经过鲁迅后代的同意才能发行？著名人物的姓名权、肖像权、名誉权在其死亡后,能否理解为姓名、肖像等人格权益转化为财产权益,由其后代继承？死者后代能否以申请商标注册的形式排他地独占死者人格因素的使用权？如死者人格因素归入公共领域,则对其如何保护？对其使用(包括商业化使用及非商业化使用)又适用何种规则？[1]这些问题集中起来,都涉及死者人格上财产利益的继承问题。

此外尚有以下问题,有待厘清:(1)利用人格特征所生的财产利益是人格权所保护的利益中的一部分,还是应被归于一项单独的财产权中予以保护？实务上,以蓝天野案判决为代表的一类采前者,以张柏芝案判决为代表的另一类采后者;学说上亦一如上述,以此为标准分为两派:人格权保护模式与独立财产权保护模式。(2)利用死者人格特征获利的权利是否应该保护？如保护,应采何种规范模式？法律依据何在？目前对人格财产利益的研究都局限于生者的人格财产利益保护,而对死者的人格财产利益保护几乎未有关注。从上述两个问题的关系看,前者是构成后者的前提。

依据最高人民法院司法解释[2]和《著作权法》第22条、第23条[3]之规定,死者受保护人格利益有:名誉、姓名、荣誉、肖像、隐私、著作人身权(署名权、修改权、保护作品完整权及发表权)。又根据《精神损害赔偿解释》(2001年)第3条、第7条与《民法典》第994条的规定,非法利用、损害遗体、遗骨,或者以违反社会公共利益、社会公德的其他方式侵害遗体、遗骨的,死者配偶、子女、父母可以诉讼。由此可见,遗体、遗骨亦属死者利益之一种。但遗体、遗骨属于何种性质的死者利益:人格利益、财产利益抑或其他？

原《民法通则》第117条第2款规定,损坏国家的、集体的财产或者他人财产的,应当恢复原状或者折价赔偿。死者遗体、遗骨不能被任意支配处分,不是财产,即使死者亲属或继承人享有对遗体、遗骨按照一定方式处理的权利,但也绝非所有权,所以当遗体、遗骨被侵害时,本条不适用。《民法典》第1179条规定,侵害公民身体造成伤害的,应当赔偿医疗费、因误工减少的收入、残废者生活补

---

[1] 杨立新:《死者人格利益的民法保护及商业化使用问题》,载中国民商法律网2008年6月13日,http://www.civillaw.com.cn/article/default.asp?id=39474。

[2] 最高人民法院《关于死亡人的名誉权应受法律保护的函》(已失效)、《关于范应莲诉敬永祥等侵害海灯法师名誉权一案有关诉讼程序问题的复函》、《关于范应莲诉敬永祥侵害海灯名誉一案如何处理的复函》、《名誉权解答》、《精神损害赔偿解释》。

[3] 《著作权法》第22条:"作者的署名权、修改权、保护作品完整权的保护期不受限制。"同法第23条规定,公民的作品,其发表权的保护期为作者终生及其死亡后50年。

助费等费用;造成死亡的,并应当支付丧葬费、死者生前扶养的人必要的生活费等费用。死者的遗体、遗骨显然不再是身体,本条亦不适用。此外,《民法典》第995条第1款规定,人格权受到侵害的,受害人有权依照本法和其他法律的规定请求行为人承担民事责任。显然,遗体、遗骨不属于人格精神利益,其被侵害也不能适用此条来保护。因此,《精神损害赔偿解释》(2001年)第3条、第7条及《民法典》第994条为遗体、遗骨保护在民法规范上的依据。

虽然我国《刑法》第302条规定了盗窃、侮辱尸体罪,但因我国侵权法尚未建立"保护他人法律"(《德国民法典》第823条第2款)这类侵权行为,所以此条并非遗体、遗骨被侵害的民事赔偿依据。[1] 按照刑法犯罪构成理论,本罪客体为社会公共秩序或善良风俗。当然,违反社会公序良俗的行为使人受害,性质上属于故意以违反善良风俗的行为加害他人的侵权行为(《德国民法典》第826条第2款),在我国法制上的依据为《精神损害赔偿解释》第1条第2款规定。[2] 此可为遗体、遗骨的保护另一项民法规范依据。对于这两项依据,后者宜作为前者的补强说理工具,因为其更具基础理论意义,更能被现行民法体系所接纳。将对遗体、遗骨的保护看作对公序良俗的保护,其法理依据和规范依据皆可被确立。由此也说明,死者遗体、遗骨既非死者人格上精神利益,也非死者人格上财产利益,而是一项独立的利益。本节于此分析死者遗体、遗骨的法益性质,想说明的是死者利益具有多样性,法律不可能只保护死者人格之精神利益。

二、比较法观察

人格具有精神利益与财产利益,已被法制发达国家所肯认。因为利用死者遗容、遗物、名誉、隐私等同样可获巨利,此早在1899年的德国俾斯麦遗容案[3]中已获证明。本案被告偷拍俾斯麦之遗容出售获利,法院以不当得利为由,判处被告返还获利于死者子女,证明死者人格上财产利益同样应予以保护。对于此项财产利益的保护方式,兹举比较法上普通法系之代表美国与大陆法系之代表德国两国几则经典案例加以说明。

(一)美国法上公开权之被继承

公开权,也有学者译作"形象权",它脱胎于19世纪末以来形成的美国传统

---

[1] 关于保护他人法律这类侵权行为的适用,参见张红:《论一般人格权作为基本权利之保护手段——以对"齐玉苓案"的再检讨为中心》,载《法商研究》2009年第4期。

[2] 本款规定:"违反社会公共利益、社会公德侵害他人隐私或者其他人格利益,受害人以侵权为由向人民法院起诉请求赔偿精神损害的,人民法院应当依法予以受理。"关于本款适用参见陈现杰:《人格权司法保护的重大进步和发展》,载《人民法院报》2001年3月28日,第　版。

[3] RGZ 45, 170.

隐私权观念。其一般是指公民个人,尤其是公众人物或知名人士,对自己的姓名、肖像以及其表演的角色所拥有的保护和进行商业利用的权利。与隐私权相比,公开权是公开私人信息的权利。在美国,公开权是由州法律进行规定的,有些州没有规定公开权,而是以侵占或者虚伪陈述的理念来规制对名人的人格因素进行商业利用的行为。在规定了公开权的州中有一部分州规定赋予继承人继承死者的公开权的权利,另一部分州则规定公开权只能在生前行使而不能由继承人继承公开权。即使在承认死者公开权的少数州内,对于死者公开权的承继方式、范围和存在年限等都规定不一。

美国第一例涉及死者公开权(公开权继承)的案例是在贝拉·卢戈西(Béla Lugosi)诉环球电影公司(Universal Pictures)一案中。[1] 卢戈西是一名演员,1931 年,环球电影公司将布莱姆·斯托克(Bram Stoker)1897 年的小说《德古拉》(Dracula)拍成电影《德古拉》,由卢戈西扮演的德古拉这一角色名噪一时。卢戈西于 1956 年死后,环球电影公司从 1960 年开始授权他人使用德古拉这一角色。1966 年 4 月 3 日,卢戈西的继承人诉请法院要求环球电影公司补偿卢戈西死后使用其形象所要支付的费用。其引申出的问题是未经原告许可,被告是否有权利与他人订立使用德古拉角色肖像的合同,如果卢戈西有这种许可权,能否被继承人享有。一审判决采形式论证方法,认为卢戈西生前对他的面部特征有财产权,如果有人想利用他在扮演德古拉时的肖像,必须经过他同意。这种权利并不因为他的死亡而终止,应该传给继承人。法院认为,人格权因死亡而消灭,但财产权则在死亡后继续存在并由继承人继承。公开权是财产权,故可被继承。被告不服,上诉至州最高法院。被告认为斯托克(Stoker)1897 年的小说《德古拉》已经处于公共领域使用之中,卢戈西生前没有商业性使用过他及扎库西的姓名和其他相似的形象标志,也没有阻止过任何人有目的地商业性使用他的姓名等。州最高法院认为卢戈西的继承人是否有这种财产权利取决于卢戈西生前的行为。卢戈西生前可以卖这种财产权或要求分期付款或者交版税。由于他生前没有从事任何这种行为,所以法院不能支持原告。因此,二审判决改变了一审判决的思路,认为姓名或肖像之商业利用,属于 Prosser 教授关于隐私权体系中的无权使用(appropriation)之隐私侵害类型,因此姓名或肖像的商业利用是隐私权的一种,不能转让并不得继承。

但是,稍后 1975 年的普林斯(Price)案[2]却继承了 Lugosi 案一审判决的论

---

〔1〕 Lugosi v. Universal Pictures Co. Inc., 172 USPQ 541 (Cal Supper 1972).

〔2〕 Price v. Hal Roach Studios, Inc., 400 F. Supp. 845 (S. D. N. Y. 1975).

证思路,因此有学者认为,Price v. Hal Roach Studios, Inc. 案是美国第一个明确承认公开权可继承的案件。[1]

这个案件涉及的是已经去世的 Stanley Laurel 和 Oliver Hardy 的姓名和肖像。Stanley Laurel 和 Oliver Hardy 是一个滑稽剧组合的成员,生前曾经许可 Larry Harmon Pictures 公司排他性地商业利用自己的姓名和肖像。被告是 Stanley Laurel 和 Oliver Hardy 主演的某些电影的著作权人。Stanley Laurel 和 Oliver Hardy 去世后,被告试图允许他人商业利用两人的姓名和肖像。Stanley Laurel 和 Oliver Hardy 的遗孀提起了诉讼。被告以如下三个理论为由辩称,自己并没有侵犯 Stanley Laurel 和 Oliver Hardy 的公开权:第一,被告与 Stanley Laurel 和 Oliver Hardy 之间的雇佣协议赋予了被告排他性商业利用其姓名和肖像的权利;第二,由于对 Stanley Laurel 和 Oliver Hardy 主演的电影享有著作权,被告有权商业利用其姓名和肖像;第三,由于 Stanley Laurel 和 Oliver Hardy 已经去世,其姓名和肖像上的商业价值已经属于公共领域的范畴,任何人都可以用于商业。但是,被告并没有指出雇佣协议中的哪一条款明确赋予被告一项排他性商业利用 Stanley Laurel 和 Oliver Hardy 的姓名和肖像的权利。另外,法院认为,这些合同只表明被告有权在与这些电影相关的场合使用 Stanley Laurel 和 Oliver Hardy 的姓名和肖像作为广告。由此,案件争议的焦点就落在了公开权的继承性问题上。

该案的审判法院对于公开权的继承性采取了一种更为开放的态度,主张无需任何前提条件,公开权即是可继承的。正如判决指出:"当确定公开权的范围时,必须考虑这一受保护的权利的纯粹商业性……似乎并没有什么逻辑上的理由使这一项权利随着受保护人的死亡而消灭。这正是主要因为,公开权被认为是一种'财产权'。"[2]最后法院判决,这一商业性的权利由 Stanley Laurel 和 Oliver Hardy 的继承人继承,被告无权未经原告的同意窃占这一权利。法院在此采取的是一种司法三段论的推理模式:凡财产权都可以继承;公开权是财产权;所以公开权可以继承。三段论当然是逻辑上说服力最强的一种推理方式,如果前提为真,结论的真实性毋庸置疑。但是,问题恰恰出在"凡财产权都可以继承"这一大前提上的真实性上,而法院似乎认为这是当然的法律上的"公理",没

---

〔1〕 陈龙江:《美国公开权理论发展史考察——以经典案例为线索》,载《北方法学》2011 年第 2 期。

〔2〕 400 F. Supp. 836 (S. D. N. Y. 1975), 843 - 844.

有论证的必要,对此并没有多着笔墨。[1]

在接下来的一段时间里,由于 Elvis Presley(猫王)的过世引发了一系列重要的关于公开权得否继承的判决。Presley 生前已将其公开权转让给 Boxcar 公司,Presley 于 1977 年 8 月 16 日去世,在其去世后两天,Boxcar 公司将利用 Presley 姓名及肖像的权利专属转让给 Factors 公司。第三日,Pro Arts 公司以 Elvis Presley 的照片发行纪念明信片。Factors 为此起诉 Pro Arts 公司。Factors 首先对 Pro Arts 公司申请临时禁止令,即 Factors Ⅰ。审理本案的第二巡回法院延续了 Lugosi 案之一审判决思路,并援引 Haelan 案为依据认为,既然 Presley 生前已将公开权转让给 Boxcar,由于此种可转让之财产权的性质,不得不承认其在 Presley 死后仍然存在并可被继承。因此,法院判决 Factors 胜诉。Factors 胜诉后,申请永久禁止令,是为 Factors Ⅱ。[2]

在 Factors Ⅱ中,被告主张本案不能适用纽约州法,而应改用田纳西州法。因为 Factors Ⅰ所引用的 Factors 案的一审判决[3]已经被第六巡回法院改变了。[4] 在 Factors 案一审判决中,法院并不是从公开权的财产性出发,而是去探讨名声(fame)的本质。法院认为名声与名誉(reputation)类似,但依据诽谤法传统,死者名声并不保护。并且,良好名声的获得通常是短暂的,公众的参与、媒体的传播都贡献甚巨,先人良好的名声流芳百世已经是给其遗族最好的回报。如对死者名声授予其遗族排他性的权利,则公众对此付出的代价就相对过大,因此名声在人死后即应遁入公共领域,人皆平等享有之而为商业、政治及美学上之使用。由于审理 Factors Ⅱ之第二巡回法院适用田纳西州法,并采纳了上述意见,故改判 Factors 败诉。但是,上述第六巡回法院的见解并未被广泛接受,但其意义在于使关于公开权得否被继承的问题摆脱了长期的形式论证,而更加深入到探讨公开权继承的其他理论依据与法政策,这无疑都推动了对这一问题的探讨走向更深入。稍后,1982 年佐治亚州高等法院所判处的 King 案[5]彻底确立公开权的继承,就是这一发展最高峰。

---

〔1〕 陈龙江:《人格标志上经济利益的民法保护——学说考察与理论探讨》,中国政法大学 2007 年博士学位论文,第 97 页。

〔2〕 Factors Etc. Inc. v. Pro Arts, Inc., 652 F. 2d 278 (2d Cir. 1981).

〔3〕 Memphis Development Foundation v. Factors, Etc., Inc., 441 F. Supp. 1323 (D. C. Tenn. 1977).

〔4〕 Memphis Development Foundation v. Factors, Etc., Inc., 616 F. 2d 956 (6th Cir. 1980).

〔5〕 Marin Luther King Jr. Center for Social Change, Inc., v. American Heritage Products. 296 S. E. 2d 697 (Ga. 1982).

马丁·路德·金(Martin Luther King)系著名民权运动领袖,其死后有厂商贩售其半身橡胶人像。King 社会改变中心(Martin Luther King Jr. Center for Social Change)、King 之妻作为遗产管理人与著作权被授予人,起诉该厂商。佐治亚州高等法院提出两点重要见解:(1)公开权是可予继承的权利,未征得遗产继承人同意而为商业目的使用,构成对公开权的侵犯。此种权利不仅名人享有,普罗大众亦皆有之。如果公开权随着人死而灭,则公开权在死者生前的价格将大为缩减,因商家可预见名人死后其无法再专享此项权利。(2)被告根据先前判决所确立的生前利用规则,[1]认为 King 在其生前并未有偿利用该商业价值,由此可推断出其继承人在其死后也不会去利用该商业价值,因此本案之公开权不能被继承。法院驳回此项抗辩,理由为:死者先前拒绝利用其名气获利自有其考量,法律不应干涉反而应保护。正如判决书中所述:

> 我们将挑选出那些生前曾经商业利用过自己的人格标志的名人或公众人物的公开权,在其死后给予保护,而拒绝对那些生前享受着公众的欢呼喝彩,但并没有商业利用自己的人格标志的名人或公众人物的公开权,在其死后给予保护,这种做法将使商业利用得到重视。我们已经找到了承认生前的公开权的理由,但是,我们没有找到任何理由支持仅仅对那些曾经从自己的名声中获利的人的公开权,在其死后给予保护。……在我们看来,一个在生前并没有商业利用(自己的人格标志)的人,有权像那些生前曾经利用自己的人格标志的人一样——如果不是更多的话——在其后,保护自己的人格标志免遭他人的商业利用。此亦不能排除死者之亲属或继承人对死者之地位、名声、记忆的支配。[2]

在另外的一个判决中,田纳西州的法院还列举出来众多的理由支持公开权被继承:避免他人不劳而获、保护死者庇佑其后人、保护消费者不受骗、避免不正当竞争等。[3]

从发展历史来看,关于公开权能否被继承的问题,美国各州一直有不同的立

〔1〕 See Factors Etc. Inc. v. pro Arts, Inc., 579 F. 2d 215 (2d Cir. 1978). Factors Ⅰ.

〔2〕 250 Ga. 135 (1982), 147. 转引自陈龙江:《人格标志上经济利益的民法保护——学说考察与理论探讨》,中国政法大学 2007 年博士学位论文。

〔3〕 See State ex. Rel. Elvis Presley Int' l Mem' l Found v. Cromwell, 733 S. 2d 89, 98 - 99 (Tenn. App. 1987).

场。承认者虽不如像承认公开权本身那样具有普遍性,[1]但总体而言还是在逐渐增多,且对这一问题的探讨也逐渐在深入。论证理由突破了单一从形式上区别隐私权与公开权二者的方法,发展到更多地从死者生前意愿、生前获得良好人格形象的动力、他人无权商业利用的利弊、与言论自由的冲突以及对死者遗族的保护等角度去综合平衡考虑。

死者公开权继承中一项重要的规则就是应该给予继承人关于此项权利多长的保护时间。对此,各州判决不一,尚无定论;即使在对此有成文立法的各州中,规定也各不一样。如在田纳西州的《人格权保护法案》(Personal Rights Protection Act, 1984)中规定,死者的公开权在死者死后10年内无条件存续;10年后,若能证明2年内未曾进行商业使用,即归于消灭。[2] 此外,如俄克拉何马州和印第安纳州为100年,加利福尼亚州为70年,内华达州与伊利诺伊州为50年,弗吉尼亚州为20年等,还有一些州不保护,如犹他州、罗得岛州、纽约州、马萨诸塞州和内布拉斯加州等。[3]

(二)德国人格权效力继续作用理论

在美国,公开权是纯粹的财产权,继承人继承公开权后,继承人可自由处分公开权项下的一切利益。但是,根据德国人格权理论,人格权是精神利益与财产利益的统一,精神利益不得转让、不得继承,财产利益可以转让、可以继承。因此,不能因为人格特征有财产性就使其可被继承。因为如果人格特征被整体继承了,那么就没有照顾到人格特征的精神利益不能被继承的规则。为了解决这一矛盾,德国1999年的Marlene Dietrich案判决进行了巧妙的处理,认为继承人取得的是人格特征财产价值成分的所有权。[4]

Marlene Dietrich案一开德国法上死者人格财产利益继承的先河,判决的论证思路是在承认一般人格权具有财产性的基础上,再推导出这种财产价值可以被继承。马兰·迪特里希(Marlene Dietrich)系德国知名的电影巨星,被告于其1992年死亡后擅自制作其生平之音乐剧,并成立一家有限责任公司将迪特里希的姓名注册为商标,许可其他生产厂家在产品上使用其肖像和商标推销商品。

---

[1] 目前在有成文法承认公开权的19个州中,只有6个州规定死后公开权不保护。黄松茂:《人格权之财产性质——以人格特征之商业利用为中心》,台湾大学法律学研究所2007年硕士学位论文,第57-58页。

[2] Tenn. Stat § 47-25-1108(1984).

[3] 黄松茂:《人格权之财产性质——以人格特征之商业利用为中心》,台湾大学法律学研究所2007年硕士学位论文,第55页。

[4] BGH NJW 2000, 2195.

原告系迪特里希的独生女及唯一继承人,且为遗嘱执行人。原告向法院提起诉讼,请求被告停止侵害并赔偿自己因此遭受到的损失。被告提出抗辩认为原告母亲虽然享有一般人格权,但在其死亡后该权利即告消灭,原告不能继承该无形的人格权利。一审法院认为,原告对其母亲的人格权利仅享有非财产利益,而不享有商业利益,因而原告只能要求法院向被告颁布禁止令来禁止被告使用其母亲的姓名和肖像,而不能请求法院判令被告赔偿原告因此遭受到的财产损失。原告不服,上诉至德国联邦最高法院。联邦最高法院判决原告胜诉,要旨为:(1)一般人格权及其特殊表现形式,如肖像权及姓名权,不仅保护人格权的精神利益,亦保护人格权的商业利益。当人格权的财产价值成分,因肖像、姓名或其他个人人格特征遭无权使用时,该人格权的主体均得请求损害赔偿。此项损害赔偿请求,不因侵害的强度而受影响。(2)只要在人格权的精神利益受保护期间内,人格权的财产价值成分于人格权主体死亡后,仍继续存在。人格权主体死亡后,与人格权的财产价值相关的权利转由继承人取得,继承人得按照死者明示或可得推知的意思行使此类权利。

判决承认一般人格权具有财产价值并可被继承人继承,其依据在于:(1)肖像、姓名及其他具有识别力的人格特征,作为针对无权使用而为法律所赋予的防御权,向来都是可以被商业所利用的。法官指出:"诸如影视明星、体育明星等公众人物的肖像、姓名、声音等都可能有巨大的经济价值,这些人格特征的经济价值与这些人在社会公众当中的知名度成正比,他们可通过转让这些人格特征给他人使用获得经济上的收益,从而实现其人格特征的商业化。当他人未经权利人许可而使用这些人格特征谋取利益时,这些商业利用行为给他们造成的财产损害要远远大于精神损害,如果仅仅责令不法侵害人承担精神损害赔偿责任显然对权利人是不公平的。"(2)就死者人格形象不受任意商业使用侵害而言,最好的方法就是由死者的继承人作为人格权之财产价值成分的所有人,使其拥有与人格权主体生前相同的请求权。法官认为:"原告母亲对其肖像和姓名享有的权利是一种具有财产性质、财产因素的权利,当其死亡时,这种权利便可以作为遗产由原告继承。因为如果原告母亲还活着的话,她能够通过契约将这些具有财产性质的权利转让给其他人使用,这一点同保护非财产利益的那些具有高度人身专属性的人格因素形成鲜明对比。"(3)只有继承人在保护人格权财产价值上扮演人格权之权利人的角色,且在保障死者可推知的利益的情形下能对抗任何无权使用时,才有可能对人格权之财产价值成分提供有效的死后保护。因为死者人格上精神利益由代行权人(Wahrnehmungsbereichtige)行使,而此种权利限于不作为之防御请求权,不包括财产上损害赔偿。更有甚者,当权利人知道权利侵害且该侵害已经停止时,此项请求权是毫无作用的,因为此项请求权只有在侵害再次发生时才能派上用场。正如法官所言:“当一个自然人死亡时,他们仍然享有肖像、姓名等人格利益,他人侵害其享有的这些利益时,死者的继承人只能要求法官颁发禁止令要求停止侵害行为,而不能要求法官判令赔偿损失,因为死者已矣,不可能受有损失。但是,如果侵害死者人格利益的行为在其继承人不知情的情况下已经完成,死者的继承人要求法官颁发禁令已经毫无意义。此时,他们只能向法院起诉,要求侵权人对他们的损害承担责任,此时,不责令侵权人赔偿死者通过生前努力获得的财产价值也是不公平的。”

在规范上,该判决有如下几点值得重视:(1)赋予代行权人(继承人)针对无权利用人以损害赔偿的请求权或针对欲利用者的同意或许可权。(2)代行权人(继承人)权利行使不得违背死者明示或可推知的意思,代行权人(继承人)只有在顾及死者意思的情形下,才能就死者死后仍继续存在的商业价值加以利用。(3)代行权人与继承人不必然重合。(4)死者人格上精神利益与财产利益仍紧密结合,死者人格用于商业目的,须经继承人和家属共同同意。(5)人格权财产价值成分的保护期限不得较精神利益的保护期限长。但在 2006 年 kinski - klaus. de 案[1]中,联邦法院明确死者人格上财产利益的保护期限等同于《德国艺术著作权法》第 22 条所规定的死后 10 年。(6)对死者人格上财产利益的侵权行为的构成不以情节重大为要件。(7)赔偿的数额或依相当合理的授权费用,或依侵害所得获利来计算。(8)为使原告选择有利的损害计算方式,以及能够计算出准确的赔偿数额,被告有获益的报告义务。

可惜的是,判决本身对这一处理方式的说理仍未透彻,很可能使人误解继承人继承的是死者的这些能够产生财产利益的人格特征。为了更进一步澄清这一问题,下面结合我国继承法之相关规定,举例说明。假设某著名艺人死后留下五样东西:(1)一栋房子;(2)一部作品;(3)一部家喻户晓的电影中的某个造型;(4)死者生前独特的嗓音;(5)死者生前独特的口头禅。根据原《继承法》第 3 条,房子、著作财产权都可以被继承,但是作为人格特征的后三样能否被继承?显然,根据原《继承法》第 3 条及继承法法理,答案是否定的。首先,这三样东西本身并不是财产,不能成为遗产;其次,继承的后果是继承人取得遗产的所有权,通俗地讲,继承人在继承完成后可以说“这些财产是我的了”,而对于后三样东

---

〔1〕 BGH Ⅰ ZR 277/03, 05. 10. 2006 – kinski – klaus. de.

西,继承人无论如何也不能说“这些东西是我的了”,因为这三样东西永远属于被继承人。因此,人格特征是不能被继承的。

但如果按照 Marlene Dietrich 案的思路,上例中后三样东西虽然不能被继承,但是其所产生的收益是可以被继承的,即如果这三样东西在被继承人死后被他人无权利用而产生了收益,这些收益就应属于新增的遗产,而产生第二次遗产分配,这第二次遗产分配所分得的收益自然由继承人继承。这与一栋在第一次继承时未被发现的房子而在继承开始后至被发现之前所产生的租金收益并无区别。因为当这栋房子被发现以后,房子本身和房子所产生的租金收益自应当一同被继承。那么,这种推论是否成立?继承人继承的到底是人格特征商业利用的权利,还是商业利用以后的获益?换言之,被继承人死后他人利用其人格特征的获益是属于遗产,还是已经是继承人自己的财产了?

三、从人格权财产利益保护到人格上财产权继承

(一)财产继承还是权利继承?

事实上,人首先获得的是利用其人格特征从事商业活动的权利,然后根据此种权利获得收益。此种权利的载体是人格形象气质与死者生前的劳动成果——名气,此皆非有形之物,与知识产权或信用权之无形客体类似,因此这种权利相对于继承房子的所有权(有形财产权)而言,是一种无形财产权。[1] 如果将人格权与著作权来比较的话,人对其人格精神利益的权利可视为作者对作品的著作人身权,人对其人格财产价值的权利可视为作者对其作品的著作财产权,因此可以认为人格上财产权与著作财产权本质无异。从这个角度来看,继承人继承的只是这种无形财产权——人格上财产权,而非因此种财产权而产生的收益。否则我们将很难解释,为什么继承人只享受人格特征商业利用的收益却能够禁止他人使用或者授权他人使用死者的人格特征?我们也无法理解 Marlene Dietrich 案判决中的另外一句非常重要的话——“……使其(继承人)拥有与人格权主体生前相同的请求权,以资主张”,因为不是权利人又如何能够拥有与权利人相同的权利?实际上,只有继承人是这项人格财产权的所有人之后,才能享有与被继承人生前对这项财产权所具有的相同权利。如果我们认清了这一点,我们就没必要再坚持那种顽固的、根深蒂固的观点——人格权是不能被继承的,而去否认死者的继承人可以授权他人使用死者的人格特征或收取他人无权使用死者人格

---

〔1〕 参见吴汉东:《财产的非物质化革命与革命的非物质财产法》,载《中国社会科学》2003 年第 4 期;吴汉东:《无形财产权的若干理论问题》,载《法学研究》1997 年第 4 期。

特征而产生的收益。因为在这里,人格特征从来就没有被整体继承过,继承人通过继承取得的只是人格特征上的财产权,一种无形财产权。对于上述论证,黄立先生如下论证可资佐证:"有人在甲死后,将其肖像制成金币或者出版邮票,此时甲之肖像权则系有财产价值之标的。如仍不得让与或继承,恐非妥当。此时宜仿照著作权法上,将著作权区分为著作人格权与著作财产权的做法,对于精神人格权的侵害,因自然人之死亡或法人人格之丧失而消灭,其受侵害之损害赔偿请求权,非经转换为金钱债权,不得让与或继承。但对于财产人格权的侵害,其请求权应认为当然得让与或继承。"[1]

(二)著作财产权继承之规则的类推适用

从著作权保护的现有规则来看,也能得出上述结论。我国《著作权法》采著作人身权与著作财产权分离的二元论。根据《著作权法》第 10 条,发表权、署名权、修改权和保护作品完整权属于著作人身权,而使用权和获得报酬权属于著作财产权。又根据《著作权法》第 21 条,著作财产权可以被继承;而根据《著作权法实施条例》第 13 条、第 15 条,著作人身权不能被继承,只能由继承人或其他人代为行使。[2] 简而言之,著作人身权不得转让、不得继承,著作财产权可被转让、可被继承。如音乐作品,作者死后其著作人身权由继承人代为管理,而非继承;但该作品之著作财产权由继承人继承后,继承人成为该作品的复制权、发行权、播放权等使用权的权利主体,继承人可将这些使用权授权他人使用从中获益,对于他人非法使用这项权利,继承人可以请求获利返还或损害赔偿等。事实上,鉴于著作权本质上也是人格权,二者具有相通性,如德国著作权就是自人格权而发展出来的,因此著作权的二元保护模式自可被类推适用于人格权的保护,为死者人格上财产利益继承扫清理论障碍和提供规范基础。

具体而言,自然人死亡后,其某些人格权客体随之消灭,如生命健康权,而某些并未随着人格权的消灭而消灭,仍客观地遗留于世上,遗留客体为死者肖像、姓名、尸体以及名誉和荣誉。死者肖像、姓名和尸体,如著作权中的财产权一样,是消除了人身因素的,并具有稀缺性可支配的特点,而且在某些情况下可以产生利益的,是财产对人具有经济价值的一切事物。因此,可以按财产权加以保护。

---

[1] 黄立:《民法债编总论》,中国政法大学出版社 2002 年版,第 264 页。

[2] 《著作权法实施条例》第 13 条:"作者身份不明的作品,由作品原件的所有人行使除署名权以外的著作权。作者身份确定后,由作者或者其继承人行使著作权。"第 15 条:"作者死亡后,其著作权中的署名权、修改权和保护作品完整权由作者的继承人或者受遗赠人保护。著作权无人继承又无人受遗赠的,其署名权、修改权和保护作品完整权由著作权行政管理部门保护。"

死者之名誉和荣誉为一种评价，是不可支配更无法产生经济利益的，在被侵害后，其近亲属可以以精神损害为由提起诉讼，保护死者名誉和荣誉。

公民死亡后，不可能也没有必要享有包括人格权在内的各种权利，更不能享有权利中的利益，但该利益仍然存在，这部分利益就应由他人来承受，不能存在没有主体的利益。死者遗留下来的肖像、姓名和尸体是可以支配并可以产生利益的，而这种利益死者不可能承受，只能由其继承人或受遗赠人承受。

除此之外，名誉和荣誉是一种评价，是无法支配并加以利用的，不是财产。因此，保护死者名誉之法理根据自然不能按财产权而加以保护。保护死者名誉之法理根据在于保护死者近亲属免于精神损害。精神损害就是因行为人侵犯他人的人格尊严或者因其他违法行为致使他人心理和感情遭受创伤和痛苦，无法正常进行日常活动的非财产损害。在学理上，非财产损害依损害行为是否直接触及加以区分，可分为直接的非财产损害与反射的非财产损害，反射的非财产损害，倘依法得请求赔偿的，赔偿请求权人所请求赔偿的乃是自己所感受的痛苦与损害，而非替他人主张权利。

当死者的名誉和荣誉被损害时，因死者与其近亲属有直接的人身关系，有较深厚的感情，必然会使其近亲属的心理和感情遭受创伤和痛苦，从而形成反射的非财产精神损害，死者近亲属因而获得精神损害赔偿请求权，其近亲属若依法请求赔偿，请求权人是为自己主张，而非为死者主张权利。在立法上，已承认损害死者名誉和荣誉会造成直系近亲属精神损害。根据最高人民法院于 2001 年 3 月 10 日公布实施的《精神损害赔偿解释》(2001 年)第 3 条规定，侵害死者名誉和荣誉的，其近亲属可以向人民法院起诉请求赔偿精神损害。《民法典》第 994 条所称“民事责任”自然亦包括精神损害赔偿。

四、我国人格上财产权继承所存问题及解决办法

(一)所存问题

在采德国人格权模式下，人格权的精神利益与财产利益合一，共同栖身人格权这个大树之下而得到保护，如果侵犯的是精神利益，则赔偿精神损害；如果侵犯的是财产利益，则赔偿财产损失。人死之后，利用死者人格特征商业利用的权利，为死者人格上之无形财产权，应采继承的方式由继承人取得。但由于受传统理论影响，我国一般认为人格权具有人身专属性，无法被继承，因而死者人格上之财产利益继承无从谈起。《民法典》第 992 条更是直接明确人格权不得继

承。[1] 实际上,这是对问题的误解,并不可信,实务亦有相应佐证,下举例说明。

首先是鲁迅肖像权案。[2] 1996年,鲁迅之子周海婴发现绍兴的某些商店以每只935元的高价,出售嵌有鲁迅肖像金卡的笔筒。在印有鲁迅头像的金卡左侧,还印着"绍兴越王珠宝金行"字样,并在金卡背后印有鲁迅生平介绍。周海婴认为如此以营利为目的的所谓纪念,是对鲁迅的亵渎和对鲁迅肖像权的侵犯,因此诉至法院。鉴于被告在诉讼中不承认侵权,原告当庭追加了一项诉讼请求:由于被告不当得利,要求被告给予原告经济赔偿。后双方在法庭主持下达成和解协议:被告承制和销售刻有鲁迅肖像的金卡座,由于事先未征得原告同意,做法欠妥,库存产品不再销售。被告当庭向原告致歉,并向原告补偿1.5万元。

根据最高人民法院自"荷花女案"以来之一贯立场,死者人格财产利益并不保护,那么本案被告向原告补偿的1.5万元又应如何认定?事实上,这1.5万元只能被认定为鲁迅肖像的使用费。因为此种使用不会导致鲁迅的社会评价被降低,不会使原告产生精神痛苦,而仅是利用鲁迅肖像的纯获利行为。这表明,鲁迅死后其肖像还存在财产价值,应当保护,而保护的方式就是将此种因利用鲁迅肖像的获利由鲁迅的继承人享有。但可惜的是,本案调解书并未作出此项论证,更不可能将利用鲁迅遗容获利的权利归为周海婴通过继承取得的一项无形财产权。

其次是李某名称权案。[3] 李某是国内著名的制笔艺人,李某系其别名,李某于1966年去世。被告北京李某笔业公司在李某去世后第7年,将李某注册成笔的商标,并在李某去世后第35年,将其企业名称更换为"北京李某笔业有限责任公司"沿用至今。2002年,李某的五位子女以被告擅自将李某姓名用于商业目的为由,要求被告停止侵害、赔礼道歉并赔偿经济损失和赔偿精神损害。法院认为:由李某的姓名所带来的财产方面利益,其子女可以继承,但自继承开始之日起,至今已超过20年诉讼时效,因此原告的诉讼请求无法律依据,不予支持。

本案最值得注意的是,法院确认姓名上的财产利益可以被继承,与鲁迅肖像权案见解相同。但法院以超过20年诉讼时效期间作为驳回原告诉请之理由,令人费解。因为既然姓名上的财产利益可被继承,那么继承人对这种财产利益所

---

〔1〕 本条在《民法典》的编纂过程中,曾有"但是法律另有规定的除外"的表述。

〔2〕 胡喜盈、丁淼:《鲁迅的姓名肖像权之争》,载《律师世界》2001年第6期。

〔3〕 李A、李B、李C、李D、李E诉被告北京李某笔业有限责任公司姓名权纠纷案,北京市第一中级人民法院2003年6月19日判决(二审)。郭晓红:《知名形象商品化法律问题研究》,载《法律应用》2007年第7期。

享有的权利（无形财产权）就是一种绝对权而非请求权，不适用诉讼时效。显然，本案留存在最大问题就是，死者人格上财产利益的保护期限有多长？在鲁迅肖像权案中，这一问题并没有被提及。当然，死者人格财产利益保护除了保护时间问题外，还有其他问题需要解决，只不过尚未体现在我国实务当中，但法学研究应该有一定的预见性。

（二）解决方案

将人格上财产权类比著作财产权，性质上将其确认为无形财产权，可以有效解决继承人权利行使问题，但更实际的效果在于理顺此种权利被侵害后的赔偿关系。被继承人死后，继承人获得的是死者的人格财产权，这是一项独占性的无形财产权，可自己使用或授权他人使用。如果此项财产权遭遇侵害，可据《民法典》第 1165 条使侵权行为人承担停止侵害、赔偿损失，或者使行为人将其不当获益依据不当得利规则返还等民事责任。

当原告发现被告在非法利用其被继承人的人格特征获益时，原告享有对被告的不作为请求权（停止侵害）。对于损害赔偿，问题不在于侵权行为的构成要件，而在于赔偿数额的确定。因为此种侵害对于原告而言并非现实的财产被侵占或毁损，而是预期的收益被侵占，此与一般的财产损害不同，盖损害之前并无确定数额的利益。于是关键问题为，被告应赔偿原告多少数额的财产？对此，德国 Marlene Dietrich 案以合理授权契约所得为标准，与我国张柏芝肖像权案的做法相同，值得肯定。在具体数额确定上宜参照现实交易中与死者具有大致相当名气的人或死者生前以其人格特征做商业推广的使用费。

同样，如果原告主张被告不当得利返还，亦应参照此标准确定被告返还获益之数额。不过需注意的是，此处之不当得利系指非给付型不当得利，该种不当得利主要是通过侵害他人合法权益获得。此种不当得利的构成要件需从权益归属的角度进行判断，即被告违反权益归属取得的利益是否欠缺法律上的原因。[1]死者人格特征上的财产价值属于原告通过继承而得来的无形财产权之对象，未经原告授权或基于其他合法原因，被告取得自为非法，因此被告应当返还此种因侵害他人无形财产权之获益。此种不当得利返还请求权与损害赔偿请求权构成竞合，应由原告选择适用。但仍需注意的是二者有一定区别：在构成要件上，前者不以故意、过失为要件，后者需要；在功能上，前者在于使被告返还非法获益，是为去除功能，后者功能在于损害填补，是为填补功能。

---

〔1〕　王泽鉴：《债法原理第二册：不当得利》，中国政法大学出版社 2000 年版，第 141－145 页。

此外,实践中还有另外一种情况,如果主要是为了纪念已过世的、对社会发展有贡献的人而使用其肖像、姓名等,如毛泽东、鲁迅等人的头像用于发行邮票,继承人是否有权请求返还获利?在这种情况下,一般是基于敬仰追思的目标,死者及其后人皆一般不愿从此种纪念行为中获益。但如果死者之继承人起诉被告停止使用、损害赔偿或返还获利,则属有违社会一般善良风俗的行为,法官可适用 Marlene Dietrich 案判决所确立的规则"继承人应当按照死者明知或可推知的意思行使此项权利",以拒绝原告请求,维护死者此种可推知的意思,维护一种对已过世的有贡献的人的追思敬仰的良好社会风尚。当然,如果原告能够确切举证证明死者生前立有遗嘱等,不允许将其人格特征用作纪念或商业用途,或允许利用但应将获利抚养其继承人,那又另当别论。

死者人格上财产权被视为遗产由继承人继承,与死者人格上精神利益保护变为死者近亲属人格权保护,[1]或由死者亲属行使(著作人身权)不同。但于此仍有一重要问题需要考虑:在继承人与死者近亲属不一致的情况下,如遗嘱继承,继承人行使此项财产权利是否需要征得死者近亲属的同意,特别是授权他人利用死者人格特征时。如不需征得同意,则继承人有可能滥用权利,违背死者或其近亲属之意愿,而利用死者人格特征牟取利益。因为继承人可能是与死者及其遗族没有任何血缘感情纽带联系的自然人、法人或其他组织,趋利性可能会使继承人抛却人伦道德束缚而致死者生前意愿与死者遗族之切身感受于不顾,使本应入土为安的死者成为其牟利工具。因此,如果法律对此种情形不予制止,则显然有失公平正义。但是,如果按照德国法上 Marlene Dietrich 案之见解,继承人行使权利要征得死者遗族之同意,则又可能大大限缩此项权利功能。因为死者很有可能想利用其死后的人格商业利用之获利来抚养、资助其遗嘱继承人。此外,没有足够的理由能证明,死者近亲属会比继承人更不易受经济利益的驱使而滥用此项权利。此外,如果继承人动辄需要征得亲属同意,那实际上可能使其并不能真正享有此项权利,死者原本欲利用其生前积攒的良好名声为其继承人在其死后提供生活来源的目的也可能会因为近亲属的恶意干扰而无法实现。

鉴于上述情况,继承人行使此项权利是否需要征得亲属同意并非一个可以非此即彼的问题。本书认为,可行的选择是遵循德国联邦法院在 Marlene Dietrich 案中前述见解:继承人行使此项权利应不得违背死者明示或可推知的意思。此实际上是赋予了法官在个案中判断是否要对继承人有关此项权利的行使

[1] 关于死者人格精神保护被视为死者近亲属人格权保护的详细论证,张红:《死者人格精神利益保护:案例比较与法官造法》,载《法商研究》2010 年第 4 期。

进行限制,因为这是法官在代替死者决定,是法官自由裁量权的体现。在这种情况下,近亲属欲干涉该项权利行使,则必须证明继承人行使权利违背了死者的意思;而继承人如欲排除亲属的干涉也需证明其是按照死者的意思行使权利。这样,诉讼上给予双方相同的机会,法官利益衡量也有理有据。法学的任务在于使价值判决客观化,但并不能事无巨细,法官的自由裁量在任何精湛的法技术条件下仍然不可或缺。

对于死者人格上财产权的保护时间,即继承人行使此项无形财产权的期限。对此,美国各州规定不一样,从 10 年到 100 年不等。在德国,根据前述联邦法院 2006 年的 kinski - klaus. de 案判决,保护时间是死者死后 10 年。本书认为此项权利与著作财产权极为类似,既然我国《著作权法》对著作财产权的保护是作者终身加死后 50 年(《著作权法》第 23 条),那么在新的规范出现之前,此规则自可类推适用至对死者人格上财产权的保护。

第四节　本 章 总 结

死者人格精神利益保护实际上保护的是死者遗族的人格权,换言之,通过保护死者遗族的人格权而使死者得以不受侵害,享受安宁。如此,死者得以释怀,生者亦可获救。这是切合现行法体系的有效法技术处理结果,是法官造法对成文法漏洞的填补,是类推适用与利益衡量的法学方法"教科书式"的运用,学说理应对其加以检讨匡正。此外,通过上述比较法、法理及类推适用规范的选择等分析,现对本章开篇提出的仍存在于我国法律体系中的一个法律漏洞——死者人格财产利益保护,以实例演绎并结合请求权基础的思考方法来填补之。著名影视明星甲死后,乙利用其遗容和声音推销商品获利 1000 万元。甲有一独子丙为其唯一继承人。试问:丙能否向乙主张权利?依本书观点,人格上财产利益应当保护,利用死者人格特征获利之权利为死者人格上之无形财产权,应由继承人继承取得。因此,丙可向乙主张其无形财产权被侵害的救济请求权:(1)依《民法典》第 1165 条、第 179 条第 1 款,请求乙停止侵害;(2)依《民法典》第 1165 条、第 179 条第 8 项,请求乙损害赔偿,或者依《民法典》第 985 条请求乙将所获不当得利返还。

人格权包括人格权财产利益与人格权精神利益。在我国,参照著作权人身权与著作权财产权的二分模式,通过对现有规范的解释适用,在人格权项下,这两种利益都能得到保护,因此没有将人格权财产利益归于一项独立于人格权的财产权进而创设此种财产权的必要。生者人格权财产利益保护的方式有排除妨碍、获利返还、损害赔偿和授权使用等,此皆人格权固有之权能。此种权能在人死之后,并不随人格权精神利益消失而消失,而应由死者继承人继承。理论上可将这些权能归于一项以死者人格特征利用为内容的无形财产权,由死者继承人继承,以实现继承人对利用死者人格特征获利的享有。这是因为人死之后,人格权的精神利益已经消失,人格权的整体性已经被瓦解,利用死者人格特征的获利不会对死者产生精神痛苦,而其作为一项相对独立的财产权,自然不能再置身于必须内含精神利益的人格权的保护之下。正是由于人死后只剩下财产利益,所以此时才需创设一项新的相对独立的死者人格上之无形财产权,来保护利用死者人格特征的获利。继承人行使此项权利应按照死者明知或可推知的意思进行,行使期限在我国目前的规范体系中宜为50年。

第九章 人格权之兜底性保护：一般人格权

第一节 本章问题

人格权以人格尊严、人格自由发展为核心，包括生命权、身体权、健康权、姓名权、名称权、肖像权、隐私权、名誉权、婚姻自主权和个人信息权等权利，这些权利是事关人之为人的关键要素。[1] 人格权保护事关民事主体的生活品质与尊严，随着时间推移越来越受立法者重视，针对人格权的立法保护，我国采用"成熟一个发展一个"的渐进式立法模式，其根源在于人格权的动态发展，人对自我人格利益的感知具有变动性，随着科技发展、生活方式改变不断产生新的人格利益，而新型人格权从生成到"瓜熟蒂落"仍需时日。具体人格权作为已经成熟的人格权，由法律明确规定，具有相对确定的构成要件和涵摄范围。可纳入具体人格权类目者，必当具备该具体人格权的构成要件，故具体人格权之适用需要满足前提要件。与之相对，随着社会发展和法治思想深入人心，民事主体的人格日益自觉[2]，对自己人格利益日益重视。例如，祭奠利益、生活安宁利益等新生人格利益常被诉至法院。而这些新兴人格利益因不满足具体人格权的构成要件，无法通过具体人格权的相关规范获得保护，因此只能由一般人格权进行补充性保护。

在强调人文关怀、法治获得感的现代，对民众普遍性人格利益需求，理论供给缺乏，有待补强。因法律命令背后所寄托的权利，随着社会变动而不断变化，有必要确保权利体系的开放性，以制定面向未来的民法典。基于此，为全面保护

---

[1] 李永军：《民法总论》（第3版），中国政法大学出版社2015年版，第83页；李景义：《人格权基本问题论纲》，知识产权出版社2014年版，第33页；汪渊智：《民法总论疑难问题研究》，商务印书馆2014年版，第168页等。

[2] 易继明：《人格权立法之历史评析》，载《法学研究》2013年第1期；孟勤国：《人格权独立成编是中国民法典的不二选择》，载《东方法学》2017年第6期。

动态发展中的人格权,严格的人格权法定主义并不可行[1],故应保证人格权体系的开放性,通过该开放体系缓和人格权法定的僵硬与拘束。《民法典》第990条第2款所规定的以“人身自由、人格尊严”为核心的一般人格权因应而生。一般人格权是人格权缓和的理想“窗口”。人格权的开放性是否会导致人格权利过度泛化,进而使其模糊成一种自然法式的价值宣示?这就需要建立新型人格利益的发现机制和保护机制,并在此基础上,通过法官对新型人格的利益严谨、详细论证、克制司法,进而实现对生活中的新型人格利益进行保护,司法能动应当建立在释法基础上[2],司法能动应生活在司法克制的帐帷之下。由此,权利之门打开后,何种新型人格利益可予以法益化?如何预防权利泛化,并能保障新型人格利益法益化的路径畅通?这无疑是立法、司法难点之所在。

此外,虽然《民法典》第990条第2款规定了“人身自由、人格尊严”,但是否应将之解释为人格权的一般条款抑或一般人格权,学界仍存争议,这需要对一般人格权的本质进行分析。一般人格权的本质在我国存有“权利说”“法益说”两种学说。[3] “权利说”者认为一般人格权是指权利主体基于其法律人格而享有的,以人格独立、人格自由、人格平等、人格尊严等一般人格利益为客体的民事权利。一般人格权作为人格权的下位概念,具有人格权的一般属性。[4] 此外,亦有观点进一步将其视为一种特殊的权利类型——“框架性权利”,此亦是德国通说。[5] 坚持“利益说”的学者认为所谓一般人格权仅是对无限多样的人格法益的概括性保护,并不是一项主观权利。[6] 其本质究竟为何?有待探讨。一般人格权存在与否、其性质如何、其与具体人格权以何种关系共存等皆存有疑问,此乃本章探讨之起点。再者,一般人格权作为吸纳新型人格权的口袋,是一项框架性权利,其天然具有边界模糊之特征,使当事人维权、法官裁判多遇困难。故立

---

[1] 马俊驹:《人格与人格权立法模式探讨》,载《重庆大学学报(社会科学版)》2016年第1期;张平华:《人格权的利益结构与人格权法定》,载《中国法学》2013年第2期;易军:《论人格权法定、一般人格权与侵权责任构成》,载《法学》2011年第8期。

[2] 张榕:《司法克制下的司法能动》,载《现代法学》2008年第2期。

[3] 朱晓峰:《作为一般人格权的人格尊严权——以德国侵权法中的一般人格权为参照》,载《清华法学》2014年第1期。

[4] 郭明瑞主编:《民法》,高等教育出版社2003年版,第191页;李景义:《人格权基本问题论纲》,知识产权出版社2014年版,第39页等。

[5] 王磊:《私法的争鸣:私权保护热点问题研究》,新疆人民出版社2005年版,第41页等。

[6] 韩强:《人格权确认与构造的法律依据》,载《中国法学》2015年第3期;薛军:《揭开一般人格权的面纱》,载《比较法研究》2008年第5期;熊谞龙:《权利,抑或法益?——一般人格权本质的再讨论》,载《比较法研究》2005年第2期等。

足于已有案例，对一般人格权予以类型化，以求私人人格权益保护之周延，以避裁判纷乱如麻，诚属必要，一般人格权类型化是本章探讨之重点和展开方式。

第二节　一般人格权：新生人格利益保护机制

一、新型人格利益保护中的难题

在诉讼中常出现自然人不受拘束的人格利益诉求，诸如"小便权""亲吻权""养狗权""相思权""视觉卫生权"等，且"法官不能以法无规定拒绝裁判"。民法作为自由法，法无禁止皆自由，人格权一般作为防御权，其边界就是当事人自由的疆界，当自然人自由疆界被侵犯时，自然人将该纠纷诉诸法院时，法院应如何在保护人格利益与避免权利泛化间达致平衡？这是现代法治社会的一大问题。传统之民法对人之内在人格保护的遗漏，使我们需要构建一种新的保护模式，与具体人格权相配套，实现对人格利益的完整保护。正是意识到了传统民法这一缺陷，实现对新生人格利益保护，一般人格权在诸多国家因应而生。从一般人格权立法模式来看，不同国家的立法模式和保护现状与本国的侵权法设计和结构具有非常重大的关系。对于承认一般人格权制度的国家来说，其最主要的原因就是在现有的法律框架结构内无法保护新生人格利益。一般人格权制度在我国已经得到普遍认同，此时如何识别应予以保护的新型人格利益是个难题，亦是《民法典》第990条第2款司法适用中不得不直面之困难。

此外，早在1995年，一般人格权已进入我国学者的研究视野，这一时期主要是对一般人格权的介绍以及引入，此时相关研究尚少。[1] 进入21世纪以来，特别自"齐玉苓案"后，出于对一般人格权的宪法转介功能的重视和新型人格利益保护的需要等原因，一般人格权的相关研究渐入高潮，并延续至今。[2] 近年来，民法典的编纂提上日程，特别是对人格权立法体例的探讨，使一般人格权研究进

---

〔1〕 姚辉：《论一般人格权》，载《法学家》1995年第5期；杨立新、尹艳：《论一般人格权及其民法保护》，载《河北法学》1995年第2期。

〔2〕 杨立新主编：《中国人格权法立法报告》，知识产权出版社2005年版，第227－228页；最高人民法院研究室编：《最高人民法院司法解释理解与适用(2001)》，中国法制出版社2002年版，第279页；龚向和：《受教育权论》，中国人民公安大学出版社2004年版，第172－173页等。

入爆发期。研究繁荣的背后是理论上争议频现[1],且诉争多集中在一般人格权的本质、具体人格权与一般人格权之关系等,处理好如上难点,是理顺人格权理论体系的前提。

二、在扬弃中不断生长的人格利益

(一)不断生长的人格利益

生活之圆满丰腴,务须使个人权利得到周延之保护。于现代社会,人口集聚之稠密,网络大众传播之发达,人之交流之紧密,使社群人格交错日深。此外,物质生活之充裕,人格自觉之发展,使人们逐渐注重人格自由、人格尊严之实现。同时,在我们的社会生活中,大规模人格权侵权事件多发,非法曝光隐私、非法买卖个人信息、不堪其扰的广场舞、层出不穷的垃圾信息、任意任性的随手拍照、无处不在的人肉搜索等,使人产生痛苦、焦虑、不安甚至付出生命代价,这些都是严重侵害人民的人格权的行为,各种五花八门侵害人格权的行为已经成为人民追求高质量美好生活的阻碍。

审究我国法律之规定,人格权分为生命权、健康权等具体人格权和一般人格权。人格保护之过程亦是一个不断发现新人格权益的历程,但囿于具体人格权保护范围之局限,例如,祭奠利益、欺诈性抚养、性自主权、生活安宁权等很多新出现的人格利益无法于具体人格权上得到充分保护。具体人格权保护之缺位,只能诉诸一般人格权。

《民法典》第990条对人格权进行了规定,是《民法典》对近年来人格权研究、立法成果的立法确认。以各具体人格权作为案由,在北大法宝不设定时间进行检索,我国相关案例接近40,000则,且呈加速增长状态,这表明民事主体对人格权的保护日益重视。又因各种法律命令的形成,是基于生活的实际需要及其评价,而不是基于被设计出来的一般概念,[2]为满足保护不断生长的人格利益的需要,我国采用“摸着石头过河”的人格权立法策略,谨慎地给予各具体人格权法律名分。

有学者直观地将“新兴权利”生成原理表述为并列的两个层面:民事主体的

---

[1] 方金华:《一般人格权理论分析及我国的立法选择》,载《法律科学》2015年第4期;马俊驹、王恒:《未来我国民法典不宜采用“一般人格权”概念》,载《河北法学》2012年第8期;尹田:《论人格权概括保护的立法模式——“一般人格权”概念的废除》,载《河南省政法管理干部学院学报》2011年第1期;李莉:《法律思维与法律方法下的人格权立法模式——兼论否定一般人格权立法》,载《当代法学》2013年第6期等。

[2] [德]菲利普·黑克:《利益法学》,傅广宇译,商务印书馆2016年版,第15-16页。

实践诉求及此种诉求在理论上的内在合理性。[1] 然而实际上,新生人格利益证成逻辑架构应为:其一,司法实践中利益诉求,此是对现实生活客观现象的归纳,此为论证的起点;其二,此种利益诉求在法律上的正义性是后续论证的基础;其三,在该项利益诉求法律保护的合理性,基于社会基础的逻辑演绎结果是否足以支撑其成为法益。人格权不断生成的原因多样,首先,民事主体内在的人格自觉,其具有权利意识的主动性,体现为维权和"挖掘"权利的主动性,常表现为"直观感受+权"式的权利诉求。其次,权利发展与社会发展是互动的[2],科学技术发展、社会生活方式的转变等皆会促生新型的权利义务关系,如新型通信工具的发展和共享生活模式的产生。最后,道德等规范的失范引起原本应于道德等纠纷解决机制内对话的矛盾,从道德规范领域逃逸而出[3],需在法律规范领域进行解决。上述多原因相互交融,共同促生新型人格利益,进而需在法律层面对这一社会现象提出应对方案。

在权利话语时代,祭奠利益等新生人格利益常被诉至法院,为应对时代变化,有必要确保民法典的开放性。[4] 马车时代的法律难以满足信息时代的需求,民法典调整对象已由"静止、简单"转向"动态、复杂"[5],在物质颇丰的年代,人文思潮此起彼伏,民法关切之重心已由财产法转向人法、财产法并重[6],民法中的人已是有生活追求具有饱满人格的人。而与之相对,人格权概念具有模糊性,以致很难从直观上对其进行评析,其作为框架化的权利[7],如同蒙在各具体人格利益身上的幕布。又因人格权尚未褪去自然法色彩[8],不仅对司法造成影响,对民事主体亦影响甚巨。人格权以人格自由、人格尊严、人格发展作为其价值基础,这些基础价值很多时候源自自然人的主观感受,由此在生活中,自然人当其内心遭受"委屈"与"不爽"时,往往倾向于寻找人格权作为请求

---

[1] 张先贵:《中国法语境下土地开发权是如何生成的——基于"新权利"生成一般原理之展开》,载《求是学刊》2015 年第 6 期。

[2] 邓正来:《研究与反思:关于中国社会科学自主性的思考》,中国政法大学出版社 2004 年版,第 247 页。

[3] 余其营、吴云才:《法律伦理学研究》,西南交通大学出版社 2009 年版,第 60 页。

[4] 于飞:《民法典的开放性及其妥当实现》,载《中国法律评论》2015 年第 4 期;许中缘:《论法律的概念——从民法典的角度》,载《私法》2006 年第 1 期;江平:《江平讲演文选》,中国法制出版社 2003 年版,第 445 页。

[5] 梁上上:《利益衡量论》,法律出版社 2016 年版,第 51-52 页。

[6] 王利明:《民法的人文关怀》,载《中国社会科学》2011 年第 4 期。

[7] 张平华:《人格权的利益结构与人格权法定》,载《中国法学》2013 年第 2 期。

[8] 韩伟:《自然法思想史纲》,山东人民出版社 2015 年版,第 164 页。

权基础,进而寻求司法救济。

因此,需通过立法类型固化具体人格利益[1],以明确人格权保护的边界,进而指导法官自由裁量,这就要求通过立法响应实践中不断生长的人格利益诉求。因法律命令背后所寄托的权利随着社会变动而不断变化,有必要确保权利体系的开放性,以制定面向未来的民法典,《民法典》第990条第2款所规定的以“人身自由、人格尊严”为核心的一般性人格权即因此而生,由此打开了新型人格利益进出法律领域的窗口。但为避免和排除那些深具“唯心主义色彩”的“直观感受+权”式的权利诉求,法官应当谨慎、克制地依法裁判。

(二)新型人格利益何以成为权利

权利与利益之间存在紧密的联系。德国法学家耶林认为权利就是法律的目的和根本性的标志,而权利就是法律上所保护的利益。耶林的学说强调的是社会的利益或者是社会利益与个人利益的结合。他的这种“社会利益学说”直接构成了利益法学的思想渊源。[2]利益是法律的原因,法律必须要保护利益。权利与利益之间的联系使两者其实很难区分,对此,龙卫球在给法益下定义的过程中将权利与利益进行了明显的区分:“权利仅限于名义上被称为权利者,是广义利益的核心部分,其余民法上的利益均称为其他利益。”[3]对权利之侵害,主要采用的是“违法性”的判断标准,即只要行为人因为过错而违反了法律的规定,就自动生成对他人权利的侵犯。但是,对于利益之侵害,则不同。

一方面,利益往往不具有可以从外在感知的表现形式,如在无意的情感表达中对他人尊严之侮辱。而且,利益与利益之间往往会产生冲突,一个人对合法利益的行使却有可能是对他人利益的侵害。利益冲突又复杂多变,如有时一种利益在一个案例中需要进行保护,在另一个案例中则可能不需保护,这就需要法官在审判案件的过程中根据个案进行衡量。根据德国民法理论和实务,对于“框架性权利”采取的是“积极确认违法性”的判断标准。[4] 所以,对利益的保护除了通常要求的违法性判断之外,还需要法官积极地去判断衡量在个案中人格法益保护的程度和可以达致的范围。

另一方面,权利与利益的不同体现在法律的保护效力上。一般认为对权利的保护程度要高于对利益的保护程度。法律所保护的权利是明确的、具体的,其

---

[1] 张平华:《人格权的利益结构与人格权法定》,载《中国法学》2013年第2期。

[2] 付子堂:《对利益问题的法律解释》,载《法学家》2001年第2期。

[3] 龙卫球:《民法总论》,中国法制出版社2002年版,第121页。

[4] [德]马克西米利安·福克斯:《侵权行为法》,齐晓锟译,法律出版社2006年版,第85页。

保护的利益具有较高的位阶,立法者以法律明确规定的形式对权利进行保护,只要行为人的行为侵害了他人之权利,就应受到法律的制裁。在对利益进行保护的过程中,“立法者必须要保护利益,他要去平衡相互竞争的各种利益。在司法实践活动中,法官要作出正确的判决,决不能只是像一台机械的机器一样,也不能只根据正义感进行判决,而必须要弄清楚立法者通过法律规则所保护的利益,并找出优先的利益从而使各种利益得到平衡”。[1] 对利益之保护需要法官在审判的过程中进行利益衡量,在利益与利益发生冲突之时,法官需要在这个过程中进行判断,保护较高位阶的利益,并进行充分的说理。

原《民法通则》第5条规定:“公民、法人的合法的民事权益受法律保护,任何组织和个人不得侵犯。”第106条第2款规定:“公民、法人由于过错侵害国家的、集体的财产,侵害他人财产、人身的,应当承担民事责任。”此条款作为我国民事法律侵权的一般条款,为我国原《侵权责任法》第6条第1款所沿承。[2] 该条使用的是“人身”和“财产”,而不是“人身权”和“财产权”,立法者似乎有意扩大法律保护范围,突破“权利”保护之局限。王利明指出,在原《民法通则》制定时,侵权案件的类型并不复杂,但是民事权利制度有所欠缺,我国还没有确立物权这一概念,使用“财产”这一概念主要是着眼于法律发展的一种合理选择。[3] 此观点主要着重于法律的发展,从而可以容纳更多的保护对象。

原《侵权责任法》第6条第1款规定:“行为人因过错侵害他人民事权益,应当承担侵权责任。”此条沿袭原《民法通则》之规定,并在其后发展为《民法典》第1165条,即侵权责任领域内的一般条款,所保护的是“民事权益”,没有再区分原《民法通则》所规定的“人身”和“财产”,而是概括的“权益”的概念,即民事权利和民事利益,并将它们无差异地纳入法律的保护范畴。综上所述,在我国现行法律层面,并没有将权利与利益进行区分保护的明确意思。时任全国人大常委会法制工作委员会副主任王胜明认为,权利和利益本身就很难区分,现阶段各个学派关于“权利”的概念仍具有强有力的说服力,利益本身就是权利的内容,利益在利益结构的位置也并非一成不变,利益可以权利化,从而上升为权利,则对权利和利益进行区分就没有必要也不具有可能性。所以,其认为权利和利益是受

[1] 付子堂:《对利益问题的法律解释》,载《法学家》2001年第2期。
[2] 《民法典》第1165条在原《侵权责任法》第6条的基础上增加了“造成损害的”要件。
[3] 王利明:《侵权法一般条款的保护范围》,载《法学家》2009年第3期。

到同等的保护的。[1]

这种不区别的保护存在诸多疑问和不足:我国现行法律将权利和利益都纳入了法律保护的范围,那么对权利和利益进行区分还有什么意义?如果没有意义,那么在实践中为什么当一项新的利益出现时,要为其加上"权利"的外衣?可见,无论立法怎么主张对权利和利益给予一样的保护,在实践中对其都不可能实施相同的保护。法律依靠权利之设置来实现利益的分配,实现公平正义。如果对权利和利益同样保护,万事都受到法律的保护,那么法律的意义何在?权利与利益之间确实存在诸多的纠缠,权利与利益之间的界限也很难界定,但是这并不代表权利与利益区分不可能,这也是本书试图解决的在人格利益保护过程中所遭遇之问题。

当一种新型的保护对象出现时,我们应如何判断其应否受法律的保护?恐怕早已不能简单地依靠其"法律有没有规定为权利"这一简单的判断标准来回答。当然,我们也无法接受随便一种利益都可以被当事人主张而对其进行法律上的保护。[2] 例如,实践中所出现的各类形形色色的权利之主张,如"养狗权""拥抱权""相思权""视觉卫生权"等,当这些新型人格利益主张出现在诉讼中时,我们如何否定当事人的主张不属于法律调整范围?所以,在司法实践中出现法律未明确的新兴人格利益诉求,就需要确定的、有效的手段,对法律应该予以保护的利益进行遴选。"利益"又主要分为人格利益和财产利益。从逻辑上说,利益内部除了"人格利益"和"财产利益"之外,应该还有"身份利益",但是"受法律所调整的身份地位应该是确定的,除法定的身份权之外,其他的'身份'利益,例如叔侄之间的关系等,不受法律的调整"。[3] 对于不同类型的利益之保护,各自配置独立具体的调整方法,才能达致合理的确定性。

人格利益中的生命、身体、健康、名誉、荣誉、隐私等已经被明确规定为具体人格权,在权利人的这些具体人格权受到侵害时,加害人当然应该承担侵权责任。在其他人格利益受到损害时,如何判断其是否受到保护,以及如何进行保护,这是实务中必须要解决的问题。依照《民法典》第 1165 条,法律所保护的是"民事权益",只要行为人因为过错侵害他人任何的人格利益造成损害的,就应该承担侵权责任。但是,这种解释存在危险。这种包罗万象的保护方式,会使太

---

〔1〕 王胜明:《侵权责任法的立法思考(一)》,载豆丁网 2010 年 4 月 19 日,https://www.docin.com/p-50461854.html。

〔2〕 于飞:《权利与利益的区分保护的侵权法体系之研究》,法律出版社 2012 年版,第 22 页。

〔3〕 葛云松:《纯粹经济损失的赔偿与一般侵权行为条款》,载《中外法学》2009 年第 5 期。

多的利益通过过错的形式，要求法官对其给出一个必须保护的判决，这样的保护许多时候直接违反了一般常识和经验，如前文所例举的“相思权”“视觉卫生权”等。法官在实务的过程中如何区分一项利益是否应该受到法律的保护？

侵权法领域内的第一个类型化，也是最容易做到的类型化，同时又能解决最常见、最典型、最有保护需求部分的问题的类型化，就是“过错不法侵害权利”类型。[1] 法律通过将具有同样功能、性质和机理的利益类型化为不同的权利而对其进行保护，从而使法律的适用具有确定性。对于利益中所包括的人格利益，我们如何判决其保护的范围，即怎样将需要法律保护的利益从利益圈中一个个拎出来？拎出来的判断标准又是什么？拎出来之后如何实现对其的保护？这就是我们所要解决的问题。探讨一般人格权制度就是试图将需要保护的现行法律之外的人格利益从利益圈中抽出来，从而实现对一般人格权的保护。

三、一般人格权的“口袋”功能

(一)一般人格权的体系价值

人格存在之意义可体现在三个层面：首先处于最核心的是人的意志，其次是人的内在的自我，最后才是人的诸种外部的活动和行为。意志在人格的三个层次中居于最核心的地位，是人所具有的一种活跃的、自主的、内在的对于事物认识的能力。意志一直为法学所重视，将其称为“理性”，但是法学所认识的“理性”是“强有力的、有见识的、朝向目的的自由意思”。[2] 意志的本质在于自由，这种自由是对于自己人格发展的自由，是人格发展的动力。在整个人格构造的过程中，意志的自我决定自由都是一种独立的人格要素。[3] 内在的自我即人对社会的、人生的、价值的等各种内在相对稳定之存在。其相对于人之意志具有一定的稳定性，从而构成了一个内在的主观人格，是人的精神性存在。每个人由于所处的环境和所接受文化的不同，会形成不同的内在观念，从而形成不同的人之特征和个性。人之内在的人格相对于人之外部的表现特征来说，更能体现人之本质。外在的人格即人们可以通过各种方式予以感知的人之外部存在，主要表现为人的物理性存在。由于这种外在的人格能够较为容易地被他人所知悉，其较早地受到了人格权的保护。例如，生命、身体、健康等物理性存在的人格权，较先获得法律上的认可。

---

〔1〕 于飞：《权利与利益的区分保护的侵权法体系之研究》，法律出版社2012年版，第28页。

〔2〕 卡邦尼埃语。转引自[日]星野英一：《私法中的人》，王闯译，载梁慧星主编：《为权利而斗争》，中国法制出版社2004年版，第37页。

〔3〕 杨立新、刘召成：《抽象人格权与人格权体系之构建》，载《法商研究》2011年第1期。

传统之人格权保护深受罗马法的影响而只关注对外在人格的保护,主要体现在物质性人格权和标表型人格权。[1] 例如,《德国民法典》明确规定对姓名权、生命、身体、健康、自由的保护;法国通过判例对生命、身体、健康、名誉、肖像、信用等进行保护。然而,随着社会的发展,人们开始认识到人格之利益只有一部分可以通过外在的形式表现出来,方便识别并予以立法保护。而人的思想、内在的情感等无形的利益也需要法律的保护。此内在人格之维护对于人之保护和发展的意义更为重大。如前所述,意志在人格中居于最核心的地位,是人格中最为活跃的因素。同时,意志对于内在人格也具有非常重要的作用。人们通过意志形成自己的思想和情感,这些思想和情感又影响着人之意志的决定。[2] 意志能够不断地发展和塑造人之内在的人格。内在人格作为一种精神性的存在,体现了人之本质。这一法律视角的转变,使内在人格的重要性逐渐增强,对内在人格的保护和救济也成为司法实践中的重点。

传统之人格权保护并没有关注到对意志人格的保护,这种民法保护中所存在的缺陷就使许多国家希望通过一定的方式和途径实现对人格利益的全面保护。因而,一般人格权制度的构建为此类人格权利益的保护提供了途径。意志作为一般人格权之最核心的部分,其是对人的某种行为的内在支配,并通过人之外在表现行为予以识别而能够获得他人应该予以尊重的"客观载体"。如上所述,德国主要是通过比较重要的司法判决确定一般人格权之制度[3],确立和保护了作为人之尊严的内在的人格意志对"信件""私人领域"的支配行为。传统之民法对人之内在人格保护的遗漏,使我们需要构建一种新的保护模式,与具体人格权相配套,实现对人格利益的完整保护。正是意识到了传统民法这一缺陷,许多国家都开始通过构建一般人格权制度实现对意志性人格利益的保护,并为其在司法中的实践采取了一系列的配套措施。从各国之人格权保护现状,以及是否承认一般人格权立法模式来看,不同国家的立法模式和保护现状与本国的侵权法设计和结构具有非常重大的关系。对于承认一般人格权制度的国家来说,其最主要的原因就是在现有的法律框架结构内无法保护所有的人格利益,出现一种新的人格利益时,往往面临无法对其进行保护的尴尬局面。为了满足人

---

[1] 标表型人格权的客体具有外部性、可支配性和可商业利用性特征。参见温世扬:《论标表型人格权》,载《政治与法律》2014年第4期。

[2] See Steven J. Heyman, Rightingth, *Balance*: *An Lnquiry into the Foundations and Limits of Freedom of Expression*, 78B. U. L. Rev. 1275, 1325(1998).

[3] 1954年的"读者来信案":一般人格权首次得到承认;1958年的"Herrenheiter 案":首次承认对人格损害之后也应该予以赔偿的制度;1963年"逝者人格保护权案":逝者之人格利益的保护。

格权益不断发展的可能性，许多国家就承认一般人格权作为一种概括性的一般性的对人格利益进行保护的条款，对法律之外的各种新型人格利益进行保护。各国承认一般人格权制度之主要原因就在于将其作为对非典型人格权益提供保护的依据。

一般人格权制度的存在在我国已经得到普遍之认同。〔1〕“一般人格权能够为未来可能出现的各种新型的人格利益之保护提供进一步的保护空间，如果采纳一般人格权之概念，人格性质的法益的保护就比较完整和全面，不会存在法律滞后于社会的发展而出现的法律漏洞”。〔2〕一般人格权之优越性得到了学界之普遍认同。所以，一般人格权在我国现阶段对人格之保护确有必要。

（二）我国民法体系中的一般人格权

《民法典》出台之前，原《民法通则》第 98～102 条、原《侵权责任法》第 2 条、第 6 条、《精神损害赔偿解释》(2001 年)第 1 条等规定了对具体人格权的保护，但是随着社会的发展，人格权保护之列举模式表现出极大的缺陷。我国学者借鉴德国、日本之观点，结合我国法律对其他人格利益之保护的规定，及《宪法》有关人格尊严保护的规定，发展出我国的一般人格权制度。〔3〕但此一阶段有较多学者认为我国不存在一般人格权的制度。〔4〕但是，在我国司法实践审判的过程中出现诸多有关一般人格权的判例。而且我国的理论界已经普遍承认一般人格权制度。〔5〕一般人格权本身具有一般条款的性质，法律对一般人格权的规定是一种兜底保护的条款，从而使各种人格利益保护成为可能。一般人格权具有很强的包容性，使人格权制度成为一个开放的体系。我国在前民法典时代的法律

〔1〕王利明、杨立新、姚辉：《人格权法》，法律出版社 1997 年版，第 26 页；熊谓龙：《权利，抑或法益？——一般人格权本质的再讨论》，载《比较法研究》2005 年第 2 期；易军：《论人格权法定、一般人格权与侵权责任构成》，载《法学》2011 年第 8 期等。

〔2〕王利明：《试论人格权的新发展》，载《法商研究》2006 年第 5 期。

〔3〕杨立新、尹艳：《论一般人格权及其民法保护》，载《河北法学》1995 年第 2 期。

〔4〕冉克平：《一般人格权理论的反思与我国人格权立法》，载《法学》2009 年第 8 期。

〔5〕王利明主编：《民法学》（第 2 版），复旦大学出版社 2015 年版，第 170－172 页；江平主编：《民法各论》，中国法制出版社 2009 年版，第 249 页；王泽鉴：《民法总则》，中国政法大学出版社 2001 年版，第 126 页；赵万一：《民法概要》，华中科技大学出版社 2014 年版，第 235 页；马俊驹、辜明安主编：《民法》，武汉大学出版社 2012 年版，第 184－187 页；贾淼：《人格权益法研究（总论）》，中国政法大学出版社 2014 年版，第 75 页；柳经纬主编：《民法总论》，厦门大学出版社 2008 年版，第 181 页；江平主编：《民法各论》，中国法制出版社 2009 年版，第 249－252 页；许可、梅夏英：《一般人格权：观念转型与制度重构》，载《法制与社会发展》2014 年第 4 期；李岩：《一般人格权的类型化分析》，载《法学》2014 年第 4 期；冷传莉：《论人格物与一般人格权的内在契合》，载《法律科学（西北政法大学学报）》2013 年第 4 期等。

对人格权之保护并不完善,在司法中对新出现的各种新型人格利益的保护一般采用类推适用的方式将法律有关特别人格权的规定适应于其他人格利益遭受侵害的情形。但是,这种做法并不能从根本上解决人格权保护的问题。〔1〕基于此,“一般人格权纠纷”已经成为最高人民法院《关于印发修改后的〈民事案件案由规定〉的通知》(法〔2011〕42 号)(已被修改)明确规定的案由。基于此,本书认为《民法典》第 990 条第 2 款应定位一般人格权条款。

一般人格权在我国现阶段作为人格利益的同义语〔2〕,是在人格权领域内对概括性的一般人格利益的保护,是对具体人格权的补充,其涵摄范围应在具体人格权之外,起到漏洞填补的作用。〔3〕具体人格权和一般人格权并不能相互取代或者舍其一而用之。我国现有民法体系中的公序良俗、诚实信用等民法基本原则不能无限扩大其适用的范围,也不能在司法审判的过程中用民法的基本原则来定分止争。权利是在法律上具有确定利益的空间,权利的内容、范围、界限等都是确定的,这才能达到法律确定权利的目的。

一般人格权的创设彰显现代社会中的人本观念,昭示了宪法价值的优位性和建构性,其充当着基本权利转介为民事权利的桥梁作用,既保障了民法的开放性,又有助于宪法价值的实现。一般人格权具有权利创设功能、价值宣示功能、解释功能、补充功能、更简便的保护功能。〔4〕立足于我国的司法实践,法官在进行侵权责任认定时,常将利益有名化、权利化。例如,“齐玉苓案”中,受教育权作为一项基本权利,民法上并无与之对应的权利,将之称为民法上的“受教育权”,则混淆了其与基本权利的区分,且与其在民法上人格内涵并不贴切。而一般人格权则不会遇到此类困扰,并且从一般人格权出发,因已肯认了一般人格权的法律地位,则不再有受害人人格利益是否是权利的争议,如是,则方便了相关规范基础上的说理。〔5〕在我国现有的对一般人格权的讨论中,一般都“毋庸置疑”地以将一般人格权视作一种“权利”作为探讨的大前提。

实际上,一般人格权只是披上“权利”外衣的一种利益,而不是法律上所规定的“权利”。对于一般人格权的未来,系统研究过一般人格权历史的 Martin 认

---

〔1〕 谢远扬:《个人信息的私法保护》,中国法制出版社 2016 年版,第 140 页。

〔2〕 沈建峰:《一般人格权研究》,法律出版社 2012 年版,第 69 页。

〔3〕 黄茂荣:《债法通则之 2:债务不履行与损害赔偿》,厦门大学出版社 2014 年版,第 238 页;柳经纬主编:《民法总论》,厦门大学出版社 2008 年版,第 184 页。

〔4〕 王利明主编:《中国民法典草案建议稿及说明》,中国法制出版社 2004 年版,第 324 页;王利明:《人格权法研究》,中国人民大学出版社 2012 年版,第 152 – 154 页。

〔5〕 黄茂荣:《债法通则之 2:债务不履行与损害赔偿》,厦门大学出版社 2014 年版,第 250 页。

为:由于一般人格权的不确定性及其包容性,一般人格权的内容范围很难确定,并将继续扩大。因此,保持原状是这种权利继续存在的最有可能的方式。自从一般人格权被承认以来,人们就发现其历史是难以终止的。在人类社会之中,个人的人格利益不断增加,在未来需要一个框架性的权利来处理这些日益增加的权利,以弥补法律规定的空白。[1] 此观点诚为适切:在一个成文法体制下,允许一个开放性的权利形态是必要的也是可能的,特别是针对人格权这样一个不断发展的权利类型。

(三)再论一般人格权的本质

厘清一般人格权之本质的重要原因就在于探讨一般人格权是否属于我国现行法律所保护的范围之内。一般人格权制度成为学界之通说,多数学者赞成一般人格权制度的存在,但是,在对一般人格分析论证中都存在视其是"理所当然"的前提,即一般人格权乃是权利之一种。因此,在司法审判中,也将对一般人格权之侵害视为对权利的侵害,法官也尽量为利益披上"权利"之外衣。而令人疑惑的是,一般人格权到底是不是一种权利?如若不是权利,为什么在司法审判中为各种人格利益之保护披上"权利"的外衣?如祭奠权[2]、性自主权(贞操权)[3]、生活安宁权[4]等。

在我国,一般人格权是对具体人格权之外的人格利益提供保护的一种概括性的保护条款。一般人格权所保护的客体、内容和范围都不确定。这无疑是一般人格权对现有"权利"之概念所提出的挑战。立法层面虽对权利和利益同等保护,但是在实务中,民事主体对利益保护的诉求有时却并未得到法官的支持或者是得到和权利同等的保护,即使对有关的利益予以保护,也会为其披上"权利"的外衣。在这个过程中,无论是法官还是当事人、学者,都会尽量地将利益

---

[1] Martin, Das allgemeine Personlichkeitsrecht in seiner historischen Entwicklung, 2007, S. 287.

[2] 北京市第三中级人民法院民事判决书,(2014)三中民终字第05390号;河南省驻马店市中级人民法院民事判决书,(2013)驻民一终字第215号;浙江省建德市人民法院民事判决书,(2013)杭建梅民初字第431号;上海市普陀区人民法院民事判决书,(2012)普民一(民)初字第7420号等。

[3] 陕西省紫阳县人民法院刑事判决书,(2015)紫刑初字第00036号;安徽省淮南市谢家集区人民法院刑事判决书,(2016)皖0404刑初2号;北京市第三中级人民法院民事判决书,(2014)三中民终字第04847号;上海市第一中级人民法院民事判决书,(2014)沪一中民一(民)终字第2315号等。

[4] 上海市第一中级人民法院民事判决书,(2012)沪一中民二(民)终字第1651号;吉林省通化市中级人民法院民事判决书,(2015)通中民二终字第187号;上海市第一中级人民法院民事判决书,(2015)沪一中民六(商)终字第107号;河南省商丘市中级人民法院刑事判裁定书,(2016)豫14刑终322号等。

转化为权利,这就会导致所谓的“权利”泛化的现象。最终,法律上的权利也就丧失了其应有的规范性和法律技术上的意义,而只是价值上的一个宣示工具。对于我国是否应该承认一般人格权制度,学理上和司法实践中并无太大的争议,基本都将一般人格权归为权利之一种。一般人格权真的就是一种权利吗?

权利与利益区分的重要标准就是归属效能、排除效能和社会典型公开性三个方面。[1] 主观权利的根本功能在于将某项特定的内容归于特定的主体之下,其核心要义就在于归属内容的确定性。归属效能是将“权利”与“利益”区分的先行条件:如果能够将一定的确定的内容归属于特定的主体,则其是属于权利的;如果达不到这一标准,则是属于权利之外的利益。排除效能的根本含义就在于排除权利人之外的人对权利的任何不法干预。归属效能与排除效能具有非常紧密的关系,只有在将某一特定的内容归属于特定的主体之后,该主体才能明确地享有该权利的内容,从而排除权利人之外的其他侵权人的干预。当权利人权利受到侵害时,才能请求对其侵害予以排除。最后,社会典型公开性主要取决于一项利益是否具有典型性、规律性和公开性。其要求保护的对象具有可识别性及其能够被建立在可以感知的处境之上。权利正是因为有了这三种特性,才具有了法律上的特定性和稳定性,从而实现对权利的保护,而不至于权利的滥化。

侵权法上的“权利”与“利益”从上述三个标准来进行判断,一般人格权却对此提出了挑战。一般人格权不具有归属效能。归属效能的核心就在于内容的归属,而一般人格权被规定在一种补充概括性的条款中,旨在弥补具体人格权例举式规范之不足,其所保护的利益范围是一种概括抽象的其他人格利益。在德国,对隐私、名誉的保护都主要是通过一般人格权予以保护,在我国,虽然已将隐私权、个人信息权作为单独的具体人格权予以保护,但是其内部仍有众多需要予以保护的人格利益。[2] 由此可见,一般人格权所保护的只是“一束受保护的新型人格利益”,其受保护的利益内容并不确定,一般人格权并不具有归属之效能。权利具有了归属效能之后,就具有了清晰的界限,就能够请求排除他人之任何的干预,即权利之排除效能。但是,依据一般人格权的权利性质,却不能完全排除他人的干预,例如,婚姻同居侵权行为中,基于人的行为自由,一般情形下难以构成侵权责任,只有在存在加重后果时,才构成侵权,法律才对其进行否定性评价。此外,一般人格权涵摄范围的边界不清,具体内容尚需要通过类型化进行明确。因此,在一般情况下,侵权人很难确定或者意识到自己的行为是否侵害了他人之权益。

---

[1] 于飞:《权利与利益区分保护的侵权法体系之研究》,法律出版社 2012 年版,第 56 – 107 页。
[2] 魏振瀛主编:《民法》,北京大学出版社、高等教育出版社 2000 年版,第 640 – 642 页。

与此同时，在社会生活中，一般人格权经常与他人的合法权益发生冲突，例如，对他人之生活安宁权益的保护就常和他人之行为的自由发生冲突；当祭奠利益人对亲人坟墓进行祭奠时，存在需要借过他人土地的情形，此时，是否应允许、配合其进行祭奠？所以，一般人格权并不能确切排除他人的干预，且常会与他人权益产生冲突，需借助利益衡量来确定新型人格利益是否应当进行保护。所以，一般人格权并不具有排除效能。

权利有了社会的典型公开性，才能够引起一般社会主体的注意。随着社会的进步和发展，公民的法治意识和观念在逐步进步和发展，公民对自己能够享有的权利也更加重视，在自己的利益受到损害时，开始勇于拿起法律武器来维护自己的合法权益。因而，在社会典型公开性方面权利和利益之间的区分逐渐模糊。但是，大众对于新出现的各种新型人格利益，还缺乏像所有权和绝对权在长期的历史传统中所形成的那种清晰的轮廓。故从一般人格权本质看，其并不具有民事权利所具有的三大效能，它并不能成为侵权法上之权利，而是一种人格利益的概括性总称，其内涵由应受法律保护的权利束组成。但基于我国语境和司法实践的需要，我们应赋予其权利之名，是一项框架性的权利。

首先，从一般人格权之内涵和功能来看，一般人格权是为法律所明文规定的权利之外的其他人格利益提供法律保护的依据。“为了实现法律的安定性将德国法上的一般人格权的大部分内容具体化为具体的人格权，将暂无法具体化为具体人格权的人格利益纳入一般人格权予以保护，如此构造的一般人格权既保持了德国法上一般人格权对于人格保护的创造性与概括性，能够对于新出现的人格利益进行及时的保护，又能够最大限度地实现法律的安定性和可预见性，是在我国目前的人格权成果的基础上比较符合我国具体实际的一种构建。”〔1〕同时，一般人格权作为具体纠纷事由，已经在我国司法实务中广被运用，并且运行状态良好，如前所言，一般人格权纠纷已经形成一个庞大的案例群。

其次，从一般人格权与具体人格权的结构关系和功能来看，具体人格权为法律所保护的具体权利形态，一般人格权是为了弥补具体人格权之外的需要保护的人格利益。一般人格权制度之重要功能是为了给法律明文规定的具体人格权利之外的其他人格利益提供请求权基础。随着社会和法律科学的进步与发展，可以抽象出来的具体人格权利会越来越多，许多包含在一般人格权中的利益会被上升到权利的高度对其进行保护，典型的就是隐私利益上升为一种隐私权。

---

〔1〕杨立新、刘召成：《论作为抽象人格权的一般人格权》，载《广东社会科学》2010年第6期。

从这一角度来说,一般人格权是未来的具体人格权的内容,是“未成熟”的具体人格权〔1〕,是新型人格利益的育婴袋。

最后,从一般人格权和具体人格权适用的关系上来看,在司法实践的过程中,对于各种新出现的需要保护的新型人格利益,法官会在现有的具体人格权范围内寻求法律保护,当现有的具体人格权不能完全保护新型的人格利益时,法官才会适用一般人格权的规定。具体人格权作为法律已经明确规定的权利形态,具有确定性和适用的优先性,而一般人格权仅在具体人格权的类型之外补充适用,从而对人格利益实现周延的保护。

一般人格权虽有权利之名,但是其并没有权利之实。通过一般人格权,能够使法律所需要保护的利益纳入法律保护的范围之内,同时,也能够使其保护的范围明确化、有名化。其相对于有名权利确实比较模糊,但是却能够将新出现的各种新型人格利益纳入其中。一般人格权是相对于具体人格权而言的,是以民事主体全部的人格利益为标的的总括性权利,是指民事主体依法享有的并概括和决定其他具体人格权的一般人格利益。〔2〕 法律对权利的保护要高于对利益的保护,但是,受法律保护的利益在利益体系中的位置并非一成不变,随着社会的变化发展,受法律保护的利益也可能上升为法律所保护的权利。为了与司法实践相适应,且更体现我国促进人全面发展的价值理念,彰显对人格权保护的重视,有必要保留一般人格权的概念。

(四)一般人格权司法适用的实现

在司法实践中,一般人格权作为民事案由,作为具体人格权的兜底性质的人格权制度而存在,内容呈开放性。当事人感到人格权受到侵害,但未找到相对应的具体人格权时,往往诉诸一般人格权,法院在对新型人格利益进行保护时,亦会寻找一般人格权作为裁决归宿。笔者在无讼案例以一般人格权纠纷为案由,不设定年份进行检索,查找数据如下:共有以一般人格权纠纷为案由的案例5056则,其中各省、自治区、直辖市高级人民法院共审理此类案例85则,中级人民法院共审理此类案例1066则,基层人民法院共审理此类案例3821则。

如图9-1所示,我国的司法实践中已有诸多侵害一般人格权的案例,且呈快速增长趋势,具有对其进行类型化分析的可能。并且由于一般人格权之概念内涵比较抽象,涵摄的人格利益范围较为广泛。随着社会发展,人格不断自觉,新型人格权益仍在不断生成,并被诉讼到法院,在实务的过程中,法官只能依据

〔1〕 杨立新、刘召成:《论作为抽象人格权的一般人格权》,载《广东社会科学》2010年第6期。

〔2〕 参见王利明、杨立新、姚辉:《人格权法》,法律出版社1997年版,第26页。

个案的具体情形运用利益衡量等方法进行分析判断。但有些所谓新型人格利益的出现具有偶然性且不具有普遍意义，此种新型人格权利益一般情形下不应进行保护，即便进行法律保护，法官也应具有更强的说理义务。本书认为法官说理应集中于以下几方面：首先，应关注社会诉求；其次，在此基础上仍需论证对其保护的适法性、正义性；最后，结合社会习惯、生活观念、科技发展、生活方式转变、道德习惯规制弱化等。在侵权认定时，法官应综合考量个人利益、社会利益、制度利益，利用利益位阶、具体情形带入等方法保证利益衡量的客观性，并需运用比例原则对其结果予以审视。笔者因已有专文详述，于此不再赘述。

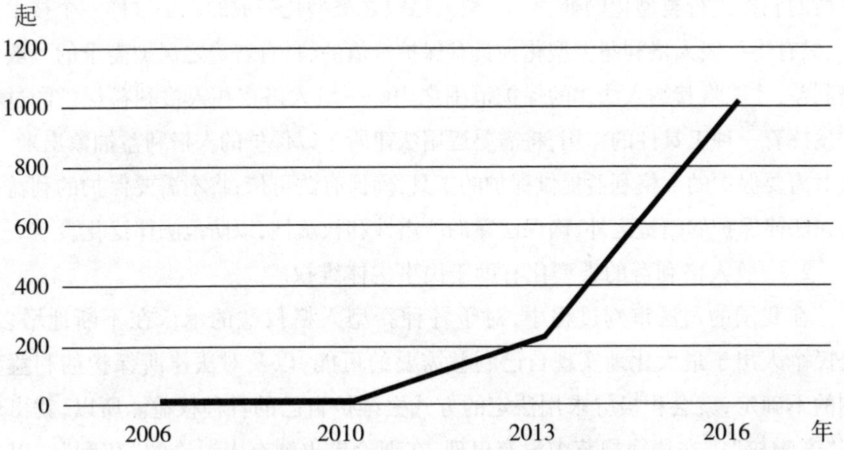

图 9－1　一般人格权纠纷案例发展趋势

法释义学通过类型化研究，建构统一的知识体系和思考框架，为司法适用提供了指引，减少了法官的说理难度。[1]类型化研究对保护新型人格利益具有以下功能：

1. 抽象出需要保护的人格利益，防止"权利泛化"。

社会经济的发展和人们法治观念的提高，一方面增强了人的自我维护意识，形成人格自觉浪潮，勇于拿起法律武器维护自己的合法权益；另一方面却也导致"权利泛化"现象的产生。所谓的"权利泛化"是指泛化者将一些自然权利或者法定权利之外的保护范围之外的利益，未经过法定的程序，扩大、推广到法定的权利意识中来，以法定权益的救济方式寻求法律的救济的一种现象。[2]"权利

〔1〕［德］卡尔·拉伦茨：《法学方法论》，陈爱娥译，商务印书馆 2003 年版，第 239 页。

〔2〕唐先锋：《试论国内"权利泛化"现象》，载《人大研究》2004 年第 7 期。

泛化”现象的产生是由经济、政治、文化和法律制度等原因共同作用的结果。就法律而言,随着私法的逐渐完善和发展,人格平等、意思自治等观念的建立,公民个人的自我意识和权利意识开始逐渐地觉醒,公民个人也开始关注个人本身“内在性的东西”。一般人格权作为一种抽象的概括性的人格利益,其内涵范围并不确定,这就使得在民事诉讼中,出现诸如“小便权”“视觉卫生权”等诉求。如上所述,一项一般的利益在利益本身结构中的位置并不是不变的,社会经济的发展、文化观念的变迁、法治观念的进步、利益需求的嬗变都有可能导致一般利益在利益结构中的变化。一般利益要上升为法律上所保护的法益,其间也必须要将一般的利益进行类型化的处理。一般人格权之类型化完成的就是这样一个技术过程,只有将一般人格利益类型化为具有保护价值的、具有普遍之保护需求的一般人格利益,才能将其纳入法律的保护范围之内。一般人格权在人格利益保护的过程中发挥着一种工具性的作用,将需要运用法律所予以保护的人格利益抽象出来,并且对需要保护的人格利益提供保护的工具,确保有法可依;将不需要保护的利益排除在法律保护的门槛之外,确保法律的严肃性和权威性,以防范法律泛化。

2. 一般人格利益的类型化有助于民事主体维权。

在我国的司法审判过程中,对于各种新型人格权益的承认在不断地增多。公民个人出于最大化地实现自己利益需要的可能,以及对法律所保护的利益范围的不确定,就会积极寻求用法定的方式去维护自己的各种权益。所以,就出现了“亲吻权”等在法律规范中没有出现,在理论界也鲜有人讨论的“权利”。以人之尊严和人之自由为价值基础的一般人格权,一方面尽可能地将人格利益纳入其所保护的范围之内,另一方面又要区别出一般的利益。这样一种模糊性的概念就使公民在自己某种人格利益受到侵害时,无法判断其是否应该受到法律的保护。这种权益的完全不确定状态,实际上更不利于当事人权益的维护。

一般人格权作为一种法益,是法律所保护的某种特定利益,是对人格之尊严和价值的保护。我国是一个成文法的国家,一般人格权作为一种法益,必须要具有相对的确定性和稳定性,也必须要有必要的区分界限。一般人格权作为对人格利益的概括性保护,其所保护的客体内容和范围并不像绝对权那样明晰,但是,一般人格权有其保护的界限和范围。在现有的一般人格权的框架结构范围之内,对一般人格权进行类型化,抽象出需要予以保护的特殊的人格利益,才能有利于公民个人维护自己的合法权益。

3. 指引法官对新型人格利益的裁判。

近年来,随着人们法治观念的进步和发展,有关各种人格利益纠纷的案例也越来越多，这样就形成了很多具有共同特征的案例群。我们将这些具有相同特征的案例进行整合，归纳整理出这些案例所具有的特征，厘清这些案例之审判依据，就能够为我国法官在审判的过程中提供直接的指导依据。在我国的法治环境下，在进行审判时，法官还不能灵活而积极地对各种权益进行衡量并作出判断，其必须在现有的法律框架范围之内寻求法律依据。当面对新型疑难案例时，为了实现对当事人的充分保护，法官往往会耗费大量的时间和精力在现行法律条文中寻找法条依据。在面对这些新型的疑难案件时，也往往会不予立案或者对其诉讼请求直接予以驳回。类型化思维是民法思维的重要组成部分，类型化方法是民法方法的重要类型。[1] 因而将具有一般人格利益特征的人格利益类型化，就能为法官提供更加直接的审判依据，可以节约司法裁判的时间和成本。

根据拉伦茨对类型的归类，类型可以分为经验的类型、逻辑理想的类型和规范理想的类型。经验的类型主要通过比较典型的案例来进行归纳和整理，因为典型性案例本身就是经验，其本身符合某类概念的本质，其概念的核心是清楚的，但是周遭则是模糊的。[2] 逻辑的理想类型是根据事物内部自身发展的联系和关系来进行的判断和整理。规范的理性的类型是一种法律所规定的模范性的类型，它是一种纯粹的或者是不能充分实现的一种理想状态。拉伦茨认为，对于类型化在法律中的应用，首先考虑的就应该是经验性的经常性类型。[3] 这是一种较为普遍性的适用原理。

一般人格权是对具体人格权之外的人格利益进行保护，是新型人格利益组成的利益束，其外在范围模糊，内在范围也时刻处于黑箱之中，从抽象层面无从观察，难以厘清其内在构成。为使裸露于法律之外的人格利益获得充分的保护，有必要借助“经验的类型”作为利益依据，对已有案例进行类型化分析。一般人格权作为司法实践推动的权利，在司法实践过程中，我们现阶段只能依据所出现的各种新型的案例，不断地积累和总结经验，利用经验类型化的方法，实现对一般人格权的充分保护。

四、一般人格权与人格权、具体人格权的关系

上述人格权理论建构如何在立法中实现仍是个难题。在大陆法系，所有裁判都应从制定法出发，法官的自由裁量权应受限制。此外，民事主体向法院主张

---

〔1〕 申惠文：《论民法类型化的方法》，载龙卫球、王文杰主编：《民商法理论与方法论》，中国法制出版社 2015 年版，第 348 页。

〔2〕 刘士国：《类型化与民法解释》，载《法学研究》2006 年第 6 期。

〔3〕［德］卡尔·拉伦茨：《法学方法论》，陈爱娥译，商务印书馆 2003 年版，第 239 页。

利益,法院对其利益保护,常常是以牺牲另一人利益为代价的。[1] 并且法律作为多元纠纷解决机制之一,不能“事事亲为”,僭越道德等社会纠纷解决规范的作用范域,对一些道德利益和不为社会普遍接受的人格利益,法律应保持克制。职是之故,法官应在客观标准之上,对人格利益进行保护,减少干预他人权益。通过对已有诸多司法案例的人格权类型进行总结,使具体人格权类型固化[2],并对民事主体人格利益诉求进行指导,防止“唯心色彩”浓重的人格权利诉求,过多地出现在严肃的司法裁判中,浪费有限的司法资源,并告知民事主体哪些人格利益可以上升为法益予以保护[3],由此人格权须法定。

那么,人格权法定中的“法”是指民法抑或宪法?其中核心问题在于明确人格权的权利属性。对其进行探讨的关切点在于,人格权究竟是宪法上的基本权利,还是私法上的民事权利,并进而导向人格权应由民法进行立法规范,还是宪法进行立法规范,而民法仅于司法层面进行保护的问题。[4] 本书认为,人格权的权利属性是私法权利与宪法权利的统一,两者并非相互排斥,而是相互补强共生的良性循环体系。

当然,针对动态的人格权,严格的人格权法定主义并不可行,应保证人格权体系的开放性,通过该开放体系缓和人格权法定的僵硬与拘束。如前所言,一般人格权是人格权缓和的窗口,无节制地开放人格权会导致权利泛化,使之模糊成自然法式的价值宣示,故建立新型人格利益的发现机制和保护机制,实有必要,并在此基础上,通过法官对新型人格利益严谨、详细论证,克制司法,进而实现对生活中的新型人格利益的保护。基于此,人格权的立法模式应坚持法定与缓和相结合。人格权立法的缓和既要求人格权立法有固定涵摄范围(具体人格权),又要求人格权立法有开放的“窗口”(一般人格权),由此人格权立法的缓和必然导向具体人格权与一般人格权的区分。

如前文言,一般人格权与具体人格权关系存有“一元模式”“多元模式”两种学说。“一元模式”认为一般人格权是具体人格权的价值基础,具体人格权成为一般人格权的权能。“多元模式”认为一般人格权具有兜底功能,保护具体人格权之外的非典型人格权,两者相互独立。基于认知的不同,我国学者对一般人格权与具体人格权的关系存在以下三种观点:(1)第一种观点认为,一般人格权是

---

[1] [德]菲利普·黑克:《利益法学》,傅广宇译,商务印书馆2016年版,第21页。

[2] 张平华:《人格权的利益结构与人格权法定》,载《中国法学》2013年第2期。

[3] 王利明、易军:《中国民法学的学术前沿问题》,载高翔主编:《中国社会科学学术前沿(2006~2007)》,社会科学文献出版社2007年版,第314-315页。

[4] 沈云樵:《质疑人格权法定》,载《环球法律评论》2013年第6期。

一种概括性的权利,是从主体之尊严和价值抽象出的人格利益的全部,具有高度的抽象性、开放性,由一般人格权抽象出具体的人格权。[1] (2)第二种观点认为,一般人格权是具体人格权之外的其他人格利益的概括性规定,是对具体人格权的补充和完善。[2] (3)第三种观点认为是一种“你中无我,我中无你”的相互排斥或者选择关系。[3] 由此,人格权建构体系有以下方案可供选择:“具体人格权 + 其他人格利益”或“具体人格权 + 一般人格权”。本书认为,人格权立法时,宜采“具体人格权 + 一般人格权”的立法模式,且如前述,将《民法典》第 990 条第 2 款定位为一般人格权条款。

第三节　侵害祭奠利益之侵权责任

一、祭奠利益保护中的问题

丧葬事宜在我国备受重视。从古至今,丧礼作为五礼之一,起到涵养教化、致敬达哀的作用,培养了中华民族的礼乐文明和君子风范[4],正所谓“国之大事,在祀与戎”[5]。但如今由于丧葬改革政策抑或个人行为,简化或阻碍丧礼,侵犯祭奠利益者的现象十分常见。祭奠利益是指公民基于亲属关系等而产生的对逝者表示追思和敬仰的利益(权利)。[6] 我国民俗习惯素来重视祭奠[7],并

---

[1] 王利明、杨立新、姚辉:《人格权法》,法律出版社 1997 年版,第 26 页。

[2] 熊谓龙:《权利,抑或法益?——一般人格权本质的再讨论》,载《比较法研究》2005 年第 2 期。

[3] 薛军:《人格权的两种基本理论模式与中国的人格权立法》,载《法商研究》2004 年第 4 期。

[4] 余敦康、牟钟鉴、张祥龙等:《二十一名学者投书澎湃,联名呼吁保护乡村传统丧葬礼俗》,载澎湃网 2016 年 11 月 3 日,http://www.thepaper.cn/newsDetail_forward_1553991。

[5] 《左传·成公十三年》。

[6] 在实践中祭奠利益多被称作祭奠权,但祭奠利益因法无明定,称为祭奠权有权利泛化之嫌,并依我国侵权法,权利、利益皆受保护,祭奠利益没有权利化必要,所以称为祭奠利益更为合适。国务院法制办公室编:《中华人民共和国民法通则(含民通意见)注解与配套》,中国法制出版社 2014 年版,第 4 页;杨立新:《诠释祭奠权——兼说民事习惯作为判决依据》,载《检察日报》2002 年 7 月 19 日;谢晖:《法理学》,北京师范大学出版社 2010 年版,第 446 页;胡岩:《祭奠权的法学方法论反思》,载《法律适用》2012 年第 6 期。

[7] 《礼记·祭统》中说道:“礼有五经,莫重于祭。”《论语·为政》将孝解释为:“生,事之以礼;死,葬之以礼,祭之以礼。”《唐律疏议·职制律》规定:“诸闻父母若夫之丧,匿不举哀者,流二千里。丧制未终,释服从吉,若忘丧作乐,徒三年。杂戏,徒一年。”透过典籍可见,祭奠在我国的重要地位。历经文化积淀,已经融入中华民族的血脉。时至今日,“类似于红白喜事,看似仅为一种民俗习惯活动,实则是具有重要的精神价值意义”。参见贺雪峰:《新乡土中国》,北京大学出版社 2013 年版,第 39 页。

在祭奠纠纷中发挥着不可替代的作用。民俗习惯是指建立在长期习惯基础上的实际的实践,并在一定社群范围内,该实践意向有规律地实际出现。[1]《民法典》第10条规定习惯作为法律补充,民俗习惯是习惯的重要子项,但哪些民俗习惯可以入法以及在何种情形下可以入法,作为定分止争的裁判依据,仍是个问题。在依民俗习惯解决祭奠纠纷时,必须要跨越这两个门槛。

在司法实践中,因祭奠纠纷由来不久,围绕祭奠利益产生的相关冲突之裁判标准尚未厘定,同案异判者十分常见。有以侵权责任一般条款:原《侵权责任法》第6条第1款、原《民法通则》第106条第2款,《精神损害赔偿解释》(2001年)第1条为裁决依据者[2];又有以公序良俗原则:《精神损害赔偿解释》(2001年)第3条第3项,原《民法通则》第7条,原《物权法》第7条为裁判依据者[3]。笔者在北大法宝,以祭奠利益、祭奠权为关键词进行搜索,排除同院类判、说理简陋者,选取2003~2016年典型案例共43则,以侵权行为作为分类标准对侵害祭奠利益之侵权行为进行类型化,以资厘清祭奠利益保护问题症结之所在,并于后文有针对性地提出对策。(见表9-1)

表9-1 祭奠纠纷的类型

类型		典型案例	侵权行为	案例导出之问题
祭奠仪式的顺利进行	被告知利益的保障	朱某成侵权案① 崔某祭奠权案②	逝者去世后,治丧者未尽通知义务	通知义务存否? 赡养义务与祭奠利益的关系
	第三人辅助义务	黄某讲排除妨害纠纷案③	于坟墓外围树立围墙,阻碍祭奠	民俗习惯如何入法
	祭奠相关物管理人辅助义务	李某轩祭祀权案④	祭奠相关物管理者不提供骨灰证等祭奠辅助物	祭奠利益的性质,身份权抑或人格权

〔1〕[德]马克斯·韦伯:《社会学的基本概念》,胡景北译,上海人民出版社2005年版,第41页。

〔2〕北京市丰台区人民法院民事判决书,(2007)丰民初字第08923号;浙江省台州市中级人民法院民事判决书,(2015)浙台民终字第89号;辽宁省锦州市中级人民法院民事判决书,(2015)锦民一终字第00155号;湖南省新田县人民法院民事判决书,(2011)新法民一初字第356号;山东省济南市中级人民法院民事判决书,(2016)01民终122号。

〔3〕重庆市第五中级人民法院民事判决书,(2006)渝五中民终字第225号;广东省深圳市中级人民法院民事判决书,(2014)深中法民终字第3288号;"李仪案"选自《人民司法·案例》2010年第8期;安徽省芜湖市镜湖区人民法院民事判决书,(2015)镜民一初字第00770号;江苏省南通市中级人民法院民事判决书,(2014)通中民终字第0188号;江苏省常州市钟楼区人民法院民事判决书,(2013)钟民初字第1882号;浙江省建德市人民法院民事判决书,(2013)杭建梅民初字第431号。

续表

类型		典型案例	侵权行为	案例导出之问题
祭奠相关物的保全		龚某一般人格权案⑤	因侵权行为致坟墓、骨灰等灭失	精神损害赔偿支持与否
遗体等管理权之确定	骨灰、遗体占有管理权属的确定	王甲因人身权纠纷案⑥ 范某所有权确认纠纷案⑦	逝者骨灰等由其一近亲属占有管理，其他近亲属对此持有异议	依据物权法抑或人格权法？ 如何确定占有者先后次序
	骨灰、遗体处置方式的确定	史甲一般人格权纠纷案⑧	未经逝者近亲属同意，私自处置祭奠相关物	在祭奠利益纠纷中，民俗习惯如何进入司法领域
墓碑署名		谢某婚姻家庭纠纷案⑨	为逝者树碑时，未篆刻某近亲属姓名	祭奠利益的性质

①天津市第一中级人民法院民事判决书，(2014)一中民一终字第564号。

②北京市丰台区人民法院民事判决书，(2007)丰民初字第08923号。

③山东省莱芜市中级人民法院民事判决书，(2016)鲁12民终142号。

④安徽省淮南市中级人民法院民事判决书，(2006)淮民一终字第411号。

⑤北京市第三中级人民法院民事判决书，(2014)三中民终字第05390号。

⑥上海市第二中级人民法院民事判决书，(2011)沪二中民一(民)终字第178号。

⑦上海市普陀区人民法院民事判决书，(2012)普民一(民)初字第7420号。

⑧上海市第二中级人民法院民事判决书，(2010)沪二中民一(民)终字第971号。

⑨上海市第二中级人民法院民事判决书，(2013)沪二中民一(民)终字第1831号。

祭奠利益作为一项新型人格利益，相关研究尚不多见。[1] 现有研究多关注祭奠利益的一般性问题，如民俗习惯与祭奠利益、祭奠利益之法律保护证成等，而对祭奠利益的法律保护路径、侵权认定之难点、民俗习惯的法律运用等司法实

---

〔1〕 探讨祭奠利益法律保护证成者：刘云生、卢贵：《祭祀权：法权认知与制度再造》，载《求是学刊》2016年第3期；瞿灵敏：《司法裁判视野中的祭奠权：性质、行使与法律保护》，载《求是学刊》2016年第3期。探讨民俗习惯与祭奠利益者：刘吉涛：《祭奠，礼仪还是权利？——基于中西历史文化传统角度的考察》，载《河北法学》2009年第11期；姜福东：《祭奠的民俗习惯与祭奠权的纠纷》，载《河北法学》2008年第5期。其他：韦志明：《家庭伦理性案件中的修辞论证——以祭奠纠纷案件为分析进路》，载《山东大学学报（哲学社会科学版）》2015年第4期；吴纪树：《祭奠纠纷的法律解释问题——兼论侵权责任法一般条款》，载《山东大学法律评论》2012年第00期；孙维飞：《祭奠纠纷的类案研究》，载《交大法学》2012年第1期；胡岩：《祭奠权的法学方法论反思》，载《法律适用》2012年第6期等。

践中需直面的难题,甚少着墨。通过对案例、立法、学说梳理分析,针对侵害祭奠利益之侵权责任,有以下三个问题需展开研究:其一,祭奠利益应否受法律保护?其请求权基础是什么?其二,侵害祭奠利益行为的认定难点,即治丧者通知义务承担及其限制;祭奠利益人范围限制,利益享有与赡养义务的关系;骨灰、遗体占有管理权属之确定。此外,作为侵权认定标准的民俗习惯如何进入法律领域,仍待解决。其三,侵害祭奠利益应否承担精神损害赔偿及其数额如何确定?

二、祭奠利益的具体化及其性质

(一)祭奠仪式的顺利进行

1.祭奠相关人被告知利益的保障。[1] 逝者近亲属被告知亲属去世是其进行祭奠的开始,亦是对其家庭身份的认同,此类诉争较为常见。在一则案例[2]中,朱某成父亲朱某峰去世后,其母赵某未告知朱某成此事。法院认为祭奠利益虽法无规定,但出于对社会伦理道德的遵循,应保护当事人的祭奠利益。因朱某峰生前曾有死后不见原告的表示,出于对逝者遗愿的尊重,应执行其遗愿。而在另一则案例[3]中,法院认为法律未规定治丧者负有通知义务,且原告未尽赡养义务,因此被告未侵犯其祭奠利益。“见最后一面、送最后一程”是对逝世亲属的人文关怀,该行为模式经历史沉淀已融入中华民族血脉。治丧者未通知其他近亲属逝者去世的消息,是对其家族身份的不认同,亦导致受侵害的逝者近亲属无法及时参加祭奠活动,从而使其失去对逝者表达悼念的最后机会。因血缘之情的羁绊,会造成受害者终身遗憾,心理伤痛难以自愈。

2.第三人辅助祭奠的义务。[4] 祭奠仪式完成需要多方辅助且此辅助不可或缺,如于第三人土地通行等。在社会生活中,因时间流逝、农地改革,坟墓所在土地的土地承包经营权利人几经变迁,需第三人提供辅助的情形十分常见。在一则案例[5]中,黄某讲祖坟在黄某政土地中,黄某政建立一堵围墙,对黄某讲进行祭奠造成阻碍。法院认为黄某政在行使使用权时,为他人祭奠提供便利是

---

[1] 类案:天津市第一中级人民法院民事判决书,(2014)一中民一终字第564号;北京市丰台区人民法院民事判决书,(2007)丰民初字第08923号;江苏省南通市港闸区法院民事判决书,(2007)港民初字第0398号;北京市第二中级人民法院民事判决书,(2008)二中民终字第0353号;王芙蓉、张颖:《兄弟恩怨:13场官司打乱“孝心”》,载豆丁网2016年8月1日,https://www.docin.com/p-1694210533.html。

[2] 天津市第一中级人民法院民事判决书,(2014)一中民一终字第564号。

[3] 北京市丰台区人民法院民事判决书,(2007)丰民初字第08923号。

[4] 类案:山东省莱芜市中级人民法院民事判决书,(2016)鲁12民终142号;湖北省襄阳市中级人民法院民事判决书,(2014)鄂襄阳中民一终字第00025号等。

[5] 山东省莱芜市中级人民法院民事判决书,(2016)鲁12民终142号。

对善良风俗的尊重。第三人对祭奠利益人祭奠条件的保障，多是基于权利人的相邻权益的要求，亦是对善良风俗的遵守。

3. 祭奠相关物的管理人辅助义务。[1] 近亲属之间应相互尊重对方的利益，通知协助，不得干涉和阻挠其他近亲属进行祭奠。[2] 特别是祭奠相关物的管理者应为其他近亲属提供祭奠之便利。在一则案例[3]中，李某轩、谭某焕之婿王某保管两者女儿骨灰，但拒绝告知原告王某的骨灰存放处。法官认为祭奠权是基于特定身份而享有的民事权利，应属于自然人亲属权的一种具体形式，其应归于身份权范围。骨灰是特殊的物，并在逝者的近亲属中存有一个管理者，当其他近亲属祭奠逝者的时候，祭奠相关物的管理者应提供骨灰存放证等证件，以辅助其他近亲属完成祭奠仪式。

（二）祭奠相关物的保全

坟墓是逝者栖身之所，不仅具有一般物的特性，更关乎逝者的人格利益、生者祭奠利益等，[4]毁损坟墓、遗体等是侵害祭奠利益的常见情形。在一则案例[5]中，龚某在陈某祖坟区域内施工，在未告知陈某的情形下，将陈某祖坟挖平，并在原有祖坟所在地上盖建筑物。法院认为对坟墓的毁损是对逝者人格利益的侵害，逝者近亲属因侵权行为遭受精神痛苦，有权提起精神损害赔偿。骨灰是逝者的遗体通过火化转化而成具有祭奠利益的物，它与遗体一样是逝者生命的延续，是生者对亲属感情的寄托。破坏祭奠相关物的行为严重侵害了逝者近亲属的祭奠利益，损及生者内心深处对逝者不可亵渎的崇意与敬畏，损害逝者近亲属在乡里乡亲中的“面子”，终将造成精神损害。

---

[1] 类案：河南省新乡市中级人民法院民事判决书，(2015)新中民四终字第295号；安徽省淮南市中级人民法院民事判决书，(2006)淮民一终字第411号等。

[2] 张蓉、张敏娴：《祭奠权的性质及其法律保护》，载《人民司法·案例》2010年第8期。

[3] 安徽省淮南市中级人民法院民事判决书，(2006)淮民一终字第411号。

[4] 夏泽祥：《论坟墓上寄寓的权利：逝者的安息权与后代的监护权——基于宪法权利的视角》，载《政治与法律》2013年第5期。

[5] 北京市第三中级人民法院民事判决书，(2014)三中民终字第05390号。类案：北京市第三中级人民法院民事判决书，(2014)三中民终字第05390号；浙江省建德市人民法院民事判决书，(2013)杭建梅民初字第431号；黑龙江省哈尔滨市中级人民法院民事判决书，(2015)哈民一民终字第1750号；辽宁省锦州市太和区人民法院民事判决书，(2014)太民一初字第00255号；广西壮族自治区容县人民法院民事判决书，(2012)容民初字第1962号；云南省昆明市西山区人民法院民事判决书，(2014)西法民初字第3445号；河南省驻马店市中级人民法院民事判决书，(2013)驻民一终字第215号；浙江杭州市中级人民法院民事判决书，(2015)浙杭民终字第2862号；辽宁省锦州市中级人民法院民事判决书，(2015)锦民一终字第00155号等。

(三)遗体占有管理权之确定

1. 骨灰、遗体的占有管理权属确定。[1] 骨灰、遗体是特殊物,必须有人管理。又因逝者近亲属不止一人,时常在确定谁为管理人时产生纠纷。在一则案例[2]中,范某(继父姓)之父王某离世后,范某表兄汪某俊为王某操办丧事,并管理王某骨灰。法院认为骨灰具有法律意义上物的属性,能够被支配和控制,故可以按照继承法的有关规定继承,进而确定骨灰管理人。而在另一则案例[3]中,法院认为当事人围绕骨灰而生纠纷,应由人身权法调节。然原审法院却套用"其他所有权"这一物权类案由,显属不当。祭奠利益应由逝者每一个近亲属公平享有,任何人无权剥夺。骨灰、遗体作为逝者人格的延续,其寄托着生者重大的精神权益。[4] 围绕骨灰、遗体管理人确定产生的纠纷,在司法实践中,占据了祭奠利益纠纷的将近半数。

2. 骨灰、遗体处置方式的确定。[5] 现实生活中,在对逝者骨灰、遗体处置时,近亲属多因意见相悖而生矛盾。在一则案例[6]中,严某和史某田育有子嗣史甲、史乙等。史甲私自取走其父骨灰并撒入黄浦江。严某将之诉至法院。法院认为史甲之行为导致原告精神痛苦,应支持其精神损害赔偿之诉请。骨灰、遗体的处置方式与骨灰、遗体的占有管理权不同,遗体等处置方式是管理权的内

---

[1] 类案:上海市普陀区人民法院民事判决书,(2012)普民一(民)初字第7420号;江苏省宿迁市中级人民法院民事判决书,(2011)宿中民终字第0161号;内蒙古自治区高级人民法院民事判决书,(2015)内民申字第01450号;广东省深圳市中级人民法院民事判决书,(2014)深中法民终字第3288号;天津市滨海新区人民法院民事判决书,(2015)滨汉民初字第1788号;江苏省高级人民法院民事判决书,(2015)苏审三民申字第00118号;江苏省泰州市中级人民法院民事判决书,(2014)泰中民四终字第384号;江苏省南通市中级人民法院民事判决书,(2014)通中民终字第0188号;上海市第二中级人民法院民事判决书,(2011)沪二中民一(民)终字第178号;河南省平顶山市中级人民法院民事判决书,(2016)豫04民终663号;安徽省芜湖市镜湖区人民法院民事判决书,(2015)镜民一初字第00770号;江苏省常州市钟楼区人民法院民事判决书,(2013)钟民初字第1882号;上海市第一中级人民法院民事判决书,(2014)沪一中民一(民)终字第2121号等。

[2] 上海市普陀区人民法院民事判决书,(2012)普民一(民)初字第7420号。

[3] 上海市第二中级人民法院民事判决书,(2011)沪二中民一(民)终字第178号。

[4] 潘元松:《论骨灰的民法调整和保护》,载《人民司法》2011年第7期。

[5] 类案:北京市第二中级人民法院民事判决书,(2009)二民终字第13951号;安徽省合肥市中级人民法院民事判决书,(2015)合民一终字第04584号;上海市第二中级人民法院民事判决书,(2010)沪二中民一(民)终字第971号;上海市徐汇区人民法院民事判决书,(2013)徐民一(民)初字第2549号;北京市丰台区人民法院民事判决书,(2013)丰民初字第04860号;北京市第三中级人民法院民事判决书,(2015)三中民终字第02074号等。

[6] 上海市第二中级人民法院民事判决书,(2010)沪二中民一(民)终字第971号。

容,主要包括骨灰、遗体的安葬方式、安葬地点的确定等。即便逝者某近亲属对骨灰、遗体享有占有管理权,仍应由逝者近亲属平等享有骨灰、遗体处置权。

(四)墓碑署名

墓碑署名是对逝者亲属身份认同的外在表彰,对生者而言在墓碑上署名是对其亲族关系的认同。在一则案例〔1〕中,胡某以其父墓碑未署胡某的姓名向法院提起诉讼。法官认为双方争议属于祭奠纠纷,虽法无明定,但基于社会公德,不能阻碍儿子对逝世父亲的哀思表达。依原《民法通则》第 7 条,理应按照长幼顺序在墓碑上镌刻胡某姓名。在现实生活中,逝者近亲属未在墓碑上署名,一般会被视为该近亲属与逝者存有至死难消之嫌隙,是逝者等对该近亲属的负面评价,这将导致社会对未署名近亲属人格的消极评价,无疑会造成未署名的逝者近亲属感受到人格屈辱,尊严受到贬损。此外,墓碑署名的顺序亦体现近亲属长幼之地位。因墓碑署名有丰富的人格内涵,逝者近亲属对此十分重视,由墓碑署名引发的祭奠利益纠纷多有发生。

(五)祭奠利益的法益属性

《民法典》第 1165 条指出侵害民事权益就应该承担侵权责任。民事权益可解读为民事权利和民事利益,由此可见,我国侵权条款之规定类似法国,权利、利益皆为侵权法所保护,采权利、利益一体保护原则。〔2〕《民法典》采取的是概括规范方式,但该侵权立法模式被称为没有思想遁入概括条款的规定。〔3〕在司法实践中,法院运用该条对利益进行保护时,无法依照权利的审判模式直接裁判,利益保护与否需要充分考量行为自由与法益保护之间的调和,此时法官负有更多的说理义务。法官的说理过程实则就是对利益应否保护的判断,但为避免法官过度的自由裁量,需要明确利益上升为法益的筛选标准。《民法典》第 1165

---

〔1〕上海市第二中级人民法院民事判决书,(2013)沪二中民一(民)终字第 1831 号。类案:上海市徐汇区人民法院民事判决书,(2010)徐民一(民)初字第 3035 号;上海市第二中级人民法院民事判决书,(2013)沪二中民一(民)终字第 1831 号;湖南省新田县人民法院民事判决书,(2011)新法民一初字第 356 号;河南省新乡市牧野区人民法院民事判决书,(2004)牧民一初字第 346 号等。

〔2〕权利、利益虽皆为法律保护对象,但未上升为权利的利益,显然不能取得等同于权利的地位。权利、利益区分保护已是通论。在两者区分保护前提下,论证利益保护时以“故意”要件为基本研究路径。但本书认为在权利保护泛化的现代,因利益范围难以把握,利益保护泛化现象不容忽视;于此利益保护正当性与可行性需更多着墨。权利、权利的区分保护参见于飞:《违背善良风俗故意致人损害与纯粹经济损失保护》,载《法学研究》2011 年第 4 期;王利明:《侵权法一般条款的保护范围》,载《法学家》2009 年第 3 期。

〔3〕王泽鉴:《侵权行为》,北京大学出版社 2009 年版,第 304 页。

条没有明确应受法律保护利益的筛选标准,由此何种利益应受法律保护亟待厘定。

学者围绕“个人—社会”关系探讨权利内涵,基于对个人利益和社会利益的不同倾向,现有“意志说”、“利益说”和“折中说”三种学说。“折中说”成为通说,将权利定义为旨在维护特定利益的意思支配力〔1〕,是主客观的结合。侵权法中权利与利益的区别主要体现在“归属效能”、“排除效能”和“社会典型公开性”等外部特征〔2〕,而不涉及主、客观特征。换言之,侵权法所保护的权利、利益在主观性、客观性上并无本质区别。利益主观性强调的是主体对利益的欲望和追求,而这种主观需求要满足一定客观条件才得到法律保护。利益存在于个体需求中,可通过对经验总结来辨别何种利益应受法律保护。“如果有一个命题与它的必然性一起同时被想到那么它就是一个先天的判断……普遍性就表明了该判断的一个特别的知识来源……必然性和严格普遍性就是一种先天知识的可靠标志。”〔3〕强调利益的普遍性和必然性的目的,在于排除那些偶然的主观需求,并将利益保护限定于能被多数人接受的范围。利益的普遍性、必然性可表征为社会普遍认同、正当价值基础、民众的广泛诉求,满足这些主客观条件的利益,即为应受法律保护的利益。如是,祭奠利益应属此类应受法律保护的利益。

在我国,祭奠利益的保护有厚重的历史基础,为社会普遍认同,对其保护存在普遍的民意基础。可从以下方面获得验证:其一,历史文化方面:中华民族重视通过祭奠仪式来寄托对逝者的悼念和追思,从“五服制度”可管窥一二,丧服制度源自西周宗法制度〔4〕,曹元弼先生有云:“天道至教,圣人至德,著在六经,其本在礼,礼有五经,本在丧服。”〔5〕祭奠背后的文化支撑乃我国数千年绵延不绝的礼法传统。礼作为中国古代文明之精髓,杂糅道德、宗教、法律等,蕴含多重属性,渗透于社会方方面面。其二,古法规定:古代中国礼法结合,出于对祭奠的重视和对礼仪制度之维护,秦律、汉律和唐律皆将“父死不奔、丧匿父母丧”等行为作严重犯罪予以处理。其三,政治管理制度:我国封建社会以孝治天下,尤为重视以孝来规制官员,丁忧制度即典型。丁忧制度多指官员在其父母及其他长辈丧时,必须暂离公职,守丧三年〔6〕,并对丁忧期间的食宿、服饰等作特殊规

---

〔1〕 朱庆育:《民法总论》,北京大学出版社2013年版,第489页。

〔2〕 于飞:《侵权法中权利与利益的区分方法》,载《法学研究》2011年第4期。

〔3〕 [德]康德:《纯粹理性批判》,邓晓芒译,人民出版社2004年版,第3页。

〔4〕 吴飞:《五服图与古代中国的亲属制度》,载《中国社会科学》2014年第2期。

〔5〕 张锡恭:《丧服郑氏学》,南林求恕斋刊本1923年版,“曹元弼序”第1页。

〔6〕 盖志芳、黄继红:《以孝管官:孝与古代丁忧制度》,中国国际广播出版社2014年版,第2-3页。

定。面对几千年来传承的历史文化,民众的代际传承,历经道德教育与熏陶,祭奠事宜已为社会普遍重视,时至今日,已成为一种普遍认可的、应受法律保护的利益诉求。

祭奠利益保护有坚实的价值基础,对其保护具有伦理上的正当性。祭奠利益的内涵主要表现在如下方面:其一,对逝去亲人致敬达哀。在一则案例〔1〕中,法院认为骨灰是人格利益的延续,是逝者近亲属寄托哀思的物质载体。生者与逝者作为血脉相承的近亲属,长时间相伴生活,抚养、扶养抑或赡养,存有不可割裂的感情联系。当近亲属逝世后,生者多通过祭奠仪式以表达哀思,以示牵挂,舒缓内心悲戚之情。其二,祭奠先人事关社会对祭奠利益人的道德积极评价。在一则案例〔2〕中,王某诉称其父病危、死亡时其兄擅自捐赠其父遗体,陷其背上对父生不养、死不葬之恶名,明显降低了社会公众(特别是父母亲属)对其人格的积极评价。由此可见,道德评价是祭奠利益的另一项价值基础。祭奠是孝的重要内涵之一,而孝又是社会对个人道德评价的重要标准。如果逝者近亲属对祭奠事宜处置有失妥当,社会即会为其贴上不孝的标签,这是对个人人格的负面评价。其三,祭奠利益人参加祭奠可以彰显其与逝者的亲族身份。在一则案例〔3〕中,法院认为墓碑不仅是遗骨埋葬地的标志,墓碑署名亦体现了署名者与逝者之间特殊的身份关系,是家族身份获得认同的重要表现。在心理学领域,身份认同旨在表达与他人相似或相异的归属和行为模式。〔4〕且“认祖归宗”自古以来为中华民族所重视,在我国,血脉相承、家族归属之确认是民众一项重要的利益。

祭奠利益保护是法律“供给侧改革”的需要。自祭奠利益纠纷在司法领域首现端倪以来,此类诉争与日俱增,据相关调查,2010~2013年仅北京法院系统就审结23则之多〔5〕,笔者在北大法宝以“祭奠权”为关键词进行搜索,得案例84则,在无讼案例以同种方法搜索得案例92则,且案件发生时间越近纠纷越多。此外,又有些祭奠纠纷法院未立案或审判后未公布。在社会转型期,受国人迁徙、认知变革等影响,社会逐渐由熟人社会向陌生人社会转变,民俗习惯、道德对个人约束力减弱,在对祭奠利益保护时,常存在道德失范现象〔6〕,这就需要法

〔1〕 上海市普陀区人民法院民事判决书,(2012)普民一(民)初字第7420号。
〔2〕 北京市第二中级人民法院民事判决书,(2009)二民终字第13951号。
〔3〕 湖南省新田县人民法院民事判决书,(2011)新法民一初字第356号。
〔4〕 张淑华、李海莹、刘芳:《身份认同研究综述》,载《心理研究》2012年第1期。
〔5〕 孟亚生:《祭奠权:期待法律“给个说法”》,载《工人日报》2013年3月30日,第5版。
〔6〕 雷结斌:《我国社会转型期道德失范问题研究》,南昌大学2013年博士学位论文,第59页以下。

律制度的“供给侧改革”。当然,道德义务法律化只能在某种限度内进行,不可“过”或“不及”,应让二者各司其职,法律的归法律,道德的归道德。[1]

权利范畴随着社会的发展而不断变化发展,现行的法律不可能穷尽所有应予保护的权利类型。在我国现阶段,有必要以利益诉求的普遍性和必要性为基础,尽可能地将应受法律保护的利益的范围明确化。职是之故,祭奠利益就是这种需要保护的利益。

在司法实践中,祭奠利益的保护路径争议较大,如在本书选取的43则案例中,共有21则案例对祭奠利益性质作了说明[2],其中将祭奠利益认定为身份权的案例有4则,认定为人格权的案例共有17则,其中10则案例进一步认定为一般人格权。可见,法院对祭奠利益性质的认定存在争议,由此造成司法混乱,损及法的安定性和可预见性,故有待进一步厘定祭奠利益之性质。

在学界,有学者认为身份权是指与权利主体特定身份不可分割的权利,包括亲权、亲属权等[3],祭奠利益是民事主体基于逝者近亲属关系而产生的民事权益,其源自特殊身份关系并局限于特殊身份关系,于近亲属之外则不应享有祭奠利益,故祭奠利益具有一定的身份权属性。又有学者认为祭奠利益是以身份关系为基础的精神性的人格利益[4],其所指的身份不限于身份权所要求的身份关系,也包括叔侄关系等,同时,祭奠利益存在并不以身份关系存续为要件,故祭奠利益本质上应是人格权。

本书认为祭奠利益是一般人格权。首先,祭奠利益人格权属性的认定。其一,身份权性质决定了身份关系的内部主导性。身份关系包括家长与家属、父母

---

[1] 张红:《道德义务法律化:非同居婚外关系所导致之侵权责任》,载《中外法学》2016年第1期。

[2] 祭奠利益身份权观点的案例:江苏省宿迁市中级人民法院民事判决书,(2011)宿中民终字第0161号;上海市普陀区人民法院民事判决书,(2009)普民一(民)初字第1946号,载《人民司法·案例》2010年第8期;上海市第二中级人民法院民事判决书,(2011)沪二中民一(民)终字第178号等。祭奠利益人格权观点的案例:黑龙江省哈尔滨市中级人民法院民事判决书,(2015)哈民一民终字第1750号;内蒙古自治区高级人民法院民事裁定书,(2015)内民申字第01450号;广东省深圳市中级人民法院民事判决书,(2014)深中法民终字第3288号;辽宁省锦州市中级人民法院民事判决书,(2015)锦民一终字第00155号;江苏省南通市中级人民法院民事判决书,(2014)通中民终字第0188号等。

[3] 杨立新:《诠释祭奠权——兼说民事习惯作为判决依据》,载《检察日报》2002年7月19日;姜福东:《祭奠的民俗习惯与祭奠权纠纷》,载《河北法学》2008年第5期;胡夏冰:《公民祭奠权的法律保护——于云鹏祭奠权纠纷案》,载《人民法院报》2006年2月20日,B04版等。

[4] 刘云生、卢桂:《祭祀权:法权认知与制度再造》,载《求是学刊》2016年第3期;瞿灵敏:《司法裁判视野中的祭奠权:性质、行使与法律保护》,载《求是学刊》2016年第3期。

与子女、夫与妻之间的身份关系。[1] 身份权所涉主体是具有特定亲属身份的人,同时法律所保护的身份权有限,如姑嫂、叔侄身份并不受法律保护。身份关系双方任何一方死亡将导致这种内部关系的终结,进而导致双方权利义务的终止。可见祭奠开始时,以逝者为核心的身份关系已经消亡,身份权已无从行使。其二,身份权本质是以义务为中心而非以权利为中心[2],祭奠之目的在于保护权利人对逝者表达哀思的行为自由,以便获得道德上积极评价,寻得内心宽慰等精神满足,时至今日,祭奠内涵已由义务为中心转向以利益为中心,有别于身份权。其三,实践中以原《婚姻法》第21条作为身份权性质认定依据[3],存有不妥。在符合法律规定的前提下,父母子女之间可以请求对方承担赡养或辅助的法律义务,为请求权。从赡养扶助的内容为财产来看,其为财产权。当一种权利从内容而言是财产权,从效力而言是请求权,则该权利可以被视为是债权的内容,由此将祭奠利益认定为身份权,在法律体系上得不到支持。[4]

其次,祭奠利益是一般人格权的重要内容。因社会发展、人格自觉等,新型人格权益不断出现,为全面维护人格尊严和自由,将这些新型人格权益纳入法律保护势在必行。但囿于具体人格权保护范围,很多新出现的人格利益无法于具体人格权上得到充分保护,只能诉诸具有兜底补充性质的一般人格权。一般人格权在其受保护的范围承载了什么内容是无法用一个统一的公式,甚至根本无法创立一个可以归入法的公式来表达的。[5] 这样,只能通过其价值基础对其权利内涵加以确定。一般人格权的价值基础为人格自由、人的尊严。[6] 祭奠利益的目的在于保护权利人对逝者表达哀思的行为自由,是一般人格权中人格自由之体现,祭奠利益所包含的道德评价和"认祖归宗"的身份认同是人格尊严之体现。由此,祭奠利益是一般人格权的重要内容之一。

祭奠利益的侵权法保护路径:"背俗故意致损"是德国侵权法三个基本维权类型之一,是对《德国民法典》第823条的补充。[7] 在我国,原《侵权责任法》第

---

[1] 张作华:《认真对待民法中的身份——我国身份法研究之反思》,载《法律科学》2012年第4期。

[2] 叶英萍、李永:《民法典视域下亲属身份权之重塑》,载《西南政法大学学报》2016年第1期;杨立新:《完善我国亲属法律制度涉及的六个基本问题》,载《重庆社会科学》2008年第6期。

[3] 如上海市普陀区人民法院民事判决书,(2009)普民一(民)初字第1946号,载《人民司法·案例》2010年第8期。

[4] 胡岩:《祭奠权的法学方法论反思》,载《法律适用》2012年第6期。

[5] [德]马克西米利安·福克斯:《侵权行为法》,齐晓琨译,法律出版社2004年版,第52页。

[6] 张红:《基本权利与私法》,法律出版社2010年版,第126页。

[7] [德]马克西米利安·福克斯:《侵权行为法》,齐晓琨译,法律出版社2004年版,第162页。

2 条、第 6 条、第 7 条构成一个完整体系,有学者认为,原《侵权责任法》第 6 条第 1 款所代表的侵权责任一般条款,在立法层面上可归为法国法模式。[1] 然而《精神损害赔偿解释》(2001 年)第 1 条第 2 款、第 3 条第 3 项开拓了"背俗故意致损"路径,主要保护隐私等人格利益。于此,祭奠利益看似可由"背俗故意致损"路径保护。但祭奠利益的一般人格权性质已经证成,并且一般人格权业已将所应保护的人格利益全部囊括[2],就"背俗故意致损"条款而言,其保护范围既有权利又有利益。但由于"过失侵害权利"对权利保护要求较低,相较于"背俗故意致损"更有利于保护权利,故其仅对利益保护有实践意义。[3] 综上所述,祭奠利益应定位为一般人格权,并经由一般人格权路径保护。

三、侵权行为的认定

(一)治丧者的通知义务

治丧者是否应承担通知其他近亲属的义务?实践中法官对此观点不一。在一则案例[4]中,法官认为依现行法被告并不负有法定通知义务。而在另一则案例[5]中,法院认为被告未尽通知义务,有违善良风俗,主观上具有过错,应承担过错责任。比较上案,就否定者而言,法院的审判逻辑是:以法无规定,直接驳回原告之诉请。就支持者而言,法院的审判逻辑是:以民法基本原则作为裁判依据,认定治丧者有通知义务。但其说理简单,一笔带过,仍需作进一步阐述。

在日常生活中,治丧者多由逝者最近之亲属充任,治丧义务源于民俗习惯、身份因素等。为使其他近亲属及时参加祭祀,治丧者就附随地负有通知义务,这种附随义务更多的可能是道德要求。但因道德上义务仅要求我们做力所能及之事[6],不履行道德义务但不违反法律时,仅受内心与道德谴责而不承担法律责任。[7] 由此可见,解决治丧者未尽通知义务是否受法律规制的问题,需明确通知义务的属性。

道德义务与法律义务并非一成不变,法律义务很多时候源自道德义务。特

---

〔1〕 王利明、周友军、高圣平:《侵权责任法疑难问题研究》,中国法制出版社 2012 年版,第 190 页;程啸:《侵权责任法》,法律出版社 2011 年版,第 60 页。

〔2〕 葛云松:《纯粹经济损失的赔偿与一般侵权行为条款》,载《中外法学》2009 年第 5 期。

〔3〕 于飞:《违反善良风俗故意致人损害与纯粹经济损失保护》,载《法学研究》2012 年第 4 期。

〔4〕 北京市丰台区人民法院民事判决书,(2007)丰民初字第 08923 号;类案载新华网,http://www.ha.xinhuanet.com/add/hnnews/2005-01/17/content_3575306.htm。

〔5〕 安徽省淮南市中级人民法院民事判决书,(2006)淮民一终字第 411 号。

〔6〕 [德]康德:《单纯理性限度内的宗教》,李秋零译,中国人民大学出版社 2003 年版,第 40 页。

〔7〕 袁建平:《构建和谐社会应区分法律义务与道德义务》,载《清华法学》2010 年第 5 期。

别在以身份关系为基础的法律关系中,例如,在婚姻家庭领域,很多法律义务由道德义务转化而来。遗弃罪,虐待罪,赡养义务等即为实证。道德义务法律化有直接和间接两种途径,直接途径以必要条件为必须,直接将道德原则转化为法律原则;间接转化即运用法技术手段将道德转化为法律规则和法律文本。〔1〕伦理道德转化为法律义务需要一定的社会条件和法理基础作为必须要件〔2〕,祭奠事宜中的道德义务法律化也应如此。祭奠事宜的通知是整个祭奠活动的始端,是逝者近亲属进行祭奠的前提。此外,祭奠之事自古至今内束于礼、外制于法,已融入中华文明之魂,今时其内涵已转化为以“利益”为核心,并为社会普遍需要。祭奠利益包含的哀思寄托、道德测评、身份认同等价值构成通知义务法律化的合理基础。基于上述论证,治丧者负有通知逝者近亲属的义务,如若违反,则其应承担法律责任。

逝者在安排身后丧事时,有时因为与某一近亲属有矛盾,拒绝该近亲属参与祭奠。那么,逝者在生前遗嘱中表明不愿通知某一近亲属,能否成为治丧者未尽通知义务的免责事由?在一则案例〔3〕中,法院认为朱某峰生前明确表示“死后不见朱某成”,该表意真实且不违背公序良俗,应受尊重,构成侵权阻却事由,可依此免除治丧者通知义务。徒法不能以自行,利益衡量系法官对法之活用,逝者遗愿与生者祭奠利益之冲突的解决可借助价值衡量的方法。逝者留下遗嘱不愿通知某近亲属其过世的消息,多是与该近亲属有不可化解的矛盾,以致逝者在弥留之际也不愿原谅该近亲属。此外,我国传统历来主张“逝者为大”“逝者安息”,这就要求在治丧时给予逝者最大的尊重,故在平衡两者利益时,应将价值衡量的天平向逝者倾斜。于此,逝者遗嘱可构成治丧者未尽通知义务的免责事由。

(二)祭奠利益的内外限制

祭奠利益主体范围的限制。逝者近亲属因亲情对逝者进行祭奠,故近亲属可视为判断祭奠利益主体的一般标准。此外,亦有其他类型感情有祭奠逝者、寄托哀思的需要。例如,崇敬之情,粉丝之于偶像、学生之于老师等;朋友之谊,同窗好友、生死之交等。

在司法实践中,多由逝者近亲属主张祭奠利益,且近亲属范围类同于继承法

〔1〕 郭忠:《论法律秩序和道德秩序的相互转化——从道德的法律化到法律的道德化》,西南政法大学2010年博士学位论文,第42-43页。

〔2〕 杨立新:《“常回家看看”条款的亲属法基础及具体适用》,载《法学论坛》2013年第6期。

〔3〕 天津市第一中级人民法院民事判决书,(2014)一中民一终字第564号。

上近亲属范围。虽其他民事主体因逝者离世而遭受痛苦,但祭奠利益主体范围的不确定,通知等义务履行难得周全,义务承担就具有不确定性。且从我国文化传统看,祭奠事宜本就是以身份关系为支撑的重要家族活动。故非逝者近亲属者的祭奠利益诉求一般不应受到法律保护。但目前社会生活中,"远亲不如近邻",亲属分居各地,有的志趣相投者比邻而居,除逝者近亲属之外,应通过将来立法或司法解释增加"其他与逝者关系密切的人"这种弹性条款,使法官在对具体案件自由裁量时于法有据,以保护在特殊情形下特殊人物之权益〔1〕,例如,长期同居者等亲密者的祭奠利益。

赡养义务之履行是否为祭奠利益享有之前提?如前文所述,祭奠利益是基于人格尊严和人格自由而衍生的重要人格利益的类项,是一种与生俱来的利益,不可随便被剥夺、抛弃和转让。〔2〕此外,赡养义务所涉主体是逝者(一般而言为被赡养人)与祭奠利益享有人(一般而言是赡养人),而祭奠利益所涉主体为祭奠利益人和第三人。综上所述,祭奠利益与赡养义务主体有别,无直接关系。俗话说"血浓于水",与人为善、以德报怨是我国传统美德,既然逝者生前没有拒绝未尽赡养义务的近亲属参加祭祀,出于亲情与道德内涵考量,可解释为逝者生前愿意与之相见,该近亲属祭奠利益即受保障。当然,未尽赡养义务可作为法官判罚时的重要参酌依据,例如,法官可以减少当事人的精神损害赔偿数额抑或不予支持赔礼道歉之请求等。

(三)遗体占有管理权属之确定

骨灰、遗体不同于一般物,如何确定权益归属?在司法实践中审判路径各异,结果有别。总结如表9-2所示:

表9-2 骨灰、遗体占有管理权裁判路径

类型	案例	审判路径	审判依据
路径一	于某明案①	骨灰安置作为祭奠权的内容之一,属于身份权的范畴,以人身相关法律进行调整	原《民法通则》第101条、第120条;《精神损害赔偿解释》第1条、第3条、第8条
路径二	杨某昌案②	对逝者骨灰保护,是对其人身法益的延伸保护	《精神损害赔偿解释》(2001年)第3条、第4条

〔1〕 张红:《逝者人格精神利益保护:案例比较与法官造法》,载《法商研究》2010年第4期。

〔2〕 姚辉:《人格权法论》,中国人民大学出版社2011年版,第48页。

续表

类型	案例	审判路径	审判依据
路径三	范某案③	骨灰作为特殊物,具有法律上物之属性,应按照继承法确定其归属	原《继承法》第 10 条;原《物权法》第 34 条
路径四	缪某案④	骨灰安置权是祭奠权的重要内容,是一般人格权,可依民俗习惯确定权益归属	原《民法通则》第 5 条、第 7 条、第 101 条

①江苏省宿迁市中级人民法院民事判决书,(2011)宿中民终字第 0161 号。
②云南省高级人民法院民事判决书,(2003)云高民一终字第 138 号。
③上海市普陀区人民法院民事判决书,(2012)普民一(民)初字第 7420 号。
④江苏省南通市中级人民法院民事判决书,(2014)通中民终字第 0188 号。

如“于某明案”所述,将骨灰的占有管理权视为祭奠利益之内容,并认为祭奠利益的性质是身份权,应以人身相关法律调节。因前文已证明祭奠利益的一般人格权性质,此路径与事实不符,应抛弃该路径。在“杨某昌案”中,法院将对逝者骨灰占有管理权的确定认为是对逝者人格利益的保护。逝者人格利益保护主要有“直接说”“间接说” 两种观点,就我国现行法体系及法院立场保持前后一贯与稳定的法治要求而言,我国法院的应然立场是坚持“间接说”〔1〕,即对逝者近亲属人格权之保护,而路径二显采“直接说”,实有不妥。综上所述,合理路径只余路径三(物权路径)与路径四(一般人格权路径)可供选择,但何种更为妥适有待探讨。

骨灰、遗体是不是物? 很成问题。〔2〕 针对此疑难,学界有多种观点。〔3〕 在实践案例中,主要争论在于骨灰、遗体是物抑或非物之判别。物权的内在意涵在于表彰物权人对物的占有、使用、收益、处分,以促进生产、满足生活需要。物权之物在于可以掌控,在于需求满足,在于人格之外。即便将骨灰、遗体看作物的学者,也将骨灰、遗体使用限制于埋葬、祭祀、供养之目的〔4〕,其难谓可以满足

〔1〕 张红:《逝者人格精神利益保护: 案例比较与法官造法》,载《法商研究》2010 年第 4 期。
〔2〕 [德]迪特尔 · 梅迪库斯:《德国民法总论》,邵建东译,法律出版社 2009 年版,第 876 页。
〔3〕 非物说认为物的一般规则不适用于骨灰、遗体。参见[德]迪特尔 · 梅迪库斯:《德国民法总论》,邵建东译,法律出版社 2009 年版,第 876 页;可继承说认为,身体本身是公民对自己身体的所有权,其死后遗体变成遗体,可谓其继承人继承并所有。参见史尚宽:《民法总论》,中国政法大学出版社 2000 年版,第 289 页。非所有权客体说认为遗体是特殊物,其处分权是特殊不完全物权,仅限占有、使用、处分权。准财产权建议逝者的遗体属于其活着的亲属,作为财产继承。参见杨立新、曹艳春:《论尸体的法律属性及其处置规则》,载《法学家》2005 年第 5 期。
〔4〕 江平:《民法学》,中国政法大学出版社 2007 年版,第 262 - 263 页。

生产、生活之需。依此言,骨灰、遗体不具有物权中物之性质。

物权法旨在建构对物和其他有限资源的法律规范和秩序,涉及自由和效率两规则[1],在于促进资源的优化配置,通过解决纠纷达到物尽其用之效果,以使人尽其能,提升生产效率和社会财富最大化。[2] 因受自古而生的民俗习惯影响,民众对骨灰、遗体等道德敏感度较高,对其探讨应照顾到民众情感。古人云:"丧礼者,以生者饰逝者也,大象其生以送其死也。故事死如生,事亡如存,始终如一。"[3]对逝者近亲属而言非人死灯灭,而以生者事之,待之以飨食等礼节。一些地区,春节前后,亦有恭迎逝者英魂归家团聚之民俗习惯。逝者近亲属对逝者骨灰、遗体无比敬畏,对其管理更多体现为义务,且其利益局限于精神领域。除特殊情形外,将交换价值、使用价值强加于骨灰、遗体之上,于道德而不容,国人心理上亦难以接受。职是之故,梅迪库斯在抛出前文"遗体是不是物"这一问题后,即断言无论如何,遗体不适用物之一般规则。[4] 并且从人格尊严绝对受保护之前提出发,大多数国家都认为遗体是人格之载体。[5] 此外,在存在一般人格权之更优保护路径的情形下,应排除骨灰、遗体的物权法保护模式。

骨灰、遗体不适用物权法之权属确定规则,骨灰、遗体作为物理物,于其上虽无所有权,但存在以祭奠等为目的占有权利。在实践中,骨灰、遗体等占有管理权以占有为前提,其内容还包括葬礼由谁举办、骨灰和谁合葬等。骨灰、遗体处置方式虽具多个选择项,但只能为单项选择。由此,法院需于逝者近亲属中确定一人(抑或一方)为管理者。管理人如何确定,成为司法中的难题。

在"于某明案"[6]中,法院认为公民遗体,具有很强的人身属性,在确定安葬方案时应尊重逝者生前明示或者可得而知的意思表示。由此,在确定骨灰的管理权时应首先考量逝者遗愿。但是依我国传统文化,往往以礼之安排面对生死,而非个人的自我安排。[7] 同时,逝者的骨灰、遗体具有个体性和家族性两种性质,此外遗体已不能为逝者提供任何用益,对家族而言却有巨大的象征意义,此

[1] 王泽鉴:《民法物权》,北京大学出版社 2010 年版,第 11 - 12 页。
[2] 王利明:《定分止争与定纷止争》,载中国知识产权司法保护网 2016 年 9 月 18 日,http://www.chinaiprlaw.cn/index.php?id=173。
[3] 《荀子·礼记》。
[4] [德]迪特尔·梅迪库斯:《德国民法总论》,邵建东译,法律出版社 2009 年版,第 876 页。
[5] 孙宪忠:《中国物权法总论》,法律出版社 2014 年版,第 232 页。
[6] 江苏省宿迁市中级人民法院民事判决书,(2011)宿中民终字第 0161 号。
[7] 尉迟淦:《往生者的殡葬自主权》,载《社区发展季刊》2001 年第 96 期。

时家族性更得彰显。[1] 由此,家族的决策能否排除逝者遗愿之效力?

随着社会演进,传统亲族、宗族关系日益松散,且民众个体性日益彰显。我们尊重逝者对自我遗体的决定权,不仅是"逝者为大"的道德使然,亦是对逝者个体人格实现的保护。该意愿是逝者生前人格之延续,此种延续并不是说其死后仍存有精神性人格利益,而是其生前提出的人格诉求,在其去世之后,获得社会认可并得以贯彻,使个人人格得以圆满。由此可见,逝者对自我遗体之安排,是其生前人格活动的结果,可延续到逝者死亡后。[2] 此外,从现有规范性文件来看,《天津市人体器官捐献条例》第30条规定向红十字会捐献遗体,需捐献意愿人表示同意。《山东省遗体捐献条例》第2条、第9条规定捐献人自愿捐献是遗体捐献的重要方式。诸如此类,不一而足,皆对逝者生前对自己遗体捐献意愿予以尊重。综上所述,逝者关于自己骨灰、遗体的意愿应获得法院尊重,并且在骨灰、遗体权属确定时,效力处于第一位。

如果逝者没有自我安排后事,其骨灰、遗体的管理人如何确定?在一则案例[3]中,秦甲与袁甲生子袁乙、袁丙,后袁甲去世后,秦甲与曹甲结婚,并生子曹乙、曹丙。秦甲去世后,袁甲方与曹甲方围绕秦甲遗体的管理权产生纠纷。法院认为骨灰、遗体是逝者近亲属寄托哀思的载体,对逝者亲属而言具有同一意义。故可类推适用有关《继承法》之相关规定,以确定骨灰归属。依《继承法》,继承的标的只能是财产。骨灰、遗体权属确定与逝者财产继承,前者不可分,后者可分;前者属人格权之范域,后者为物质财产继承,能否类推适用,有待探讨。

类推适用是指将法律针对某构成要件(A)或多数彼此相类的构成要件而赋予规则,转用于法律所谓规定而与前述构成要件相类的构成要件(B)。[4] 其逻辑表达式为:事物A有性质a、b、c、d,事物B有性质a、b、c,所以,事物B有性质d。[5] 逻辑推理之外,是积极之确定即觅寻两者在法评价观点的一致性,消极之确认即明确差异不足以排斥该法律评价。

财产继承之要件:被继承人死亡之事实、继承人与被继承人之特殊近亲属关

---

〔1〕 张美眉:《谈殡葬自主权与遗体处分权》,载《军法专刊》2015年第4期。

〔2〕 曾淑瑜:《从人体精子、卵子之法律地位论死后取精之刑法可罚性》,载《万国法律》2005年总第145期。

〔3〕 江苏省泰州市中级人民法院民事判决书,(2014)泰中民四终字第384号。

〔4〕 [德]卡尔·拉伦茨:《法学方法论》,陈爱娥译,商务印书馆2013年版,第258页。

〔5〕 屈茂辉、张彪:《论类推适用的概念——以两大法系类推适用之比较为基础》,载《河北法学》2007年第11期。

系、继承对象是逝者的财产性权益。[1] 近亲属逝世为继承与祭奠开始的类同要素。世界各国皆以血缘关系和家族(家庭)关系来确定继承人的范围[2],并以血缘远近、身份亲疏来确定财产继承之顺位。如前文言,祭奠利益是基于特殊身份关系所衍生的利益,血缘越近其祭奠利益越具保护的优先性,越应受法律保护,此为又一类同因素。此外,财产继承是狭义的继承。广义的继承不仅有财产继承、亦有身份继承。[3] 如前文言,祭奠是身份得以表彰的重要方式,是"克绍箕裘,踵武赓续"的外在宣告,可见遗体的管理与财产继承在内在意蕴上具有相似性。如上类同要素构成了积极评价的要件。

然骨灰、遗体有别于物质性财产,其特殊性主要体现在以下方面:内蕴人格利益、本体不可分性。依《民法典》第 1127 条可明确继承之顺位,但在同一顺位中确定何人享有优先权,力有不逮。因此,如何在同一继承顺位内确定骨灰、遗体的管理人,仍需探讨。在一则案例中,法院认为逝者骨灰对其配偶的精神利益影响最大,应当位列第一顺位。[4] 如是判决,诚值赞同。婚姻是家庭得以存在的基础,夫与妻厮守一生、相互照拂,夫妻关系在家庭关系中最原始、最基本。此外,自中国古代,双方一旦结合为夫妻,阴世阳间永不分离,彰显了夫妻一体观之意识[5],夫妻合葬民俗习惯延续至今,在社会上广被接纳。是以,逝者骨灰、遗体的占有管理与其配偶利益关联甚大,相对其他近亲属而言,逝者配偶应享有管理的优先序位。当然,生活复杂多变,夫妻关系亦存在多样的实际状况,举案齐眉者有之,磕磕绊绊者有之,反目成仇者亦有之。故在确定配偶为优先选择次序时,仍待参酌实际。

前述情形不存在时,如何于同一顺位中确定骨灰、遗体之权属?在一则案例[6]中,法院认为,对逝者骨灰、遗体之占有处置等存有争议,且近亲属之间确实无法协商一致,采取少数服从多数的原则显然具有其合理性。在不存在优先级权利人情况下,因逝者近亲属与逝者之间血脉厚薄、亲疏远近等同,应享有同等之祭奠利益,由此衍生平等之表决权。且当近亲属意见相左时,支持一方是对另一方权利的剽夺。为避免陷入无止境的争端,照顾多数人的利益,使逝者"入土为安",以多数决的方式来决定遗体管理人合乎情理。当然,如若有近亲属未尽到

---

[1] 杨立新:《家事法》,法律出版社 2013 年版,第 352 页。

[2] 郭明瑞:《完善法定继承制度三题》,载《法学家》2013 年第 3 期。

[3] 陈苇:《婚姻家庭继承法学》,群众出版社 2012 年版,第 305 页。

[4] 上海市第一中级人民法院民事判决书,(2014)沪一中民一(民)终字第 2121 号。

[5] [日]太田有子:《中国古代的夫妻合葬墓》,杨凌译,载《华夏考古》1989 年第 4 期。

[6] 上海市徐汇区人民法院民事判决书,(2013)徐民一(民)初字第 2549 号。

赡养义务或与逝者有嫌隙并不被逝者所原谅,可排除其表决权,由剩余的逝者近亲属进行表决。

(四)侵权行为认定中的习惯适用

在确定骨灰、遗体占有管理权属时,民俗习惯时常影响判决结果,当然其他祭奠纠纷亦需关注民俗习惯。在一则案例中,于某明认为其母孙某英之骨灰由其同母异父之弟妹安置,有违当地"女奔前夫"之民俗习惯,不利于当地社会的和谐。[1] 此案中,"女奔前夫"之民俗习惯未得到认可。而另一则案例中,法院认为"女奔前夫"民俗习惯应受尊重,并作为裁决依据。[2] 祭奠民俗习惯因地域、人文有别,差异甚巨,众多民俗习惯中何者可为裁决依据?在现有法体系下,民俗习惯如何进入法律领域?亟待探讨。

1. 祭奠民俗习惯作为判决依据有现实需要与基础

马克斯·韦伯认为民俗习惯是没有外在保障的行为规则,但其又认为从民俗习惯到有效的惯例及法律进行过渡,经常发生,极其灵活。[3] 这种过渡是常态的,以至于学者对此并未做严格区分,将习惯法等同民俗习惯。[4] 有观点认为:法律规则是民俗习惯总体中的一个确定的形式。[5] 法律可以被认为是为了符合法律制度的行为而被重述的习惯。民俗习惯具有道德法规的意义,承担着道德和法律的双重功能。[6] 诚如上述所论,民俗习惯是一个动态概念,与道德、法律联系紧密。但不同于代表"正义"和"美德"的"法律"和"道德",本书所探讨的祭奠民俗习惯并无严格价值上判断,其只是社会行为的一般形式,有些演化为道德,有些衍变为法律,例如,于道德上祭祀活动中的"尊尊亲亲",于法律上的遗体保护等。当然,有些民俗习惯具有道德中性,而另有些陋习难容于现代社会精神文明,并不被法律所肯认。

民俗习惯以习惯的形式入典已经被《民法典》第10条以制定法的形式予以明确,该条的形成具有浓厚的法制史积累和比较法的立法经验。民国时期制定民法典时认为我国各省各域之民俗习惯,大相悬殊,且根深蒂固,废除非易,对各

---

[1] 江苏省宿迁市中级人民法院民事判决书,(2011)宿中民终字第0161号。

[2] 江苏省南通市中级人民法院民事判决书,(2014)通中民终字第0188号。

[3] [德]马克斯·韦伯:《社会学的基本概念》,胡景北译,上海人民出版社2005年版,第42页。

[4] [德]G. 拉德布鲁赫:《法哲学》,王朴译,法律出版社2005年版,第48页。

[5] [英]马林诺夫斯基:《原始社会的犯罪与习俗》,原江译,云南人民出版社2002年版,第34页。

[6] 徐清宇、周永军:《民俗习惯在司法中的运行条件及障碍消除》,载《中国法学》2008年第2期;张苓:《道德的起源》,山东大学2014年博士学位论文,第155页。

地不同不能划一之事项,规定以任意条文,或不规定之,暂委之于习惯。[1] 虽时过境迁,此原则同样有适用之余地。域外立法之实践十分常见,《日本民法典》第 92 条规定:“有与法令中无关公共秩序的规定相异的习惯,如果可以认定法律行为当事人有依该习惯的规定时,则从其习惯。”此外,《瑞士民法典》第 1 条、《意大利民法典》序编第 1 条等亦有类似规定。在我国,杨立新教授认为,祭奠权没有法律规定就应当按照民间的习惯进行保护,发生争议也要按照民间习惯进行裁决。[2] 综上所述,祭奠民俗习惯作为裁判依据有现实需要与基础。

2. 作为裁判依据的民俗习惯的遴选标准

就司法而言,只有法官可以通过种种手段拒绝或在一定限度内允许或承认习惯。[3] 法官欲以某些民俗习惯充任民法法源,其实质是对民俗习惯效力之识别,这亦是民事习惯进入法律领域的关键。[4] 民俗习惯的识别,作为普适的话题,中外皆有探讨。英国在对习惯进行识别时,遵循以下标准:远古性,必须合理,必须确定(总体性质、确定人群、确定地点),必须具有强制力,未尝中断。[5] 非洲作为习惯法运用之重镇,其经验可值借鉴。在尼日利亚,有三项检验标准,即恶俗检验、合法性检验、公共政策检验。[6] 在我国,对民俗习惯识别标准已有诸多研究与尝试,公丕祥教授认为运用于司法审判的民俗习惯当是善良的、补充的、规范的。[7] 最高人民法院印发《关于为推进农村改革发展提供司法保障和法律服务的若干意见》的通知(法发〔2008〕36 号,以下简称《司法保障和法律服务意见》)中规定:坚持合法性、合理性、正当性、普遍性原则,将农村善良风俗习惯作为法律规范的有益补充。此外,江苏省泰州市姜堰区人民法院于《关于将善良风俗引入民事审判工作的指导意见(试行)》中指出司法适用的民俗习惯需满足善良性、补充性、合法性、合乎社会主义精神文明、当事人意愿等原则。[8]

综上所述,在以明确风俗为习惯的基础上,本书认为将民俗习惯作为裁判依

〔1〕 参见中华民国《民法总则编立法原则》。转引自胡长清:《中国民法总论》,中国政法大学出版社 1997 年版,第 399 - 400 页。

〔2〕 杨立新:《诠释祭奠权——兼说民事习惯作为判决依据》,载《检察日报》2002 年 7 月 19 日。梁慧星教授亦有相似观点,参见梁慧星:《裁判的方法》,法律出版社 2003 年版,第 156 页。

〔3〕 苏力:《中国当代法律中的习惯——从司法个案透视》,载《中国社会科学》2000 年第 3 期。

〔4〕 方文霖:《民事习惯司法运用研究》,中央民族大学 2012 年博士学位论文,第 78 页。

〔5〕 何勤华主编:《外国法制史》,法律出版社 2001 年版,第 202 页。

〔6〕 王林敏:《论习惯的合法性检验标准》,载《山东大学学报(哲学社会科学版)》2009 年第 5 期。

〔7〕 公丕祥:《民俗习惯运用于司法的价值、可能性与限度》,载《人民法院报》2007 年 8 月 30 日,第 5 版。

〔8〕 汤建国:《姜堰法院将善良风俗引入司法审判的报告》,载《东南司法评论》2009 年辑刊。

据时应满足以下条件：合法性、合理性、合乎时代精神、合乎国家政策。合法性是指不得与法律强制性规定、法律内在精神相冲突。合理性指被运用于司法实践的民俗习惯应当合乎公平、正义，运用之结果不至于使诉争双方利益失衡。合乎时代精神是因为，社会与时俱进，民俗习惯应适时更新，对逆时代潮流，有违社会主义精神文明的民俗习惯不予适用，这些民俗习惯主要包括违背科学规律、带有封建迷信色彩、不符合社会主义道德规范等。合乎国家政策是因为国家政策是政府基于本身所享有的行政权而制定的，一般应优于习惯而被遵守，当民俗习惯与国家政策相抵触时，应偏向支持国家政策之立场，如国家有关火葬的政策。

3. 习惯进入法律领域的途径

我国作为成文法国家，在司法裁决中制定法依据必不可少。侵权责任法中并无一般性的习惯法规定，又因责任意味着义务，是对自由的限制，所以习惯法在侵权法中适用应更为谨慎。此外，习惯法多为不完全条款，正如祭奠纠纷中所见，祭奠习惯多呈现为不完全性质，且更多作为说理依据，适用习惯之时，仍需与其他法条合作形成完整规范体系。习惯的社会规制作用主要源于道德规制、法律规制，在实现习惯的司法运用时，应分类探讨。现阶段，民俗习惯有两条进入司法审判路径：一是具有道德性质的习惯法的法律适用，如祭奠利益中的通知义务等；二是具有习惯性质的习惯法的法律适用，如祭奠利益中遗体、骨灰占有管理民俗习惯等。一些与法律精神和原则相一致的民俗习惯，可将民俗习惯支持的习惯权利阐释为某种相关的法定权利或法律原则来加以适用。〔1〕《民法典》第 8 条作为公序良俗条款具有虹管作用，使民法得以不断吸取法律外的社会中的影响。〔2〕该条的规定可作为具有道德性质的民俗习惯进入司法领域的桥梁，道德性质的民俗习惯通过转化为民法中公序良俗原则以运用于司法。

《民法典》第 10 条在一般意义上肯认了习惯法的法院地位。此外，民法各领域皆有习惯作为法源之已生效条款：物权法领域相邻关系诉争时，依《民法典》第 289 条适用习惯；商事领域，商事交易习惯可谓民商事审判的法律渊源之一；合同法领域，依《民法典》第 480 条等可适用习惯等。最高人民法院态度方面：最高人民法院《关于适用〈中华人民共和国婚姻法〉若干问题的解释（二）》（法释〔2003〕19 号）（已失效）第 10 条规定彩礼返还时参照民俗习惯，最高人

---

〔1〕王庆丰：《民俗习惯的司法适用研究——以民事诉讼为视角》，西南大学 2011 年博士学位论文，第 82 页。

〔2〕于飞：《公序良俗原则研究——以基本原则的具体化为中心》，北京大学出版社 2006 年版，第 170 页。

民法院在《司法保障和法律服务意见》中注重将民俗习惯中的积极因素转化为有效的司法裁判资源。最高人民法院在司法实中亦认可了在法律没有规定的情况下依习惯。[1] 综上所述,法无规定时,为解决实践问题,法官可以通过类推与解释类似问题有关的法律规定识别、适用民俗习惯,并与相关法条共同构成完整的裁判依据。

四、侵害祭奠利益之精神损害赔偿

侵权与责任承担如影随形,侵害他人祭奠权利,即应承担相应责任。侵害祭奠利益的侵权模式可分为两大类:一是可恢复型侵权模式,细分有如下几类:祭奠相关物处置不当,如墓碑漏刻姓名;祭奠相关物隐匿,如遗体骨灰之隐匿;祭奠相关物损毁,如逝者照片破坏。二是不可恢复型侵权模式,如逝者遗体火化导致等。可恢复型侵权模式下恢复原状、消除阻碍为主要责任承担方式。但若对受害人造成严重精神损害,亦可诉请精神损害赔偿。不可恢复型侵权只能适用精神损害赔偿和赔礼道歉等侵权责任承担方式。恢复原状、消除阻碍在祭奠利益领域适用较少,争议不大。赔礼道歉作为侵权责任承担方式,就其与言论自由的冲突与解决,本书已有专文详述[2],于此不做赘述。

精神损害主要表现为精神上遭受的痛苦和精神利益的丧失与减少。[3] 精神损害赔偿涉及法学上主观、客观问题,审判者在价值衡量时,因考量不同,导致结果各异。由表9-3可见:

表9-3 侵害祭奠利益之精神损害赔偿

案例	案由	赔偿金额	侵权发地
杜某案①	曹某与陈某同居,陈某去世,曹某未通知陈某养女杜某,并私自安葬陈某	2000元	浙江台州
龚某案②	龚某在陈某祖坟区域施工,致其祖坟永久性灭失	40,000元	北京
何某云案③	何某祥建房未尽注意义务,导致何某云祖坟坟面部分坍塌	不支持精神损害赔偿	浙江建德

〔1〕 吴庆宝:《权威点评最高法院公司法指导案例》,中国法制出版社2010年版,第51页。

〔2〕 参见张红:《不表意自由与人格权保护——以赔礼道歉民事责任为中心》,载《中国社会科学》2013年第7期。

〔3〕 杨立新:《新版精神损害赔偿》,国际文化出版公司2002年版,第4页。

续表

案例	案由	赔偿金额	侵权发地
黄某云案④	黄某旅未经兄弟姐妹同意,私自将父母遗体安置于他地	20,000 元	上海
高某案⑤	高某子朱某于重庆某学院自杀,此学院在未通知高某情形下,擅自将朱某火化	一审:不支持精神损害赔偿 二审:10,000 元	重庆

①浙江省台州市中级人民法院民事判决书,(2015)浙台民终字第 89 号。
②北京市第三中级人民法院民事判决书,(2014)三中民终字第 05390 号。
③浙江省建德市人民法院民事判决书,(2013)杭建梅民初字第 431 号。
④上海市第二中级人民法院民事判决书,(2015)沪二中民一(民)终字第 1581 号。
⑤重庆市第五中级人民法院民事判决书,(2006)渝五中民终字第 225 号。

对比案例一、五,诉争原因类同,但两者精神损害赔偿金额相差 5 倍。案例二、三相较,两者皆是祖坟因他人不当行为而受损,一法院判决精神损害赔偿金额达40,000元,而另一法院不支持精神损害赔偿。案例二、三与案例一、五比较,不同地域间精神损害赔偿金额差之甚远。借由上述分析可导出如下两个问题:一是精神损害赔偿的适用条件是什么?二是精神损害赔偿金额如何确定?

因精神损害赔偿之主观性、感情商业化担忧、法官自由裁量权滥用等原因,精神损害赔偿范围应被适当限制,严格依法而为。《民法典》第 1183 条规定,侵害他人人身权益造成严重精神损害的,被侵权人可以请求精神损害赔偿。《精神损害赔偿解释》(2001 年)第 8 条规定未造成严重后果的,一般不予支持赔偿精神损害;导致严重后果者,可予以支持。由上述规定可知,"人身权益""严重性"是精神损害赔偿的适用条件。就人身权益言,原《侵权责任法》第 2 条将民事权益分为人身权益和财产权益两类,《精神损害赔偿解释》(2001 年)第 1 条进一步将人格权益细化为生命权、健康权等具体人格权和以人身自由权、人身尊严权为核心的一般人格权。如前所言,祭奠利益作为一般人格权,其受侵害时可诉请精神损害赔偿。就严重性而言,精神损害严重性之有无,取决于法官的自由裁量这一弹性规则,此时,解释结论的妥当性将成为判决结果正义性的决定性因素,价值上的衡量因而显得尤为重要。[1] 法官在对严重性进行解释时,往往借助容忍限度理论,即超出社会一般人的容忍程度。[2] 容忍限度认定作为自由裁量之结果,在认定时仍需客观标准指导。此可借助以往案例经验抽象出法院判

〔1〕 叶金强:《精神损害赔偿制度的解释论框架》,载《法学家》2011 年第 5 期。
〔2〕 王利明、周友军、高圣平:《中国侵权责任法教程》,人民法院出版社 2010 年版,第 346 页。

断标准。在一则案例[1]中,被告破坏原告亲属坟墓拿走骨灰的行为,侵犯了原告祭奠利益,法官认为被告的行为严重违背了公序良俗,侵犯了原告等对管某的祭奠利益,致原告精神严重受损。此案中,法官依民俗习惯判定原告精神损伤严重。在另一则案例[2]中,法官认为张某之坟墓与曹家祖坟距离较近,对曹某某祭祖敬祖有一定影响,对其感情造成了一定的伤害,因此,支持曹某某精神损失费5000元之诉请。由上案可见法官在判断"严重性"时,并不过度考量"物"之破坏程度,而注重以社会民俗习惯度量受害人在乡里乡亲中的"面子"受侵害程度,精神上遭受到的打击。此外,应主要考量侵权人之侵权行为(如坟墓所在地、墓碑漏刻姓名等)和侵权人的过错程度、违背当地民俗习惯的严重程度等。

赔偿金额的确定标准。《精神损害赔偿解释》(2001年)第10条规定精神损害的赔偿数额根据以下因素确定:侵权人的过错程度,侵害的手段、场合、行为方式等具体情节,侵权行为所造成的后果,侵权人的获利情况,侵权人承担责任的经济能力,受诉法院所在地平均生活水平。第11条规定受害人有过错的,可据其过错程度减轻或免除侵权人的精神损害赔偿责任。于学理而言,精神损害赔偿具有填补功能、克服功能、抚慰功能,法院在确定精神损害赔偿金额时,应视被害人之特殊情形,以其功能之一抑或以上为据。[3] 此外,具体还需衡量侵权人过错程度,侵害的手段、场合等具体情节,侵权人承担责任的经济能力,当地的生活水平等。[4] 于实际研判中,在一则案例[5]中,法官认为《精神损害赔偿解释》(2001年)并未对精神损害赔偿的数额予以明确,法院依据慰抚为主,补助、处罚为辅的原则和结合侵权获利情况、当地平均生活水平等因素综合衡量的原则,判令被告赔偿精神抚慰金。在考量地域对赔偿数额影响时,部分高级人民法院依照当地经济状况制定的精神损害赔偿的数额与限度具有参考意义,详见表9-4。需应注意的是,多数精神损害赔偿额参照标准制定日久,随经济发展、收入变迁,应适时更新。为避适时更新之烦琐,可引入通货膨胀率概念。因经济等影响,货币购买力在不断下降,现时法院在参照以往数额标准时,应去除通货膨胀影响,更富弹性地落实精神损害赔偿的慰抚功能,能够真正调补受害者内心所

---

[1] 上海市普陀区人民法院民事判决书,(2013)普民一(民)初字第1163号。

[2] 河南省三门峡市中级人民法院民事判决书,(2010)三民终字第99号。

[3] 曾隆兴:《详解损害赔偿法》,中国政法大学出版社2004年版,第24页。

[4] 程啸:《侵权责任法》,法律出版社2015年版,第712-713页。

[5] 山西省高级人民法院民事裁定书,(2014)晋民申字第635号。

遭受的痛苦。综上所述，精神损害赔偿数额的确定是法官自由裁量的结果，应遵循慰抚为主，补助、处罚为辅的原则，并结合侵权者获利、侵权者承担责任的经济能力等实际案情和当地经济状况进行确定。

表 9－4　部分地区精神损害赔偿的数额、限度及颁布时间

地区	具体数额与最高标准	来源文件及其颁布时间
北京	因侵害行为造成受害人残疾的，赔偿数额一般不超过我市城镇职工上一年平均工资的 5 倍	北京市高级人民法院《关于印发〈关于审理人身伤害赔偿案件若干问题的处理意见〉的通知》（2000 年）
	侵害著作权，精神损害抚慰金一般不低于 2000 元，不高于 5 万元	北京市高级人民法院《关于确定著作权侵权损害赔偿责任的指导意见》（2005 年）
上海	精神损害赔偿的数额一般最高不超过人民币 5 万元为宜（上海人均 GDP 的 2 倍）	上海市高级人民法院《关于印发〈几类民事案件的处理意见〉的通知》（1999 年）
	考量因素：相对方意识状态的可归责程度；侵害的手段、场合、行为方式等具体情节；侵权行为所造成的后果；相对方的获利情况；相对方承担责任的经济能力；受诉法院所在地平均生活水平	上海市高级人民法院民一庭《关于下发〈侵权纠纷办案要件指南〉的通知》（2005 年）
江西	受害人死亡或者因伤残等造成严重精神损害的，可以请求支持赔偿精神损害赔偿。精神损害赔偿金额一般不超过 5 万元；一级伤残或者两人以上死亡的一般不超过 10 万元，最高不超过 20 万元	江西省高级人民法院《关于审理人身侵权赔偿案件指导意见（试行）》（2017 年）
山东	被侵害人是自然人的，一般性精神损害赔偿标准为 1000～3000 元；造成严重精神损害的，赔偿标准为 3000～5000 元	山东省高级人民法院《关于审理人身损害赔偿案件若干问题的意见》（2001 年）
	侵权人是自然人的，一般精神损害，赔偿标准为 1000～5000 元；严重精神损害，赔偿标准为 5000～10,000 元。侵权人是法人或其他社会组织的，一般按照自然人赔偿标准的 5～10 倍予以赔偿	山东省高级人民法院《关于印发全省民事审判工作会议纪要的通知》（2011 年）

续表

地区	具体数额与最高标准	来源文件及其颁布时间
河南	侵害自然人生命权,死亡抚慰金参照在5000~100,000元之间酌定。侵害自然人健康权造成残疾,丧失部分劳动能力的,精神损害赔偿数额在5万元以下酌定。侵害自然人姓名权、肖像权、名誉权、荣誉权、隐私权,精神损害赔偿数额在2万元以下酌定	河南省高级人民法院民事审判第一庭《关于当前民事审判若干问题的指导意见》(2003年)
浙江	根据我省审判实践,一般以5万元为限。如果侵权行为情节特别恶劣,被侵权人的损害程度特别严重或者社会影响特别大,可适当提高赔偿金额,但原则上不超过10万元	浙江省高级人民法院民一庭《关于印发〈关于人身损害赔偿费用项目有关问题的解答〉的通知》(2013年)
福建	一般侵权行为的精神损害赔偿数额在1000~10,000元酌情判定;严重侵权行为的精神损害赔偿在10,000~50,000元酌情判定;特别严重侵权行为的精神损害赔偿在50,000~100,000元酌情判定	福建省高级人民法院《关于审理人身损害赔偿案件若干问题的意见》(2001年)
重庆	对公民的身体权、健康权造成一般侵害的,赔偿金额一般不超过1000元;对公民的身体权、健康权造成严重侵害的,赔偿金额一般不超过5000元,精神损害赔偿金额最高限一般为100,000元	重庆市高级人民法院《关于印发〈审理精神损害赔偿案件若干问题的意见(试行)〉的通知》(2000年)
重庆	精神损害赔偿费的具体数额,可以结合案件的具体情况加以确定,最高一般不超过10万元	重庆市高级人民法院《关于当前民事审判若干法律问题的指导意见》(2007年)
重庆	支付精神损害抚慰金,最高额不超过国家上年度职工年平均工资的10倍	《重庆市实施〈中华人民共和国国家赔偿法〉办法》(2012年)
安徽	遭受一般伤害没有构成伤残等级的,精神抚慰金的数额一般为1000~5000元;已经构成伤残等级,精神抚慰金的数额可以结合受害人的伤残等级确定,一般不低于5000元,但不能高于80,000元;造成公民死亡的,精神抚慰金的数额一般不低于50,000元,但不得高于80,000元	《安徽省高级人民法院审理人身损害赔偿案件若干问题的指导意见》(2005年)

续表

地区	具体数额与最高标准	来源文件及其颁布时间
四川	侵犯他人姓名权、肖像权、名誉权、荣誉权、人格尊严权、人身自由权、监护权、隐私及其他人格利益等精神性人格权利的，其精神损害抚慰金的数额标准原则上应掌握在500～50,000元的幅度内	《四川省高级人民法院贯彻执行最高人民法院〈关于确定民事侵权精神损害赔偿责任若干问题的解释〉的意见》(2002年)
湖北	精神损害抚慰金的赔偿数额应从严掌握，一般以不超过5万元为宜	《湖北省高级人民法院民事审判若干问题研讨会纪要》(2004年)

注：类表可见程啸：《侵权责任法》，法律出版社2015年版，第713－715页。

五、结论

中华文明以礼乐文化为核心，社会主体普遍对丧礼甚为重视。祭奠利益保护不仅要求助于法，亦应参酌民俗习惯，由此形成复杂的纠纷解决体系和规范基础。此外，祭奠利益纠纷常涉及特殊物之性质，权利人之范围等争议点。通过对司法实践的总结分析及学理探析，本书尝试得出如下见解，为解决祭奠利益纠纷审判之疑难问题提供参考：

1. 实践中，祭奠利益有祭奠仪式的顺利进行、祭奠相关物的保全、遗体等管理权之确定、墓碑署名四种类型。因祭奠利益为社会普遍认同，有致敬达哀、道德测评、身份认同等内涵，并为社会实践所需，故应受法律保护。祭奠利益是基于身份关系但不以身份关系存续为要件，其性质不是身份权而为一般人格权。

2. 治丧人未尽通知义务，应承担侵权责任，逝者遗愿可为治丧者未尽通知义务的免责事由。祭奠利益主体通常情形下以逝者近亲属为限，但不排除特殊情形下对同居者等与逝者亲密者，因赡养义务不为祭奠利益享有之前提。骨灰、遗体是物理物而非物权法上的物，其占有管理权属之确定不适用物权法之规定。其占有管理权属确定与财产继承，两者虽有类同，但亦存在不可忽视的差异，不能直接类推适用。在确定管理人时，逝者遗嘱具有最优先效力，其配偶为优先级权利人，其他类同于继承法财产继承顺位，同一顺位内适用“多数决”规则确定管理人。

3. 民俗习惯作为民法法源系潮流所向，祭奠习惯可作为制定法之补充进入法律领域。此类民俗习惯应具合法性、合理性、合乎时代精神、合乎国家政策等特征。因法律尚没有民俗习惯作为民法法源之一般规定，道德性质的民俗习惯可由公序良俗条款进入司法运用。此外，通过比较法、学理及最高人民法院的意见，不涉道德之民俗习惯可大胆通过类推与解释进入法律领域。

4. 精神损害赔偿额之确定是法官自由裁量之结果，应以慰抚为主，补助、处罚为辅,以侵权获利、侵权人承担责任的经济能力等实际案情为考量要素和当地经济状况进行确定,并且适用过错相抵原则。精神损害赔偿额参照标准制定日久,因经济等因素影响,货币购买力不断变化,宜引入通货膨胀概念以更好地发挥精神损害赔偿之功能。

第四节 侵害生活安宁利益之认定

一、一项有关安静的利益诉求

国人向来追求静以修身、宁静致远,然世事纷扰,能于喧嚣红尘中求得一方净土,达致内心的安宁,实为不易。时代诉求呼唤法治回应,对于这一安静的利益诉求,反映在法律上即对生活安宁利益的追求。生活安宁利益因社会发展变迁而产生,随着时间推进,相关纠纷不断骤增。[1] 所谓生活安宁利益是指一种保护自然人在维系自己生活环境中的一种生活状态之安稳宁静的利益。[2] 生活安宁利益与自然人的生活质量息息相关,社会生活中"广场舞""呼你死""垃圾短信""震楼器"等扰人清净的情形无所不在,使人无法正常休息、工作,受害人常处于紧张、不安、痛苦等精神状态中。在此背景下,生活安宁利益作为一种新型人格利益诉求被提了出来。

在《民法典》出台前,法官常运用习惯等制定法外法源等作为裁判依据,这容易导致裁判标准不一。学说上对此问题的研究尚处于滥觞阶段[3],未建立系统的解释论,亦未形成通说以补立法之缺、司法之穷。《民法典》第 1032 条第 2

---

〔1〕 具体案件参见湖南省常德市中级人民法院民事判决书,(2013)常民四终字第 223 号;广东省广州铁路运输中级法院民事判决书,(2015)广铁中法民终字第 12 号;上海市第一中级人民法院民事判决书,(2012)沪一中民二(民)终字第 1651 号;江苏省南通市中级人民法院民事判决书,(2004)通中民一终字第 166 号;吉林省通化市中级人民法院民事判决书,(2015)通中民二终字第 187 号;海南省第一中级人民法官院民事判决书,(2012)海南一中民二终字第 270 号;上海市第一中级人民法官院民事判决书,(2015)沪一中民六(商)终字第 107 号等。

〔2〕 生活安宁利益又称"精神安宁权""安宁生活权"等。参见方乐坤:《精神安宁权的基础及理由分析》,载《西南政法大学学报》2007 年第 5 期;刘保玉、周玉辉:《论安宁生活权》,载《当代法学》2013 年第 2 期。

〔3〕 刘保玉、周玉辉:《论安宁生活权》,载《当代法学》2013 年第 2 期;饶冠俊、金碧华:《生活安宁权保护的现实困境及解决思路》,载《行政与法》2010 年第 1 期;饶冠俊:《创新社会管理视角下的生活安宁权界定及法律保护》,载《学术交流》2012 年第 1 期;何建国:《生活安宁权及其保护探析》,载《西安石油大学学报(社会科学版)》2016 年第 4 期。

款虽将“生活安宁”纳入隐私权加以保护，但理论上对于生活安宁利益为什么会生成，其是否应受法律保护以及通过何种路径予以保护皆有待探讨。〔1〕一般而言，从理论上证成新型人格利益，需明确法律保护的正当性及其独立性。〔2〕然而，这个世界中的所有利益皆有人主张，任一利益的实现总以牺牲他人相对利益为代价。〔3〕生活安宁利益作为精神性人格利益，由于缺乏有形的物质载体，似乎无明确界限，在与其他权益产生冲突时，如何实现权益间的平衡亦殊难界定。

基于此，首先，本书剖析生活安宁利益的内涵，进而明确生活安宁利益法律化的必要，生活安宁利益何以法益化。并且，本书对以下问题也进行了阐述：追求稳定性的制定法如何包容生活安宁利益的生成？此外，生活安宁利益生成的社会基础，究竟是基于习惯〔4〕，抑或其他？这些社会基础如何支撑生活安宁利益的生成？其次，生活安宁利益在现有法律体系的归宿为何？此主要涉及生活安宁利益的独立性、可区分性问题。在司法裁判中，有案例将生活安宁利益视为隐私权的重要内容〔5〕，亦有些案例通过个人信息权保护生活安宁利益。〔6〕此种情形下，理论上生活安宁利益在隐私权、个人信息权的夹击之下，左突右击，是否有存立之余地？最后，在《民法典》第990条第2款开放立法的情形下，为处理实践案例，利益衡量成为法官常用的思考方法，但在新型人格利益争议时，利益衡量装置如何实施，利益衡量方法如何操作，亟待明确。

---

〔1〕虽然《民法典》第1032条将“生活安宁”作为隐私加以保护，但回顾隐私权在我国民事立法的保护路径演变史便有理由对未来生活安宁的法律保护模式的发展进行讨论。参见张红：《民法典之隐私权立法论》，载《社会科学家》2019年第1期。

〔2〕姚建宗、方芳：《新型权利研究的几个问题》，载《苏州大学学报（哲学社会科学版）》2015年第3期。

〔3〕［德］菲利普·黑克：《利益法学》，傅广宇译，商务印书馆2016年版，第18页。

〔4〕有学者认为新型权利生成的直接社会根据是习惯以及从习惯中提取出来的习惯权利。谢晖：《论新型权利生成的习惯基础》，载《法学研究》2015年第1期。

〔5〕广东省高级人民法院民事判决书，（2016）粤民再464号；江苏省南京市中级人民法院民事判决书，（2014）宁民终字第1974号；山东省济南市中级人民法院民事判决书，（2014）济民一终字第668号；云南省昆明市中级人民法官院民事判决书，（2004）昆民二终字第785号等。此外，有学者将生活安宁权视为隐私权的重要内涵，王毅纯：《论隐私权保护范围的界定》，载《苏州大学学报（法学版）》2016年第2期；王利明：《隐私权概念的再界定》，载《法学家》2012年第1期。

〔6〕北京市第一中级人民法院民事判决书，（2015）一中民终字第07940号；上海市徐汇区人民法院民事判决书，（2000）徐民初字第1430号；上海市第一中级人民法院民事判决书，（2011）沪一中民一（民）终字第1325号；上海市浦东新区人民法院民事判决书，（2010）浦民一（民）初字第22483号等。

二、司法生成权利:生活安宁利益作为新型人格利益

(一)生活安宁利益的四种类型

生活安宁利益作为新型人格利益,其内涵、外延的明确需依托司法先例的归纳。此需借助类型化的方法,并遵循类型的逻辑特征,在类型的基础上进行判断、推理,建构新型权利的理论体系。[1] 笔者于北大法宝,以生活安宁、安宁等作关键词,不设定时间进行检索,排除同院多判、说理简陋、名不副实者,截至2018年3月共得到具有代表性的有效案例36则,类型化如下:

类型一:相邻关系中权利滥用侵犯生活安宁利益。人具有社会性,人与人之间的社会关系主要围绕相邻关系而展开。[2] 随着人口的日益集聚,因相邻者权利滥用而引发的纠纷日渐增多,其中侵害生活安宁的情形时常发生。总结司法实践经验,主要有不可量物的侵入和因物之损害而引起恐慌两种类型。《德国民法典》第906条规定不可量物侵入主要有三种情形:臭气、噪音、烟等从另一块地发出的类似侵入。[3] 在司法实践中,此类情形十分常见,例如,猪圈废弃物堆积产生刺鼻臭味而造成的侵权[4],相邻小区建设所产生噪音、粉尘严重影响相邻方的正常生活。[5] 此外,房屋过度装修常会对相邻房屋造成损害,导致漏水等情形,进而侵害生活安宁利益。如在一则案例中,王某因装修不当,造成漏水现象,使沈某卫生间及主卧天花板、墙面受损。法官认为王某之行为给沈某的生活安宁造成了影响。[6]

类型二:滥用个人信息侵犯生活安宁利益。在信息社会,民事主体在使用商家服务时,往往需用个人信息注册,在制度不健全的情形下,个人信息常被非法收集利用。例如,在一则案例中,原告在工作时间以及休息时,不间断地受到被告业务员的电话骚扰,原告明确拒绝后,被告亦未停止侵权行为。法官认为被告

---

〔1〕 张斌峰、陈西茜:《试论类型化思维及其法律适用价值》,载《政法论丛》2017年第3期。

〔2〕 邱本、王岗:《再论相邻关系》,载《当代法学》2015年第6期。

〔3〕 《德国民法典》,陈卫佐译注,法律出版社2015年版,第340页;梁慧星、陈华彬:《物权法》,法律出版社2008年版,第199页。

〔4〕 海南省第一中级人民法院民事判决书,(2012)海南一中民二终字第270号。

〔5〕 江苏省南通市中级人民法院民事判决书,(2004)通中民一终字第166号。类似的案件还有:吉林省通化市中级人民法院民事判决书,(2015)通中民二终字第187号;山东省济南市中级人民法院民事判决书,(2014)济民一终字第668号。

〔6〕 上海市第一中级人民法院民事判决书,(2009)沪一中民二(民)终字第2459号。

滥用其所掌握的个人信息，客观上滋扰了原告正常的生活安宁，构成侵权行为。[1] 在另一则案例中，案情类似，法官更为详细地论述到：被告侵害了原告的信息自主选择权及生活安宁权。虽然这两项权利法无明定，但我国《宪法》、《民法典》同时确立了一般人格权，而生活安宁利益能够体现人之价值、人身自由和尊严，是一般人格权利益重要组成部分，应受到法律的保护。[2] 此外，亦有因不当公示他人信息，招致第三人侵害信息主体生活安宁利益的情形。如电视节目中误用受害者电话号码[3]，或未经允许在杂志上公布某专家住址、电话联系方式等，引来第三人高频率拨打电话、发送信息，进而影响生活安宁。[4]

类型三：错误告知侵犯生活安宁利益。所谓错误告知，是指行为人因故意或过失告知他人错误信息，从而扰乱他人安稳平和的生活秩序，并造成严重损害后果的行为。[5] 此种类型下，受害者多因信赖专业人士之权威，受其错误的负面信息影响，抑或是第三人可能因信赖此信息，误解受害者，进而对受害者作出消极的社会评价，导致受害者内心惊慌。此类型在司法实践中时有发生，例如，在一则案例中，原告在西安某医院做妊娠检查时，被该医院诊断为"艾滋病"。后来，原告到西安交通大学第二医院等医院复查，检查结果均否定了初诊结论，原告遂因此错误告知导致其心理恐惧及精神压力，诉请精神损害赔偿。法官认为原告之恐慌是基于其对艾滋病的无知，此侵权后果与被告行为并无直接关系，故不支持原告诉求。[6] 然而在日常生活中，一般人基于对医院权威性的信任，多

---

〔1〕 上海市浦东新区人民法院民事判决书，(2010)浦民一(民)初字第22483号。类案有：上海市第一中级人民法院民事判决书，(2015)沪一中民六(商)终字第107号；湖南省常德市中级人民法院民事判决书，(2013)常民四终字第223号；上海市第一中级人民法院民事判决书，(2011)沪一中民一(民)终字第1325号；广西壮族自治区钦州市钦北区人民法院民事判决书，(2015)钦北民初字第1883号；安徽省亳州市中级人民法院民事裁定书，(2016)皖16民辖终38号；上海市徐汇区人民法院民事判决书，(2013)徐民一(民)初字第1336号；湖南省常德市武陵区人民法院民事判决书，(2013)武民初字第01172号；上海市徐汇区人民法院民事判决书，(2013)徐民一(民)初字第5269号。

〔2〕 广东省茂名市茂南区人民法院民事判决书，(2011)茂南法民初字第1604号。

〔3〕 安徽省亳州市中级人民法院民事判决书，(2016)皖16民辖终38号。

〔4〕 上海市徐汇区人民法院民事判决书，(2000)徐民初字第1430号。

〔5〕 刘保玉、周玉辉：《论安宁生活权》，载《当代法学》2013年第2期。

〔6〕 陕西省西安市新城区人民法院民事判决书，(2004)新民初字第2419号。新闻报道"女子仅牵手接吻查出怀孕，新婚丈夫得知后不听解释"中，女子婚前检查，其与未婚夫仅牵手、接吻，但被误诊为怀孕，其未婚夫听后选择与其分手，虽然后被证明婚检存在错误，其与未婚夫之间的裂痕亦无法弥补。参见《女子仅牵手接吻查出怀孕　新婚丈夫得知后不听解释》，载搜狐网2017年7月14日，http://www.sohu.com/a/157101256_117323。

会信任其诊断结果,突遭变故,早已心神不宁,生活、工作会受到很大影响[1],因此法院裁判,有待商榷。

类型四:不当“维权”侵害生活安宁利益。维护自己合法权益不受侵害是法律赋予每个人的权利,但任何一种权利都有行使限度,超越此限度,就可能侵权,甚至违法或犯罪。[2] 现实生活中,不当维权侵害生活安宁利益的情形十分常见,但法官对其是否构成侵权裁判不一。如在一则案例中,被告丈夫与原告喝酒致死,经调解双方达成协议。原告履行完毕后,被告仍不满足,继续侵扰原告。法官认为被告应当采取正当的法律途径解决争议,被告行为影响原告的正常工作和生活,侵害了原告的合法权益。[3] 而在另一则案例中,朱某在多个春节前夕多次到王某家中、所住小区无理取闹,索要工程款,扰乱王某及家人的生活安宁,王某向法院提起诉讼。法官认为朱某行为存有不当,但双方应相互谅解,朱某并不构成侵权。[4] 对比以上两案,为何类似维权行为,一则构成侵权,而另一则不构成侵权,有待厘清。

(二)生活安宁利益是一项新型人格法益

探讨新型人格利益的逻辑起点是其具备何种条件时,法律才应保护此类新型利益。[5] 有学者进一步将新型人格利益的生成条件表述为:民事主体的实践诉求以及此诉求的内在合理性[6],但此观点忽略了成文法的话语体系。基于此,本书认为生活安宁利益作为一项新型法益的证成逻辑应为:其一,生活安宁利益成为法益应具合法性。其二,生活安宁利益生成的表面动因,即社会对新型人格利益诉求是否具有普遍性。其三,新型人格利益产生的根本动因,即法律保护是否具有价值正当性,法律保护是否契合社会发展而具有合理性。人格权是一项不断变动的权利,随着社会发展,新型人格利益不断出现并进入法律领域。

笔者于北大法宝对相关法律条文进行检索,并以原《民法总则》中所列举的

---

[1] 《成都男子被误诊艾滋病达七年,期间遭女友抛弃,亲哥与他断绝关系》,载凤凰网,http://news.ifeng.com/a/20171204/53852124_0.shtml。

[2] 刘作翔:《权利冲突:案例、理论与解决机制》,社会科学文献出版社2014年版,第340页。

[3] 江苏省徐州市中级人民法院民事判决书,(2016)苏03民终6262号。类案有:北京市第一中级人民法院民事判决书,(2015)一中民终字第07940号。

[4] 湖南省长沙市岳麓区人民法院民事判决书,(2014)岳民初字第06760号。

[5] 周赟:《新兴权利的逻辑基础》,载《江汉论坛》2017年第5期。

[6] 张先贵:《中国法语境下土地开发权是如何生成的——基于“新权利”生成一般原理之展开》,载《求是学刊》2015年第6期。

具体人格权作为检索对象,主要关注法律和司法解释,力争穷尽。从宏观上对我国人格立法梳理如下表,从表9-5可以看出,随着时间演进,新型具体人格权不断出现,并被立法确认。故人格权保护立法要以社会普遍需求为导向,进行制定法的"供给侧改革",以满足人格发展的需要。但随着社会发展,新型人格利益则在不断生成,如何妥善处理法律的稳定性与新型人格利益诉求的变动性?

表9-5 我国人格立法数量时间

单位:部

项目	时间				总数
	1990年以前	1990~1999年	2000~2009年	2010年及以后	
生命、身体、健康权	1	3	3	5	12
姓名权	6	3	8	5	22
名称权	2	5	6	3	16
肖像权	2	4	3	4	13
名誉权	5	12	7	6	30
荣誉权	2	6	6	2	16
婚姻自主权	1	1	1	1	4
隐私权	0	0	10	17	27
个人信息权	0	0	13	125	138
人格尊严	2	8	14	16	40
合计	21	42	71	184	318

追求稳定性的法律无法回应社会变动性之难题,单从成文法的角度无法解决。"法律如同人类自身一样,只要生命延续,就必须找到妥协与折中之路。"[1]有必要通过制定法权利体系的开放和司法能动性的双向配合,进而解决该难题。法律权利体系的开放性可以预防法律僵化,既能为司法能动性提供操作空间、合法性依据,又能抵抗社会变动对制定法体系的冲击。《民法典》第990条第2款是人格权权利体系保持开放的"窗口",亦是生活安宁利益得以进入法律领域的

〔1〕[美]本杰明·N.卡多佐:《法律的成长》,李红勃、李璐怡译,北京大学出版社2014年版,第15页。

“桥梁”。此不仅不是立法的败笔,反而是高超立法技术的体现,是立法的必要。[1] 但人格自由、人格尊严更多体现为主观感受,当民事主体内心感受到“羞辱”与“不爽”时,常以人格权受损向法官提起利益保护之诉求,由此法官必须当好“把门人”,多方考量法律权利体系内固化的新型人格利益,进而决定是否准其进入法律的疆域,而应避免疏于说理,使庄严的判决成为“儿戏”。如何在预防权利泛化的基础上,建立有效甄别方式,遴选出应法益化的新型人格利益,这是法官工作的重点和难点。本书依托生活安宁利益的法益化对新型人格利益的筛选探讨如下:

首先,生活安宁利益的法益化具备普遍的社会诉求。社会需求是生活安宁利益等新型人格利益生成的源泉与动力。[2] 生活安宁利益之社会诉求的普遍性,是利益保护必要性的体现。社会普遍诉求可分为两个逻辑层次:社会对生活安宁利益诉求的普遍性;社会对通过法律保护该项利益诉求的普遍性。在社会关系日渐复杂、生活方式日渐多样、民众聚居日益紧密的现代,民事主体对生活安宁利益的诉求日益强烈。在日常生活中,生活安宁利益之诉求体现在各方面,邻里关系中不可量物侵入,例如,邻家因措施不当产生的噪音、臭气、超过合理限度的不当“维权”、针对广场舞的鸣枪放狗、误诊为艾滋病后的惶惶不可终日等。这些问题在日常生活中比比皆是、触目惊心。虽然社会事实与法律存在一定距离,但法律不能仅局限于“概念的天国”,忽视外在的社会事实,而应积极回应社会问题。生活中侵害生活安宁利益多发仅是论证法律保护的必要条件,而非充分条件。尚需从与法律更具亲缘性的司法裁判出发,通过归纳证明人民要求法律保护生活安宁利益的普遍性。在对生活安宁利益进行认定过程中,需借助经验法则。所谓经验法则,则是透过归纳逻辑的方法去发现。[3] 在司法实践中,法官对生活安宁利益的肯定与保护的案例不在少数,而诸多类似案例的综合构成了对生活安宁利益诉求普遍性最直观的表征。在北大法宝中以生活安宁为关键词,不设定年份进行检索,截至 2018 年 1 月 22 日共有民事案例 430 则,其中 2017 年共 88 则(2017 年判决尚未完全上网),2016 年共 125 则,2015 年共 104 则,2014 年共 74 则,2013 年共 18 则,2012 年共 12 则,2011 年共 9 则。宏观分析

---

[1] 张玉洁:《论模糊语词之于立法的意义——兼及对法律不确定性命题的修正》,载《法律方法》2014 年第 2 期。

[2] 李拥军:《论权利的生成》,载《学术研究》2005 年第 8 期;周占生:《权利的限制与抗辩》,民族出版社 2015 年版,第 24 页。

[3] 杨仁寿:《法学方法论》(第 2 版),中国政法大学出版社 2013 年版,第 119 - 120 页。

案例数量可见,生活安宁利益的法律纠纷呈现日增之势。创造法律者,不是概念而是利益和目的。[1] 职是之故,面对如是诉求,生活安宁利益存在法益化的必要性。

其次,生活案例利益的法益化具备价值基础。生活安宁利益是人格自由、人格尊严的外在体现,是一项基本权利。在一则案例中,法官认为生活安宁利益是人格自由、人格尊严的体现,是民法与宪法共同保护的对象。[2] 要求自己安宁的生活不被打扰,正是其消极人格自由的体现。生活安宁利益是人格自由的体现,人格自由体现了主体自由意志的要求。[3] 在另一则案例中,法官认为生活安宁利益作为人格尊严的体现,是一项民事基本权利,是人之为人不可缺少的一部分。[4] 此外,不当维权中的斯打辱骂涉及《宪法》第 38 条公民人格尊严不受侵犯的内在精神的规定;不可量物侵入住宅涉及《宪法》第 39 条公民住宅不受侵犯的内在精神的规定;滥用个人信息、电话滋扰涉及《宪法》第 40 条公民享有通信自由和通信秘密的内在精神的规定。此外,"免受惊扰的自由"被写入《公民权利和政治权利国际公约》等,作为一项基本权利已被世界各国普遍认可。[5] 由此可见,生活安宁利益是一项宪法性权利在民法人格权领域的映射。生活安宁利益的保护也是维系人正常生活的重要手段。在一则案例中,原告和被告相邻而居,被告家阳台落水管、空调等布置于原告家阳台下,严重影响了原告生活休息。法官认为原告居住应享有生活安宁利益,由此被告应承担避免妨碍原告正常生活的义务。[6] 可见生活安宁利益与正常生活紧密相关。此外,"非宁静无以致远"[7],在受耕读文化的儒家思想影响、清净无为的黄老思想浸淫的民族文化熏陶下,安静地生活、学习是民众普遍的内心追求,这就奠定了生活安宁利益在民族基因上的内心确信,故对生活安宁利益进行保护能够得到普遍的认可与赞同。

再次,生活安宁利益的法益化契合社会发展需要,科学技术的发展[8]、新

---

[1] [德]菲利普·黑克:《利益法学》,傅广宇译,商务印书馆 2016 年版,第 17 页。
[2] 广东省茂名市茂南区人民法院民事判决书,(2011)茂南法民初字第 1604 号。
[3] 曹险峰:《人格、人格权与中国民法典》,科学出版社 2009 年版,第 75 页。
[4] 上海市第一中级人民法院民事判决书,(2018)沪 01 民终 508 号。
[5] 方乐坤:《论精神安宁权的克减——兼及警察权的行使限度》,载《西部法学评论》2017 年第 3 期。
[6] 陕西省咸阳市中级人民法院民事判决书,(2017)陕 04 民终 1295 号。类案有:上海市第一中级人民法院民事判决书,(2009)沪一中民二(民)终字第 877 号;上海市浦东新区人民法院民事判决书,(2010)浦民一(民)初字第 22483 号;湖北省襄阳市中级人民法院民事判决书,(2017)鄂 06 民终 2725 号等。
[7] 诸葛亮:《诫子书》。
[8] 梅术文:《网络传播权利的产生机理研究》,载《科技与法律》2006 年第 4 期。

的市场模式[1]、新的聚居生活方式是社会发展的重要体现。科技是把“双刃剑”,新的科技成果在生活中的运用会引发新的社会关系和新的法律问题。[2]例如,利用大数据技术引致公民人格与财产权益的侵犯与保障问题,这产生了具有大数据特征的新型权利。[3] 如在一则案例中,百度公司利用储存在用户本地终端上的数据技术(又称cookie技术),收集朱某上网信息,并运用大数据分析其偏好,在其网络页面不停弹射出相应广告。一审法院认为百度公司对朱某的生活安宁和精神安宁造成了一定程度的影响。而二审法院认为百度公司在《使用百度前必读》中明确cookie技术的使用,朱某使用网站构成默认许可。诚然,朱某构成信息收集的默认,但百度公司高频率地针对朱某推送广告的行为,亦属侵害其生活安宁利益的行为。[4] 随着高科技的普及,类似情形在生活中十分常见。科技发展也为侵权便利化提供了条件。“呼死你”“短信轰炸机”等软件的开发,使得借助信息技术低成本侵犯生活安宁利益成为可能。另外,随着手机、邮箱以及各联系方式的增多,民事主体与社会其他人的连接端口不断增加,每一端口都有可能成为侵扰生活安宁利益的侵权通道。并且,诸多网络服务的使用常需以个人信息进行注册,而有些服务商会滥用个人信息高频率地向民事主体发送短信等,侵扰生活安宁。由此可见,在科技发达的现代,信息主体赤裸裸地站在各侵权者的信息射程内而无防备之力,有必要借助生活安宁利益保护法律空白地带。此外,经济、一般社会结构和一般文化等发生了深层次的变革,对现代法律文化具有形塑作用。[5] 我国城市化发展迅速,社会生活模式随之而变,而生活方式的变化常会引起法律的产生、变化。[6] 我国作为世界上人口最多的国家,城市的人口密度较大,民事主体从未像现在这样将彼此的活动范围如此紧密且便利地交叠在一起。[7] 因此,人与人在生活上碰撞日益激烈,广场舞、不夜城等所带来的嘈杂之声时时充斥耳膜,楼上楼下的不当活动常常惊扰睡眠。当人们对安宁生活的渴望和追求受到干扰和破坏时,受害者会处于紧张、不安、痛

[1] 宋亚辉:《新权利的生成:以“户外广告发布权”为例》,载《法制与社会发展》2010年第3期。

[2] 罗玉中主编:《科技法学》,华中科技大学出版社2005年版,第13页。

[3] 白利寅:《论科技进步与治理转型中的新兴(新型)权利——以相关研究的述评为视角》,载《东方法学》2017年第4期。

[4] 江苏省南京市中级人民法院民事判决书,(2014)宁民终字第5028号。

[5] 高鸿钧、赵晓力主编:《新编西方法律思想史(现代、当代部分)》,清华大学出版社2015年版,第458页。

[6] 周艳云:《生活方式变迁对法律演变的影响》,载《河南工业大学学报(社会科学版)》2014年第2期。

[7] 方乐坤:《精神安宁权的基础及理由分析》,载《西南政法大学学报》2007年第5期。

苦等精神状态。

最后,风俗等规范功能的弱化推动生活安宁利益法益化。民事习惯是指在一定区域内,基于长期的生产生活实践为社会公众所知悉并普遍遵守的生活和交易习惯。[1]《民法典》第10条将习惯作为民法渊源,但此处习惯是指习惯法,是指一些符合特殊要件、可以起到定分止争的裁决依据。[2] 如在一则案例中,郭某与马某比邻而居,马某为遵照利益重修南侧院墙,导致郭某庭院失去封闭状态,影响了郭某的生活安宁。在裁判时,法官认为不动产相邻方应尊重历史使用习惯及当地习俗,因此马某行为构成侵权。[3]可见,风俗习惯在相邻关系中充任着重要角色。而且生活中的日照、通风、气味等皆内蕴生活安宁利益[4],此于我国台湾地区"民法"中获得认可与支持,该规定第793条有气声侵入之禁止条款规定,有习惯者从其习惯。此外,在宗法礼法盛行的熟人社会,侵犯生活安宁之行为受空间的严格限制,侵权者、受害者多为相邻者,习惯、道德能有效地规制有限的侵犯生活安宁利益之情形。但当今社会由熟人社会向陌生人社会快速转变,靠舆论评价等支撑、自我约束的习惯来规范此类行为就显得苍白无力,由国家强制力保障的法律则需走向前台,以期周延、强力地保护自然人的生活安宁利益。

三、一般人格权:生活安宁利益的规范依据

(一)生活安宁利益与隐私权、个人信息权保护法益不同

在我国现阶段,许多学者将生活安宁利益放在隐私权中进行讨论。[5] 在司法实践中,法官对生活安宁利益的调整领域认知模糊,时常将生活安宁利益视为隐私权的权利子项。如在一则案例中,被告频繁给原告拨打骚扰电话、发送骚扰信息,内容低俗下流,严重干扰了原告的安宁生活,并且被告给原告朋友群发短信,肆意诋毁原告人格。针对此侵权行为,法官认为隐私权内涵有公民个人活动

---

〔1〕[德]G. 拉德布鲁赫:《法哲学》,王朴译,法律出版社2005年版,第48-50页;王利明:《论习惯作为民法渊源》,载《法学杂志》2016年第11期。

〔2〕笔者已有文章对此进行详述,此处不作赘述。张红:《侵害祭奠利益之侵权责任》,载《法学评论》2018年第2期。

〔3〕北京市第三中级人民法院民事判决书,(2014)三中民终字第03250号。

〔4〕湖北省高级人民法院民事判决书,(2016)鄂民终1314号;北京市平谷区人民法院民事判决书,(2015)平民初字第08016号等案中皆有体现。

〔5〕王利明:《隐私权概念的再界定》,载《法学家》2012年第1期;王毅纯:《论隐私权保护范围的界定》,载《苏州大学学报(法学版)》2016年第2期;冷传莉、李怡:《司法保护视角下的隐私权类型化》,载《法律科学》2017年第5期;易继明、杜颖:《网络时代的隐私权刍议》,载《研究生法学》2011年第1期等。

自由权和生活安宁权,被告通过手机频繁滋扰原告的行为,侵犯了原告的隐私权。[1] 在另一则案例中,法官将隐私权细分为个人生活安宁权、个人生活信息保密权、个人通信秘密权、个人隐私使用权。[2] 此外,因滥用他人信息侵害生活安宁利益的案件实属常见。如在一则案例中,原告在某银行申请信用卡,并留下电话号码。后来,该银行为推广新业务,多次在原告明确拒绝的情形下拨打其电话,严重影响了原告的正常生活。法官认为该银行超出合理限度利用原告号码向其推广新业务,惊扰了原告的安宁生活,侵犯了原告个人信息受保护的权利。[3] 该案中,法官虽然认可被告行为严重影响了原告的生活安宁,但在判决中将之归于个人信息权进行保护。如上所言,个人信息权、隐私权与生活安宁利益常相伴存在,生活安宁可通过隐私权、个人信息权保护,那么在隐私权与个人信息权的夹击之下,生活安宁利益有无独立存在之必要,有待探讨。

20世纪下半叶以来,隐私权在世界范围内得到承认,但隐私权的保护范围在不同法域各不相同。在我国,隐私权经历了名誉权保护时期、隐私利益保护时期、隐私权保护时期。[4] 隐私权作为一项具体人格权,有学者参照美国法认为隐私权应以生活安宁和私人秘密为基本内容。[5] 此观点有其正当性,因为隐私偷窥、私闯住宅等皆导致受害者的生活安宁受损,但通过隐私权保护生活安宁利益并不周延。我国法上隐私权概念与美国法上隐私权概念存有巨大差别,我国隐私权应受到"隐"与"私"的拘束,以明确其权利涵摄范围。个人有意就某种事实进行保密是为"隐",强调的是信息主体不愿公开而被他人知道的信息。对"隐"之确定应当主客观相结合,即主观上认为此乃隐私,客观上符合"合理隐私

---

〔1〕 上海市徐汇区人民法院民事判决书,(2013)徐民一(民)初字第5269号。类案有:北京市高级人民法院民事裁定书,(2017)京民申1540号;广东省高级人民法院民事判决书,(2016)粤民再464号等。

〔2〕 云南省昆明市中级人民法院民事判决书,(2004)昆民二终字第785号;山东省枣庄市中级人民法院民事判决书,(2015)枣民一终字第541号;宁夏回族自治区固原市中级人民法院民事判决书,(2017)宁04民终165号。

〔3〕 上海市第一中级人民法院民事判决书,(2015)沪一中民六(商)终字第107号。

〔4〕 张红:《人格权各论》,高等教育出版社2015年版,第479-488页。

〔5〕 这种观点是直接从美国法中直接继受而来的,旨在强调通过隐私权能够达到维护生活安宁的权能。实际上在美国,隐私权作为涵摄领域宽泛的权利,其在美国私法体系中发挥着类似我国一般人格权的职能,是人格权保护的兜底性权利。我国人格权体系有名誉权、姓名权、隐私权等具体人格权,为避免权利冲突,隐私权涵摄之区域应受到严格限制。此外,《民法典》第109条明确规定一般人格权,无须过多扩充隐私权概念的涵摄范围。王利明:《隐私权概念的再界定》,载《法学家》2012年第1期;谢远扬:《个人信息的私法保护》,中国法制出版社2016年版,第126页。

期待”。通过对下案的演绎，我们可以更清楚地区分隐私权与生活安宁利益。在一则案例中，被告张某除了披露王菲的私人信息，还在网上发布有大量倾向性的言辞和评论，从而引发众多网民对王菲的“人肉搜索”。此外，众多网友还在王菲父母住所处张贴侮辱性横幅和标语。该案中，法官认为被告行为侵犯了原告隐私权。[1] 如果在该案中，原告父母亦提起相应的民事诉讼，那么原告父母何种权利受损？原告父母的隐私权虽未受到侵害，但是网民们长期在小区内拉横幅声讨的行为，惊扰了原告父母生活及精神世界的安宁，导致内心的悸动与惊恐，故原告父母之权益应通过生活安宁利益路径获得保护。

就概念内涵而言，隐私权和生活安宁利益存在如下区别：首先，对私人信息公开所持有的主观心理要件的区别。隐私权人不愿被他人获知自己信息，并积极地排除被他人所知的可能。而生活安宁利益人主观上并没有刻意隐蔽私人活动领域、私人信息等，甚至个人信息等是其本人主动公开的，例如，为享用某项商业服务，而注册填报自己的隐私。其次，两者所保护的价值内涵不同。隐私权的客观表现形式是与私人空间、私人事务及私人信息有关的内容。[2] 隐私源自人的羞耻本能[3]，如果隐私被窥探和被他人所知的话，就会使当事人觉得羞耻和不愉快。生活安宁利益之客观则是自然人对生活安宁状态的追求，这种追求很多时候与隐私权无关，如错误告知之情形。再次，侵害隐私权之行为则是公布了受害人不愿被他人所知的事实，且公布内容应是已发生的、真实的、合法的事实；而侵害生活安宁利益则不要求信息内容，仅关注事件发生的频率与强度。最后，隐私权之损害后果在于侵犯了权利人之私密信息的保密性，与之相较，侵害生活安宁利益的损害后果则在于使其原有的生活宁静的状态受到了破坏。

此外，隐私权亦会涉及生活安宁利益，例如，他人对私人空间的窥探及未经许可的闯入等，皆会影响隐私权人的生活安宁。由此需要澄清的是，不可否认生活安宁利益与隐私权存在重合，但这并不影响生活安宁利益的独立性。从上述两者区别可见，《民法典》第1032条中隐私权所涵摄的生活安宁基于隐私而产生，可视为隐私权的一项权能，故此类生活安宁应受“隐”与“私”限制。于此之外，则是生活安宁利益独立的涵摄区域。又因生活安宁利益作为新型人格利益，其内涵外延皆不确定，但隐私权之保护则相对成熟，为避免生活安宁利益的出现

---

〔1〕 北京市第二中级人民法院民事判决书，(2009)二中民终字第5603号。

〔2〕 张万洪、徐亮：《隐私权本质的解析与界定——隐私权的法哲学反思》，载《青海师范大学学报(哲学社会科学版)》2007年第1期。

〔3〕 张新宝：《从隐私到个人信息：利益再衡量的理论与制度安排》，载《中国法学》2015年第3期。

对现有法律体系造成过大冲击,在权利重合时,应明确生活安宁利益作为补充性规定的功能定位。

《民法典》第111条规定个人信息不得被非法收集、使用、加工。个人信息是特定人相关联、反映个体特征的具有可识别性的符号系统[1],包括姓名、性别、年龄、血型、健康状况、身高、人种、地址、头衔、职业、学位、生日、特征等可以直接或间接识别个人的资料。[2] 个人信息权是指个人信息涉及人依法对其个人信息所享有的支配、控制并排除他人侵害的权利。[3] 个人信息权作为一项新型的具体人格权,对于保护公民的人格尊严、使公民免受非法侵扰、维护正常的社会秩序具有重要意义。[4] 信息使用权是个人信息权的重要构成部分,其是指信息主体有权决定使用自己信息以及决定许可他人使用自己信息。[5] 信息使用权能否涵摄滥用他人信息侵犯生活安宁利益类型?可依托以下案例对其进行探讨。

在"陈某案"中,在《中国刑警九月风暴》电视剧中,剧中明星"刘语"的电话号码与陈某电话相同,之后,陈某收到上万条短信和不计其数的电话,其中大部分的短信和来电都发生在陈某工作、开会和大半夜睡觉的时候,其不堪其扰,且频频被骂"耍大牌"。在日常生活中,他被领导误解调侃,还被爱人猜忌试探。法官认为制片方侵害了陈某的权利,但未明确陈某的何种权利受损。[6] 此案是因错误登记他人电话号码,而引起的误用,常见在电视节目、宣传单中将当事人号码误用为明星号码、投诉电话等。依照个人信息权的权能,真实信息主体可要求侵权人更改错误信息,并撤回自己信息,由此可言,侵权人行为实则侵犯了信息主体对个人信息的支配权。在此案中,侵权人行为侵害的是信息主体的信息利用权。而在"王某案"中,王某在某网站发布房屋出租信息,某物业公司业务员看到信息后与王某进行联系。此后,王某收到该物业公司业务员打来的电话

---

[1] 王利明:《人格权法研究》,中国人民大学出版社2012年版,第632页;王利明:《论个人信息权在人格权法中的地位》,载《苏州大学学报(哲学社会科学版)》2012年第6期。

[2] 齐爱民:《论个人资料》,载《法学》2003年第8期。

[3] 齐爱民:《论个人信息的法律保护》,载《苏州大学学报(哲学社会科学版)》2005年第2期;张里安、韩旭至:《大数据时代下个人信息权的私法属性》,载《法学评论》2016年第3期。

[4] 李适时主编:《中华人民共和国民法总则释义》,法律出版社2017年版,第343页。

[5] 王利明:《人格权法研究》,中国人民大学出版社2012年版,第632页。

[6] 《男子手机号巧撞电视剧号码 收万条骚扰短信》,载青岛新闻网,http://www.qingdaonews.com/content/2007-01/31/content_7721841.htm。类案有:安徽省亳州市中级人民法院民事裁定书,(2016)皖16民辖终38号;上海市徐汇区人民法院民事判决书,(2000)徐民初字第1430号;广西壮族自治区钦州市钦北区人民法院民事判决书,(2015)钦北民初字第1883号。

28个，其中仅10次左右通话与王某出租房屋事宜相关，其他皆是骚扰。法官认为，该物业公司滥用王某个人信息，侵扰了王某的生活安宁，构成侵权。〔1〕

本书认为"王某案"中物业公司业务员频繁打电话之行为，并未侵犯王某的个人信息权。个人信息权的经典表述为："个人可以决定向谁告知哪些和他相关的信息，哪些可以隐瞒。"〔2〕该项权利的客体是个人信息，关切重心在于个人信息不被非法收集、买卖、更改等，而信息主体作为社会中的人，一般情形下，其电话被拨打并不能认定其权益受损。就侵犯个人信息权而言，任何违反当事人意志的信息收集、处理或者利用的行为都侵犯了当事人的自主决定权，从而也侵犯了该信息上承载的人格利益。〔3〕可见，侵犯个人信息权对侵权严重性、侵权行为的程度没有过多要求，而生活安宁更多强调的是受侵害频率与强度。

从逻辑层面看，拨打电话与个人信息分处于两个层面，如"陈某案"中，侵权行为可分为第三人拨打电话的行为和《中国刑警九月风暴》剧组误用他人信息的行为。拨打电话虽然是对电话号码的使用，但就电话号码本身而言，信息主体虽然有权防止其个人信息被第三人收集、买卖，甚至可以选择关机，但其不能禁止他人对该号码的拨打。只不过当拨打行为过于频繁，进而影响当事人生活安宁时，其才能借助生活安宁利益获得保护。此时，误用受害人的个人信息仅是侵犯生活安宁利益的通道与手段。基于此，在"陈某案"中，《中国刑警九月风暴》剧组误用他人信息侵害的是其个人信息权，第三人通过电话频繁骚扰陈某侵害的是其生活安宁利益。可见，生活安宁利益与个人信息权的客体存在差异，而且个人信息权并不能涵盖滥用信息类侵权的全部。此外，个人信息权与生活安宁利益的权利属性不同。从域外立法看，个人信息权表现为积极主动的请求权。〔4〕当该项权利受到侵害时，受害者可以要求侵权者删除、更改其个人信息，体现的是信息主体对其信息传播、利用的积极控制。生活安宁利益是一种消极的、防御性的利益。生活安宁利益主体不能依此要求他人积极营造超出一般人需求的安宁环境，仅在侵权后果超出其容忍限度时，该项利益才能触发。

---

〔1〕上海市第一中级人民法院民事判决书，(2011)沪一中民一(民)终字第1325号；类案有：上海市徐汇区人民法院民事判决书，(2013)徐民一(民)初字第1336号；上海市徐汇区人民法院民事判决书，(2013)徐民一(民)初字第5269号。

〔2〕杨芳：《个人信息自决权理论及其检讨——兼论个人信息保护法之保护客体》，载《比较法研究》2015年第6期。

〔3〕杨芳：《个人信息自决权理论及其检讨——兼论个人信息保护法之保护客体》，载《比较法研究》2015年第6期。

〔4〕李适时主编：《中华人民共和国民法总则释义》，法律出版社2017年版，第347页。

(二)生活安宁利益是一般人格权所保护的法益

法律规则要求人们做特定的行为,只有在概念边缘处才会有开放结构,距离概念“核心范围”越远,其含有的不确定的阴影地带越浓。[1] 每一项权利皆有其涵摄的核心范围,这是权利具有独立性的关键前提。已有权利的模糊边界可能随着研究深入、社会变革,逐渐清晰,形成新的权利领域,涵摄新型权益。基于此,生活安宁利益只有在明确其涵摄范围以及与已有权利具有区别的前提下,才能称其为一项独立的新型人格利益。

如上所言,生活安宁利益可独立于隐私权、个人信息权,基于此探讨,可划定生活安宁利益的涵摄范围。生活安宁利益旨在保护自然人宁静、稳定的社会生活,其主体是自然人,也仅有自然人能感知到生活安宁,当自然人受到外界不必要的侵扰,受害人常在心理上表现为恐惧、愤怒、忧虑、不安、悲伤、痛苦、绝望或由于神经上的持续疼痛引起的诸多负面精神状态。[2] 生活安宁利益的客体是私生活的自主安排,安宁生活不被打扰的人格利益。上述负面精神状态常外化为夜不成眠、无法专心工作等外部表征,严重扰乱其生活的原有运行轨迹,生活安宁受侵害则表明受害人的个人生活领域被侵入,个人生活的空间的不受尊重。而这些与当事人的人格自由和人格尊严的保护与实现息息相关,其请求权基础为《民法典》第990条第2款:“除前款规定的人格权外,自然人享有基于人身自由、人格尊严产生的其他人格权益。”在《民法典》颁布之前,学界对人格权体系建构有两种不同观点:“具体人格权+其他人格利益”[3]、“具体人格权+一般人格权”。[4]

本书认为,《民法典》第990条第2款应定位为一般人格权。考察一般人格权在德国的发展可知,一般人格权所保护的利益族群原本由“背俗故意致损”侵权责任条款规制[5],为其他人格利益冠上权利的名字,实则是重视人格利益的

---

〔1〕[英]H. L. A. 哈特:《法律的概念》,许家馨、李冠宜译,法律出版社2011年版,第121-122页。

〔2〕胡文华:《精神安宁权法律地位探析》,载《河北法学》2009年第8期。

〔3〕此建构模式有时又被称为“具体人格权+一般人格条款”。参见方金华:《一般人格权理论分析及我国的立法选择》,载《法律科学》2015年第4期;尹田:《论人格权概括保护的立法模式——“一般人格权”概念的废除》,载《河南省政法管理干部学院学报》2011年第1期;李莉:《法律思维与法律方法下的人格权立法模式——兼论否定一般人格权立法》,载《当代法学》2013年第6期。

〔4〕杨立新、刘召成:《论作为抽象人格权的一般人格权》,载《广东社会科学》2010年第6期;郭明龙:《拟制与衡平:一般人格权保护之路径》,载《广西社会科学》2008年第5期;霍银泉:《一般人格权研究》,吉林大学2010年博士学位论文;许可、梅夏英:《一般人格权:观念转型与制度重构》,载《法制与社会发展》2014年第4期。

〔5〕于飞:《违背善良风俗故意致人损害与纯粹经济损失保护》,载《法学研究》2012年第4期。

表现,是为了更周延地保护非典型人格利益。这样可以避免适用“背俗故意致损”侵权条款时更为严格的构成要件,并可通过“过失 + 积极确定的违法性”侵权认定模式,规避对民事主体其他权利的影响,进而保持法律的安定性。虽然我国侵权民事立法与德国侵权法立法模式有所差别,但我国司法实践对利益保护时仍应加以甄别,详加论述,以防权利泛化。一般人格权应否受法律保护的论证,与“权利地位”的问题在表现形式上虽然不同,但在实质上其实属于同一个问题。[1] 基于此,实则在实践中我国已趋向德国式。此外,在“多元模式”人格权立法模式情形下,人格权、一般人格权、具体人格权并不存在冲突,人格权作为上位概念,一般人格权、具体人格权作为同一逻辑层次的下位概念,各司其职,共同构成人格权立法体系。此外,“一般人格权纠纷”已经作为民事具体案由类型,并于最高人民法院《关于印发修改后的〈民事案件案由规定〉的通知》(法[2020]347号)中获得明确。

维护民事主体生活安宁利益是整个法律体系的目标,例如,宪法是为了预防国家权力对公民生活的侵扰;行政法是为了明确行政机关的权力清单,避免不当行政行为侵扰人民生活,这些都与生活安宁紧密相关。故在某种程度上,生活安宁利益在人格权保护的规范体系内,更类似于具有兜底性质的一种利益,其目的是补强其他权利对生活安宁保护之不足,避免产生立法漏洞。虽然生活安宁利益作为新型人格利益,但只有在法律体系内有独立的调整领域时,其才有成为法益的可能,但这种独立性并不要求其与已有权利完全隔离,在某一些方面存在竞合,亦无不可。在内涵和外延上明确生活安宁利益的外延,仍有待司法实践经验的积累,还须围绕其核心概念,不断总结、提炼更具客观性的参照标准。如上所言,已存权利与新型人格利益存在竞合时,生活安宁利益等新型人格利益应保持克制与退让,其在法律体系及司法实践中应作为补充性权利出现。只有当已有权利碍于概念射程范围的限制,无法全部涵摄新型人格利益时,才有其适用的条件与空间。

四、利益衡量论:侵害生活安宁利益的认定

(一)生活安宁利益保护中的利益冲突

生活安宁利益是一般人格权——“框架性的权利”的具体化,在司法实践中,法官不能仅借助侵权行为的违法性来进行判断,而要充分发挥主观能动性,依据个案之利益平衡对侵权行为进行积极确认。为避免法官过于恣意地自由裁量,需对其进行适法、客观的限制。基于此,应充分对已有案例进行总结,明确相

---

[1] 黄茂荣:《债法通则之2:债务不履行与损害赔偿》,厦门大学出版社2014年版,第251页。

冲突的利益及利益衡量的思考流程,以指引裁判。在对生活安宁利益保护时,主要有以下相冲突的利益。

首先,相邻权与生活安宁利益的冲突。在一则案例中,张某经营的足道店与鞠某经营的酒吧相邻,因酒吧噪声污染严重,导致足道店客源减少,经济损失严重。法官认为张某、鞠某的经营场所相邻,张某享有生活安宁、不受外界噪声污染的权利,而鞠某经营酒吧时,应承担避免噪音影响张某经营场所之义务。在该案中,因噪音侵犯了生活安宁利益,但此时侵权责任构成的前提要件是,侵权人所制造的噪音应超越一般人社会所能容忍之程度。〔1〕明确相邻关系的扩张与限制的限度是容忍义务的重要旨趣之一〔2〕,容忍义务具有模糊性,且依具体个案的不同,容忍义务的强度亦动态变化,例如,在"不夜城"或者铁道旁居住者所负有的容忍义务要高于住在偏远郊区住户。

其次,信息合理使用权与生活安宁利益的冲突。在一则案例中,从早九点到晚十点,被告业务员持续拨打电话和发送短信骚扰原告,在原告表示拒绝后仍未停止,以致原告听到手机铃声就心烦意乱。法官认为个人信息被超出合理范围使用,侵扰了原告的生活安宁。〔3〕此案中,侵权人超出合理范围使用他人信息,而侵害当事人生活安宁利益。法官在确定侵权时,需对信息的"合理使用范围"进行界定,亦需明确侵权的"严重性"程度,两者皆需法官司法裁量,在衡量个人信息合理使用权与生活安宁利益的天平两端,基于个案实情添加不同砝码。

最后,维权行为与生活安宁利益的冲突。正常维权行为在法律上是自由权的体现,当事人可以通过各种合法手段积极维权,但当其超出合法边界即侵犯了他人的生活安宁利益。如前文因不当维权而侵犯生活安宁利益类型中,法官在对两则类案进行裁判时,认为一则构成侵权,而另一则不构成侵权。〔4〕此外,从裁判内容看,法官在确认"维权"行为超出合理范围时,仅简单以所谓"法律感觉"〔5〕确认合理、严重性此类法律概念的边界,而不细化论证而滥用自由裁量权,

---

〔1〕 谢在全:《民法物权论》(上册),中国政法大学出版社 2011 年版,第 184 页。

〔2〕 焦富民:《容忍义务:相邻权扩张与限制的基点——以不可量物侵扰制度为中心》,载《政法论坛》2013 年第 4 期。

〔3〕 上海市浦东新区人民法院民事判决书,(2010)浦民一(民)初字第 22483 号。

〔4〕 江苏省徐州市中级人民法院民事判决书,(2016)苏 03 民终 6262 号;湖南省长沙市岳麓区人民法院民事判决书,(2014)岳民初字第 06760 号。

〔5〕 法律感觉是人类用来掌握被实现在法律秩序的"目的"之机关,其既是出发点亦是终点,判决是通过法律感觉获得,而之后需要严密的规范论证去证明,推导出该判决结果。吴从周:《概念法学、利益法学与价值法学:探索一部民法方法论的演变史》,中国法制出版社 2011 年版,第 490 页。

故在确定是否侵犯生活安宁利益时,有必要对法官的利益衡量的标准进行细化。

生活安宁利益作为新型人格利益,因其内涵外延尚不清晰,在确认侵害此类权利的侵权时,需要法官进行积极确认。由上述案例可见,法官常借用一般社会生活观念、容忍义务、合理使用范围、严重性等深具主观色彩的词汇,作为解决利益冲突的论证依据,以得出自己"臆想"裁判结果。针对此现象,需在明确冲突利益的基础上,进一步总结司法经验,明确利益衡量的司法运用模式。

(二)侵权认定中利益衡量方法的运用

生活安宁利益纠纷中的利益衡量,既存在同质利益衡量,如维权自由与生活安宁利益,又有异质利益衡量,如相邻权与生活安宁利益。前者属于财产权的扩张,后者属于人格权。在异质利益之间的衡量,因缺乏公约性难题,同质利益间亦可能因无法从量上衡量,而缺乏衡量的可视化标准。而如果将利益衡量求解路径从抽象命题转变到具体情境,其在具体案件的法律适用层面是可解的。[1] 依据个案利益衡量能否形成具有普遍适用性的裁判规则,是利益衡量方法能否被接受的关键。[2] 但没有完全相同的两则案例,因此不能期待会获得一种单凭涵摄即可解决问题的规则。[3] 因此,生活安宁利益纠纷中利益衡量的普适性获得,应突破个案的限制,而明确价值衡量思考框架以及裁判时所应遵循的原则。

基于此,本书旨在为法官提供框架性之指引,以明确法官运用利益衡量的方法时所应思考的方向,以减少利益衡量方法的滥用。利益衡量方法的滥用可分为"因缺少对利益结构的整体衡量而导致的滥用"和"因超越利益衡量的边界而导致的滥用"[4],因生活安宁利益是法律应保护的权益,且《民法典》第 990 条第 2 款等规定构成生活安宁利益请求权基础。但法律对生活安宁利益的规范过于宽泛,此种情形下的滥用应属于"因缺少对利益结构的整体衡量而导致的滥用"。此时,法官运用利益衡量方法时,首先应解决的是不同利益的层级问题。利益分为个人利益、社会利益、公共利益。[5] 就生活安宁利益而言,利益冲突主

---

〔1〕 因利益衡量需要的是社会共识,而非共度性。基于基本价值的社会共识、利益位阶的社会共识、行为规范的社会共识,在法律适用领域利益衡量具有操作性。梁上上:《异质利益衡量的公度性难题及其求解——以法律适用为场域展开》,载《政法论坛》2014 年第 4 期。

〔2〕 杨力:《基于利益衡量的裁判规则之形成》,载《法商研究》2012 年第 1 期。

〔3〕 [德]卡尔·拉伦茨:《法学方法论》,陈爱娥译,商务印书馆 2004 年版,第 286 页。

〔4〕 梁上上:《利益衡量的界碑》,载《政法论坛》2006 年第 5 期。

〔5〕 该分类中有一定的模糊性,其中公共利益相当于国家领域内的政治利益,因立法是国家立法机关利益衡量的结果,多是对方利益的平衡,而非对单一利益的保护,是国家立法权的一种体现,由此本书认为制度利益亦是公共利益的一种体现。[美]罗斯科·庞德:《法理学》(第 3 卷),廖德宇译,法律出版社 2007 年版,第 18 - 230 页。

要涉及个人利益之间、个人利益与社会利益之间的冲突。

法律中的秩序被用来描述法律制度的形式结构,特别是在履行其调整人类事务的任务时运用一般性规定、标准和原则的法律倾向。[1] 在裁判过程中,这些标准不仅是裁决依据,而且可作为说理依据,例如,法律中关于日照时长、噪音等级等规定。在司法裁判中,法官对不可量物侵犯生活安宁利益的严重程度认定时,最重要的客观标准是"公法上的排放标准或要求"。[2] 法律秩序实际上是一种制度利益。制度利益直接联结当事人利益与社会公共利益有机的利益层次结构,其中制度利益处于中心地位。制度利益根本是社会性的,既是立法上利益衡量的结果,又是司法上利益衡量重要的参照因素。出于对立法者立法行为的尊重,制度利益是绝对性的,故利益衡量应在制度利益的涵摄之下进行。

在对生活安宁利益进行利益衡量时,应优先考虑社会利益。如在一则案例中,武汉城投公司投资修建了鹦鹉洲长江大桥及武昌连接线工程,客观上影响了相邻的白鳍豚大厦内住户及西昌公司等业主的采光、通风及生活安宁。法官认为,市政建设是城市发展的迫切需要,事关社会利益,白鳍豚大厦内业主作为社会一分子,在享受城市公共设施建设带来的福利时,亦需容忍随之而带来的负面影响。[3] 但需要澄清的是,当事人为维护社会利益,而超出一般人的容忍义务时,应获得相应补偿。如在另一则案例中,周某的住房位于武广高铁和湘桂铁路夹缝之间,但不属于公法规定的拆迁对象。列车通行发出巨大震动声,昼夜不断,数分钟一趟,噪声致使患有脑溢血中风的罗某和两个孩子无法承受,并致住房多处震裂漏雨。法官认为广铁公司、武广公司的行为构成噪声污染,侵害了受害者安宁权、健康权,应予以赔偿,并加固房屋。[4] 铁路的修建事关社会利益,个人生活安宁利益等私益对其而言具有劣后性,当事人不能为保障个人生活安宁利益而阻碍铁路修建,但其出让私益是为了公益的实现,理应受到补偿。但本案认定铁路侵权亦有不妥,铁路的修建、运行会涉及土地征收,沿途产生噪音之现象,此类现象皆无法消除,如果皆将之视为侵权行为,本身具有违法性,不利于

---

[1] [美]E. 博登海默:《法理学:法律哲学与法律方法》,邓正来译,中国政法大学出版社 2004 年版,第 227 页。

[2] 在司法实践中,《城市居住区规划设计规范》等涉及相邻关系的公法规范,常被用作说理依据。如山东省济南市中级人民法院民事判决书,(2014)济民一终字第 664 号;江苏省盐城市中级人民法院民事判决书,(2015)盐民终字第 03358 号等。李云波:《嵌入不可量物排放关系中的容忍义务》,载《扬州大学学报(人文社会科学版)》2014 年第 4 期。

[3] 湖北省高级人民法院民事判决书,(2016)鄂民终 1314 号。

[4] 广东省广州铁路运输中级法院民事判决书,(2015)广铁中法民终字第 12 号。

社会利益的保护。由此当铁路运行产生的噪音在法律规定以内，其内涵的社会利益可以构成违法性阻却事由。

在个人具体利益的位阶中，存在权利优于利益、人格利益优于财产利益、生命健康权优于一般人格权等规则。[1] 其中，生命利益的优先是绝对的，而人格利益之间以及对财产利益的优先性是相对的。故可以说利益的位阶仅是考量因素，位阶差异是指不同利益在利益衡量中的权重差异，且具有可衡量性。因权利冲突都具有复杂的现实缘由、差异化的过错程度、不同程度的侵害后果等，在具体案例中，法官不能简单依循利益位阶直接得出裁判。在一般情形下，我们就不好笼统地说，哪种权利绝对优于哪种权利。[2] 例如，在维权过程中，维权手段作为一种自由权，其与生活安宁利益的优劣并非绝对的，可通过以下两案演绎获得证明：

在“唐某案”中，唐某行为目的：唐某认为之前与谢某签订的赔偿协议不公，欲重新签订。唐某行为方式：多次发送威胁短信、多次到谢某家中和单位寻衅滋事、撬坏谢某家防盗门、拿刀子划伤谢某妻子。唐某行为结果：谢某不敢在家居住，无法正常工作与生活。法官认为唐某应采取正当的法律途径解决争议，其以吵闹、拉扯等不恰当方式影响谢某的正常工作和生活，系民事侵权行为。[3] 在“朱某案”中，朱某行为目的：朱某等人为向王某索要工程款。朱某行为方式：2014年之后，于春节前夕或中秋节前夕，带多人堵在王某家门口，并呼喊“老赖还钱”。朱某行为结果：王某认为其名誉权受损，并侵扰了其安宁生活。法官认为朱某行为虽有不当，但王某作为欠工程款一方，应包容朱某行为。[4] 从以上两个案例来看，因维权行为的目的、行为方式、行为结果的不同，法官对维权行为与生活安宁利益作出不同选择，故侵害生活安宁利益的行为目的、行为方式、行为结果应是法官自由裁量的参酌重点。

此外，在确定是否构成生活安宁利益侵权时，法官需在当时、当地社会环境中进行利益衡量。因生活安宁利益的生成须有社会基础，利益诉求源自社会，故应在社会环境中进行利益衡量，社会环境主要包括以下几个方面：首先，地方习惯往往是考量的重要因素。[5] 例如，春节时爆竹的燃放所产生的噪音，虽然对当事人晚上安静休息造成影响，但是该行为并不构成侵权。其次，地域环境的不

---

〔1〕 王利明：《民法上的利益位阶及其考量》，载《法学家》2014年第1期。

〔2〕 刘作翔：《权利冲突的几个理论问题》，载《中国法学》2002年第2期。

〔3〕 湖南省长沙市岳麓区人民法院民事判决书，(2014)岳民初字第06760号。

〔4〕 江苏省徐州市中级人民法院民事判决书，(2016)苏03民终6262号。

〔5〕 谢在全：《民法物权论》(上册)，中国政法大学出版社2011年版，第184页。

同对侵权行为的认定影响也十分重大。居住在闹市与宁静村落,对噪音等的忍耐程度存有差别。处于下风向的住户,可能会受上风向家庭气味、烟雾的影响,这种影响并不构成侵犯生活安宁利益。再次,历史因素对生活安宁利益的侵权认定亦有影响。如运行已久的商业模式,对新型人格利益的侵权认定的影响,在一则案例中,被告在开展电信业务过程中,增加了来电显示业务,虽然可能透露信息主体的电话号码,但它已成为社会公共服务中被承认和固定的一项服务,此并不构成侵权。[1] 最后,利益衡量强调的是民众对裁判结果的认同性,这种认同受相关主体身份、生活具体状况等影响甚巨,因此在利益衡量时应关注当事人生活状况,如是才能彰显裁判的合理性。[2]

但在利益衡量中,仅作方法的介绍是不够的,利益衡量结论的合法性、合理性问题亦需关注。[3] 比例原则体现的是目的理性,不仅在行政法、宪法领域发挥重要作用,其在私法实践中同样具有普适性。[4] 比例原则是利益衡量得以运行的重要依据,并为利益衡量提供指导和参考框架,既可约束法官的自由裁量,又能为法官和当事人提供较为明确的预期。[5] 此时,可借助比例原则来检视和修正通过利益衡量而作出裁判结果是否合理。比例原则内含三个子原则:适当性原则,必要性原则,均衡性原则。[6] 假设存在 A、B 两项权利,两者冲突时,可将三原则转化为以下三个步骤进行利益衡量:(1) 确定 A 不被实现或被侵害的程度;(2) 确定 B 实现的重要性;(3) 确定实现 B 的重要性是否足以正当化对 A 的侵害。[7]

用比例原则检视“张某诉华山医院案”分析如下:此案中,因华山医院错误告知张某患有艾滋病之消息,致使张某惶惶不可终日。[8] 张某的生活安宁利益和医院行为自由为相互冲突的两项权利。首先,艾滋病作为高度传染性致命疾病,当事人突然获知该信息,对其生活安宁造成的影响不言而喻,就本案而言生活安宁利益保护更具重要性。其次,如若不保护生活安宁利益,而肯认此类行为

---

〔1〕 云南省昆明市中级人民法院民事判决书,(2004)昆民二终字第 785 号。

〔2〕 杨力:《民事疑难裁判的利益衡量》,载《法学》2011 年第 1 期。

〔3〕 杨素云:《利益衡量:理论、标准和方法》,载《学海》2011 年第 5 期。

〔4〕 纪海龙:《比例原则在私法中的普适性及其例证》,载《政法论坛》2016 年第 3 期。

〔5〕 郑晓剑:《比例原则在民法上的适用及展开》,载《中国法学》2016 年第 2 期。

〔6〕 适合性原则强调手段对目的而言是合适的;必要性原则强调手段对目的而言是必要的;均衡原则要求手段与实现法律目的获得的收益是成比例的。参见张红:《指纹隐私保护:公、私法二元维度》,载《法学评论》2015 年第 1 期。

〔7〕 梁迎修:《权利冲突的司法化解》,载《法学研究》2014 年第 2 期。

〔8〕 陕西省西安市新城区人民法院民事判决书,(2004)新民初字第 2419 号。

在当事人的行为自由界限内，则减弱了医生的专家义务和诊断时的注意义务，由于医生疏忽可能会导致更多此类情形发生。最后，法官支持医生补偿张某，会督促医生更加谨慎履行职责，实现社会利益最大化。故应保护张某的生活安宁利益，而该案中法官对其不予保护的结论，实待商榷。

五、结语

社会变革不可避免对法律体系产生冲击，随着人们追求高品质生活，人格修养不断提升，且维权意识不断增强，人格权体系受社会变革冲击尤重，新型人格利益不断产生，生活安宁利益即为其典例。为回应社会变革，满足“我想静静”的社会需求，并为其他新型人格利益保护提供参照，应提炼出生活安宁利益的法律保护策略。且基于前文分析，本书尝试得出以下结论：

生活安宁利益被侵犯主要有以下四类：滥用相邻权侵犯生活安宁利益；滥用个人信息侵犯生活安宁利益；错误告知侵犯生活安宁利益；不当“维权”侵害生活安宁利益。为避免权利泛化，以及减少新型人格利益对固有法律体系的冲击，应谨慎对待生活安宁利益的法律化。因生活安宁利益具有制度基础和普遍的社会诉求，是人格尊严、人格自由的具体表现，具备基本权利属性。此外，从司法实践看，科技发展、生活方式转变、风俗规制功能的弱化等皆对生活安宁利益的产生起到了形塑作用。由此，生活安宁利益已具备法益化的基础。

生活安宁利益与隐私权、个人信息权存在交叉之处，但亦有独立法域。因侵入隐私空间、滥用个人信息等而致生活安宁受损之情形即交叉之处，此时生活安宁应定位隐私权、个人信息权的权能。但隐私权受到“隐”与“私”的限制，个人信息权不能脱离个人信息这一载体，而生活安宁利益仅关注侵权人行为的强度与频率对生活安宁的影响，远超过隐私权与个人信息权的涵摄范围，故生活安宁利益存有独立的涵摄法域。为避免对固有权利体系冲突，当权利重合时，应明确生活安宁利益的补充性规范的定位。此外，又因《民法典》第 990 条第 2 款为一般人格权条款，受其规范的生活安宁利益应定位为一般人格权的具体化。

法官对生活安宁利益纠纷进行利益衡量时，应遵循以下路径：首先，社会利益较个人利益具有优先性，但偏向保护前者时，应补偿个人利益损失。其次，在个人具体利益的位阶中，人格利益优于财产利益、生命健康权优于一般人格权等是衡量基础，但并非绝对，综合考量行为目的，行为方式、内容，行为结果，并参酌地方习惯、历史因素、当事人生活环境等，以作出可为社会普遍接受的裁判。最后，需借助比例原则在民法中的适用，来检视和修正通过利益衡量而作出裁判结果的合理性。

生活安宁利益作为一种新型人格利益,法官对其进行保护时,应承担充分说理义务,主要体现在对生活安宁利益的内容法益化和独立性的证成。此外,在处理生活安宁利益纠纷时,应利用利益衡量的方法来确定侵权行为。“观一叶知秋”,基于新兴人格利益的共性,其他新兴人格利益亦应遵循此种司法保护路径,此亦是《民法典》第990条第2款具体司法适用方法的展开。

第五节　侵害性自主利益之侵权责任

一、性自主利益保护中的相关问题

性侵历来是社会热点话题,众说纷纭,应纳入法治轨道处理,如此既免道德审判甚嚣尘上,亦使加害人承担应有法律后果。“Me Too”反性侵运动风靡全球,旨在鼓励性侵受害人勇敢维权,揭露被侵害事实,以遏制广泛存在的性骚扰。但运动式的保护终不长久,亟待法律规制。民法体系中并无“性骚扰”等法律概念,社会事实影射至法律领域,性侵对象是性自主利益,故自然人的性利益可通过性自主利益获得保障。所谓性自主利益是指在法律与道德范围内,以自我意志支配性利益,维护性尊严和性纯洁的新型人格利益。[1] 此项权益已为德国、美国等国家或地区所肯认。[2]

性是自然人重要的人格要素[3],隐秘且广被人珍视,为保障其不被侵扰,我国法律对其进行了多重保护,如《刑法》第236条、第237条、第246条,《治安管理处罚法》第44条,《妇女权益保障法》第40条、第41条、《民法典》第990条

---

〔1〕 此外,有学者提出以贞操权保护性自主利益,不为婚外之性交,有良好之操行,遵守此操行,谓之贞操。而国外认为贞操是表现心灵纯洁的一种道德体现,例如,英美法上并无贞操概念,而用性的纯洁性替代表达。而在我国,因封建礼教的影响,贞操渐变为对女性不失身及在婚姻上从一而终的操守,强调男性对女性的性专权,而法律权益名称具有宣示意义,为避免认知上可能存在的误会,性自主利益不宜称为贞操权。[法]布封:《自然史》,沈玉友译,新世界出版社2015年版,第204页;王利明:《人格权法研究》,中国人民大学出版社2005年版,第646页;马强:《试论贞操权》,载《法律科学》2002年第5期;史尚宽:《债法总论》(上中下合订本),台北,荣泰印书馆股份有限公司1954年版,第144页;徐升阳:《论贞操观》,载《中国性科学》1998年第4期;刘淑波:《民法各论》,中国政法大学出版社2014年版,第459页;杨立新:《人格权法》,中国法制出版社2006年版,第321页;郭卫华:《论性自主利益的界定及其私法保护》,载《法商研究》2005年第1期。

〔2〕 《德国民法典》第825条、美国联邦最高法院在“MERITOR SAVINGS BANK, FSB, petitioner, v. Mechelle VINSON, et al.”中肯认了性自主利益的保护。

〔3〕 莫爱新:《民法中的性权利研究》,中国政法大学出版社2011年版,第47页。

第2款等,以刑法为核心构筑了性自主利益保护规范体系。性自主利益之保护涉及刑法和民法,故侵害性自主利益的行为可能涉及民法、刑法的交叉领域。我国《刑事诉讼法》第101条、《刑诉法解释》(2012年)第138条等规定,犯罪行为的受害人提起民事诉讼要求赔偿精神损失的,人民法院不予受理。而《民法典》第187条规定,刑事责任承担不影响民事责任的承担。由此可见,因涉刑行为侵犯性自主利益时,民法与刑法就责任范围存在冲突。

有学者认为刑法、民法的竞合是法律评价上的重叠,是不同体系得出的结果,两者本身不同,无直接衔接关系。[1] 而另有学者认为民法与刑法存在诸多交叉之处[2],可以相互影响。[3] 为确定涉刑行为侵害性自主利益的赔偿范围,以及构建《民法典》与《刑法》等和谐融洽的体系,澄清刑事责任与民事责任的关系,实有必要。

从现有研究看,以性自主利益为研究对象的论文尚不多见[4],且多为概念释疑、制度宏观架构、基础理论简述、性自主利益的界定、性骚扰研究、性自主利益的请求基础等研究。此外,学界过分强调刑法对性自主利益的保护作用,而忽视民法之规范作用,故建构、完善性自主利益的民法保护体系,大有裨益。"食、色,性也"[5],性作为人之基本所需,自然人对其异常重视,而民法关切的缺失,导致受害人无法获得周延保护,实属不当。

在司法实践中,侵害性自主利益者十分常见,强奸侵害性自主利益的案例最为常见。[6] 因民事立法阙如,导致司法实践中对性自主利益保护的混乱,存

---

〔1〕 夏勇:《刑法与民法——截然不同的法律类型》,载《法治研究》2013年第10期。

〔2〕 朱铁军:《刑法与民法之间的交错》,载《北方法学》2011年第2期。

〔3〕 窦海阳:《刑法与民法的"分""合"之辨》,载《北京工业大学学报(社会科学版)》2017年第5期。

〔4〕 现有研究主要如下:郭卫华:《论性自主利益的界定及其私法保护》,载《法商研究》2005年第1期;殷积松:《女性性自主利益保护的私法考察——以社会性别为视角》,载《学术交流》2010年第9期;曲升霞、袁江华:《侵犯贞操权拥护身体权的司法认定及其请求权竞合之解决》,载《人民司法·应用》2009年第15期;李岩:《论性的私法保护》,载《河北法学》2007年第12期;杨立新:《应当为性自主利益正名》,载《民主与法制》2007年第14期;姚建龙:《对我国首例贞操损害赔偿案的法理评析》,载《法学》2001年第11期;王成:《性骚扰行为的司法及私法规制论纲》,载《政治与法律》2007年第4期等。

〔5〕 《孟子·告子上》。

〔6〕 笔者于北大法宝,以"强奸"为关键词,不设定时间进行检索,截至2018年2月3日,刑事案件有161,696则,涉民事案件4123则。此外,以"性自主利益""贞操权"为关键词,在北大法宝不设定时间,进行检索,共得到民事案件75则。以"性骚扰"为关键词进行全文检索,共得民事案例307则。

有不保护〔1〕、作为身体健康权进行保护〔2〕、作为人格权进行保护〔3〕、作为一般人格权进行保护〔4〕四种路径,且因欺诈侵犯性自主利益之认定、〔5〕婚内性自主利益与同居义务的平衡〔6〕等司法难点,亟待厘清认定标准。此外,涉刑行为侵害性自主利益时,应否赔偿抚慰金,实践中有两个针锋相对的案例群。〔7〕

职是之故,本书展开如下:首先,归纳总结相关案例,运用类型化方法,厘定性自主利益的内涵,进而明确民法对其保护的必要性、可行性以及保护路径。其次,从司法实践中的问题出发,探讨婚姻中性自主利益与同居义务的平衡,以及厘定欺诈侵害性自主利益之认定标准。最后,基于对已有案例的宏观归纳及微观分析,对受害人精神损害赔偿之争议进行探析,并探讨精神损害赔偿与刑事责任的衔接的实现方式。

二、性自主利益之类型化及保护路径

(一)民事领域侵犯性自主利益的具体化

类型一,性骚扰。据第三期中国妇女社会地位调查,在工作、学习、劳动中遭受过性骚扰的女性占7.8%。〔8〕受害者多不堪其扰,遭受巨大的精神压力,但碍于权力上的压力和救济、求偿机制的不健全〔9〕,又因在社会生活中,性骚扰常被认为是道德问题,受害人常常隐而不发。法律虽无明确规定,但在司法实践中

---

〔1〕北京市朝阳区人民法院民事判决书,(2015)朝民初字第28258号。

〔2〕北京市朝阳区人民法院民事判决书,(2015)朝民初字第03240号。

〔3〕广东省韶关市中级人民法院民事判决书,(2015)韶中法民一终字第1166号。

〔4〕上海市第一中级人民法院民事判决书,(2014)沪一中民一(民)终字第2315号。

〔5〕浙江省嘉兴市中级人民法院民事判决书,(2015)浙嘉民终字第789号;河南省新乡市中级人民法院刑事裁定书,(2015)新中刑一终字第24号;北京市第二中级人民法院民事判决书,(2016)京02民终8725号等。

〔6〕重庆市大足县人民法院民事判决书,(2011)足法民初字第2462号。

〔7〕刑事附带民事案件中支持精神损害赔偿如下:广东省江门市中级人民法院民事裁定书,(2015)江中法立民终字第253号等。否定精神损害赔偿的案例如下:北京市朝阳区人民法院民事判决书,(2015)朝民初字第05541号;广东省惠州市大亚湾经济技术开发区人民法院民事判决书,(2014)惠湾法民一初字第842号等。

〔8〕刘小楠:《性骚扰的现状及法律规制——以港台地区性骚扰立法为鉴》,载《妇女研究论丛》2014年第4期。

〔9〕我国法律仅在《妇女权益保障法》第40条对性骚扰进行规定,受害者可以向单位和有关机关投诉。国务院办公厅《关于加强中小学幼儿园安全风险防控体系建设的意见》等行政法规中也仅是对性骚扰进行宣示性的规定,为不完全法条。对性骚扰的具体救济制度和求偿机制未作具体规定。

已明确性骚扰的侵权本质。[1] 在一则案例中，齐某向闫某发送带有淫秽性、威胁性内容的短信，闫某用短信警告齐某无效后，提起民事诉讼。法院认为妇女的名誉权和人格尊严受法律保护，齐某应承担自己性骚扰行为的法律责任，停止侵权并赔礼道歉。[2] 在另一则案例中，李某就职于某公司，某天，该公司经理陈某将其叫到酒店，对其进行性骚扰。法院认为自然人因身体权、健康权等人格权利遭受非法侵害，可向法院诉请保护。[3] 法院虽肯认性骚扰应有法律规制，但通过何种途径保护，有待商榷。

类型二，欺诈、诱惑侵害性自主利益。欺诈、诱惑型性侵害有别于滋扰型性侵害。在此种情形下，侵权人常通过捏造虚假事实、许诺美好愿景等手段欺骗他人，以与受害人发生性关系，满足自己的性需求。[4] 在一则案例中，李某隐瞒已婚事实，并许诺与谌某结婚，随后两人公开以情人关系同居。后来李某携双方财产不辞而别，谌某以性自主利益受损为由提起诉讼。法院认为李某故意隐瞒已婚事实，以致谌某基于错误的信息与其同居，并致怀孕、流产，严重侵害谌某的人格权，支持精神损害赔偿之诉求。[5] 而在另一则案例中，沈某隐瞒已婚事实，通过某婚恋网站与宋某交往，以致宋某误认为沈某未婚，以结婚为目的与沈某恋爱并发生性关系。宋某获知实情后提起诉讼。法院认为贞操权（性自主利益）未见于制定法，不予支持。[6] 由上案可知，在司法实践中，性自主利益应否受法律保护，仍存争议。此类侵权的一般模式为，侵权人隐瞒事实（一般为隐瞒已婚事实）、虚构美好愿景，以致受害人产生误解，而与之确立恋爱关系，并发生性关系。

类型三，婚姻正常存续期内配偶侵害性自主利益。在婚姻正常存续期，丈夫不能成为强奸罪的主体；在婚姻非正常存续期内，丈夫可以成为强奸罪的主

---

〔1〕 刘文宁：《在法律层面关注性骚扰问题》，载搜狐网2001年11月22日，http://news.sohu.com/65/39/news147243965.shtml。

〔2〕 窦婧、吴光荣：《损害赔偿案例分析与判案技巧》，人民法院出版社2006年版，第195－207页。

〔3〕 浙江省宁波市鄞州区人民法院民事判决书，（2015）甬鄞江民初字第224号。

〔4〕 曾隆兴：《详解损害赔偿法》，中国政法大学出版社2004年版，第318页。

〔5〕 广东省深圳市福田区人民法院民事判决书，（2015）深福法民一初字第2868号。类案有：北京市朝阳区人民法院民事判决书，（2015）朝民初字第03240号；北京市第三中级人民法院民事判决书，（2014）三中民终字第04847号；上海市第一中级人民法院民事判决书，（2014）沪一中民一（民）终字第2315号。

〔6〕 北京市朝阳区人民法院民事判决书，（2015）朝民初字第28258号。

体。[1] 婚姻正常存续期强制性行为,虽不构成强奸,但亦侵犯了受害方的性自主利益。在一则案例中,严某与梅某系夫妻,梅某性格暴躁,嗜酒,常打骂严某,不尊重其性自主利益,梅某以此向法院提起离婚之诉,法院不予支持其离婚诉请。[2] 而在另一则案例中,陈某与张某婚后因感情不融洽,无性生活。陈某以双方婚姻中无性生活提起离婚诉讼。法院认为夫妻双方有无性生活,是双方性自由的表现,夫妻一方不能以另一方拒绝性行为而认定其存有过错,应予以尊重。[3] 由该案可见,婚姻中的夫妻双方仍享有独立的性自主利益,且有法律保护的必要。

(二)刑事领域侵害性自主利益的具体化

类型一,强奸侵害性自主利益。违法行为,有些应承担民事责任,有些在承担民事责任的同时又构成犯罪应负刑事责任[4],强行发生性关系的行为既侵害了性自主利益,又构成了强奸罪。在一则案例中,石某强迫王某发生性关系。法院认为石某违背王某意志,采取暴力手段强行与王某发生性关系,损害了王某的性自主利益,并扰乱了社会治安秩序,构成强奸罪。[5] 除违背妇女意愿损害性自主利益外,鉴于未成年人身体发育及心智状况,为保障未成年人身心的健康成长,应限制未成年人的性允诺能力。如在一则案例中,陈某与未满 14 周岁张某恋爱,并发生性行为。法院认为因幼女辨识能力、身体承受能力的限制,幼女没有性承诺的能力,无论其自愿与否,均侵害其性自主利益。[6] 此外,婚内强奸亦是侵害性自主利益的重要类型,在人格日益独立、自觉之现代,对婚内强奸行为进行规制,诚值赞同。

---

[1] 陈兴良:《婚内强奸犯罪化:能与不能——一种法解释学的分析》,载《法学》2006 年第 2 期;冀祥德:《域外婚内强奸法之发展及其启示》,载《环球法律评论》2005 年第 4 期;"白俊峰案",载《刑事审判案例》,法律出版社 2002 年版,第 359－361 页。

[2] 重庆市大足县人民法院民事判决书,(2011)足法民初字第 2462 号;广东省汕头市中级人民法院民事判决书,(2013)汕南法民一初字第 20 号;四川省乐山市金口河区人民法院民事判决书,(2015)金口民初字第 138 号;上海市长宁区人民法院民事判决书,(2016)0105 民初 191 号;江西省余干县人民法院民事判决书,(2015)干民一初字第 671 号。

[3] 上海市浦东新区人民法院民事判决书,(2014)浦民一(民)初字第 22716 号。

[4] 曾隆兴:《详解损害赔偿法》,中国政法大学出版社 2004 年版,第 2 页。

[5] 辽宁省大连市中级人民法院刑事裁定书,(2014)大刑二终字第 331 号。类案如下:四川省宁南县人民法院民事判决书,(2016)川 3427 民初 529 号;四川省阿坝县人民法院刑事判决书,(2015)阿坝刑初字第 15 号;上海市浦东新区人民法院刑事判决书,(2011)浦刑初字第 685 号;河北省肃宁县人民法院刑事判决书,(2014)肃刑初字第 53 号;安徽省安庆市中级人民法院刑事裁定书,(2016)皖 08 刑终 86 号。

[6] 陕西省紫阳县人民法院刑事判决书,(2015)紫刑初字第 00036 号。

类型二,猥亵、侮辱侵害性自主利益。《刑法修正案(九)》第13条中规定,“以暴力、胁迫或者其他方法强制猥亵他人或者侮辱妇女的,处五年以下有期徒刑或者拘役”。该罪不是倾向犯,不要求为满足刺激或性欲的内心倾向。[1] 基于立法,侮辱罪将受害者限于妇女,而猥亵罪未有此限,由此,同性猥亵、女对男之猥亵,亦在此列。在一则案例中,被害人杨某患精神分裂症,黄某为其冲服治病药物后,以按摩增强药效为由对其进行猥亵。法院认为黄某利用杨某性防卫能力差之状态,对其进行猥亵,侵害了杨某的性自主利益和人格尊严,构成强制猥亵罪。[2] 此外,因强制猥亵的对象由妇女扩大为他人[3],同性间的猥亵行为被纳入法律。在现实生活中,男性受侵犯现象十分常见,未成年男童占据多数。[4]

类型三,强迫卖淫侵害性自主利益。依《性权宣言》,个人享有性生活之自主决定之能力,排除生活中任何形式的性强迫,被迫卖淫是性强迫的重要表现。在一则案例中,李某在被害人陈某等不同意的情形下,以言语威胁、殴打等方式,多次强迫三被害人卖淫。法官认为李某以威胁等手段,强迫三被害人卖淫,侵害了三人的性自主利益。[5] 此外,针对幼女这一特殊群体,除强迫卖淫侵害其性自主利益外,组织、引诱其卖淫亦构成侵权。在幼女去污名化背景下,组织、强迫、引诱幼女卖淫亦解读为“组织、强迫、引诱者以幼女为手段,通过幼女来交易性服务”[6]。

(三)性自主利益的民法保护路径

性自主利益应否由民法保护以及通过何种路径保护,学界中观点不一。有学者认为性自主利益无独立存在之必要,对性自主利益之侵害可以通过名誉权、隐私权、身体权等来进行保护,或者由刑法规制。[7] 亦有学者认为性自主利益

---

〔1〕 丁友勤、胡月红:《强制猥亵、侮辱妇女罪争议问题研究》,载《中国刑事法杂志》2007年第1期。

〔2〕 安徽省淮南市谢家集区人民法院刑事判决书,(2016)皖0404刑初2号。类案有:江苏省南通市崇川区人民法院刑事判决书,(2016)苏0602刑初634号。

〔3〕 陈家林:《〈刑法修正案(九)〉修正后的强制猥亵、侮辱罪解析》,载《苏州大学学报(哲学社会科学版)》2016年第3期。

〔4〕 金泽刚:《由男性遭受性侵害案看性犯罪的法律变革》,载《法治研究》2015年第3期。

〔5〕 浙江省富阳市人民法院刑事判决书,(2015)杭富刑初字第451号。类案有:广东省广州市中级人民法院刑事附带民事判决书,(2012)穗中法刑一初字第363号;安徽省安庆市中级人民法院刑事裁定书,(2015)宜刑终字第00296号。

〔6〕 周啸天:《“组织、强迫、引诱幼女卖淫”规定再解读》,载《华东政法大学学报》2016年第2期。

〔7〕 何孝元:《损害赔偿之研究》,台北,台湾商务印书馆1982年版,第162页。

应为一项独立的人格权予以保护。对性骚扰和性犯罪予以法律规制的中心价值就是保护性自主利益的权利本身。〔1〕另有学者认为性自主利益可由一般人格权予以保护。〔2〕在司法实践中,性自主利益法律保护之混乱,可见表9-6。

表9-6　性自主利益的民法保护模式

编号	案件	案由	判决	保护模式
模式一	宋某案①	沈某隐瞒已婚事实,与宋某恋爱,并发生性关系	法律未规定贞操权,原告所称被告侵害贞操权,于法无据	不保护
模式二	郭某案②	曹某隐瞒已婚事实,与郭某恋爱,致其怀孕	曹某侵害了原告的人格权利,应承担侵权责任	人格权路径
模式三	冯某案③	林某与精神受限者冯某发生数次性关系	此为健康权、身体权纠纷,受害人身心健康受损	健康、身体权路径
模式四	江某案④	江某隐瞒已婚事实,并表现出缔结婚姻之意向,追求江某,并发生性关系	江某行为给彭某的心理造成一定伤害,侵犯了彭某的一般人格权	一般人格权路径

①北京市朝阳区人民法院民事判决书,(2015)朝民初字第28258号。
②北京市朝阳区人民法院民事判决书,(2015)朝民初字第03240号。
③广东省韶关市中级人民法院民事判决书,(2015)韶中法民一终字第1166号。
④上海市第一中级人民法院民事判决书,(2014)沪一中民一(民)终字第2315号。

由表9-6可见,模式一,法官认为性自主利益立法阙如,无保护之必要。模式二,宽泛地认为性自主利益是自然人人格权的体现。模式三、模式四亦在人格权下进行保护,但更进一步认为应通过身体健康权保护或一般人格权保护。基于此,有必要澄清性自主利益是否由民法保护,以及应厘定其保护路径。

长期以来,在我国司法的实践中,因受权利保护有名化的影响,受害人在遭受损害诉诸法律时,需证明自己何种权利遭受损害,否则难以得到法律救济〔3〕,模式一因法律未规定性自主利益而不予支持。然则,为保持侵权法的开放性,全面

〔1〕 Stephen J. sehulhofer, *Unwaned Sex: The Culture of Intimidation and the Failure of Law*, Harvard University Press, 1998, p. 99 - 133.
〔2〕 王成:《性骚扰行为的司法及私法规制论纲》,载《政治与法律》2007年第4期。
〔3〕 章正璋:《中德一般侵权行为立法之比较》,载《比较法研究》2005年第6期。

保护民事主体之权益，侵权法亦将利益纳入射程之内。但在司法实践中，民事主体常通过"造权"向法院提起诉讼，导致"权利泛化"〔1〕。由此应构建确定的、有效的遴选机制，并通过司法补足开放立法带来的不足。故法官在对性自主利益进行保护时，应加强理论论证，以避免严谨的法律沦为臆造的游戏。在司法裁判中，应基于以下几点证成生活安宁的法益属性。

侵害性自主利益行为多发，应强化法律保护。性作为一个隐晦的话题，又因立法阙如，受害人多对轻微性侵害予以忍耐，抑或予以道德上的谴责，甚少诉诸于法律。但以性骚扰、欺诈、诱惑侵害性自主利益者十分常见，如"性骚扰"更是不时地发生在街头、公共汽车上等公共场合和较为隐蔽的办公室里。〔2〕据调查，在1000份问卷中，遇到过性骚扰的人数总共391人。〔3〕此外，仅据"女童保护组织"不完全统计，2013年至2015年全国被媒体曝光的性侵儿童案共968起，达1790名受害儿童〔4〕，而此仅为冰山一角。据该组织调查，2016年平均每天曝光性侵儿童案1.21起，同比增长近三成。〔5〕通过上述侵害性自主利益的事例的数量统计可见，性自主利益受侵害现象十分严重。为应对这种社会问题，使受害人获得私法赔偿，周延保护其利益，性自主利益的私法保护不可或缺。

性自主利益关涉众多且重大的人格内涵。性自主利益之探讨应植根于我国文化的土壤〔6〕，我国深受贞操观的影响，性自主利益为备受重视的人格利益。在一则案例中，韩某隐瞒已婚事实，以结婚之许诺，与黄某恋爱并发生性关系。黄某得知韩某已婚事实后向法院起诉。其认为韩某行为侵害了她的贞操，损害了其保持性纯洁的自豪感。并且中国男人仍有浓厚的处女情结，贞操权受损会致其今后婚姻不顺。〔7〕此外，性自主利益是人身自由的表现形式。自然人具有根据自己的性需要，自主地选择是否性交、与谁性交以及进行什么样的性活动的

---

〔1〕何伟：《侵权法上权益保护模式的比较与镜鉴——兼论违法性展开与限制因素的运用》，载《法学论坛》2015年第11期。

〔2〕郭卫华：《论性自主利益的界定及其私法保护》，载《法商研究》2005年第1期。

〔3〕自睿：《空间、身体与被忽略的女性——1000名女性的公交车性骚扰调查》，中央民族大学2009年硕士学位论文，第26页。

〔4〕《新华社：有儿童被性侵后仅获千元赔偿，精神损害大多未获支持》，载澎湃网2016年6月2日，http://www.thepaper.cn/www/v3/jsp/newsDetail_forward_1477773。

〔5〕《"女童保护"2016年儿童防性侵教育调查报告（全文）》，载凤凰网，http://gongyi.ifeng.com/a/20170303/44550261_0.shtml。

〔6〕人格是个人自身特质和与之相关的社会现象的多重复合产物，讨论人格权时应注重其背后文化意涵及其与社会文化的互动。参见姚辉：《人格权法论》，中国人民大学出版社2011年版，第3-4页。

〔7〕北京市第二中级人民法院民事判决书，（2016）京02民终8725号。

权利。因强迫、欺骗等影响当事人性的自主选择,侵害了其性自主利益。再者,性自主利益关涉当事人的身心健康。依据《未成年人保护法》第1条,幼女身心健康不容侵犯,其中包含性健康。过早性行为及不当性行为会损害幼女的身心健康,如有加重后果则损害更重,如怀孕堕胎等。如在一则案例中,周某强奸未成年少女,使其堕胎辍学,受害者不敢上学,甚至不敢出门,精神受到严重打击。[1]

性自主利益应通过一般人格权路径进行保护。如前所言,在司法实践中有法院通过健康权、身体权对其进行保护。生命健康权是生命权和健康权的合称。身体权是自然人维护其身体组织器官的完整性并支配其肢体、器官和其他组织的权利。[2] 从侵害性自主利益的具体形式看,主要涉及受害人的健康权和身体权。虽侵害性自主利益常会造成身体健康遭受损伤,但两者并无关联的必然性。生命健康权侵权方式多样,侵害性自主利益时虽时常伴有暴力,但胁迫、欺骗、迷奸等方式亦是侵害性自主利益的主要手段,并且运用这些手段时一般不会损害生命健康。此外,就权利本体而言,生命健康权是物质性人格权,以人的生命健康权益为客体,且法律意义上生命健康权一般不包括心理健康。而性自主利益的核心内容为性利益和性自主支配,并以性纯洁、性尊严与人格的尊严为其价值基础,强调的是精神性(心理性)的人格要素。[3] 综上所述,将性自主利益作为一项独立的人格利益予以保护,是因为性自主利益具备了人格权所具有的价值基础,在法未明定时,可委身于一般人格权获得法律保护,而不能被吸纳到其他人格权保护的范围之内。《民法典》第1010条位于人格权编第二章"生命权、身体权和健康权",体系存有不妥。

三、性自主利益的侵权责任认定

(一)婚姻关系下性自主利益保护

婚内强奸刑事化的前提是婚姻关系处于不稳定状态。那么,在稳定的婚姻状态下,夫妻间负有同居义务,性义务是其内涵之一。[4] 性义务是指配偶间非

---

〔1〕 安徽省合肥市中级人民法院刑事裁定书,(2005)合刑终字第57号。

〔2〕 杨立新:《人身法论》,人民法院出版社2002年版,第398页。

〔3〕 张俊浩:《民法学原理》(修订版),中国政法大学出版社1997年版,第138页。

〔4〕 同居义务是包括性生活在内的在婚姻共同体生活的义务。杨立新:《家事法》,法律出版社2013年版,第227页;温同奇编:《新〈婚姻法解释(三)〉及家庭法律问题细解》,中国商业出版社2011年版,第57页;徐开墅编:《民商法辞典》(增订版),上海人民出版社2004年版,第38页;杨大文主编:《婚姻家庭法学》,复旦大学出版社2002年版,第162页。

基于正当理由不得拒绝与另一方为性行为的义务。[1] 既然夫妻间互负性义务,那么夫或者妻是否享有性自主利益?如何实现夫妻间性自主利益的保护?

婚姻与性是一对恒久的伦理话题,两者关系紧密,夫妻双方互为性满足是婚姻的应有内涵。以致康德认为婚姻是两个不同性别的人,为终身互相占有对方的性官能而产生的结合体。[2] 可见,性成为婚姻的必然和主要内涵。因此,丈夫和妻子不应该"禁绝与对方的性关系"[3],这就构成夫妻间的性义务。在"孙某婚内强奸案"中,法院认为同居义务是基于夫妻双方自愿结婚行为而推演出的伦理性质的义务。[4] 在"王某婚内强奸案"中,法院认为婚姻关系进入不稳定阶段,夫妻关系虽仍存在,但已不能推定妻子进行了性允诺。[5] 在"于某离婚案"中,于某与刘某婚后,无共同话题且无性生活,双方感情破裂后向法院提起离婚之诉。法院认为人类繁衍是婚姻的社会属性,性需求是婚姻的自然属性。婚姻双方应明白婚姻意味着同居,夫妻间互负性义务,否则可以选择不结婚。[6] 综上,性义务的基础如下:婚姻本质的要求、家庭的生育功能、结婚允诺包含性允诺。

但是随着社会发展,婚姻家庭功能日益多样化,夫妻别体主义的出现,性与婚姻、生育产生了分离,为顺应社会意识形态的变化,法律观念应与之相应而动。婚内性义务的产生是基于婚姻对双方的严格限制、家庭的繁衍功能与目的、性对婚姻生育的依附性,已不符合社会发展需要。在激荡变化、人格日渐自觉的现在,在与婚姻等相关的社会意识形态变革的情形下,大谈贞操、性的控制已为不妥,故随着夫妻间性义务的弱化,法律已不能苛求、强制夫妻间互负性义务。

在域外,"妻子承诺论"是排除丈夫对妻子性自主利益侵害的重要学说。[7] 依此说,妻子在与丈夫达成婚约之时起,即应奉献己身于丈夫,因该说过于强调"夫权",本质上是在坚守夫妻一体说,该说已无实践意义。1991 年,金斯爵士在

---

〔1〕 杨立新:《家事法》,法律出版社 2013 年版,第 228 页;余延满:《亲属法原论》,法律出版社 2007 年版,第 227 条。

〔2〕 [德]康德:《法的形而上学原理——权利的科学》,沈叔平译,商务印书馆 1991 年版,第 95 - 96 页。

〔3〕 [美]约翰·维特:《从圣礼到契约:西方传统中的婚姻、宗教与法律》,钟瑞华译,中国法制出版社 2014 年版,第 292 页。

〔4〕 上海市浦东新区人民法院刑事判决书,(2011)浦民初字第 685 号。

〔5〕 上海市青浦区(县)人民法院刑事判决书,(1998)青刑初字第 36 号。

〔6〕 河北省唐山市开平区人民法院民事判决书,(2014)开民初字第 428 号。

〔7〕 冀祥德:《域外婚内强奸法之发展及其启示》,载《环球法律评论》2005 年第 4 期。

审理"R诉R案"(Rv. R[1992]1 AC599)时指出:"现代妻子不再是丈夫逆来顺受的性奴隶,而是平起平坐的同伴。"[1]妇女已由被动的性接受者转变为主动的要求者,妻子无须对丈夫每一次性要求作出肯定回应,可以拒绝任何不合时宜、不合情理的性要求。[2] 此外,概括性承诺的结果必将导向夫妻对性自主利益的放弃,性自主利益以人格尊严、人格自由为价值内涵,是与生俱来、不可抛弃的权利类型。故从伦理、法理上来说,结婚的允诺并不代表其放弃了性自主利益。[3]

此外,随着人格自觉等原因,性自主利益不断强化。首先,婚姻应定位为基于伦理性的爱和摆脱孤独的需要而成立的统一体[4],婚姻并不是为性而存在的,更多是配偶间的爱与依赖。施瓦布将共同生活义务类型化为共同生活[5]、对共同事物的料理、家庭用具和婚姻住宅的共同使用、辅佐和体谅,此外,夫妻双方应平等抉择伴侣关系的方式。[6] 在其中难觅"性"之字眼,而更其强调夫妻间的平等性。在美国"R诉R案"中,法官认为:"婚姻是平等主体间的合伙关系,妻子不再是丈夫的私人物品。"[7]其次,在实践中,性义务常为婚内侵害性利益的正当性说辞,亦为受害者选择默不作声的自我说服的理由。[8] 故有必要弱化深具人身依存性的性义务,以宣示性自主利益的独立性。如果婚姻把女性沦为性暴力的合法牺牲品,就是对婚姻本质的亵渎。[9] 最后,在日益重视人格独立的时代,旧的婚姻家庭观、性道德观已经发生转变,在稳定婚姻状态内,出于对夫妻一方独立人格的尊重,夫妻性义务在法律上和婚姻契约上,不能对抗性自主利益。[10]

---

[1] 郭卫华:《性自主利益研究:兼论对性侵犯之受害人的法律保护》,中国政法大学出版社2006年版,第296页。

[2] 谭琳、姜秀花编:《社会性别平等与法律研究和对策》,社会科学文献出版社2007年版,第280页。

[3] 上海市浦东新区人民法院刑事判决书,(2011)浦刑初字第685号;石耀辉、伍红梅:《孙建军强奸案——非正常婚姻状态下强奸罪的构成》,载《人民司法·案例》2011年第24期。

[4] [德]黑格尔:《法哲学原理》,杨东柱、尹建军、王哲编译,北京出版社2007年版,第81-82页。

[5] 此处的共同生活是基于相互好感而产生的,随着夫妻双方的年龄、健康等要素,逐步转化为相互生活义务和对婚姻的忠诚义务。

[6] [德]迪特尔·施瓦布:《德国家庭法》,王葆莳译,法律出版社2010年版,第63-67页。

[7] [美]凯特·斯丹德利:《家庭法》,屈广清译,中国政法大学出版社,第50页。

[8] 刘中一:《婚内性暴力受暴妇女的认知与因应——基于一项质性研究的讨论》,载《中国性科学》2011年第10期。

[9] 武秀英:《法理学视野中的权利:关于性·婚姻·生育·家庭的研究》,山东大学出版社2005年版,第41页。

[10] 马洁娜:《夫妻性义务和性自主利益》,载周林彬编:《民商法的法律适用——人格权法与商法制度的完善》,暨南大学出版社2013年版,第529页。

因立法阙如，在正当婚姻存续期间，受害者性自主利益保护成为难题。本书认为该行为构成家庭暴力，在最高人民法院颁布的《涉及家庭暴力婚姻案件审理指南》中认为，性暴力是侵权者强迫受害人以其感到屈辱、恐惧、抵触的方式接受性行为，或残害受害人性器官等性侵犯行为，是家庭暴力的四种类型之一。但限缩了夫妻中的弱势群体的性自主利益，其仅认为强迫另一方接受的性行为方式构成性暴力，事实上性自主利益对应的是愿与不愿的问题，而不止于行为方式。且依《反家庭暴力法》第 2 条规定家庭暴力，是指家庭成员之间以殴打、捆绑、残害、限制人身自由以及经常性谩骂、恐吓等方式实施的身体、精神等侵害行为。诚如前言，侵害性自主利益会造成家庭暴力之后果。如是只要丈夫以暴力、胁迫等方式违背妻子意愿与之发生性行为，即构成家庭暴力，并适用家庭暴力的救济方法，亦可寻找民法上的救济。

婚内强迫性行为可构成法定离婚事由，如在一则案例中，赵某与唐某系夫妻，被告长期实施婚内性暴力，稍有不从即对原告予以殴打。原告向法院提起离婚诉讼。[1] 但本案法院未支持原告诉请，有待商榷。虽然婚姻不是建立在性基础上的，但精力旺盛与和谐的性生活是婚姻幸福的四块基石之一。[2] 夫妻性生活是婚姻得以持续、美满的重要保障。故配偶一方亦可基于另一方长期拒绝性生活为由提起离婚诉讼。例如，在一则案例中，法院认为双方虽感情尚可，一方拒绝性生活而致纠纷，准予离婚。[3]

（二）因欺诈侵害性自主利益的认定

由表 9 - 7 可见，三则案例皆因一方欺诈行为而致使另一方认知错误与之发生性关系，但法院在对此审判时，分别归于刑事领域、民事领域、道德领域进行规制，并且判决结果差之甚大。由此，需明确因欺诈而为性关系，在何种情形下构成犯罪，在何种情形下仅构成民事侵权，以及在何种情形下应交由道德谴责。

---

〔1〕 河北省衡水市桃城区人民法院民事判决书，(2012) 衡桃民一初字第 196 号；类案有上海市长宁区人民法院民事判决书，(2015) 长民四(民) 初字第 41 号；江苏省南京市鼓楼区人民法院民事判决书，(2014) 鼓民初字第 2484 号。

〔2〕 [荷兰] 范·德·费尔德：《理想的婚姻》，吴真谛译，民族出版社 1989 年版，第 5 页。

〔3〕 浙江省嘉兴市中级人民法院民事判决书，(2015) 浙嘉民终字第 789 号。

表 9－7 欺诈侵害性自主利益的规制路径

案件	案情	判决
孙某案①	孙某利用迷信，以“转基因、修恋”为由，欺骗女性与其发生性关系	孙某利用邪教组织与多名女性发生性关系，其行为已构成强奸罪
郭某案②	曹某隐瞒已婚事实与郭某恋爱，并发生性关系	曹某行为有悖公序良俗，且有明显过错，应承担侵权责任
黄某案③	韩某以结婚为名与黄某恋爱，诱骗其与之发生性关系	黄某、韩某的感情纠纷，不属于法律调整范畴

①河南省新乡市中级人民法院刑事裁定书，(2015)新中刑一终字第 24 号。
②广东省深圳市福田区人民法院民事判决书，(2015)深福法民一初字第 2868 号。
③北京市第二中级人民法院民事判决书，(2016)京 02 民终 8725 号。

《刑法》第 236 条规定，以暴力、胁迫或者其他手段强奸妇女的构成强奸罪。在立法上、司法判决中欺骗被认为是其他手段之一。[1] 但因男女交往常会出现冲突，“善意”的谎言成为感情的润滑剂，由此并不是所有的骗奸妇女的行为皆构成强奸罪[2]，仅在少数情形下才构成强奸罪。[3] 归纳司法实践，我国仅承认利用迷信手段骗奸、利用或假冒治病骗奸、冒充丈夫骗奸三种行为是强奸犯罪。[4] 此外，欺诈型强奸可分为行为属性欺骗和身份欺骗。[5] 行为属性欺骗即指犯罪人欺骗受害人，使其错误认为性行为为其他行为。例如假冒治病骗奸，在一则案例中，犯罪人谎称“哪吒”附身，要求发功治病，使受害者误将性行为认

[1] 最高人民法院、最高人民检察院、公安部《关于当前办理强奸案件中具体应用法律的若干问题的解答》中认为“其他手段”，是指犯罪分子用暴力、胁迫以外的手段，使被害妇女无法抗拒。如假冒治病等方法对妇女进行奸淫。案例有：重庆市巫溪县人民法院刑事判决书，(2007)巫刑初字第 13 号；河南省驻马店市中级人民法院刑事裁定书，(2016)豫 17 刑更 1159 号等。

[2] 杜开林等：《对骗奸妇女不能一概而论构成强奸》，载《人民法院报》2005 年 6 月 1 日。

[3] [美]伦那德·D. 塞威特兹：《性犯罪研究》，陈泽广编译，武汉出版社 1988 年版，第 19－20 页。

[4] 罗翔：《论欺诈型强奸》，载《中南大学学报(社会科学版)》2007 年第 4 期；张明楷：《刑法学》，法律出版社 2011 年版，第 779 页。

[5] 类似划分可见英美等国。美国将强奸罪中的欺骗划分成“事实欺骗”和“诱因欺骗”两种事实，英国将之划分为行为人身份欺骗、行为性质欺骗、行为质量欺骗三种类型。一般地说，行为质量欺骗并不构成强奸。欺诈诱因欺骗、行为性质欺骗类似我国中的行为属性欺骗，事实欺骗、身份欺骗类似于我国身份欺骗。但不同国家对强奸罪的认定存有差异。刘士心：《美国刑法各论原理》，人民出版社 2015 年版，第 115－117 页；魏汉涛：《刑法热点问题研究》，云南大学出版社 2014 年版，第 248－249 页。

定为医疗行为。[1] 又如，以迷信形式骗奸，在一则案例中，犯罪人以传授空纸来钱为由，要求与受害人发生性关系以增强法术。[2] 身份欺骗是指犯罪人基于受害人对其身份的误认而与之发生性行为。如“夏某强奸案”，受害人将夏某误认为男友，犯罪人利用其错误认知而与之发生性关系。[3] 现实社会中，常有人冒充公职人员、海员等身份诱骗他人发生性行为，因此类身份欺诈中的身份不能够盖然地导致性行为的发生[4]，且就个案而言亦不具有导致发生性行为的事实基础，故难以认定为强奸罪。所以性自主利益应承担民事责任抑或刑事责任时，应从当事人行为性质欺骗、身份欺骗两方面予以衡量。

除刑事责任之外，因欺诈而为性行为时，尚有构成侵权行为和仅为不道德行为的分野。道德争议的本质是社会成员对作出某一行动的道德理由的对与错存在理性分歧[5]，道德争议并非皆应由法律来评价。法律作为最低限度的道德，对“道德争议”进行规制时，需采取“积极确认违法性”的判断标准。[6] 此外，因欺诈侵害性自主利益的现象十分复杂，“侵权人”主观心态、客观行为，“受害人”心态、所受损害等差异甚大，有必要借鉴“动态系统理论”，对各个具体要件进行综合权衡，准许各个具体要件的强度互补。[7] 本书对因欺诈侵害性自主利益的认定标准探讨如下：

双方进行性行为是否源于爱情和合意。爱情和性紧密地交织在一起，虽然生理冲动是恋爱的重要诱因与组成因素[8]，但是性爱绝非爱情的唯一目的，性爱的正当性源自爱情和合意。[9]一方与另一方接触仅为性爱，并使另一方产生误解而为性承诺，则构成侵权。如在一则案例中[10]，王某冒充警察，将发廊店主赵某带走，并与之发生性关系。此种行为并不构成强奸罪，在民事领域，虽

---

[1] 河南省驻马店市中级人民法院刑事裁定书，(2016)豫17刑更1159号。

[2] 重庆市巫溪县人民法院刑事判决书，(2007)巫刑初字第13号。

[3] 最高人民法院中国应用法学研究所编：《人民法院案例选》(刑事卷·上)(1992～1999年合订本)，中国法制出版社2000年版，第507页。

[4] 罗翔：《论欺诈型强奸》，载《中南大学学报(社会科学版)》2007年第4期。

[5] 郑玉双：《道德争议的治理难题——以法律道德主义为中心》，载《法学》2016年第10期。

[6] [德]马克西米利安·福克斯：《侵权行为法》，齐晓锟译，法律出版社2006年版，第85页。

[7] 朱虎：《侵权法中的法益区分保护：思想与技术》，载《比较法研究》2015年第5期。

[8] 骆晓戈编：《女性学》(第3版)，湖南大学出版社2013年版，第269页；梁健：《爱情本质研究》，文化艺术出版社2010年版，第16页；吴来苏编：《性理论学》，中华工商联合出版社2008年版，第162页。

[9] [美]雅博、[美]萨亚德、[美]斯特朗等：《认识性学》(第6版)，爱白文化教育中心译，世界图书北京出版公司2012年版，第172页。

[10] 刘文基：《冒充警察骗奸妇女如何定性?》，载《人民法院报》2005年4月13日，B4版。

然赵某可能出于不当目的考虑,但王某利用其心理,以与之性爱为目的,而假冒警察,符合背俗故意致损之要件,王某应承担侵害赵某性自主利益的侵权责任。

侵权者所为之欺骗应足以影响受害者判断,并且这种判断标准应符合社会道德。如一方恶意隐瞒已婚事实与另一方恋爱,并常许诺与其结婚,并在交往过程中与受害者发生性关系,如“郭某案”。但在日常生活中,情侣在恋爱中海誓山盟时常存在,无论其是否出于真心以及能否实现,不可能由法律来征讨恋爱中的“负心汉”。如在“黄某案”中,韩某未婚,与黄某相识多年,多有交流,具备感情基础和外观,并发生性关系。韩某虽虚假地允诺与黄某结婚,但婚姻并不是爱情的必然发展方向,且双方存在多年感情基础,欺骗行为并不足以影响黄某的判断。此外,如若某男士出于对某一女子的爱恋,虚报财产,女子出于爱慕虚荣与之恋爱并发生关系,因女子之判断标准并不合乎一般道德准则并且对性处置较为轻率,此种情形亦不构成侵权。

此外,冒充富商、教授、海员等骗色应构成侵权责任。其一,此处分析需借助动态系统理论,侵权人为骗色而假冒身份,其动机违背善良风俗,应受法律规制。其行为亦构成法律上的欺骗行为,受害人虽可能因轻率、爱慕虚荣等受骗,但侵权人在故意、违法性等方面的强度足以补强受害人的轻率,可构成侵权。其二,在侵权人冒充身份与受害人交往中,存在骗财情形时,以《刑法》第266条诈骗罪予以刑事处罚,但如若侵权人仅为骗色,刑法则不予保护。可见,侵权人同样行为下,刑法对财产的保护超过了对性自主利益的保护。此种情形下,即需民法来保护受害人的合法权益,以补偿受害人所遭受的损害,填补刑法对财产、人格权的差别对待而带来的利益保护空缺。其三,在美国,对以结婚为名到处骗奸女青年之情形,有学者称之为“诡计性交”,受刑法调控。[1] 在英国,1956年《性犯罪法》第3条第1款规定,某人以虚假借口或虚假陈述的手段诱使妇女发生性交的行为都是一项犯罪行为。此外,《巴西刑法典》规定以欺骗手段与正派妇女发生关系应受刑罚。[2] 由此可见,在我国刑法失语的情形下,此类因欺诈侵害性自主利益之情形应受构成侵权。

(三)《民法典》第1010条

《民法典》第1010条规定:“违背他人意愿,以言语、文字、图像、肢体行为等方式对他人实施性骚扰的,受害人有权依法请求行为人承担民事责任。机关、企

[1] [美]伦那德·D. 塞威特兹:《性犯罪研究》,陈泽广编译,武汉出版社1988年版,第19页。
[2] 安翱:《侵犯公民人身权利罪比较研究》,中国人民公安大学出版社2005年版,第117页。

业、学校等单位应当采取合理的预防、受理投诉、调查处置等措施,防止和制止利用职权、从属关系等实施性骚扰。"该条本质上是一条侵权损害赔偿责任条款,不能满足人格权编关于人格权有名化的要求,自然人对其性自主利益的权利无从体现。该条所涉侵权责任构成要件为违背他人意愿和性骚扰。而在不存在侵权行为时,不能请求他人不为一定行为进而维护性自主权的圆满。如在婚姻和恋爱期间,在身体不适等情形下,可以要求另一方不为一定行为。此外,该条文存在逻辑错误,从一般认知而言,在相对人同意的前提下,应是以追求性愉悦等为目的的正当行为而非性骚扰。因此,性骚扰概念本身即存在违背他人意愿之内在意蕴。所以,该条第 1 款构成立法重复。在具体认定侵权责任时,应将追求性满足为目的作为侵害性自主权的构成要件,建构主观加客观的认定标准,有助于避免社会中动辄可能构成侵权的担忧,如在拥挤人群中的触碰等。由此,侵害性自主权的侵权行为应为,侵权人有追求性满足的主观心态,开展了社会一般认为应构成性侵犯的行为。

《民法典》第 1010 条防范的对象是性骚扰之侵权行为。在法律领域,性骚扰并没有一个严谨的概念界定,一般是指除去强奸、猥亵等性暴力犯罪之外的侵犯性自主利益的侵权行为。性骚扰构成侵权虽然已经达成共识,但其侵害了何种权利却未明确,存在性自主权、隐私权等不同观点。我国在司法裁判说理过程中,一般要说明侵权行为侵害的权利类型,而不仅是对侵权行为类型的描述,由此需要将侵权行为背后的权利予以有名化。基于此,性骚扰概念因不具备权利有名化的规范功能,在民事适用时必然会造成司法适用的困难。此外,从概念涵摄范围看,以性骚扰作为规范规制的对象存在以下不足:其一,从条文中无法明确民事主体对其性权利具备支配权能,这实际上破坏了民事主体性权利的权能范畴。对性自主权如此规定也违反我国人格权独立成编的逻辑体系。其二,侵害性自主权包括民事侵权类型和刑事侵权类型。民事侵害性自主权的类型包括性骚扰,欺诈、诱惑侵害性自主权,婚内侵害性自主利益等。刑事侵害性自主利益者主要有强奸侵权,猥亵、侮辱侵权,强迫卖淫等侵害性自主权等类型。而《民法典》第 1010 条仅对性骚扰进行规制,未将其他侵害性自主权的侵权类型涵盖在内,在司法适用时需要依赖解释。

基于《民法典》第 1010 条第 2 款规定,机关、企业、学校等单位在内部组织和管理机制上,应建立职场上性骚扰的"防火墙"和置办"灭火器",其本质上是用人单位应尽的管理义务。该款内容与传统民法中的权利义务存在差别,应划归何种法域有待探讨。

四、涉刑侵害性自主利益的精神损害赔偿

(一)刑、民关于精神损害赔偿的规范冲突

强奸、严重猥亵他人等侵权行为,因其具有严重的社会危害性,是刑法规制的重点。依《民法典》第 187 条、第 1183 条规定侵权人因同一行为应当承担行政责任或者刑事责任的,不影响依法承担侵权责任,毋庸置疑,精神损害赔偿责任当包含于内。但依《刑事诉讼法》第 101 条、《刑诉法解释》(2021 年)第 175 条规定,刑事犯罪的受害人不能获得精神损害赔偿。民事、刑事立法上之差异影射于司法实践中,形成两种截然不同的裁决思路,由表 9 - 8 可见一斑。

强奸是侵害性自主利益的最严重侵权形式,亦是受害人最需要得到救济的情形,面对严重侵权行为受害人能否获得精神损害赔偿的讨论,更能体现我国民事、刑事的立法取向,更具有代表性。本书于中国裁判文书网以"强奸 + 精神损害"为关键词进行搜索,共得案例 373 则,择其中相关者 85 则〔1〕,关于法院是否支持因被强奸而提起精神损害赔偿诉求的统计,见表 9 - 8。

---

〔1〕 支持者:广东省东莞市第三人民法院民事判决书,(2013)东三法民一初字第 2099 号;广西壮族自治区乐业县人民法院民事判决书,(2016)桂 1028 民初 283 号;广西壮族自治区南宁市兴宁区人民法院民事判决书,(2013)兴民一初字第 1258 号;广东省珠海市斗门区人民法院民事判决书,(2014)珠斗法民一初字第 391 号;山东省济南市槐荫区人民法院民事判决书,(2015)槐少民初字第 123 号;安徽省宣城市宣州区人民法院民事判决书,(2014)宣民一初字第 03940 号等。不支持者:没有任何民事赔偿的案件:福建省南平市中级人民法院民事裁定书,(2016)闽 07 民终 1162 号;广东省深圳市中级人民法院民事判决书,(2013)深中法民终字第 2679 号;广东省四会市人民法院民事判决书,(2012)肇四法民初字第 1215 号;广东省清远市中级人民法院再审民事判决书,(2013)清中法审监民再字第 2 号等。判赔 1 ~ 1000 元的案例:吉林省长岭县人民法院民事判决书,(2009)长民初字第 1415 号;广西壮族自治区宜州市人民法院民事判决书,(2012)宜民初字第 944 号;浙江省温州市龙湾区人民法院民事判决书,(2013)温龙民初字第 479 号;山东省济南市历城区人民法院民事判决书,(2015)历城刑初字第 152 号等。判赔 1001 ~ 10,000 元的案例:吉林省舒兰市人民法院刑事附带民事判决书,(2016)吉 0283 刑初 458 号;河南省郑州市中级人民法院刑事附带民事判决书,(2014)郑刑二终字第 293 号;河南省南阳市中级人民法院刑事附带民事判决书,(2011)南刑二终字第 163 号;四川省宁南县人民法院民事判决书,(2016)川 3427 民初 529 号;湖北省罗田县人民法院民事判决书,(2014)鄂罗田民一初字第 00102 号;四川省安岳县人民法院刑事判决书,(2016)川 2021 刑初 344 号;重庆市梁平县人民法院刑事附带民事判决书,(2015)梁法刑初字第 00337 号等。判赔 10,000 元以上的案件:黑龙江省大庆市中级人民法院刑事附带民事判决书,(2015)庆刑一初字第 8 号等。

表9-8　强奸侵害性自主利益案例中精神损害赔偿现状

观点	判决书性质	数量/则	比重/%
支持者	民事判决书	36	42.35
	刑事附带民事判决书	1	1.18
否定者	民事判决书	18	21.18
	刑事附带民事判决书	30	35.29

由表9-8可见，强奸侵害性自主利益时，是否对受害者的精神损害进行赔偿，在司法实践中有两大观点截然相反的判例群。支持精神损害赔偿的案例主要为民事判决，以原《侵权责任法》第4条（《民法典》第187条）、第22条（《民法典》第1183条）、《精神损害赔偿解释》为判决依据。否定者以刑事附带民事判决为主，其判决依据为《刑法》第36条、《刑事诉讼法》第101条、最高人民法院《关于人民法院是否受理刑事案件被害人提起精神损害赔偿民事诉讼问题的批复》（法释〔2002〕17号）（已失效）、《刑诉法解释》（2012年）第138条。针对此同案异判现象，有必要调和刑事规范与民事规范的立法冲突，以使涉及刑民的案件同案同判。

（二）精神损害赔偿具有执行可行性

在第十一届全国人民代表大会第四次会议上，针对刑事附带民事案件不能诉请精神损害赔偿之立法现状，有代表提出修订建议。最高人民法院回应如下：其一，犯罪者多为贫困群体，高额赔偿常沦为空判。其二，套用民法中精神损害条款，赔偿数额较高，被告人不能足额履行，会造成缠讼等社会现象。其三，受害者要价过高，致使被告亲属认为无法满足其需求，索性就不赔偿，反不利于保护受害者。其四，刑事犯罪与民事侵权在应赔范围、赔付范围及法理不同。〔1〕综上，最高人民法院回应主要为两方面，即精神损害赔偿数额过高无法履行以及刑事犯罪与民事侵权存在本质区别，然最高人民法院的观点并不具说服力。

归纳司法实践可见，因强奸侵害性自主利益，较少对受害者造成物质性的伤害，受害者获得民事赔偿的数额较低，见表9-9。

---

〔1〕　最高人民法院办公厅《对十一届全国人大四次会议第6039号建议的答复》（法办〔2011〕159号）。

表9-9 否定精神损害赔偿强奸案中的物质损害赔偿

民事赔偿数额/元	案件数量/则	比重/%
0	14	29.2
1~1000	10	20.8
1001~10,000	15	31.3
10,000以上	9	18.7

由表9-9可见,因强奸侵害性自主利益时,受害人获得的民事赔偿低于10,000元的情形占据了81.3%,其中受害人为未成年人为17则;小于1000元者50%,其中受害人为未成年人为11则。民事赔偿高于10,000元的案件中,多是受害者遭受严重的身体创伤、甚至死亡的情形,主要以医疗费、差旅费为赔偿类目。但因性侵未成年人者多为其熟人,且多通过诱惑、欺骗方式进行奸淫,受害者很少遭受物质性伤害,以致未成年人受性侵后很难获得民事赔偿,只有在被传染性病、怀孕的情形下才能获得治病、引产之费用。[1] 忽视受害者精神上遭受的痛苦、磨难,而不予以补偿,会对受害者造成长久的磨难,有违损害填补原则。

此外,侵权者能否履行判决书与应否如此判决,并非处于同一逻辑层面。法院依实在法作出判决,进而交由执行机关进行执行,这是法院判决的一般逻辑。而最高人民法院出于执行困难之考虑,进而作出司法解释来否定刑事附带民事的精神损害赔偿,存有逻辑错误。应首先考虑受害者利益,通过司法解释弥补实在法的不周延性,并通过控制赔偿数额以及改进执行方式,增强判决的可执行性。

同时,从本书对强奸案犯罪人的身份统计看,熟人作案占多数,且强奸犯有稳定收入者亦不占少数,不能因噎废食,从法律层面杜绝受害人获得精神损害赔偿的可能。在社会生活中,因最高人民法院之规定,有诸多侵权者同意赔偿,但未能获得司法层面的肯定。另外,已有支持精神损害赔偿之司法实践,并很少发生精神损害赔偿金额过高,侵权人拒绝赔偿之情形。(见表9-10)

---

[1] 《透视性侵儿童案①|重复性侵累犯多发,专家建议公开案犯信息》,载澎湃网2017年1月11日,https://www.thepaper.cn/newsDetail_forward_1596703;《透视性侵儿童案②|伴随致孕、性病等恶果,精神康复费待破局》,载澎湃网2017年1月12日,https://www.thepaper.cn/newsDetail_forward_1598397;《透视性侵儿童案③|"嫖幼头处"暴力频现,专家叮设独立罪名》,载澎湃网2017年1月13日,https://www.thepaper.cn/newsDetail_forward_1599236;《透视性侵儿童案④|校园保护之痛:31教师猥亵128名儿童》,载澎湃网2017年1月14日,https://www.thepaper.cn/newsDetail_forward_1600110。

表 9－10 支持精神损害赔偿的强奸案中精神损害赔偿金额

数额/元	数量/则	比重/%
0～10,000	12	33.3
10,001～30,000	18	50.0
30,001～50,000	6	16.7

注：排除因强奸致死情形下，犯罪人赔付死亡赔偿金的案例。

由表 9－10 可见，在支持精神损害赔偿的民事诉讼中，并未出现过高赔偿之情形，83.3% 的案例判赔进而在 30,000 元以下。而与之相对，依国家统计局统计，2017 年全国人均年收入为 25,974 元。[1] 故观司法实践，因强奸侵害性利益所判赔精神损害赔偿数额并未出现最高人民担忧之情形，侵权者亦多有支付能力。

（三）刑民责任关系的历史演变及域外立法

1979 年《刑事诉讼法》第 53 条规定，被害人由于被告人的犯罪行为而遭受物质损失的，在刑事诉讼过程中，有权提起附带民事诉讼。1996 年《刑事诉讼法》第 77 条规定，被害人由于被告人的犯罪行为而遭受物质损失的，在刑事诉讼过程中，有权提起附带民事诉讼。2012 年《刑事诉讼法》第 99 条规定，被害人由于被告人的犯罪行为而遭受物质损失的，在刑事诉讼过程中，有权提起附带民事诉讼。2018 年《刑事诉讼法》第 101 条也未加修改。《刑诉法解释》（2012 年）第 138 条规定，因受到犯罪侵犯，提起附带民事诉讼或者单独提起民事诉讼要求赔偿精神损失的，人民法院不予受理。由立法史可见，刑事附带民事之赔偿物质损害之规定始于 1979 年，且《刑事诉讼法》几经修正，而该条依旧保持着"原汁原味"。

在改革开放前，精神损害赔偿还是"资产阶级的货色"，广受批判[2]，且当时我国深受苏联法的影响，认为精神无法用金钱衡量。[3] 如是，在 1979 年《刑事诉讼法》立法之时，立法者排除精神损害赔偿，并非严谨论断的结果。而现已时过境迁，精神损害赔偿已成为民事责任承担的重要形式，并为学界、实务界、立法者广泛接受。此外，我国的法制体系业已摆脱苏联法的影响，"旁征博引"并

---

[1] 《中华人民共和国 2017 年国民经济和社会发展统计公报》，载国家统计局网，www.stats.gov.cn/tjsj/zxfb/201802/t20180228_1585631.html。

[2] 杨立新：《新版精神损害赔偿》，国际文化出版公司 2002 年版，第 1 页。

[3] 郭卫华、常鹏翱等：《中国精神损害赔偿制度研究》，武汉大学出版社 2003 年版，第 3 页。

深具中国之特色,将精神损害赔偿排除在刑事附带民事案件的民事赔偿的范围之外的立法背景已荡然无存,而现有立法模式陷于立法惯性的窠臼,而固守原本模式,实属不当。

因强奸受害人应获得精神损害赔偿,已被诸多国家和地区所肯认。王泽鉴认为刑事责任并不能排除民事责任之适用,事属必然,毋庸详论。[1] 在欧洲,刑罚与赔偿亦不能相互取代[2]。在1994年前,某些荷兰[3]和德国的法院认为判处被告监禁可以满足受害人赔偿请求。但在1994年11月29日,德国联邦法院根据《德国民法典》第847条作出"受害者希望获得精神安慰的愿望应予以考虑,但是需要与国家实施惩罚的权力相区别"的判决。[4] 美国《侵权法重述——纲要》第46条规定,通过极端与恶劣行为故意或者莽撞地给他人造成严重精神痛苦的人应承担精神损害赔偿责任。极端与恶劣行为的认定:对社区的一个正常成员讲述此类案件的事实会激起他对行为人的憎恶,让他不由自主地叫道:"恶劣!"[5]可见强奸俨然在"恶劣"行径之列。从上述国家和地区之立法、判例可见,世界通行之做法即区分损害补偿与刑事惩罚,侵权人在遭受刑罚后,仍应承担其对受害人所造成的精神损害赔偿的责任。

(四)刑民责任的衔接及实现

因侵犯性自主利益在民事领域可以获得高额精神损害赔偿,有些受害人可能处于经济等考量,可能谎称弱化受侵害之程度,以使原本刑事犯罪转化为民事侵权,造成刑事向民事逃逸之现象。精神损害赔偿责任的肯认有助于督促受害人报案,更好地实现社会治理,这是两者衔接的必要性。此外,在各国强奸都属于报案率很低的犯罪,美国司法部在1981年的报告中称,人口普查局调查发现,1979年的强奸事件中有一半没有报案。另有研究者估计实际发

---

[1] 王泽鉴:《民法学说与判例研究》(第2册),北京大学出版社2009年版,第207页。

[2] [德]克里斯蒂安·冯·巴尔:《欧洲比较侵权行为法》(上卷),张新宝译,法律出版社2004年版,第742页。

[3] 如阿姆斯特丹上诉法院1975年10月22日的判决:父亲以自杀威胁自己18岁的女儿与其进行性行为。法院认为父亲有罪足以构成对受害人的安慰,故没有判处被告非物质损害。参见[德]克里斯蒂安·冯·巴尔:《欧洲比较侵权行为法》(上卷),张新宝译,法律出版社2004年版,第747页。

[4] [德]克里斯蒂安·冯·巴尔:《欧洲比较侵权行为法》(上卷),张新宝译,法律出版社2004年版,第747页。

[5] [美]肯尼斯·S.亚伯拉罕、[美]阿尔伯特·C.泰特编:《侵权法重述——纲要》,许传玺、石宏等译,法律出版社2006年版,第20-22页。

生的强奸事件是报案数字的 5 ~ 20 倍。[1] 在我国,依《法律年鉴》统计,每年强奸案报案数为 4 万件左右,而另有超出强奸报案数 10 倍的强奸犯罪,受害者选择了隐忍。[2] 另据司法部调查,性侵犯的报案率只有 7.6%,在各类案件的报案率中最低。[3] 面对性犯罪之特性,准许性犯罪中的受害人获得精神损害赔偿的诉请,无疑会增加其维权的积极性,这更有利于打击性犯罪,维护社会秩序。

刑法、民法的交叉有多种类型[4],竞合型刑民交叉责任是最主要的表现形式,[5]犯罪侵害性自主利益即属此种类型。刑民责任经历了"从合并到分立,再从分立到理性融合"的总体趋势。[6] 就现有立法而言,两者具有融合的可行性。

首先,民事责任与刑事责任并不相互排斥,根据《民法典》第 187 条的规定,侵权人因侵权行为触犯刑法,刑事责任的承担不影响民事责任的承担,且民事责任具有优先使用性,两者不相互排斥。精神性抚慰金不具惩罚功能[7],两者不能相互替代。民事责任之目的在于赔偿被害人所生损害,以满足被害人。刑事责任之目的在于惩罚、教化犯人,以预防犯罪及维持社会秩序。[8]

其次,民事责任与刑事责任评价体系的分离性。在竞合型刑民交叉案件中,民事责任部分与刑事责任部分应分别受民法与刑法的评价。民事责任是受害人向侵权人诉请赔偿的结果,刑事责任是检察机关代表国家,运用公权力惩罚犯罪人的表现。[9] 两者源自不同评价系统,应分别从不同角度进行评价。

最后,民事责任对刑事责任的影响。从我国现有立法语境看,"先刑后民"立法理念在刑事领域具有支配地位,但其本质上是刑主民辅的错误导向在立法

---

[1] [美]贺兰特·凯查杜里安:《性学观止》(第 6 版下册),世界图书出版公司 2009 年版,第 579 页。

[2] 麻国安:《青少年被害人援助论》,中国人民公安大学出版社 2005 年版,第 132 页。

[3] 桑本谦:《私人之间的监控与惩罚:一个经济学的进路》,山东人民出版社 2005 年版,第 237 页。

[4] 分别涉及刑事和民事法律关系的不同法律关系的刑民交叉现象;单一法律关系,但不能确定刑事抑或民事法律关系的刑民交叉案件;单一法律关系同时触犯了刑法、民法的刑民交叉案件。江伟、范跃如:《刑民交叉案件处理机制研究》,载《法商研究》2005 年第 4 期;杨兴培:《刑民交叉案件的类型分析和破解方法》,载《东方法学》2017 年第 4 期。

[5] 江伟、范跃如:《刑民交叉案件处理机制研究》,载《法商研究》2005 年第 4 期。

[6] 李晓明、张鑫:《刑民交叉案件分类及其对未来研究的影响》,载《河北法学》2016 年第 2 期。

[7] [瑞]海因茨·雷伊:《瑞士侵权责任法》(第 4 版),贺栩栩译,中国政法大学出版社 2015 年版,第 123 页。

[8] 曾隆兴:《详解损害赔偿法》,中国政法大学出版社 2004 年版,第 2 页。

[9] 张永泉:《法秩序统一视野下的诉讼程序与法律效果的多元性——以竞合型刑民交叉案件为视角》,载《法学杂志》2017 年第 3 期。

上的体现[1],应建立“刑民并行”为处理刑民交叉案件的基本原则。[2]《民法典》第187条、《公司法》第214条等明确了民事赔偿的优先性,并且依据“民法要扩张,刑法要谦抑”的时代精神[3],民事赔偿数额会对刑事责任造成影响。从另一个角度而言,基于慎刑考量,犯罪人积极赔偿民事责任,应视为悔过自新,是减轻其刑罚的重要参照因素。

然现有司法解释完全杜绝刑事附带民事案件中,受害人诉请精神损害赔偿之可能。由此,像猥亵、强奸、强迫卖淫等侵害自由型犯罪,在受害者未遭受身体伤害情形下,难以获得任何民事赔偿。面对该立法现状,在修法之前需通过法释义学方法使受害者获得抚慰金。

从法律位阶来看,《民法典》是全国人民代表大会发布的法律,而《刑诉法解释》是最高人民法院发布的司法解释,《民法典》是上位法,当下位法与上位法相冲突时,下位法无效。但相较于《民法典》,《刑事诉讼法》中关于刑事附带民事诉讼的规定为特殊法,具有优先适用性。《刑事诉讼法》中所谓“物质损失”在刑法中有时亦被表述为“财产损失”“经济损失”,其并不与民事上“物质利益损害”“精神利益损害”严格对应。[4] 物质损失亦包括直接损失和间接损失,已遭受的损失和必然遭受的损失。[5] 强奸常造成受害者应激性精神障碍,需要长时间心理调理,使精神损害成为必然的间接物质损失。在一则案例中,王某性侵害了未满6岁的赵某,赵某并无身体创伤或被传染某种疾病,但法院出于对其精神创伤治疗的费用考量,酌定王某赔偿赵某后续治疗费用。[6] 通过该案可见,精神创伤可“转化”为物质损害,后续的医疗费用便可解释进入《刑事诉讼法》中“物质损失”的范畴。由此,在因强奸而触动的刑事附带民事诉讼,受害人可暂时由该途径获得支持。

五、结论

性隐晦而深具伦理性,对性自主利益保护不仅是道德问题,更是一项法律问

---

[1] 杨兴培:《刑民交叉案件中“先刑观念”的反思与批评》,载《法治研究》2014年第9期。

[2] 刘高:《民刑交叉中合同效力的认定及诉讼程序的构建——以最高人民法院相关司法解释为视角》,载《法学家》2015年第2期。

[3] 王利明:《民法要扩张,刑法要谦抑》,载中国民商法律网2016年6月8日,http://www.civillaw.com.cn/lw/l/?id=30813。

[4] 蒋超、艾军:《刑事附带民事诉讼视角下的"物质损失"》,载《求索》2006年第4期。

[5] 国务院法制办公室编:《中华人民共和国刑事诉讼法注解与配套》(第2版),中国法制出版社2013年版,第117页。

[6] 陕西省紫阳县人民法院刑事附带民事判决书,(2016)陕0924刑初71号。

题，刑法、民法等部门法共同构成性自主利益的规范体系。本书通过对这一新型人格利益相关疑难点的论证，得出如下结论：

1. 侵害性自主利益的侵权行为模式涉及民事、刑事两领域。民事领域的侵权行为主要表现为性骚扰、因欺诈侵害性自主利益、婚姻正常存续期内侵害性自主利益。刑事领域主要表现为强奸行为，猥亵、侮辱行为，强迫卖淫行为侵害性自主利益。因侵害性自主利益情形多发，并且在深受贞操观影响的中国，性的纯洁普遍受自然人重视，因而性自主利益事关受害者的身心健康，且是人身自由在重要内涵。故性自主利益在刑法保护之外仍有民法规制存在的必要性，在民事领域应由一般人格权保护保护该项利益。

2. 正常婚姻关系中，夫妻双方互负同居义务，其中包含性义务。但在男女平等、人格独立的现代，性义务拘束性在减弱，性自主利益的独立性不断强化。稳定婚姻关系中，强迫性行为构成家庭暴力，拒绝性生活和强迫性生活均构成离婚的合理事由。此外，应从当事人行为性质欺骗、身份欺骗两方面，区分民事侵权与犯罪，欺诈侵犯性自主利益的犯罪类型为：迷信手段骗奸、假冒治病骗奸、冒充丈夫骗奸。因欺诈而为性行为并非皆构成侵权，法官需利用动态系统理论，积极确定侵权，主要应参考以下方面：行为人是否以性作为欺诈之目的、欺诈行为是否足以影响受害者判断、行为人的恶意程度等。以此度量冒充富商等骗色之行为，其构成侵权。

3. 犯罪侵害性自主利益涉及刑、民两方面，因《刑诉法解释》（2012 年）规定，犯罪侵害性自主利益时，受害人不能获得精神损害赔偿。但从统计数据看，准许受害人获得抚慰金，并未出现因金额过高，侵权者无法履行造成空判等情形。同时，民事责任与刑事责任不可替代，评价体系具有分离性，民事责任具有优先性等缘由，在参酌比较法的基础上，犯罪侵害性自主利益时，受害者的精神损害赔偿之诉请应得到支持。通过扩张解释《刑事诉讼法》第 101 条将精神损害赔偿作为刑事附带民事诉讼中的诉请之一，以实现民、刑责任的有效衔接。

第六节　欺诈性抚养侵害亲子利益

一、欺诈性抚养侵害人格权认定中的问题

随着社会发展，自由、独立之观念日益深入人心，家族间人身依附性日益减弱。相较于古代，现代夫妻间的身份依附性减弱，其中包括性的专属性。又因社

会风气日益开放，非婚性行为时常出现，有时一时不慎，意外怀孕之事亦不少见。如在婚姻中，因女方隐瞒，男方不知实情，错误抚养，亦时有发生，由此可能构成欺诈性抚养侵权。在民事纠纷中，欺诈性抚养纠纷多发，主要是因婚外不正当性关系，使婚姻关系无过错方误养婚姻外第三人的子女所形成的“欺诈性抚养”的情形。〔1〕

本书所谓欺诈性抚养是指夫妻一方（通常是妻子）将与婚姻外第三人所生之子女，在另一方不知情的情形下，交由夫妻双方共同抚养，使无过错方误认为该子女系其亲生子女的行为，与之相对的是欺诈性抚养侵权。从其本质上看，欺诈性抚养侵权行为已经严重侵害了受害人的人格尊严和抚养利益。〔2〕但欺诈性抚养具体侵害了何种权益有待厘清，以及其与亲子利益之间具有何种联系，仍有待探讨。一般而言，民法学专业术语并非日常用语，它与现实存在的具体行为不在同一意义层面。〔3〕由此，需将欺诈性抚养的内涵抽象成民法理论术语，而不能任由“欺诈性抚养”这一深具生活色彩的词语招摇过市，作为制定法与法学理论的经典概念，由此需要明确欺诈性抚养究竟侵犯何种民事权益。

此外，欺诈性抚养作为对社会事实的表述，欲要借由抽象的法律保护，需要借助“大前提、小前提、结论”三段论进行演绎，其所侵害权利性质是侵害的配偶权抑或一般人格权？请求权基础是什么？是《民法典》第 1043 条抑或《精神损害赔偿解释》(2001 年)第 1 条第 2 款？应获得何种保护？赔礼道歉抑或精神损害赔偿等？皆需要在理论层面进行回应。

二、欺诈性抚养的司法保护路径及基本内涵

（一）欺诈性抚养的司法规制路径

由于现有民法规范对欺诈性抚养侵权方面规定模糊不清，对其侵害的客体更无涉及，导致司法实践中法院对因婚外性行为而致欺诈性抚养的规范路径观点不一，适用条款不一，同案异判者十分常见。从以下案例的对比中，我们可以管窥一二。（见表 9－11）

---

〔1〕当然也存在婚前性行为导致怀孕而隐瞒真实情况，与他人结婚，使其误认为生养的是自己子女，而加以抚养的情形。

〔2〕吴国平：《欺诈性抚养精神损害赔偿法律路径探究》，载《时代法学》2016 年第 5 期。

〔3〕常鹏翱：《论现实存在与物权行为的无关联性对相关学理争辩的再辨析》，载《法学》2015 年第 1 期。

表9-11　侵害亲子利益的相关案例

案件	事实	结果	裁判说理	法律依据
1. 周某章与郑某抚育纠纷案①	周某章与郑某离婚后，孩子由周某抚养，经亲子鉴定，确认其孩子并非亲生（至诉前已抚养5年），故诉请判令被上诉人赔偿精神损失费20万元	判赔2.5万元较低，可酌情增至3.5万元	郑某在夫妻关系存续期间，与他人发生不正当性关系，导致周某抚养非亲生子女，此为我国社会主义法律和道德所谴责，对周某精神打击巨大，侵害了周某章的人格尊严权，依法应赔偿其精神损失费	借由人格尊严权路径保护亲子利益
2. 陈某与金某一般人格权纠纷案②	原被告婚后育有一子，离婚后孩子归被告抚养。后经鉴定，孩子不是原告亲生（至诉前已抚养8年）。原告认为被告侵犯其人格权和身份权，给其精神带来极大的伤害和侮辱，严重延误了其最佳生育期，故诉请判令被告赔偿精神损害赔偿金15万元	一审：判决被告赔偿精神损害赔偿金15万元。 二审：双方达成案外和解协议，精神损害赔偿金减至5万元	被告违反夫妻忠实义务，同时违背公序良俗原则，侵犯了原告的一般人格权，因此，原告提出的精神损害赔偿理由成立，本院予以支持	借由夫妻间的忠诚义务保护、一般人格权保护亲子利益
3. 张某诉李某一般人格权纠纷案③	张某与孙某婚后生育一女，经鉴定，孩子非原告亲生（至诉前已抚养7个月），而是李某亲生。张某认为，李某的行为严重伤害了其人格利益，使其精神上遭受重大打击和痛苦，故诉请判令李某赔偿原告精神损害赔偿	一审：判决驳回张某的诉讼请求。 二审：维持原判	一般人格权指的是公民享有的，以人格独立、人格自由和人格尊严为内容的一般人格利益。本案中，李某与孙某发生性关系并致孙某怀孕，在客观上损害了原告的一般人格权，但因两人行为发生在李某与孙某婚前，因而李某并无过错，其行为也未违反法定义务，故不应承担侵权责任	借由一般人格权的路径保护亲子利益

续表

案件	事实	结果	裁判说理	法律依据
4. 王甲与董某一般人格权纠纷案[4]	原被告婚后生育一子,离婚后,孩子随被告生活,原告每月给付抚养费。后经亲子鉴定,确认孩子非原告亲生。原告认为,被告与他人通奸生子,致使原告在精神上遭受巨大痛苦,故诉请判令被告赔偿原告精神损失25万元	一审:判赔精神损害赔偿金1万元。 二审:双方达成调解协议,精神损害赔偿增至5万元	被告在婚姻存续期间,生育他人子女,致使原告将他人子女误作亲生子女抚养,从社会常理推断,原告在得知真相时,必然受到因子女身份变化等因素引起的精神上的痛苦	原《民法通则》第106条第2款,《精神损害赔偿解释》第1条第2款
5. 肖某与鲍某某离婚纠纷案[5]	肖某与鲍某某婚后生育一女,经鉴定,孩子非被告鲍某某亲生(至诉前已抚养9年),故反诉要求赔偿精神损失10万元	一审:判决肖某支付鲍某某精神损失10万元。 二审:维持原判	一审:夫妻间本应互相忠实、互相尊重,而原告不顾夫妻间的忠实义务,侵害了被告的人格尊严权。 二审:依据法律规定,无过错方在作为被告的离婚诉讼案件中,有权向法院提起物质损害赔偿和精神损害赔偿。肖某在婚姻关系存续期间,与他人生育一女,严重侵害鲍某某的人格尊严权	借由人格尊严权路径保护亲子利益
6. 应某诉陈某配偶权侵权[6]	原被告婚后生育二女,离婚后,幼女和原告生活,抚养费一直由被告支付,后经亲子鉴定,该幼女非原告亲生。原告认为,在幼女出生后,一直与原告共同生活,原告对其付出了作为父亲的全部心血,当得知孩子是被告在婚姻关系存续期间与他人通奸所生的真相后,原告受到巨大的精神打击,遭受巨大的精神痛苦	判决被告赔偿原告精神损害赔偿金1.8万元	被告行为违反了夫妻之间应当互相忠实、互相尊重的法律规定,侵犯了原告的配偶权,给原告带来精神压力和痛苦,对原告所造成的精神损害是显而易见的,被告应当给予原告精神抚慰和补偿。但原告要求的10万元数额明显过高,应当结合本案具体情况,对其精神损害赔偿数额予以综合考虑,酌情减少	通过配偶权保护亲子利益

续表

案件	事实	结果	裁判说理	法律依据
7. 周某诉王甲等确认生身父母纠纷案[7]	周某与王甲婚后生育一子，后经鉴定，孩子非周某亲生，而是王甲与王乙所生。周某认为，王甲与王乙的行为给其造成极大的精神伤害，使其体重减轻、听力下降、头发花白，故诉请精神损害赔偿	判决两被告给付周某精神损害赔偿金1万元，双方互负连带责任	王甲在夫妻关系存续期间，应对夫妻感情忠贞不贰，洁身自爱，而其在主观上欺骗了丈夫，放纵了自己的情感。王乙明知王甲是有夫之妇，却与其保持暧昧关系，是极不道德的。两被告不光彩的做法，严重地侵害了周某对配偶的权利，给其造成了极大的精神打击	借由违背善良风俗侵害他人配偶权来保护亲子利益
8. 郭某某与张某某离婚后损害赔偿责任纠纷案[8]	原被告婚后生育一子，离婚后孩子先后随原告、被告生活，后经鉴定，孩子非原告亲生。原告认为被告不遵守夫妻义务，背叛夫妻感情，对原告欺骗至今，是对原告名誉及人格尊严的极大伤害	判决被告赔偿原告精神损害赔偿金5000元	被告在婚姻关系存续期间，与他人生育一子，致使原告抚养孩子7年有余，被告对此负有过错责任。考虑原告已有一子女等情节及本案双方当事人的实际情况，酌定精神损害赔偿金数额为5000元	原《婚姻法》第46条，《婚姻法解释一》第28条
9. 郭甲与宋丙、宋乙侵权纠纷案[9]	郭甲与宋乙婚后生育一女，离婚后孩子由宋乙抚养，后经鉴定，孩子非郭甲亲生，而是宋丙亲生。郭甲认为宋丙、宋乙的行为不仅剥夺了郭甲的生育权，而且给其名誉和精神都造成重大损害，故诉请判令宋丙、宋乙公开给其道歉，并连带赔偿其精神损害赔偿金15万元	一审：宋乙支付郭甲精神损害赔偿金10万元。 二审：维持原判	郭甲主张其因宋乙、宋丙的婚外性行为并产下一女而名誉权、生育权受损，产生精神痛苦，其主张在民法上可称为配偶权侵权损害赔偿。宋乙在婚姻关系存续期间，与宋丙发生婚外性行为并产下一女，明显违背夫妻忠实义务，构成对郭甲作为配偶权利的侵犯	借由配偶权路径对亲子利益进行保护

注:欺诈性抚养无可避免地与婚姻关系有关,但此非本书着墨之点,本书仅讨论其中亲子利益受侵害而引起的一系列问题。因此,本案例集并不包括婚姻关系损害赔偿。

①四川省宜宾市中级人民法院民事判决书,(2001)宜民终字第402号。

②浙江省绍兴市中级人民法院民事判决书,(2005)绍中民一初字第76号;浙江省高级人民法院民事裁定书,(2005)浙民一终字第309号。

③浙江省宁波市中级人民法院民事判决书,(2009)浙甬民一终字第760号。

④上海市黄浦区人民法院民事判决书,(2010)黄民(一)初字第1610号;上海市第二中级人民法院民事调解书,(2010)沪二中民一(民)终字第1730号。

⑤辽宁省丹东市中级人民法院民事判决书,(2014)丹民一终字第00077号。

⑥浙江省嵊州市人民法院民事判决书,(2008)嵊民一初字第900号。

⑦江苏省南京市六合县人民法院民事判决书,(2000)六民初字第731号。

⑧天津市滨海新区人民法院民事判决书,(2014)滨港民初字第2733号。

⑨《"配偶权"侵权的认定及裁判——郭甲与宋丙、宋乙侵权纠纷案评析》,载豆丁网2015年3月1日,https://www.docin.com/p-1075900792.html。

通过对上述案件的梳理可见,欺诈性抚养行为侵害人格利益的一般模式为:A、B婚后生育一子(或子女为婚前所生使另一方误认为自己亲生),鉴定后发现,孩子非A生物学意义上的孩子,而是B与C所生。A遂以人格权(或配偶权等)受侵害为由,诉请判令B(或C)赔偿其精神损失。

法院对欺诈性抚养侵权的规范路径一:B在婚姻关系存续期间与C发生性关系并生下一子,使A在精神上遭受打击和痛苦,侵犯了A的人格尊严权(或一般人格权),(结合案件具体情况,酌情)判令B(或C)向A支付精神损害赔偿。此外,案例2、5也提到违反了夫妻忠实义务,违背公序良俗原则。案例3中,由于婚外性行为及受孕发生在婚前,第三人C无主观过错,不负侵权责任。主要的法律依据:《精神损害赔偿解释》(2001年)第1条第2款、第10条,原《民法通则》第5条(《民法典》第3条)、第106条第2款。此外,案例2还依据原《婚姻法》第4条(《民法典》第1043条)、原《民法通则》第7条(《民法典》第132条)进行裁判。

法院对欺诈性抚养侵权的规范路径二:B在婚姻关系存续期间与C发生性关系并生下一子,违反了夫妻忠实义务(违背善良风俗),侵犯了A作为配偶的权利(配偶权),给A带来精神压力和痛苦,判令B(或C)向A支付精神损害赔偿。案例6、8、9即为此裁判模式。主要的法律依据:原《婚姻法》第4条,原《婚姻法解释一》第28条,《精神损害赔偿解释》(2001年)第1条、第10条。此外,案例7的判决依据是原《民法通则》第104条、第106条第2款、第130条。

法院对欺诈性抚养侵权的规范路径三:B在婚姻关系存续期间与C发生婚外性关系,并生下一子且故意隐瞒所生孩子的真实身份,此种行为违反了善良风俗,侵害了原告的配偶权益,造成A强烈的精神痛苦,应予以精神赔偿。

由此可知，在司法实践中，法官在审理欺诈性抚养侵权的案件时，主要借助侵犯一般人格权、侵犯配偶权、背俗故意侵权三条路径。虽然三条路径所达之目的可能相似，但其推理之依据和流程迥异，由此导致法院判决之混乱；并在判决说理过程中，于学理方面多有不通之处。审究中国现有立法体系，究其何者为优，仍需探讨。

（二）欺诈性抚养的内涵

如前所言，欺诈性抚养涉及一般人格权、配偶权概念，此处从相关概念出发对欺诈性抚养探讨如下：在案例3中，通过法官判决可知：一般人格权是指法律未将所要保护的人格特定化、权利的内容尚未定型化的人格权。相对法律明确规定的特别人格权而言，一般人格权指的是公民享有的，以人格独立、人格自由和人格尊严为主要内容的一般人格利益。[1]在案例9中，法官认为所谓配偶权，指配偶一方基于夫妻之间的亲属身份而享有的共同生活应受保护的权利。在我国现行法律中，虽并未明确该概念及其权利内涵，但关于其内容却散见于相关法律中。如《民法典》第1043条、第1055条、第1057条和第1059条。也即，配偶权是一种权利的集合，作为权利束其内含各种派生权利，从义务方的角度而言，诸如同居义务、忠实义务、相互协力、相互扶助等。[2]

另外，1992年4月2日最高人民法院《关于夫妻关系存续期间男方受欺骗抚养非亲生子女离婚后可否向女方追索抚育费的复函》（〔1991〕民他字第63号）的具体案例内涵为：欺诈性抚养侵害亲子利益研究之缘起：原告A与被告B婚后生育一子C，后A发现B有婚外性行为，遂双方协议离婚：C由A抚养，B每月给付抚育费。因看望孩子发生争议，B称A不是C的生父，并起诉要求变更C的抚养关系。诉讼中，经亲子鉴定，排除A为C的生父。据此，B撤回起诉，将C带回由自己抚养。嗣后，A起诉要求B返还他在婚姻关系存续期间和离婚后因受欺诈而支付的抚育费。[3]

最高人民法院对此案的关注点主要是应否支持受害者要求返还抚养费的诉求，但并未涉及受害者能否获得精神损害赔偿。司法实践是法学理论研究内容的重要来源，由此案揭开了学界对欺诈性抚养的探讨，关于欺诈性抚养概念的确

〔1〕浙江省宁波市中级人民法院民事判决书，（2009）浙甬民一终字第760号。

〔2〕吴庆宝主编：《民事裁判标准规范》，人民法院出版社2006年版，第624页；杨立新：《论侵害配偶权的精神损害赔偿责任》，载《法学》2002年第7期；冉克平：《论配偶权之侵权法保护》，载《法学论坛》2010年第4期。

〔3〕杨立新：《论婚生子女否认与欺诈性抚养关系》，载《江苏社会科学》1994年第4期。

定，杨立新认为“欺诈性抚养”，是指在夫妻关系存续期间乃至离婚后，妻明知其在夫妻关系存续期间所生子女为非婚生子女，而采取欺诈手段，称其为婚生子女，使夫承担对非亲生子女的抚养义务。[1]同时结合实践案例，欺诈性抚养侵权行为有以下特点：首先，侵权行为发生于婚姻持续期间以及离婚后，但并不以婚姻关系中过错方与第三者性行为发生在婚姻关系缔结之后为必要。其次，婚姻关系过错方应有欺诈行为，过错方明知和应当知道其所生子女非为夫妻双方之生物学意义上的子女。最后，婚姻关系另一方因误导而对其非生物学意义上之子女倾注感情予以抚养。故本书认为“欺诈性抚养”，主要是指在婚姻关系存续期间乃至离婚后，夫妻双方中过错方明知或应知其在婚姻关系存续期间所生子女为非婚生子女，却使另一方承担对非亲生子女的抚养义务；此外，有例外之情形，在后文论述。

早期，欺诈性抚养问题焦点在于是否退还抚养费。后来，随着人格自觉以及立法上对精神世界的重视，同时亦有《侵权责任法》《精神损害赔偿解释》等法律法规的颁布，大量以人格权等受侵害为由诉请精神损害赔偿的案件产生[2]，并不时获得法院的支持。但是，法律对欺诈性抚养的规范路径，因法律法规的模糊，导致当事人在寻找请求权基础时，茫然无序，甚为混乱；法院裁判亦是各异，特别是对受害人的精神损害赔偿的诉求的支持与否，观点不一。

欺诈性抚养不仅造成受害者财产上的损失，亦是对其人格利益的侵害。“这种人格利益受侵害造成的精神损害不只是指尊严或名誉受损，而是指因和非亲生子女共同生活等所建立的情感纽带遭遇打击，以致情感上的失落，甚至还可包括错过生育自己亲生子女的机会或最佳机会所带来的精神伤害。”[3]这种父亲对于子女的情感纽带和作为父亲的情怀，无疑是一个人组建家庭的重要追求，是一个人享受天伦之乐的基本前提，是一个人立足社会、无所畏惧的重要依傍，是一个人终其一生、奋力拼搏的不竭动力，对一个人的人格形成与未来发展，具有近乎决定性的影响。当一个人得知自己含辛茹苦、操碎心思抚育多年的子女并非自己亲生，还有什么比这更让人绝望的呢？更何况，我国传统历来重视子

---

〔1〕 杨立新：《论婚生子女否认与欺诈性抚养关系》，载《江苏社会科学》1994年第4期。

〔2〕 比如，见浙江省绍兴市中级人民法院民事判决书，（2005）绍中民一初字第76号；浙江省宁波市中级人民法院民事判决书，（2009）浙甬民一终字第760号；重庆市沙坪坝区人民法院民事判决书，（2010）沙法民初字第7148号；辽宁省丹东市中级人民法院民事判决书，（2014）丹民一终字第00077号。

〔3〕 孙维飞：《通奸与干扰婚姻关系之损害赔偿——以英美法为视角》，载《华东政法大学学报》2013年第3期。

嗣传承,将其奉为每个人生命中不可或缺的一环,在长达几千年的子嗣观念影响下,剥夺一个人作为父亲的权利,简直就是否定其个人本身之存在。总之,这种父亲与子女的情感纽带和作为父亲的情感所体现的利益,与个人人格尊严高度相关,影响个人人格发展甚巨。在此意义上,本书要讨论的并非配偶一方出轨导致的婚姻关系纠纷,而是关乎人格利益的人格权纠纷,即欺诈性抚养侵害亲子利益。

三、配偶权非欺诈性抚养的规范基础

(一)配偶权涵摄范围的局限性

配偶权存否及其权利客体仍有争议,学者肯定配偶权者多有所在,其多将配偶权定义为婚姻双方相互享有并可排除第三人侵害的一项法定权利,其产生之根源在于合法婚姻关系的建立。配偶权作为一项权利集合体,具有很强的道德伦理性,其权利内容与社会伦理之内涵息息相关。由此,不同法域由于其风土人情之差异,配偶权作为一个权利束,其内部往往统御不同权利子项,并且其大部分不能成为侵权法的客体,应由道德进行规制。配偶权兼具绝对权与相对权的特点,配偶权成为民事权利体系中一种特殊的权利类型。[1] 配偶权虽然内蕴众多权利子项,但其仅针对婚姻关系双方当事人,当配偶权遭受他人之侵害时,在侵权法保护之范围内,始得涉及侵权第三人。针对亲子利益之侵害,虽然配偶中过错方以及第三者侵害因婚姻而生成的配偶权为主要原因,并为侵害配偶权严重后果之体现,但侵害亲子利益的侵权的一般模式是婚姻关系之过错方隐瞒其所生子女之真实血统,造成受害人误认为亲生子女而加以抚养,其以“亲子”为精神寄托,受害人并时常因此而丢失生养子女之(最佳)机会。受害人因此遭受的痛苦并不是因婚姻关系而存在的附着物,而是独立于婚姻关系之外的一种独立的利益;亲子利益的主体是父(母)对子女的情感利益和人格利益,是父子等的感情纽带之所在,业已超脱婚姻关系之限制,婚姻关系之消亡并不必然导致亲子利益的损伤,所以亲子利益虽多是源自婚姻关系,但最终超脱婚姻关系而存在。

(二)配偶权的立法、理论缺陷

1. 配偶权的性质及其存在实质意义

近代,随着契约社会的建立,社会方方面面经历了从身份到契约的转变,家

---

〔1〕 冉克平:《论配偶权之侵权法保护》,载《法学论坛》2010年第4期。

庭亲属关系亦受到很大程度的冲击。个人从我国古代“三纲”[1]等之传统家庭宗法中解放出来,在一定程度上摆脱家庭和身份的限制,这亦是人格独立和人格自觉的体现。人格独立要求不同个体间人格的平等,这是对人格尊重的内在之意,故在注重婚姻自由之现代社会,缔结婚姻关系过程中,男女双方作为平等主体依照双方真实意思达成结婚合意,并登记在册由法律赋予其因婚姻关系产生的权利义务。

职是之故,婚姻关系建立在婚姻双方的合意基础之上,登记在册使之具有合法效力,但更多表现为宣示效力。因此,因婚姻关系而生的权利义务以双方地位平等为基础,并由于婚姻多涉及人身权益所以法律更重视婚姻双方的合意。但由于婚姻关乎伦理道德,法律对由婚姻关系而生的权利义务多有规制和道德导向之规定[2],以达到对双方权益保护和社会道德引导之目的。故婚姻订立过程中以双方合意为重心。婚姻关系缔结后,基于保障人权和社会公德需要,进行道德法律化,由法律规制婚姻关系的权利义务。一系列配偶权益由此而生。基于此,配偶权益产生于婚姻关系,其权利义务双方的地位平等,其产生之基在于双方合意,但由合意和法律赋权使得婚姻关系具有身份性,并与人本身息息相关,并于一定程度上具有稳定性,故配偶权益是产生于合意基础上与人身相关的身份法益。只不过由于婚姻关系契约之特性,配偶权益的人身权特性在一定程度上被冲淡,如第三者通奸去责任化之潮流[3]。

学者将配偶权作为一种基于婚姻关系的基本权利,为克服其抽象性,将同居、忠实、互相扶助等夫妻间权利义务解释为其派生权利。学者在此将配偶权益直接认定为权利,即由夫妻双方所享有的配偶权。将其认定为权利的必要性仍旧存疑:配偶权作为一个概括性权利存在的意义,是法律教义学之需要抑或法律实践之需要?如前述学者观点所云,配偶权作为一项概括性的权利,其内含同居、忠实、互相扶助等夫妻间权利义务,其产生之基皆源自合法婚姻的存在。并于《民法典》以及最高人民法院关于《婚姻法》适用的三部司法解释中有明文规定;故同居、忠实、互相扶助等配偶间权益被侵害时,其请求权基础皆可在《民法典》及相关规范文件中寻得,没有必要将“同居、忠实、互相扶助”等权益作为配偶权的权利子项,进而借助配偶权路径对其予以保护,故配偶权更多体现为法律

---

[1] 《礼纬·含文嘉》云:三纲,谓君为臣纲、父为子纲、夫为妻纲矣。

[2] 如《民法典》第1043条第2款规定,夫妻应当互相忠实,互相尊重,互相关爱;家庭成员间应当敬老爱幼,互相帮助,维护平等、和睦、文明的婚姻家庭关系。

[3] 叶名怡:《法国法上通奸第三者的侵权责任》,载《华东政法大学学报》2013年第3期。

保护夫妻权利的宣示意义。

2. 配偶权必须面临的问题

有一种权利,它赋予权利人可以对抗所有他人的一定法益,从而每一个他人就此负有义务,要允许权利人享有这种法益,还要不侵犯这种法益,我们称这项权利为绝对权;相对权是指只针对某个特定人的权利,这个特定人负有义务或受到某种特定的约束。[1] 以此来审视配偶权,配偶权是婚姻关系双方之间相互享有的权利,一般不涉及第三人,如同居、相互辅助婚姻权益等。由此观之,婚姻权是夫针对妻抑或妻针对夫的权利,是一项相对权。

但从前文案例可知,第三人与婚姻关系一方通奸侵害婚姻关系导致欺诈性抚养时,存在承担责任的判例;在侵权责任中,如若侵权行为导致配偶之一方死亡或残疾,配偶的另一方可以配偶权受损为诉由请求损害赔偿;此外,配偶权中如同居、相互辅助权益皆有法律规定,符合绝对权有法律规定之一般原则。杨立新教授认为配偶权是绝对权,是夫妻之间互为配偶的基本身份权,表明夫妻之间互为配偶的身份利益,由权利人专属支配,其他人均负有不得侵犯的义务。[2] 如上所云,配偶权是绝对权抑或相对权皆有于理可通之处。究其根源,是因为配偶权乃是宽泛的权利概念,是一项上位权利;其内含同居权、忠实权等权利子项;同居权只能要求自己配偶承担此项义务,具有相对权性质;忠实权要求婚姻关系外第三人不得与夫妻之一方有同居和通奸行为,其具有绝对权性质。配偶权权利性质的争议,盖因配偶权权利太过宽泛,并由此造成理论研究和司法实践的众多阻碍,此亦是配偶权的称谓具有瑕疵的佐证。

此外,学者认为配偶权内容具有双重属性,由此导致侵权主体亦具有双重属性:一是负有义务的一方当事人,即配偶的一方;二是配偶以外的第三人对配偶一方进行侵害,造成该配偶不能对相对方配偶履行婚姻义务,使对方配偶的权利遭受损害。从纯粹的侵权法角度上说,这种侵害配偶权行为是指后者。[3] 所以,配偶权在婚姻法领域具有双重属性,而在纯粹侵权法领域,配偶权包含其权利束中具有绝对权性质的部分权利;可见配偶权在侵权法与婚姻法中概念上和内涵上存有的差异,如是,不利于配偶权内涵在法律体系的内部统一与司法实践之利用。

---

〔1〕 [德]卡尔·拉伦茨:《德国民法通论》(上册),王晓晔等译,法律出版社2003年版,第300页。

〔2〕 杨立新:《人身权法论》(修订版),人民法院出版社2002年版,第769页。

〔3〕 裴桦:《配偶权之权利属性探究》,载《法律与社会发展》2009年第6期。

3.2000年《婚姻法》修正草案增设配偶权制度,最终流产

配偶权已经被我国立法实践所否定。在2000年修改《婚姻法》前后,关于是否在《婚姻法》的条文中对其予以规定,学界以及实务部门产生了激烈的讨论,最后因参与修改的专家大部分不赞成配偶权写入婚姻法而告终。首先,专家认为,婚姻关系中配偶权益更多地属于个人隐私,配偶间权益多不便公开,并且配偶权之诉讼常常导致取证难、认证难等问题;配偶权益中很大一部分权益子项不适宜由法律调控,于此处调控手段应由法律让位于道德,如是方合谨慎诉讼和法经济效益之理。其次,《婚姻法》中已经明文规定配偶权中诸多权利子项,再规定配偶权无疑是多此一举,浪费立法、司法资源;同时,由于配偶权内涵模糊不清,在司法适用时多造困难。再次,即便规定配偶权,其对社会中"小三""婚外情"等乱象的解决效果也不佳。此外,配偶权的存在亦为配偶双方互设了相应义务,义务具有强制性并导致婚姻关系对个人独立人格的束缚,与现代人格独立和人格自觉之潮流相背离。最后,配偶权之确定不利于保护妇女的合法权益,由于妇女在家庭中往往处于弱势,同等之权利义务不利于保护妇女之权益。综上所述,于修改《婚姻法》之际专家综合考量各种要素拒绝配偶权入《婚姻法》。由此,配偶权这一说法在我国于法无据。

(三)配偶权在比较法中的式微

配偶权仅于英美法和意大利法个别案例承认,故意欺骗非通奸的父(母)亲抚养非亲生子女可构成精神损害赔偿,但这与侵害配偶权并无必然联系。例如,在意大利,对公民合法婚姻权益之保护请求权基础是《意大利民法典》第129条及第129条的附加条款,其规定了善意缔结婚姻的配偶的权利和恶意缔结婚姻的配偶及第三人的责任。但查究条文之实质内容第129条主要涉及夫妻之间的相互抚养义务;第129条的附加条款主要涉及恶意缔结婚姻时导致婚姻无效过错方的责任承担。因此可以看出,意大利法上未有全面规定配偶权的相关权益;不承认基于婚姻关系,配偶彼此之间就拥有了某种独占的、排他的所谓配偶权。[1] 此外,德国最高法院认为任何人不能强迫配偶与其建立婚姻同居关系,也不能通过诉讼途径达到这一目的。[2] 由此可见,德国排除配偶权在侵权法上的存在,于家庭法上认为丈夫不能向妻子的情夫提起侵权行为法上的离婚费用赔

[1] 薛军:《干扰婚姻关系的损害赔偿:意大利的法理与判例》,载《华东政法大学学报》2013年第3期。

[2] [德]克里斯蒂安·冯·巴尔:《欧洲比较侵权行为法》(下卷),焦美华译,法律出版社2004年版,第140页。

偿及提起侵权行为之诉。基于婚姻人身关系而发生于配偶之间的义务，虽然得到了法律明文确认，但原则上不能被强制执行，也不引起罚金和损害赔偿。[1]可见，配偶权在德国亦是有名无实。

另外，从发展趋势看，西方各国逐渐废弃配偶关系的侵权责任。[2]个人自由和权利价值观日益强势是夫妻忠实义务走向衰落、通奸第三者去责任化的最根本原因。在欧洲大陆学界，主流学说并不钟情于“配偶权”，如拉伦茨认为，配偶一方享有的配偶间的共同生活应受配偶另一方及第三者尊重的权利（详细讲来是无疑的但又是有争议的）[3]，对婚姻进行保护的特点，原则上不包括对一般人格权的补偿问题。格恩胡贝尔认为是否有必要承认夫妻共同生活受尊重的权利，不无疑问。[4]此外，诚如德国学界和司法实践，婚姻关系双方的权利义务多应由道德进行调控，其家庭法规定的婚姻关系中的权利义务多具有引导和宣誓之作用，并不具有强制执行力。盖因婚姻所衍生而出的权利义务关系多涉及个人人格情感，出于人格自觉和人格独立的保护，现代社会普遍认为人之情感问题不能由法律强制而应由个人依据内化于心的道德自我决定，故从比较法观之，配偶权之称谓来之无据。

（四）配偶权路径司法实践利用的困境

在我国，学者多认为配偶权来源于原《婚姻法》第 4 条规定的同居、相互辅助义务等配偶权益。就我国实定法规定而言，其向来未承认配偶的忠实义务具有绝对性法律地位，因此对单纯通奸造成的精神损害不予赔偿；但因受欺骗抚养非亲生子女而产生的精神损害可依据原《侵权责任法》第 22 条作为侵犯一般人格利益造成的精神损害予以赔偿。[5]此外，《婚姻法解释一》第 3 条规定：“当事人仅以婚姻法第四条为依据提起诉讼的，人民法院不予受理；已经受理的，裁定驳回起诉。”但从司法实践看，这一司法解释并没有得到法院的严格遵守，根据表 9 - 11 在案例 6、7、9 中，法院无一不是通过认定妻之行为违反忠实义务，使夫被蒙骗抚养非亲生子女，从而认定妻侵犯夫之配偶权，并终以原《婚姻法》第 4 条为裁判依据之一，尤其是案例 9，把原《婚姻法》第 4 条作为唯一的法律依据。

---

〔1〕 庄加园：《德国法上干扰婚姻关系与抚养费追偿》，载《华东政法大学学报》2013 年第 3 期。

〔2〕 赵文杰：《第三人侵扰婚姻关系法律问题的比较研究》，载《华东政法大学学报》2013 年第 3 期。

〔3〕 [德]卡尔·拉伦茨：《德国民法通论》（上册），王晓晔等译，法律出版社 2003 年版，第 283 页。

〔4〕 [德]卡尔·拉伦茨：《德国民法通论》（上册），王晓晔等译，法律出版社 2003 年版，第 283 页。

〔5〕 赵文杰：《第三人侵扰婚姻关系法律问题的比较研究》，载《华东政法大学学报》2013 年第 3 期。

案例8中,虽然当事人是以名誉及人格尊严受侵害为由起讼,但法院仅在说理部分强调夫妻间互负忠实义务,却又没有引据原《婚姻法》第4条,而是第46条中的规定,“有配偶者与他人同居”,“导致离婚的,无过错方有权请求损害赔偿”,或许是因为前述《婚姻法解释一》第3条的束缚,抑或法院对“配偶权”本身就不太信服,同时又想避开“一般人格权”的适用。配偶权之实现依赖于配偶一方履行夫妻义务,但像忠实义务等,并不具有可诉性,配偶权很可能最终落空。如上文所言,配偶权所内蕴的权利子项的实现并不能予以强制执行,应尽量减少法律侵入该领域;因为法律的粗暴介入往往会对他人人格尊严和人格自由造成侵害。

对于配偶一方侵犯另一方之配偶权,尚有忠实义务之违反作为说理依据,但对于第三人,又该以何为据?针对第三人侵害配偶权责任承担,案例7给出的说理过程是:该第三人明知该妻是有夫之妇,却与其保持暧昧关系,破坏别人家庭,是极不道德的,二者不光彩的做法,严重地侵害了周某对配偶的权利。在此案中,法官的说理模式乃是伦理式说理,其推理过程忽视判决之法律依据,而是建立在道德基础上的推理,不符合法律的逻辑,也没说清第三人如何侵害配偶权。此外,案例9也不过是循着案例7的裁判思路,再次强调第三人侵权须具备主观过错。从配偶权保护路径出发进而保护亲子利益时,理顺第三人承担责任之机理的前提是论证配偶权的绝对权之属性。

但从前文论述可见,因配偶权内蕴多个权利子项,并不能将其简单归类于绝对权和相对权,故从此路径出发保护亲子利益存有阻碍。此外,从域外婚姻权益保护之潮流而言,婚姻所生的配偶权益主要应由道德予以规制,实定法中之相关条款主要起宣示意义和道德导向作用。

四、欺诈性抚养的一般人格权规范路径

(一)背俗故意侵权保护路径之排除

背俗侵权保护的存在是建立于权利、权益区分保护的侵权法立法体例之上。权利、权益区分保护的侵权法立法模式一般采三个侵权行为类型的规范模式:故意或过失不法侵害他人之权利;故意以悖于善良风俗之方法加损害于他人(简称背俗故意侵权);违反保护他人之法律。权利、权益区分保护的国家以德国最为典型。

德国侵权法过错责任的“三个小概括条款”中,《德国民法典》第823条第1款是核心规范,但它原本只为法益(生命、身体、健康、自由)和绝对权利(所有权及类似财产权)提供保护。非物质性人格利益及纯粹财产利益,在缺乏保护性法规的情况下,就只能在《德国民法典》第826条上寻找保护根据。然而,非物

质性人格利益在“二战”后判例的推动下,形成了“一般人格权”,成为《德国民法典》第823条第1款“其他权利”之一种,脱离了第826条。于是,《德国民法典》第826条只剩下纯粹财产利益这一项调整范围。[1]《德国民法典》立法者设立“背俗故意致损”这一侵权类型是为了立法周延。使法律与社会、道德相连通,并非立法者的主要追求。在后世判例与学说的阐发下,《德国民法典》第826条形成了形式功能(补充功能、限制功能、克服功能、授权功能)和实质功能(发展功能、继受功能、转化功能)两大功能群,前者阐述第826条在形式和体系上的作用,后者则为“善良风俗”设立来自社会的、道德的实质判断标准。

然而,该条规定充满理想色彩但却难以操作,甚至有害操作的实质功能,现在受到越来越多的批评和质疑,以至于有学者干脆将实质性功能一概革除,而以完全形式化的“纯粹经济损失”作为《德国民法典》第826条的唯一功能。这是对第826条功能的一个重大革新,因为在纯粹经济损失之保护上,不涉及道德性判断,只是经济上利害得失的考量。本来第826条的绝大部分适用领域就是经济领域,在经济领域中,就应当以经济的方式言说。决定性、主导性的标准就应当是“利”与“不利”,而不是道德上的“善”与“非善”。“纯粹经济损失之保护”本非立法者设立第826条时的目的所在,只是一个体系确立之后的附带性后果。而现在德国学者正是要把这一个附带性的后果作为目的,意图以此清除在法律解释长河中附着在第826条船体上的、不适宜的历史沉积物。[2]

1. 背俗故意致损侵权适用范围

在“二战”后的德国,为避免重蹈“二战”践踏人权之覆辙,德国越来越重视对公民人格权之保护。自1954年的“读者来信案”始,一般人格权制度逐步在德国得以确立,德国通过修订侵权法,为一般人格权这一利益披上权利的“外衣”,将其由《德国民法典》第826条即背俗故意侵权条款进行保护,通过“其他权利”这一进路,划归由第823条第1款即过错责任条款进行保护。此外,除一般人格权外,营业权也被德国司法实践和立法予以权利化,由此第826条只剩下纯粹经济财产利益这一项调整范围。[3] 所以,在侵害亲子利益导致欺诈性抚养侵害一般人格权时并不能借由背俗故意致损予以调整。我国侵权行为的规制模式是大小双搭的模式,且依目前国内学术界多数观点,原《侵权责任法》第6条

〔1〕 于飞:《权利与利益区分保护的侵权法体系之研究》,法律出版社2012年版,第177页。
〔2〕 于飞:《权利与利益区分保护的侵权法体系之研究》,法律出版社2012年版,第178页。
〔3〕 于飞:《违反善良风俗故意致人损害与纯粹经济损失保护》,载《法学研究》2012年第4期。

第1款所代表的侵权责任一般条款,在立法层面上可归于法国法模式[1],于此,我国既无背俗故意侵权致损之说,何来保护欺诈性抚养背俗故意致损路径之说?另有少数学者认为在立法层面上,我国侵权责任法的侵权构成模式属于德国法模式[2],但即便如此,从世界人格权发展之潮流来看,一般人格权于利益之内在穿上了权利的“外衣”;通过背俗故意致损路径保护亲子利益无疑是逆流而行。

2. 背俗侵权适用的克制性

背俗故意致损侵权责任认定的前提是关于善良风俗范围的认知。越是高层次的法律原则,其内涵也越具有不确定性。[3] 善良风俗作为一项高层次的法律原则,具有高度的抽象性,其内容具有不确定性甚至有时具有流动性。因为法律是最低限度的道德,所以善良风俗几乎可以涵盖各种非法侵权行为;由此导致在诉讼过程中,当事人在寻不到请求权基础时,抑或认为侵权行为人行为有违道德时,往往借由“万金油”似的道德风俗予以起诉,因此时常导致背俗权利滥用的情形。由此赋予了法官广泛的自由裁量权,但在目前法官水平相对较低的我国,很可能造成权力之滥用。

我国司法实践中运用“善良风俗”原则时常会遇到的滥用问题,可见如下:一是当事人滥用。杨某初与杨某香、卓某清物权保护纠纷案[4](以下简称“杨某初案”)中,上诉人认为,被上诉人之妻在被上诉人失去行为能力,取得其监护权后,为达侵犯被上诉人财产、破坏其家庭和睦、亲情淡薄之目的而违背其真实意愿,显违公序良俗,并依原《民法通则》第7条(已被《民法典》第8条所替代)上诉。而实际上,法院并未采纳此主张。在此案中,上诉人的物权受到侵害完全可由原《物权法》中相关条款予以解决,不能仅因为侵权人行为有违公德,即以背俗条款作为请求权基础。二是法院滥用。王某与中国人民财产保险公司东莞市分公司财产保险合同纠纷案[5](以下简称“王某案”)中,原告在被告处购买

---

[1] 王利明、周友军、高圣平:《侵权责任法疑难问题研究》,中国法制出版社2012年版,第190页;程啸:《侵权责任法》,法律出版社2011年版,第60页;张新宝:《侵权责任一般条款的理解与适用》,载《法律适用》2012年第10期;葛云松:《〈侵权责任法〉保护的民事权益》,载《中国法学》2012年第3期。

[2] 曹险峰:《我国侵权责任法的侵权构成模式——以“民事权益”的定位与功能分析为中心》,载《法学研究》2013年第6期。

[3] 李双元、杨德群:《论公序良俗原则的司法适用》,载《法商研究》2013年第4期。

[4] 广东省广州市中级人民法院民事判决书,(2014)穗中法民五终字第2492号。

[5] 广东省东莞市第一人民法院民事判决书,(2014)东一法民三初字第364号。

车辆损失险，目的就在车辆因交通事故受损时，被告能够予以赔偿损失。而被告在理赔时依据保险条款第 37 条，免除其应承担的赔偿责任，违背了合同的目的，也使原告订立合同的目的落空。更有甚者，按照保险条款第 37 条推理：被保险人无过错，保险人不赔；被保险人全部过错的，保险人却全部赔偿。这无异于纵容被保险人违反交通规则，损害他人和社会公共利益。在石某天与新昌县南明街道东联村第三生产队侵犯集体经济组织成员权益纠纷案[1]（以下简称“石某天案”）中，“原告结婚后，因其丈夫系城镇居民，基于历史原因，其户籍无法迁出，一直在被告处，且在户籍所在地有责任田，其长期在户籍所在地生活，原、被告之间形成一定的权利和义务关系，根据权利义务一致原则，原告依法享有相应的权利，任何组织和个人不得以任何形式剥夺其与之相适应的集体经济收益分配权。综合原、被告之间形成相应的权利义务关系，尊重集体经济组织对集体经济收益具有一定自主权的习惯做法，结合公序良俗及本案实际予以判决”。

以理论审视实践，针对背俗故意致损使用范围的研究主要有两种途径：一是通过对已有案例进行类型化，以此来明确新产生的案例是否能够纳入以往的类型中，可纳入其中即可使用背俗故意止损路径处理之；否之，则谨慎使用之，不经严格推理而适用，则有滥用该原则之嫌疑。二是通过明确此种侵权行为的构成要件抑或法律行为的域界的认定标准，并以此为标准来审视所欲确定的行为。故欲要确定因婚外性行为所致欺诈性抚养侵害亲子利益之情形时，能否由故意背俗致损路径解决之，可借由以上两种方式对其进行审视。

梅迪库斯以已发生之案例为基础进行整理，将善良风俗违反类型化为以下几种类型：(1)过度担保、对其他债权人肆无忌惮的行为、束缚债务人的行为。(2)违反职业道德规则。(3)卖淫。(4)其他案例：某些行为本身并不违法，但因与金钱结合而具有违反良俗的性质；诱使相对人违约，而侵害第三人债权；夫妻抛弃抚养费的合同；“借腹生子合同”；有偿使环境受害者放弃诉讼的合同等。[2]

在德国，学者一般认为善良风俗是一个法律概念，其评判标准不在法外而存在于法内，拉伦茨、卡纳里斯提出“法律价值”“实定法外法律秩序”这一标准，立即指出这种主张的说服力需通过一种个案探讨方式，尤其是典型判例群的处理展现出来。就背俗判断而言，难以寻得一般公式，实质性的、有用的标准存在于判例之中，而这种标准是后发的。[3] 由此，这一路径将善良风俗的评断标准导

〔1〕 浙江省绍兴市中级人民法院民事判决书，(2014)浙绍民终字第 630 号。
〔2〕 [德]迪特尔·梅迪库斯：《德国民法总论》，邵建东译，法律出版社 2000 年版，第 521－535 页。
〔3〕 于飞：《违背善良风俗故意致人损害与纯粹经济损失保护》，载《法学研究》2012 年第 4 期。

向案例类型化路径,判断侵权行为能否借由背俗故意致损路径予以处理,主要标准乃为其是否可归入已然类型化的案例群。依以上标准来审视实践案例,上文“杨某初案”是监护人侵害原告物权之诉,“王某案”是车辆保险理赔案,“石某天案”是集体经济收益分配权取得的问题。在结合梅迪库斯所总结的背俗故意致损的类型基础上,又参酌拉伦茨、王泽鉴等著名学者所做的类型化,以上三个案例皆难归入背俗致损类型。

但是,梁慧星将背俗行为类型化为十类典型案例,其中危害家庭关系类型是背俗行为重要组成部分,家庭关系主要包括夫妻关系和婚姻关系等[1]。如是,对于因婚外性行为所导致的欺诈性抚养,能否依赖背俗故意致损路径予以保护?梁慧星进一步对家庭关系进行类型化,将其细化为约定父母与子女别居的协议、约定夫妻别居的协议、约定断绝亲子利益的协议、婚姻关系中的违约金约款等。[2] 由此可见,梁慧星所谓的侵害家庭关系主要集中于合意领域,目的是使社会公益、家庭伦理免遭金钱等侵蚀;但其不包含欺诈性抚养侵权,因而无法借由背俗故意致损路径加以规制。此外,如上所言背俗之确认标准在法内而不在法外,并借鉴域外法婚姻家庭关系一般不能诉诸侵权法进行保护。

此外,《民法典》第 8 条规定民事活动不得违背法律、违背善良风俗。《精神损害赔偿解释》(2001 年)第 1 条第 2 款规定违反社会公共利益、社会公德侵害他人隐私或者其他人格利益,受害人以侵权为由向人民法院起诉请求赔偿精神损害的,人民法院应当依法予以受理。这几条法律法规对善良风俗的适用提供了法律依据,为道德法律化提供了途径。但《民法典》第 8 条乃是原则性规定,如能寻得法律规范性请求权基础一般不予适用法律原则。《精神损害赔偿解释》(2001 年)第 1 条第 2 款将善良风俗的违反与人格权相结合,并说明受害人以侵权为由可以向法院提起诉求。如是,能否说明最高人民法院认可由背俗故意致损路径保护人格权?《精神损害赔偿解释》(2001 年)第 1 条第 2 款的主要内容是确定可以获得精神损害赔偿的范围界限以避免权利滥用和确定人格权侵权可以提起精神损害赔偿之诉。并结合该解释第 1 条第 1 款规定“自然人因下列人格权利遭受非法侵害,向人民法院起诉请求赔偿精神损害的,人民法院应当依法予以受理……”第 2 款是第 1 款的补充,两者共同构成受保护的人格权的范围。此外,第 2 款关于背俗的规定与德国法等权利权益区分保护的国家和地区规定模式和内在性质有很大差异,第 2 款只是规定法院应依法予以受理,其前提

[1] 梁慧星:《市场经济与公序良俗原则》,载《中国社会科学学院研究生学报》1993 年第 3 期。
[2] 梁慧星:《市场经济与公序良俗原则》,载《中国社会科学学院研究生学报》1993 年第 3 期。

依法即在法律保护范围之内，由此可导入上文关于善良风俗滥用的讨论；同时，此条只是受理依据，能否独立成为判决依据亦是存有疑问的。综上所述，规范欺诈性抚养的背俗故意致损路径并不能从《精神损害赔偿解释》(2001 年)第 1 条第 2 款得到肯定的答复。

3. 更优路径选择：一般人格权规范路径

当婚外性行为导致欺诈性抚养以致侵害亲子利益时，请求权基础如何寻找最为妥适？对保护亲子利益、规范欺诈性抚养的一般人格权路径能否排除背俗故意致损侵权路径作为请求权基础？一般人格权相较于背俗故意致损，在保护欺诈性抚养所侵害人格利益时具有优先适用性。

正如德国一般人格权之演变流程，随着世界各国对人格的尊重，对个人人格保护日渐周密和重视，并将一般人格权由一项权益进而上升成为一项权利；为让民众生活得更有尊严，将欺诈性抚养纳入一般人格权保护无可厚非。在我国，由于采取权利权益一体保护侵权行为立法模式，善良风俗适用的依据是公序良俗这一民事法律基本原则。民法上基本原则是民法基本精神与基本价值的体现〔1〕，民法规范为人们提供一定的行为模式；而民法的基本原则并未提供具体的、可操作的行为模式，属于原则性规定〔2〕。由此在对案件进行判决寻找可适用的法律时，应当首先适用民法规范，因为民法规范更具明确性，更有利于保护私人权益；而民法的基本原则作为原则性规定，对民事活动具有普遍的指导意义，其内涵的模糊性导致在法律适用时对法官和当事人多造困难，并赋予法官广泛的自由裁量权，所以民法规范相较于民法原则具有优先适用性。另外，结合我国司法实践和域外法律规范及实践，背俗故意致损的适用应以侵权人存有故意为侵权行为的构成要件；而适用一般人格权作为一项权利，侵害一般人格权的侵权行为不受故意要件之限，无论侵权人故意和过失皆可适用一般人格权保护路径。故从对当事人保护的周延性出发，一般人格权路径优于背俗故意致损保护路径。

(二)一般人格权保护路径之证成

一般人格权是实在法上除了已有明文规定的具体人格权之外的“其他人格权”，是一种补充性权利，是各种其他人格权产生的规范基础，是吸收新型人格法益的口袋，其精神内核是人格尊严和人格自由发展。在我国现制下，一般人格权的请求权基础主要有：《民法典》第 109 条、第 990 条第 2 款，《精神损害赔偿解释》(2001 年)第 1 条第 1 款第 3 项的“人格尊严权”、第 2 款中的“其他人格利

---

〔1〕 江平主编：《民法学》，中国政法大学出版社 2007 年版，第 23 页。

〔2〕 马俊驹、余延满：《民法原论》(第 4 版)，法律出版社 2010 年版，第 32 页。

益”。如上,在我国一般人格权之存在是否有法律基础;欺诈性抚养侵害亲子利益的请求权基础能否依赖上述条款;其侵害亲子利益能否借由一般人格权路径予以保护,上述问题仍需探讨。

立足国内理论与司法实践之证成;欺诈性抚养中,受侵害的最主要是父(母)亲与子女的情感纽带和作为父(母)亲的情感所体现的利益。一般来说,父子女关系的建立固然要通过婚姻来实现,但父子女情感纽带一旦形成,就超越了两性婚姻的范畴,而成为个人的人格利益,其既是人格尊严之体现,又是人格发展之展现,攸关人格之自由发展。这种利益,与个人人格尊严高度相关,影响个人人格发展甚巨。一般人格权内容虽众说不一,但基本都包含个人尊严和人格发展等。[1]如前所述,欺诈性抚养侵害的是亲子利益。

亲子利益在我国社会文化中,法律应对其特别重视。诚如孟子云:“不孝有三,无后为大。”[2]血脉传承,子嗣繁衍自古以来皆为我国民众所重视。接受儒家思想之熏陶的中国社会及至现代,长者对小辈婚姻大事、子女生养仍旧非常重视,时时不忘耳提面命。同时,子女亦是为人父母者精神寄托之所在,幸福快乐之源泉、老有所养之依靠。特别是在现代独生子女为主、一家三口之家庭结构模式中,子女可谓集千宠百爱于一身,亲子利益更为人们所重视。微信朋友圈关于拐卖儿童者判处死刑信息传递之情况,从侧面证明国人对亲子利益的重视,对失独家庭凄凄惨惨的怜意。侵害亲子利益的手段多样,亦有涉及刑罚如《刑法》中拐卖妇女、儿童罪,但本书主要探讨在民法领域作为一般人格权重要内容的亲子利益权益,体现为父(母)亲与子女的情感纽带和作为父(母)亲的情感的亲子利益与一般人格权的内涵高度契合,不能被纳入“配偶权”。在我国现有人格权体系[3]中,由于配偶权保护路径、背俗故意致损路径的排除,这种人格利益只能被一般人格权所吸收。在我国,一般人格权已有较多的理论积淀,且进入司法实践

---

〔1〕 王利明认为,一般人格权内容包括人格平等、人格尊严、人格自由。参见王利明:《人格权法研究》(第2版),中国人民大学出版社2012年版,第162-168页。沈建峰认为,一般人格权包括个人尊严和人格发展,参见沈建峰:《一般人格权研究》,法律出版社2012年版,第78-81页。易军认为,一般人格权内容为人格平等、人格尊严、人格自由等具有弹性的内容。参见易军:《论人格权法定、一般人格权与侵权责任构成》,载《法学》2011年第8期等。

〔2〕 《孟子·离娄上》。

〔3〕 通过司法解释的补充,我国在立法上已经形成了丰富的包括生命权、身体权、健康权、姓名权、肖像权、名誉权、荣誉权、人格尊严权、人身自由权的人格权体系。参见张红:《论一般人格权作为基本权利之保护手段——以对“齐玉苓案”的再检讨为中心》,载《法商研究》2009年第4期。另外,2010年实施的《侵权责任法》明确规定了隐私权,再次补充了人格权体系。

领域,成为人格权纠纷中的一大案由。[1] 因此,在欺诈性抚养中,受害方以一般人格权受侵害为由提起精神损害赔偿,具有理论和实践基础。

不可否认,一般人格权在实践运用中确实存在诸多困难。但是,随着人格自觉和人格独立之发展,各个国家和地区对人格权的保护日渐重视;具体人格权外一般人格权的司法适用将是无法阻却的潮流;在此之前,进一步界定一般人格权的边界,确定其内容范围,亦是无可回避的问题。之所以存在困境,最主要的原因是一般人格权内容范围的不确定性。在缺乏具体可行的适用规则时,不可避免地导致在具体案型中,很难将一些不确定的“权利”或利益与一般人格权“对号入座”。因此,虽然现行法中存在很多可以适用于一般人格权的法律规定,但当某项具体的“准一般人格权”无法被真正纳入一般人格权之中时,仍旧无法引据诸项规定;相反,面对众多的请求权基础,法官更加无所适从。

比如,案例1中,尽管法院采用了“人格尊严权”的概念,但对于什么是人格尊严权、被告的行为如何侵犯了这种权利、被告的行为是否具有违法性以及原告的“人格尊严权”是否就优于被告的行为自由得到保护,法院并未提及,相反,法院采用了“社会主义法律与道德”这一极为抽象的理由,使整个说理变成说教。案例2实际是运用《精神损害赔偿解释》(2001年)第1条第2款“违反社会公共利益、社会公德”侵害他人“其他人格利益”的规定,受害人有权起诉请求赔偿精神损害的直接结果,虽然说理简单,却仍值肯定。但是,《精神损害赔偿解释》(2001年)第1条第2款向来饱受质疑,该条第1款实际已规定本质上等同于一般人格权的“人格尊严权”,适用一般侵权要件,而第2款再次规定亦与一般人格权同质的“其他人格利益”,却增加了违背公序良俗的违法性要件,未免有不周延之处。[2] 案例3是难得的一个说理清晰、用法准确的一般人格权适用典型,案例4用法准确,说理不足。

如上所云,一般人格权适用虽有一定实践和理论基础,但囿于一般人格权之框架权属性和我国立法的不明确,造成在适用一般人格权路径保护时,呈现两个问题:一是一般人格权适用时其内容范围确定的困难;二是判决依据的寻找和判决说理的困难。

---

〔1〕 2008年实施的《民事案件案由规定》新增加了“一般人格权纠纷”这一案由。参见罗东川、黄建中:《〈民事案件案由规定〉的理解与适用》,载《人民司法》2008年第5期。另外,2011年修改的《民事案件案由规定》继续保留“一般人格权纠纷”的案由。

〔2〕 张红:《论一般人格权作为基本权利之保护手段——以对“齐玉苓案”的再检讨为中心》,载《法商研究》2009年第4期。

一般人格权作为具体人格权的补充权利,其内容具有不确定性,因此一些理论界、实务界人士有将一般人格权范围无限扩张的倾向,进而成为无所不包的兜底条款。这种倾向扰乱了私法的法教义学体系,同时造成对一般人格权适用的困难,即使人格权什么都是但同时什么都不是。[1] 欲解决此问题,最优途径正是本书努力之方向即将已有案例进行类型化,取优去劣,将已经成熟的一般人格权内涵权益纳入法律保护范围,将不成熟和不甚重要的一些权益排除出一般人格权保护范围之外。类型化完成之后,面对新出现的一些诉讼时,将争讼之内容与业已类型化后的案例群进行对比分析,在其内即接受并以一般范式裁决之,不在其内经过充分说理后排除之。

但是,类型化存有迟延性、滞后性、不周延性等缺点,故于其外我们可以用价值补充方法来补齐类型化之短板,以使两者协同周延保护个人一般人格利益。多数学者将价值补充归属于漏洞补充。[2] 在传统立法和司法分离的模式下,立法者是法律的制定者,法官是司法的执行者、操作者,只能严格遵循实定法之规定;在设有一般条款的法典中,由于一般条款须法官在使用中予以价值补充,所以类型化之外价值补充者为法官。一般人格权之价值内涵如上文所言为人格尊严、人格发展等。法官于价值判断时,应尊重客观不能依赖于个人主观的法律感情;同时亦就个案作个别的判断,并负充分说理的义务;再者应注意社会一般观念及伦理标准的变迁[3]。所以,在解决一般人格权作为一个一般条款性规定的适用困难问题时,应坚持以类型化为主、价值补充为辅这一一般之流程。

此外,面对众多请求权基础的选择问题;于国内现有立法,一般人格权请求权基础为《民法典》第109条、第1183条、《精神损害赔偿解释》(2001年)第1条第1款第3项的"人格尊严权"、第2款中的"其他人格利益"。欲寻找妥适之请求权基础,需要对上述罗列法条之性质进行分析。法条包括完全法条和不完全法条,完全性法条指一个具有构成要件及法律效果的规定。[4] 与之相对,不完

[1] 沈建峰:《一般人格权研究》,法律出版社2012年版,第131页。

[2] 黄茂荣:《法学方法与现代民法》,中国政法大学出版社2001年版,第292-293页。持有此观点的亦有拉伦茨、于飞等学者。

[3] 于飞:《公序良俗原则研究:以基本原则的具体化为中心》,北京大学出版社2006年版,第159-165页。

[4] 王泽鉴:《民法思维:请求权基础理论体系》,北京大学出版社2009年版,第46页。

全性法条包括说明性法条(细分两类分别为描述性法条、填补性法条)[1]、限制性的法条[2]、指示参照性的法条[3]、作为指示参照的法定拟制[4]。以此审视上述法条,《精神损害赔偿解释》(2001 年)第 1 条是完全条款,其构成要件是人格利益受到侵害,法律效果是提起精神损失之诉法院应当受理。《民法典》第 1183 条亦是完全性法条,由于其规定的宽泛性,在使用上应结合相关限制性条款抑或描述性条款。《民法典》第 1166 条是指示性法条,其指示内容是如行为人侵害他人权益,通过指示寻找其他法律法规承担民事责任。此外,法律中的诸多法条,其彼此并非只是单纯并列,而是以多种方式相互牵连,只有透过它们的彼此交织及相互作用才能产生一个规整[5]。

对一般人格权的法律法规的保护就是一个规整,在这个规整中多个法律条文相互交织,互为补充。《民法典》第 1183 条、《精神损害赔偿解释》(2001 年)第 1 条规定一般人格权受侵害时,受害人以精神损害赔偿为诉由提起诉讼时法院应予以受理;《民法典》第 990 条第 2 款之规定为侵害一般人格权提供请求权基础,并明确规定侵权者应当承担民事责任。《民法典》第 1166 条作为指引性条款,作为一个转引通道连接不同规范内容的条款。所以,不同法条之间并没有形成法条竞合,这些法条适用时不会相互排斥。如是,这些请求权基础一起共同形成一个完整的一般人格权有机保护体系。

此外,一般人格权在不同请求权基础中具有不同的称谓,例如,人格尊严权、身份权等,这并不能说明法律规范对一般人格权的规制不同,从而认为可能造成法条适用抉择的困难,因为人身权益、身份权、人格尊严权等多是一般人格权的上位概念,虽法官在判决时对其做不同称谓,但其所表达之内涵具有同一性,皆指向一般人格权。由此,在欺诈性抚养侵害亲子之间感情纽带之时,由于其内在

---

[1] 描述性法条指详细描述应用在其他法条的概念或类型的法条,其多是对构成要件要素的规定。填补性法条是指在考量不同的案件形态下,将一般用语特殊化,或者更进一步充实其内容,多是对法律后果作进一步说明。参见[德]卡尔·拉伦茨:《法学方法论》,陈爱娥译,商务印书馆 2003 年版,第 138 页。

[2] 限制性法条的形式如下:假使(前规范的)构成要件 T 之外还存在 M 这种特殊要素,就不适用针对 T 所赋予的法效果。其目的是有些法条的构成要件经常规定得太宽以致其字义涵括了一些本不应适用其法效果的案件事实。参见[德]卡尔·拉伦茨:《法学方法论》,陈爱娥译,商务印书馆 2003 年版,第 139 – 140 页。

[3] 指示参照性的法条是指在构成要件指示参照另一法条的规范。参见[德]卡尔·拉伦茨:《法学方法论》,陈爱娥译,商务印书馆 2003 年版,第 141 页。

[4] 作为指示参照的法定拟制是指在法律上有意地将明知为不同者,等同时之。参见[德]卡尔·拉伦茨:《法学方法论》,陈爱娥译,商务印书馆 2003 年版,第 142 页。

[5] [德]卡尔·拉伦茨:《法学方法论》,陈爱娥译,商务印书馆 2003 年版,第 138 页。

所蕴之内涵与一般人格权之契合,并有一定理论和实践做支撑,并且一般人格权保护之路径所遇之阻碍也得到结局,故一般人格权保护路径可顺畅通行。

此外,意大利法上,与“欺诈性抚养”类似的案件叫作“虚假亲子利益”。在此类案件中,对于丈夫一方是否可以主张非财产损害赔偿,学说和判例认为,丈夫一方遭受了存在性损害。[1]这种损害表现为,当得知自己不是孩子的亲生父(母)亲时,对自己的社会性存在要素的显著影响。这包括精神上的痛苦、沮丧、失去对自己的认同感与对他人的信任、失去与社会联系的确定感、感觉被抛弃、面对一个不可改变的现实的无力且无助的感觉。此外,还可能因为年龄的因素,不可能再有自己的孩子了(因为意外或者疾病已经失去了生育能力),这些都是对一个人的存在的重大不利影响。[2]这些与一般人格权的价值内核与精神气质何其一致!在英美法系,通奸之诉已逐渐消萎,但通奸所致欺诈性抚养之诉讼仍时有发生。如美国“凯斯特勒诉波拉德案”中,被告隐瞒自己是孩子亲生父亲之情形,使得原告在与子女建立感情纽带之后得知实情,导致原告精神遭受挫伤,依据美国《侵权法重述》(第二版)第 47 节第 1 款,被告的行为构成侵权行为。[3] 在美国此侵权类型有别于侵害婚姻关系,其实质内涵关乎亲子之间感情纽带所寄托的精神利益。由此可见,欺诈性抚养的规范路径不同于配偶权保护路径,普遍适用一般人格权保护路径。

综上所述,针对欺诈性抚养侵害亲子利益的规范路径,有配偶权保护路径、背俗故意致损保护路径、一般人格权保护路径三个可供选择。首先,由于欺诈性抚养所侵害的权益是父子等亲子利益间的精神纽带所寄托的精神利益,虽此利益常基于婚姻关系而产生,但独立于婚姻关系,同时由于配偶权之内在缺陷,使得配偶权保护路径难以通行。其次,背俗故意致损保护路径成立的侵权行为规制基础是权利权益区分保护,但国内多数学者认为我国乃是权利权益一体保护,与我国现状不适。最后,结合一般人格权益权利化之潮流,并对比亲子利益之内涵与一般人格权内涵的契合度,一般人格权保护路径是最优选择。

---

〔1〕 所谓“存在性损害”,是意大利法上独创性的概念,是指对受害者作为一种社会之存在所包含的各种要素的侵害,从功能比较的角度看,这一范畴在某些方面类似于我国法上的精神损害的范畴。参见薛军:《干扰婚姻关系的损害赔偿:意大利的法理与判例》,载《华东政法大学学报》2013 年第 3 期。

〔2〕 薛军:《干扰婚姻关系的损害赔偿:意大利的法理与判例》,载《华东政法大学学报》2013 年第 3 期。

〔3〕 孙维飞:《通奸与干扰婚姻关系之损害赔偿——以英美法为视角》,载《华东政法大学学报》2013 年第 3 期。

五、欺诈性抚养之侵权责任

(一)侵权责任的构成要件

1. 对配偶侵权方而言

其因婚外性行为导致婚姻另一方因欺诈性抚养而遭受精神损失时,妻子应当承担侵权责任。依照已有判决之经验和理论研究之分析,还应探究以下问题:首先,欺诈性抚养之侵权行为发生的起始点对侵权责任认定是否有影响?换言之,即欺诈性抚养发生的时间是否受到婚姻关系存续时间的影响?欺诈性抚养之发生与婚姻关系并没有必然联系,综观以往案例,欺诈性抚养发生于婚姻开始之前〔1〕、婚姻关系持续过程中〔2〕、婚姻关系结束之后〔3〕。在案例中无论时间节点如何,夫妻关系之受害方与其所谓"子女"之间皆结成感情之纽带,当虚假的泡沫破灭,其平静幸福的内心必起惊涛骇浪,郁郁难消。其次,《民法典》第1071条规定,非婚生子女享有与婚生子女同等的权利,任何人不得加以危害和歧视。可见,子女包括婚生和非婚生两种情形;无论子女婚生与否,其生父母应当具有抚养义务。欺诈性抚养侵权行为之内核,乃是过错方使无过错方误认为自己负有抚养义务而对其"子女"进行抚养。因为抚养义务之存在并不以婚姻关系存在为必要,故侵权人与受害者之间即便从未结为夫妻,亦有存在欺诈性抚养之情形,例如,同居关系持续期间,过错之女方与第三人为性行为诞下一子,因其欺瞒其同居另一方致使其误认为是其亲生子女而对其抚养,此种仍应当属于欺诈性抚养,此种情形虽无现实中的案例,但在理论上仍有发生之可能,实当重之。

欺诈性抚养侵权责任之构成要件:(1)主观要件。妻子应当明知或应知,即妻子知道子女非为夫妻关系另一方生物学意义上的子女,而故意或过失隐瞒实情或编造事实。值得注意的是妻子之故意,不仅包括实施欺诈行为之故意,而且包括令相对人因此陷入错误并基于错误作出意思表示的故意〔4〕。夫妻双方基于婚姻权益,有相互忠诚的义务,妻子应当负有告知另一方真实情形的义务,其不履行告知义务抑或实施积极的欺诈行为即构成侵权,侵权后果为损害丈夫作为父(母)亲与子女的情感纽带所体现的人格利益即一般人格权。(2)因果关系。欺诈中的因果关系具有双重性,折射到欺诈性抚养之侵权行为时,呈现为:

---

〔1〕 浙江省宁波市中级人民法院民事判决书,(2009)浙甬民一终字第760号。

〔2〕 天津市滨海新区人民法院民事判决书,(2014)滨港民初字第2733号等。

〔3〕 上海市虹口区人民法院民事判决书,(2013)虹民一(民)初字第4141号。

〔4〕 朱庆育:《民法总论》,北京大学出版社2013年版,第275页。

一是过错方所为的欺诈行为使受害人陷入错误,二是受害人依据错误作出抚养的决定和行为。

仅仅因为对方违反了忠诚义务,并不能自动地导致损害赔偿责任。是否发生损害赔偿责任,需要考察的是,从个体主义的视角来看,对方违反忠诚义务的行为是否侵犯了另外一方配偶作为个体所享有的受法律保护的权利和利益。之所以把违反配偶间义务的法律后果超出家庭法上的后果,上升到因不法行为导致的损害赔偿的层面,主要原因在于,这种义务的违反直接侵犯了另外一方配偶作为个体所享有的受法律保护的权益(例如,人格尊严、名誉、身体、心理健康等)。对于合法婚姻关系夫妻侵权责任的处理,意大利的法院在判决中指出,有些严重的婚姻违反行为,即使放在普通社会成员之间的关系的层面看,也毫无疑问构成了不法侵害行为,夫妻关系的存在不应该成为这种恶劣的侵害行为的庇护所。即使彼此之间存在婚姻关系,另外一方仍然是具有法律上的独立人格的个体。[1]

2. 对第三人而言

在欺诈性抚养侵权行为中,很多时候第三人与夫妻中过错方构成共同侵权,且不论双方是否同谋,只要都有欺诈行为时即构成欺诈之共同侵权。首先,第三人主观上应该有欺诈的恶意,其恶意呈现为明知或应知其欺诈行为。其次,其侵权行为与受欺诈性抚养之间存有因果关系。最后,第三人实施了欺诈行为。看似明了的欺诈性抚养之侵权行为构成要件,审慎思之,亦存有以下难解之问题:其一,第三人在为非积极性欺诈时,其告知义务之来源?其二,欺诈性抚养情形下,第三人之侵权行为是否应受到合法婚姻有无之影响?其三,参酌外国法之实践,意大利法理和判例实际把第三者与已婚者发生婚外关系,看作自由展示其人格的行为,第三者原则上不因此而负损害赔偿责任。[2] 但是,其与人妻合谋欺骗人夫的行为,已经侵犯了人夫之一般人格权,此时,其能否以自由展示人格对抗?

欺诈行为有积极的欺诈行为和消极的欺诈行为之分,第三人有积极欺诈行为之情形,构成欺诈性抚养之侵权责任,毋庸置疑。但在第三人仅为明知而因保持沉默的不作为使得被害人陷入错误之情形下,如若第三人要承担侵权责任,则

---

[1] 薛军:《干扰婚姻关系的损害赔偿:意大利的法理与判例》,载《华东政法大学学报》2013 年第 3 期。

[2] 参见薛军:《干扰婚姻关系的损害赔偿:意大利的法理与判例》,载《华东政法大学学报》2013 年第 3 期。

应该以其有告知义务为前提。《民法典》第26条规定父母对子女有抚养义务,结合该法第1071条规定第三人作为其子女的生物学意义上的父亲,依照法律规定应当承担抚养义务。与之相对,受害人作为"子女"法律拟制上的父亲,其依照法承担抚养义务是因为受到欺骗而遭受的负担,依照最高人民法院《追索抚养费复函》(〔1991〕民他字第63号)和司法实践的一贯判决,受害人履行抚养义务不符合立法目的;并不具有法律强制性。由上可知,第三人在明知其应负有抚养义务的情形下,为逃脱自己抚养义务之承担,而放任他人为自己承担此义务,对他人权益造成侵害;此时第三人负有停止侵害之义务,并由此衍生出告知义务。故本书认为侵权第三人应负有告知义务,并有构成消极欺诈之可能。

在张某诉李某一般人格权纠纷案〔1〕中,法院认为李某与孙某发生性关系在张某与孙某结婚之前,因而李某在主观上没有侵害张某一般人格权的过错,其行为也未违反法定义务,故不应承担侵权责任。本案说理存有谬误,诚如案例之实情,李某与孙某发生性关系,孙某受孕并在其与张某结婚后诞下一子;张某误认为"子女"为其亲生子而予以抚养。本案之关键点不在张某与孙某的结婚时间,而是李某是否知道孙某所生之子为其生物学意义上的孩子,如若明知而不告知或编造事实进行欺骗则构成欺诈性抚养之侵权,应当承担侵权责任。审究其原因,前文已论述亲子利益独立于婚姻关系而存在,欺诈性抚养之关键点在抚养关系之存立而非婚姻关系之有无,故欺诈性抚养侵权行为构成要件之过错的认定,在于第三人知否其法定抚养义务之存在,有无恶意欺骗使他人代为承担义务之情形。依据上述分析,李某之侵权责任的承担与否在于其是否知道孙某所生之子是其生物学意义上之子女,其明知则应负侵权责任;否之,则与其无关。

权利皆有界限,权利边界既是权利享有人行动的界限又是防卫他人干涉而树立的藩篱。查看意大利之学说,第三者与已婚者发生婚外关系,可看作是自由展示其人格的行为,第三者原则上不因此而负损害赔偿责任,此学说成立之关键在于夫妻双方之忠诚义务的强制性与人格自由展示两者如何取舍。这是个价值选择问题,在个人人格独立日渐受重视之今天,人格自由展示优于夫妻之间之配偶权益。但人格自由之展示能否成为欺诈性抚养侵权行为违法性阻却之情形?欺诈性抚养之侵权行为的规制路径,已经排除背俗致损保护亲子利益路径、配偶权保护亲子利益路径,而最终选择一般人格权保护亲子利益路径。故意大利关

---

〔1〕 浙江省宁波市中级人民法院民事判决书,(2009)浙甬民一终字第760号。

于配偶权益之学说难以映射于欺诈性抚养之侵权行为。此外,人格自由之展示亦有其界限,人格自由建立于人格独立基础之上,第三者与已婚者发生性关系不构成侵权行为,盖因夫妻双方于婚姻关系中皆具有独立之人格,合法之婚姻关系并不能为其套上枷锁;既有人格之独立,又有两者之合意,则两者人格之自由展示并不关乎他人之权益。而亲子抚养与婚姻关系存有不同:首先,亲子抚养义务是法定的强制性义务,任何人不能非法逃避,故第三者应履行此法律强制性义务。其次,人格平等要求人格自由之展示时如若涉及他人之权益,应当双方达成合意。在欺诈性抚养侵权情形下,第三人在自由展示其人格时涉及婚姻关系之受害者之利益,在两者未达成合意之情形下,第三者不能强制受害者放弃权益,如是则构成侵权。最后,第三人之自由涉及欺诈,并损害了受害人的亲子权益并使之负担受害人原本存在的抚养义务行为。所以,第三人之行径已经逾越其权利之边界,理应承担民事责任。

(二)精神损害赔偿金额的确定与客观化

精神损害赔偿是为填补精神利益损害和精神痛苦而以使受害者精神得到慰藉,侵权者为其行为付诸代价。但精神之损害本是难以琢磨,无法量化之存在;依照侵权责任的填补损失之原则,精神损害赔偿应恰好填补受害者之损失。但精神损害赔偿之确定难像物质损失那样明定价款,其应当斟酌多方要素,综合考量而确定之。于我国,《精神损害赔偿解释》(2001 年)第 10 条提供了精神损害赔偿数额确定的考量要素:侵权人的过错程度,法律另有规定的除外;侵害的手段、场合、行为方式等具体情节;侵权行为所造成的后果;侵权人的获利情况;侵权人承担责任的经济能力;受诉法院所在地平均生活水平。这些考量因素映射到欺诈性抚养之侵权行为时,夫妻关系之受害者精神损害赔偿金额确定的标准如下:(1)主观因素方面:考虑妻子在社区中的人格形象、她做母亲的能力、与第三者发生不正当关系的原因、此种不正当关系被发现的方式和动机,以及妻子在被发现这种不正当关系之后的后续行为。在丈夫一方也要考虑他的人格形象、对家庭的投入和奉献、对孩子(虽然不是自己亲生)的投入和奉献、与孩子的关系的模式和表现等。(2)客观因素方面:考虑孩子的年龄、家庭背景因素、其生理学意义上的父(母)亲和法定意义上的父(母)亲的家庭情况、行为发生地的社会环境、文化环境、家庭生活氛围、第三者干扰他人婚姻关系的方式和程度、丈夫先前是否有自己的生理学意义上的孩子,以及在后来获得孩子的可能性、丈夫因为这样的虚假的亲子利益而可能失去的机会(如工作投入上的减少、为了照顾家庭而减少的社会活动和交往等)、丈夫一方在发现这一事实之前和之后的生活方式的变化等。总体来说,对于此种存在性损害的赔偿,法官必须仔细权衡,在综合考虑各方面的因素之后确定一个合理的数额。

此外,关于精神损害赔偿金额的确定应当具有客观性,精神损害赔偿金额确定的标准主要关注点应在于侵权行为等客观事实方面,而不应过分关注受害人之主观现状;换言之,同等侵害,受害人应当获得同等精神损害赔偿金额,而无涉于受害者个人现有精神状态。否之,则会出现一种怪象,面对同一损害,乐观之人会获得较少之精神损害赔偿甚至得不到精神损害赔偿;而精神孱弱者获取更多的精神损害赔偿;由此会出现同等侵害不同赔偿之不公平之现象。此外,多获得精神损害赔偿可视作一种激励,激励是引起一个人作出某种行为的某种东西。理性人会对激励作出反应。[1] 如是,受害人会为多获精神损害赔偿而采取相应行为,特别是在无法衡量和量化的精神领域,隐瞒真心虚构实情亦是手到擒来之事;最终该种判决会导致欺骗横行。综上所述,确定精神损害赔偿的一般标准,使精神损害赔偿标准予以客观化,诚属重要。

(三)侵权人的责任承担形式

责任范围,精神损害赔偿前已论述,但欺诈性抚养之侵权行为不仅导致受害人遭受精神创伤,其历经多载含辛茹苦地抚养"子女",金钱花费物质损耗亦重。侵权人在对受害人予以精神抚慰的同时也应当承担财产损害赔偿责任,最高人民法院《追索抚养费复函》(〔1991〕民他字第63号)已经明确规定。

侵权人共同侵权责任承担时,应将婚外性行为和欺诈性抚养侵权相分离,婚外性行为不应是欺诈性抚养的构成要件。此外,于欺诈性抚养而言,第三人与夫妻之过错方并不必然构成共同侵权;此外,双方构成共同侵权时,并不以双方意思联络为必要。双方构成欺诈性抚养之共同侵权时,究竟应负连带侵权责任抑或按份侵权责任?《民法典》第1168条规定,二人以上共同实施侵权行为,造成他人损害的,应承担连带责任。《民法典》第1172条规定,二人以上分别实施侵权行为造成同一损害,能够确定责任大小的,各自承担相应的责任;难以确定责任大小的,平均分担责任。由此可见,区分连带责任和按份责任之关键点在于侵权行为是否为共同实施侵权行为,即对共同侵权行为的认定。

学界对其认定观点不一。程啸教授认为,意思联络作为共同侵权行为的构成要件极为必要。[2] 张新宝教授、叶金强教授认为,一般共同侵权中的"共同"

---

〔1〕［美］N. 格里高利·曼昆:《经济学原理——微观经济学分册》,梁小民、梁砾译,北京大学出版社2009年版,第7页。

〔2〕程啸:《论意思联络作为共同侵权行为构成要件的意义》,载《法学家》2003年第2期。

已由“主观关联共同”走向了“客观关联共同”,前者强调“意思联络”,后者强调“行为关联”。[1] 婚姻之过错方与第三人在为欺诈性抚养侵权时,以意思联络之有无分类,可分为有意思联络的侵权行为和无意思联络的侵权行为,详而言之,有意思联络的欺诈性抚养侵权行为即双方在欺诈婚姻关系中无过错方时达成了合意,共同协力侵害他人合法权益。无意思联络的欺诈性抚养侵权行为即婚姻关系之过错方与第三人之行为皆构成欺诈性抚养之侵权行为,但双方没有意思联络,如第三人从他人口中明确知道自己是“孩子”的生父,为避免抚养义务而隐瞒之。

有意思联络的欺诈性抚养侵权行为构成连带责任殊无疑问,但无意思联络之行为是否构成共同侵权责任仍需探讨。《德国民法典》第一草案第 714 条第 2 项规定:“多数人之行为导致侵害,虽无意思联络,若各人对损害所生之部分,无法确定者,负连带赔偿责任。”[2] 此学说亦在德国之司法实践中得到认同。根据我国民事立法中的共同侵权之规定,共同侵权包括主观共同侵权和客观共同侵权。[3] 客观共同侵权亦有无意思联络之共同侵权,此时原则上各加害人仅对其所加害损害部分负责,但在欺诈性抚养中,确定夫妻关系之过错方与第三人之过错,对被害人来说着实具有难度。故于此,出于保护被害者之权益,应借鉴国内外之学说,理应承担连带责任,如果侵权人认为自己仅应该对特定部分承担责任,应负举证责任。[4]

六、结论

欺诈性抚养受侵害的最主要是父(母)亲与子女的情感纽带和作为父(母)亲的情感所体现的利益,本书将其概括为亲子利益,定位为一般人格权的重要类

---

[1] 叶金强:《共同侵权的类型要素及法律效果》,载《中国法学》2010 年第 1 期;张新宝:《侵权责任法原理》,中国人民大学出版社 2005 年版,第 80 页。

[2] Mugdan, Gesammte Materiellen zum BGB, Ⅱ, S. 412, (Motive) 1695f., 1153f. (Protokolle). 转引自王泽鉴:《民法学说与判例研究》(第 1 册),北京大学出版社 2009 年版,第 47 页。

[3] 叶金强:《共同侵权的类型要素及法律效果》,载《中国法学》2010 年第 1 期。

[4] 涉及两个或者两个以上竞合加害人以及协助者、共谋者和团伙成员,对同一损害承担独立责任。尽管承担责任的条件不一样而且在某些情形下会出现不同的法律后果,但是在所有法典中他们都被规定承担连带责任。参见[德]克雷斯蒂安·冯·巴尔:《欧洲比较侵权行为法》(上卷),张新宝译,法律出版社 2001 年版,第 72 页。二人以上分别实施侵权行为造成同一不可分损害,部分侵权人的行为足以造成全部损害,部分侵权人的行为不足以造成全部损害的,侵权人对受害人承担连带责任。侵权人认为其只应对损害的特定部分承担责任的,应举证证明。参见魏森:《客观关联的多数人侵权责任研究——以比较法考察为中心》,载《法商研究》2014 年第 1 期。

型。亲子利益的利益主体是父(母)对子女的情感利益和人格利益，是父子等的感情纽带之所在，业已超脱婚姻关系之限制，婚姻关系之消亡并不必然导致亲子利益的损伤，所以亲子利益虽多源自婚姻关系，但最终超脱婚姻关系而存在。关于欺诈性抚养之争讼案件，已累见于案牍。仔细梳理繁杂的案例可发现，对欺诈性抚养现有的三种规制途径即配偶权规制途径、背俗故意致损规制途径、一般人格权规制途径。经前述论述可知，抚养关系是父母与子女之间权益，配偶权是夫与妻之间权利义务，抚养关系独立于婚姻关系而存在，两者并没有必然之联系。背俗故意致损多局限于纯粹经济损失，借由其来保护一般人格权，有违一般人格权权利化之潮流，此外，背俗故意致损之权益保护模式在国内是否存在仍旧存疑。故只能借由一般人格权对欺诈性抚养进行规制。最后，欺诈性抚养之责任承担，于夫妻中之过错方和第三者虽有所不同，两者多应承担共同侵权责任，并承担连带责任。

第七节　本 章 总 结

一般人格权纠纷作为民事案由之一，已为社会民众、司法实践广泛接受，且已有众多司法案例。通过对案例类型化，一般人格权的具体内涵有祭奠利益、性自主利益、生活安宁利益、亲子利益等。当然，一般人格权内涵丰富，且呈现持续发展之状态。本章所探讨的具体新型人格利益有限，旨在抛砖引玉，以待后续学人为之而奋斗。一般人格权在司法实践中问题众多，本章亦无法一一涉及，且为求研究的聚焦与避免重复，本章每一小节皆依托一新型人格利益，探讨一般人格权适用中常见之问题，例如，依托祭奠利益探讨风俗习惯之法律适用，依托生活安宁利益探讨新型人格权利益的生成与保护，依托性自主利益探讨人格权不同部门法保护的分工与衔接，等等。

一般人格权的具体内涵产生于社会实践，是形而下的，只有建立在丰富经验的基础上，通过对经验的归纳总结才能明确其具体内涵，祭奠利益、性自主利益、生活安宁利益等，概莫能外。而人格权、具体人格权、一般人格权概念之间的逻辑关系，是形而上的，具有萨维尼所建构的形而上的概念法学之意蕴，对法律概念关系的处理会影响立法的体例编排。特别是回顾《民法典》编纂，人格权法应否独立成编争议巨大，如何处理好社会需要与立法科学、实践可操作性与形式主义的完美之间关系，显得尤为重要。关于人格权在《民法典》中的编排，学界此

前主要有以下两种观点:

反对人格权独立成编者认为:(1)人格权的动态、多元发展,决定了应采用"立法机制+发现机制"的人格权双轨发展机制和立法范式,对人格权法定应持质疑态度。[1] (2)人格权的民法保护具有局限性,无法覆盖民事领域之人格权利。[2] (3)人格权仅有消极保障权能,不具有民事权利的一般特征,不适用民法有关民事权利得失变动、权利行使的基本规则以及民法典总则的一般规则。[3] (4)对人格权作一般规定即可,要把具体人格权的开放性留给司法裁判。[4] (5)人格权编对人格权种类及范围的封闭性设计,限制了侵权责任法的适用范围,人格权编的内容将与侵权责任法重复。[5] (6)目前从理论和司法实践看,经过丰富讨论,已经成熟的人格权仅有7种,而一般人格权亦仅需一个条文,条文较少不能支撑独立成编。[6] (7)观世界诸国,仅《乌克兰民法典》对人格权单独设编,且因其过度强调结社自由权和集会自由权,在一定意义上引起国内发生政治变革,不具借鉴意义。[7] (8)《德国民法典》未全面规定人格权,并将人格权与自然人一并规定,有学者将其作为中国人格权不应独立成编的重要支撑理由。[8]

支持人格权独立成编者认为:其一,在《民法典》中应当引入人文关怀理念,其在体系上的体现即为将人格权独立成编。[9] 其二,《民法总则》不能完全包含人格权法,《侵权责任法》也不能替代人格权法的功能,《侵权责任法》替代人格权法将导致后者成为判例法,人格权法与《侵权责任法》内容上是相互衔接的。[10] 其三,人格权制度是民法调整的两大关系之一,人格权高于财产权,在中

[1] 沈云樵:《质疑人格权法定》,载《环球法律评论》2013年第6期。

[2] 尹田:《论人格权独立成编的技术障碍》,载《政法论坛》2016年第1期。

[3] 尹田:《论人格权独立成编的理论漏洞》,载《法学杂志》2007年第5期。

[4] 米健:《为什么总有影影绰绰的形式主义——从"权力清单"和"人格权独立成编"之困惑说起》,载何家弘主编:《法学家茶座》第47辑,山东人民出版社2015年版,第103页。

[5] 尹田:《人格权独立成编的再批评》,载《比较法研究》2015年第2期。

[6] 钟瑞栋:《人格权法不能独立成编的五点理由》,载《太平洋学报》2008年第2期。

[7] 梁慧星:《中国民法典中不能设置人格权编》,载《中州学刊》2016年第2期。

[8] 梁慧星:《民法典编纂中的重大争论——兼评全国人大常委会法工委两个民法典人格权编草案》,载《甘肃政法学院学报》2018年第3期。

[9] 王利明:《人文关怀与人格权独立成编》,载《重庆大学学报(社会科学版)》2016年第1期;马俊驹:《中国人格权基础理论与立法建构的再思考》,载《晋阳学刊》2014年第2期。

[10] 王利明:《独立成编的人格权法与侵权责任法的关系》,载《社会科学战线》2012年第2期;王利明:《人格权法制定中的几个问题》,载《暨南学报(哲学社会科学版)》2012年第3期。

国未来《民法典》中人格权法应独立成编并且位于诸权利之首。[1] 其四，人格权的商业化和法人人格权的存在使人格权与自然人产生分离。此外，中国未来的《民法典》应当继承《民法通则》的传统，坚持人格权法独立成编的体例。[2] 比较支持者与反对者的观点，双方争议核心实则是：《德国民法典》的潘德克顿范式与人格权独立成编的《民法典》编纂新范式之争。

人格权之民法典表达的探讨，不能忽视对人格权立法、司法实践的梳理。我国人格权制度发展至此，涉人格权的法律、司法解释已经有300条之多，其中20世纪80年代共有21个相关条文或司法解释规范人格权，紧随其后的两个十年分别有42条及71条相关条文或司法解释，而近7年，短短时间已经超过之前立法之总数，关于人格权立法呈爆发趋势。通过对立法总结、司法实践的归纳，人格权体系相关条文达100条左右，已经构成庞大的人格权体系，未来其具体在民法典中该何去何从，有待解决。

实际上，法律效用的发挥有两个演进层面，即从社会到法律，再从法律到社会，可细化为三个阶段：其一，社会需要产生法律，法律是党的主张和人民意愿的统一体现[3]，法律是由社会决定的，是适应社会的需要而存在的[4]，可见创造法律者，不是概念而是利益和目的[5]。其二，基于社会需要科学地建构法律本体，其中主要关注的是立法的形式、体例、条文等设置，此需要法律研究者共同协作以制定良法。其三，法律要能解决实际问题，要具有可操作性。法律的价值在于服务相应的社会关系和社会秩序[6]，立法要解决实际的问题[7]，正是此之谓也。这三个阶段相互关联，法律本体的科学建构不能仅考虑法律第二阶段，应着重考量社会、政策需要，保障法律的可操作性，从另一个角度看，第一阶段、第三阶段亦是检验实定法的标准。

为了更好地保护民事主体的权利，需对相关利益予以立法确认。为便于司法适用，还需全面地对人格权进行体系化编排。在司法实践中，人格权纠纷案例已在民事案例中占据了相当份额，且与日俱增。于审判时，模糊的人格权概念与

---

〔1〕 张建：《论人格权制度在未来民法典中的地位》，载《人民论坛》2012年第5期。

〔2〕 黄忠：《人格权法独立成编的体系效应之辨识》，载《现代法学》2013年第1期。

〔3〕 2015年2月2日，习近平在省部级主要领导干部学习贯彻十八届四中全会精神全面推进依法治国专题研讨班开班式上的讲话。

〔4〕 高其才：《法理学》（第3版），清华大学出版社2015年版，第378页。

〔5〕 [德]菲利普·黑克：《利益法学》，傅广宇译，商务印书馆2016年版，第17页。

〔6〕 葛洪义主编：《法理学》，中国法制出版社2007年版，第78页。

〔7〕 江平：《江平讲演文选》，中国法制出版社2003年版，第408页。

边界认定是法官审判难点之所在,概括式立法亦容易造成当事人误解,以致诉求往往"名不符实",法律适用之困难应作立法回应。宣示式、碎片化立法模式无疑加重了制定法的暧昧不清,由此必然导向法官造法[1],此亦增加法律司法适用上的困难,以致裁判结果的不确定。

无论从我国关于人格权的以往立法成果看,还是从动态发展的人格权司法实践看,人格权家族日渐丰茂,可以预见,在不久的将来,人格权体系会更加庞大。此外,在学界对人格权解读和研究已经细致入微,各具体人格权各立法要素已具备的现在,民法典如何安放已经日渐丰硕的人格权家族,以能够周延、合理、具有操作性地保护仍处于不断生成中的人格权,以使信息时代的民法典既能够汲取马车时代、蒸汽机时代民法典的精华,又能够摆脱立法、研究上惯性思维的窠臼,亦是必须解决的难题。

"实践是检验真理的唯一标准",我国现有人格权保护立法散落各处,重复、冲突,且其"构成要件"与"法律结果"立法不清,以致立法不周延,不具司法可操作性,而人格权统一立法则有助于改变此实践窘境。而枉顾立法诉求、立法适用而仅考量法律文本体例的"科学性",则局限了眼界,难以满足真正科学立法的要求。此外,我们在保障法律形式科学的基础上,不能忽视法律寄托党的意志、民众意愿之作用,由此亦应考量法律的宣示意义,而分散式的立法模式无法彰显当下对民众福祉之尊重。

---

[1] [美]迦纳:《政治科学与政府:政府论》,林昌恒译,东方出版社 2014 年版,第 426 页。

主要参考文献

一、中文著作

1. 曹险峰:《人格、人格权与中国民法典》,科学出版社 2009 年版。

2. 陈聪富:《侵权归责原则与损害赔偿》,北京大学出版社 2005 年版。

3. 陈聪富:《因果关系与损害赔偿》,北京大学出版社 2006 年版。

4. 陈新民:《宪法基本权利之基本理论》(上册),台北,三民书局 1990 年版。

5. 陈新民:《德国公法学基础理论》(上册),山东人民出版社 2001 年版。

6. 陈龙江:《人格标志上经济利益的民法保护》,法律出版社 2011 年版。

7. 程啸:《侵权责任法》,法律出版社 2015 年版。

8. 程合红:《商事人格权论》,中国人民大学出版社 2002 年版。

9. 黄茂荣:《法学方法与现代民法》,中国政法大学出版社 2001 年版。

10. 黄茂荣:《债法通则之 2:债务不履行与损害赔偿》,厦门大学出版社 2014 年版。

11. 龚向和:《受教育权论》,中国人民公安大学出版社 2004 年版。

12. 郭卫华等:《中国精神损害赔偿制度研究》,武汉大学出版社 2003 年版。

13. 胡长清:《中国民法总论》,中国政法大学出版社 1997 年版。

14. 侯欣一:《从司法为民到人民司法》,中国政法大学出版社 2007 年版。

15. 江平主编:《民法学》,中国政法大学出版社 2000 年版。

16. 吕祖光:《大众传播与法律》,台北,台湾商务印书馆 1985 年版。

17. 李永军:《民法总论》(第 3 版),中国政法大学出版社 2015 年版。

18. 李景义:《人格权基本问题论纲》,知识产权出版社 2014 年版。

19. 李震山:《多元、宽容与人权保障——以宪法未列举权之保障为中心》,台北,元照出版有限公司 2005 年版。

20. 龙卫球:《民法总论》,中国法制出版社 2002 年版。

21. 梁慧星:《民法总论》,法律出版社 2001 年版。

22. 佟柔:《民法原理》,法律出版社 1983 年版。

23. 马俊驹、余延满:《民法原论》,法律出版社 2007 年版。

24. 梅仲协:《民法要义》,中国政法大学出版社 1998 年版。

25. 史尚宽:《民法原论总则》,大东书局 1946 年版。

26. 史尚宽:《债法总论》,台北,荣泰印书馆 1978 年版。
27. 苏永钦:《合宪性控制的理论与实际》,台北,月旦出版社 1994 年版。
28. 苏永钦:《走入新世纪的私法自治》,中国政法大学出版社 2002 年版。
29. 沈建峰:《一般人格权研究》,法律出版社 2012 年版。
30. 孙宪忠:《中国物权法总论》,法律出版社 2014 年版。
31. 潘维大:《英美侵权行为法案例解析》,高等教育出版社 2005 年版。
32. 王磊:《私法的争鸣:私权保护热点问题研究》,新疆人民出版社 2005 年版。
33. 王利明:《人格权法新论》,吉林人民出版社 1994 年版。
34. 王利明、杨立新、姚辉:《人格权法》,法律出版社 1997 年版。
35. 王利明:《中国民法案例与学理研究 · 总则篇》,法律出版社 1998 年版。
36. 王利明:《侵权行为法》(上卷),中国人民大学出版社 2004 年版。
37. 王利明:《人格权法研究》,中国人民大学出版社 2012 年版。
38. 王涌:《私权的分析与建构——民法分析法学基础》,北京大学出版社 2020 年版。
39. 王泽鉴:《债法原理二:不当得利》,中国政法大学出版社 2000 年版。
40. 王泽鉴:《侵权行为法》,中国政法大学出版社 2001 年版。
41. 王泽鉴:《民法总则》,中国政法大学出版社 2005 年版。
42. 王泽鉴:《民法思维:请求权基础理论体系》,北京大学出版社 2009 年版。
43. 王泽鉴:《民法物权》,北京大学出版社 2010 年版。
44. 王泽鉴:《民法学说与判例研究》(重排合订本),北京大学出版社 2015 年版。
45. 王泽鉴:《人格权法:法释义学、比较法、案例研究》,北京大学出版社 2013 年版。
46. 吴从周:《概念法学、利益法学与价值法学:探索一部民法方法论的演变史》,中国法制出版社 2011 年版。
47. 谢远扬:《个人信息的私法保护》,中国法制出版社 2016 年版。
48. 谢在全:《民法物权论(上册)》,中国政法大学出版社 2011 年版。
49. 许中缘:《民法强行性规范研究》,法律出版社 2010 年版。
50. 杨立新:《精神损害赔偿——以最高人民法院精神损害赔偿司法解释为中心》,人民法院出版社 2004 年版。
51. 杨立新:《中国人格权法立法报告》,知识产权出版社 2005 年版。
52. 杨立新:《人身权法论》,人民法院出版社 2006 年版。
53. 杨立新:《医疗侵权法律与适用》,法律出版社 2008 年版。
54. 杨立新:《家事法》,法律出版社 2013 年版。
55. 杨与龄:《民法概要》,台北,三民书局 2000 年版。
56. 杨仁寿:《法学方法论》,中国政法大学出版社 1999 年版。
57. 姚辉:《人格权法论》,中国人民大学出版社 2011 年版。

58. 余延满:《亲属法原论》,法律出版社2007年版。
59. 俞江:《近代中国民法学中的私权理论》,北京大学出版社2003年版。
60. 于飞:《公序良俗原则研究——以基本原则的具体化为中心》,北京大学出版社2006年版。
61. 于飞:《权利与利益区分保护的侵权法体系之研究》,法律出版社2012年版。
62. 曾世雄:《非财产上之损害赔偿》,台北,元照出版社2005年版。
63. 曾隆兴:《详解损害赔偿法》,中国政法大学出版社2004年版。
64. 张新宝:《名誉权的法律保护》,中国政法大学出版社1997年版。
65. 张新宝:《侵权责任构成要件研究》,法律出版社2007年版。
66. 张新宝:《侵权责任法》(第2版),中国人民大学出版社2010年版。
67. 张民安:《现代法国侵权责任制度研究》,法律出版社2003年版。
68. 张民安:《法国人格权法》(上),清华大学出版社2016年版。
69. 张红:《基本权利与私法》,法律出版社2010年版。
70. 张红:《人格权各论》,高等教育出版社2015年版。
71. 张俊浩:《民法学原理》(修订版),中国政法大学出版社1997年版。
72. 张金海:《侵权行为违法性研究》,法律出版社2012年版。
73. 朱庆育:《民法总论》,北京大学出版社2013年版。

二、中文论文

1. 蔡定剑:《中国宪法实施的司法化之路》,载《中国社会科学》2004年第2期。
2. 曹险峰:《论1804年〈法国民法典〉中的人格与人格权——兼论我国民法典的应然做法》,载《社会科学战线》2007年第5期。
3. 陈信勇:《论对死者生命痕迹的法律保护——兼与孙加锋同志商榷》,载《法律科学》1992年第3期。
4. 陈聪富:《论违反保护他人法律之侵权行为》,载《台湾本土法学》2002年第30期。
5. 陈聪富:《人格权的保护》,载《月旦法学教室》2013年总第132期。
6. 陈现杰:《人格权司法保护的重大进步和发展——〈最高人民法院关于确定民事侵权精神损害赔偿责任若干问题的解释〉的理解与适用》,载《人民法院报》2001年3月28日,第3版。
7. 程合红:《商事人格权——人格权的商业利用与保护》,载《政法论坛》2000年第5期。
8. 程啸:《论意思联络作为共同侵权行为构成要件的意义》,载《法学家》2003年第2期。
9. 崔建远:《债法总则与中国民法典的制定——兼论赔礼道歉、恢复名誉、消除影响的定位》,载《清华大学学报》2003年第4期。
10. 丁春艳:《"错误出生案件"之损害赔偿责任研究》,载《中外法学》2007年第6期。
11. 法治斌:《保障言论自由的迟来正义》,载《月旦法学杂志》2000年第10期。

12. 方新军:《权益区分保护的合理性证明——〈侵权责任法〉第 6 条第一款的解释论前提》,载《清华法学》2013 年第 1 期。
13. 方金华:《一般人格权理论分析及我国的立法选择》,载《法律科学》2015 年第 4 期。
14. 方流芳:《名誉权与表达自由》,载《东方杂志》1994 年第 4 期。
15. 葛云松:《死者生前人格利益的民法保护》,载《比较法研究》2002 年第 4 期。
16. 葛云松:《侵权责任法保护的民事权益》,载《中国法学》2010 年第 3 期。
17. 葛云松:《民法上的赔礼道歉责任及其强制执行》,载《法学研究》2011 年第 2 期。
18. 关今华:《权利冲突的制约、均衡和言论自由优先配置质疑——也论〈《秋菊打官司》案、邱氏鼠药案和言论自由〉》,载《法学研究》2000 年第 3 期。
19. 胡岩:《祭奠权的法学方法论反思》,载《法律适用》2012 年第 6 期。
20. 胡文华:《精神安宁权法律地位探析》,载《河北法学》2009 年第 8 期。
21. 郝维华:《加拿大—中国道歉法的比较分析》,载《比较法研究》2011 年第 6 期。
22. 韩强:《人格权确认与构造的法律依据》,载《中国法学》2015 年第 3 期。
23. 郭明瑞:《论名誉权侵害构成的若干问题》,载《烟台大学学报(哲学社会科学版)》1992 年第 4 期。
24. 郭明瑞:《完善法定继承制度三题》,载《法学家》2013 年第 3 期。
25. 郭成伟、马志刚:《历史境遇与法系构建》,载《政法论坛》2000 年第 5 期。
26. 郭卫华、常鹏翱:《论新闻侵权的抗辩事由》,载《法学》2002 年第 5 期。
27. 韩大元:《论基本权利效力》,载王利明主编:《判解研究》2003 年第 1 辑,人民法院出版社 2003 年版。
28. 韩大元:《韩国宪法法院关于赔礼道歉广告处分违宪的判决》,载王利明主编:《判解研究》2002 年第 1 辑,人民法院出版社 2002 年版。
29. 黄忠:《赔礼道歉的法律化:何以可能及如何实践》,载《法制与社会发展》2009 年第 2 期。
30. 季卫东:《合宪性审查与司法权的强化》,载《中国社会科学》2002 年第 2 期。
31. 李永军:《论我国人格权的立法模式》,载《当代法学》2005 年第 6 期。
32. 李岩:《一般人格权的类型化分析》,载《法学》2014 年第 4 期。
33. 李双元、杨德群:《论公序良俗原则的司法适用》,载《法商研究》2013 年第 4 期。
34. 林来梵:《人的尊严与人格尊严——兼论中国宪法第 38 条解释方案》,载《浙江社会科学》2008 年第 3 期。
35. 刘保玉、周玉辉:《论安宁生活权》,载《当代法学》2013 年第 2 期。
36. 刘国涛:《死者生前人格利益民法保护的法理基础——读〈死者生前人格利益的民法保护〉后的再思考》,载《比较法研究》2004 年第 4 期。
37. 刘吉涛:《祭奠,礼仪还是权利? ——基于中西历史文化传统角度的考察》,载《河北法学》2009 年第 11 期。
38. 刘志刚:《人格尊严的宪法意义》,载《中国法学》2007 年第 1 期。
39. 刘作翔:《权利冲突的几个理论问题》,载《中国法学》2002 年第 2 期。
40. 刘士国:《类型化与民法解释》,载《法学研究》2006 年第 6 期。
41. 刘小楠:《性骚扰的现状及法律规制——以港台地区性骚扰立法为鉴》,载《妇女研究论丛》2014 年第 4 期。
42. 柳经纬:《我国民法典应设立债法总则的几个问题》,载《中国法学》2007 年第 4 期。
43. 骆正言:《论日本法中的肖像权保护》,载《日本研究》2010 年第 3 期。
44. 龙卫球:《论自然人人格权及其当代进路考察——兼论民法实证主义与实法秩序》,载《清华法学》2002 年第 2 期。
45. 龙卫球:《人格权立法面面观——走出理念主义与实证主义之争》,载《比较法研究》2011 年第 6 期。
46. 梁上上:《利益衡量的界碑》,载《政法论坛》2006 年第 5 期。
47. 梁上上:《制度利益衡量的逻辑》,载《中国法学》2012 年第 4 期。
48. 梁上上:《异质利益衡量的公度性难题及其求解——以法律适用为场域展开》,载《政法论坛》2014 年第 4 期。
49. 梁慧星:《中国人身权制度》,载《中国法学》1989 年第 5 期。
50. 梁慧星:《论〈侵权责任法〉中的医疗损害责任》,载《法商研究》2010 年第 6 期。
51. 梁慧星:《中国侵权责任法解说》,载《北方法学》2011 年第 1 期。
52. 梁慧星:《我国〈侵权责任法〉的几个问题》,载《暨南学报(哲学社会科学版)》2010 年第 3 期。
53. 孙维飞:《祭奠纠纷的类案研究》,载《交大法学》2012 年第 1 期。
54. 梁治平:《名誉权与言论自由:宣科案中的是非与轻重》,载《中国法学》2006 年第 2 期。
55. 马俊驹、余延满:《试论法人人格权及其民法保护》,载《法制与社会发展》1995 年第 4 期。
56. 马俊驹、张翔:《人格权的理论基础及其立法体例》,载《法学研究》2004 年第 6 期。
57. 马俊驹:《论作为私法上权利的人格权》,载《法学》2005 年第 12 期。
58. 马俊驹:《关于人格权基础理论问题的探讨》,载《法学杂志》2007 年第 5 期。
59. 马俊驹:《人格与人格权立法模式探讨》,载《重庆大学学报(社会科学版)》2016 年第 1 期。
60. 马强:《试论贞操权》,载《法律科学》2002 年第 5 期。
61. 明涛:《两种“宪法解释”的概念分野与合宪性解释的可能性》,载《中国法学》2014 年第 6 期。

62. 麻昌华:《论死者名誉的法律保护——兼与杨立新诸先生商榷》,载《法商研究》1996年第6期。
63. 裴桦:《配偶权之权利属性探究》,载《法律与社会发展》2009年第6期。
64. 强世功:《宪法司法化的悖论》,载《中国社会科学》2003年第2期。
65. 冉克平:《一般人格权理论的反思与我国人格权立法》,载《法学》2009年第8期。
66. 冉克平:《论配偶权之侵权法保护》,载《法学论坛》2010年第4期。
67. 沈建峰:《论我国司法实践中的一般人格权制度》,载《法律适用》2009年第8期。
68. 苏永钦:《再论一般侵权行为的类型——从体系功能的角度看修正后的违法侵权规定》,载《政大法学评论》2002年总第69期。
69. 孙维飞:《通奸与干扰婚姻关系之损害赔偿——以英美法为视角》,载《华东政法大学学报》2013年第3期。
70. 孙加锋:《依法保护死者名誉的原因与方式》,载《法律科学》1991年第3期。
71. 童之伟:《宪法司法研究适用中的几个问题》,载《法学》2001年第11期。
72. 童之伟:《宪法适用应依循宪法本身规定的路径》,载《中国法学》2008年第6期。
73. 王成:《性骚扰行为的司法及私法规制论纲》,载《政治与法律》2007年第4期。
74. 王广辉:《论宪法未列举权利》,载《法商研究》2007年第4期。
75. 王林清、刘高:《民刑交叉中合同效力的认定及诉讼程序的构建——以最高人民法院相关司法解释为视角》,载《法学家》2015年第2期。
76. 王磊:《宪法实施的新探索——齐玉苓案的几个宪法问题》,载《中国社会科学》2003年第2期。
77. 王利明:《论人格权保护与舆论监督的相互关系》,载《法学家》1994年第5期。
78. 王利明:《我国民法典中的人格权制度的构建》,载《法学家》2003年第4期。
79. 王利明:《试论人格权的新发展》,载《法商研究》2006年第5期。
80. 王利明:《侵权法一般条款的保护范围》,载《法学家》2009年第3期。
81. 王利明:《〈侵权责任法〉的中国特色解读》,载《法学杂志》2010年第2期。
82. 王利明:《民法的人文关怀》,载《中国社会科学》2011年第4期。
83. 王利明:《隐私权概念的再界定》,载《法学家》2012年第1期。
84. 王利明:《论个人信息权在人格权法中的地位》,载《苏州大学学报(哲学社会科学版)》2012年第6期。
85. 王利明:《民法上的利益位阶及其考量》,载《法学家》2014年第1期。
86. 工利明:《论习惯作为民法渊源》,载《法学杂志》2016年第11期。
87. 王锴:《论宪法上的一般人格权及其对民法的影响》,载《中国法学》2017年第3期。
88. 汪庆华:《名誉权、言论自由与宪法抗辩》,载《政法论坛》2008年第2期。
89. 王军:《我国新闻侵权纠纷现状、对策及研究回顾》,载《法学杂志》2006年第3期。

90. 王学栋:《论我国宪法的司法适用性》,载《山东大学学报(哲学社会科学版)》2000 年第 3 期。
91. 王泽鉴:《人格权的具体化及保护范围(1)》,载《台湾本土法学杂志》2006 年第 6 期。
92. 王泽鉴:《言论自由、名誉权保护与真实恶意原则》,载台湾大学法律学院编:《第二届马汉宝讲座论文汇编》2007 年版。
93. 王泽鉴:《人格权的性质及构造:精神利益与财产利益的保护》,载《台湾本土法学杂志》2008 年第 4 期。
94. 王泽鉴:《人格权的具体化及其保护范围 · 隐私权篇》,载《比较法研究》2008 年第 6 期,2009 年第 1、2 期。
95. 王泽鉴:《人格权保护的课题与展望——人格权的性质级构造:精神利益与财产利益的保护 》,载《人大法律评论》2009 年第 1 期。
96. 王振民:《我国宪法可否进入诉讼》,载《法商研究》1999 年第 5 期。
97. 魏森:《客观关联的多数人侵权责任研究——以比较法考察为中心》,载《法商研究》2014 年第 1 期。
98. 魏振瀛:《侵犯人身权的民事责任》,载《法学杂志》1988 年第 1 期。
99. 魏振瀛:《侵害名誉权的认定》,载《中外法学》1990 年第 1 期。
100. 吴汉东:《财产的非物质化革命与革命的非物质财产法》,载《中国社会科学》2003 年第 4 期。
101. 吴汉东:《无形财产权的若干理论问题》,载《法学研究》1997 年第 4 期。
102. 吴小兵:《赔礼道歉的合理性研究》,载《清华法学》2010 年第 6 期。
103. 吴国平:《欺诈性抚养精神损害赔偿法律路径探究》,载《时代法学》2016 年第 5 期。
104. 夏泽祥:《论坟墓上寄寓的权利:逝者的安息权与后代的监护权——基于宪法权利的视角》,载《政治与法律》2013 年第 5 期。
105. 熊静波:《利益衡量抑或要件思考——名誉权与表达自由冲突的解决之道》,载《法学论坛》2011 年第 6 期。
106. 熊谞龙:《权利,抑或法益? ——一般人格权本质的再讨论》,载《比较法研究》2005 年第 2 期。
107. 谢怀栻:《论民事权利体系》,载《法学研究》1996 年第 2 期。
108. 徐国栋:《人格权制度历沿革考》,载《法制与社会发展》2008 年第 1 期。
109. 徐国栋:《"人身关系"流变考》(上、下),载《法学》2002 年第 6、7 期。
110. 徐国栋:《寻找丢失的人格》,载《法律科学》2004 年第 6 期。
111. 徐国栋:《出生与权利——权力冲突》,载《东方法学》2009 年第 2 期。
112. 徐涤宇:《宪法上的所有权与民法上的所有权》,载《中外法学》2006 年第 1 期。
113. 薛军:《法人人格权的基本理论问题探析》,载《法律科学》2004 年第 1 期。

114. 薛军:《人格权的两种基本理论模式与中国的人格权立法》,载《法商研究》2004 年第 4 期。
115. 薛军:《人的保护:中国民法典编撰的价值基础》,载《中国社会科学》2006 年第 4 期。
116. 薛军:《揭开“一般人格权”的面纱——兼论比较法研究中的“体系意识”》,载《比较法研究》2008 年第 5 期。
117. 薛军:《非典型人格利益的民法保护模式研究》,载《暨南学报(哲学社会科学版)》2012 年第 3 期。
118. 薛军:《干扰婚姻关系的损害赔偿:意大利的法理与判例》,载《华东政法大学学报》2013 年第 3 期。
119. 杨芳:《个人信息自决权理论及其检讨——兼论个人信息保护法之保护客体》,载《比较法研究》2015 年第 6 期。
120. 杨佳元:《道路交通安全规则与侵权行为法》,载《台北大学法学论丛》2004 年总第 55 期。
121. 杨力:《基于利益衡量的裁判规则之形成》,载《法商研究》2012 年第 1 期。
122. 杨立新:《论婚生子女否认与欺诈性抚养关系》,载《江苏社会科学》1994 年第 4 期。
123. 杨立新:《论侵害配偶权的精神损害赔偿责任》,载《法学》2002 年第 7 期。
124. 杨立新:《“常回家看看”条款的亲属法基础及具体适用》,载《法学论坛》2013 年第 6 期。
125. 杨立新、尹艳:《论一般人格权及其民法保护》,载《河北法学》1995 年第 2 期。
126. 杨立新、刘召成:《抽象人格权与人格权体系之构建》,载《法商研究》2011 年第 1 期。
127. 杨立新、曹艳春:《论尸体的法律属性及其处置规则》,载《法学家》2005 年第 5 期。
128. 杨立新:《中国侵权责任法大小搭配的侵权责任一般条款》,载《法学杂志》2010 年第 3 期。
129. 姚辉:《论一般人格权》,载《法学家》1995 年第 5 期。
130. 姚辉:《关于民事权利的宪法学思维》,载《浙江社会科学》2007 年第 1 期。
131. 姚辉:《论人格权法与侵权责任法的关系》,载《华东政法大学学报》2011 年第 1 期。
132. 姚辉、段睿:《“赔礼道歉”的异化与回归》,载《中国人民大学学报》2012 年第 2 期。
133. 叶金强:《精神损害赔偿制度的解释论框架》,载《法学家》2011 年第 5 期。
134. 易军:《论人格权法定、一般人格权与侵权责任构成》,载《法学》2011 年第 8 期。
135. 易继明:《人格权立法之历史评析》,载《法学研究》2013 年第 1 期。
136. 易继明、杜颖:《网络时代的隐私权刍议》,载《研究生法学》2011 年第 1 期。
137. 尹田:《论人格权的本质》,载《法学研究》2002 年第 5 期。
138. 尹田:《论一般人格权》,载《法律科学》2002 年第 4 期。
139. 尹田:《论人格权的本质——兼论我国民法草案关于人格权的规定》,载《法学研究》

2003 年第 4 期。
140. 尹田:《论法人人格权》,载《法学研究》2004 年第 4 期。
141. 尹田:《无财产即无人格——法国民法上广义财产理论的现代启示》,载《法学家》2004 年第 2 期。
142. 尹田:《论人格权独立成编的理论漏洞》,载《法学杂志》2007 年第 5 期。
143. 尹田:《论人格权独立成编的技术障碍》,载《政法论丛》2016 年第 1 期。
144. 余延满:《我国〈民法通则〉并未规定精神损害制度——〈民法通则〉第 120 条新解》,载《法学评论》1992 年第 3 期。
145. 俞江:《清末民法学的输入与传播》,载《法学研究》2000 年第 6 期。
146. 袁文峰:《受教育权的宪法条款援引、内涵及救济路径——基于齐玉苓案与罗彩霞案的分析》,载《政治与法律》2015 年第 4 期。
147. 于飞:《基本权利与民事权利的区分及宪法对民法的影响》,载《法学研究》2008 年第 5 期。
148. 于飞:《侵权法中权利与利益的区分方法》,载《法学研究》2011 年第 4 期。
149. 于飞:《违背善良风俗故意致人损害与纯粹经济损失保护》,载《法学研究》2012 年第 4 期。
150. 于飞:《民法典的开放性及其妥当实现》,载《中国法律评论》2015 年第 4 期。
151. 赵刚:《损益相抵论》,载《清华法学》2009 年第 6 期。
152. 詹森林:《第三人干扰婚姻关系之侵权责任》,载《华东政法大学学报》2013 年第 3 期。
153. 张新宝、康长庆:《名誉权案件审理的情况、问题及对策》,载《现代法学》1997 年第 3 期。
154. 张新宝、张红:《中国民法百年变迁》,载《中国社会科学》2011 年第 6 期。
155. 张新宝:《人格权法的内部体系》,载《法学论坛》2003 年第 6 期。
156. 张新宝:《从隐私到个人信息:利益再衡量的理论与制度安排》,载《中国法学》2015 年第 3 期。
157. 张红:《论一般人格权作为基本权利之保护手段》,载《法商研究》2009 年第 4 期。
158. 张红:《方法与目标:基本权利民法适用的两种考虑》,载《现代法学》2010 年第 2 期。
159. 张红:《事实陈述、意见表达与公益性言论保护——最高法院 1993 年〈名誉权问题解答〉第 8 条之检讨》,载《法律科学》2010 年第 3 期。
160. 张红:《一项新的宪法上基本权利——人格权》,载《法商研究》2012 年第 1 期。
161. 张红:《死者人格精神利益保护——案例比较与法官造法》,载《法商研究》2010 年第 4 期。
162. 张红:《不表意自由与人格权保护——以赔礼道歉民事责任为中心》,载《中国社会科学》2013 年第 7 期。
163. 张红:《侵害祭奠利益之侵权责任》,载《法学评论》2018 年第 2 期。
164. 张里安、韩旭至:《大数据时代下个人信息权的私法属性》,载《法学评论》2016 年第 3 期。
165. 张平华:《人格权的利益结构与人格权法定》,载《中国法学》2013 年第 2 期。
166. 张榕:《司法克制下的司法能动》,载《现代法学》2008 年第 2 期。
167. 张学军:《错误的生命之诉的法律使用》,载《法学研究》2005 年第 4 期。
168. 张美眉:《谈殡葬自主权与遗体处分权》,载《军法专刊》2015 年第 4 期。
169. 张永泉:《法秩序统一视野下的诉讼程序与法律效果的多元性——以竞合型刑民交叉案件为视角》,载《法学杂志》2017 年第 3 期。
170. 曾淑瑜:《从人体精子、卵子之法律地位论死后取精之刑法可罚性》,载《万国法律》2005 年总第 145 期。
171. 郑玉双:《道德争议的治理难题——以法律道德主义为中心》,载《法学》2016 年第 10 期。
172. 郑晓剑:《比例原则在民法上的适用及展开》,载《中国法学》2016 年第 2 期。
172. 周友军:《德国民法上的违法性理论研究》,载《现代法学》2007 年第 1 期。
174. 周友军:《我国侵权责任形式的反思》,载《法学杂志》2009 年第 3 期。
175. 朱国斌:《法国关于私生活受尊重权利的法律与司法实践》,载《法学评论》1999 年第 3 期。
176. 朱虎:《侵权法中的法益区分保护:思想与技术》,载《比较法研究》2015 年第 5 期。
177. 朱柏松:《现代侵权行为救济制度之研究——以多氯联苯事件为中心之商品制作人责任之探讨(上)》,载《台大法学论丛》1981 年第 11 卷第 1 期。
178. 朱柏松:《论不法侵害他人债权之效力(上)》,载《法学丛刊》1992 年总第 145 期。
179. 朱苏力:《〈秋菊打官司〉案、邱氏鼠药案和言论自由》,载《法学研究》1996 年第 3 期。
180. 朱苏力:《中国当代法律中的习惯——从司法个案透视》,载《中国社会科学》2000 年第 3 期。
181. 朱铁军:《刑法与民法之间的交错》,载《北方法学》2011 年第 2 期。
182. 朱晓峰:《作为一般人格权的人格尊严权——以德国侵权法中的一般人格权为参照》,载《清华法学》2014 年第 1 期。
183. 朱岩:《违反保护他人法律的过错责任》,载《法学研究》2011 年第 2 期。

三、中文译著

1. [德]迪特尔·梅迪库斯:《德国债法分论》,杜景林、卢谌译,法律出版社 2007 年版。
2. [德]迪特尔·梅迪库斯:《德国民法总论》,邵建东译,法律出版社 2009 年版。
3. [德]迪特尔·施瓦布;《德国家庭法》,王葆莳译,法律出版社 2010 年版。

4. [德]菲利普·黑克:《利益法学》,傅广宇译,商务印书馆 2016 年版。
5. [德]G. 拉德布鲁赫:《法哲学》,王朴译,法律出版社 2005 年版。
6. [德]霍尔斯特·埃曼:《德国民法中的一般人格权制度——论从非道德行为到侵权行为的转变》,邵建东等译,载梁慧星主编:《民商法论丛》(第 23 卷),金桥文化出版(香港)有限公司 2002 年版。
7. [德]卡尔·拉伦茨:《德国民法通论》,王晓晔等译,法律出版社 2003 年版。
8. [德]卡尔·拉伦茨:《法学方法论》,陈爱娥译,商务印书馆 2003 年版。
9. [德]康德:《纯粹理性批判》,邓晓芒译,人民出版社 2004 年版。
10. [德]克里斯蒂安·冯·巴尔:《欧洲比较侵权行为法》(上卷),张新宝译,法律出版社 2004 年版。
11. [德]马克西米利安·福克斯:《侵权行为法》,齐晓锟译,法律出版社 2006 年版。
12. [德]马克斯·韦伯:《经济与社会》(上),林荣远译,商务印书馆 1997 年版。
13. [德]马克斯·韦伯:《社会学的基本概念》,胡景北译,上海人民出版社 2005 年版。
14. [德]萨维尼:《当代罗马法体系Ⅰ》,朱虎译,法律出版社 2010 年版。
15. [法]雅克·盖斯旦、[法]吉勒·古博:《法国民法总论》,陈鹏等译,法律出版社 2004 年版。
16. [美]本杰明·N. 卡多佐:《法律的成长》,李红勃、李璐怡译,北京大学出版社 2014 年版。
17. [美]E. 博登海默:《法理学:法律哲学与法律方法》,邓正来译,中国政法大学出版社 2004 年版。
18. [美]凯特·斯丹德利:《家庭法》,屈广清译,中国政法大学出版社 2004 年版。
19. [美]凯文·M. 费希尔:《美国和英国公开权保护的比较研究》,郭钟泳译,载张民安主编:《公开权侵权责任研究:肖像、隐私及其他人格特征侵权》,中山大学出版社 2010 年版。
20. [美]肯尼斯·S. 亚伯拉罕、[美]阿尔伯特·C. 泰特选编:《侵权法重述——纲要》,许传玺、石宏等译,法律出版社 2006 年版。
21. [美]塞缪尔·亨廷顿:《文明的冲突与世界秩序的重建》,周琪等译,新华出版社 1999 年版。
22. [美]罗斯科·庞德:《法理学》(第 3 卷),廖德宇译,法律出版社 2007 年版。
23. [美]文森特·R. 约翰逊:《美国侵权法》,赵秀文等译,中国人民大学出版社 2004 年版。
24. [日]加藤雅信:《日本人格权论的展开与最近的立法提案》,杨东译,载《华东政法大学学报》2011 年第 1 期。
25. [日]星野英一:《私法中的人——以民法财产法为中心》,王闯译,梁慧星主编:《民商法论丛》(第 8 卷),法律出版社 1997 年版。
26. [日]五十岚清:《人格权法》,[日]铃木贤、葛敏译,北京大学出版社 2009 年版。
27. [瑞]海因茨·雷伊:《瑞士侵权责任法》(第 4 版),贺栩栩译,中国政法大学出版社 2015 年版。
28. [英]H. L. A. 哈特:《法律的概念》,许家馨、李冠宜译,法律出版社 2011 年版。

四、外文著作

1. Coing, Der Rechtsbegriff der Menschlichen Person und dic Theorie der Menschenrechte, Beiträge zur Rechtsforchung; Berlin und Tübingen, 1950.
2. Canaris, Grundrechte und Privatrecht, – eine Zwischenbilanz – , 1998.
3. Deutsch, Ahrens, Deliktsrecht, Unerlaubte, Handlungen, Schadensersatz und Schmerzensgeld, 4. Aufl. 2002.
4. Götting, Persönlichkeitsrechte als Vermögensrecht, 1995.
5. Gierke, Deutsches Privatrecht, Bd. 1. Leipzig 1895.
6. Lange, Schiemann, Schadensersatz, 3. Aufl. 2003.
7. Simon, Das allgemeine Persönlichkeitsrecht und seine gewerblichen Erscheinungsformen, 1981.
8. Martin, Das allgemeine Persönlichkeitsrecht in seiner historischen Entwicklung, 2007.
9. Leuze, Die Entwicklung des Persönlichkeitsrecht im 19. Jahrhundert, 1962.
10. Larenz, Wolf, Allgemeiner Teil des Bürgerlichen Rechts, 9. Aufl. 2004.
11. Luther, Postmortaler Schutz nichtvermögenswerter Persönlichkeitsrechte, 2009.
12. Fuchs, Deliktsrecht, 7. Aufl. 2009.
13. Savigny, System des heutigen Römischen Rechts, 1840, Bd. Ⅰ.
14. Schertz, Merchandising: Rechtsgrundlagen und Rechtspraxis, 1997.
15. Zweigert, Kötz, Einführung in die Rechtsvergleichung, 3. Aufl. 1996.

主要案例

1. 上海新亚医用橡胶厂诉武进医疗用品厂损害法人名誉权纠纷案，载《最高人民法院公报》1988 年第 1 期。
2. 王发英诉刘真及《女子文学》等四家杂志侵害名誉权纠纷案，载《最高人民法院公报》1989 年第 2 期。
3. 康达医疗保健用品公司诉西北工商报社、陕西省医疗器械公司侵害法人名誉权纠纷案，载《最高人民法院公报》1990 年第 2 期。
4. 陈秀琴诉魏锡林、《今晚报》社侵害名誉权纠纷案，载《最高人民法院公报》1990 年第 2 期。
5. 徐良诉《上海文化艺术报》、赵伟昌侵害名誉权纠纷案，载《最高人民法院公报》1990 年第 4 期。
6. 胡骥超等诉刘守忠、《遵义晚报》社侵害名誉权纠纷案，载《最高人民法院公报》1992 年第 2 期。
7. 倪培璐、王颖诉中国国际贸易中心侵害名誉权纠纷案，载《最高人民法院公报》1993 年第 1 期。
8. 余一中诉《新闻出版报》社侵害名誉权纠纷案，载《最高人民法院公报》2003 年第 2 期。
9. 北京市高级人民法院民事裁定书，(2017) 京民申 1540 号。
10. 黑龙江省高级人民法院行政判决书，(1996) 黑行初字第 1 号。
11. 湖北省高级人民法院民事判决书，(2016) 鄂民终 1314 号。
12. 四川省高级人民法院民事判决书，(1993) 川民终字第 6 号。
13. 山西省高级人民法院民事裁定书，(2014) 晋民申字第 635 号。
14. 云南省高级人民法院民事判决书，(2003) 云高民一终字第 138 号。
15. 云南省高级人民法院民事判决书，(2005) 民一终字第 88 号。
16. 浙江省高级人民法院民事裁定书，(2005) 浙民一终字第 309 号。
17. 重庆市大足县人民法院民事判决书，(2011) 足法民初字第 2462 号。
18. 北京市第二中级人民法院民事判决书，(2009) 二民终字第 13951 号。
19. 北京市第二中级人民法院民事判决书，(2015) 二中民终字第 06010 号。
20. 北京市第二中级人民法院民事判决书，(2016) 京 02 民终 8725 号。

21. 北京市第三中级人民法院民事判决书,(2014)三中民终字第05390号。
22. 北京市朝阳区人民法院民事判决书,(2015)朝民初字第28258号。
23. 广东省深圳市罗湖区人民法院民事判决书,(2002)深罗法民一初字第1120号。
24. 广东省深圳市福田区人民法院民事判决书,(2015)深福法民一初字第2868号。
25. 河南省新乡市中级人民法院刑事裁定书,(2015)新中刑一终字第24号。
26. 江苏省南京市中级人民法院民事判决书,(2014)宁民终字第5028号。
27. 四川省宜宾市中级人民法院民事判决书,(2001)宜民终字第402号。
28. 上海市第一中级人民法院民事判决书,(2008)沪一中民一(民)终字第4262号。
29. 上海市第一中级人民法院民事判决书,(2009)沪一中民二(民)终字第2459号。
30. 上海市第一中级人民法院民事判决书,(2012)沪一中民二(民)终字第1651号。
31. 上海市第一中级人民法院民事判决书,(2018)沪01民终508号。
32. 上海市第二中级人民法院民事判决书,(2011)沪二中民一(民)终字第178号。
33. 云南省昆明市中级人民法院民事判决书,(2007)昆民三终字第854号。
34. 浙江省宁波市中级人民法院民事判决书,(2009)浙甬民一终字第760号。
35. 日本最高裁判所昭和31年7月4日大法庭判决,昭和28年(才)1241号。
36. Ball v. Mudge, 64 Wash. 2d 247, 391 P. 2d 201 (1964).
37. BGH NJW 1980,1792.
38. BGHZ 66,388ff.
39. BGHZ 169,340.
40. BGHZ 26,349.
41. BGHZ 20,345.
42. BGHZ 35,363.
43. BGHZ 58. 48.
44. BGHZ 76, 249; 76, 259; 124, 128; 143, 389.
45. BGHZ 143, 389 = NJW 2000, 1782, 1783.
46. BGH vom 8. 5. 1956, GRUR1956, 429.
47. BGHZ NJW 2000, 1782, 1783.
48. BGH NJW 1985, 671, 673.
49. BGH NJW 1989, 1365.
50. BGH NJW 2000, 1782,1783.
51. BGHZ 20,345 = NJW 1956, 1554 = GRUR 1956, 427 - Paul Dahlke.
52. BGHZ 30, 7 = GRUR 1959, 430, 433 - Caterina Valente.
53. BGHZ 50, 133 = NJW 1968,1773 - Mephisto.
54. BGH, VI ZR 265/04, 6. 12. 2005.

55. BGH I ZR 277/03, 05.10.2006 - kinski - klaus. de.
56. BGH NJW 2000, 2195.
57. BGH GRUR 1987, 128 - Nena.
58. BHG GRUR 1987, 128 - Nena.
59. BverGE 96, 374 - 409.
60. BverfGE 30, 173 = NJW 1971, 1645 - Mephisto.
61. BverfGE 25, 256 - 269.
62. BverfGE 5, 85(205); 7, 198(212, 219); 20, 162(174).
63. BverfGE AfP200, 161.
64. BverfGE 7,198(212);12, 113(127); 24, 278(282f).
65. Custodio v. Bauer, 251 Cal. App. 2d 303, 59 Cal. Rptr. 463 (1967).
66. Carson v. Here's Johnny Portable Toiletts, Inc., 698 F. 2d 831 (6th Cir. 1983).
67. Motschenbacher v. R. J. Reynnolds Tobacco Co., 498 F. 2d 821 (9th Cir. 1974).
68. Midler v. Ford Motor Co., 849 F. 2d 460 (9th Cir. 1988).
69. White v. Samsung Electronics American, Inc., 91 F. 2d 1395(9th Cir. 1992).
70. OLG Frankfurt NJW 1993, 2388.
71. RGZ 41, 43(48); 69, 401(403).
72. RGZ 72, 175; 85, 343; 115, 416; 162, 7.